百舸争流 奋楫者先

中国石化深化改革三年行动经验案例

中国石化全面深化改革领导小组办公室　著

中国石化出版社
HTTP://WWW.SINOPEC-PRESS.COM

内容摘要

本书以“国企改革三年行动”为主题，聚焦企业改革发展的关键领域，分综合案例和专项案例，展示中国石化在深化改革三年行动中总结形成的企业改革新经验、新成果、新模式，涵盖中国石化上中下游全产业链，相关的经验案例具有创新性、示范性，在改革发展经验、改革方法和改革实践等方面有较强的学习借鉴和复制推广价值。

本书适合石油化工企业干部员工阅读参考。

图书在版编目（CIP）数据

百舸争流　奋楫者先：中国石化深化改革三年行动经验案例 / 中国石化全面深化改革领导小组办公室著．—北京：中国石化出版社，2022.6

ISBN 978-7-5114-6630-3

Ⅰ．①百…　Ⅱ．①中…　Ⅲ．①石油化工企业—企业改革—案例—中国　Ⅳ．① F426.22

中国版本图书馆 CIP 数据核字（2022）第 101336 号

中国石化出版社出版发行

地址：北京市东城区安定门外大街 58 号

邮编：100011　电话：（010）57512500

发行部电话：（010）57512575

http：//www. sinopec-press. com

E-mail：press@ sinopec. com

北京富泰印刷有限责任公司印刷

全国各地新华书店经销

*

787 × 1092 毫米　16 开本　33.25 印张　570 千字

2022 年 9 月第 1 版　2022 年 9 月第 1 次印刷

定价：198.00 元

撰　写　组

主　　编：强　明

副 主 编：李登强　徐新涛

编写人员（按姓氏笔画排序）：

于利刚　万　伟　马立忠　马　伟　马呈广　马国强　王　飞
王　甲　王　华　王　岚　王　栋　王　莹　王　琳　王二伟
王永卿　王明飞　王俊瑶　王晓忠　王继元　王景涛　王福胜
车振亚　仇丽君　尹　刚　邓有德　艾中华　石小建　田洪良
冉林秀　白　超　边　炜　邢新丽　曲丽娜　朱于清　乔伟新
伍学军　华广号　庄欣举　刘　丛　刘　欢　刘　贵　刘　辉
刘　强　刘文雄　刘方舟　刘　杰　刘艳辉　刘高云　刘瑷琴
闫美富　许　璐　孙　敏　孙文俊　孙晓天　花军委　李　涛
李丹红　李旭东　李来君　李宜雯　李海燕　杨　健　杨志诚
杨思湘　杨祖寿　杨　敏　吴　飞　邱　勇　邱　峰　宋秀菊
初泰安　张　涛　张　啸　张庆生　张志勇　张晓刚　张献郎
邵凯凯　武丽彩　罗焱鑫　罗新苗　周　林　周冬冬　周磊榴
郑宣懿　赵　平　赵旭飞　赵明清　赵周煜　胡金玉　胡鹏军
钟义朋　侯树杰　姜中卫　莫　超　顾永康　徐　梁　徐宏伟
凌安航　高　峰　高小荣　黄　芸　黄振琼　黄旖旎　曹东明
龚利波　董　丽　韩　坚　程杨利　温竹林　靳红兴　蓝　航
赖可琎　解济军　熊安权　樊亚明　戴光辉　戴运华

前　言

实施国企改革三年行动是党中央、国务院在新形势新阶段作出的重大决策，既是贯彻落实习近平总书记关于国有企业改革发展和党的建设重要论述的具体行动，又是对党的十八大以来各项国企改革重大举措的再深化再落实。落实好行动方案对发展壮大国有经济，增强国有企业活力、提高效率，更好发挥国有企业在畅通国民经济大循环和促进国内国际双循环具有非常重要的现实意义。

中国石化深入贯彻落实党中央、国务院决策部署，认真落实“一个抓手、四个切口”和可衡量、可考核、可检验、要办事的总体要求，牢牢把握“做强做优做大”的改革总取向，“抓重点、补短板、强弱项”的改革方法论，“破立并举、有进有退”的改革大逻辑，从高处取势，往大处着眼，在实处落子，扎实推进国企改革三年行动。2022年是三年行动的攻坚之年、收官之年，截至6月底，中国石化深化改革三年行动主体任务已经完成，改革成效突出，中国特色现代企业制度更加成熟，市场化经营机制更加健全，产业结构布局更趋合理，党的领导和党的建设全面加强，公司竞争力、创新力、控制力、影响力、抗风险能力明显增强。中国石化深化改革三年行动有关做法和成效得到各方充分肯定，作为国资委推荐的典型参加中央办公厅深化国企改革座谈会；多次在国资委专题推进会上作典型交流发言，多篇经验材料在国资委国企改革三年行动简报刊发；有关经验做法在人民日报、新华网、经济日报等中央主流媒体刊发。

在改革推进过程中，中国石化各线条、各企业结合自身实际，采取有针对性、各具特色的改革措施，涌现出许多好经验、好做法，通过广泛征集遴选、深入总结提炼，编撰出版《百舸争流 奋楫者先——中国石化深化改革三年行动经验案例》，内容涉及中国石化上中下游全产业链，涵盖综合改革、精益管理、对标提升、瘦身健体、三项制度、科技创新、党建融合等众多领域。这些典型案例启示我们，改与不改大不一样，真改与假改大不一样。在改革推进之初，有的企业面临自主创新能力不强的困境，有的面临历史性亏损、生死存亡的重大考验，有的面临体制机制不活、历史负担重、可持续发展能力弱等多重难题，可以说各有各的难处，但大家都有一个共同的高招，就是咬紧牙关抓改革，通过改革抢抓机遇、走出困境、开创新局。这些改革典型案例还启示我们，改革一方面要靠领导强力推动，另一方面要靠员工积极支持参与。企业领导作为改革的决策者、引领者、组织者，必须敢闯敢试、敢为人先，任事担当、攻坚克难，勇于打破束缚生产力发展的条条框框，破除制约生机活力的桎梏藩篱；同时，改革也是企业员工自己的事，坚持全心全意依靠员工办企业是推进改革的重要原则，只要真正落实好这一原则，充分尊重员工主人翁地位，广大员工才会成为改革的坚定支持者、积极参与者和有力推动者。这些典型案例，具有一定的创新性、科学性、实践性、效益型、示范性，在深化国企改革中具有较强的学习借鉴意义和复制推广价值。

改革永远在路上，如逆水行舟、不进则退，唯有奋楫者方能激流勇进。中国石化以深化改革促进高质量发展，持续抓重点、补短板、强弱项，扛稳改革旗帜，端牢能源饭碗，在新的历史征程中再立新功、再创佳绩，始终作为党和人民最可信赖、最可依靠的大国重器。

需要说明的是，本书所列深化改革典型案例也有不断提升和完善的空间，希望读者多提宝贵意见，本书作者会虚心接受，也愿意看到更多的此类成果，以起到互学互鉴、共同提升改革管理工作水平之目的。

中国石化全面深化改革领导小组办公室

目 录

CONTENTS

01 综合改革

02 精益管理

03 对标提升

04 瘦身健体

05　三项制度

06 科技创新

07 党建融合

01

综合改革

完善体系筑根基 调整结构激活力

胜利油田分公司

一 改革背景

胜利油田分公司是中国石化上游第一大油田，主要从事石油天然气勘探开发、石油工程技术服务、地面工程建设、油气深加工等业务，探矿权登记面积8.26万平方千米，采矿权登记面积6633.63平方千米，共发现油气田81个。截至2021年年底，累计生产原油12.7亿吨，约占全国同期陆上原油产量的五分之一。面对能源资源基础薄弱、发展活力不足的严峻挑战，公司坚守“我为祖国献石油”的使命担当，准确把握国企改革“四个坚持”，加快产业结构布局，破除体制机制弊端，以变革性思维实施流程再造、组织重构、资源优化，全方位构建完善能源供给保障、现代企业管理、人力资源管理“三体系”（见图1），在实现企业自身发展的同时，为国民经济建设、石油石化工业和区域经济发展做出了应有贡献。

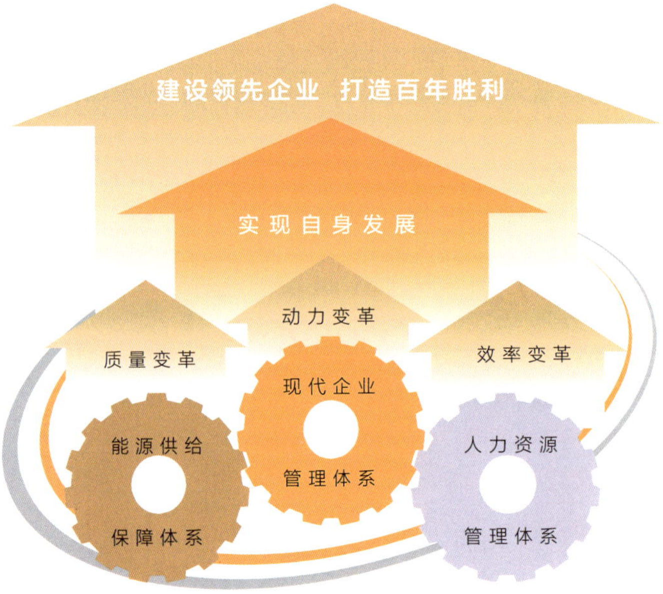

图1 改革管理“三体系”示意图

二 主要措施

（一）突出核心业务，构建完善能源供给保障体系

坚决扛起保障国家能源安全使命担当，以油田发现60周年为契机，始终把能源饭碗端在自己手里，着力打造洁净能源领先企业和黄河流域生态保护绿色标杆企业。

一是聚焦传统能源，做强油气主业。围绕国有资产保值增值，构建三维地震、风险勘探、预探评价一体化管理体系，推进以运营权流转、市场化运营、项目化管理为核心的未动用储量开发，探索建立储量资源有偿使用机制，新增探明储量6949万吨，探井成功率53.1%，连续五年呈上升趋势；新区建产规模"十三五"持续扩大，2021年达到110万吨，单井产能同比提高20.8%，百万吨产能建设投资降至49.7亿元（见图2）。

二是聚焦洁净能源，做大新兴产业。坚持高端化、市场化、产业化发展，积极创建"技术+管理+服务"一体化模式，锻长板、补短板、固底板，打造中国石化规模最大的光伏发电项目和"风光热储"多能互补示范区，建成国内首个百万吨级CCUS示范工程，形成独具特色的生产用能、清洁能源供电、办公生活供冷供热三大技术体系，投产光伏发电、地热余热项目48个，供热量25万吉焦，新增光伏装机规模106兆瓦，单瓦造价、度电成本同比下降5%、8%，直接用能新能源占比8%，新能源发展空间和领域持续拓展。

三是聚焦保障能源，做专支撑业务。瞄准人才、装备、技术、管理"四个一流"，加强专业化发展、市场化运营、社会化创效，在油田层面完成井下作业、注汽服务、地面维修等15项业务专业化重组的基础上，优化组织架构，推行"中心+项目部（服务部）"的管理模式，完善开发单位与专业化单位目标同向、合作共赢机制，构建形成了支撑主业发展、保障生产生活、服务社会创效、打造胜利品牌的发展格局。井下作业、地面维修等9个专

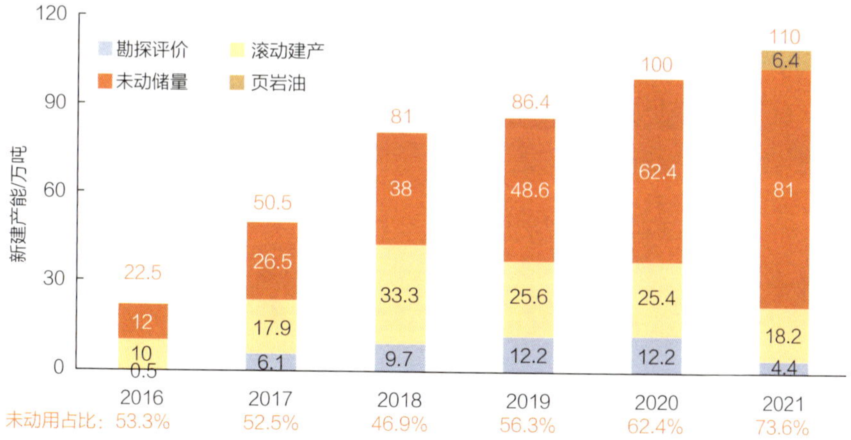

图2 "十三五"以来新区新建产能构成图

业完成内部工作量47.5亿元，海检公司和胜明玻璃在北京、天津等地打响品牌，运输分公司实现收入10.9亿元，同比提升140%，为油藏经营管理和能源安全供给提供了支撑保障。

（二）突出价值创造，构建完善现代企业管理体系

勇于担当共和国改革发展的行业旗帜，对标领先企业，以产权清晰、权责明确、管理科学、运行高效为重点，转变传统管理模式、组织架构和运行方式，推进现代企业管理体系建设。

一是调结构，完善公司治理体系。坚持加强党的领导与完善公司治理相统一，明确党委、董事会、经理层的权责边界，完善工作程序，理顺管理关系，修订公司章程，清晰职责定位，推进各层级子企业董事会建设，建立权责清晰、协调运转、有效制衡的公司治理机制，进一步提高了决策效率和风险防控能力。子企业实现董事会应建尽建、配齐建强，外部董事占多数；董事长（执行董事）、党委书记“一肩挑”。

二是通梗阻，重构流程制度体系。突出业务流、管理流、监督流一体融合，加强机制配套、流程优化、制度重构一体化管理，深化油田“六项机制”、开发单位“七大体系”和管理区“五项机制”建设，建立机制－流程（支持）－制度管理矩阵，搭建流程管理信息化平台，明确27项子机制建设内容和目标，优化调整业务流程和业务支持160支，配套完善制度240件，促进了各项工作易操作、高效率、可执行（见图3）。

三是重转化，完善科技创新体系。坚持“四个面向”，落实“四个一批”，推行“项目＋人才”管理模式，组建国家重大专项、勘探开发“十条龙”关键技术攻关项目组，完善“揭榜挂帅”和技术成果转化机制，梳理形成“卡脖子”技术12项、关键核心技术25项，年研发投入12.27亿元，获省部级以上奖励20项、授权专利467件，承担国家级科研项目

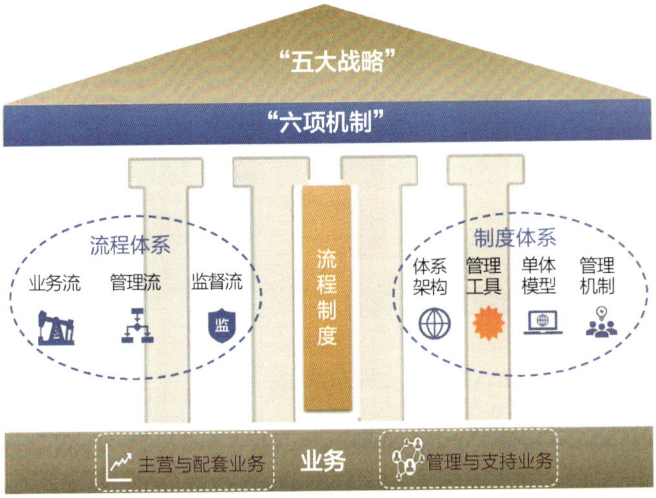

图3　流程制度体系整体架构

2项，科技成果应用率90%以上，在担当国家战略科技力量中发挥了重要作用，为油气主业可持续发展提供了强力支撑。

（三）突出市场需求，构建完善人力资源管理体系

坚持以构建市场化人事劳动分配制度为目标，以健全岗位、能力、绩效管理体系为支撑，以“三能”机制常态化建设为主线，纵深推进三项制度改革，人力资源价值创造能力全面提升。

一是以激活力为导向，健全市场化选人用人机制。立足构建内部人才资源市场，完善干部选任制度体系，强化年轻干部培养选拔，健全竞争性选拔选人用人机制；推行管理人员差异化精准考核，强化组织绩效、个人绩效“业绩联动”，上级、同级、下级“能力素质联评”，合理拉开考核档次；落实能上能下制度，亮明下的底线，增强下的“刚”性，扎实推进领导人员末等调整、不胜任退出，近三年来共对288名中基层干部进行了“下”的调整。

二是以提效率为目标，加强人力资源优化配置。健全劳动合同管理为关键、岗位管理为基础的用工制度，用好用活公开选聘、柔性交流等配置途径，发挥人力资源服务中心功能，畅通单位间、内外部市场能进能出，推动人力资源在合理流动中实现价值增值。推进“管理+技术+业务外包”用工模式，持续规范业务外包管理，盘活内部用工0.53万人，外闯市场2.37万人、创收23.9亿元。

三是以强动力为重点，完善薪酬分配激励措施。深化工效挂钩联动，建立“完成基本目标保基本薪酬、多创效益挣绩效工资”的正向激励机制，由“分奖金”向“挣绩效”转变，持续优化工资总额结构，在岗员工绩效工资等活的部分占比达59.7%。强化重要人才重点激励、优秀人才优先激励，实施科技奖励2.49亿元，有效激发各类创新主体动力活力。抓实员工绩效考核，树牢为岗位价值、能力水平、业绩贡献付薪理念，推动由工作量考核向价值化考核转变，合理拉开分配差距，收入能增能减机制基本形成。

三 取得成效

（一）改革管理效能大幅提升

限亏的8家油田子企业全面盈利，10家亏损管理区扭亏为盈，9家亏损专业化队伍全部完成扭亏减亏目标，4家列入“两非”企业实现剥离，厂办大集体改革任务全面完成，作业时效、注汽干度、生产用车利用率、油水井动态监测成功率等各项指标有效提升，油气产量、原油剩余可采储量、原油开发成本、经营现金流4项指标为板块标杆。胜利油田分公司被评为集团公司标杆企业，注汽技术服务中心被评为集团公司标杆基层单位。

（二）企业发展能力持续增强

现代企业管理体系初步建成，企业管理更加精干高效，技术先导型公司建设成效明显，盈利能力和抗风险能力同比提升，企业内在活力、发展动力、创效能力不断增强。2021年胜利油田分公司实现营业收入719.97亿元，全面盈利。在集团公司五项劳动竞赛中，连续9届蝉联优秀组织单位，荣获先锋厂2个、红旗厂5个，先锋红旗占比41.2%；金银牌基层单位105个，占比53.8%，获奖数量、级别和占比均创历史最好成绩。

（三）油气稳产基础有力夯实

济阳页岩油实现历史性突破，首次上报预测储量4.58亿吨，评价资源量41亿吨，成为新的增储建产战略接替阵地（见图4）；准噶尔下组合获重要突破，准西车排子、准中永进侏罗系取得2个千万吨级商业发现，柴达木马海东地区首次获得商业油流，成为西部探区又一增储阵地；济阳三新领域获得新突破，在桩海地区落实1个5000万吨级规模储量阵地，在砂砾岩、河道砂等成熟类型和致密油藏取得2个千万吨级商业发现，呈现良好前景，为"十四五"战略目标的实现和"建设领先企业、打造百年胜利"奠定了坚实资源基础。

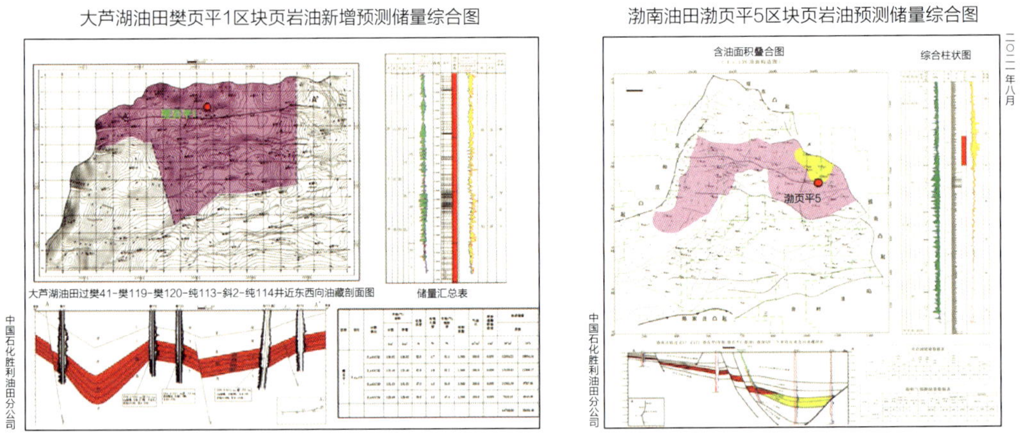

图4　济阳断陷湖盆页岩油新增预测储量综合图

经验启示

（一）构建完善体系是老油田深化改革的首要任务

针对老油田长期沉淀的体制机制弊端和各种障碍性因素，只有围绕核心业务、聚焦价值创造，系统化思维、体系化设计、一体化改革，重构再造相融互促、运行顺畅的能源供给保障体系、现代企业管理体系和人力资源管理体系，才能使老油田去疴除疾、浴火重生，焕发生机和活力，并为企业可持续高质量发展提供强劲动力。

（二）优化结构布局是老油田深化改革的重要手段

只有持续优化结构布局，才能提升国有资本配置效率。通过优化转变传统管理模式、组织架构和生产方式，进一步做强油气主业，做大新兴产业，做专支撑业务，使油田改革路径更加清晰、主业优势更加突出、资源配置更加优化。

（三）盘活人力资源是老油田深化改革的关键举措

人是企业的核心，盘活人力资源是企业实施低成本战略、适应市场化要求的根本途径和有利举措。针对老油田人多油少的现状，要着眼优化盘活人力资源，严控总量、调整结构、提高效率，充分挖掘人力资源潜力，有效提升人力资源价值，推动老油田深化改革整体上水平。

突出改革赋能 增强高质量发展韧劲

中原油田分公司

一 改革背景

中原油田分公司主要从事石油天然气勘探开发、工程技术服务、油气销售、公用工程经营服务等业务。本部位于河南省濮阳市，勘探开发区域包括东濮凹陷、川东北普光气田和内蒙探区，累计生产原油1.48亿吨、天然气1116.14亿立方米、硫黄2052.74万吨，上缴税费856.78亿元。针对组织机构臃肿、人均劳效较低、管理效能差等问题，中原油田分公司锚定“五个一流”具体目标，坚持“三步走”实践路径，实施“六大战略”重要支撑，聚焦主责主业，对标找差距，改革促提升，做优管理单元，做精油气生产单元，做强服务保障单元，着力打造新时代油田高质量发展引擎，推动千万吨级一流油气公司建设（图1）。

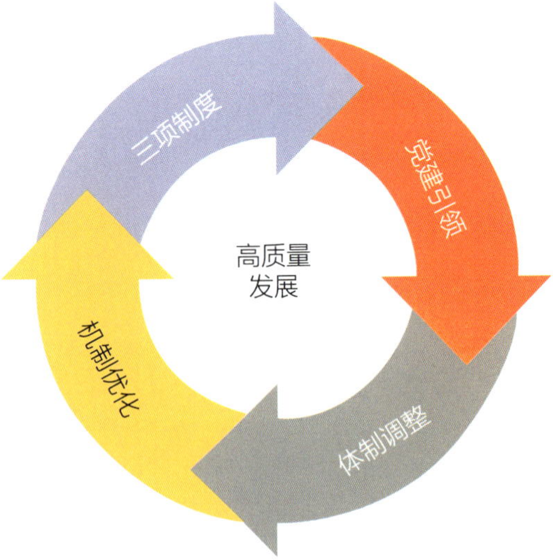

图1 改革赋能思路图

二 主要措施

（一）着力聚焦“党建引领”这个根本，为高质量发展凝神聚气

以党建工作为牵引，保持改革的正确方向，将目标融合、过程融合、考核融合的宏观要求转化为14项具体方法和路径，研究出台《关于基层党建与生产经营“四同四提”融合互促的实施细则》，有效发挥党建引领保障作用。

一是实施基层党建与生产经营目标同向聚合，切实提升工作动力。紧扣不同阶段生产经营目标，针对性地制定基层党建工作目标，组织班子成员签订党建、生产经营、安全等责任书，党员签订党员目标管理责任书，实现压力层层传递、动力级级提升。

二是实施党组织活动与生产经营过程同频共振，切实提升工作质量。聚焦“三重两特”、油公司改革等，以“三会一课”为主阵地，组建党员突击队和创新攻关团队，开展点题式、揭榜式立项攻关。

三是实施“三基本”与“三基”建设同步加强，切实提升工作水平。紧跟改革发展、外闯市场步伐，修订完善《基层管理手册》《岗位操作手册》《基层党务手册》，分类建立党支部议事决策清单，发挥党员在落实岗位责任制上的带动作用，以党支部标准化规范化促进“三标”建设。

四是实施党员考评与员工业绩考核同题共答，切实提升工作实效。推动党员考评与员工业绩考核内容相衔接、结果相印证、激励相挂钩，季度开展党员责任区考核，半年开展党员责任目标考核，年底开展民主评议党员，坚持与评先选优相结合，优秀共产党员、劳动模范，原则上从上年度民主评议为“优秀”的党员中产生。

（二）着力聚焦“体制调整”这个关键，为高质量发展布局强基

突出油气核心业务，抓牢体制改革，进一步做优管理单元、做精油气生产单元、做专服务保障单元和加强存续业务优化调整，压减中层机构6个、基层机构132个，精减管理人员303人，持续提升油公司组织效能。

一是精简两级机关提能。对标兄弟企业，优化调整油田机关职能相似相近的部门，重新核定内设机构和定员，油田机关部门减少2个、内设机构20个，定员减少62人；东濮老区采油厂机关统一按照“9个机关管理室+4个机关直属单位”设置，专业化单位按照用工规模设置9个或7个管理室，压减管理室62个，精简管理人员241人。

二是全面完成“一室一中心”建设提效。突出采油管理区现场管理和执行中心定位，变革生产组织及运行方式，由“三室一中心”优化调整为“一室一中心”，压减管理室42个，精减管理人员160人，21个采油管理区组织效能综合排名大幅提升（图2）。

图2 采油管理区“一室一中心”建设

三是做强专业化业务提质。将东濮老区4个采油厂准备业务调整至采油气工程服务中心，实现“集中使用、统一调配、专业化管理、市场化运营”。推进作业特车、维修维保区域一体化管理，精减管理人员，充实生产一线，人均创收同比提升5%。

四是推进存续业务强基。组建宣传文化中心，完成就业、公积金、财务结算等业务统一管理，减少机构5个，油田宣传引导、综合服务能力有效提升。

（三）着力聚焦“机制优化”这个重点，为高质量发展蓄劲增效

统筹推进配套机制建设，尽快释放改革红利，用改革促进优化升级，提高企业内生动力。

一是建立经营风险管控机制。以“强内控、防风险、促合规”为目标，深入推进合规管理体系建设，构建风险防控“五全”机制，制定“两高一重”两级管控清单，加大内控实施细则宣贯，按季度组织开展风险排查提报和风险研判会，10项重大风险、20项重要风险实现化解或降级。

二是建立制度保障机制。健全“1+5+N”制度管理体系，强化制度“立改废”，制（修）订116项，废止不适用制度46项，油田制度总量压减12%，解决了制度交叉、重复和冲突的问题。

三是建立内部市场运营机制。制定油气工程、建设工程9大类262项自营业务清单，配套内部维修、作业、运输、供电、测试5项内部管理实施细则，实施外委立项提级管理，外委立项、外委费用分别同比减少18.7%、9.8%。

四是建立基础管理提升机制。选取试点单位编制《基层党务手册》，形成“三册”管理模板，推进岗位责任制落实，2个单位荣获集团公司红旗（优胜）称号，33个基层单位荣获金（银）牌、五星（四星）称号。

（四）着力聚焦“三项制度”这个难点，为高质量发展赋能聚力

通过稳步推进“三项制度”改革，进一步激发活力和内生动力，增强创造力和市场竞争力。

一是实现干部能上能下，提升干部责任意识。制定中层领导人员退出现职管理办法，对29名干部采取末等调整和不胜任退出。干部考核突出业绩、强制分档、拉开差距，A档占比未超过20%，D档占比1.2%。制定加强基层管理人员队伍建设10项重点措施，全年竞聘选拔基层级干部122人、占84.7%。

二是实现收入能增能减，杜绝高水平大锅饭。建立以经营业绩、可持续发展为重点的绩效考核指标体系，突出用好总经理奖励、专项奖励，强化"比完成、比进步、比贡献"考核，同类型单位中层领导干部最高与最低差10万元，员工差1.3万元，进一步激发干事创业、创新创效的积极性。

三是实现人员能进能出，统筹优化人力资源配置。制定《员工动态管理细则》等制度，打破员工"从一而终"的惯性思维，坚持价值引领，让员工"跨岗位、跨单位"动起来，实施富余人力资源直属单位集中管理、精准培养，开展培训83期3374人，向外部市场输送2242人。对未能竞聘上岗且暂时没有合适岗位的人员，制定个性化培养计划，提升综合能力，为及早实现竞争上岗打好基础。严格全员持证上岗，定期组织复训复审，考核结果与培训、待遇挂钩，先后将60余名违反制度、绩效考核不合格或达不到上岗条件的人员退出岗位（图3）。

图3 组织竞争上岗，开展基层级职位人员素质测试

三 取得成效

（一）油气产量箭头向上

通过推进油公司建设，配套运行机制，保障油气主业更加心无旁骛抓油气上产。2021年新增探明石油地质储量570.48万吨，同比增加265万吨；新增探明天然气地质储量109.55亿方，同比增加77.95亿方。生产原油125.39万吨、天然气69.45亿立方米，油气当量同比增长7%。

（二）经营形势打破困局

紧抓国际油价回升有利时机，通过三项制度改革，激发干部员工干事创业的积极性，实现收入197.22亿元、同比增长22%，净利润3.4亿元，经营业绩创"十三五"以来最好水平。石油发现成本55.25元/吨，同比下降14.35元/吨；天然气发现成本31.1元/千方，同比下降7.2元/千方。

（三）管理效能大幅提升

在集团公司国内上游组织效能对标评价中，中原油田取得整体排名历史最好水平，综合排名位列第4名，同比提升5名；普光天然气净化厂、采油气工程服务中心获得集团公司标杆基层单位称号。研发投入强度1.9%，获省部级科技进步奖8项，申请专利155件，油田被评为集团公司信息和数字化工作先进单位。

（四）政治优势更加凸显

中原油田在疫情防控、攻坚创效、储气库建设等大战大考中经受住了考验，“四同四提”做法在集团公司基层党建创新暨质量提升推进会上做经验交流。党的政治优势与基层管理独特优势进一步有机融合，5个党支部被集团公司命名为示范点，33个基层单位获集团公司金银牌队、星级站库，应急救援中心荣获“全国应急管理系统先进集体”，国家危险化学品应急救援普光队党委书记王庆银荣获国家应急管理部二等功。

经验启示

（一）深化改革必须做到顶层设计与基层创新相结合

顶层设计是确保改革系统性、整体性、协同性的基础，基层探索与实践是完善顶层设计、丰富改革经验的前提。深化改革千头万绪，基层情况千差万别，具体改革措施不能搞一个标准一刀切，要坚持因企制宜、因地制宜、积极探索，唯此才能保证改革的科学性、系统性。

（二）深化改革必须做到全局推进和重点突破相结合

改革措施要妥善处理好局部和全局、当前和长远、重点和非重点的关系，科学把握各项改革措施的次序、节奏和力度，选择一些重点领域和关键环节作为突破口，以点带面，发挥好试点的示范、突破、带动作用，形成成熟经验，再总结推广。

（三）深化改革必须做到改革力度和队伍稳定相结合

改革既要谋变，也要求稳，要把握好改革方向，统筹各方利益关系，尊重群众主体地位，广泛听取群众意见，最大限度减少阻力、消解隐患。要做好各项改革措施的有效衔接、协同运作、一体联动，努力做到精准施策，精准推进、精准配合、精准发力、精准治理，实现员工利益与企业效益“双赢”。

坚持全面深化改革　打造“小而优”新型油田

河南油田分公司

一　改革背景

河南油田分公司是一家主要从事石油天然气勘探开发、油气技术服务、精蜡化工等业务的石油企业，在20世纪70年代以“大会战”的模式不断发展建设起来。50年来累计生产原油9000多万吨，实现工业总产值2300多亿元，上缴税费430多亿元，先后获得全国“地质勘查功勋单位”“五一劳动奖状”等称号。近年来，围绕发展面临的资源接替和扭亏脱困“两个严峻考验”，聚焦油田“135”九项重点工作（见图1），以扭亏脱困可持续高质量发展为目标，坚持产量为基，效益为本，着力拓资源稳产量，抓改革强管理，全力打造结构优、活力强、可持续、质量高、效益好的“小而优”新型油田。

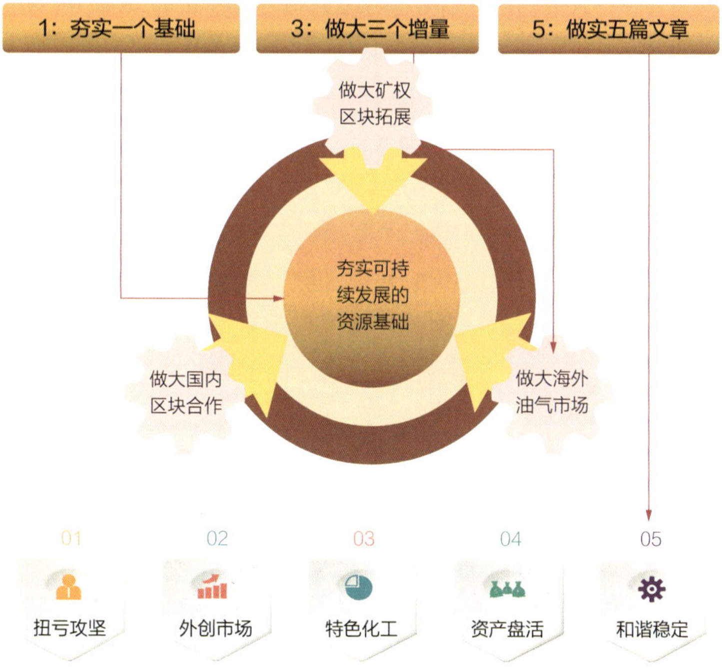

图1　“135”九项重点工作

二 主要措施

（一）突出“四做”聚主业，持续为高质量发展筑基

聚焦油气主业，以提升油公司组织管理效能为目标，持续推动改革调整，进一步做优管理单元、做精生产单元、做强科研单元、做专保障单元，为油田可持续高质量发展筑牢根基。

一是做优管理单元，构建精简高效管理体系。紧跟现代企业制度改革方向，突出和强化油田管理部门生产经营、管控监督、服务基层等核心职能，对标先进水平，整合职能相近部门，优化岗位和人员，油田机关部门压减18.5%，定员精简24%，构建了精简高效、权责清晰、流程顺畅的管理团队，全面提升了引领统筹能力、工作运行效率和管理服务水平。

二是做精生产单元，实现采油厂轻装上阵。以效益为中心，采油厂突出采油核心业务，持续优化整合业务职能，剥离了护厂保卫、餐饮后勤等非核心业务和人员；撤销了10个采油管理区、2个集输大队及1个注汽工程部共13个三级单位机构设置，整合组建了生产指挥中心（见图2）和基层班站，压减一级管理层级，完成了“厂直管班站”改革；采油厂实现了瘦身健体轻装上阵，助推信息化条件下基层劳动组织方式与生产运行模式变革。

三是做强科研单元，增强科技支撑保障能力。持续深化科技体制机制创新，激发科技创新内生动力，推动油田稳油增气降本。坚持精简科研单位机构设置，持续压减管理人员占比，指标控制在用工总量的10%以内；整合组建了石油工程技术研究院（技术监测中心），以高效融合持续提升油田勘探开发技术支撑和检验监测保障能力；打破单位壁垒组建了10个一体化攻关项目团队，推行“揭榜挂帅”，构建“领军人物+高水平创新团队”模式，发挥“三个一体化”整体合力，全力推动增储增产，破除制约产量提升的“卡脖子”问题，以科技创新的成效开拓发展新局面。

图2 采油厂生产指挥中心

四是做专保障单元，提升油气运维保障水平。持续深化专业化队伍业务优化调整，压缩管理层级，压减机关和辅助人员数量，进一步提升专业化运维保障水平。采油气工程服务中心优化整合机关业务职能，机构总数压减25%；撤销了特车、作业、维修、测试等三级单位机构设置，缩短生产指令传递链条，精减管理人员共115人，全部充实到一线队伍。消防保卫中心完成了护厂保卫业务整合工作，实现油田层面的一体化管控和专业化管理，综合保障能力持续提升。

（二）完善“三能”激活力，持续为高质量发展聚力

围绕破解经营发展难题、激发员工队伍活力、提升人力资源价值等目标，不断完善“三能”机制建设（见图3），为油田可持续高质量发展提供动力。

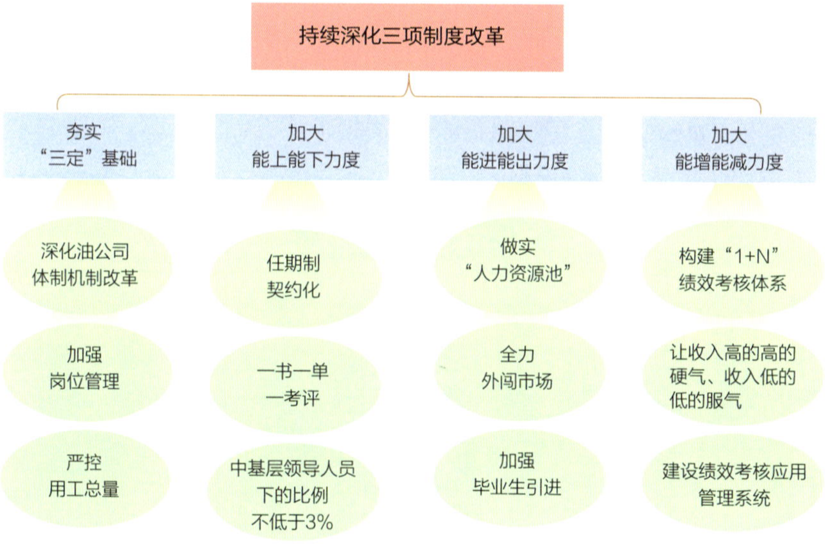

图3 “三能”机制建设激活力增动力

一是围绕“高素质、专业化”，推进干部能上能下。推进实施经理层成员任期制和契约化管理，严格落实业绩不合格、不达标退出机制，促进经理层成员动态更替、人岗相适，推动领导人员“能上能下”成为常态。坚持组织绩效与个人绩效相挂钩、领导评价与员工评价相结合，对各级领导干部进行量化考核、ABCD分档考核、述职答辩，对存在突出问题的干部，及时进行调整。2021年，对11名中基层管理人员实行了末等调整和不胜任退出。

二是围绕“增活力、提效率”，推进员工能进能出。激励引导员工“动起来”“走出去”，构建“1+N”（1个油田人力资源优化配置平台、N个二级单位人力资源池）用工配置模式，统筹优化配置用工，实现了员工在单位间、油田内外能进能出，促进由无效、低

效岗位向创效、高效岗位流动。调剂采油厂富余人员到修井工岗位，增强服务能力，井下作业内部市场占有率提高15%，每年减少外委费用3200余万元；15名员工转岗到特种车辆驾驶员，缓解了结构性缺员矛盾。

三是围绕“比业绩、比贡献”，推进收入能增能减。突出质量效益和价值创造，构建效益导向更加鲜明、贡献评价更加科学的考核体系。设立了2000万元及时奖励基金，对科研成果在油田储量增长、产量提升、成本降低等方面取得重大突破的及时给予奖励；提高外闯市场奖励力度，从增加人数、收入利润、新增项目等方面全方位给予奖励；推进绩效考核全覆盖，打破职务、岗位薪酬阶梯局限，树立正向激励标杆，提升员工创新创效积极性，让收入高的拿得“硬气”，收入低的拿得“服气”。

（三）抓实“四单”创标杆，持续为高质量发展提速

坚持问题导向、目标导向、责任导向和结果导向，搭建以“四单”（问题清单、任务清单、责任清单和进度清单）为基础的全层级、全领域对标平台，确保对标提升行动全面推进，全面见效（见图4）。

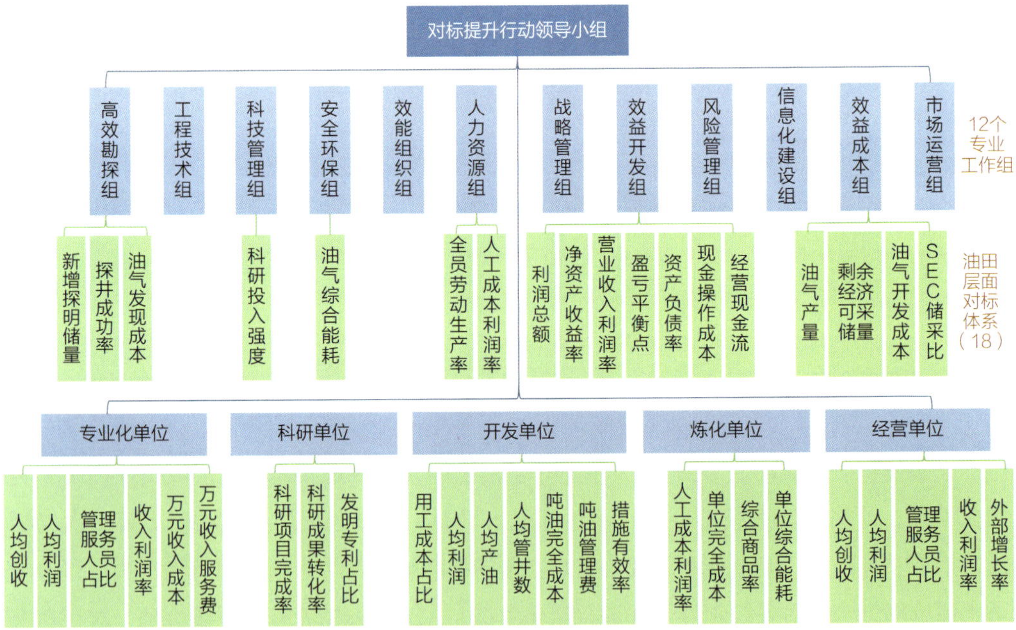

图4 分层级、分板块对标指标体系

一是坚持问题导向，以问题清单明确主攻方向。坚持以问题为导向，以效益为中心，从规模实力、发展实力、运行能力、盈利能力、抗风险能力五个维度，系统分析历年数据及趋势走向，明晰与板块先进存在的软硬件差距，梳理剖析技术堵点、管理难点问题82

项，形成油田问题清单，明确对标管理主攻方向。

二是坚持目标导向，以任务清单明确提升路径。坚持以目标为导向，全方位剖析问题，将5类82项问题总结归纳为高效勘探、效益开发、工程技术等12个专业提升领域，并细化分解为42项重点工作，配套制定有效措施148项，确定专业提升目标111项，形成油田对标管理任务清单，明确对标提升路径。

三是坚持责任导向，以责任清单明确层级职责。坚持以责任为导向，成立了以油田主要领导为组长、分管领导为副组长、专业部门和单位负责人为成员的领导小组，相应设立了12个专业组，制定专项激励政策，同时将42项重点工作推进完成情况与油田领导挂钩，进一步明确了对标管理层级职责分工。2021年奖励对标提升突出贡献单位和部门共50万元，激发了各层级对标提升的主动性和积极性。

四是坚持结果导向，以进度清单抓实措施落地。构建常态化对标追标机制，坚持定期通报进展、分析短板、召开例会、选树典型，2021年组织召开工作例会5次，开展对标分析6次，选树标杆单位、标杆项目、标杆基层单位20个，实现常态化对标提升。通过对标对表，找差距，补短板，促提升，油田发展能力持续提升，规模实力、运行能力、盈利能力、抗风险能力保持稳定，11项重点指标明显提升，其中剩余经济可采储量提升39.85%、人工成本利润率提升68.9%、利润总额提升67.8%。

三 取得成效

（一）资源基础持续夯实

通过加强“三个”一体化，油气勘探在多盆地、多领域、多类型实现多点开花，2021年新增探明储量、控制储量和预测储量分别完成年度计划的107%、103%、145%；油气生产赢得主动，油田上下全链条联动，推动产量止跌回升，全年生产原油115.2万吨、天然气8192万立方米，分别超计划1.2万吨、3192万立方米，产量下滑势头得到有效遏制。

（二）经营业绩大幅改善

坚持低成本战略，抓住油价回升有利时机，突出精益抓优化、降成本、提效益，全年实现经营收入56.46亿元，同比减亏5.45亿元。外部市场积极克服疫情影响，全年实现收入6.03亿元、同比增加1.88亿元、增幅45%，实现边际效益2.12亿元。

（三）活力动力充分释放

通过自上而下推进全方位改革，组织管理体系更加优化，机构更加精简高效，各层级定位更加明确；“三能”成效逐步显现，有效盘活了人力资源，提高了劳动生产率，激发了队伍活力。各项工作全面“起势”，“稳”的势头在巩固，“进”的动能在转化，“改”的勇气在增强，“好”的因素在累积，为打造“小而优”新型油田持续发力。

经验启示

（一）建立精干高效管理体制是建设“小而优”新型油田的必然选择

解决油田“人多油少”矛盾，实现提效率增效益发展目标，建立精干高效的管理体制势在必行，为打造结构优、活力强、可持续、质量高、效益好的“小而优”新型油田奠定了坚实基础。

（二）配套“三能”机制建设是建设“小而优”新型油田的关键一招

深化改革要做到“神形兼备”，必须配套完善机制建设，河南油田分公司突出“三能”机制落地生根，形成了能者上、庸者下、劣者汰的用人环境，释放人力资源最大红利，激发发展活力动力。

（三）组建一体化攻关项目团队是建设“小而优”新型油田的支撑保障

坚持科技兴企、创新强企，以科技创新夯实油气资源基础，油田一体化攻关项目团队，推动了油气勘探有突破，老区持续稳产、新区稳步增产，强力支撑油田可持续高质量发展。

深化改革创新　激发老油田发展新活力

江汉油田分公司

一　改革背景

江汉油田分公司油气勘探始于1958年，经过60多年的勘探开发、对外承包、合作开发，建成横跨湖北、山东、陕西、重庆、辽宁等省市的6个油气生产基地和全国首个进入商业化运营的“国家级页岩气示范区”，业务涵盖勘探开发、盐卤化工、生产生活服务等板块。近年来，为进一步激发“老”油田“新”活力，油田围绕“万亿方储量、千万吨油田、百亿方产量”战略发展目标和“一主引领、两域协同、多元保障”（见图1）产业发展格局，持续优化产业结构布局，完善现代企业管理制度，推进三项制度改革，用工总量持续下降，油气当量保持快速增长，盈利能力持续提升。

图1　“一主引领、两域协同、多元保障”产业格局

二　主要措施

（一）聚焦主责主业，打造油田产业结构布局新体系

围绕集团公司打造世界领先战略部署和“一基两翼三新”产业格局，聚焦油气勘探开发主营核心业务，坚定不移“强干弱枝”，推动产业布局和资源分布持续优化，蹄疾步稳向“管理+技术”型油公司迈进。

一是坚决退出“两非”业务，推动企业瘦身健体轻装上阵。油田主要领导亲自挂帅，建立督办考核机制，各专业系统紧密配合，按照国资委和集团公司下发的目标任务、结合油田发展规划和生产经营实际，分解油田“两非”业务剥离任务清单，挂图作战、统筹推进，超前2个月完成2021年“两非”业务剥离任务。近三年，累计完成8家非主业法人企业注销工作，为油田实现轻装上阵、专注主业发展奠定坚实基础。

二是坚决贯彻“差异化”战略，推动资源科学分配高效利用。锚定油气主业发展战略，综合分析评价与油气勘探开发关联程度、产业发展趋势、综合竞争能力、技术和人员储备厚度、社会化市场发育程度等多项因素，将油田各项业务分别界定为优先发展、限制发展和逐步退出类业务，差异化制定发展策略和资源分配方案，推动资源向主业集中。对油气勘探开发核心业务，强化人才、技术和资金支持，夯实发展基础，增强自主化运营能力；对井下作业、电力运维、生产车辆服务等业务，逐步采用市场化方式满足油田发展需要；对生产保障和后勤服务类业务加快退出，引入社会服务力量满足生产需要（见图2）。

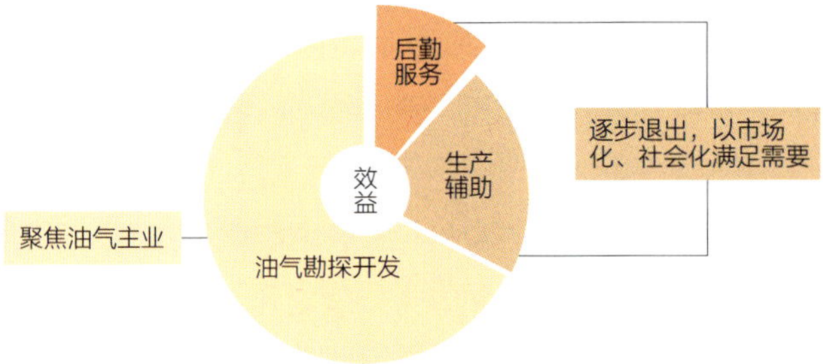

图2　产业资源差异化配置

三是坚决扛稳国有资产保值增值责任，推动资产专业化管理多元化运营。结合“四供一业”分离移交后油田存续业务结构性变化，对食堂物业实行一体化、标准化管理，构建“大后勤”服务体系。油田层面组建专业化运营管理团队，将各单位下辖的公有住房、经营性房产、酒店宾馆、土地资源等6000余项资产集中管理，统筹经营发展规划，搭建市场化信息平台，创新营销方式，开展多元化、多渠道、多形式创效，客观显现资产市场化价值。推行办公用房内部市场化运作，各单位根据生产经营需要承租使用，使用面积与运维成本大幅降低。2021年，油田中心矿区整栋腾空办公用房10栋、近2万平方米，减少运维支出560万元/年。对于富余办公用房，积极引入健康养老业务落户油田，提升房屋资产综合效益，惠及广大职工群众、带动区域经济发展。

（二）聚焦能力提升，打造老油田高质量发展新范式

以集团公司深化改革三年行动要求为总引领，秉承“扁平化架构、科学化决策、市场化运营、专业化管理、社会化服务、效益化考核、信息化提升”核心理念，优化组织管理

体系与层级定位，助力老油田高质量发展。

一是打造权责清晰、科学高效的决策管理团队。立足科学化决策能力提升，重新构建油田机关责任体系，强化“战略决策”“过程控制”“支撑保障”职能，全面构建生产抓总、业务管控、专业考核的“生产大运行”体系。专业管理部门直接负责预算编制、过程管控、调整分析、结果考核，压实投资、成本管控主体责任；推行专业技术管理“大部制”，实行油藏管理、井筒管理、地面管理等生产过程一体化管理。近三年来，油田机关部门压减11.5%，压减基层机构31.8%。

二是打造定位精准、职能明确的运行执行团队。立足基层执行能力提升，充分发挥信息化建设成果，重构基层单位劳动组织方式和生产运行模式，推进油气基层单位标准化示范区建设。贯彻扁平化架构理念，将传统的“分公司－采油气厂－管理区－基层班站”三级管理模式压缩为“分公司－采油气厂－现场井站”两级管理模式，经营和技术决策职能逐步上移集中，强化采油气厂现场生产运行组织和指令执行职能，层级定位更加清晰科学。2021年，多个油气生产单位实现厂直管班站模式。

三是打造业务精尖、统培共享的科研攻关团队。立足科研保障支撑能力提升，打造科技人才一体化管理的“科研大兵团”体系。按照油藏地质和工程工艺专业类别属性，将油气生产单位专业技术人员，对口划转到油田勘探开发研究院和石油工程技术研究院，由科研院依托专家团队优势集中培养、在全油田统一调配使用，拓宽了科技人才培养平台，畅通了科技骨干上升通道。

（三）聚焦活力释放，打造企业发展内生新动力

为把“三项制度改革”落到实处，江汉油田始终坚决贯彻执行上级要求不走偏，结合自身实际灵活操作求实效，以创新性举措取得明显改革成效（见图3）。

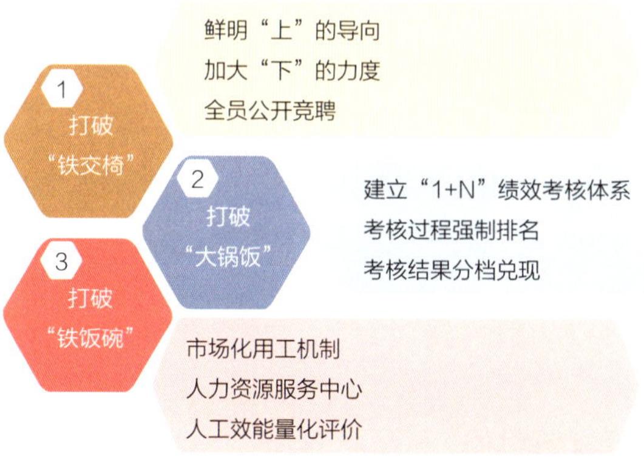

图3 “三能”机制

一是打破"铁交椅"，干部能上能下落实落地。鲜明"上"的导向，注重在急难险重任务、大战大考中选拔干部，加大年轻干部使用力度，中层领导40岁以下占比达到17.6%。加大"下"的力度，严格落实中基层领导人员末等调整、不胜任退出制度要求，对履职不力、考核靠后的7名中层领导人员、33名基层领导人员进行调整。改革调整单位实行全员公开竞聘，114名干部再次竞聘"上"基层领导岗位，188名原基层领导人员落聘，下的比例62.25%。

二是打破"大锅饭"，差异化考核激发活力。建立"1+N"绩效考核体系，强化考核与分配的协同性，以各单位在油田价值创造体系中的职能定位为基础，差异化设置考核指标和权重，采用考核过程强制排名、考核结果分档兑现方式，个人收入与岗位业绩直接挂钩，收入能增能减实现常态化。2021年，单位间人均考核兑现差距46.7%；同职级中层领导人员年度绩效工资差距51.6%。

三是打破"铁饭碗"，人力资源存量有效盘活。完善市场化用工机制，建立常态化竞争上岗制度，修订离岗人员分流安置实施办法，油田层面成立人力资源服务中心，出台人工效能量化评价考核办法，将优化用工人数、社会化劳动用工成本和人工成本纳入基层单位考核，持续完善员工能进能出、培训提升的良性循环机制，激发了全员价值创造活力。近两年，优化用工5709人，清退劳动密集型业务外包人员1100余人。

三 取得成效

（一）油气当量实现快速增长

油气业务规模持续提升，建成了百亿方涪陵页岩气田，保持了原油产量硬稳定。2021年，油田3项勘探成果入选中国石化十大勘探发现、2项获特等奖，油气当量达到696万吨，并稳步向千万吨大型油气田迈进，为保障国家能源安全做出了贡献。

（二）企业治理能力不断提升

油田聚焦油气主业，坚定不移地剥离退出了农业生产、宾馆旅游、工程建设等"两非业务"，实现了机关"大部制""大岗位"管理、油气单位扁平化管理、科技人才"大兵团"作战、辅助性业务专业化管理，压减机关部门3个、二级单位5个，企业现代化管理水平不断提升。

（三）企业内生动力持续释放

围绕岗位价值创造，强化三项制度改革向纵深持续推进，打破了固化利益藩篱，多举措盘活了人力资源存量，基本形成了纵向畅通、进退有序、公平公正的能上能下机制，中基层领导干部末等退出比例达6.23%，员工绩效工资收入差距超过50%，有效激发了全员价值创造活力。

经验启示

（一）改革创新要以目标和问题为导向

改革要奔着问题去，围绕油公司建设“七化”的核心理念，加强改革顶层设计，持续革新组织机构、明晰各级职责、理顺管理流程、配套管理机制，全力推动油公司建设走深走实。

（二）改革创新是企业发展的永恒动力

油田坚持稳中求进总基调，率先试点统配共享的科技人才一体化管理新模式，创建信息化条件下厂直管班站示范区，为东部老油田高质量发展之路做出了有益的尝试。

（三）改革创新要体制机制齐头并进

改革是关键一招，体制改革必须要机制配套，才能见真招、出实效。改革的体制调整到位，还要及时配套相应运行机制，才能有效激发新体制新模式的新活力，确保改革初衷与预定效果如期显现。

“四大引擎”赋能深化改革　推动企业高质量发展

西北油田分公司

一　改革背景

西北油田分公司主要勘探开发区域位于新疆塔里木盆地，始终肩负保障国家能源安全和西部资源接替的光荣使命，先后发现塔河油田、顺北油田等6个油气田，建成了我国最大的古生界海相碳酸盐岩缝洞型油气田，累计生产原油突破1.1亿吨、天然气265亿方。始终秉承“敢为人先，创新不止”的企业精神，坚持深化改革不停歇，逐步走出了一条现代油公司之路，聚焦“提效率、强动力、激活力、增效益”的改革目标，着力打造“组织、科研、市场、考核”四大引擎（见图1），推动油公司建设与高质量发展深度融合，以不到 4000人的用工总量运转一个年产 850万吨油气当量、矿区面积8余万平方公里的大油气田，人均劳动生产率持续稳定在2000吨油气当量以上，高于国内上游平均水平4倍，万吨油用人4.6人。

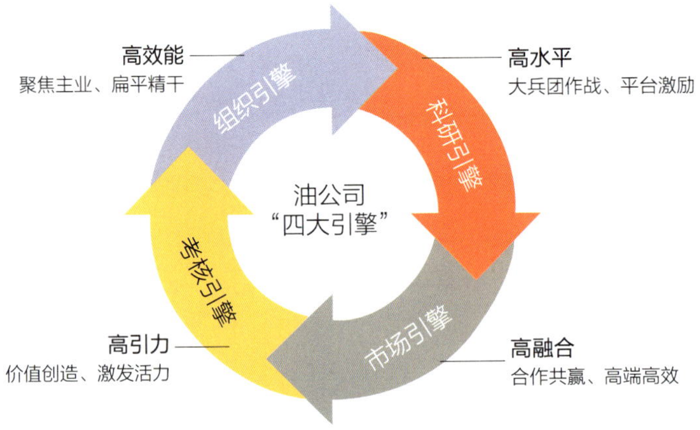

图1　改革“四大引擎”思路图

二 主要措施

（一）精干高效提效率，打造油公司高效能“组织引擎”

基于组织层级扁平、板块界面清晰的油公司组织架构，锚定高质量发展目标，聚焦主业精干高效，持续推动体制改革。

一是深化机关“大部制”改革。明确机关部门“统筹引领、指导服务、监督监控”职能，构建起更加精干高效、规范统一、责权明确的机关队伍。合并相近职能单元，实施“去行政化”，压减机关部门及直属中心6个，压减率达25%。

二是推动专业化单位瘦身整合。集聚专业资源，发挥资源合力，整合电力、供水、搬迁、道路等业务单元组建油田工程服务中心，整合资产、后勤、车辆、离退休等业务单元组建公共事务管理中心，机构精简40%，构建起“技术精、服务优、创效强”的专业化格局，有力保障主业高质量发展。

三是生产板块创建信息化条件下标准示范区。持续做强主业，结合市场化、信息化进程，不断革新生产组织方式，新老区深化“厂直管班组”模式，有效提升基层组织效能。其中，采油四厂组建综合、技术、经营、生产四大中心，生产、集输业务实行区域化外包，创建了“三位一体、四化融合”（见图2）的顺北模式，致力全口径百人百万吨目标，人均利润、人均产量分别为板块平均水平的36倍、170倍。

四是油田公司创新实践项目化管理。组建勘探开发一体化项目组、工程地质一体化项目组、顺北产能建设项目部，发挥项目化优势，打破专业壁垒，完善一体化运行机制和项目化考核激励，提升项目整体效能。探明储量成本下降40%，塔河、顺北区块整体钻井施工周期同比缩短10%、13%，完井周期缩短9.9%、25%。

图2 “三位一体、四化融合”顺北模式组织运行示意图

（二）资源统筹强动力，打造油公司高水平“科研引擎”

坚持创新驱动战略，积极践行“举全集团之力，加快西北油田增储上产进程”的指示精神，瞄准油田技术研究难题，集聚内外部科研力量，全力推动“大兵团”作战模式，激活高质量发展动力引擎。

一是搭平台，兵团作战取得机制支撑。围绕油田科技创新“四大理论”及六大关键技术，搭建高水平基础研究、高质量技术攻关、高效率成果转化“三大平台”。其中，依托基础研究平台，开展中国石化项目群和独立课题14个，油田科研及先导项目40个；依托技术攻关平台，采用联合攻关、揭榜挂帅等方式，与中国石化“三大院”、高校及外部机构开展技术攻关项目24项；依托成果转化平台，新增科技成果库成果1200余项、形成产品化库成果92项。

二是建团队，联合攻关获得组织保障。坚持以任务和问题为导向，组建塔河老区稳产开发理论与配套技术联合攻关团队、顺北超深层断溶体油气藏高效勘探开发理论及技术联合攻关团队等“六大团队”（见图3），实施挂图作战；配套三级次交流机制，强化常态化沟通协同；签订阶段性目标任务书，加大奖惩力度，确保联合攻关落地见效。其中，聚焦顺北油气田断控漏失、垮塌及钻速慢等世界级难题，联合中原钻井、江钻股份、斯伦贝谢、中国石油大学、阿特拉能源等10余家单位进行攻关，累计实施20项钻井技术，突破9000米以上特深井钻完井工程关键技术。

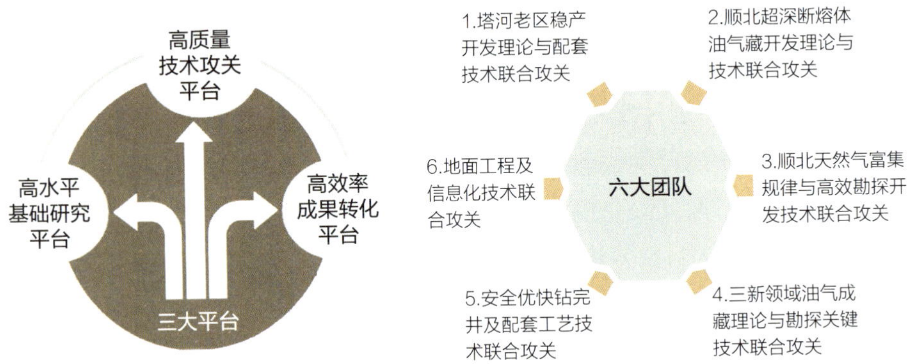

图3 科技创新三大平台、六大团队示意图

（三）合作共赢激活力，打造油公司高融合“市场引擎”

坚持市场化改革导向，树立合作共赢理念，实施3项激励性保障措施，完善市场队伍“引管培退”长效机制，打造高端高效市场，持续激发市场活力。

一是推行“三优”工程激励。先后在钻井、测井、录井、地面工程建设专业出台优质优速优价激励政策，直接在合同结算中予以奖励兑现。其中，钻井方面已兑现提速奖金2400余万元，节约钻井周期182天。

二是畅通“高精尖”引进渠道。针对高精尖技术、油田急需装备，以依法合规为前提，灵活合作模式，确保渠道畅通、合作高效。目前已与贝克休斯、斯伦贝谢等国际知名油服深度合作交流，应用垂直钻井、旋转导向钻井技术有效提升机械钻速。

三是探索“经营性”承包模式。在区域油气生产业务、修井业务链等方面试点经营性一体化承包，有力激发合作方自主创效活力。其中，修井业务已完成试点144井次，实现发包方零协调、配合作业零等待的“双零目标”，创效799万元。

（四）价值创造增效益，打造油公司高引力“考核引擎”

坚持价值创效导向，持续完善体系建设和平台建设，充分发挥绩效考核“指挥棒”作用。

一是以“1+3”考核体系（见图4）引领创价值。制定了1项总的价值考核制度，统筹绩效管理全面工作，并配套“KPI经营业绩、百分制党建管理、千分制风险管控”3项考核标准，促进全员深植价值创效理念，凸显出导向引领作用。

二是以“三类差异”考核促效益。坚持区分经营主体责任，深入实施“开发主营业务创效、技术研究服务创效、技术保障提效创效”，并对各创效主体实施差异考核，促进压实创效责任，投资回报率、经济增加值等指标持续领先。突出生产单位油藏经营管理主体责任，释放增量业务投资决策实施一体化优化空间，搭建投资成本、经营预算、生产运行三大平台，支撑开发单位优化管理、整合资源，全价值链创效。

三是以信息化“智慧考核”提效能。推进“指标动态跟踪考核平台、绩效管理服务平台、绩效智能分析平台”及“标准指标中心”的“3平台1中心智慧考核”系统建设，实现考核全流程信息化，营造了人人肩上有指标的“赶考氛围”。

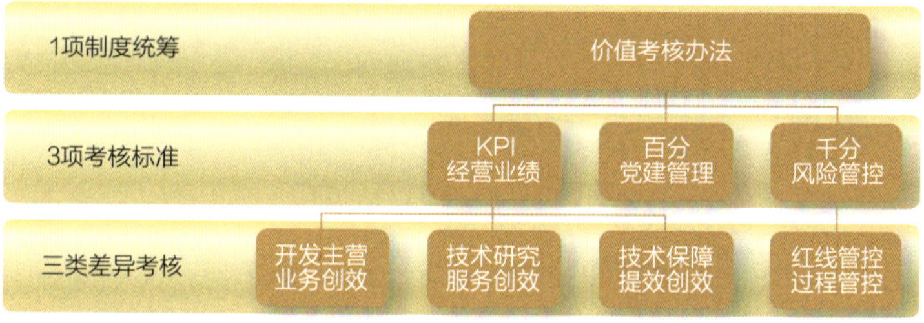

图4　“1+3”绩效考核制度体系

三　取得成效

（一）企业核心竞争力显著增强

通过深化油公司建设，五力水平显著增强，指标综合评价位列国内石油上游第一，被评为国有企业管理标杆企业。其中新增探明储量、探井成功率、全员劳动生产率、利润总额和盈亏平衡点5项指标再次刷新板块标杆指标，全员劳动生产率2157吨/人。科技创新水平引领国家超深层海相油藏勘探开发技术的快速发展，断控缝洞体三维雕刻与储量计算技术等十余项技术鉴定为国际领先，“十三五”以来，勘探成功率保持在55%以上，SEC储量替代率保持在100%以上，尤其是2021年勘探成功率达到75%，年内相继发现6口日产千吨井，开创了中国西部千吨井突破速度新纪录。

（二）油公司模式发挥典型示范效应

通过打造精干高效组织，让听到炮声的人指挥战斗，形成最短业务流程、最快闭环反馈，实现体制精干高效；通过大兵团科技攻关、高端高效市场、价值考核激励，有力撬动内外优势资源，激活内外活力，建成组织效率高、业务机制活、用人水平优、市场机制佳、操作成本低、成长性能好的油公司模式。以此油公司模式高油价下助力企业快速建成陆上十大油田，低油价下保障企业率先扭亏为盈彰显抗风险能力，对市场经济条件下的石油企业如何以体制机制建设打造竞争优势，提升管理水平提供良好借鉴。

（三）员工思想观念发生深刻转变

坚持以价值引领、创新驱动，大幅转变了员工思维方式、行为方式、工作方式，机关人员把“引领统筹、指导服务、监督监控”理念渗透到工作和制度流程中，持续推动管理效能大幅提升；开发单位聚焦主业质效提升落实油藏经营主体责任，从管理产量向经营油藏转变，创效水平不断提升；广大干部职工自觉提素质、提能力，在多创效益、多挣绩效、体现价值上下功夫，积极投身改革、支持改革，对公司改革发展提供了源源不断的内生动力。

经验启示

（一）国内石油企业要坚定油公司建设这一改革方向

西北油田分公司从1997年事业单位转轨改制之初，就义无反顾地选择走油公司道路，率先完成主辅分离，30多年来坚持突出主业做强做大，持续完善体制机制，保障了油田持续高效发展，尤其是在石油行业“寒冬期”率先扭亏为盈体现出较强的韧劲，对石油国企提升“五力”具有示范作用，应当坚定不移按照这一发展方向走下去。

（二）国内石油企业要落实好价值创造这一改革要务

油公司模式下始终坚持一切向价值创造聚焦，推动企业从传统“油藏开发”向“油藏经营”转型，围绕油藏全生命期效益最大化，通过建立完善经营创效、考核激励等机制，推动业财融合，配套管理会计工具辅助决策，引导全员、全要素、全业务链价值创效，经营创效指标始终在行业保持领先，为国内石油企业提高竞争力提供了借鉴。

（三）国内石油企业要把握好市场化运营这一改革关键

市场化运营是国企深化改革的关键环节。充分依托市场，最大程度汇聚优势的技术、管理、人力等优势资源为我所用，不仅是保持了自身精干高效，更激发了活力和动力，为参与外部竞争提供了平台。建设好油公司，就必须要坚持市场导向，完善市场运行体系，有效激发市场活力，打造公平公正、高端高效市场，支撑主业高质量发展。

全面深化改革
持续推动企业高质量发展

镇海炼化分公司

一 改革背景

镇海炼化分公司是中国石化特大型炼化一体化企业，现有在岗员工6300余名，拥有2700万吨/年原油加工能力、220万吨/年乙烯生产能力，并作为龙头单位，与23家全资、合资合作及托管企业共同构成“大炼油、大乙烯、大码头、大仓储”的产业格局。2020年12月入选国资委国企改革“双百行动”企业，2021年7月成为国资委国有重点企业管理标杆创建行动标杆企业。多年来，公司始终坚持以习近平新时代中国特色社会主义思想为指导，牢记习近平总书记“世界级、高科技、一体化”殷切嘱托，深入贯彻落实党中央、国务院关于深化国企改革三年行动的决策部署，按照集团公司深化改革的具体要求，聚焦“增强活力、提高效率、创造价值”，深入开展“双百行动”综合改革，将国务院国资委要求的“五突破一加强”落实到具体方案和行动中（见图1），促进形成了“人人尽其责、管理全覆盖，事事争第一、对标创一流”的生动局面，有效推动了企业高质量发展。

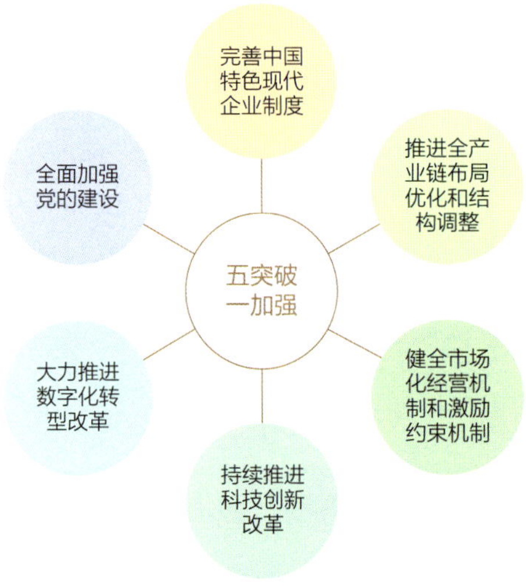

图1 “双百行动”思路图

二 主要做法

（一）锚定世界领先，推动管理创新优化

一是高起点谋划企业发展战略。成立改革领导小组统揽全局，树立世界眼光，拉高对标标杆，制定“十四五”“443”（4000万吨/年炼油、400万吨/年乙烯及高端合成新材料产业集群、3000亿元/年产值）高质量发展规划主线，谋划了“打造全产业链发展战略”“深化数字化转型改革战略”和“持续赋能赋智人才战略”；同时，组建工作专班精准落实，开展集中办公攻坚克难，实行挂图作战压实责任，层层发动，狠抓改革任务落实。

二是着眼科学领先深化对标提升。立足国资委“两利四率”、对标提升行动“八个维度”和中国石化高质量发展“八大能力”的对标要求，“企业、专业、装置、单位、班组、岗位”6个层面自上而下一贯到底，构建了“886”全景式、贯穿式对标评价体系（见图2），确定386项量化指标，充分调动每一个层面、每一个细胞的积极性。同步开发投用对标评价信息系统，与任务督办、绩效考核贯通，做到了“对标提升可视化、对标指标集成化、过程跟踪自动化、数据分析自主化”。2021年各项对标指标中，实现国际领先2项、国内领先5项、集团内领先122项。

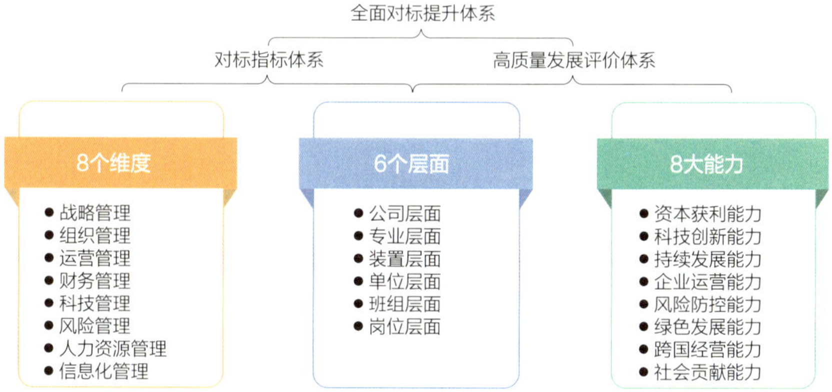

图2 “886”对标评价体系模型

三是全员精益全程优化推动价值创造。将“效果、效率、效益”作为衡量工作的“标尺”和“准则”。追求管理简化，向一切没有价值的工作开刀，向一切有价值的工作倾斜。管理提效争简，让制度瘦身、流程最短，制度压减率36%；实施精准督办，让“马上就办、办就办好”成常态。追求管理量化，努力实现用最小消耗获得最大利润。构建基于风险和效益的投资管理机制、连接市场和现场的预算优化机制、抓源头抓过程抓终端的成本管控机制，实现整体效益最大化“一本账”、炼化一体化“一盘棋”。追求管理优化，建立全员成本目标管理体系和全过程“一平稳五优化”机制，实现了一体化格局下的整体效益最大化（见图3）。

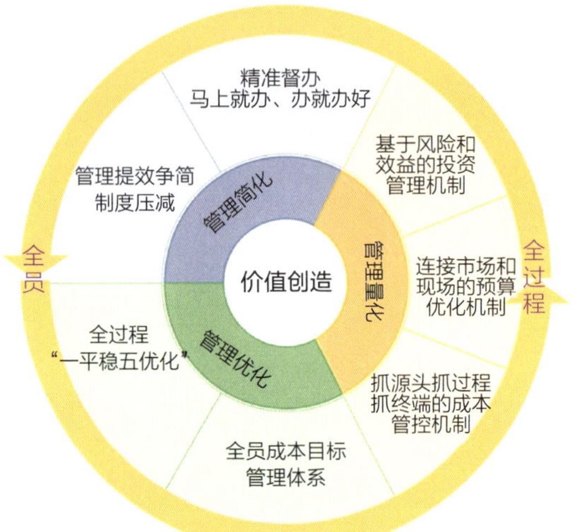

图 3 全员精益全程优化推动价值创造

（二）聚焦重点关键，推动改革实质突破

一是优化产业链布局和结构调整。持续做好全产业链顶层规划设计和因地制宜布局，勇当"产学研用"一体化的现代产业链"链长"。主动融入地方，积极拓展与周边区域的资源整合，与周边互供企业达20多家、20多个品种，每年管线互供超过200万吨（见图4）；加速发展新能源，高标准建成宁波市首座加氢示范站；加快发展新材料，与国内一流高等院所开展战略合作实施研发项目。

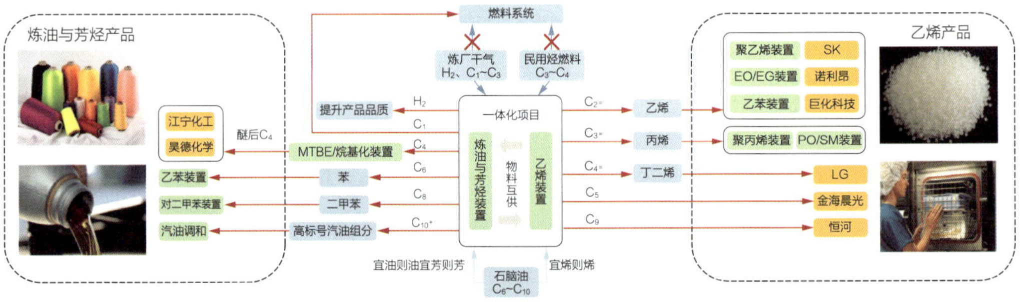

图 4 与周边企业物料互供示意图

二是镇海基地管理一体化迈出新步伐。面对镇海基地"1+23+N"个法律主体的发展格局，创新提出镇海基地"股权多元化、管理一体化、发展最优化、效益最大化"管理理念，主动在多元主体改革领域开展全新探索、探路引航。围绕"一体化"这个核心，在发展规划、工程建设、计划管理、经营优化、原料采购、产品销售等方面，建立不同主体上下穿透、左右贯通的一体统筹、一体指挥、一体行动的管控模式，打造出1+1 > 2 的利益

共同体、价值共同体、责任共同体。2022年2月28日，完成收购浙江交科旗下位于宁波化工园区的两家全资子公司，实现了央企和地方国资企业合作转型的新突破。

三是“三项制度”改革取得突破。干部人事向先进对标，在炼化板块首家实施经理层成员任期制和契约化管理；突出“责任结果”导向，加大对“不担当、不作为、慢作为”干部“下”的力度，连续两年考核后3%的末等调整退出，结合干部日常考察和年度绩效，2021年对18名中层、58名基层领导人员实施了退出预警和提醒谈话。劳动用工向一流对标，强化“三定”对标，严控用工总量，试点职业经理人选聘和职业化员工制度，搭建“最强操作”竞赛平台和“星级闯关”培养机制，实行“总教练+主教练+助教+师父”的“教练员”网格体系，推进人才强企工程。薪酬分配向市场对标，成为中国石化首家“超额利润分享机制”试点企业，通过差异化分配、多样化激励，以奋斗者为本，向“出力打粮”的骨干员工倾斜，极大地激发了活力，鼓舞了干劲。

四是科技创新创效能力得到加强。探索科技创新柔性引才机制，发布“我有研究院，谁来当院长”，面向全球传递求贤心声。打通新产品自销和科研物资绿色采购通道，对束缚科研效率的机制“做减法”，赋予科研人员更大自主权。健全科研项目立项攻关机制，实施“揭榜挂帅”，科研人员抢榜揭榜、挂帅出征。实行“大兵团”作战，成立18个重点创新攻关团队，强化科技创新考核，将研发投入、关键核心技术攻关、成果转化、知识产权等纳入年度绩效考核，压实科技创新责任、重奖科技创新成果，年度科技进步奖励超400万元。

五是数字化转型促提质增效。率先建成国家炼化智能制造示范工厂，5G网络全面覆盖装置现场，实现了“生产运行智能化、设备管理数字化、企业管理信息化、工业互联平台化”。构建“企业大脑”，生产运行从计划、调度到生产，全部实现数据驱动、全程在线、协同优化，实现资源充分利用。2021年，生产装置在线优化及先进控制累计增效超6000万元。打造“未来工厂”，实施机器代人、智能操作，投用无人值守变电所、国内首座国产化聚烯烃立体库，既节约大量人工成本，又使现场操作更智能、更高效、更安全。

（三）提升党建质量，强化保障引领

一是持续加强党的领导融入公司治理。深入贯彻落实“两个一以贯之”，建立完善“党委决定重大事项清单”“党委前置研究讨论重大经营管理事项清单”，做好与“三重一大”决策制度、内控权限指引的有效衔接，进一步明晰了各治理主体的权责边界。立足镇海基地，制定实施《加强子企业董事会建设工作方案》，全力落实和持续规范合资合作企业党建工作“一制度四清单”。

二是强化政治统领发挥党建作用。坚持把政治建设摆在首位，做“两个确立”的忠诚拥护者、“两个维护”的示范引领者、“红色根脉”的坚定守护者、“世界级、高科技、一

体化”绿色石化基地的不懈奋斗者。高质量推进党史学习教育，打造融合“党建红、生态绿、发展蓝”的特色教育独特路线（见图5），公司成功入选国资委首批100个中央企业爱国主义教育基地、中国石化十大红色教育基地和浙江省习近平新时代中国特色社会主义思想研究中心调研基地。围绕基地建设、生产经营等中心任务组建219个党建共建项目、419个党员责任区、222个党员创新攻关组、256个党员示范岗，“党建领航、书记领跑、党员领先”的“三领”行动实现组织力不断提质增效。

党建红：乙烯工程奠基点

生态绿：白鹭自然保护地

发展蓝：镇海基地

图5 “红绿蓝”特色党史学习教育独特路线

三 取得成效

（一）盈利能力持续领先

2021年实现营业收入1178亿元、利税322亿元、利润111亿元，效率效益走在行业前列。营业收入利润率9.48%、资产负债率44.70%；全员劳动生产率人均达525万元，“两利四率”指标同比大幅提升。

（二）管理效能显著提升

不断深化“科技创新+管理创新”双轮驱动，成功实现了从精细管理到精准管理再到精益管理的梯级提升，“双百行动”六大改革领域43项重点任务提前完成；在全球石化行业绩效评价中，炼油绩效位列亚太第一群组、乙烯绩效位列世界第一群组。新投产的120万吨/年乙烯从动工建设到投产仅用22个月，创百万吨级乙烯工程多项新纪录，入选2021年度央企十大超级工程。

（三）科技创新成果逐步显现

2021年公司研发经费投入同比增长52%，申请专利同比增长136%，参与完成的“复杂原料百万吨级乙烯成套技术研发及工业应用”项目荣获2020年度国家科学技术进步一等奖。“塑料黄金”聚丁烯-1生产装置打通全流程实现平稳运行。

经验启示

（一）战略引领是深化改革持续发展的先导

镇海炼化分公司锚定世界领先，制定“十四五”“443”高质量发展目标，谋划“三大战略”，打造“世界级、高科技、一体化”绿色石化基地，从根本上确保了改革的系统性、整体性、协同性和企业发展的高质量、可持续。

（二）锐意创新是深化改革实现突破的关键

抓创新就是抓发展，谋创新就是谋未来。镇海炼化分公司建立健全改革创新的生态，在基地一体化管理、对标评价体系建立、三项制度改革、数字化转型等各方面，先行先试、勇于创新、鼓励探索，确保改革取得突破。

（三）真抓实干是深化改革取得实效的保障

镇海炼化分公司将深化改革作为企业高质量发展的关键，聚焦重点专班推进，实行挂图作战、在线督办，咬定目标不放松，踔疾步稳不懈怠，狠抓各项改革落实，保障改革取得实效。

坚持一引领两保障五聚焦
全面深化改革提实力

石家庄炼化分公司

一 改革背景

石家庄炼化分公司是中国石化布局华北区域的大型炼化一体化企业，拥有800万吨/年原油加工能力、20万吨/年己内酰胺生产能力。公司坚持以习近平新时代中国特色社会主义思想为指导，认真落实深化国企改革三年行动决策部署，针对产业发展瓶颈和内陆区位带来的竞争力不足以及干部员工激励机制僵化、制度体系不优化、关键领域基本功不扎实带来的发展动力不足等问题，做出了实施“明珠战略”决策：以绿色新材料战略转型为引领，以强化考核激励、优化制度体系为保障，以聚焦“HSE基本功、价值创造、成本节省、业务可靠性、队伍建设”五个关键领域为着力点（一引领两保障五聚焦，“125”明珠战略，见图1），以改革求突破，以创新谋发展，把石家庄炼化分公司建设成为管理科学、绿色低碳、优势突出、和谐有序，具有较强竞争力的炼化一体化企业。

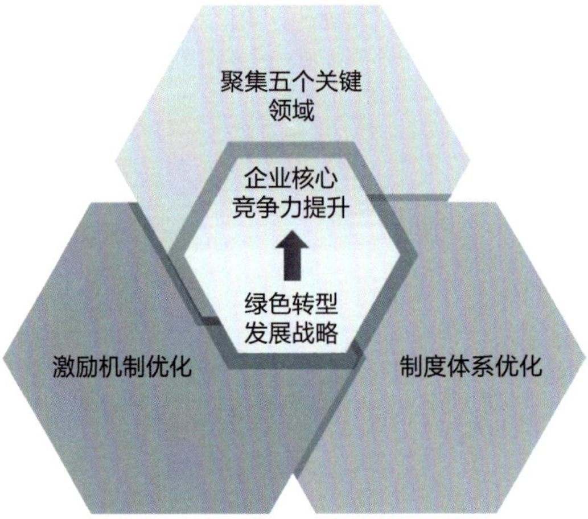

图1 “125”明珠战略思路图

二 主要措施

（一）坚持“绿色转型”引领改革

在炼油产能过剩与新能源对化石能源严峻挑战双重因素叠加影响下，公司炼油产能得不到释放、长远发展不可持续，“油转化”成为突破发展困境的不二选择。结合集团公司“一基两翼三新”产业布局，公司决定“十四五”期间实施绿色新材料转型项目，实现“燃料型”炼厂向“新材料”炼厂转变，把公司打造成为国内先进的新材料、清洁能源基地。首先，将技术创新融入新项目提高生产力。以催化裂解装置为核心，将柴油产能转化增产为丙烯、副产乙烯等低碳烯烃，延伸生产苯乙烯、环氧氯丙烷、异壬醇等绿色高端新材料，打破国外对高碳醇和环保法环氧氯丙烷技术垄断，形成一系列具有市场竞争力的“珍珠型”拳头产品，助力产业格局调整、带动河北省石化产业转型升级绿色发展。其次，全面“提效精进”，提升公司治理体系和治理能力。一是追求卓越，培育、汇聚“珍珠型”实干人才，激发创业干事活力；二是打磨高效流程，构建“珍珠项链式”制度体系。

（二）强化“两大保障”护航改革

1. 优化考核激励机制，激发内生动力

一是完善中层干部绩效考评。优化《干部年度综合考评方案（试行）》，改变以前“单位业绩等同个人业绩”“正副职业绩不区分”“分档标准不精准”等做法。在考核标准层面，实行“中层单位党政正职（副职）个人经营业绩得分＝单位整体业绩70%（40%）＋个人工作业绩30%（60%）”，个人业绩与单位业绩挂钩更加科学，班子整体业绩与个人业绩差异化更趋合理。在分档标准方面，细化事故对分档结果的影响，由原来笼统的定位C档，精准到按照事故等级明确对“主管领导、党政正职、领导班子”分级考核、精准追责。在考评技术支撑方面，采用“标准分”代替“原始分”解决主观测评项目分值偏差问题，通过民主评议系统科学设置打分规则限制全部满分和雷同分数，一人一码的二维码“无忧”测评，实现考评结果客观、科学、可信，助推干部考评结果落实落地。

二是推进用工市场化。对标先进企业，规范岗位设置、优化定员标准，盘活消化用工存量和余量；建立“大用工”理念，加强对直接用工、合资用工、业务外包用工管理；实施了《离岗人员分离安置办法》《岗位及人员退出方案》，推动建立人力资源池（见图2），顺畅员工市场化退出途径、倒逼员工主动适应岗位要求。

三是调整薪酬分配体系。取消领导人员考核激励奖、管理目标奖等薪酬项目，统一调整为基数乘系数模式，建立以效益和价值为导向的薪酬绩效考核体系；打破“高级大锅饭”，增加一线岗位结构调整补贴，加大薪酬分配向生产一线、操作复杂系数较高岗位的

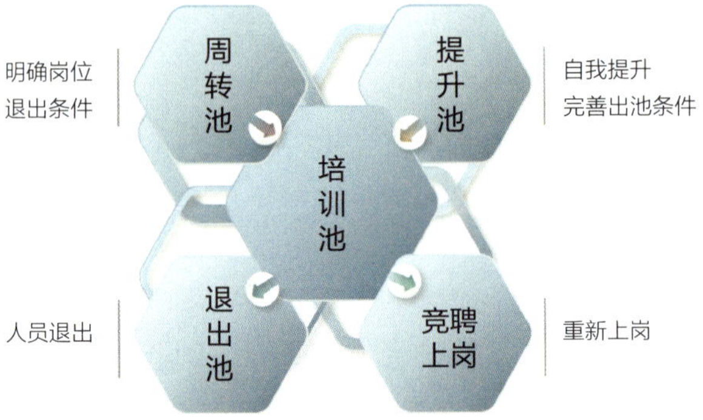

图2 人力资源池

倾斜力度；修订《职能部室优化用工激励办法》，推进部室人员向一线合理流动。

四是建立穿透式全员绩效考核。公司实施“ABC 区分方案”，职能部室按照目标导向、问题导向原则，对所辖业务实施绩效区分，单位排序记入月度绩效考核；各单位以岗位责任制为基础，进行岗位人员绩效区分；要求组织绩效、岗位绩效ABC区分差距达20%；公司设立“总经理奖励”“公司专项奖励”“部门专项奖励”三个奖励层级，遵循价值导向、突出贡献者，推动建立以“个人绩效保组织绩效、月度保年度、年度保聘期”的穿透式全员绩效考核机制（见图3）。考核结果体现业绩价值差异并与各类嘉奖、评先荐优、选拔晋级挂钩，让“珍珠型”实干人才绽放光彩。

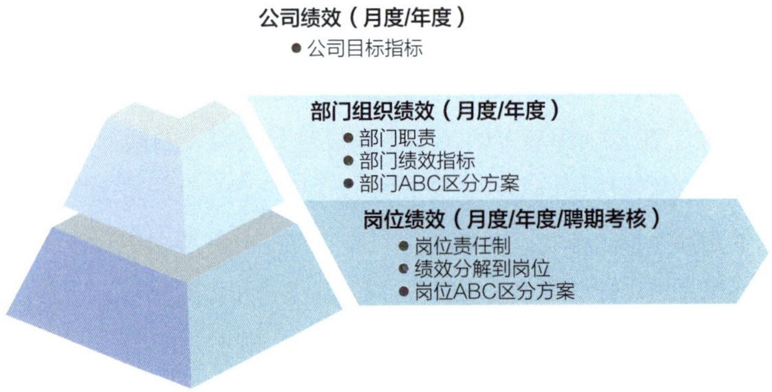

图3 穿透式全员绩效考核机制

2. 优化制度体系，管控能效持续提升

一是推进体系、职责、制度、流程配套建设，促进体系与业务融合。公司发布了业务树和职责划分手册，完善了“一体化管理体系－职责划分手册－管理制度－业务表单”四级支撑文件体系，实现了管理标准通过职责、制度、表单逐层穿透落地，管理体系运行与日常工作深度融合。

二是推进制度流程优化，提升制度“含金量”。公司提出“向管理要效益，向流程要效率”，坚持问题导向，持续开展制度诊断活动，打磨“珍珠项链式”制度体系。2021年对业务外包、物资采购招投标、设计与建设等12项重点、薄弱流程进行了诊断，通过完善管理机制、明确职责、优化流程等措施，优化了“外包业务专业监管”“制度预审机制”“流标管控流程”等40个关键控制点，提升了制度管控效能。

三是巩固完善“止损机制”，提升专业管控效果。持续落实周检、“事不过三”等止损机制，压实各部门、各岗位管理责任，推进制度落实落地；以问题为导向制定《专业基础检查标准》，检查条款和部门季度全覆盖，对各部门周检ABC排名纳入月度绩效考核得分，督促职能部室提升检查力度和深度。

（三）聚焦“五个领域”夯实改革

一是聚焦HSE基本功，夯实绿色转型根基。通过“落实责任、落实制度、落实监测”，支撑HSE管理体系有效运行；抓关键业务和环节风险控制，落实管控降分方案；严抓直接作业、承包商管控，实行“6+N协调会”机制，推动许可证减量化、施工提效化、施工项目标准化；完善HSE培训矩阵，提高全员HSE素质。

二是聚焦价值创造，提升盈利水平。持续优化产品结构，增产、推广RA5热拌用沥青再生剂、聚丙烯纤维料Y26、MM40、高熔指纤维料、异戊烷发泡剂等“珍珠型”高附加值产品；强化资金占用管理、税收创效、两资清理、土地管理等，实现资金创效。

三是聚焦成本降低，扩展盈利空间。成本管控从“控总额”转变为“控行为、控标准”；加强合同金额、取费标准与实际支出比对、执行偏差预警；聚焦业务外包等重点费用，通过“七个讲清”（讲清来源、讲清标准、讲清周边、讲清问题、讲清困难、讲清措施、讲清目标）促进降本减费。2021年有25个能效提升项目投用，综合能耗创三年来新低。

四是聚焦业务可靠性，保障平稳运行。推行“专业制度表单化”管理，将工艺技术管理要求落实到工艺卡片、操作规程等24个专业标准中；以问题为导向完成操作法诊断、工艺设备HSE三规程优化、工艺卡片“找依据、明底限、辨风险”全面诊断，推进“手指口述”操作、常规操作全员过关，狠抓先进控制（APC）系统应用；落实设备分级管控和缺陷分级分类，降低设备故障率，装置运行更加平稳、优化、安全。

五是聚焦队伍建设，提升企业发展后劲。通过“技能、技术双师带徒”“勤学敬业奖”“青年才俊评选”等机制，激励青年员工主动成长；打通技能、技术、管理三支队伍成长通道，实现横向贯通，确保人才成长可持续、留得住；聚焦实操技能、回归基本基础，实施“专业培训矩阵”，夯实技术、操作人员基本功，保证人的“可靠性”。

三 取得成效

（一）干部、职工活力显著增强，干事创业积极性高涨

干部强制分档、末位调整机制顺畅实施、能上能下渠道畅通。2021年对4名干部强制分为C档，进行了组织调整，2020年考评为D的2名人员予以免聘；人力资源盘活效果显著，2020~2021年部室向一线流动28人；全年发放各类专项奖励702万元，突出贡献人员得到有效激励，干部员工的内生动力和干事创业积极性高涨。

（二）制度体系持续优化，制度管控效果得到提升

体系运行与业务深度融合，解决了体系与日常工作两张皮问题；制度质量实现源头控制，制度含金量提高；全年“事不过三”案例同比下降50%；专业基础检查季度覆盖率由2020年初的60%提高到目前的80%，年度覆盖率达到100%，专业管控力度和深度大幅提升，实现了及时止损、有效区分、管控水平提升。

（三）HSE基本功增强，盈利能力得到提升

HSE保障能力提升，安全风险总值同比降低10%，通过了集团公司绿色企业验收；聚丙烯向食品级、医疗级、高端绿色化发展，产品市场竞争力、生产保障能力持续提升；2021年非计划停工0次，生产异常波动同比降低40%，APC应用排名持续18个月保持板块第一，生产稳定运行、优化水平明显提升。2021年公司利润总额同比增长9.42亿元，总资产报酬率同比上升7.94个百分点，盈利能力大幅提升。

经验启示

（一）深化改革要借势发力、有的放矢

石家庄炼化分公司产业优势、区位优势不足，迫切需要战略转型、提高自身竞争力。充分利用深化改革三年行动这一有利契机，谋划绿色新材料转型发展，做实战略引领、补短板、强弱项，推动企业自身成长。

（二）深化改革要问题导向、对症下药

石家庄炼化分公司对照集团公司任务清单、结合自身痛点，在考核激励机制、制度体系建设、基本功提升方面持续发力、重点突破，优化体制机制，全面提升企业活力、盈利能力、竞争力。

（三）深化改革要攻坚克难、动真碰硬

“三能”机制是深化改革的重点和难点，石家庄炼化分公司自上而下、以上率下动真碰硬、推进改革进程。通过契约化和任期制、市场化选人用人、优化劳动用工和薪酬激励机制，激发了各层级人员干事创业活力。

市场牵引深化改革
打造世界领先润滑油公司

润滑油公司

一 改革背景

润滑油公司主要从事润滑油脂、精细化学品的研究开发、生产销售与技术服务，是国内产销量最大的高档润滑油脂企业。旗下长城润滑油服务中国航天及高端制造业70年，“SINOPEC”品牌销往全球60多个国家和地区。2018年入选“双百行动”首批试点企业，按照国有企业深化改革的总体部署，坚持以党建引领改革，瞄准世界领先润滑油公司的战略目标，以围绕主责主业、做强做优做大润滑油业务为工作主线，确立了“机制先行、激发活力；体制并举、提升效能；体制机制互促、打造一流”的三步走改革举措（见图1），抓重点、补短板、强弱项、扬优势，实施深层次改革，完善中国特色现代企业制度，健全市场化经营机制，全面加强党的领导党的建设，以领先的体制、机制打造公司中长期竞争优势。特别是2020年实施“国企改革三年行动”以来，进一步细化了公司综合改革实施方案（2021~2022年），建立了8个方面27项工作任务台账，抓实抓细，清单管理，提前完成了台账改革任务，取得了积极成效。

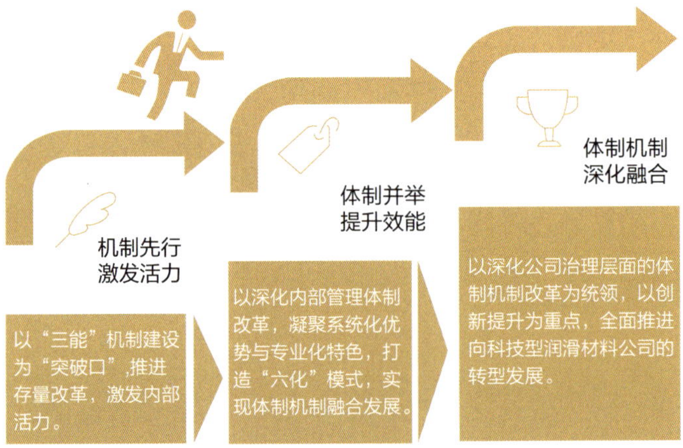

图1 实施“三步走”战略，全面提升公司中长期竞争优势

二 主要措施

（一）深化管理体制变革，推动公司管理从管控型向赋能型转变

一是健全法人治理结构，完善顶层设计。坚决贯彻落实“两个一以贯之”要求，坚持发挥党委“把方向、管大局、促落实”作用，扎实推进在完善治理体系中加强党的建设试点工作和董事会规范运作试点工作，研究细化和明确了党委会研究决定、党委会前置研究、董事会决策、专题会议研究、经理层决策和董事会授权董事长职权、董事会授权经理班子决策等“七个事项清单”，厘清党委会、董事会、经理层权责边界，并完善治理主体决策制度与议事规则、外部董事发挥作用机制等配套制度体系和规范运作程序，构建起各治理主体“权责法定、权责透明、协调运转、有效制衡”的公司治理机制。在完善治理体系中加强党的领导试点工作向基层延伸，建立起上下贯通、职责明确、执行有力的组织体系，推进制度优势转化为治理效能。

二是构建高效管理体制，提升公司经营活力。公司实施了“系统化运作、区域化经营、专业化服务、平台化支撑、属地化管理、市场化保障”的“六化”改革，重构运营体制，成立了7家区域分公司，形成了“大客户、经销渠道、新零售”三管齐下的营销格局。优化组织机构设置，建立了清晰对等的责权利体系，公司机关承担“战略引领、平台化支撑、统筹协调”的职责，区域分公司承担“区域运营及发展、价值创造、决策执行”的职责，省级销售机构作为一线作战部队，是省域市场开发的责任主体和模拟利润中心，负责开展“全品类”“全业态”销售，生产单位按照目标责任要求完成订单保供任务。机关“去行政化”，向“能力中心”转型，压缩机关管理岗位17个，精简管理人员15%。

三是推进“放管服”工作，向生产销售一线赋能。按照“六化”改革思路，坚持自下而上推进省级销售机构改革，强化基层作战单元建设，以省级销售机构改革倒逼内部管理变革。建设公司统一的交付体系、技术支持体系与市场开发保障体系，对现有制度流程进行梳理和效能评估，通过完善制度、优化流程，不断强化平台支撑，赋能市场一线。公司连续两年修订完善“放管服”清单，实施放权95项，加强管理114项，改进服务72项。

（二）聚焦“三能”机制建设，推动员工从胜任力向创新力转变

一是实施任期制契约化管理，实现干部“能上能下”。实现中层干部任期制契约化管理全覆盖，明确3年常态化任期，构建“效益+专业+重点工作+党建”的指标体系，确立退出条款，并延伸到省级销售机构经理层，激发干部队伍干事创业活力与动力。实行干部公开竞聘，打开“能上”通道，强化契约化考核，落实“能下”措施（见图2）。2019年以来，竞聘选拔8名年轻干部走上中层领导岗位，27家省级销售中心经理层全面竞争上

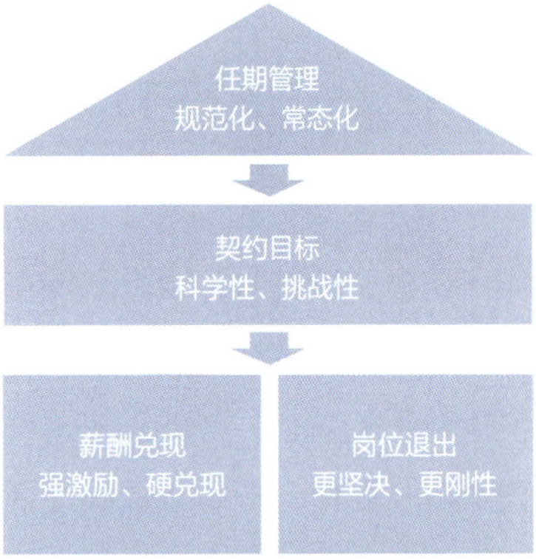

图2　中层干部全面实施任期制契约化管理，实现干部“能上能下”

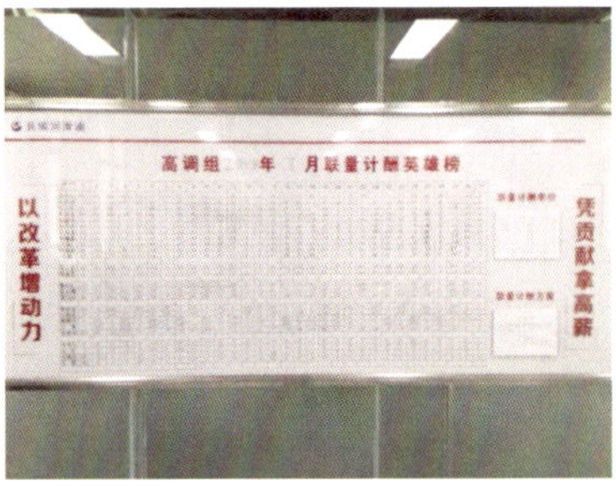

图3　开展联量联效联费计酬，实现员工从“等活干”到“找活干”的转变

岗；2021年累计末等调整和不胜任退出干部9人。

二是建立市场化用工机制，实现员工“能进能出”。实行机关管理岗位公开竞聘，面向炼化系统公开招聘部分海外派驻岗位，“揭榜挂帅”选聘重点行业开发经理。建立健全市场化用工管理办法和职业经理人管理制度，开展职业化用工招聘和职业经理人招聘；探索实行人力资源池机制，落实制度化退出。深化联量联效计酬，以严考核硬兑现，实现优胜劣汰（见图3）。2021年年末全口径用工总量较改革前精简25%；通过市场化机制压减合同制员工4%，压减主体业务外包人员40%。

三是创新价值分配机制，实现收入“能增能减”。探索实行工资总额备案制，确立效益决定、效率调节的工资总额决定机制。弘扬奋斗者文化，以价值创造为核心建立“实体、员工、干部”三位一体分配机制。对实体单位，实行“一主三辅”绩效考核，工资总额由经营业绩决定，坚决做到“业绩升、薪酬升，业绩降、薪酬降”；对基层员工实行联量联效联费计酬，按照“产销研”各线条分类制定考核规则，量化任务目标，人人签订绩效责任书，依据贡献精准激励；对中层干部实行年薪制，年度收入100%由业绩考核决定，能高能低，2021年同级别中层干部年度收入差距2倍以上。

（三）抓好润滑油特色业务变革，推动公司业务从客户响应向模式创新转变

一是创建“铁三角”开发模式，打造客户开发利益共同体。成立了技术服务中心，建设1000名专兼职技术服务团队。组织“学华为、谋变革”活动，引入华为“铁三角”客户开发模式。“铁三角”项目重点针对战略型大客户、行业龙头客户、行业规模客户等关键客户以及国产化替代等新兴项目（见图4）。项目负责人与团队通过公开竞聘产生，形成了客户开发销售经理、技术经理与订单履行经理三位一体的组织形式，责任共担，利益共享。根据项目评价结果，给予团队成员奖励。润滑油特色的“铁三角”模式成为开发客户的又一利器。

二是实施项目制管理，打造科技创新细胞体。围绕“高质量、高竞争力、高效率、高回报”发展目标，公司构建了科研创新体系，明确了科研发展方向，强化了项目制、成果转化机制、激励机制与人才培养机制四大支柱建设。以项目制为龙头，根据项目创新水

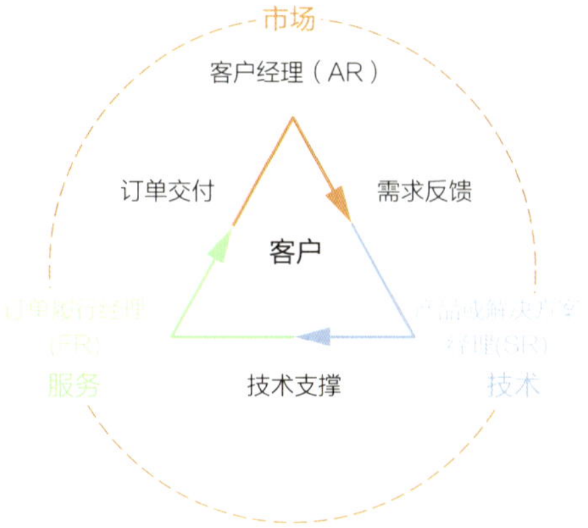

图4 创新“市场＋技术＋服务”铁三角模式，服务市场与客户

平、销量、效益贡献给予团队成员专项激励。推进科研人员关注产品全生命周期的技术和成本竞争力，促进科研与市场的紧密融合。

三是创建新零售模式，打造中国石化特色生态圈。公司将润滑油业务置身到中国石化大平台运作，深化与油品销售公司合作，开展省级销售机构与省市石油公司党建共建、结对子活动，共同探索形成以加油站为核心、互联网和加油站并举引流，线上线下一体化车用润滑油销售模式，打造中国石化特色的汽车后市场生态圈。公司新零售业务实现了从单纯的客户响应向石化养车生态圈新模式转型。

三　取得成效

（一）盈利能力再创新高

2019~2021年，利润总额连年创新高，与2018年同口径相比，增加70%以上，达到了历史同期最好水平，取得了高于预期的经营效益，达成了“十四五”顺利开局的经营目标。

（二）市场拓展取得新突破

2021年区域化经营、全品类销售促进了销量提升与结构升级，与2018年相比，润滑油脂总量增加30%，高档油脂增长64%，海外市场增长98%。“铁三角”开发新增销量8万多吨。中国石化特色生态圈建设日渐成熟，线下换油网点达1万余家，打通“线上下单—加油站提货—汽修厂换油”一体化全流程，线下换油订单是上年的17倍。

（三）科技创新再攀新高峰

2021年，公司全方位服务“大国重器”与高端制造，为长征五号遥五运载火箭成功发射提供润滑保障；获得国家民用航空局首例航空润滑油品CTSOA证书，解决了民航润滑油卡脖子问题；服务中国核电、中国高铁、盾构机、超大型油轮等高端装备（见图5）；为中国新能源发展提供全面润滑保障；服务广大用户，SP汽油机油、CK-4柴油机油复合添加剂技术实现突破，达到国际领先水平，引领了国内润滑油行业技术发展。

图5　积极响应国家“一带一路”战略，服务超大型油轮

经验启示

（一）党委作用发挥是深化改革的根本保证

按照国企改革要求，公司党委发挥“把方向、管大局、促落实”作用，统筹谋划了“双百”改革方案，制定了“三步走”措施，设计了路线图，为改革指明了方向，保证了改革举措落实落地。

（二）“三能”机制是深化改革的核心

润滑油公司狠抓“三能”机制建设，将改革压力向工作动力、内部活力转变，实现了员工从“等活干”到“找活干”的转变，形成了“能者上”“庸者下”的良好局面，为公司发展注入了源源动力。

（三）抓好特色业务变革是提升深化改革成效的抓手

润滑油业务具有“小规模、高科技、大市场”的特征，结合业务特点，润滑油公司创新“铁三角”模式与项目制管理，赋能市场，依托中国石化大平台创建新零售模式，形成了集团公司赋能下属单位的新思路新模式。

深化改革激活力　转型发展增效益

北京石油分公司

一　改革背景

北京石油分公司始建于1950年，多年来一直是首都成品油市场主要保供单位，正在努力向以成品油业务为主，易捷服务、新能源等业务快速发展的现代综合能源服务商转型。拥有在营油库6座，加油站567座，便利店510个，加氢站4座，充（换）电站33座，现有员工4300余人。近年来，针对新能源替代力度加大、加油站网络发展成本持续攀升对成品油业务带来的严峻挑战，按照集团公司"油气氢电服"总体部署，公司坚持以高质量发展为目标，以经营管理为中心，以深化改革为主线，围绕"如何强化油非融合、如何深化'三能'机制、如何最大化管理赋能"，积极转变观念、拓宽思路，探索建立新体制、新机制，勇闯新业务、新市场，切实增活力、提效率，努力寻求新的效益增长点，为攻坚克难稳健发展奠定了坚实基础（见图1）。

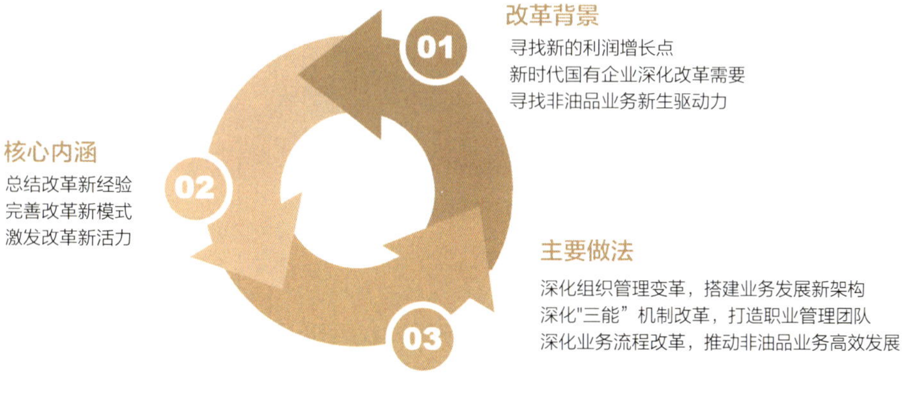

图1　综合改革示意图

二 主要措施

（一）深化组织管理变革，搭建业务发展新架构

公司持续推动组织管理变革，进一步理顺管理体制机制，建立精干高效的两级机关职能部门，强化区公司经营主体责任，为公司高质量发展提供有效支撑。

一是打造精简高效机关。坚持顶层设计和系统谋划相结合，以总部批复方案为基础，参考系统内先进单位机构设置情况，结合公司体制机制、人员编制现状情况，形成“三定”总体实施方案及系列配套方案。先后完成商业客户中心和易捷北京分公司“三定”方案编制与实施，全面梳理区公司组织架构和部门、岗位设置，为分层分类推进、稳步有序实施公司“三定”提供了明晰的程序路径和规范依据。

二是完善区公司运行体制。从充分调动区公司积极性、主动性，激发公司整体活力和管理效能出发，制定关于做实做强区公司的指导意见，重点围绕人力资源管理、财务管理、经营管理、投资管理、工程管理、信息数字化管理、党建工作7个方面，从工作事项、工作权限、审核审批流程、监管措施等角度明晰市公司、区公司权限划分和管理界面。按照升格后的管理体制，区公司领导班子配备到位，部门负责人、管理岗选聘圆满完成，推进简政放权取得积极进展，基层活力显著增强。

三是构建客户创新体验场景。结合非油品服务规模、业态发展等实际，坚持油非互促、油非共进的主基调，在目标、方向、考核上协同推进。完善“易捷加油”“一键到车”“一键到家”等业务场景，积极推动加油站与便利店在人员、服务流程等方面深度融合，推进便利店运营督导体系建设，深化商品仓店统筹管理，着力建立一体化购物新场景，创造顾客无须下车和进店即可完成加油购物场景的体验（见图2）。

图2 油非一体加油购物场景

（二）深化“三能”机制改革，打造职业管理团队

为充分激发员工队伍活力，切实解决内生动力不足问题，公司大力推动“三能”机制建设，不断完善市场化选人用人机制，强化任期制和契约化管理，打造形成“市场化选聘、契约化管理、差异化薪酬、制度化退出”协调推进的运行机制（见图3）。

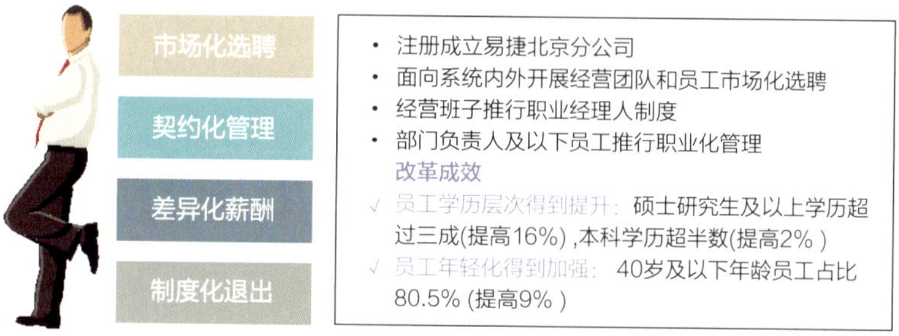

图3　市场化用工机制探索

一是健全选人用人管人制度体系。针对干部选拔、队伍结构、梯队建设、三支队伍建设、人才成长通道建设，制定、修订发布《推进领导干部能上能下管理办法》等8项制度，形成内容合规、程序严密、配套完备、运行有效的制度体系，为重构良好政治生态奠定了坚实制度基础。抓住非油品综合改革契机，树立鲜明的市场化导向，借助外部市场化选聘，推动职业雇员、职业经理人制度实施，建立市场化用人用工机制。

二是科学构建干部人才队伍。结合“三定”选聘工作，坚持公开、公平、透明原则，圆满完成公司各层级岗位公开选聘，共计609人次参与，调整后中层干部“80后”约占总数的1/4，中层正职45岁以下超过1/5。聚焦人员精简，推动队伍结构优化，机关部门年轻优秀干部人才44人交流充实到基层一线、关键创效岗位实践锻炼，在基层单位部门正职、副职竞聘中，22名“90后”优秀大学毕业生脱颖而出得到重用。坚持稳妥有序推进，结合改革进程，分析排查不稳定因素，妥善安置富余人员，统筹分流渠道，积极引导相关人员到基层、新业务领域创效。

三是完善绩效考核激励机制。牢固树立“薪酬是赚出来的”理念，持续抓好日常绩效考核工作，修订年度绩效考核实施方案，优化调整考核指标体系，突出“量、利、费”等指标考核，实行管理考核“扣分制”，规范机关部门二次分配，完善机关管理部门与公司整体经营情况联动机制，对区公司突出效益导向，增加毛利、费用方面的考核。开发绩效考核管理信息系统，实现数据填报、跟踪处理和结果反馈在线管理。扩大绩效薪酬占比至69%，在岗员工最高收入达最低收入的7.2倍。

（三）深化运营机制改革，推动非油品业务高效发展

随着非油品业务综合改革的推进，进一步深化运营机制改革，优化业务流程，推动简政放权，配套完善管理体系，强化制度管理和风险防控，推动非油品业务高质量发展。

一是理顺业务流程。聚焦非油品业务改革的新体制新机制，明晰非油品业务管理职责和管理关系，理顺北京石油、易捷北京分公司、区公司管理流程，充分发挥易捷北京分公司专业化管理优势，加大区公司扩权赋能力度，做到权责匹配。对原有制度进行评

估优化，非油品业务综合改革以来，完成相关管理制度“立改废”10余项，切实强化制度建设、宣贯与执行，把制度管理要求层层传递到经营一线，为优化业务运行提供制度保障。

二是强化合规管理。针对非油品业务改革发展运营过程中易发多发风险点，切实强化日常监督检查，积极解决历史遗留问题，探索构建法律、合规、内控、风控、制度“五位一体”合规工作格局。强化合同管理，完善审批流程，助力非油品业务规范运营。针对非油品业务快速发展的实际，把合法合规性审查作为决策必经程序，厘清新模式商品采购、营销策划、运营督导、平台开发运维、第三方合作等业务责任分工，确保依法合规经营。

三是强化信息支撑。为做好信息化、数字化业务平台建设，自主研发“一键加油”APP，通过细分市场领域、精准客户画像、强化电商联动等系列措施，为公司转型发展提供有效支撑。成立互联网运营中心，专门负责组织实施公司线上经营业务，对会员全生命周期管理、会员积分商城、互联网业务第三方合作及线上营销方案的组织实施进行专业化管理，强化对各层级客户互联网业务需求的分析研究、数据应用，全力推动数字化转型。

三 取得成效

（一）促进了转型发展

通过持续不断深化改革，积极探索打破转型发展困局，新业态、新模式不断丰富，“加油中石化，购物到易捷”深入人心，对系统内销售企业综合改革起到了示范表率作用。荣获“十三五”石油和化工行业节能先进单位、集团公司安全生产先进单位、节能环保先进单位等称号。

（二）优化了队伍结构

通过实施改革，最大程度实现人岗匹配，员工队伍学历层次、综合素质明显提升，年龄结构更加合理，人员精简成效显著，机关部门精简12.6%，公司中层干部平均年龄降低1.6岁，区公司部门的基层正、副职中大学本科及以上学历占比86%，平均年龄37.9岁，较竞聘前的45.5岁降低7.6岁 。

（三）推进了提质增效

通过全面深化体制机制改革，构建灵活有效的运行管理模式，公司深化改革红利得到初步释放，经营质量逐步提高。2021年，实现油品经营量同比增长11.6%，非油品营业额同比增长24%，公司打赢了提质增效的攻坚战，实现了“十四五”良好开局。

经验启示

（一）坚持战略引领、统筹推进

以提升整体价值为引领统筹谋划业务发展，以油带非、以非促油，构建专业化运营体制机制，才能使改革举措贴近实际，才能使改革有力支撑发展战略。

（二）坚持重点突破、以人为本

“三能”机制改革是三项制度改革的“牛鼻子”，推进这项工作，应充分考虑不同层面员工需求，既保持政策连续性，又考虑市场化特点，科学设计完善用人、用工及薪酬分配机制，才能使改革举措达到实效。

（三）坚持依法合规、平稳推进

深化改革要严格落实国家有关政策精神，要按制度办事、走足程序，在确保稳定基础上，紧盯不放、持续发力、久久为功，及时研究解决新问题新挑战，使改革举措落实落地。

深化改革提质提效　助推高质量发展

江苏石油分公司

一　改革背景

江苏石油分公司始建于1953年，主要从事油气氢电服业务。辖14家地市公司及2家省管合资公司。截至2022年3月底，拥有在营加油（气）站2600多座、充换电站120座、加氢站6座、易捷便利店2300多个，油库18座、库容146万立方米，各类用工约1.7万人。近年来，坚持以深化改革为主线，抓住影响企业发展的“三项制度改革红利释放不到位、基层一线积极性释放不充分、企业管理存在较多冗余与损耗”等突出矛盾和主要问题，以赋能基层一线为主线，以提升管理效能为抓手，以优化考核分配机制为导向，蹄疾步稳推进各项改革（见图1），为打造“市场领先、行业领先、板块领先”的一流综合能源服务商提供了动力与活力。

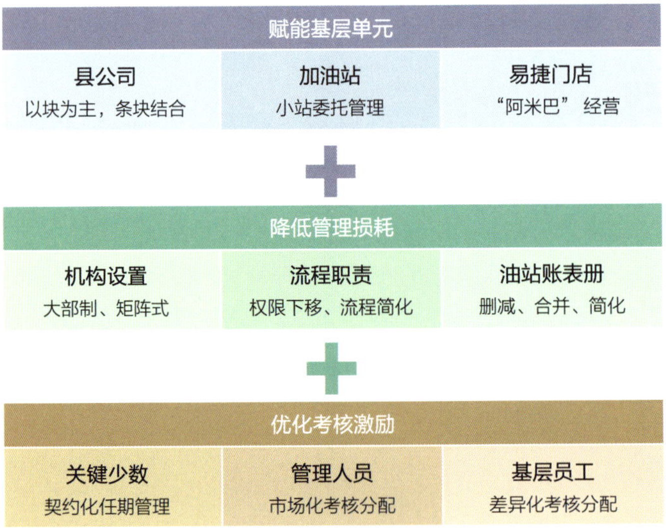

图1　深化改革思路图

二 主要措施

（一）赋能基层单元，提升一线活力

基层一线是市场竞争的主战场、最前线。为精准支援主战场、最前线，以优化经营机制为重点，赋能基层、激活一线。

一是深化县公司管理改革。为适应国家新型城镇化建设、乡村振兴战略需要，将县域市场作为网络建设、扩大市场、提质增效的第二战场，进一步压实县公司相对独立的市场主体责任。按照“以块为主、条块结合”原则，落实“匹责、扩权、赋能、予费”要求，明确了12个匹责事项、5个扩权事项、8个赋能举措、12个予费项目，强化县公司主体地位；从经营、发展、安全、管理、队伍、党建六个维度，明确了22个地、县公司“条块结合”的“结合点”，发挥条线的专业服务、指导、督促作用（见图2）；以精干、高效为目标，进一步加强管理团队建设，班子职数压减14%，团队编制压减1.3%。制定了县公司综合竞争力、发展进步力评价办法，用同比增幅取代计划完成率，引入量效贡献度概念，让评价更精准、更服众。

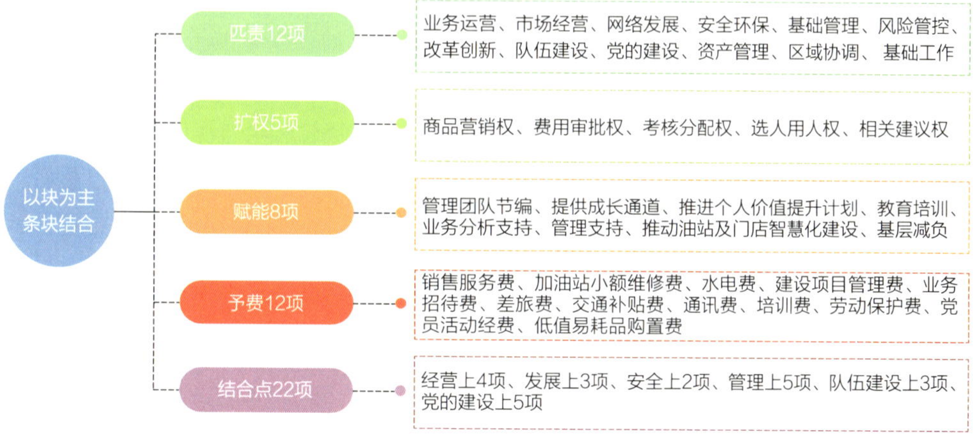

图2　县公司“以块为主、条块结合”管理要点

二是实行小站委托管理模式。为盘活低效站点扩量增效积极性，以夫妻驻站管理模式为重点，推进小站家庭委托管理模式改革。步骤上，实行“三步走”。第一步改革范围为年销量3000吨以下的省国道、乡镇、农村小站；第二步扩大至苏南城区5000吨、苏中城区4000吨、苏北城区3000吨以下汽油型站点；第三步扩大至年销量7000吨以下油站及具备条件的年销量7000吨以上柴油型、干道站。机制上，委托管理合同“一年一发包”，逐年完善、迭代委托管理合同，淘汰不合格的委托管理人员，让受托方时刻保持

承包压力。做法上，推广镇江回龙站承包经验，支持改革站开展自营精洗洗车业务，带动轻油销售；延长改革站营业时间，推动夜间增量。2021年末，在营站中改革站比例达62.62%；委托管理人驻站率达93.44%。

三是实行易捷门店“阿米巴”模式。作为最小经营组织的易捷门店，引入“阿米巴”经营模式，核算到店、到人，考核到店、到人，强化了员工的成本和效益意识。建立“阿米巴”价值核算模板，以边界利润反映门店的真实盈利能力，引导门店关注效益。释放订货、促销定价、营销策略等权限，扩大门店自主经营权。建立“阿米巴”价值评估体系，明确了与边界利润挂钩的门店薪酬考核办法，通过量效挂钩激励、增量增费、增效增资等手段，激发团队工作动力。全部易捷门店均实行了“阿米巴”模式，2021年单店日均门店零售规模同比增幅19.55%，负边界利润门店数降至42座，正向率98.03%。

（二）降低管理损耗，提升运营效率

按照“精机构、大业务，精管理、大经营”思路，推进“大部制”改革，降低省市两级公司管理损耗，形成“业务服务客户、管理服务业务、部门服务基层”的快速响应机制。

一是优化机构设置。省公司层面，管理部门从17个精简为15个，减少了职能交叉，降低了管理损耗，提高了运营效率。地市公司层面，根据经营总量和综合劳效实施分类管理，一、二、三类地市公司部门设置，视实际情况从9个优化为5~8个不等，并实行“一部一长制”。引入项目组管理模式，对需要多部门联合、较长时段作战的重大课题、重要工作，组建项目组，实行矩阵式管理模式，推动和解决了一批重点、难点、焦点事项。在实施企事业单位加油卡客户精细化服务延伸项目中，成立了信息、零售、易捷服务、财务等部门组成的项目组，采用协同攻坚的方式，研究拓展了预约增票、主副卡管理、用油预警、账单数据下载等加油卡管理服务功能，为客户提供了“产品+服务”的综合解决方案，提升了服务竞争力。

二是推动减事放权。围绕进一步调动市、县两级公司积极性，按照“放得下、接得住、接得好”的原则，大力推动减事放权。省公司管理部门全面梳理权责事项，分三批发布减事放权清单，涉及权限下移、流程简化、管理冗余92条，受到了市、县两级公司“热捧”。为配合减事放权，省公司管理部门相应完成了制度、流程、信息系统的调整与变更，确保减到位、放到位，制度、流程、系统同步调整到位。

三是精简油站账表册。为全面精简账表册，减少管理冗余，按照“简化、必须”原则，全面梳理加油站在用账表册清单，通过反复摸排清查、征求意见，删减重复及非必要账表，合并同类报表，简化复杂报表，将各类账表册从187项精简到54项，大幅减轻了基层负担，将片区经理、站长从繁杂的账表册中解放出来，集中精力抢市场、提效益、强

服务。引入账表册编号管理，实施编号、业务、检查部门分离，不接受无编号账表册的检查、考核、评价，成功解决了账表册乱设等顽瘴痼疾。

（三）强化市场导向，优化考核激励

坚持市场导向、目标牵引，建立从关键少数、管理部门到基层一线的考核评价体系，做到层层有考核、评价，人人有考核、评价，事事有考核、评价。

一是强化关键少数的契约化任期管理。推行地市公司经理层成员任期制和契约化管理，按照定量与定性相结合、以定量为主的原则，从财务、客户、内部运营、学习与成长四个角度，差异化设定经理层不同成员考核指标和约束性指标（见图3）。考核指标值根据发展战略、经营预算、历史数据、行业对标等因素综合确定。任期考核指标，主要围绕地市公司任期发展目标、省公司中长期发展规划及省公司下达的任期考核目标确定；年度考核指标，主要围绕省公司下达的年度考核目标确定。经理层成员任期制和契约化管理改革，强化了“关键少数”的契约意识、任期意识，激发了担当作为、履职尽责的动力。

图3 地市公司经理层成员考核指标体系

二是强化管理人员的市场化考核分配。按照“管理人员增量增效增资、减量减效必减资”原则，建立省市两级公司管理人员绩效考核与公司综合计划完成率挂钩的办法，实行市场化薪酬分配。为调动管理部门争先进位积极性，根据部门职责和工作性质，差异化设置部门KPI和重点工作内容及考核权重，并量化考核打分。通过考核排名，实施梯度化薪酬奖惩兑现，拉开部门间绩效薪酬差距。部门内部制定二次分配办法，拉开员工间绩效薪酬差距。“联量联效、排名考核、多维评价”的绩效考核指标体系，解决了两级管理部门、管理人员难以考核、考核不到位的问题。

三是强化基层员工的差异化考核分配。按照“一线员工增量增资、减量减资”的原则，实行油站员工“全额联量计酬、梯度奖励”办法；油库员工薪酬与吞吐量挂钩，并辅以综合管理考核；客户经理考核，则取消基薪，引入价差考核方式，实行全额联量、联价考核。为解决考核到人的问题，采用分级考核方式，地市公司考核到县公司和片区，县公司、片区制定区域二次考核办法考核到库站；库站根据绩效评价细则考核到每一名员工。联量、分级考核，使所有基层一线员工能算清干一天活能拿多少钱，极大地激发了员工加油、售货、发油积极性。

三 取得成效

（一）激发了拓市积极性

改革激发了基层单元拓市增效、争先进位的积极性。公司连续多年被评为销售板块标杆企业、效益先进企业。2021年实现经营总量超1650万吨，同比增长5.16%，其中成品油零售量同比增长3.18%，列销售板块第1位；实现利润33亿元，列销售板块第2位；县级公司整体销量占比提高1.6个百分点；易捷服务千万元级门店数量增加到48个。

（二）提升了管理协同性

业务服务客户、管理服务业务、部门服务基层蔚然成风，马上就办、办就办好建章入法，2021年57项重点工作里程碑式推进，重点督办任务全面完成，被评为集团公司对标提升行动标杆企业。

（三）建立了压力传导链

“一级管一级、层层抓落实”的管理链条确保压力逐级传递、科学分解，解决了压力衰减、执行递减问题，确保各项目标任务有人扛、扛得好。2021年，人均零售量列区内省级公司第一位、人均综合劳效位居板块前列。

经验启示

（一）坚持问题导向、靶向作业

推进改革的关键，在于事前精准找到关键问题和主要矛盾，据此制定方案，改革才能取得实质性成效。

（二）坚持与时俱进、持续发力

深化改革各项举措要随着形势与任务的变化，进行适当、适度的调整与优化，不断地向深度及广度努力，才能持续释放改革红利。

（三）坚持试点先行、稳步推进

深化改革不能“一刀切”，需要样本示范、总结提升后方能推广。加油站管理模式改革，点多面广，市场环境复杂多样、人文条件参差不齐、地方政策互不统一，必须先试点、再总结、再推广。

全方位变革重塑　市场化引领发展

浙江石油分公司

一　改革背景

浙江石油分公司主营业务涉及成品油、天然气的储运和销售等，以及便利店、汽服、快餐等附加服务。下辖11个地市公司，与BP公司、省交投集团成立2个较大规模的合资公司。截至2021年底，公司在营网点2073座，定位油库20座，总库容160万立方米；已建成覆盖全省9个地市的7条成品油管道，总里程近1500公里；用工总量16779人。近年来，坚持聚焦自身市场主体定位，围绕解决员工积极性不高、管理效率不高、基层劳效不高的"三不高"问题和部门设置多、授权不充分、管得过多过细的"大企业病"，坚持市场化的改革之路。在机制上，通过深化三项制度改革，推动"三能"机制落地，全面提高劳动生产率；在体制上，通过机构瘦身、简政放权、数字赋能、平台转型，建立"整体智治、高效协同"的管理模式（见图1），让改革创新成为企业发展最大的红利。2021年全年实现成品油经营量1667.26万吨，同比增长3.14%；实现报表利润40.61亿元，利润总额和贡献率均创历史新高。

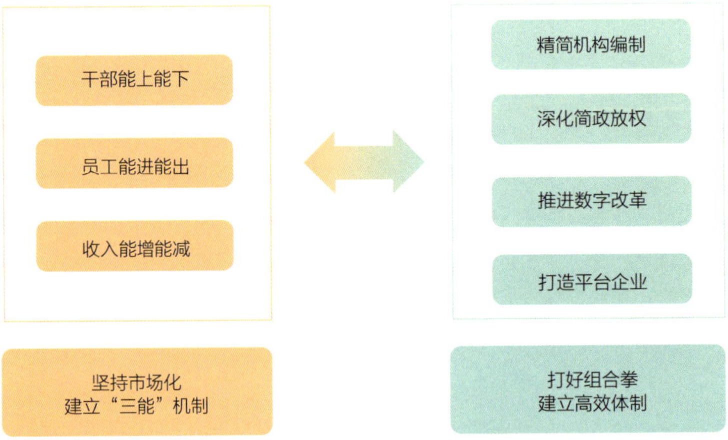

图1　体制机制全方位重塑改革思路图

二 主要措施

（一）坚持市场化，建立“三能”机制

坚持效益效率导向，坚持市场化大原则，以“岗位靠竞争、收入凭贡献”为目标，大力推进“三项制度”改革，通过市场化选聘、市场化用工、市场化薪酬、市场化运行，推动“三能”机制全面落地，激发“以奋斗者为本”的机制活力。

一是干部能上能下，打破“官本位”。引入市场化竞争机制，中层和基层领导人员实施竞聘上岗，全体员工都严格按照绩效分ABC挡考核并实施末位淘汰，中层和基层领导人员连续2年C挡退出现职，其他管理人员连续2年C挡转岗或待岗培训。2021年，通过竞聘选拔中层副职2名、退出领导岗位8名；340余个基层领导岗位全体起立竞聘，新选拔基层干部16名，退出40名，不胜任“下”的比例超过9.71%。对新成立的易捷公司彻底进行市场化改革，制订职业经理人管理办法，实施1名班子成员和8个关键岗位的社会化选聘，吸引社会人才800余人报名，内部考核分配“上不封顶、下不保底”，人员“契约化管理、制度化退出”（图2）。

二是员工能进能出，剑指“慵懒散”。在库站一线树立起“促进员工收入随效益效率提升而提升”的理念，在优化用工改革中带领基层员工走好“共富路”。2021年，536座小站完成家庭驻站承包改革，累计优化分流835人，加油站人均零售量达808吨，同比增

图2　浙江杭州石油分公司基层领导岗位全员竞聘

长12.18%。改革后，油站效益与家庭利益挂钩更加紧密，拼抢市场的积极性大大提高，2021年承包站零售量增幅高出非承包站0.94个百分点。对定位油库实施“大班组”改革，彻底消除了低饱和度的油库岗位；对配送库实施市场化改革，取消配送库14座，按照配送站（油站）定编，全额联量计酬，彻底消除了配送库因定位不清带来的“养闲”“养懒”现象。两项改革累计优化分流126人，定位油库人均进库当量达到1.22万吨，同比增长9.42%。站、库员工人均年收入同比分别增长12.93%和5.83%。

三是收入能高能低，根除“大锅饭”。“基层员工增量必增资，减量必减资”，在全额联量、考核到人的基础上，实行“超额累进激励”，打破加油员和客户经理收入“天花板”，业绩好的客户经理年薪可超所在单位、所在部门负责人。“管理人员增量增效才增资，减量减效必减资”，省、市公司部门月薪与企业量效挂钩比重提至100%，地市公司班子绩效薪酬占比提至94.22%，中层领导人员奖金兑现差距超过15%。实行“量化工效、分类管理”，零售、商客、油库三个板块薪酬切块单列管理，独立预算、分别下达，各板块原则上不得串用，确保增量薪酬向经营、向一线倾斜。新的薪酬机制彻底扭转两级管理层“混拖推怕”现象，推动各级干部员工从原来“等米下锅、赚工资”向“多打粮食、抢薪酬”转变。

（二）打好组合拳，建立高效体制

坚持“机构配套市场、管理精兵简政、改革创新同步”原则，打出“瘦身、放权、提效、转型”四套组合拳，大力推进体制改革，建立“制度为核、机构精简、权责明确、数字提效、平台赋能”的管理体制，实现“整体智治、高效协同”。

一是精简机构编制，实现“瘦身健体”。根据市、县公司市场规模、管理辐射，“一企一策”实施“三定”改革，重新核定两级部门职数和人员编制，如：将地市公司实物资产部、联营管理部等有职能交叉的部门与其他部门合并，将体量小的县市公司合二为一，等等。通过改革，压缩机构130个，整合岗位530余个，压缩用工编制372个，节编率15.64%。核减两级基层干部职数84个，核减率达22.52%，进一步打造精干高效的基层组织。在编制核定上，控制、压缩管理岗，保留或调增业务岗，削减管理职能，做强业务单元。在薪酬分配上，由以往“按用工总量核定”变为“以定编为基准核发”，严控编制反弹，让岗位成为稀缺资源，推动员工从“低负荷、尽力干”向“满负荷、全力干”转变，工作状态彻底扭转。

二是深化简政放权，实现“权责对等”。通过简政放权和制度化管人管事，推动层层报批、层层下达指令的“金字塔”管理向以市场化团队为中心的“矩阵式”管理转变。厘清三级职能定位，打造决策型、监督型、服务型省公司，以地市公司为市场化主体，以基层库站为成本中心。列出简政放权项目清单，取消合并手工和电子报表48份，检查考核归并至13项，建立覆盖至县公司和油库的视频会议系统，建立管长远的“荣誉体系”，会议多、文件多、检查评比多、台账报表多的“四多”现象得到有效遏制。调整内控审批权限指引22项，下放二次分配权、营销决策权、用人建议权，让“听得见炮声的人”从过去“等审批”变为“真正拥有调动资源的权力”。注重建立决策、执行、监督耦合的制度体系，立废并改制度125项，明确142项制度考核点，实现了各层级从“决策等指令、办事凭直觉”到“决策按制度、办事照制度”的转变。

三是推进数字改革，实现“减负提效”。通过“业财融合”“信息化融合”，ERP集成了3套大数据模型和113个子模块，建立起涵盖全部业务流程的基础信息库和共享数据库，不仅减轻了报表压力，基层库站还可以个性化定制数据、自主对标，实现“一掌在手、数据我有”。使员工每天不再烦恼“报表、台账多不多”，而是关心“客户、销量多不多”。开展地市公司“一次都不跑”改革，将用车、缴款等各类日常申请从线下转至线上，“一企一策”定制个性化模块多达60余个，从过去“排队等签字、出差等领用、上门等缴款”变为“一键审批、一键配送、一键缴款”，工作效率大幅提升。

四是打造平台企业，实现“人尽其才”。以打造“企业与员工共同创造价值”的平台型企业为转型目标，坚持改革与创新协同联动，搭建“创业平台”。开展“创客计划”，打造“创客园”“易捷员工分销”，鼓励富余人员转岗客户经理、易捷服务，转行社群营销、门店加盟、新兴业务，投身上门收款、物流配送、物业服务等配套业务，助力员工“二次创业”、人尽其才。如改革任务较重的台州公司成功将38名富余人员转行到新成立的上门收款服务队、油站配餐服务队、设备维修服务队，做到了“转岗不下岗、转业不失业”。

三 取得成效

（一）机制的活力进一步释放

各级干部员工从“尽力而为、顺势而为”转向“全力以赴、逆势突围”，公司量效创历史新高，2021年取得销售公司“比学赶帮超”月度（季度）红旗59面，年度红旗21面，排名第一。

（二）体制的生命力进一步增强

两级职能明确、机构精简、运作高效，省公司更加注重战略谋划和顶层设计，用指标考核、制度监督取代指令式、运动式管理，避免管得过多过细；让地市公司和基层从烦琐具体的事务中解脱出来，专注于市场竞争、改革创新和驾驭风险。

（三）改革的红利进一步转化为改革的动力、创新的活力

干部员工从原来“不想改革、害怕走出舒适区”变为“拥抱改革、主动投身新蓝海”。金华、舟山公司主动控编减员，先改革先受益，为全省地市公司改革做出了示范。3000多名员工在互联网营销社群当“创客”，实现创业创收。

经验启示

（一）必须坚持价值分配“以奋斗者为本”

市场化改革要紧紧围绕“人才是第一资源”，推动人力资源规划管理与市场全面接轨，建立起“岗位靠竞争、收入凭贡献”的用人用工和薪酬分配机制，彻底解决“员工能进不能出、职级能上不能下、收入能增不能减”的新型“大锅饭”问题，加速向依靠人才素质提升的内涵式发展转变。

（二）必须坚持管理体制“以市场为导向”

市场化改革要锚定“企业是市场的主体”这个定位，推动公司治理结构和资源配置与市场全面接轨，从有利于竞争、有利于提效、有利于风控出发，建立起“权、责、利”对等的体制，真正打造有市场竞争力的现代企业制度。

（三）必须坚持“员工是改革合伙人”

国有企业推进市场化改革，既要为了员工的全局利益、根本利益和长远利益而真改革，又关注改革的力度、速度和员工可承受程度，妥善解决员工的后续发展和后顾之忧，增强员工的获得感、幸福感和安全感，实现从“要我改革”到“我要改革、改革有我”的根本转变。

创新体制机制改革　增强高质量发展内生动力

易捷销售有限公司

一　改革背景

易捷销售有限公司是中国石化销售股份有限公司的全资子公司，是中国石化销售板块构建“油气氢电服”综合服务格局，统筹“服”（易捷服务）业务，包括便利店、汽服、广告、快餐、电商等业务开发与经营的专业公司。截至2022年3月底，开设易捷便利店近2.8万家，汽服项目9000余座，餐饮门店1300余家，建设广告媒体15万块，培育出卓玛泉、长白山天泉、赖茅酒等15个子品牌，拥有全国全渠道会员超2.3亿。自2018年入选国务院国企改革“双百企业”以来，直面管理体系运行效率不高，难以支撑业务高速发展需要，以及经营机制未充分接轨市场，团队动力活力不足的主要矛盾，聚焦“如何构建契合易捷服务业务发展的专业化管理体制及市场化经营机制”，设计改革举措（见图1），刀刃向内积极推进综合改革，为易捷服务迈向高质量发展，助推销售股份有限公司向现代化综合能源服务商转型升级注入了强劲的改革动力。

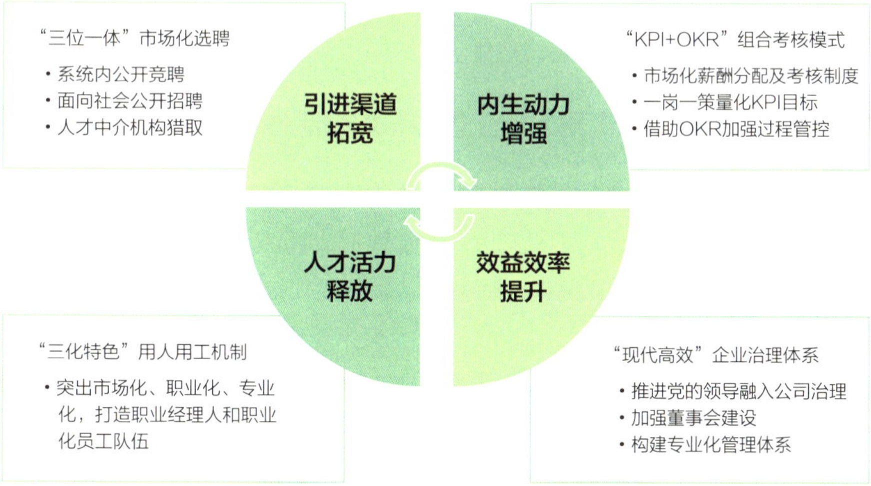

图1　深化改革举措图

二 主要措施

（一）实施“三位一体”选聘方式，打造高素质队伍

“事业成败，关键在人。”借助“双百行动”综合改革契机，采取系统内公开竞聘、面向社会公开招聘和人才中介机构猎取的“三位一体”竞争性选拔机制，建设高素质人才队伍，打造发展核心竞争力。

一是面向外部市场遴选中高端人才。制定市场化选聘工作方案，编制岗位说明书，明确任职资格；通过内外部媒体整建制发布公司本部21个中高层职位的招聘信息，仅本部5个高管职位就吸引近7000人报名应聘。依托猎头公司精准匹配行业契合度和职位匹配度较高的中高层次人才；邀请集团公司、行业外部专家担任评委，面试高层次职位人选。2名系统外人员成功应聘本部经营班子，6人聘任为本部部门正、副职。

二是全系统竞争性选拔优秀人才。编制三定方案，明确机构、岗位及人员编制，细化岗位职责及聘任条件，实行全员全系统公开竞聘、择优上岗。通过OA、微信公众号、召开会议等多种方式，加大招聘宣传；细化程序，以笔试、在线面试与现场面试相结合的方式实施选聘，并根据应聘职位不同，设置相应的面试轮次及筛选比例。通过竞争性选拔，44名系统内员工脱颖而出进入公司本部，其中3人成为班子成员，10人提拔为中层管理人员。

三是着力专业化人才选聘。对照职能性质将公司本部9个部门划分为前中后台，以补短板、强能力为方向，面向系统内外选聘前台业务部门专业化人才，依托第三方服务机构提供简历收集、综合能力测试、背景调查等全流程服务，严格筛选应聘人员任职资格，按应聘职位分组开展面试，侧重对人选实践经验、综合素质的考察，确保人岗相适、优中选强。先后引入来自阿里、美团、京东等知名企业的专业化人才，本部成熟人才比例达到58%，较改革前提高了40个百分点，整体队伍结构实现优化。

（二）构建“三化特色”用人用工机制，增强活力动力

充分释放人的活力是促进改革红利不断释放的关键，以市场化为导向，深化“市场化、职业化、专业化”的用人用工机制改革，加快形成管理人员“能上能下”，员工“能进能出”的局面，增强干部员工的活力动力。

一是以熔断机制破除身份界限，实现市场化。采用重新签订市场化劳动合同及《转换身份协议书》，并将人事档案委托给第三方机构保管等“熔断”式办法，彻底破除了石化系统内38名原正式工与市场化招聘员工间的身份界限，有效强化了危机意识，激发了奋进精神。

二是大力推行职业经理人制度和员工职业化管理。本部经营班子全面推行职业经理人制度，签订年度及任期《经营业绩目标》和《岗位聘任合同》，明确权责、压实责任；加快

推进二级单位及合资企业经理层实施职业经理人管理机制，目前，下属分子公司有6名职业经理人，按职业经理人机制管理的超过10人。制定印发《职业雇员管理办法》，积极推进中层岗位及一般员工实行职业化管理，本部108人成建制推行职业雇员制度，二级单位近470人全部采取职业化管理。改革以来，本部淘汰率达到7%，实现员工“能进能出”。

三是加强专业化人才梯队建设。契合经营管理专业化分工要求，建立管理、专业和职能三类职位序列和13级职级动态管理机制。根据各岗位承担的职能不同，对员工进行科学分类，围绕核心能力建设，推进业务知识、操作技能等培训，加快烟草品类经理，B端客户经理，汽服、广告、餐饮项目经理，运营督导经理等专业化队伍建设。

（三）探索“KPI+OKR”组合考核模式，引导干事创业

发挥考核分配对员工主观能动性调动的重要作用，按照市场化、差异化的方向，建立KPI（关键绩效指标）和OKR（目标与关键成果法）组合绩效管理机制，营造“不唯身份级别，注重业绩贡献”氛围，点燃干事创业激情。

一是对标市场构建薪酬分配体系。选取代表性企业作为样本，开展薪酬对标，采用宽带薪酬模式制定市场化薪酬分配制度。分别按照本部75%、二级单位不低于60%的比例，设置经理层成员绩效薪酬比例；根据职级和岗位，约定中层及员工绩效薪酬的比例，职级越高、比例越高，前台业务部门较中后台职能部门比例高，构建与贡献度、能动性相匹配的市场化、差异化的薪酬体系。

二是聚焦业绩贡献优化绩效考核体系。聚焦营收增长、运营效率提升、品牌价值提高等促进易捷服务发展战略及目标达成的八个方面，抽提关键成功因素；将公司业绩指标、部门业绩指标作为共性指标，各岗位经营管理业绩作为个性指标，按照共性与个性、经营与管理相结合的方式，一岗一策，构建全员KPI关键绩效指标体系（见图2和图3）。严格

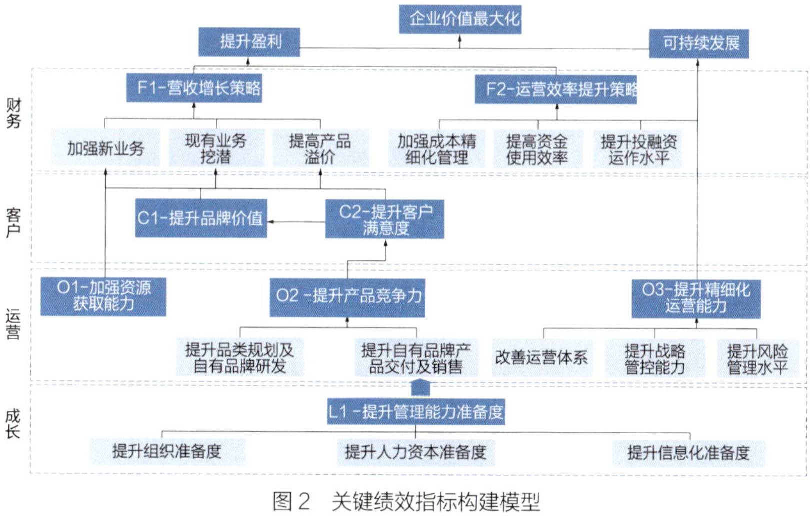

图2 关键绩效指标构建模型

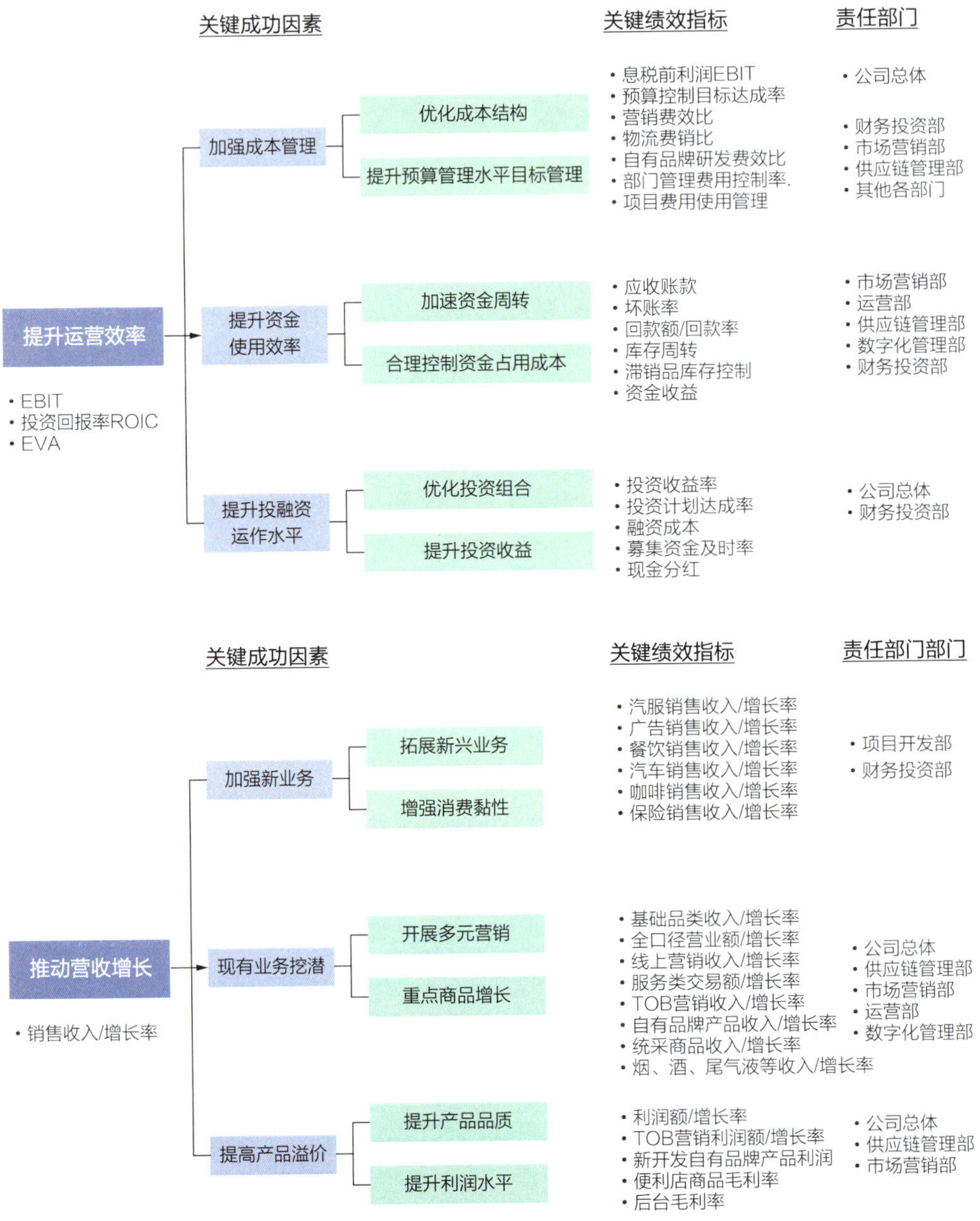

图 3 关键绩效指标示意图

依据绩效考核结果“升降”刚性兑现绩效薪酬，并将结果运用到 A 类员工评选与晋升中。2021 年，本部同一级别员工绩效薪酬最高者与最低者倍数达到 2.2 倍；14 人被评为 A 类员工，4 人获得董事长特别奖，另有 5 人因绩效表现较差被公司解雇。

三是以 OKR 为抓手，强化目标任务过程管控。各部门及岗位梳理编制重点工作事项清单，明确目标任务、责任人以及节点要求，形成量化量表。全员以日、周为节点，提报主要工作完成情况，部门负责人以周、月为节点，向公司领导汇报重点工作进展，形成对任务目标和关键成果的闭环管控。2021年，公司共量化342项重点工作事项，年度办结率98.8%。

（四）打造“现代高效”企业治理体系，提升管理效率

牢牢把握建立现代企业制度的国企改革核心，着力加强党的领导、加强董事会建设、构建专业化管理体制，健全法人治理结构，提升管理效率和经营管理水平。

一是加强党的领导党的建设，厚植政治优势。坚持把党的领导融入公司治理体系，推进党建入章，制定公司《党委讨论和决定重大事项清单》办法，出台党委、纪委工作规则。年内召开党委会29次，研究讨论重大经营管理事项85项。推进省级易捷分公司设立党委和党支部，配齐配强党委书记和支部书记，夯实基层党组织建设。

二是加强董事会建设，完善公司治理。修订公司章程，构建易捷销售有限公司董事会，外部董事人数比例71%；组建董事会下设的3个专业委员会，战略委员会引入5名外部行业专家，提升科学决策水平。制定《“三重一大”决策制度实施细则》及各治理主体议事规则，完善工作机制，规范公司运行治理。

三是构建专业化管理体系，提升经营管理能力。印发职责文件，梳理涵盖21类、40项事权的清单，按照大部制、突出前台方式优化公司本部内设部门、岗位设置及人员编制。组建互联网运营中心，提升数智化能力；设立义乌分公司，发挥地缘采购优势。以两种模式推进省级易捷分公司组建，积极构建易捷服务专业化运营和管理的中台组织，提升专业化经营管理能力。

三 取得成效

（一）规范了治理体系，提升了治理能力

通过改革，推动实现党委领导与公司治理有机统一，确保董事会、经理层权利义务有效落实，为公司充分发挥战略引领作用，推动易捷服务业务规范运营和高质量发展，提升企业及品牌形象奠定了坚实基础。2021年，克服疫情不利影响，易捷服务业务逆势实现基础品类营业额及利润8%双增长；易捷品牌价值达到184.61亿元，连续两年蝉联“我喜爱的中国品牌”称号。

（二）明晰了权责关系，提高了管理效率

通过梳理事权关系，公司在业务投资审批、预算管理、费用审批等方面权责得以明晰，提高了决策效率和运行效率。2021年，易捷服务统采商品销售占比54.7%，同比提

升5个百分点；易享节五天实现销售27.2亿元，较同期增长172%，全国一盘棋运作优势效果凸显。

（三）激发了内生动力，增强了工作执行力

按照市场化方向全面构建的以业绩衡量价值的评价体系，凸显出“干与不干、干多干少、干好干坏”3个“不一样”，促使干部员工在观念上更加聚焦于“价值贡献”，有效激发了内生动力，提升了工作执行力和推动力。

经验启示

（一）改革是破除藩篱、开创高质量发展新局面的关键一招

以市场化、专业化为导向的综合改革，解决了易捷服务发展面临的体制机制深层次矛盾，有效激发了微观市场主体的经营活力，为推进企业高质量发展奠定了坚实基础。

（二）三项制度改革作为国企改革的重要一环，要动真碰硬、真抓实改

通过深度转换经营机制，公司实现了人力资源要素的高效率配置，全面建立的“三能”机制，促使全员在观念上发生了深刻转变，切实激活了整个队伍干事创业的“一池春水”，增强了企业可持续发展的动力活力。

（三）建设高素质人才队伍是打造企业核心竞争优势的基础

市场化选聘有效拓宽了公司引才引智的渠道，弥补了在门店运营、市场营销、供应链管理以及数字化建设等方面专业化能力的不足，提升了企业的核心竞争力。

强化“一核三能四驱”
奋力打造世界领先催化剂公司

催化剂公司

一 改革背景

催化剂是石油化学工业的基础和核心，被誉为石油化工的“芯片”。催化剂公司成立于2004年，是国际知名、亚洲最大的炼油化工催化剂生产商、供应商和服务商，产品涵盖石油化工、环保、煤化工等6大类近300个品种，现有资产总额118.29亿元，用工总量3325人。自入选国资委“科改示范行动”以来，催化剂公司深入贯彻落实党中央、国务院深化国有企业改革部署，牢记集团公司党组“寄予厚望、打造标杆、形成示范”的嘱托，坚持问题、目标、结果导向，紧紧围绕发展新动能不足、成果转化效能不高、内生动力未全面激活等问题，坚持以“科改示范行动”改革为核心引领，深入实施“三个说了算”的“三能”机制，持续激发“产供销研”四轮驱动动能，加快向“科技型、生产服务型和先进绿色制造”的世界领先催化剂公司目标奋力迈进（见图1）。2021年11月，被国务院国有企业改革领导小组办公室评为“科改示范行动”标杆企业。

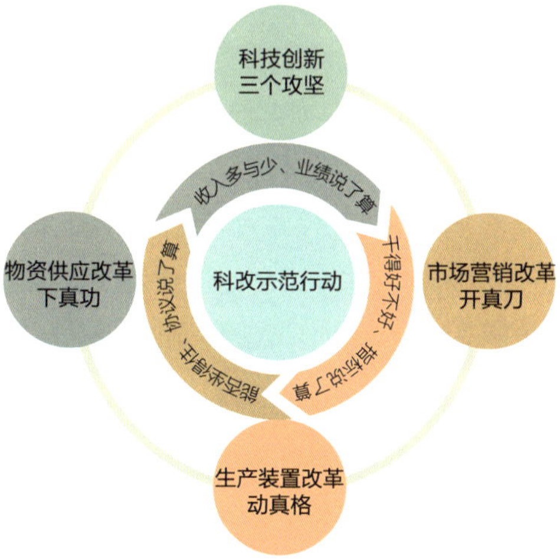

图1 “一核三能四驱”改革机制

二 主要做法

（一）“三大攻坚”锻造石化“芯片”

一是瞄准新兴领域攻坚，加大优化产业“芯”布局。聚焦能源革命和“双碳”目标，服务中国石化“打造世界领先洁净能源化工公司”愿景，下好新能源领域先手棋，着力开发制氢、储氢、氢气纯化等关键环节催化剂，并在国内最大的2万吨/年绿氢生产示范装置上应用，抢占制高点，达到国内领先水平。打好新产业格局主动仗，立足全球石化行业“减油增化”发展趋势，着力布局转型发展关键技术核心催化剂的攻关，己内酰胺新技术、原油直接制化学品、烯烃催化裂解等取得重要突破，为中国石化“油转化”“油转特”产业转型升级提供了强力支撑。

二是聚焦成果转化攻坚，加速构建创新“芯”平台。聚焦油品升级、行业转型等难题，做强自主创新优势，构建协同创新平台，推进研发模式改革。成立战略咨询委员会，聘请15名院士和20多位专家，为公司发展“出谋划策”。做强自主创新“主阵地”，在充分加固中国石化“4个研究院+催化剂公司”科研支撑体系的基础上，2021年引进11名博士、博士后，建成由1个工程技术研究院、2个院士专家工作站、2个博士后工作站、4个工程技术试验中心组成的“辐射式”自主创新平台，加快了新技术、新产品转化。近两年，40多种新产品实现销售，在总收入中的占比超过35%。做大协同创新“朋友圈”，创建“产销研用”新平台，与北京化工大学共建国家级重点实验室，与兰州天华院和中科院赣州稀土中心共建国家级工程技术中心，与辽宁化工大学共建省部级重点实验室。近两年，协同攻关或引进氯乙烯合成无汞催化剂、废盐酸氧化制氯气催化剂等20余项新技术，推进了公司技术来源多元化和新旧动能转换。

三是锚定核心技术攻坚，加快迈向科技“芯”自强。立足科技自立自强和产业高端领先发展战略，聚焦国家和中国石化重大需求，参与成品油深度净化工艺技术及催化剂技术攻关，支撑了汽油从国Ⅳ升级到国Ⅵ，助力打赢“碧水蓝天保卫战”。攻克“卡脖子”技术，实现芳烃吸附剂、脱蜡吸附剂、高纯氧化铝、高纯氧化铝载体小球等国产化，打破了国外同行垄断。加大原始创新，参与第三代高效环保芳烃、己内酰胺绿色生产、环氧氯丙烷清洁生产、过氧化氢法生产环氧丙烷等成套技术攻关并实现应用，实现了技术从“跟跑”到“领跑”的跨越（见图2）。

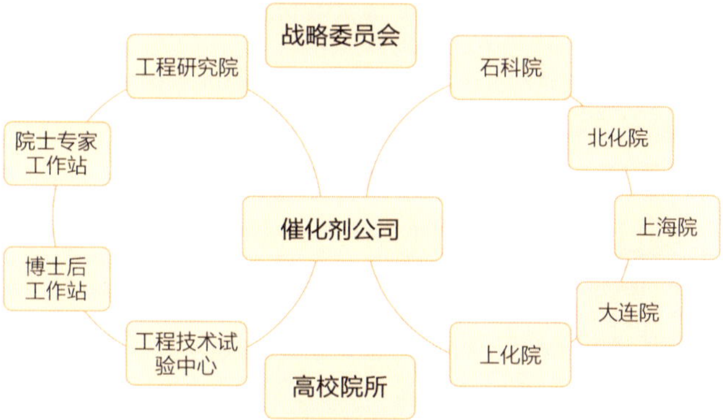

图2 多层次创新“芯”平台

（二）“三个动真”筑牢发展底盘

一是市场营销体制机制改革“开真刀”。彻底打破“分头对外、客户重叠、资源分散”旧格局，构建“集中+专业+服务”一体结合的营销模式。组建销售公司，重塑业务流程，统筹营销策略，共享市场资源，彻底解决“内卷、内斗、内耗”问题；推行“揭榜挂帅”，打造营销“突击队”“尖刀连”，抢占空白市场；强化“筑巢引凤”，招纳8名炼化装置专家，构建“一站式”“一条龙”服务模式；加快由“行商”向“营商”转变，推进全生命周期效益核算和解决方案式销售新模式。

二是生产装置管理模式改革“动真格”。车间负责人从“掌柜”变“当家”，下属8家生产型企业40个生产车间全面实行“承包制”，签订承包协议，充分赋予生产组织、人员选用、薪酬分配权；员工从“要我干”变“我要干”，实施降本提成奖励，以效定酬、按劳分配，同岗收入差距达20%以上。实行“三个人干五个人活，拿四个人钱”新机制，同类装置“共享用工”，实施大班组、扁平化。

三是物资供应体制机制改革“下真功”。“拼单”变“团购”，整合物资供应资源，组建物资装备中心，对公司内部采购需求、供应商、库存和采购人员实行专业化管理，实现从独立保障、分散布局到归口管理、集中采购；“被动供”变“择机买”，买前充分调研、专家集体研判，选商定价集中决策，精准过程控制，上下游供应链把控能力显著增强；“专人买”变“专家买”，从“让买什么、就买什么”转向“需要什么、才买什么”，供应质量效益显著提升。

（三）“三个说了算”确保“三能”落地

一是“能否坐得住、协议说了算”，打破干部“铁交椅”。按“能推尽推、全面覆盖”原则，在干部“能上能下”方面率先发力，全面实行任期制和契约化管理，中、基层领导人员覆盖率达100%。签订“一协议两书”，立下考核“军令状”，亮出“双70”“连续排名后10%”等红线标尺，使干部“下”的标准由“软指标”变成“硬杠杠”，2021年公司末等调整和不胜任退出的干部比例超过5%，干部能上能下成为新常态。

二是“干得好不好、指标说了算”，打破员工“终身制”。以“关键少数”带动“绝大多数”，全面推进市场化用工机制，2800余名员工全部签订上岗协议，协议完成情况与绩效考核结果紧密挂钩，构建起“劳动合同＋上岗协议”双契约管理模式。建立“人才池”，考核不合格的员工纳入“人才池”管理，先后有120人次进出“人才池”，充分激发员工队伍内生动力。

三是“收入多与少、业绩说了算”，打破分配“大锅饭”。以效益论收入、贡献定薪酬，打好薪酬分配“组合拳”，全面实施“工效联动”，2021年直属单位间工资总额涨幅差距达44%。实施差异化、多元化分配，营销人员实行“基薪＋提成”，收入差距达2倍以上，2021年，华北地区一名主办因业绩突出，兑现收入超过催化剂公司分管领导；车间负责人按照岗位价值、能力贡献等因素兑现津贴，同级兑现差距达5倍；科研人员工资单列，实行“基薪＋岗位津贴＋创效激励”，重大经济效益按比例提成，2021年两人各获得60万元创新创效突出贡献奖励，极大振奋了科研人员精气神（见图3）。

图3　差异化、多元化薪酬分配体系

三　取得成效

（一）经营业绩实现重大突破

面对新冠肺炎疫情的大战大考，2021年的营业收入首次超过90亿元，利润同比增长12%，取得了“跑赢大市、好于预期”的经营业绩；公司综合排名稳居世界第二，行业地位更加巩固，国际影响力不断提升。

（二）自主创新能力获得重大跃升

近年来，共申请专利320件，获得授权144件，其中发明专利57件、国外授权专利9件、实用新型78件，专利数量在中国石化非研究单位中名列前茅。科技成果转化应用创效显著，产生经济效益8.91亿元。加速攻克“卡脖子”技术5项，2项聚烯烃催化剂废酸渣减量化技术于2021年落地见效，解决了长期制约聚烯烃催化剂发展的难题。

（三）管理提升展现卓越成效

在生产管理方面，降本减费4660万元，主要产品制造成本降低10%以上，万元产值综合能耗同比下降4.85%。在物资供应方面，采购人员数量下降40%，库存资金占用下降26%，2021年共节约采购资金2.19亿元。在市场营销方面，催化剂销量首次突破20万吨，同比增长8.4%，系统外市场销量增长6.4%，境外市场逆市上扬，销量增长7.2%。

经验启示

（一）解放思想是深化改革的动力源泉

面对能源革命、行业转型、油品升级等新变化、新挑战，只有深刻领会习近平总书记关于全面深化改革重要论述的精髓要义，走出“亏损企业才需要改革”的误区，居安思危、不断进取，通过深化改革、提升管理，积极应变、主动求变，才能突破窠臼、浴火涅槃，源源不断地获得发展前进的动力。

（二）立足实际是深化改革的根本遵循

只有坚持问题导向，有什么问题就改什么问题，什么问题突出就着力解决什么问题；坚持目标导向，锚定打造世界领先的愿景，锻长板、补短板、铸新板、固底板，才能推动改革不断走深走实。

（三）围绕中心是推动深化的重要方法

作为炼油化工催化剂专业生产商、供应商和服务商，只有从“产供销研一体化”着手，从上中下游产业链共同发力，推动体制机制互促互融，才能形成横向涵盖各业务、纵向覆盖各层级的矩阵式改革作战兵团，动员一切可以动员的力量，共同推动改革全面深化。

（四）依靠群众是深化改革的制胜法宝

只有改革方案问计于员工，改革工作问效于员工，改革红利共享给员工，才能不断激发员工的积极性、主动性和创造性，形成同频共振、同题共答的改革合力。

提升国际化经营能力 推进公司高质量发展

国勘公司

一 改革背景

国勘公司自2001年成立以来，在“走出去”二十年的发展历程中，通过收购和增持股份获取了68个海外油气项目，逐步发展拥有近5300名中外员工，目前年权益产量（3500~4000）万吨的规模，形成了集勘探、开发、生产于一体的油气上游产业链，及兼顾陆地深海、常规非常规的油气资产组合。近年来，国勘公司领导班子团结带领广大干部员工，以深化改革三年行动为抓手，积极把握油价上涨机遇，锐意进取，砥砺前行，通过深化体制机制改革、激发员工队伍活力、提升国际化经营能力，支撑公司高质量发展。

二 主要措施

（一）优化资产结构调整机制，业务发展及资产处置提速增效

一是调整策略，新项目获取有的放矢。地域上，以OPEC+（国家和地区）及低油价下现金流和净利润双正的国家为主；业务上，以陆上常规资源为主，兼顾海上，勘探开发并举、油气并举，争取作业者项目，谨慎进入非常规；策略上，注重发挥集团上中下游特别是化工一体化优势。

二是优化流程，防范项目收购风险。完善新项目开发制度流程，成立技术咨询和审查专家委员会对风险进行识别和评价，严把专业关；理顺管理流程，统一经济评价尺度，优化收购流程及授权区间，提高运营项目的决策效率。

三是主动出击，打造国际合作“生态圈”。积极与资源国政府、国家油气公司、国际石油公司建立沟通机制，主动寻求以较低成本获取优质资源、战略合作机遇。启动目标资源国代表处注册和设立工作、增设相应的新项目开发岗位，近距离高效推进重点项目投标等工作。

四是开拓新渠道，聚焦新平台打造。通过成立国投新平台用于境外新项目收购，逐步承接国勘公司存量项目，实现新平台做大做强、集团国勘债务风险逐步化解的双重目标（图1）。

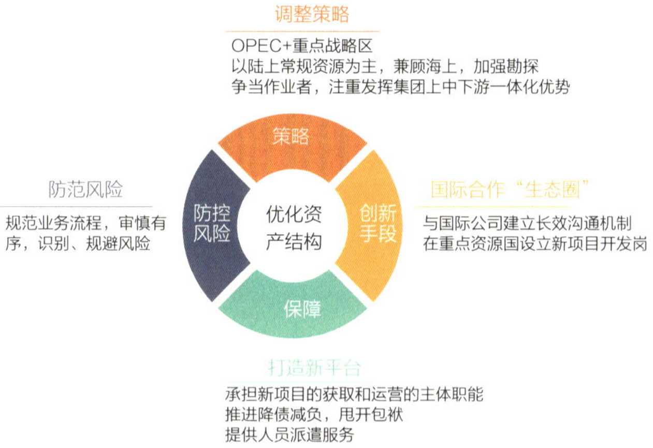

图1　多措并举，优化资产结构

石化国投于2021年6月15日正式注册完成，2022年集团国勘第一批资产回购已取得资源国和合作伙伴审批。

（二）稳妥推进重大法律纠纷处置，风险隐患化解扎实有力

一是制定分级分类处置方案。根据案件处置难度和风险等级对在办案件进行分级分类梳理和评估，详细制定公司法律纠纷整体处置方案。建立重大案件“一项一策”机制，与海外机构月度沟通案件进展，及时跟踪、指导和支持海外机构重大法律纠纷化解。

二是落实法律处置责任前移。明确将“总部集中管理制”调整为“发案单位负责制”，并强调“一把手责任制”，推动海外项目主动作为。

三是实现诉讼风险转移。紧握资产运营契机，实现了诉讼跟随资产走的最佳运营策略，消减了大量历史积案。

四是实施经营风险常态化管控。梳理并发表国勘公司及海外机构的Top10风险，实行“动态跟踪、动态管理”，抓实风险管理顶层设计，通过制度明确“管业务必须管风险”以及“三道防线”建设要求，强化报告、督查督办、预警、考核、提示五大长效机制运行，实行公司经营风险常态化管控（图2）。

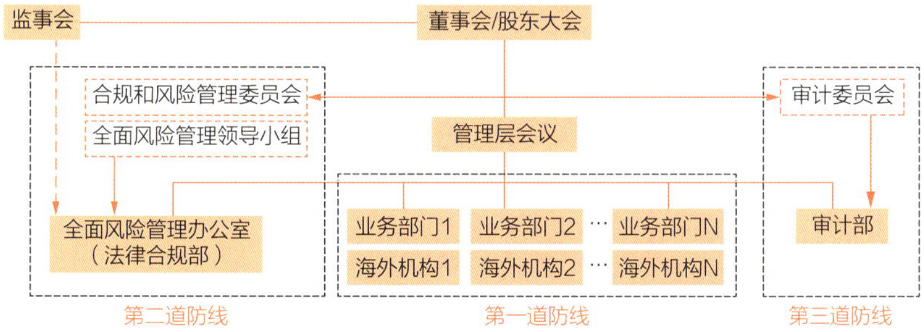

图2　风险管理的“三道防线”

（三）对标国际，打出提升国际化经营能力“组合拳”

一是对标分析国际油公司优秀实践，评估公司国际化经营能力。通过埃森哲公司开展专业咨询，对公司9大组织管理要素进行能力诊断评估（见图3），形成25个一级问题清单，对标壳牌、雪佛龙等11家世界领先油公司近69项优秀案例，提出15+8项改进优化路线图，从强化战略引领、持续推动“增储上产”、加快天然气发展、聚焦海外经营区域、推进节能减排五个方面入手，推动公司的高质量与可持续发展。

图3 国际化经营能力评估模型

二是实施海外机构差异化管控。推进“一项目一策”授权体系建设。在作业项目行权合规的基础上强化中方主导作用，对资源配备齐全的作业项目加大放权力度，通过简政放权为海外项目减负激发海外动能。

三是强化海外行权创效。成立股东事务部、开展股东行权年行动，颁布了27个非作业者项目和9个作业者项目的行权指导性文件，建立了重点治理机构会议会前、会中、会后三级管理模式，实现优化投资7634.13万美元，优化作业成本3129.32万美元。

四是构建国际化的制度流程体系。以“10+1”框架为基础，将原342项制度优化至128项，大幅提升了公司管理制度的国际化、标准化、集成化水平，开展“制度合规执行年”专项，全面评估海外业务适用性，建立健全制度流程持续优化的长效机制。

（四）突出政治引领，党的领导党的建设持续加强

一是聚焦政治建设。“创新开展“四个再强化”专题教育，在全体党员干部中开展以

“信念再强化、纪律再强化、担当再强化、执行再强化”为主要内容的专题教育，推动形成了信念坚定、纪律严明、担当作为、执行高效的良好氛围，得到了集团公司党组领导批示和肯定。

二是聚焦支部建设设立党员示范岗、党员责任区、党员突击队237个，引导党员主动冲在前、干在前，为实现KPI指标做贡献，推动党建经营真正融合、深度融合、全面融合。

三是聚焦群众工作。通过“党委接待日”开展公司党委接访，畅通员工沟通渠道，及时了解群众心声，凝心聚力，创建了稳定和谐的局面。确定13个“我为群众办实事”项目，服务海外一线，解决实际困难，传递组织关怀。

三 取得成效

（一）党建引领持续增强，干部员工干事创业重燃激情，经营业绩持续向好

“四个再强化”专题教育激发出了广大干部员工主动担当、攻坚克难、创新进取的强大内生动力；坚持以深化中央巡视整改为牵引，推动21条措施落地见效，重大风险化解、不良资产处置、优化资产结构等重点工作取得实质性进展；落实全面从严治党主体责任，打造风清气正的政治生态。

（二）理顺体制机制，资产结构调整取得实质性突破

聚焦新平台打造，为公司资产结构调整奠定基础。成功中标某气田作业者项目，实现7年来首个规模作业项目并购，预计可实现作业权益产量400万吨当量/年；完成俄罗斯项目某区块PSC合同签署，风险前地质资源量约20亿桶；作为小股东首次在JOA中明确获得享有派员、研究成本写时下沉分摊等权利，大幅降低贡金支付额度。签订新的阿尔及利亚产量分成合同，进一步优化新合同条款、化解历史遗留问题。

（三）筑牢公司合规风控基础，法律风险持续化解

因地制宜完善风险合规体系，充分发挥法律合规支持保障作用，积极主动维权，取得尼日利亚协议纠纷案、安哥拉争议案、巴西股东协议案等5件重点关注的案件胜诉或和解，避免和挽回损失超过百亿人民币。纠纷数量和金额均大幅减低，实现了纠纷案件数量和涉案金额“双下降”。

（四）夯实国际化经营能力管理，实现高质量发展

针对公司国际化经营过程中的重点、难点、痛点问题，通过圆桌论坛、内部团队学

习、国际对标等方法，提出55项能力提升方案，建立回头看机制，干部员工凝聚智慧达成共识，形成持续发力、久久为功的管理改进长效机制，为提升公司整体国际化经营能力、实现高质量发展奠定基础。

经验启示

（一）推进公司高质量发展，要紧紧抓牢资源和效益这个根本

国勘公司作为中国石化“一个合作”的主力军，坚定不移落实务实有效的资产结构优化的策略，创新业务发展工作思路，完善新项目开发制度流程，加强风险管控，保证业务发展工作审慎有序、合法合规地开展。

（二）推进公司高质量发展，要紧紧抓牢管理和风控这个关键

既要坚持从严管理，持续完善国际化管理体系，强化作业者项目派员力度，掌握经营管理主动权，深化非作业者项目合同研究，通过行权创造经营效益。又要强化风险防控，坚守不发生新的重大风险底线，以坚持“风险跟随资产走”“属地化处置”等手段解决历史纠纷，持续做好“TOP10”风险梳理排队，健全风险评估和防控的量化指标体系，加快培育风险管理文化，推动风险管控关口前移。

（三）推进公司高质量发展，要紧紧抓牢素质和能力这个基础

国勘公司充分发挥央企特色政治优势，将国际先进经验和中国特色现代国有企业制度有机结合，通过多措并举、夯实基础、凝聚智慧、达成共识等手段，打好国际化经营能力提升的组合拳，缩小与世界一流水平国际油公司的差距，推进公司“十四五”高质量发展。

高质量推进深化改革三年行动 为服务保障上游大开发再立新功

石油工程公司

一 改革背景

石油工程公司成立于2012年，是集团公司控股的目前国内最大、产业链最完整、专业门类最齐全的石油工程综合一体化服务公司，也是国内最早的海洋油气勘探服务提供商。公司所属4家专业公司，7家地区公司，拥有地球物理、钻井工程、海洋石油工程、测录井、井下特种作业和工程建设六大业务板块，涵盖了从勘探、钻井、完井、油气生产、油气集输到弃井的全产业链过程。近年来，始终秉承“服务客户、支撑油气、技术引领、价值创造”理念，坚持走“专业化、市场化、国际化、高端化、特色化”发展道路，围绕激活力、提效率、增效益目标，强化专业化管理、统筹区域化布局、完善管理提升机制、推动项目化转型（见图1），着力解决重复投入、同质化竞争、资源配置效率偏低等制约企业发展的矛盾和问题，不断增强保障勘探开发和持续拓市创效能力，为集团公司打造世界领先洁净能源化工公司提供有力支撑和坚强保障。

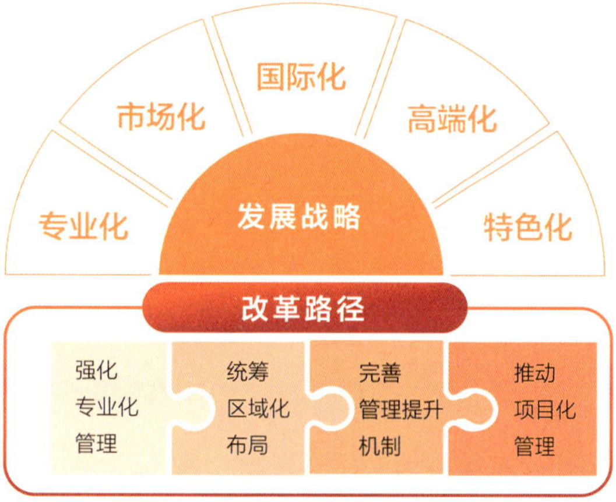

图1 改革发展路径示意图

二 主要措施

（一）大力实施专业化改革，做优做强主营业务

专业化改革是推动石油工程业务实现高质量发展，保障集团公司上游稳油增气降本的关键。

一是持续强化顶层设计和战略管控，顺利完成测录定业务重组。一方面按照“全球视野、国际标准、石化特色、高端定位”的发展思路，研究制定《石油工程公司测井、录井、定向井业务专业化重组实施方案》，强化组织领导，严格履行程序，依法合规推进重组工作。一方面建立工作运行大表和旬报机制，25项重组工作措施逐一落实落地，成立“中石化经纬有限公司（Matrix）”，并进一步完成区域测控公司整合，将原有8家专业经营单位整合为4家；以石油工程测井技术中心、录井技术中心及随钻测控技术中心为基础，组建了集科技攻关、技术研发和仪器装备研制、销售、服务于一体的测控技术研究院，努力打造高端业务单元，促进了区域测录定业务一体化融合，提升了油气勘探开发保障能力。

二是持续强化公司钻井、井下业务专业化管理，加大资源统筹优化力度，做强做优主营业务，打造公司核心竞争力。研究制定了公司钻井工程、井下特种作业和油藏经营业务统筹管理方案，2021年6月份下发了《关于成立钻井工程管理部、井下特种作业管理部（油藏管理部）的通知》，明确了管理部业务范围和管理职能，推进主营业务专业化管理，地球物理、钻井工程、海洋工程、测录井、井下特种作业、工程建设6大业务链条专业化管理全线打通（见图2）。

图2 专业化管理6大主营业务示意图

（二）持续优化市场布局与资源配置，提升整体运营效率

市场布局与资源优化是企业的生命工程，是提效率、提效益、提升低成本竞争力的迫切要求。公司建立完善以市场为导向的资源配置机制，出台《石油工程公司市场布局与资源优化工作指导意见》，构建“1+5+9”体系（见图3），按照同一重点工区（国别）不超过四个市场服务主体，一般工区（客户）不超过两个市场服务主体的原则，推进内部适度有序竞争，推动队伍、装备、物资、工程技术等资源向高效市场聚集，坚决避免低效、无效、亏损市场占用优势资源，提高资源利用效率效益，实现公司利益最大化。国内完成胜利工程与西南工程临盘钻井公司划转、6个钻井市场主体退出和52台钻机移交置换，海外完成5个国家市场退出和23部钻修井机优化处置，历史性解决了多年以来重复投入、多头竞争、资源效率低下等难题，强化了各单位机构、队伍、装备、服务保障等资源优化，提升了资源配置与价值创造匹配度，降低了运行成本，激发了创效活力，基本形成了规范有序竞争、区域资源共享、集约化服务保障的市场新格局。其中，西部工区通过优化置换17部钻机，压减后勤基地25个，机构运行费用下降9.2%，技术服务保障能力持续提升，井筒专业利润增加3.34亿元。

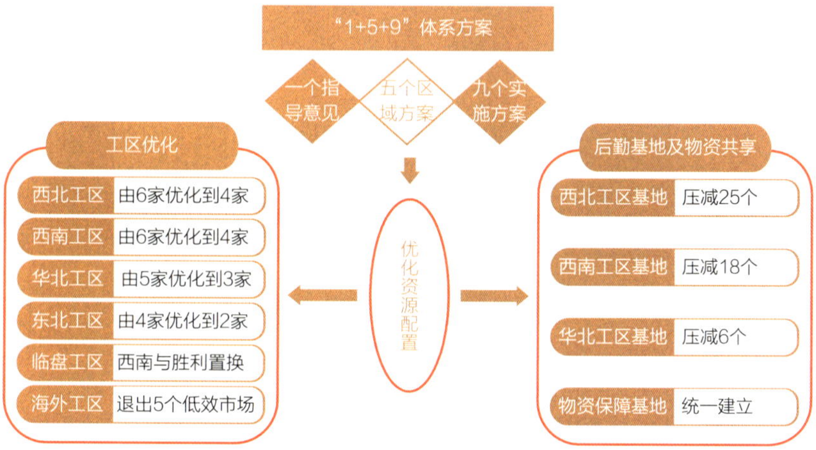

图3 “1+5+9”体系方案示意图

（三）强化对标一流管理提升，激发企业内生动力

树典型、勇争先、创一流，是企业推动管理创新，发现差距，改进短板，激发企业活力的重要法宝。公司积极推进实施《石油工程公司对标世界一流管理提升三年行动方案》，制定了8方面26项管理措施工作清单，落实工作领导班子及组织分工。通过建立起横向涵盖各部门、纵向贯穿各层级的对标评级指标体系，完善对标管理6项制度，搭建对标管理信息化平台，初步形成对标一流长效机制。截至2021年底，对标一流管理提升三年行

动工作清单完成率达90.2%，超额完成年度工作目标。按季度开展各层级“五比四提”比学赶帮超对标竞赛，全面抓好从机关到基层一线“四个维度”，比效益、比质量、比贡献、比进步、比管理“五比”对标排名和红黄旗奖罚，设置专项奖励基金，抓实过程管控和即时激励，严考核硬兑现，推进对标提升常态化运行。2021全年共计兑现奖励3700余万元，其中地区（专业）公司层面奖励570万元，专业经营单位层面奖励1900万元，基层队层面奖励1300万元。组织分层级分专业开展标杆选树工作，涌现出江汉石油工程、胜利石油工程黄河钻井总公司等8家集团公司标杆和68家石油工程红旗单位，召开了公司对标一流管理提升行动推进会，现场组织对标学习标杆单位先进经验，开展标杆宣传，有效激发了各层级夺红旗、创一流、奋勇争先的热情。

（四）推动项目化管理转型，构建集约高效体制机制

学习借鉴华为模式，积极构建以项目管理为中心、以“人才池、资金池、物料库、装备库、石油工程一体化云平台”（两池两库一平台）为支撑的项目化管理体系（见图4），进一步推动所属地区（专业）公司由“干项目”向“经营项目”转变。根据项目实施需要，深化人才、资金、装备、物资、后勤基地优化配置及供应商、仓储、质检、物流等资源共享和跨专业、跨单位、跨区域有序流动、装备余缺互补、信息上线运行，全面建立“让听得见炮声的人呼唤炮火”集约高效体制机制。“人才池”方面，强化入池人员转岗培训、日常管理与动态考核，拓宽出池渠道，减少各类用工5000人，实现人才资源价值最大化。“资金池”方面，精细项目收支和资金预算，加强境外资金集中统筹，提高项目创效和创现能力。“两库”方面，持续提升规范化标准化水平，发挥“物料库”中心库的集中保供和资源统筹作用，应用好“装备库”数据平台支撑，强化总量控制和结构优化，提高装备创收创效能力。“平台”方面，积极推动SICP石油工程云平台建设，推进石油工程数字化转型、信息化融合。全年建成物料“中心库”18个，压减后勤基地44个。“人才

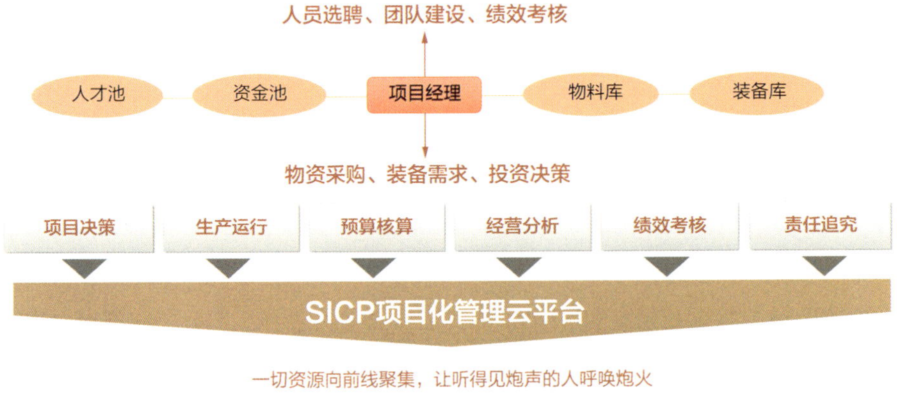

图4 新型项目管理体系示意图

池”累计入池1.05万余人次，出池0.91万人次。通过人力资源统筹配置，各单位累计盘活用工1.8万余人次，实现了人力资源输出由传统的分流安置向增值创效转变。2021年业务承揽对外输出2500余人，创收2.6亿元。

三 取得成效

（一）企业效益效能显著提升

通过深化改革强效能，对标一流促提升，2021年公司在“三北一川”及东部老区的完井平均钻井周期缩短12.4%，压裂效率提高24.5%，复杂故障时效降低60.8%。刷新8000米以上钻井周期最短纪录，打出顺北41X、顺北8X等6口日产千吨级高产井和一批重点油气发现井。公司全年新签合同额709亿元，同比增长11亿元；实现自由现金流18亿元，创“十三五”以来新高；利润总额4.9亿元，同比增长40%；净利润1.8亿元，同比增长128%，所属地区、专业公司全部实现盈利，实现了“十四五”良好开局。

（二）企业核心竞争力持续增强

坚持把深化改革作为企业创新发展的有力手段，通过专业化整合推动布局优化和结构调整，解决了企业内部长期以来存在的重复建设、同质化竞争等制约发展问题，使企业主责主业更加聚焦、业务结构更加清晰、核心能力更加突出，整体资源配置效率得到有效提升。这些改革措施的落地，又进一步驱动企业创新发展迈上了新台阶。2021年，公司创新集成配套和攻关核心技术连获突破，攻克9000米特深井难关，刷新亚洲陆上定向井、直井最深记录，页岩油气施工创出中国石化水平段最长纪录，有力支撑了顺北新区带2亿吨级油气增储和3个亿吨级页岩油接替阵地实现重大突破。

（三）企业活力得到有效释放

通过物资、装备、后勤基地等资源优化共享，实现局部单项优化向全局系统优化转变，促进了市场、资金、装备、队伍、技术、信息等资源要素充分流动、高效共享，减少了重复投入，降低了冗余赘负，提升了资源配置与价值创造匹配度，持续释放了企业生产经营活力。同时，借助项目化管理创新推动了“三能”机制完善，通过项目经理竞争性选拔，推动干部任用去行政化、转契约化和能上能下；通过推进项目化用工，建立完善灵活用工机制，推动用工能进能出；通过建立以项目创效为目标的考核联动机制，层层传递责任和压力，强化效益导向、激励导向，倒逼企业精简优化机构、压缩管理层级、压减队伍及装备，深入推进主辅业务分离，充分激活企业发展内生动力。

经验启示

（一）改革是企业生存发展的根本

只有深化改革企业才有出路，才能发展。石油工程公司实现从濒临退市到“中国上市企业百强”的重大转变，关键一招就是自上而下牢固树立了改革强企的鲜明导向，用改革的思路来解决问题，用改革的办法破除体制机制障碍、破解发展难题、提升发展质量。

（二）准确把握改革正确方向至关重要

坚持专业化发展这条主线，石油工程公司持续推进内部业务整合、结构调整、瘦身健体，以效益为导向，以项目化管理为核心，对标对表，持续推动管理体制机制不断完善，保证了企业管理水平、保障勘探开发能力得到全面提升。

（三）狠抓落实是改革成功的关键

“一分部署，九分落实”，随着改革涉入深水区，推进难度必然持续加大，唯有真刀真枪推动改革，才能取得实效。石油工程公司敢于从重复投入、多头竞争、资源效率低下等制约发展的主要矛盾和历史性难题入手，出实招硬招，凝心聚力，打破壁垒，持续发力，进一步夯实了可持续、高质量发展基础。

聚焦创新引领　实施三轮驱动
探索企业转型发展新路径

经纬公司

一　改革背景

经纬公司由中国石化石油工程板块13家测录定专业经营单位重组而来，2020年12月成立，注册资本10亿元，主要从事石油行业上游领域测录定技术服务及技术研发、产品制造与销售、资料解释评价等业务。按照中国石化"全球视野、国际标准、石化特色、高端定位"要求，围绕重塑企业管理架构，着力推动产业升级，一举改变专业不精、资源分散、效率不高等桎梏问题，大力实施管理创新、技术创新、服务创新三轮驱动（见图1），推进旋转导向、成像测井等"卡脖子"技术取得重要突破，高温测井、元素录井等特色技术有力支撑油气勘探开发，为打造世界领先地质测控技术公司提供强大动力。

图1　三轮驱动改革示意图

二 主要措施

（一）构建矩阵式运营架构，做精管理单元

公司998支队伍、1.3万员工，分布在国内19个省区和海外13个国家，涉及放射源、火工品作业多，服务区域油气藏需求差异大、技术含量高，要求基层一线独立作战能力强。坚持需求牵引、问题导向，创新构建“公司管总、区域管战、项目主战”矩阵式运营架构（见图2），全面推动要素升级，全力支撑上游勘探开发。

一是做精管理中枢。按照“小机关、大部制”原则，构建“6部门+2直属”机关组织架构，公开选聘53名管理人员，平均年龄36岁，本科及以上学历占比96%，有测录定专业背景的占比81%，打造了精干化、专业化、年轻化队伍。以专业化整合为契机，大力推进“瘦身健体”，精简中层机构33%，压减二级管理部门37个，引导109名管理人员走向一线。

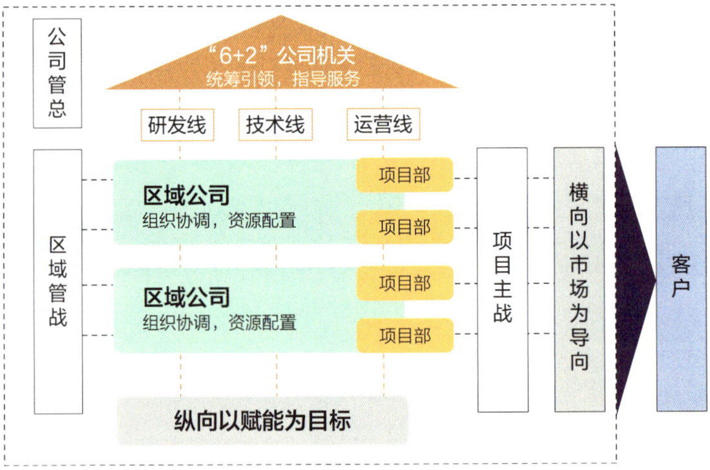

图2 矩阵式管理架构图

二是做强创新主体。坚持重心下移、力量下沉，赋予项目部运营管理、经营考核、选人用人、物资采购4项权利，把指挥所建在听见炮声的地方。专门成立处理解释中心和地质测控技术研究院，集聚研发、制造、采集、处理解释评价全链条创新要素。构建研产服用一体化、市场化考核、弹性用工、统筹优化4项机制，自研产品占比提升3.6个百分点，资源优化增效9735万元，项目经理等关键岗位收入差距达8倍。

三是做活运营模式。建立“一体化集中管控、智能化高效协同、可视化高度融合”的运营中心（见图3），技术、生产、市场和安全环保等部门合署办公、一体运行，实时监控全国市场，对现场实施远程技术支持、指挥调度、生产跟踪和应急指挥，实现键盘上指挥“千军万马”。

图3　公司运营中心

（二）构建社会化大科技，做强技术单元

公司成立后，与国际油服对标10项关键技术和26项技术研发指标，在领军人才、实验基础、研发能力和部分关键技术上差距较大，无法有效支撑上游高质量勘探、效益开发，迫切要求走自主研发和联合攻关并行的发展之路。

一是实施大兵团联合作战。坚持全球化视野，发挥资源集聚效应，打造与国际油服高端技术互联互通、与知名高校产学研用深度融合、与合作商共享成熟技术、与科研院所联合攻关4个合作平台（见图4），与斯伦贝谢、贝克休斯、中国石油大学等知名校企签订战略协议，达成高端装备互联互通、联合申报国家重点实验室、深度产研融合等合作意向。

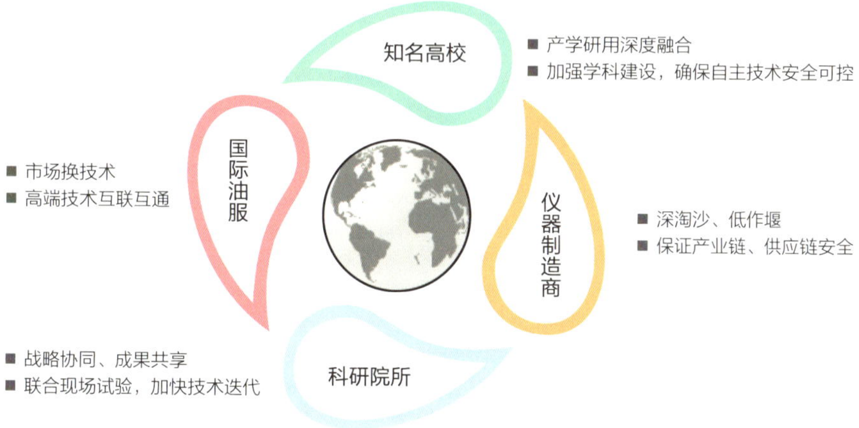

图4　社会化大科技四个合作平台

二是打造新型研发机构。面对科研资源分散、单打独斗的现状，组建地质测控技术研究院，纳入中国石化"科改示范行动"，面向全球引入5名"双百计划"高层次人才，整合各地12个实验室、6个刻度井群、226名科研骨干、55个科研项目，配套建设1个实验中心、3个修造基地，形成贯通方法研究、仪器研制和推广应用的完整创新链条，集中解决科研成果转化痛点。

三是推行重点项目揭榜挂帅。遴选旋转导向、随钻测井、高温测井、复杂储层综合评价等15项关键核心技术，面向市场公开选聘项目长，实施项目和人员分类定级、动态考核、"双合同"管理，创新实施社会揭榜挂帅，浙江大学团队中榜"随钻高速传输关键技术"项目，营造"谁有本事谁上"浓厚氛围，全面激发科研创新活力。

（三）构建一体化大运行，做优服务单元

测录定专业贯穿勘探开发全过程，是地质工程一体化的最佳桥梁和载体，是推动高质量勘探、效益开发的关键节点。公司聚焦"支撑油气、服务钻探"核心职责，努力发挥自身优势，促进中国石化上游大循环、加快自身内循环。

一是坚持专业协同、靠前服务。成立11个处理解释分中心与油公司合署办公，分区域组织127名专家构建"一小时专家保障圈"，实现勘探开发难题油公司、地区工程公司和公司同题共答。

二是聚焦需求牵引、快速转化。实施以量换价、增值服务，扩大新技术应用规模，促进迭代升级；建立多专业协同、多兵种作战的一体化标准项目部、标准施工队，实现测录定专业同向发力。

三是突出融合融入、推动发展。发挥党委把关定向作用，坚守"依靠谁、为了谁"，全力维护一万三千名员工切身利益，构建"经纬智汇、测控视界"品牌文化，重组从形式合、人员合向机制合、人心合转变，实现各单位同频共振。提拔18名"80后"中层干部，中层干部平均年龄下降近2岁至45岁以下，干部队伍结构得到优化。集聚各类优秀人才，形成了一支由中国石化高级专家、5名"双百计划"高层次人才、5名公司首席专家领衔的、硕士以上学历超20%、数量超千名的科研队伍。

三 取得成效

（一）专业化重组成效明显

作为测录定业务的专业化技术服务公司，资源集聚效应持续显现，众多国际同行名企、一流科研院校、一线制造公司来企合作，确定战略合作项目53项，一举改变测录定

专业的辅助地位，步入专业化发展快车道。2021年施工的412口井中靶率100%、优质储层钻遇率96.8%；创造亚洲纪录3项、全国纪录10项，塔深5井井深9017米、顺北56X井井深9300米，分别创亚洲直井最深测井纪录、国内定向井最深测井纪录，有效解决国内西北高温高压、复杂工况等难题，为保障国家能源安全提供强有力技术支撑。

（二）管理质量效益大幅提升

公司坚持把深化改革三年行动作为企业高质量发展的内在要求和强大动力，聚焦打通科研成果转化"最后一公里"，大力推动产业结构升级，管理质量效益大幅提升。2021年，成熟技术产品产业化规模达到4.6亿元，比重组前增长21.3%，全年实现营业收入50.25亿元，实现利润1.87亿元，全员劳动生产率比重组前增长10.6%，有效推动技术效能向经济效能的转化。

（三）自主创新能力明显增强

按照国家级高新技术企业定位，视科技创新为生命工程，重组后科研投入比例提升到3.59%，攻关"卡脖子"技术亟需的实钻平台、国家重点实验室纳入建设日程；自研"经纬领航"Ⅰ型旋转地质导向系统（见图5）国产化达94%，实现技术定型；随钻方位伽马、方位电阻率等关键技术实现从无到有快速突破；自主创新"一种测井方法"荣获第二十二届中国专利银奖。

图5 "经纬领航"Ⅰ型旋转地质导向系统

经验启示

（一）体制机制创新是企业转型发展的核心动力

针对总分机构横跨多个地区且管理幅度大、管理层级多的传统企业，打破传统职能组织架构，构建矩阵式管理架构，配套考核引领、授权充分、有效监督、信息化指挥的全新体制机制，有利于大幅提高管理效能，激发传统企业转型发展的内生动力。

（二）社会化大科技是推动企业科技创新的有效手段

克服长期存在的产、学、研之间资源互通不足、流动不畅，创新型人才供应短缺等弊端，以社会化大科技为平台，借助知名企业、科研院所技术联盟的人才和技术互补优势，实施“揭榜挂帅”，有利于提高企业创新能力，助力核心技术快速突破。

（三）专业化发展是提高企业核心竞争力的坚强保障

在突出主责主业的大背景下，实施一体化基础上的测录定专业化发展，集中科研、生产等优势力量，从根本上减少重复投资和同质化竞争，明显提高了企业生产专业化和管理精益化的程度，有力推动了企业高质量发展步伐。

完善治理和激励约束机制
扎实推动企业实现高质量发展

石油工程建设公司

一 改革背景

石油工程建设公司于2012年12月由胜利、中原、河南、江汉和江苏油田的设计、施工、监理单位整合组建而成，是专业从事海陆油气田建设、长输管道、油气集输处理、石油化工配套工程、海上风电等领域的技术服务商和工程承包商。自成立以来，历届党委带领全体干部员工“刀刃”内向，深入开展“与落后的思想观念决裂、与不适应发展的体制机制决裂、与粗放的管理方式决裂”等“三个决裂”大讨论、大学习，以持续深化改革为突破口（见图1），把握项目驱动型企业核心实质，完善市场机制，强化创新驱动，打造形成了专业化、一体化优势，经历了极端困难、扭亏脱困、巩固提升三个发展阶段，2018年一举扭亏为盈，摘掉了“僵尸企业”帽子，连续四年持续盈利，成为中国石化石油工程板块盈利的主力军，党建考核连续四年A档，为高质量发展打下了坚实基础。

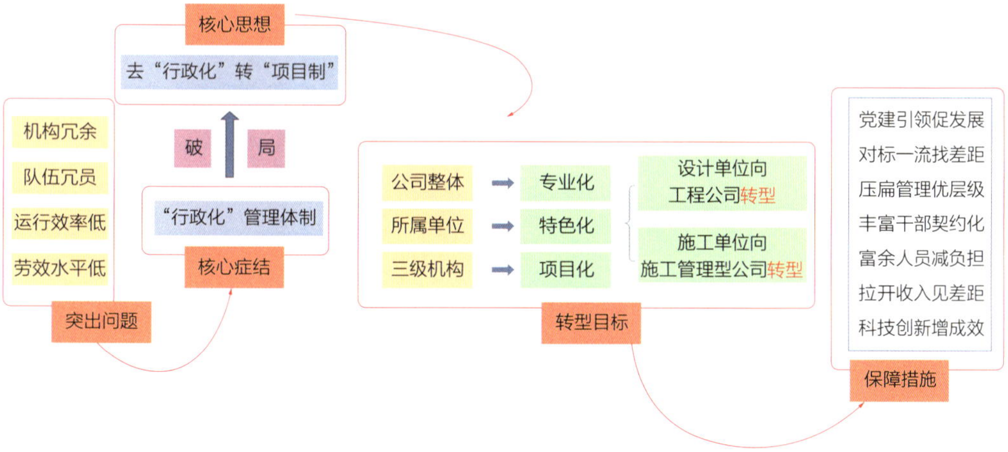

图1　改革路线图

二 主要措施

（一）完善中国特色的现代企业治理体系，激活推动高质量发展的新引擎

充分发挥党的政治优势，为深化改革和高质量发展提供坚强保证，把握“项目驱动”实质，进一步深化管理体制机制改革，开创全面深化改革的新局面。

一是坚持在完善公司治理中加强党的领导。深入落实“两个一以贯之”，全面完成“党建入章”，明确和落实党组织在法人治理结构中的法定地位，修订党委议事规则、“三重一大”决策制度，制定党委前置研究讨论重大经营管理事项清单管理办法，进一步理顺党委与经理层等治理主体的关系，确立党委在改革、重大事项等方面对企业的领导。探索建立推广基层党支部“九八五”议事规则、工程项目党组织“三型三建”工作机制和境外党建“内外联动、四内四外”工作机制，将战斗堡垒建设到改革创效一线，为高质量推进深化改革提供了有力保障。

二是持续推进管理体系和管理能力建设。瞄准打造一流工程建设公司目标，先后组织到集团内的工程建设、第十建设，集团外的中建八局、中铁六局，美国福陆、西比埃等企业交流学习，优化学习曲线，建立短板改进、专项帮扶、对标激励约束和经验传承等四项机制。把握“项目驱动”实质，聚焦单项目全生命周期管控，加强以单项目为核心的“六大制度体系”建设（见图2），先后梳理了74个一级流程和152个二级流程，进一步健全集约高效的项目管理体系。

图2 项目管理“六大制度体系”

三是加快机构管理扁平化、项目化进程。以机构“去行政化”为先导，整合管理资源，坚决消灭亏损单位，引导所属单位由“大而全”“小而全”向“专而精”转变。截至2021年末，二级机构由成立时的16个优化为11个，压减31.2%；基层单位由成立时的504个优化为142个，压减71.8%。对生产组织型三级单位进行项目化改造，剥离基层机构非创效职能，推进所属单位直管项目模式，项目管理层级由4级压减为3级。做实“人才池”和“装备库”，实行人力资源和物资装备集中管理、统一调配，强化项目高效运行。对项目机构设置实行“层级与规模联动、职数与利润联动”，引导项目部干好优质大项目、创造高利润。近两年，新开工项目全部实现盈利、毛利率提高约1个百分点。

（二）健全市场化经营机制，点燃推动高质量发展的新动能

服务“项目驱动”，破解发展难题，加快建立与市场经济和现代企业制度要求相适应的人事、劳动、分配机制，充分释放内生活力和发展动力。

一是探索干部管理聘期制、契约化。以干部“去行政化”为目标，通过细化聘期制、契约化管理措施形成项目经理选拔任用“343”工作法。项目经理选聘按照竞标模式实行“三公开”，即公开选聘项目经理信息，公开任职承诺，公开考核结果（见图3）。项目经理履职做到“四明确”，即明确岗位聘期，明确退出条件，明确项目授权，明确风险共担、利润共享。项目经理任用“三干法”，即员工自愿参与项目经理岗位竞聘，由专家团队对项目经理进行能力评定，择优录用，对拟聘人选开展组织考察充分集中民意。2020年以来，累计有90余名干部通过竞聘走上中、基层领导岗位，实现聘期制、契约化管理，激发了干部员工干事创业的活力。

二是实行富余人员分流安置多渠道、人性化。积极盘活“转一批”，成立人力资源共享中心，整合内部人力资源，开展转岗培训，提升技能，内部盘活再就业。内部承揽“包一批”，通过“订单式”培训，将富余人员转化为集团公司下游企业运营紧缺的专业工种，

图3　基层岗位竞聘现场

以业务承揽的方式打通“养人”与“创效”通道。强化管理“退一批”，对于未正常履行劳动合同以及达到提前退休年龄的人员，通过解除（终止）劳动合同、提前退休等方式予以减册。履行责任“养一批”，对于生理性离岗人员，通过内部退养、协议停岗、长期休养、女工长产假等渠道“养起来”，切实保障职工利益。近年来，在集团公司严格控制用工总量的情况下，盘活富余人员成为公司生产规模不断扩大的有力保证。

三是推行薪酬分配凭效益、差异化。优化工资总额决定机制，“蛋糕”大小看效益，坚持“压减后勤定员、压减本部工资总额，保项目一线员工固定收入、保盈利项目绩效奖金”的“两压两保”模式，将工资总额向一线倾斜。落实补贴变绩效，扩大绩效奖金在工资总额中的份额。开展工效联动考核，建立工资总额与利润总额、营业收入、账款回笼“三挂钩”绩效考核机制。合理拉开员工收入差距，收入多少看贡献。广泛推行单项目核算、单机组承包“两单”管理，精细标后预算，拟定责任成本目标值，机组签订承包协议。以岗位价值为基础，分岗位制定符合工程建设企业特色的差异化薪酬制度。2021年，项目经理收入最大差距7.3倍，外部项目一线员工平均收入最大差距7.7倍，收入分配效益导向愈发明显，为企业高质量发展增添内生动力。

（三）搭建科技创新平台，汇聚推动高质量发展的新智力

完善科技创新体系，提升科研创新能力，加快打造技术先导型企业，科技创新助推“五化”工作水平提升，加快构建支撑高质量发展的现代产业体系和地面工程建设新模式，构筑长效竞争新优势。

一是培育科技创新优质土壤激发创新活力。推行科研项目负责人制，完善科技成果中长期激励机制。推广和完善“揭榜攻关”机制，发挥专家团队、博士后工作站的作用，统筹技术难题攻关。出台“科技成果奖酬办法”，创办“油气和新能源地面工程建设内部汇编”，两次获得科技型企业岗位分红激励1325万元，激发员工研发积极性。

二是集成外部科技资源开展战略合作。与中科院、西安交通大学、中国石油大学、华为公司等多家高校、高科技公司形成战略联盟，针对长输管道地面工程建设等核心业务和CCUS等新兴业务，补齐科研短板，推动合作创新，提升工程建设和技术服务能力，获批集团公司CCUS重点实验室和石油工程公司新能源技术研发中心依托单位，打造核心竞争力。

三是发挥大兵团作战优势统筹做好“五化”工作。强化顶层设计，建立“五化”技术和管理标准体系。开展页岩气田、储气库等标准化设计定型，引入工厂化预制生产线和先进管理软件，实现模块化施工虚拟演示，开展“一机多用”攻关，推广智能工地，将高技术附加值业务与“五化”建设深入融合，加强专有技术、工艺包、集成装备、化学剂、应用软件等高端技术和产品的研发和推广应用，全面实现“五省”效果。

三 取得成效

（一）高质量发展体现在效益实绩

在背负最高年亏损48.9亿元等历史包袱的情况下，用足用好深化改革关键一招，不断提高综合竞争能力。2018~2021年实现持续盈利，经营绩效逐步走到集团公司石油工程板块前列，保持了稳步向好的发展势头。

（二）深化三项制度改革激发企业活力

持续提升人力资源管理效能，严控用工总量，精简在岗人员，员工从成立初2.8万人，降到1.6万人，提高了用工效率，用工制度更具市场竞争力。各级新选聘干部在新的岗位自我加压，争先恐后找市场，自觉加强项目运行，狠抓经营管理，积极降本增效，形成了“比学赶超”的浓厚氛围，近年来，公司国内所有新开项目均实现盈利。

（三）科技成果转化成效显著

科技创新体系不断完善，重点领域取得新的突破。获省部级科技成果6项，申报专利272项，编写国家标准7项，获得国家级及集团公司级施工工法158项，取得8项集团专有技术，形成CCUS、乙烷回收等工艺包，2020年以来科技成果转化创造产值3亿元。“五化”工作推广以来，重点工程三维设计率达到100%，设计周期缩短30%，年预制能力增加8万时径，施工效率提高20%以上，重点工程施工工期同传统模式相比缩短10%，切实增强了核心竞争力。

经验启示

（一）坚持“党的领导”高质量推进深化改革

始终坚持加强党的领导和完善公司治理相统一，聚焦提升项目管理效能，创新“九八五”议事规则等基层党建工作机制，将战斗堡垒建设到改革创效一线，有力促进项目管理体系持续完善。

（二）坚持“去行政化”高水平激发活力动力

以项目为核心，围绕聘期制、契约化干部管理，实施“343”工作法，建设高质量管理团队；通过多渠道、人性化调配人力资源，打造高素质项目管理队伍；强化薪酬分配凭效益，激发员工积极性，提升项目创效能力。

（三）坚持“创新驱动”高标准提升核心能力

全面实施科技兴企战略，推行科研项目负责人制，完善科研奖励机制，激发科技创新活力；聚焦核心业务的创新和产业链外延的新兴业务，加强内外协同，发展一体化集成装置等高技术附加值业务，打造新的利益增长点。

以改革赋能管理提升　锻造国际一流油服劲旅

中原石油工程公司

一　改革背景

中原石油工程公司集钻井、固井、压裂、试油气、油气藏综合服务、关联产品研发制造及服务于一体，1988年最早走出本土闯市场，施工足迹遍及国内所有陆上油气田，先后承钻“1”字号井511口；1991年率先迈出国门谋发展，连续15年跻身ENR全球最大250家国际承包商（2021年排名105位），已形成集团内部、国内外部、海外“三个1/3”的市场版图（见图1）。近年来，以深化改革三年行动为指引，围绕健全现代企业制度、增强市场竞争能力与抗风险能力，聚焦完善公司治理体系、优化体制机制、深化“三项制度”改革、延链补链强链四条主线，抓重点、补短板、强弱项，构建形成了与打造世界一流相适应、具有中原工程特色的体制机制。

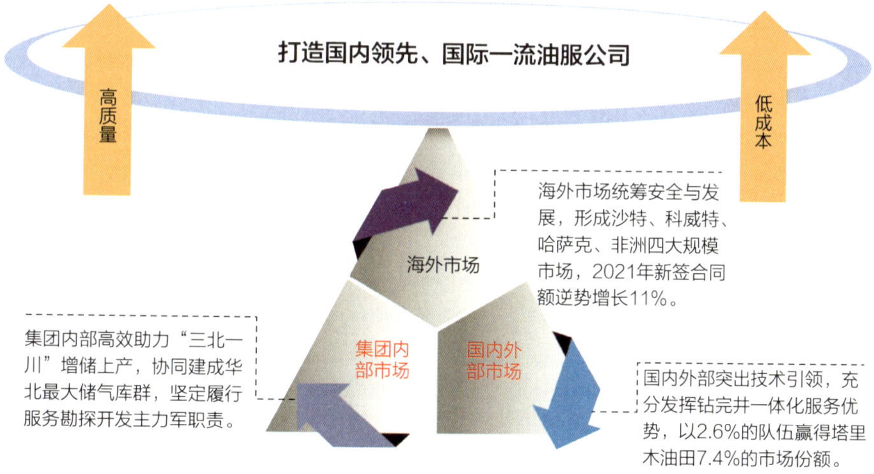

图1　坚持低成本、高质量发展主线，持续优化三个1/3的市场版图

二 主要措施

（一）以加强党的领导为引领，持续完善治理体系

坚持“两个一以贯之”，牢牢把握党委“把方向、管大局、促落实”的功能定位，积极探索党的领导融入公司治理的有效途径。修订章程完善制度。将“公司党委”单独设章，建立完善《党委讨论和决定重大事项清单动态管理办法》等1+4制度体系，进一步巩固党组织在公司治理结构中的地位和作用。明确权责规范运行。修订党委会、总经理办公会议事规则，取消领导班子会，优化党委决定重大事项清单、前置研究讨论重大经营管理事项清单，清晰党委会、执行董事与其他治理主体的权责边界，完善权责法定、权责透明、有效制衡的治理机制。试点“一肩挑”领导体制。选取主、辅、境外7家不同类型直属单位，试点分公司代表、党委书记“一肩挑”领导体制，推进党的建设与生产经营深度融合；组织18个基层单位试点党支部书记排名靠前体制，推进党的领导与公司治理融合统一向基层延伸（见图2）。

图2 在完善公司治理中加强党的领导

（二）以管理提升为主线，持续优化体制机制

聚焦关键领域优化体制机制，充分发挥改革激活力、增动力的关键作用。精简项目管理架构。针对市场点多、线长、面广，区域项目机构重复设置、资源重复投入，传统直线职能式管理成本偏高等问题，在国内外主力市场成立跨单位一体化管理项目部，统一运营区域项目、管理施工队伍；施工队伍所在单位提供人力与物装资源支撑，依据施工队创收创效情况与项目部共享收入利润、共担责任风险，实现区域集约管理与单位支撑保障的有机融合，形成“公司管总、单位管建、工区管战、项目主战”新格局，区域市场开发水平与技术保障、成本管控、资源统筹能力大幅提升。优化选商用商机制。坚持量化考评、业绩优先原则，分33个大类细化量化承包商服务资格审查与业绩评价标准，形成“总量控

制、动态优化、主力优选”管控机制。对运输、技术工具、设备维修等总量大、时效紧的外委业务，实行提级管理、带量招标，推动以量换价、提质减量。将承包商现场服务纳入公司HSE管理体系，突出“以我为主、强势管理”，着力提升现场安全管理水平。搭建通用车辆管理平台。实行通用车辆集中管理、限额使用、节奖超罚，促进服务提升、费用下降。优化通用车辆绩效考核政策，建立“单车行驶里程多，司驾人员绩效高；整体运行效率高，管理人员绩效高”的考核机制，激发员工内生动力（图3）。

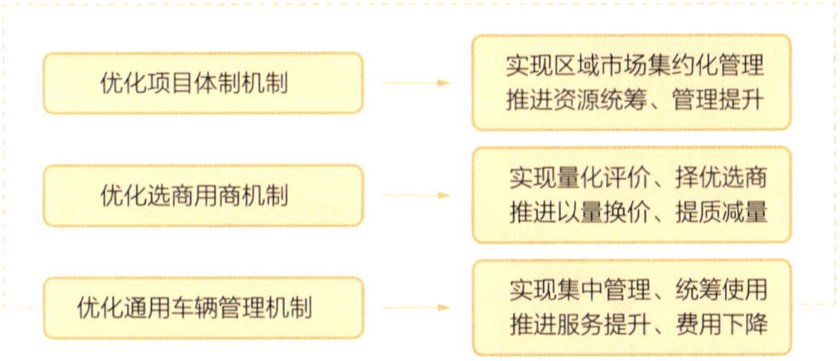

图3　深入推进“三个优化”，以改革激活力、增动能、促发展

（三）以绩效考核为抓手，持续推进“三能”机制建设

持续完善以单井单项目定额为基础，以“两利四率”为主要考核指标，各层级与一线联动、与指标挂钩、与市场接轨的绩效考核体系，以价值分配引领价值创造，贯穿薪酬分配、干部任免与员工管理，撬动“三能”机制向纵深推进。突出工效联动，以定额考核为基础实现“能增能减”。聚焦基层现场，建立国内外60个主要区块定额标准，搭建尺度统一、公平公正、自下而上挂钩联动的考核平台；对基层队实行定额考核，单井兑现与成本节超、施工效率正向联动，鼓励打好打快；对项目部、后勤单位和直属单位，分别以所挂钩基层队平均绩效的 80%、40%、60%为基数，与自身管理职责、管理难度、管理效能联动考核，实现收入同增同减。围绕管理水平提升，从直属单位、基层队两个层面制定47项提升措施、量化考核标准，单位主要领导、分管领导绩效兑现分别与年度考评综合排名、专项排名挂钩联动，最高奖励年度绩效的12%、最低扣减5%，激励各层级聚焦现场、服务一线。坚持三个“倾斜”，以定员兑现为支点撬动“能进能出”。坚持薪酬分配向创效单位、基层一线、关键岗位倾斜，鼓励员工扎根一线、干事创业。对各级管理机构及后勤单位严格“三定”考核，定员外不兑现绩效工资，引导富余人员向一线及缺员单位正向流动。强化“双严”治理，加大劳动合同履行考核与提前退休等措施性减员力度，畅通退出渠道。强化刚性约束，以契约管理为牵引推进“能上能下”。将组织绩效与个人业绩关联协同，建立“有任命就有任期、有职务就有职责、有业绩就有奖励、不称职就要调整”的契约化管理机制。以公司年度经营目标为总纲，对直属单位、项目部、基层队分解

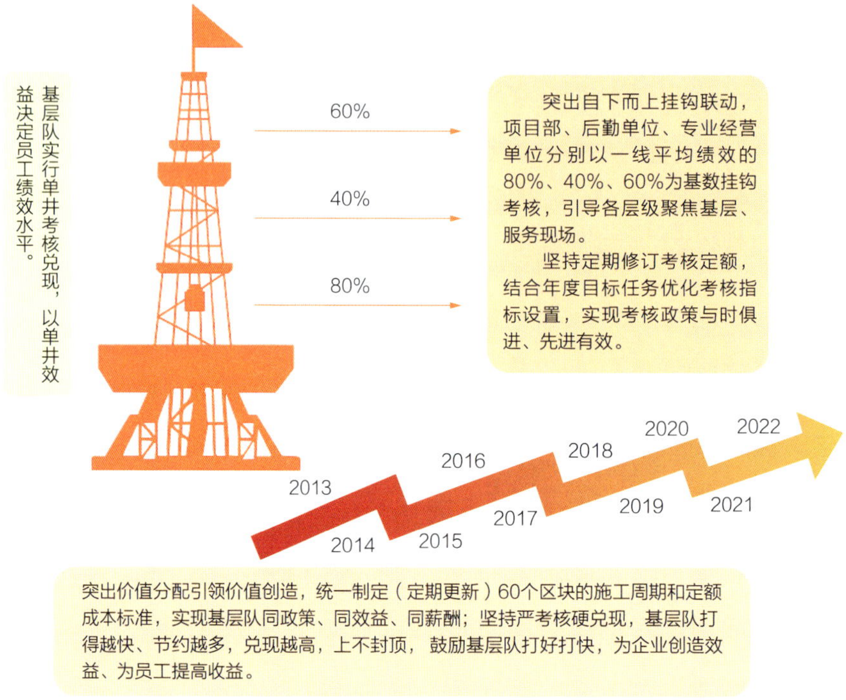

图 4 持续完善绩效考核体系，考核政策与时俱进、先进有效

下达生产经营指标，逐级签订任务书、立下“军令状”，依据年度考核结果分类定级、奖先罚后，推进干部“能上能下”。

（四）以特色技术为支撑，持续推进产业链延伸

始终把特色优势技术与低成本服务能力作为发展支撑，坚持“管理＋技术”双轮驱动，推进产业链向上、向下双向延伸。依托地质工程一体化服务资源，做强难采油气藏合作开发产业。始终遵循“能源的饭碗必须端在自己手里”，壮大地质、工程、油藏技术研究力量；突出精选区块、精细描述、精准布井、精益管理，以低成本措施提高采收率、控制递减率，以产能提升拓宽市场空间；采用风险投资、带资劳务服务、地质工程一体化承包、技术管理等方式，与上游企业合作开发难采油气藏，实现从“找市场”向“创造市场”的突破。依托油田化学研发力量，做精钻井液助剂产业。依托中国石化中原研发中心与油田化学剂技术中心，加快特色助剂成果转化、产品迭代，锻造硬核技术、巩固特色优势；精准对接市场需求，推进研产合作、扩展产能规模、拓展带料服务，多维发力效益提升，以创新链带动产业链、提升效益链。

三 取得成效

（一）治理体系持续完善

建立健全“党委领导核心、执行董事战略决策、监事独立监督、经理层组织落实”运行模式，组织7家直属单位试点分公司代表、党委书记“一肩挑”，18个基层单位试点党支部书记排名靠前体制，实现党的领导融入公司治理。组织13家直属单位及所属项目部签订年度《经营业绩目标责任书》，11个机关部门及2个机关直属单位签订《工作目标责任书》，以契约管理推进目标落地。

（二）体制机制持续优化

项目优化取得新成效。从市场开发、生产运行、绩效考核等9个方面，推进流程再造、优化节点、打通阻点，实现从“小股部队”分散作战向区域集团军作战的战略转型；主力工区项目部数量较改革前压减50%，项目管理运行费用每年减少4000余万元；海外市场实现重大突破，成功中标道达尔乌干达项目1.6亿美元大单，以市场的可持续保障发展的可持续。选商用商形成新机制，承包商数量较改革前减少23%，框架招标项目单价降幅最高15%。用车成本实现再压减，封存自有车辆66台、退租外部车辆53台，用车及管理成本每年减少3000余万元。品牌形象得到新提升，刷新中国石化技术指标35项、创造区域高指标300余项，施工的普陆3井、顺北52A井、顺北71X井等以出色业绩走进央视《新闻联播》，中原工程被集团公司授予绿色企业、法治央企A类单位等多项荣誉。

（三）激励导向作用充分发挥

以绩效考核杠杆撬动“三能”机制建设，实现了收入与效益同升降、职级与业绩同上下、岗位与需求同变动。2021年，受市场波动与疫情影响，绩效工资总额较市场形势好、创效水平高的2019年减少1.18亿元，人均绩效减少1.2万元；后勤及停等井队向施工队伍正向流动5000余人次，实现施工队伍不缺员、停等队伍无长期待岗人员；依法依规解除劳动合同111人，用工总量减少1026人。近年来，先后有10名中层正职、6名项目经理因管理不善、业绩不佳被调整岗位，15名基层正职因单井考核亏损被解聘职务。

（四）全产业链优势更加巩固

以提升难采油气藏经营价值为核心，与中原油田、华北油气、新星公司等签订合作协议，建成开发合作区块4个、技术服务区块1个，效益分成油2万吨/年以上；在考察洽谈项目5个，全部建成后产能可达到10万吨/年。锚定做强助剂产业，与美丰化工深化产研销合作，携手打造油田化学剂西南生产基地，全面建成后可形成3万吨/年产能规模、实现收入5亿元以上。

经验启示

（一）在完善公司治理中加强党的领导是践行“两个一以贯之”的具体体现

修订企业《章程》，将“公司党委”单独设章，试点直属单位“一肩挑”和基层党支部书记排名靠前体制，为完善中国特色现代企业制度奠定了坚实基础。

（二）实行区域集约化管理是推进提质升级的关键一招

坚持大道至简，打破体制壁垒、优化项目架构、统筹区域资源，构建“公司管总、单位管建、工区管战、项目主战”新格局，真正做到了“让听得见炮声的人指挥战斗”。

（三）突出工效联动是撬动“三能”机制的有效支点

构建完善以单井定额为基础，自下而上、工效联动的绩效考核体系，实现薪酬与效益同增减、职级与业绩同上下、用工与需求同联动，以价值创造引领价值分配，充分激发各层级干事创业的内生动能。

（四）培强特色技术是延链补链的强力支撑

发挥地质工程一体化优势，不断突破难采油气藏低成本开发瓶颈，助力上游盘活低效资源；集智攻关钻井液助剂赛道，以特色技术引领产业发展，有效推动产业链向下延伸。

聚焦“三大机制”以深层次改革推进高质量发展

石化机械公司

一 改革背景

石化机械公司是中国石化集团公司控股的中国油气装备研发、制造与专业技术服务重点骨干企业，产品涵盖石油工程、油气开发、油气集输等领域。2012年由集团公司机械板块重组整合而成，2015年7月整体上市，2018年入选国资委“双百企业”。近年来，石化机械公司坚持以习近平新时代中国特色社会主义思想为指导，聚焦治理机制、“三能”机制和经营机制深层次改革（见图1），以更高标准深入推进深化改革三年行动，提升公司治理能力、经营能力和动力活力，打造大国重器，在市场寒冬和武汉疫情双重大考中，实现了高质量发展。

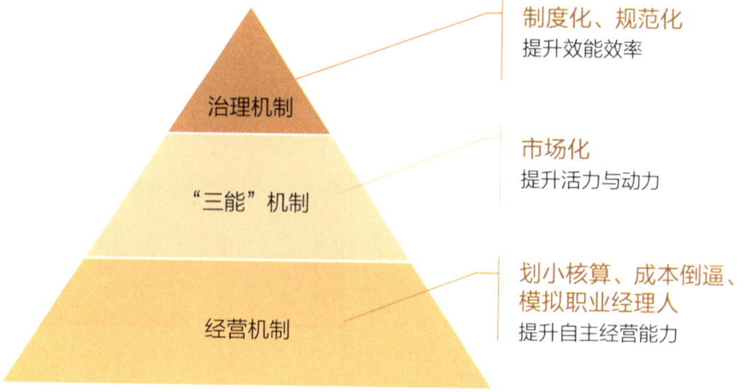

图1 “三大机制”改革图

二 主要措施

（一）以“规范高效”为目标持续完善治理机制，实现效率效能提升

一是依规推进党建入章和党委前置研究。股东大会通过公司章程修订案，实现全面“党建入章”，中外合资子企业“党建入章”典型经验在集团公司层面交流推广。梳理党

委前置研究讨论事项，形成涵盖17个类别50种具体事项的重大经营管理事项前置研究清单，清单范畴内重大经营管理事项实现100%党委前置研究讨论，将党的领导与公司治理有机统一，深度融入公司改革发展、提升竞争力之中。同时制定党委决定党的建设事项清单，将两者进行清晰界定和区分，有效提高公司科学决策、依法决策的工作效率。

二是规范治理体系和治理规则。围绕法人治理，完善股东大会、董事会、监事会议事规则，制定独立董事工作制度、董事会授权管理办法、董事长办公会细则、“三重一大”、各专业委员会及董事会秘书工作细则等系列规章制度和行为规则，加强董事履职能力培训，形成股东大会、党委会、董事会、监事会和经理层相互制衡、各负其责的高效决策运行体系（见图2、图3）。

三是加强董事会建设，落实董事会职权。强化外部董事储备、履职和考核评价管理，实现外部董事占多数并有效发挥作用，外部董事平均履职时间超过行业水平；完成子企业董事会应建尽建，着眼于规则和效率，差异化、精准化修订内控权限指引，推进“应授尽授，能授尽授”，通过制度流程化建设加以固化，提升效率效能，形成符合竞争性行业特点前提下合资、独资等不同性质类型子企业特点的治理型、管理型等行权方式。

四是持续优化治理结构。落实董事会中长期发展决策权，一体推进“引战”“转制”，通过引进社会资本作为战略投资者，给予董事会席位，进一步推动股权多元化，改善公司治理结构。

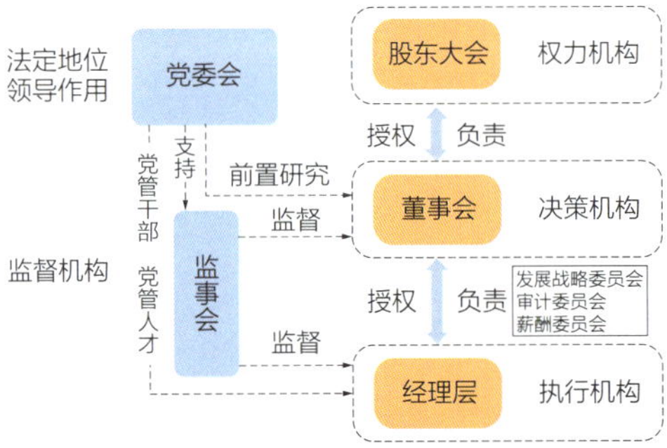

图2 治理架构

图3 召开股东大会研究决策

（二）以“市场化”为导向全面深化“三能”机制，实现活力动力提升

一是全面实施任期制和契约化管理。制定公司经理层成员任期制契约化“一协议两书两办法”，明确“双70%+四种情形”退出机制，主动在集团公司率先执行。以上率下将任期制契约化拓展到所有分子公司和部分三级单位，各级经营班子、经营团队成员全面签订“一协议两书”，淡化职级身份；党委（支部）书记一并纳入并参照执行任期制契约化管理。

二是全面实施市场化选人用人和劳动用工。建立管理人员选拔任用、末等调整、不胜任退出等系列管理办法，明确界定管理人员业绩不达标、不适宜担任现职、不能正常履职以及违纪违规退出的12种情形，严格执行。坚决从领导干部和管理机构改起，管理人员实施竞争性选拔，新选拔中层领导人员40岁以下年轻干部占比提升到87.5%，管理人员退出比例提升到6.1%，为历年之最。开展岗位价值评估，建立全员岗位图谱和能力素质评价模型，形成“四统一+两化”岗位管理体系（见图4、图5）。实施“劳动合同+上岗协议”双契约管理，加大综合考核和不合格退出力度，市场化退出保持在合理水平。实施“百人转岗”工程，单位间员工流动常态化运行。做实公司人力资源池，扩大入池培训、重新上岗竞聘规模，每年盘活人员占比超过10%。

三是全面推进差异化薪酬激励。改革工资总额决定方式，推行总预算前提下二级单位自主预算、自下而上的总额决定和备案制管理，开展“业绩赛马”，激发创效潜能，各单位实现工资总额从“要存量”向“挣增量”转变。实行“双联动四挂钩”，经营管理人员基薪、绩效奖金标准与平均水平联动，实际分配与岗位、经营难度、利润及个人绩效“四挂钩”，中层正职间最高、最低相差超过20万元。突出成果转化激励，鼓励原始创新、发明创造和技术落地，重奖“出头鸟”，每年奖励额度近3000万元，开发拥有有效专利818项。突出创收增收激励，实施销售环节全流程评价考核，按订单创效、货款回收核算奖金，设立重大订单项目奖、新市场贡献奖，部分销售员收入高于所在单位中层正职，有效激发干事创业活力动力。

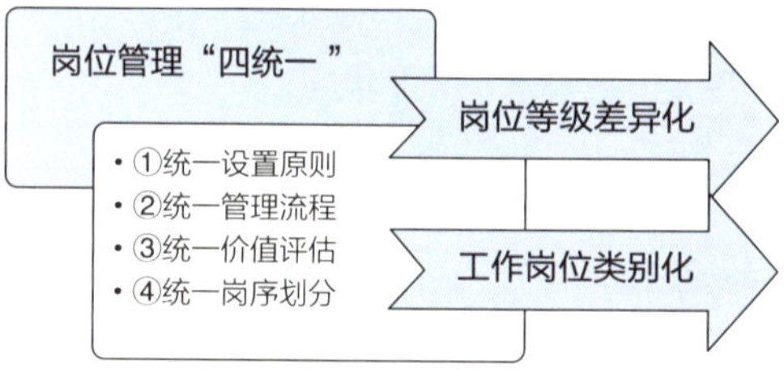

图4　岗位管理体系建设

图5　招聘干部笔试现场

（三）以“模拟职业经理人”为着力点加速转换经营机制，实现提质增效

一是坚持市场对标，构建指标体系，落实责任倒逼。落实集团公司对标管理提升行动要求，承接战略和一级指标体系，对标市场行业水平，建成高质量发展二级指标评价体系。指标体系包括8个发展能力维度，涵盖利润、EVA、ROE、资产负债率、两金占比等30项指标；增设服务收入占比、毛利率、流动比率等指标，分解、设定高质量发展入

门值、领先值、当期目标值和考核权重分值，形成三级指标评价体系。导入阿米巴经营理念和精益管理方法，借力公司精益管理平台，利用方针管理和划小核算工具，逐级向下确认指标，量化核算标准，将责任逐级分解到经营单元和各流程，将划小核算扩展到69个业务单元，1659项原单位基准库覆盖所有主要业务（见图6）。

二是强化赋权配责，推行“模拟职业经理人”制度，落实自主经营。梳理界定公司各级业务单元，对具备独立核算条件的三级利润中心，推进实施“模拟职业经理人”制度。公司发布指导性文件，明确内部市场化选聘和市场化退出标准、业绩与薪酬双对标原则，以及双方权责界定、指标设定、协议签订、风险管控等一系列流程，指导各单位规范执行。2个经营困难业务单元先行先试，巩固成果，形成一套目标贴近市场、市场责任倒逼的经营长效机制，分步推广到其他业务单元。15家模拟职业经理人承接指标和风险抵押金压力，坚持以效益为本，找差距，算细账，主动变革内部机制，持续改进经营管理，从偏生产型向经营型快速转变，经济指标持续攀升，辐射带动公司业务全面增利，实现微观和整体的效益、竞争力同步提升。

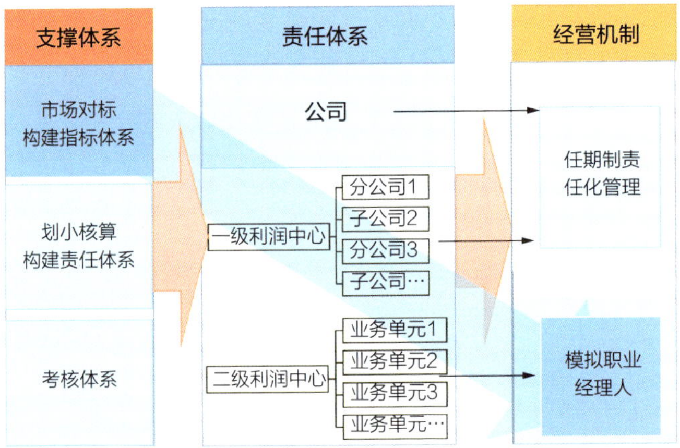

图6　市场倒逼经营机制构架图

三　取得成效

（一）提升了境界，汇聚了强大的发展合力

在推进改革过程中，干部员工以习近平新时代中国特色社会主义思想为行动指南，实现了从改革观望者、参与者到拥护者、推动者蜕变。大家深刻认识到，唯改革者进，唯创新者强，唯改革创新者胜，“发展不停步，改革不松劲”的思想合力转变为“培育单项冠军、推进两个转型、打造百亿企业”和“打造大国重器，支撑油气发展”的强大发展合力。

（二）夯实了基础，取得了改革管理新成果

通过持续深化改革，有效建立以党的领导深度融入的治理机制、以市场化为导向的“三能”机制，以对标管理、精益管理和划小核算、市场倒逼为内核的经营机制，打通“肠梗阻”，消除“碎片化”，形成符合竞争性行业特点的灵活高效、活力迸发的决策和运行体系，驱动经营管理全过程提质提效，促进了政治引领力、人才支撑力、一体化竞争力和经营创效力全面提升，实现了全级次子企业保持盈利和关键指标逆势增长。2021年在产品售价下降、外购成本上升双重挤压下，净利润、人均营业收入、劳动生产率同比分别增长95.23%、15.32%、14.40%；相对于改革前，分别增长72.58%、124.20%、61.15%。

（三）厚植了优势，拓展了高质量发展新动能

深层次改革推进发展，成果反哺进而激发更快发展。抢占“十四五”行业发展先机，布局“345”产业，“关键技术+核心制造+服务”水平迭代升级，数字化产业发展提速，天然气压缩机新产品投入运行，氢能新装备进入市场服务社会。所属两个子公司被命名为湖北省企校联合创新中心，2家单位和1项产品分别被国家工信部认定为制造业单项冠军示范企业和单项冠军产品。在A股市场非公开发行股票项目取得中国证券监督管理委员会批复并顺利完成融资目标。

经验启示

（一）紧抓公司治理“牛鼻子”是深化改革的关键

建立符合竞争性行业特点的高效决策、相互制衡、规范有序的治理体系，并以“党建入章”、董事会应建尽建、外部董事占多数等举措完善巩固治理结构，实现定战略、做决策、防风险更科学更高效。

（二）攻克“三能”机制“娄山关”是深化改革的重点

“三能”机制改革是国企绕不过、必须攻克的难关。石化机械公司坚持以上率下，攻坚啃硬，做实契约化和任期制、市场化选人用人、劳动用工以及薪酬激励机制，以“真下、真出、真降”推动实现活力动力倍增。

（三）激活微观单元“动车组”是深化改革的核心

坚持对标市场，以高质量发展指标体系为引领，以精益机制推进市场倒逼，逐级向下实施“模拟职业经理人”制度，以责权利联动激活微观单元“动车组”效应，形成同向加速的强大发展合力，凸显改革实效。

聚焦“331”深化改革
为打造行业领先型工程企业赋能

宁波工程公司

一 改革背景

宁波工程公司自2003年重组成立以来，改革创新持续走深走实，逐步发展成为集研发、咨询、设计、制造、施工、开车、生产优化指导与技术改进于一体的综合性、国际化工程服务商。近年来，随着外部竞争日益激烈、石化行业转型加速，传统业务对战略发展的支撑不足、项目盈利能力下降、管理效能提升遭遇瓶颈等问题相继显现，亟需在业务结构优化、服务模式升级、核心竞争力提升等方面寻求突破。为加快打造核心竞争优势，公司坚持“六六战略”再深化，以“三新”业务为传统业务赋能，紧抓“三个重点”改革，聚焦“三个体系”提升，坚持“党建引领”保障，蹄疾步稳推进“331”深化改革措施（见图1）落地见效，绿色低碳煤化工技术加速升级，新能源、新材料领域精准突破，大型EPC项目一站式服务能力持续提升，经营绩效稳中有进，不断为企业高质量发展激活力、提效率、增效益。

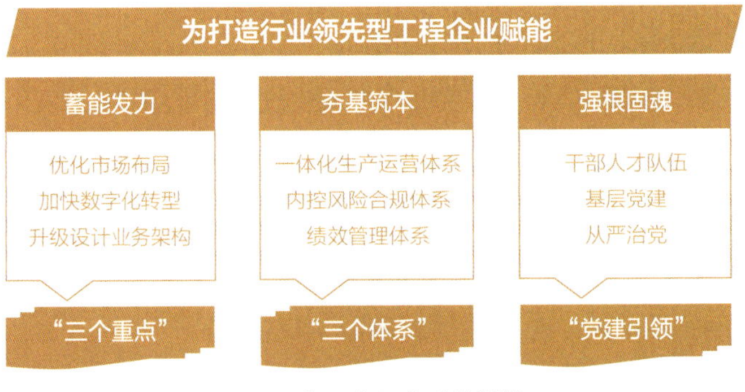

图1 “331”深化改革举措

二 主要措施

（一）紧抓“三个重点”改革，为打造行业领先蓄能发力

一是着力优化市场布局。紧抓“双碳”机遇，创新市场营销模式，组建煤化工和油气品种两个专项市场开发团队，强化重点目标市场开发，提升精准服务能力；成立情报信息研究机构，聚焦市场信息收集与形势研判，明确方向、精准出击，加快优势品种迭代升级，填补了相关技术工程业绩上的空白。完善技术研发－工程设计－项目建设“三位一体”联动机制，强化自主研发技术在工程设计与项目建设上的应用，形成核心产品并实现成果转化；依托一体化产业链优势衍生拓展，成功介入氢能领域，积极向生物质气化、可再生能源等方向延伸，探索光伏发电、二氧化碳回收再利用等新兴领域初见成效。

二是着力加快数字化转型。为积极拓展行业数字化、智能化技术服务领域，组建数字技术分公司，探索建立灵活适配、先行先试的人才配置、项目攻关、考核激励等市场化运行机制，并以此作为公司改革的“试验田”。加强数字化转型顶层设计，坚持产业数字化、数字产业化，以“数据＋平台＋应用”模式为主攻方向，全面实施业务数据标准化治理。加强数字工程建设，推进智能化设计研发与应用，构建工程数字化交付标准模式（见图2）；以煤化工远程技术服务平台建设为契机，探索打造全周期、一站式的工程服务新模式，助力生产过程高效化、低碳化。

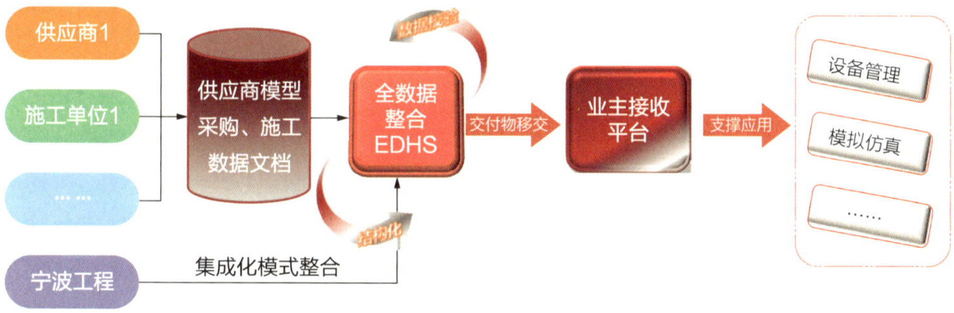

图2　公司工程数字化交付标准模式之一

三是着力升级设计业务架构。为适应石化产业聚集化、产业链垂直一体化、产品高端多元化发展趋势，通过对标行业领先模式、剖析业务发展瓶颈、组织内部分层分级研讨，实施设计业务整合优化，调整工厂设计、热力工程、油气储运等10个设计专业布局，构建工厂系统专业体系，成立工厂系统室，配套建立流程界面清晰、专业分工明确的内部管理架构，提升全厂系统化设计水平和执行大型一体化项目的能力。

（二）聚焦“三个体系”提升，为打造行业领先夯基筑本

一是完善一体化生产运营体系。打造一体化项目平台，立足提高一站式整体解决方案能力，建强一体化的资源配置体系、生产指挥体系和境内外项目标准化管理体系，分类完善项目管理模式，做深做实项目前期策划；组建诊断专家组和联合评估组，加强过程纠偏与指导，促进项目执行效率和效益双提升。打造一体化市场平台，构建“四位一体”加“一点多级”营销格局，建立由公司领导、客户经理、技术专家、项目经理组成的立体式市场开发体系，以本部为中心，分（子）公司联动，实现资源一体、信息共享，分类分级实施市场协同开发。打造一体化经营平台，成立公司经营管理委员会，统筹概算、预算、结算资源，建立集成、高效的快速报价机制和成本效益管控机制，为滚动开发市场和提升项目经营提供有力支撑（见图3）。

图3　一体化生产运营体系

二是强化内控风险合规体系。坚持“强内控、防风险、促合规”目标，深入推进权责明确、管理科学、运行高效的内控风险合规体系建设。以有效管控为着力点，深化内控制度执行有效性提升，完善内部控制57个业务流程、1637个控制点；强化制度横向与纵向比较及动态评估优化，两年精简制度20%；建立内控风险合规一体化管理评估报告与联查联防机制，加大对重大风险的防控力度。以管理提效为落脚点，从落实管控要求、精炼业务流程、优化管理界面、增强薄弱环节管控四个维度完善20项重点业务内控权限。以智能管控为加强点，将67项内控要求嵌入业务管理系统，实现从“人控”到“机控”的转变。

三是优化绩效管理体系。聚焦业财融合，突出行业特点，推进高质量发展指标评价体系建设，构建了资本获利、科技创新、持续发展、企业运营、风险防控、绿色发展、跨国经营、社会贡献8个能力维度、共29项评价指标，并加强与财务预算、项目经营管控、组织绩效考核的“三融合”。完善差异化组织绩效考核体系（见图4），更加突出效益导向，加强影响高质量发展和市场竞争力的关键要素考核。完善全员绩效考核与薪酬福利体

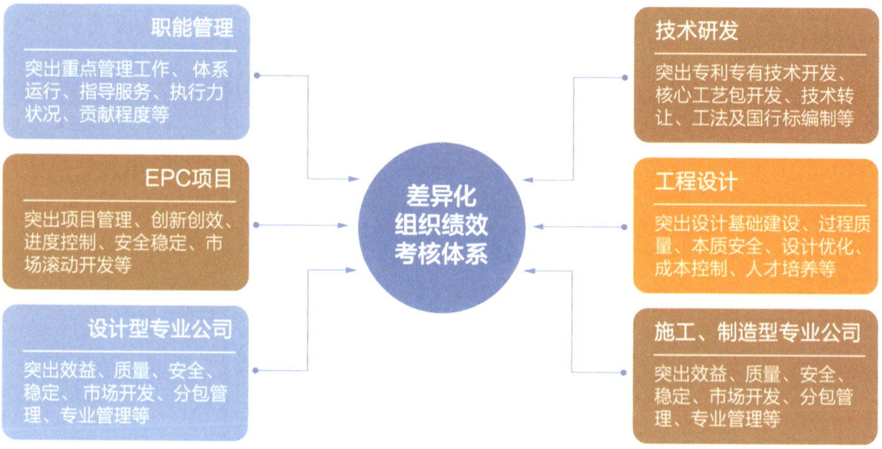

图4　差异化组织绩效考核体系

系，强化价值引领，用好激励性年金和专项奖励，健全工资总额看效益、绩效奖金凭业绩、专项奖励重贡献、基本薪酬配职位的市场化、类别化、差异化分配机制。

（三）坚持“党建引领”保障，为打造行业领先强根固魂

一是打造高素质专业化干部人才队伍。聚焦健全素质培养、知事识人、选拔任用、从严管理、正向激励“五大体系”，强化提升选人用人科学化水平，完善优秀年轻干部选拔机制，重点关注长期坚守基层一线、艰苦环境、吃劲岗位的干部群体，并将党支部工作作为年轻干部提高政治素养的重要平台，近年提拔的中层领导人员中，有党支部任职经历的达78%。稳步实施三项制度改革和人才强企工程，建立项目经理、工程设计专家、国际业务人才、专业管理专家“四大人才库”，构建实时、实战、实效“三位一体”人才培养模式，确保人才工作与中心工作有机融合、协同推进。

二是抓严抓细抓实基层党建。聚焦“务实、创新、融合”持续发力，深入开展“双示范”创建，充分发挥两级党组织成员示范引领作用，推动示范变规范、标杆变标准。做深项目党建，完善工作制度，建立项目党组织书记后备人才库，开展项目党建试点工作取得实效。坚持基层党建提升活动专题化，锚定主题集中发力，统筹推进党建品牌创建，总结提炼形成《党建品牌实例》，发挥党建工作与强管理、抓服务、促发展的作用。

三是推进从严治党向纵深发展。制定领导干部作风建设“十不准”等制度以及加强对“一把手”和领导班子监督清单，完善党委书记、纪委书记对下级“一把手”开展谈心谈话等规定，以党风带政风、改企风、转作风。拓展大监督格局，强化监督成果运用，加强对重点项目、重点环节的专项监督；自主研发签证管理系统并推广应用，以信息技术手段规范施工分包工程量现场签证及费用管理，强化项目廉洁风险防控。

三 取得成效

（一）转型升级取得突破，经营业绩稳中有进

传统业务实现新跨越，优势技术更新迭代的步伐加快，聚乙烯、丙烷脱氢等品种取得新突破；延伸了氢能产业链的多种技术路线，为后续深入氢能市场奠定良好基础；数字化业务势头良好，成功开发多个数字化整体交付拿总业务，合同额突破3500万元。2021年，新签技术开发合同4000余万元，创历史新高；降本增效成果明显，全年降本7900余万元；实现营业收入为年度目标的112%，创近5年新高，“十四五”实现良好开局。

（二）管理基础更加扎实，重点项目建设高效推进

构建了预防更超前、预警更及时、监督更有力、处置更有效的风险联防机制，守住了不发生系统性风险的底线。考核对价值追求的引导作用持续显现，员工干事创业积极性和企业活力不断激发。一体化协同效应不断提升，有力保障了重点项目建设，EPC总承包的镇海基地POX项目刷新煤制氢装置打通全流程用时最短纪录，中国石化单套生产规模最大、首次采用FFS重膜包装技术的古雷炼化SBS装置顺利投产，海南乙烯项目高效实施，全年安全生产、工程质量总体平稳。

（三）高质量党建成效明显，党建引领保障作用持续发挥

选人用人质量和水平不断提升，能者上、庸者下、劣者汰成为常态，2021年调整比例达到干部总人数的3%，干部队伍结构更趋合理，中层领导人员年龄结构保持“132”比例。人才强企工程进一步夯实了人才基础、优化了人才结构、提升了人才素质。党建品牌持续深化拓展，促进党员在攻坚克难中当先锋、在改革创新中做表率，打硬仗、啃硬骨头的意志得到淬炼，项目党建与项目建设实现深融互促。

经验启示

（一）应变、求变才有新动力

面对高度竞争的工程建设市场，宁波工程公司锚定“三新”领域和数字化转型，系统优化产业布局，创新运行机制和攻关模式，加快培育新技术新业务，以积极应变、主动求变的姿态，不断为传统业务赋能，倾力打造新的效益增长极，趟出了一条用改革创新激发新动能、用新动能驱动转型升级的发展之路，为打造行业领先型工程企业抢得了先机、争取了主动。

（二）匹配、融合才有驱动力

宁波工程公司始终坚持战略目标牵引，管理体系支撑，积极构建与愿景目标高度契合的生产运营管控体系，与技术创新、价值创造高度匹配的绩效评价考核体系，与项目经营高度协同的内控风控合规体系，与企业中心任务高度融合的人才工作体系，极大地激发了组织活力，提升了管理效能，提高了企业运行效率。

（三）强根、固魂才有生命力

坚持党的领导、加强党的建设是国有企业的“根”和“魂”。宁波工程公司坚持在推进高质量党建上下功夫，构建完善“党建+”和“+党建”模式，在深融互促上求实效，为高质量改革发展强根固魂，让红色引擎更加强劲。

精准发力　深化改革
打造企业发展新模式新动能

南京工程公司

一　改革背景

南京工程公司于2009年重组成立，是以科研、设计、工程总承包和核心专业施工为主导，以自主知识产权和工艺包为核心，面向国内外市场提供技术和管理服务的综合性、一体化的国际工程公司。近年来，坚持以深化改革为主线，牢牢把握市场经济发展的新变化、新规律、新需求，持续在健全体制、激发活力、提高效益上下功夫，健全完善符合工程公司高效发展的组织结构和市场化管理体制（见图1），努力打造发展新模式、新动能，全面提升价值创造力、核心竞争力、风险防控力和品牌影响力，为创建“技术先导型工程公司”提供了强大动力。

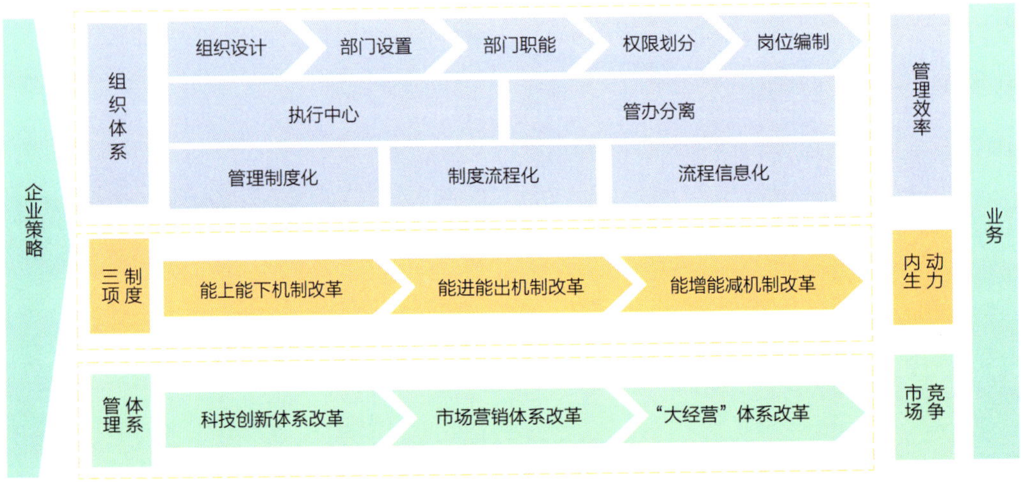

图1　深化改革思路图

二 主要措施

（一）聚焦组织体系深化改革，提升管理效率

围绕战略转型总体目标，按照“界面少、流程短、职责清、配置优”管理思路，推进“大部制”改革，降低两级公司管理损耗，提高运营效率，形成“项目吹哨、机关报到”快速响应机制。

深化组织机构改革。针对机构职能分工过细、交叉重复、推诿扯皮等问题，及时调整组织布局，科学配置工作职能，合理压减岗位配置，推动企业“瘦身健体”。2021年，中层机构压减18.75%，其中公司部门设置压减25%，管理人员从236名精简为192名；常设分公司部门设置，根据实际情况从7个优化为5~6个不等，并实行“一部一长制”。为解决群项目多头领导、资源浪费的问题，重构群项目组织模式，推行扁平化管理和群项目经理负责制，有效提升群项目的管理效率和规模效益。

构建管办分离架构。为推动项目高效运行，提出“以项目为中心”，畅通项目执行“最后一公里”，在公司部门下设10个“执行中心”，将管理职能和业务执行分离，公司本部直接管到项目现场，实现各类资源的集中管控和统筹协调，形成了“管理”与“执行”的“耦合效应”。成立“管道自动焊接中心”，由本部直接管理，坚定不移推动模块化、自动化和工厂化，专业施工能力进一步提升。

建立高效管理体系。为配套机构改革和职能调整，按照“管理制度化、制度流程化、流程信息化”原则，完成了制度、流程、权限和信息系统的调整与变更。通过“一站式”配置业务链，压降制度25.5%，优化权限审批节点15%；自主开发协同办公平台和项目管理平台，推动业务流程“线上”全覆盖，实现“简政放权”“马上就办”，提升了管理效率（见图2）。

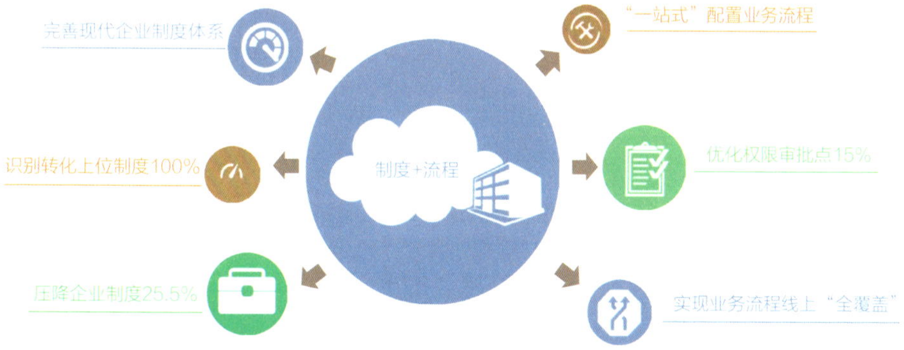

图2　制度流程体系

（二）聚焦“三能”机制深化改革，激发内生动力

围绕全面激发人力资源活力，持续深化“三项制度”改革，探索实施契约化管理，推行市场化用工，建立从关键少数到基层一线的价值分配体系，落地“三能”目标（见图3）。

图3 深化三项制度改革

实施任期制契约化管理。推进经理层成员任期制和契约化管理，个性化设置任期和年度考核指标，构建“效益+专项+重点工作+服务+党建”指标体系，确立退出条款，强化了“关键少数”的契约意识、任期意识，以清晰的考核激励导向激发干事创业热情，实现干部“能上能下”。实行干部公开竞聘，按照干部队伍“年轻化、复合型”建设和培养目标，大幅度开展轮岗交流，打破“铁饭碗”用人机制。2021年累计调整中层干部87人次，轮岗交流29人，退出中层领导职位16人，新提拔中层副职40岁以下占比80%。

推行市场化用工机制。实施筑巢引凤、人才孵化计划，两年来，通过深化校企合作，用好系统内人才共享和人力资源外包渠道，引进专业技术和管理人才200余人，有效补充了人力资源缺口。实行机关管理岗位公开竞聘，科研项目长采用“揭榜挂帅”内部选聘模式，为有能力的员工搭建成长舞台。统筹实施“椰枣计划”“优生工作站”项目、导师制“355”育才行动等，多措并举，为人才成长提供保障，构建起现代企业用工机制。

建立精准激励机制。坚持价值分配理念，建立薪酬能增能减机制。实施奖金总量核定机制，充分赋予基层单位薪酬分配的自主权和灵活度。优化项目经营效益与绩效奖金联动机制，加大超额贡献奖励力度，坚决做到“效益升、工资增，效益降、工资减”。对中层干部实行年薪制，年度收入100%由业绩考核决定。建立关键贡献者优先机制，出台“关键贡献者优先激励”政策，对关键贡献者实施精准激励，体现员工岗位价值贡献。2021年特别贡献奖励120万元，5人享受特岗津贴。

（三）聚焦市场化管理体系深化改革，提升竞争力

面对外部需求收缩、产业结构升级调整、行业无序竞争、项目利润率普遍偏低等新形势，强化市场导向，深化科技创效、市场营销和“大经营”管理体系改革，提升市场竞争力（见图4）。

深化科技创新体系改革。坚持把创新作为引领发展的第一动力，大力实施创新驱动发展战略，释放科技创新活力。研究延链、补链、强链措施，加大在新能源、新材料、碳产业等领域技术创新力度，围绕碳捕集、利用等前沿技术，首推“揭榜挂帅”攻关机制，一批重点项目攻克技术难关。建立以企业为主体、市场为导向、产学研用深度融合的技术创新体系，与中科院、浙江大学等众多科研院校建立研发协同机制，合作攻关“乙烯碳基化制MMA”等多项“卡脖子”技术，开辟了科技研发新途径。合作开发设计的中晋太行30万吨/年CO_2干重整制还原铁工业示范装置为国内首创，市场应用前景广阔。积极推进集成化设计、数字化交付、智慧化工地能力建设，加强以SP3D为核心的全专业工厂建模工作，在国内外多套大型装置成功应用，实现了数字赋能。

深化市场营销体系改革。以“十四五”末冲刺“百亿”市场为目标，吹响市场营销体系改革“冲锋号”。坚持“433”市场布局，深耕传统、新兴、境外三大市场，完善产品发展规划，重点围绕双碳、油转化、油转特、新能源、新材料、节能环保等领域营销拓市，取得历史性突破，形成了国内外市场相互支撑、相得益彰的发展格局。及时调整营销策略，推行大客户经理负责制，协同营销、技术、工程、采购等团队相向发力，划片区、划专业进行专人跟踪，实施精准对接、个性化定制，实现从“坐商”到“行商”的转变。近两年任务承揽总量稳定在历史高点，新签合同额增幅超20%，为早日跻身“百亿”方阵奠定了基础。

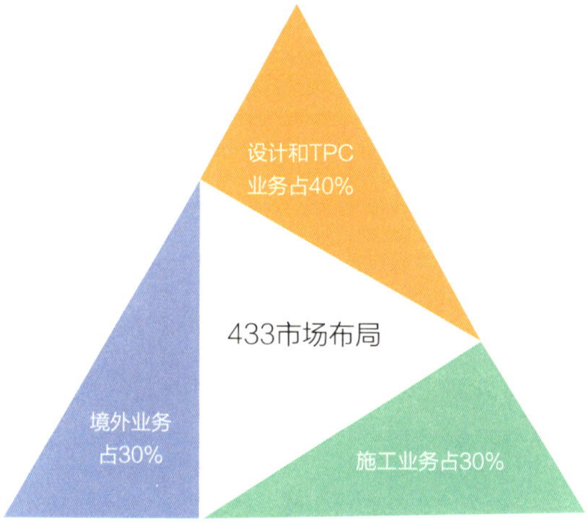

图4 “433”市场布局

深化“大经营”体系改革。聚焦经营难点痛点，建立完善“大经营”管理体系，向管理要效益。按照“一把尺子”模型测算下达项目目标成本，尺子以下是成本，尺子以上是效益。加固稳健经营“防火墙”，加强重大经营风险防控体系建设，建立红橙黄蓝效益预警机制，造价、财务、法律专业合力攻坚，确保颗粒归仓。为有效激发全员经营意识，争取项目最大效益，探索实施模拟股权激励模式，鼓励项目团队以认缴经营风险抵押金模式，参与项目“股权投资”，做项目的“投资人”和“合伙人”，共同参与项目成本管控，共同享受项目超贡献激励。该模式在中海福陆项目试点运行，项目团队认缴经营风险抵押金合计95万元，项目执行过程中层层分解成本，团队从上到下主动开源节流、降本增效，项目二次经营取得重要成果。

三 取得成效

（一）企业发展活力更足

深化改革培植了发展新优势，管理能力日益提升，经营活力显著释放，拉开了可持续高质量“走向高端”的发展大幕。2021年，公司获得省部级以上奖项25项，其中国家优质工程金奖1项，全国设计成果一等奖1项。公司被南京市授予高质量发展奖。

（二）人才支撑更加牢固

支撑高质量发展的人力资源管理体系不断完善，企业亟需的各类人才得到合理补充，中层干部队伍的年龄结构、专业结构、综合素质得到全面优化。内部人力资源高效利用，人员流转率达到99.6%。人才创新活力得到有效激发，2021年17人荣获省市级以上荣誉，其中1人获得全国能源化学地质系统“大国工匠”荣誉称号，黄振龙工作室获得省级“示范性劳动创新工作室”。

（三）市场经营更加稳健

市场渠道不断拓宽，“客户至上”理念深入人心，实现了从提供产品到提供服务、主动服务、增值服务的转变，任务承揽总量再创新高，经营业绩企稳向好。2021年，市场开发突破80亿元，实现利润2.5亿元，同比增长12.1%，百元收入营业成本比目标值降低2.6元，挖潜增效6189万元。

经验启示

（一）管理是根本

朝“走向高端”转型必须以深化改革为前提，从战略高度、长远角度完善企业管理体系、锤炼管理能力，驱动业务流程优化，牵引经营活力迸发，实现效率效益齐升。

（二）人才是引擎

功以才成，业由才广。南京工程公司“走向高端”，在涵养人才发展基础，培植人才成长沃土的同时，聚天下英才而用之，以人才“枝繁叶茂”“百舸争流”，为企业可持续高质量发展提供不竭动力。

（三）创新是动力

南京工程公司“走向高端”，坚持将创新作为引领发展的第一动力，坚持将创新放在企业发展全局的核心位置，持续推进科学技术创新、体制机制创新、方法手段创新，在推陈出新涌动中破茧重新、跨越提升。

练好“四项基本功” 激发高质量发展新动力

宁夏能化公司

一 改革背景

宁夏能化公司成立于2010年6月，是中国石化煤化工板块首个进入生产运营的企业，是国家宁东能源化工基地建设的大型循环经济示范企业。经过十二年的发展，宁夏能化已形成“煤电化”一体化产业格局，以煤炭高效清洁利用为目标，以煤基多联产装置为基础，选择国内领先、世界一流的工艺技术，具有明显的循环经济特征。2014年转入商业运营后，由于管理基础相对薄弱，曾发生上报集团公司级安全事故，且连续数年亏损。2020年以来，宁夏能化以深化改革三年行动为契机，围绕“安全生产、经济效益”中心任务，练好“治理体制、三项制度、安全管理、经营管理”四项基本功（见图1），激发企业高质量发展新动力。

图1 练好“四项基本功”推动高质量发展

二 主要措施

（一）“三个持续”练好治理体制基本功

一是持续完善顶层设计。认真贯彻《关于中央企业在完善公司治理中加强党的领导的意见》和集团公司《关于直属企业在完善公司治理中加强党的领导的实施意见（试行）》，结合股权变更，完善了治理结构与治理体系，修订了《章程》，健全了党委前置研究讨论重大经营管理事项和“三重一大”事项决策运行机制，切实将加强党的领导和完善公司治理统一起来，有效发挥党委在企业治理体系中“把、管、促”和“总揽全局、协调各方”作用。推行经理层任期制契约化管理，修订《总经理工作规则》等7项治理决策制度，进一步厘清了各治理主体间的管理界面、执行董事与总经理的职责权限。

二是持续提升制度质量。根据顶层设计规划，对总部制度和HSE管理体系要求进行识别评估，梳理现行制度，开展制度“立改废”工作，减少无效制度，持续简化制度体系。2021年立废并修订制度103项，并按照“谁主管、谁负责”的原则组织编制制度一体化检查与考核表320余项，明确了每项制度的牵头检查负责人，实现了制度检查考核表单化，做到每项制度“检查考核统一标准，检查责任落实到岗”。

三是持续强化制度执行。以制度执行作为落实全员岗位责任制的抓手，建立“岗位责任制检查与考核”信息系统，实现制度执行检查、问题考核审批、整改复核闭环及考核信息公示全流程信息化管理（见图2）。通过进一步分析各项制度检查数据，发现制度管理的短板和薄弱环节，督促专业部门做到制度检查全覆盖，基层单位做到制度执行无漏洞，实现了“决策按章程、办事照制度、检查有标准、考核有流程”。制度检查机制有效发挥推动作用，各级员工逐步将“遵守制度、按规操作”的要求融入日常工作。装置运行水平

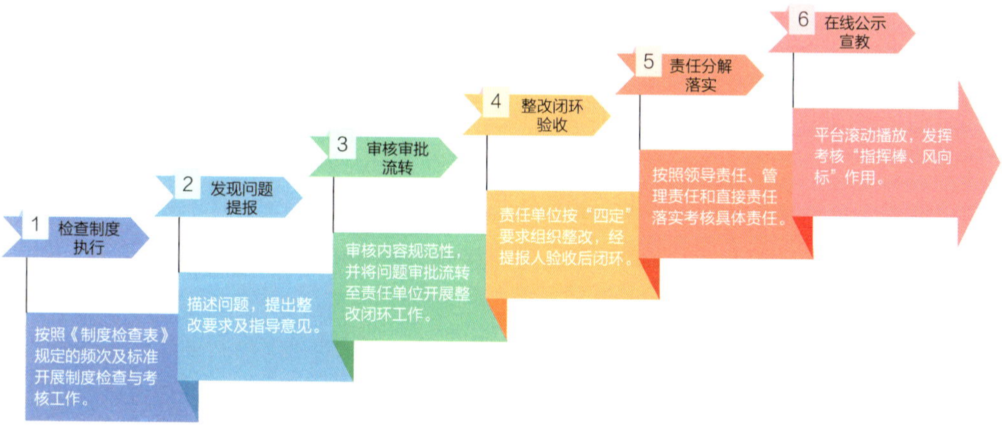

图2 岗位责任制检查与考核系统流程

提升显著，工艺指标平稳率从2020年的95.4%提升至2021年的98.3%，杜绝了三级及以上的非计划停工，四级非计划停工同比减少50%。

（二）“三个确保”练好三项制度基本功

一是确保干部“能上能下”。坚持政治引领，认真落实新时代党的组织路线和中央人才工作会议精神，修订《宁夏能化公司领导人员选拔任用实施细则》等15项制度。坚持实岗锻炼，强化基层培养，将基层一线作为培养选拔年轻干部的主阵地，40岁以下年轻干部由2018年5.6%提升至24.71%，中级及以上职称和大学及以上学历员工占比分别提升4个百分点和8个百分点，形成“年龄有梯次、素质有提升、专业有互补”的干部队伍。坚持严管厚爱，建立预警机制，将考核结果作为选拔任用、绩效兑现和评先选优等工作的重要依据，开展生产、销售等领导岗位竞聘，落聘的4名领导人员转聘至专业技术岗位，推进干部“能上能下”。

图3 “三项制度”改革模型图

二是确保员工“能进能出”。优化“三定”设置，严控用工总量，推进竞争性上岗，对公用工程水处理、罐区等辅助装置进行岗位合并，在乙炔运行部试点成立车间，进一步压实岗位责任。优化人才盘点，畅通进出通道，制定《岗位管理细则》《全员绩效考核细则》等制度和人才成长政策方案，近3年通过招聘毕业生、社会成熟人才、就业扶贫等措施，引进优秀人才170多人，专业技术及以上人员中本科及研究生占比显著提升。优化岗位管理，严格落实评先选优和退出管理，因违反规章制度辞退3人，解除劳动合同86人，实现了优胜劣汰、能进能出。

三是确保收入“能增能减”。实施薪酬挂钩分配，将薪酬与安全管理、能力素质、业绩贡献和考核结果挂钩，倒逼员工提升安全意识和专业技能。实施全员绩效考核，坚持日常考核和年度考核结合，确保考核及时性，实现考核结果的刚性兑现。实施差异化收入，同类别专业技术人员薪酬最高最低相差1.57倍。

（三）“三个抓实”练好安全管理基本功

一是抓实HSE体系建设，践行“有感领导”。为确保公司HSE体系建设的高起点、高质量，宁夏能化公司组建专家团队，总经理亲自带队集中优势力量封闭办公，亲自参与高质量完成HSE体系手册编审，并从“公司领导主讲、安全部门主导、各单位一把手主推”三个层面对体系手册进行宣贯，确保HSE体系管理要求入脑入心。

二是抓实重大风险防控，落实“一把手承包”。以安全行动计划落实和“一把手”对承包商安全管理重大风险承包为突破口，让各级领导干部“动起来”，深入生产一线开展隐患排查、风险管控，严格落实各项风险管控措施，指导班组提高HSE活动质量，充分发挥领导干部的引领示范作用。

图4　远程操控电石炉出炉机器人，确保电石生产本质安全

三是抓实安全领域瓶颈，实施“专项整治”。针对直接作业环节违章多发、操作人员操作技能素质不足、电石炉风险较高等6项关键问题进行攻坚，制定78项攻坚措施，定期通报，持续推进落实各项攻坚措施。

（四）“三个强化”练好经营管理基本功

一是强化预算牵引作用。宁夏能化公司优化预算管控，从严从紧从实分解预算目标，每月形成“预算目标—预算分解—预算实施—预算分析—预算预警—预算纠偏”的闭环管理；以“事前算赢”为原则，坚持每月“六轮滚动”预算和每周边际效益测算，充分发挥预算的资源配置及目标引导作用，保持供产销协同一致，提升了预算管理的前瞻性。

二是强化生产经营优化。坚持一切工作、一切资源向价值创造聚焦，着力构建攻坚创效长效机制，修订《生产经营优化管理办法》《优化工作奖励细则》，按照从优顶格优化从严实施各优化项目，层层分解任务到基层、到装置，及时开展项目后评价，根据评价结果进行奖金兑现。2021年92个优化项目创效2.49亿元，完成全年计划的140%。

三是强化成本费用管控。深入开展全员成本目标管理，固化“一切成本皆可降，固定费用不固定”的理念，搭建预算编制、成本核算、过程监控、绩效考核等全流程全员管理成本平台，横向落实到归口管理部门，纵向落实到运行部、班组；同时全面开展全产业链成本费用指标对标，纵向跟自己历史最好对，横向跟行业内标杆对。

三 取得成效

（一）核心竞争力显著提升

通过练好“四项基本功”，宁夏能化高质量发展新动力全面激发，2021年实现营业收入90.77亿元，实现利润30.26亿元。随着生产运行水平的提升，各装置产能进一步释放，2021年在装置全面检修情况下，宁夏能化全年完成化工商品量90.17万吨，完成煤炭产量318.5万吨，BDO、THF、PTMEG等产品产量创历史新高。

（二）工作氛围向好转变

通过建立畅通的晋升渠道、科学的分配机制，形成了“学业务、比能力、晋职称、挣绩效”的良好氛围，真正实现了“干多干少不一样、干好干坏不一样”，2021年同类别专业技术人员薪酬最高值和最低值相差1.57倍，全员劳动生产率为223.14万元/人，创宁夏能化公司成立以来最好水平。

（三）管理基础逐步夯实

通过坚持领导引领、从严管理，宁夏能化管理基础逐步夯实，2021年公司级及以上事故0起，现场检维修及施工作业量同比降低26.9%、违章同比减少85%；公司级风险总值较年初降低30.3%，可燃有害气体日均报警数量下降90%，工艺、设备时均报警控制在个位数以内。

经验启示

（一）坚持党的领导，把稳改革方向

宁夏能化深入落实“两个一以贯之”，始终坚持党的领导，确立了党的建设在治理体系和公司章程中的法定地位，从顶层设计确保改革方向准、不偏航。

（二）抓住“两个关键”，确保改革实效

宁夏能化坚持抓好安全和效益“关键领域”，以及中层和基层领导干部“关

键少数”，抓实HSE体系建设和安全专项整治，实现预算管理的精细化和生产经营的最优化，让改革举措能落地、见实效。

（三）打造好干部员工队伍，保持改革活力

宁夏能化持续开展三项制度改革，选拔了优秀人才、畅通了进出通道、优化了薪酬分配，打造出一支能打胜仗、充满活力的干部员工队伍，为公司高质量发展贡献力量。

深化改革攻坚创新 小企业迸发大活力

德州大陆架公司

一 改革背景

德州大陆架公司隶属石油工程技术研究院（简称工程院），是集石油井下工具和油田化学剂研发、中试、生产、销售、服务于一体的高新技术企业，现有员工150人。德州大陆架公司以入选国资委“科改示范行动”为契机，围绕市场化经营机制不健全、科技创新和成果转化效能不足等制约企业高质量发展的关键问题，按照“1141”总体改革思路（见图1），深化体制机制改革，持续提升企业治理能力和自主创新能力，加速优势科技成果转化，打造了“固井工具引领发展、非常规完井工具保持优势、钻井提速工具和油田化学剂独具特色”的系列高端技术载体，有力支撑了油气勘探开发，形成了以改革促创新、以创新促发展的良好局面，企业迈入高质量发展快车道。

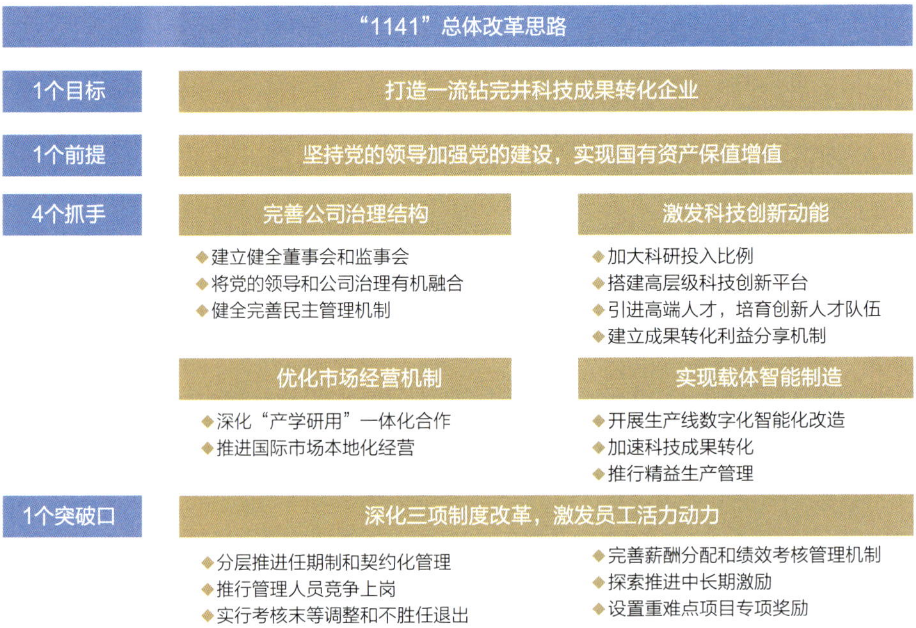

图1 “1141”总体改革思路

二 主要措施

（一）完善公司治理结构，推进董事会规范运行

推进党的领导和公司治理有机融合，初步构建了权责法定、权责透明、协调运转、有效制衡的公司法人治理结构。

一是将党的领导和公司治理有机融合。建立党委决定党的建设和党委前置研究讨论重大经营管理事项清单，明确了17大类58项党委前置研究事项，党委“把方向、管大局、促落实”作用进一步强化。

二是规范成立董事会。建立了外部董事占多数的董事会，根据公司经营实际配置了专业背景多元互补的7名董事，保障了决策的专业性和科学性，促进了董事会“定战略、作决策、防风险”作用有效发挥。

三是明确各治理主体权责界限。修订完善“三重一大”决策制度、内控权限指引，制修订党委会、董事会、总经理办公会议事规则，厘清了各治理主体的权责边界。

（二）深化三项制度改革，激发创新创效活力

深化市场化选人用人和市场化激励约束，打破“铁交椅”“铁饭碗”和“大锅饭”，进一步激发员工创新创效活力。

一是深化市场化选人用人。实施职业经理人制度，市场化选聘总经理和副总经理各1名。开展经理层成员任期制和契约化管理，明确任期期限，按照“跳一跳、摸得着”的原则设置具有挑战性的年度及任期经营目标，其中任期首年营业收入和利润总额指标均较上年增长30%以上；强化刚性考核，对于年度经营业绩考核结果低于70分、年度经营业绩考核主要指标完成率低于70%等7种情形之一的，对相关人员中止任期、免去现职。推行基层管理人员竞争上岗，全体“起立”、择优“坐下”，并形成竞争上岗常态机制。建立考核末等调整和不胜任退出机制，对于基层管理人员年度绩效考核为D或连续两年考核为C且经综合研判确属不能胜任的实行退出现职，对于员工连续两年考核末等的进入“人力资源池”安排待岗培训或调整岗位，重新上岗后仍不胜任的实行市场化退出。

二是优化薪酬分配机制。引入岗位价值评估专业模型（见图2），基于知识技能水平、解决问题能力等4个维度，围绕管理知识技能、思维难度、工作强度等11个因素，对全部96个岗位进行量化评估并形成相对价值。突出岗位价值和业绩贡献在薪酬分配中的作用，加大存量调整，优化增量分配，结合薪酬市场对标情况合理拉开收入分配差距，部分关键岗位收入提升50%以上，同层级岗位最大差距超过2倍。

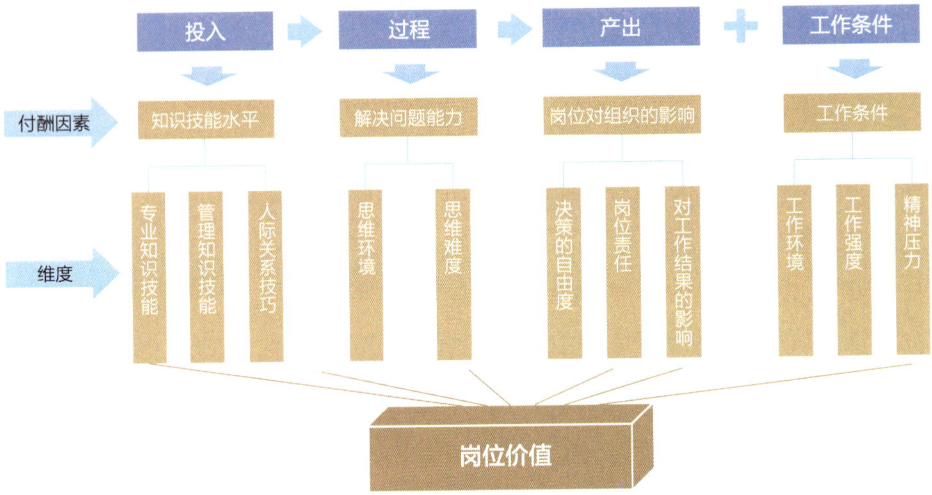

图 2　岗位价值评估模型

三是优化绩效考核规则。优化考核项目、考核指标和计分规则，建立差异化、定量与定性相结合的绩效考核体系。将基层管理人员和部门员工的绩效考核等级分布比例分别与企业和部门的整体绩效考核结果动态联动，实现组织绩效与个人绩效的关联协同。强化绩效考核结果在基本薪酬调整、绩效分配、岗位晋升及退出等环节的刚性应用，为实现“三能”机制提供支撑保障。

四是探索实施中长期激励。制订岗位分红激励实施方案并获批复，对形成关键技术突破的科技人员、产生规模效益的技术推广人员和从事主要产品生产经营的关键管理人员进行激励，其中科技人员及激励额度占比均在70%以上。

（三）改机制搭平台聚合力，提升科技创新“硬本领”

加大研发投入强度，优化科研管理，完善科技成果奖励机制，搭建科技创新平台，提升科技创新效能。

一是强化关键核心技术攻关。围绕深井超深井、非常规油气井等工程技术需求，强化“产学研用”一体化合作，持续加大研发投入强度，重点开展耐高温高压封隔器技术、井下工具智能化远程控制技术等关键技术研究，近3年研究与试验发展经费支出平均增长40%以上。

二是优化科技创新管理。对标贝克休斯等业内一流企业，引入“集成产品开发”理念，重新构架科技创新管理流程，提高研发效率。对重点科研项目推行“揭榜挂帅”和项目长负责制，破除职称限制，打破“论资排辈”，让能力出众的年轻科研人员脱颖而出，将项目长个人绩效考核与项目考核结果绑定，对项目长赋权增能，赋予科研经费使用权和项目组成员绩效考核决定权。2021年，实行“揭榜挂帅”和项目长负责制管理的科研项目攻关周期平均缩短1/4以上。

三是完善科技成果奖励机制。设立科研项目立项奖，根据科研项目类型和级别，按照合同经费的1%~2%设置项目立项奖励。实行科技成果增值收益奖励，基于新成果形成的增值效益连续3年兑现提成，定向激励对关键技术攻关做出重要贡献的研发人员。设置成果转化专项奖励，对完成基本指标的兑现基础奖励，对超额完成的额外兑现提成奖励且上不封顶。

四是打造协同创新平台。成立大陆架公司北京研发中心，借助工程院科研优势开展科研项目联合攻关，形成“1+1 > 2”效应，合力研发了V0级耐高温高压尾管悬挂器、封隔式分级注水泥器等5项高端技术成果（见图3），打破了国外技术垄断，为国家储气库建设、顺北油气田产能建设等重点项目提供了有力支撑，刷新了10余项国内石油工程纪录。

图3　高端技术成果展示

（四）开展管理和生产线双升级，铺设成果转化“快车道”

畅通科技成果转化机制，推行精益生产管理，开展生产线自动化升级，提升中试及成果转化能力。

一是建立科技成果承接转化机制。以技术转让和技术许可等方式与工程院签订成果转化协议，拿出“真金白银”取得技术成果的知识产权或使用权，促进科技成果快速从实验室推向市场，更有力支撑上游勘探开发。2021年，新承接转化的科技成果收入占全年收入10%。

二是推行精益生产管理。针对上游提速需求和市场订单“多品种、小批量、短交期”特点，对标中国中车等标杆企业推行精益生产管理，改革原有批量生产模式，开展生产运行流程再造，设立精益创效奖励，建立了一套高效率、高柔性的生产运行管理模式。

三是开展生产线升级改造。引进单机自动化高端数控机床等先进设备，实现设备与信息管理系统互联互通，初步建成了单元作业自动化、流程管理信息化的示范车间（见图4）。2021年，在生产人员未增加的情况下，生产周期同比缩短22%，产量同比提升37%。

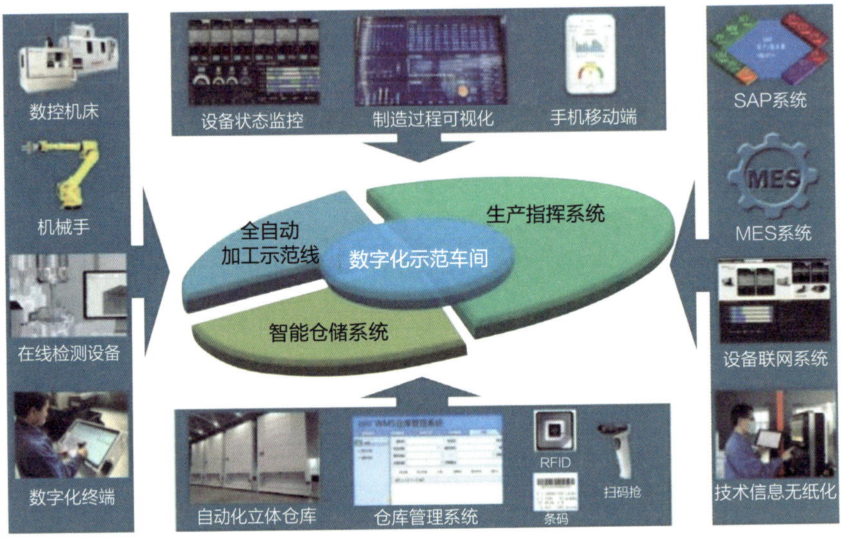

图4 数字化示范车间架构

三 取得成效

一是活力效率显著提升。通过深化三项制度改革，形成了管理人员能上能下、员工能进能出、收入能增能减的“三能”机制，实现了从“要我干”到“我要干”的转变，员工创业绩争效益的氛围显著增强。2021年，管理人员竞争上岗比例达到100%，管理人员考核末等调整比例超过10%，同层级岗位薪酬差距达到2倍以上，全员劳动生产率同比提升33%。

二是经营业绩高速增长。关键经营指标连创历史新高，形成了改革促发展的良好势头。2021年，营业收入同比增长40%，近三年翻一番；利润总额和净利润同比分别增长38%和41%，近三年均增长5倍以上；净资产收益率同比增长24%，近三年增长3倍以上；高端产品国内市场占有率超过70%，并出口到美国、俄罗斯、加拿大等30多个国家；入选山东省“瞪羚企业”，成为首家进入沙特阿美高端井下工具市场的中国企业。

三是科技创新成果丰硕。打造了核心技术攻关、成果快速转化和产业化应用全链条创新体系，形成了系列高端技术成果。2021年，获得省部级以上科技成果奖励8项，发明专利和高价值专利同比均增长2倍以上，科技成果转化收入同比增长40%；高温高压固井封隔器技术取得国内固井工具领域首个API 11D1 V0级产品认证并跻身国际先进行列，研发团队获“中国石化优秀创新团队”称号；入选国家重点支持的专精特新“小巨人”企业，被认定为创新能力强、市场占有率高、掌握关键核心技术、质量效益优的“排头兵”企业。

经验启示

（一）优化董事选配是保障董事会科学决策的重要基础

配备与公司业务高度关联、专业背景多元互补的董事会成员，保障了董事会决策的专业性和科学性，促进董事会更好发挥“定战略、作决策、防风险”作用。

（二）开展岗位价值评估是优化薪酬分配机制的有力举措

通过专业模型量化评估，确定企业内部岗位相对价值排序，为优化薪酬分配机制提供数据参考，有利于打破平均主义，激发员工创新创效活力。

（三）强化成果转化能力建设是将科技成果快速推向市场的必要手段

打造科技成果转化基地，建立科技成果转化利益分享机制，有效促进科技成果快速从实验室推向市场，为企业高质量发展提供强劲动力。

用好用活“加减乘除”以改革激发科技创新活力

上海石油化工研究院

一 改革背景

上海石油化工研究院成立于1960年，系中国石化直属科研单位，主要研究领域涵盖石油化工及煤化工产业链的主体技术。长期以来，始终贯彻创新驱动战略，坚持科技创新和制度创新“双轮”驱动，形成了具有自身特色的科技体制机制，取得了一批重大科技成果。2020年以来，聚焦原始创新和成果转化能力、科研管理效能、人才队伍活力等核心问题，以提升科技攻关和成果转化效率为目标，用“加减乘除”推进科技体制机制改革，以“人才强院”为创新事业“加”活力，以科技领域“放管服”为创新团队“减”负担，以“大兵团作战”为科技攻关力量“做乘法”，以“平台公司+项目公司”新模式为技术孵化转化“除”障碍，（见图1），科技创新效能不断提升，为中国石化打造技术先导型公司提供坚强有力支撑。

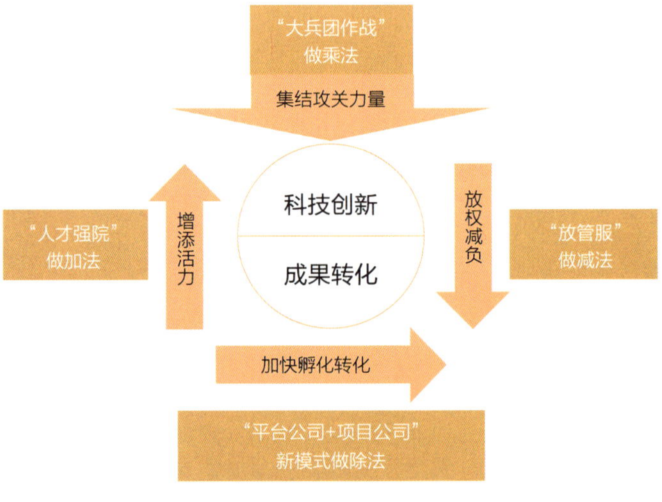

图1 科技体制机制改革“加减乘除”示意图

二 主要措施

（一）运用集结力量的乘法，构建“大兵团作战”模式

一是强化内部协同，加快关键核心技术攻关。针对面向国家战略需求和集团公司发展需要的关键核心技术、中国石化“十条龙”等重大科技攻关项目，实施“矩阵式”攻关，抽调骨干力量组成跨部门、跨专业的攻关团队，打破组织壁垒，变“单打独斗”为“联合作战”，充分发挥协同攻关机制优势，提升重大战略产品与关键核心技术攻关效率；实施科研项目“门径式”管理机制（见图2），加强对科研项目关键节点控制，强化过程管理，抓好小试、模试，尤其是中试和工业试验阶段的技术论证与把关，确保项目研发质量与效率“双过硬”。

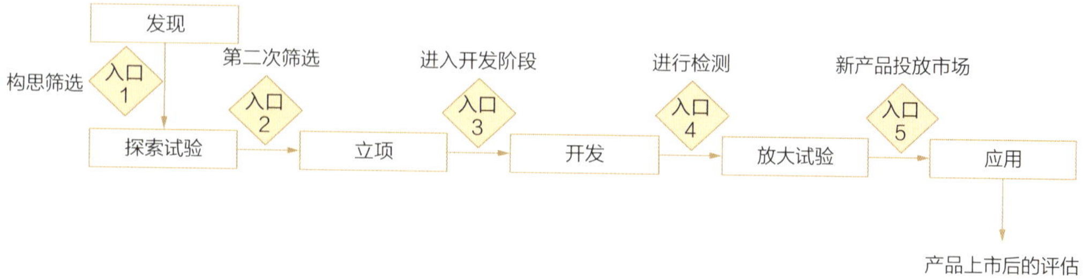

图2 “门径式”科研管理机制

二是强化一体化联合，加快产业化技术攻关。针对产业链亟需的重大产业化技术、重大战略产品，依托中国石化科研、设计、生产一体化优势，强化与工程设计、建设单位、生产企业的深度合作，建立“大兵团”攻关机制（见图3）。重点是通过柔性引才、联合攻关等途径，集结科研、工程化和生产领域的优势资源，按照“优势互补、风险共担、利益共享”的原则，组建跨单位、跨专业的“大兵团”攻关作战团队，推进更高层面、更大范围的一体化联合攻关。

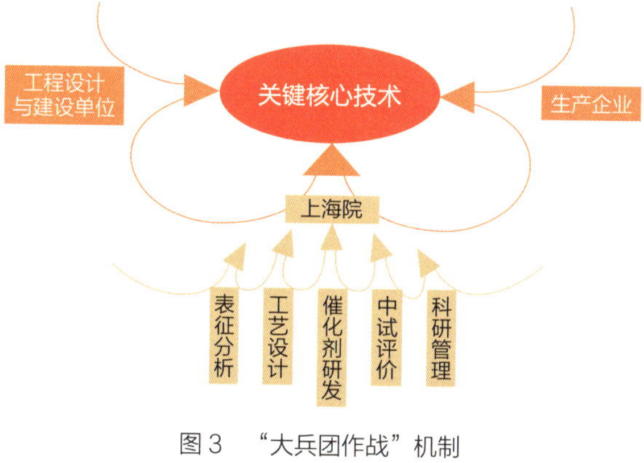

图3 “大兵团作战”机制

（二）活用简政放权的减法，落实科技领域“放管服”

一是科学放权。针对战略新兴领域，探索实施以项目为主体的“授权放权”。项目研发团队按照“虚拟部门”方式运行，赋予团队负责人在团队组建、经费使用、奖励分配等方面的充分自主权；同时，开辟科研物资采购绿色通道，并实行财务独立核算，给予团队更大的研发和管理自由度，提升项目运行管理效率。

二是创新管理。按照“边培育边改进”的模式，支持新领域培育项目和创新计划项目研究。完善培育管理机制，将跟踪指导、管理考核贯穿于新领域技术项目的全生命周期，滚动优化推进新领域培育项目；同时将项目纳入年终创新奖奖励范围，根据年度目标完成情况给予专项奖励，发挥正向激励作用，激发科研人员的积极性和主动性。

三是做好服务。发挥易派客科研专区采购平台作用，通过采购流程再造、信息发布优化，加快实验物资、科研设备的购置速度，进一步提升服务质量和效率。针对“三新”领域培育项目研发周期短、市场变化快等特点，打通物资采购绿色通道，全力保障新领域培育项目抢抓机遇、快出成果。

（三）巧用提速增效的除法，探索科技孵化转化机制

一是成立科技孵化平台公司，构建孵化转化新模式。针对新领域技术市场规模小、产品种类多、转化速度快的特点，探索建立“平台公司+项目公司”的新模式（见图4），构建新领域技术成果孵化转化新机制，并于2020年12月注册设立孵化平台公司——中石化新材料科技（上海）有限公司。当新领域技术培育成熟时，在平台公司下设混合所有制创新公司（项目公司），与具有生产资质、产品认证、销售渠道等资源的战略合作者进行优势互补，联合推进技术成果产业化、市场化，打通技术转化的“最后一公里”，成功实现了动力电池电解液、柔性显示用聚酰亚胺材料（简称PI材料）、正负极锂电池材料、有机液体储氢材料等新领域技术成果的快速孵化转化。

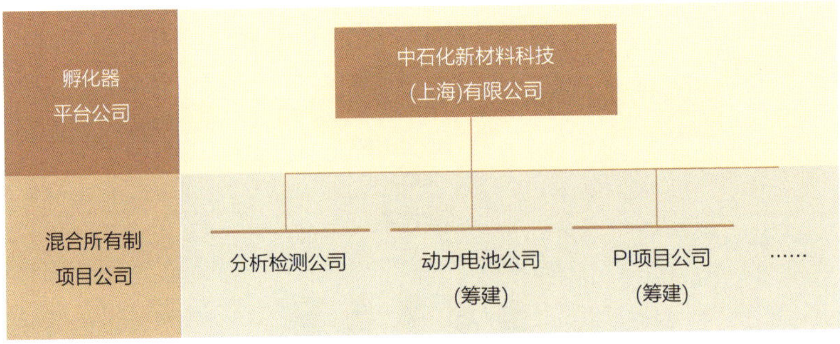

图4 “平台公司＋项目公司”孵化转化新模式

二是与下游应用接轨，探索成果产业化新机制。充分发挥新领域技术研发优势，把握“三新”领域技术创新和成果转化的客观规律，探索构建新型创新应用生态。一方面，突破传统封闭式研发模式，在技术立项和研发过程中密切“产销研用”衔接，根据产业特点、市场需求优化研究布局、设立研发项目；另一方面，探索建立与新产品中间商户和终端用户的合作机制，以下游应用需求为导向，有的放矢开发新产品、拓展应用渠道，疏通实验室成果迈向终端应用的梗阻环节，为新领域科技成果转化打通“最后一公里”。

（四）善用增添活力的加法，打造“人才强院”工程

一是突出科学精准，实施分类评价。持续完善科研项目和科研人员分层分类考核评价机制（见图5），建立科研岗位胜任力模型，科学考核评价科研工作业绩。按照基础研究、技术开发、成果转化3种项目类别和领军、核心、骨干、基础4个人员层次，科学设置多维度指标体系，强化业绩考核结果与绩效奖金的关联度，将考核结果与职位晋升、差异化福利和评先评优等挂钩，形成了以创新价值、能力、贡献为导向的科技人才评价体系。

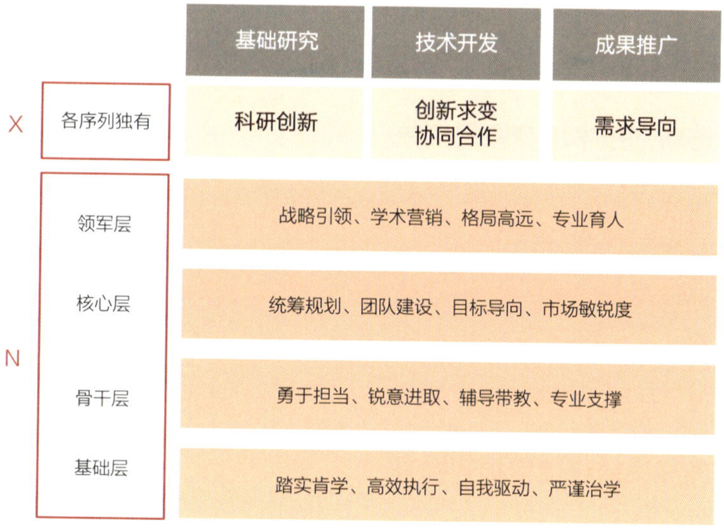

图5　科研人员分层分类考核体系

二是坚持需求牵引，强化引才引智。一是拓宽引才渠道，聚焦战略新兴领域，通过海外引才、“长城计划”“双百计划”“以才引才”等多种渠道，建立常态化的高端人才市场化选聘机制，加大“高精尖缺”人才的市场化引进力度，为相关领域技术研发提供强有力的支撑。二是创新引智方式，通过学术交流、联合研究等途径，建立高端人才柔性使用和双向流动机制，加大与知名学者、海外专家合作力度，引入外部智慧指导科技创新。

三是构筑事业平台，完善育才机制。依托国家重点实验室、中国石化重点实验室、中国

石化上海光源能源化工科学实验室等高水平创新平台，充分发挥以两院院士为代表的战略科技人才和科技领军人才的头雁效应和“传帮带”作用，加快青年创新人才和创新团队培养。同时，设立并持续支持员工创新计划、青年创新计划项目，加大对创新创业大赛、青年科技精英赛的支持和奖励力度，营造“鼓励创新、奖励成功、宽容失败”的创新文化氛围。

三 取得成效

（一）关键核心技术实现快速突破

通过实施“大兵团作战”攻关模式，高性能碳纤维等一批关键核心技术、合成型高温导热油等多个重点项目实现快速突破。成功开发了高强中模、高强高模等多谱系碳纤维产品及技术，突破了一批热塑性/热固性树脂、碳纤维复合材料加工和应用技术关键点，形成了碳纤维及其复合材料“全产业链一体化协调发展”的良性发展态势。合成型高温导热油项目在荆门石化建成万吨级生产装置，实现“当年设计、当年建成”的快速攻关成果，产品和技术打破进口垄断，填补国内导热油空白，实现了“油转特”新技术的快速突破，为中国石化炼化一体化发展、产品结构调整提供了强有力的技术支撑。

（二）战略新兴技术培育取得实效

通过深化科技“放管服”改革，以项目为主体的授权放权机制深入实施，新领域培育管理机制不断完善，大大加快了新领域技术研发和转化效率。依托“虚拟部门”，“锂离子电池电解液”项目在短期内完成了专业研发团队搭建和实验室建设，采购绿色通道保障了新领域特殊科研物资的高效供应，科研团队在不到3年时间内完成了高性能电解液的开发和应用，成功开发了系列功能型电解液等产品，部分产品性能指标达到或超过市场同类产品。

（三）创新成果转化速度得到提升

通过建立“平台公司+项目公司”新模式，打破了传统技术孵化转化的成规，极大地优化了成果转化机制和中间环节，科研成果转化速度和效能大幅提升。有机液体储氢材料、动力电池电解液、柔性显示用聚酰亚胺材料、正负极锂电池材料等一批新领域技术成果实现快速孵化转化，船用石墨烯防腐涂料、激光直接成型材料（LDS）等一批市场亟需的新产品在下游应用企业成功试销推广，产品性能优异，获得用户好评。

（四）科技人才关键作用充分彰显

通过实施科研人员分层分类考核、推进高端人才市场化选聘等，建立起了符合科研规律的人才引进、培育、考核、评价机制，高层次人才的专业领先优势和创新智慧得到充分发挥，为关键核心技术攻关和战略新兴领域培育提供了坚实的人才保障，一批创新人才脱颖而出，先后引进10名海外高层次人才和大批高学历人才，以功能膜材料为代表的一批国家重点研发计划项目取得显著进展，相关重点技术领域实现了跨越式发展。

经验启示

（一）“协力攻关”是提升创新效能的有效举措

重大科研项目攻关要坚持集中力量办大事的原则。上海石油化工研究院协同工程设计、建设单位、生产企业等各方优势力量，深化跨领域、跨专业、跨学科、跨组织的联合创新，快速攻克关键核心技术、破解“卡脖子”难题。

（二）“放管服”改革是完善科研管理的重要手段

科研项目管理是一项系统性工程，要创新管理方式、服务中心发展。上海石油化工研究院聚焦新领域技术特点，对项目“量体裁衣”“简政放权”，开辟“绿色通道”，助推技术快速突破、成果快速转化，培植先发优势。

（三）“产销研用”结合是实现成果转化的关键所在

科技成果只有实现了向现实生产力的转化，才能提升产业链水平，发挥维护产业链供应链安全稳定的核心价值。上海石油化工研究院坚持走近市场、贴近用户，以需求为导向开发产品和技术，着力打通科技成果转化“最后一公里”。

（四）“人才队伍”建设是推动技术攻关的核心动力

人才是创新的第一资源。上海石油化工研究院遵循创新规律、突出创新导向，积极探索并不断完善科技领域人才引进、培育、考核评价和激励机制，充分调动科研人员的创新活力和内生动力，实现科技人才与创新事业共成长。

02

精益管理

实施精益变革 打造精益标杆

河南油田分公司

一 改革背景

河南油田分公司主营油气勘探开发、油气技术服务、精蜡化工、油气销售等业务。勘探开发50年来，累计探明地质储量4.03亿吨，生产原油8996万吨，实现工业总产值2200多亿元。近年来，在经过持续改革重组、业务整合和流程优化等工作后，总体上仍存在运营质量不高、经营效益不佳、过程管理不细等问题。面对严峻挑战，按照“整体规划、试点先行、价值驱动”思路，系统引入精益管理理念和方法，将精益管理作为推动企业扭亏脱困、提质增效重要战略和关键举措，聚焦效率和效益两个提升，紧扣人才和文化两个育成，眼睛向内、苦练内功，实施全链条、全流程、全节点精益管理，着力打造精益管理标杆，努力创出了一条老油田可持续高质量发展新路子（见图1）。

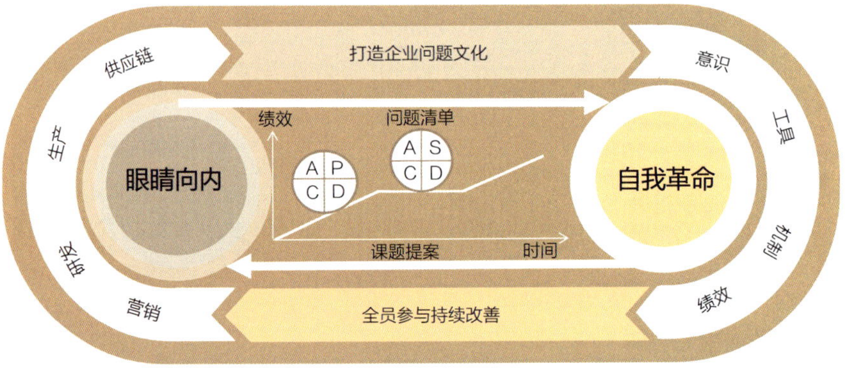

图1　精益管理推进思路图

二 主要措施

（一）深入解码、精准制导，精益管理推进有准度

面对精益管理新课题，坚持在学习中领悟、在实践中解码，较短时间内实现了精准制

导，为精益管理有序推进提供了基本遵循。

一是坚持以“目标管理+行动管理”拉动精益变革。以追求最优绩效为出发点，坚持横向、纵向对标，突出进步性、先进性、摸高性，设立阶梯式增长目标，进行动态考核评价。针对实际与目标差距，按照“相互独立、完全穷尽”原则，对影响因素开展全流程、全要素剖析，系统识别问题节点，逐项确立改善课题。建立精益作战室和分级分类点检机制，目视化跟踪课题进度，严格过程管控，实现了目标与行动有效链接，课题运行计划符合率保持在85%以上。

二是坚持以“眼睛向内+自我革命”推动精益改善。明确各机关到基层每个管理单元，必须从“彻底审视自身问题”做起，实时梳理内部痛点、堵点、难点，建立动态问题改善课题库，做到课题清单化、清单项目化、项目可视化。干部职工按照先易后难顺序，从自己能干的、容易实施的、不花钱或少花钱改善做起，各个击破、多点开花、集小善为大善，减少了推诿扯皮现象，职工发现问题能力和解决问题效率持续提升。从2022年1~3月统计的异常数据来看，3个生产单位共提报异常8647条，提报数量增长55%，处置效率提升35%。

三是坚持以“全员参与+持续改善”塑造精益之魂。在推行初期阶段，按照“先僵化、后优化、再固化”思路，在明确人均课题数和创效基线的刚性条件下，实施逐级“任务分解”加“及时激励”双轮驱动策略，通过任务目标倒逼和实施差异化分配，干部职工既有压力又有动力，大幅缩短了对于精益管理迟疑观望过渡期，推动精益管理从“被动干”到“主动干”再到“我要干”转变，初步构建起了“点—线—面—体”全员改善网格（见图2）。截至2022年3月底，采油一厂、二厂员工提案参与率分别达到59.3%、51.6%。

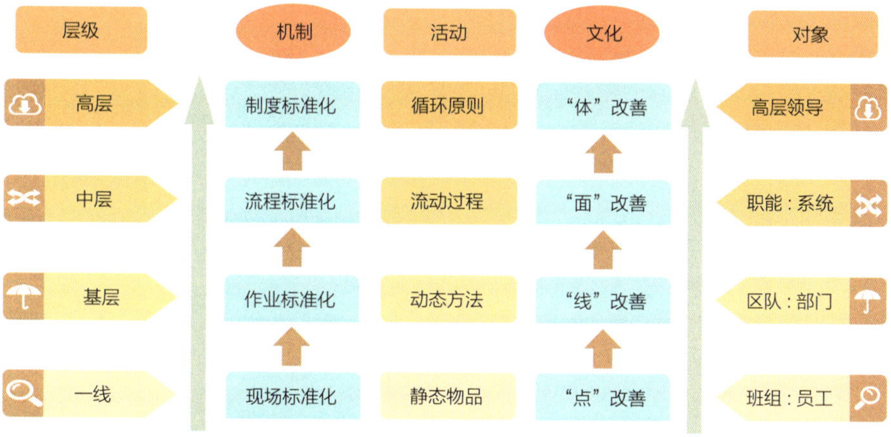

图2 全员改善网格

（二）夯实基础、做强支撑，精益管理推进有力度

一是组织领导顶格化。成立了以油田主要领导挂帅的领导小组、副总经济师牵头的推进小组、单位和部门一把手负责的实施小组，负责精益管理整体谋划和推进工作。“顶格化”的配置确保了推进过程中人、财、物的完备和及时到位，充分彰显了推进的态度、增强了推进的力度、提升了推进的速度，确保了精益管理在各层级扎实有效开展。

二是技术支撑专业化。通过公开招标，引入了一家国资委认可、有专业资质和石油石化行业20多年经验的精益管理咨询公司，提供咨询和技术服务，系统传导精益理念和方法。公开选聘8名优秀管理技术人员组建精益管理办公室，用4个月时间就推动实现了基本概论、基本方法的全覆盖，保障了推进过程的系统性、稳定性、高效性。

三是考核评价精准化。建立了精益管理工作量化考核评价机制，油田层面主要分两个部分考核，对于课题的考核，可量化的按创效额2%奖励，不可量化但创新性、推广性较强的给予2000~10000元奖励；对二级单位考评以“人均课题数、课题转化率、效益贡献值”作为指标综合排名，与领导班子兑现系数挂钩，分别给予0.3~0.1的增（扣），充分发挥了考核“指挥棒”作用，干部职工参与改善热情持续提升。

（三）逐级承接、串联方法，精益管理推进有深度

一是方针管理让决策层引领精益。运用精益方针管理工具，高层围绕核心业务、成长业务和新兴机会，先设计增长业务及经营指标，后将指标从大到小分解，梳理出推动目标落地关键举措、指标、课题、责任部门，形成层层对应、层层关联、层层支撑的强相关矩阵（见图3）。决策层根据部门承接指标性质（集团公司/内部KPI）、指标数量、责任大小（牵头/配合），超额兑现5%、3%、1%奖励，同一部门作为不同关键绩

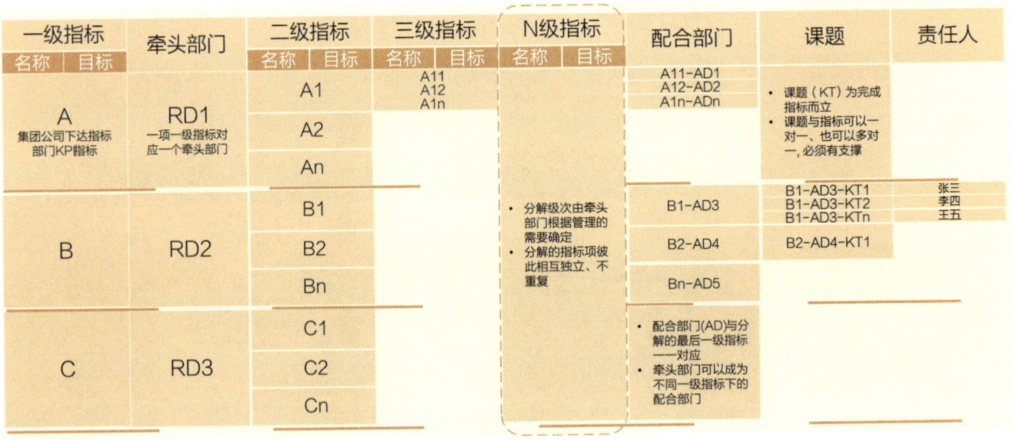

图3 方针管理矩阵图

效指标下配合部门承担不同指标的，超额兑现可累计，压实了部门责任、促进了部门协作。2022年围绕总体目标，机关共确立105项关键绩效指标，其中一级指标21项、二级到四级指标84项，由23个部门及直属单位完全对应承接，形成首批实施的支撑课题共53个。

二是课题管理让管理层承启精益。各级管理者主要围绕“线、面、体”三个维度，紧扣“降本增效、效能提升、体制优化”三个方向，不断开发新课题、推动新改善。如：体制优化类，针对管理层级多、链条长问题，持续整合业务及岗位职能，精简两级机构64个、优化用工3045人；效能提升类，优化物资储备及转运流程，管理区库房上移、按区域整合，配送方式由逐层递送转变为基层直达，消除多点等停，减少仓库17个、管理员17人、减少资金占用1250万元；降本增效类，从“先拣地上的苹果”着手，优化低产低能油井液面录取和水井分层测试周期，年减少1.6万井次工作量、降本430万元。

三是提案管理让操作层点亮精益。建立了简洁清晰提案改善流程（见图4），职工发现问题随时上报，基层根据提案上报质量和数量，给予每条30~50元不等的奖励，并与个人评先挂钩，同时上网、上墙进行展示。油田每月整理下发典型改善案例，每季度开展一次优秀案例评选，为职工持续、广泛参与提案改善拓宽了思路、提供了借鉴，激发了职工热情、提升了职工素养，让职工既受尊重又得实惠。针对基层普遍反映的资料负担较重的问题，由机关从业务管理角度建立提案，开展了资料梳理及优化工作，截至2022年4月底，16个单位共删减和优化无效、重复性资料2028项，优化率22.6%，减轻了基层负担，提高了工作效率。

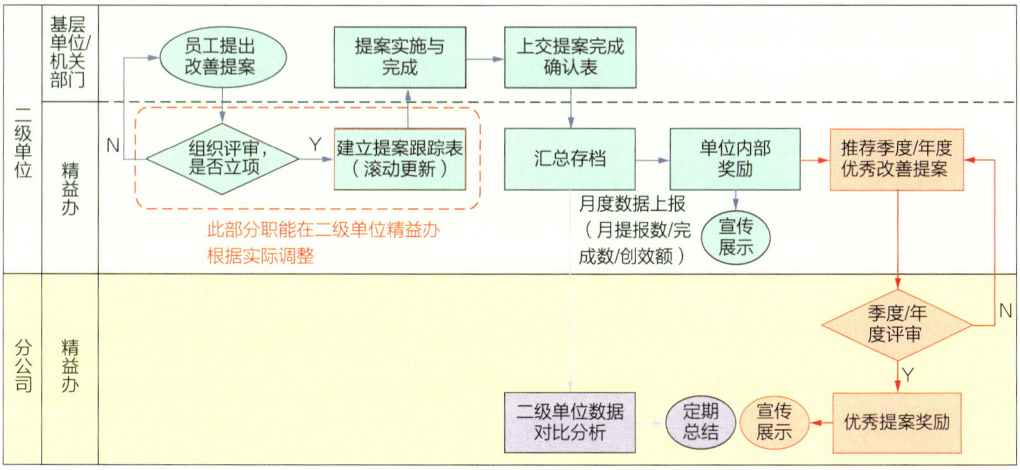

图4　提案改善工作流程

三 取得成效

一是经营业绩持续向好。2021年，通过全面导入和实施精益管理，构建“全链条赛跑、全流程优化、全节点把控”推进机制，层层压实精益责任、人人担当改善主角，2021年实现降本增效3亿元，单位完全成本较2017年降低1443元/吨，连续5年呈逐年下降趋势。

二是课题改善成效初显。各层级各岗位自觉对照战略方针、任务指标及痛点难点问题，找差距、定目标、立课题、做改善，老油田迸发出新生机。截至2022年3月底，共上报改善课题622个，完成54个，创效2800余万元；上报提案1381个，完成800个，创效约3000余万元。随着精益管理持续深入推进，在一定时期内课题和提案的数量将稳步增长，并在未来保持在一个相对稳定状态。

三是精益人才梯队形成。按照“造物先造人”理念，利用“理论学习+专题试讲+课题实践”方式，加快精益管理人才梯队建设。截至2022年3月底，由精益管理办公室主讲，组织培训及工具实践48场次、3200余人次参加，第一批精益人才育成已初见成效，10人获得咨询公司认定的初级精益人才资格，已具备“内训师”基本条件，为下步自主开展和深耕精益管理提供了人才保障。

四是问题文化渐植于心。干部职工在工作中渐渐养成了自我审视、自我否定习惯，对以往看惯了、干惯了、听惯了的方式方法，开始主动思考、重新识别判断，积极主动寻找机会，并乐于投身改善之中，以精益人才为支撑、精益工具为手段的“问题文化”初步形成，干部员工“奔着问题去、围着问题转、盯着问题干”逐渐成为常态。

经验启示

（一）“敢于自我革命”是精益变革的重要前提

面对老油田发展困境，河南油田分公司干部员工引刀于己，敢于打破常规、向一切司空见惯的思想行为及固化的制度流程“叫板”，并且调动各种资源强势推进，充分体现了变革的决心和勇气，又抓住了精益管理“造物先造人”的精髓。

（二）“活用工具方法”是精益见效的重要手段

“工欲善其事，必先利其器”。河南油田分公司根据不同层级的职能及特点，优选适宜的工具方法，将方针管理与指标分解、课题管理与攻坚创效、提案管理与小改小革有机融合，促进了各层级比较优势的发挥，实现了精益的快导入、快见效。

（三）“培育精益文化”是精益生根的重要支撑

从导入精益管理开始，河南油田分公司就意识到精益绝不是简单地推动几个改善项目，更不是管理层对于管理“理念”和“术”的一个补充，根子实际上是对精益之“道”的塑造，只有培育深厚的精益文化，才能让精益在企业生根。

加强标准化制度体系建设
完善制度“全生命周期”管控机制

西北油田分公司

一 改革背景

西北油田分公司主要从事油气田勘探、开发与油气销售业务，始终秉承“敢为人先，创新不止”的企业精神，先后发现塔河油田、顺北油田等6个油气田，建成了我国最大的古生界海相碳酸盐岩缝洞型油气田，通过不断深化油公司体制机制建设，构建起“三层扁平、四轮驱动”油公司架构，持续突出主营核心，打造专业化运行格式，以不到 4000 人的用工总量运转一个年产850万吨油气当量的大油气田，人均劳动生产率处于国内上游企业前列，被誉为国内上游油公司建设标杆。围绕企业发展和经营管理实际，以制度建设为抓手，通过构建“体系结构化、过程标准化、培训长效化、督导常态化、评估动态化、流程信息化”的覆盖全面、程序严密、流程清晰的标准化制度体系，解决“制度体系标准化程度不高，制度和业务结合不充分，制度管理机制落实不到位”等问题，筑牢改革基石、激发发展活力，推动公司管理水平的不断提升（见图1）。

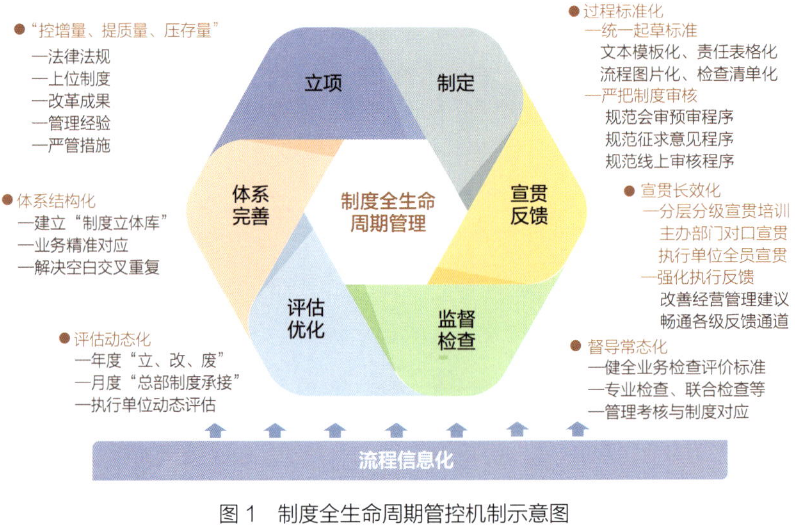

图1　制度全生命周期管控机制示意图

二 主要措施

（一）制度体系结构化，健全各业务领域制度“干枝叶”

通过强化制度统筹管理，纵向上，将公司业务由大到小、层层细分成一到四级，把现有制度逐一填入，构建“制度立体库”（见图2），促进制度与业务建立精确对应关系，把职能部门“平面化”管理转变为统筹的业务式“立体化”管理。横向上，分析“制度库”，在“制度库”中找到“现有制度”处为空白点，补充相应制度；同一四级业务对应有多项制度的，从职责分工、执行内容等方面评估制度内容是否存在交叉重叠，开展制度整合或废止。

西北石油局有限公司、西北油田分公司制度立体库

价值链	一级业务 20	二级业务 84	三级业务 158	制度数量 451	制度名称	部门/单位	
A. 主营业务	A8物资供应	A8.2物资计划	A8.2.1物资需求计划	1	西北石油局、西北油田分公司物资需求计划管理实施细则	物资供应管理中心	
		A8.5物资采购	A8.5.2物资采购管理	8	西北石油局有限公司、西北油田分公司物资采购管理实施细则		重复点
					西北石油局有限公司、西北油田分公司物资绿色采购管理实施细则		
					西北石油局有限公司、西北油田分公司紧急采购管理实施细则		
					西北石油局有限公司、西北油田分公司开门采购管理实施细则		
B. 管理、服务与支持	A1油气勘探开发	A1.1油气勘探开发	A1.1.1矿权和储量	1	中国石化西北油田分公司矿业权管理实施细则	油气勘探管理部	
				1	西北石油局有限公司西北油田分公司储量管理实施细则		
			A1.1.2勘探计划	1	西北石油局、西北油田分公司井位论证管理实方施细则	油气开发管理部	
	B9科技管理	B9.6标准化管理	B9.6.1标准立项、制修订与宣贯				空白点
		B9.7质量管理	B9.7.1质量标准管理	2	西北石油局、西北油田分公司质量事故管理实施细则	安全环保质量管理部	
					西北石油局、西北油田分公司质量管理实施细则		

注：每年末更新“制度库”，为明年制度计划做准备。

图2 制度立体库

（二）管理过程标准化，规范制度全生命周期管理

从制度管理的关键环节入手，做到“四统一（承接、立项、制定、系统）”，使制度全生命周期管理做到规范、实效、良性的闭环。

一是统一承接标准。规定公司层面只能制定实施类、执行类制度，二级单位只能制定执行类制度，遵循“下位制度不与上位制度内容和类型相冲突”的原则，确保上级单位制度得到有效承接与执行。

二是统一立项标准。一是控增量，对照“制度库”，规定每项业务下可独立制定3项

制度；二是提质量，推进法律法规、上位制度、改革成果、管理经验、严管措施固化为制度，使制度的先进性、实用性不断增强；三是压存量，按照“合并归一、立新废旧、立一废多”的原则，加大对同一业务下的制度进行整合力度，提高制度“含金量”。

三是统一制定标准。推行“制度文本+业务职责分工表+业务流程图+检查问题清单”制定机制，即制度文本模板化、责任界定表格化、业务流程图片化、权责检查清单化（图3）。同时，严把制度审签关，规范业务部门线下会审、企管法规部制度预审及制度系统线上审核程序，提高制度发布质量，杜绝问题制度的产生。

业务职责分工表(模板)

阶段	程序及步骤		工作时限	责任部门(单位)	职能	责任	责任岗位	责任人	责任领导	集体决策(党委会/领导班子会/总经理办公会/职代会,领导小组/委员会)	二级单位(单位填报)		控制文档	对应信息系统
	程序	步骤									科室/分队	岗位		

责任界定

表格化

检查问责清单(模板)

序号	业务分类编号	制度名称	制度归口管理部门	事项/职责	权责划分					检查考评				处罚规定					
					企业管理部	…	部门/单位	执行董事/…	集体决策	检查部门	检查方式	检查内容	检查频率	违规行为	主要责任人	连带责任人	处罚方式	处罚标准	处罚依据

监督检查

具体化

图3 业务职责分工表、检查问责清单模板

四是统一系统标准。使用总部制度管理信息系统作为制度管理信息化工具，在制度系统进行制度立项、起草、会签、审核，在OA系统进行制度核稿、签发，确保公司本部、各单位制定的制度均可在制度系统在线查询、下载，有助于公司对制度进行信息化督查管控。

（三）宣贯培训长效化，培育“学用守”制度文化

公司制度宣贯培训按照公司专业层面、二级单位内部两个层级开展宣贯培训。由主办部门按照“分级培训、以用定学”的原则确定培训内容和培训对象，通过集中授课、网上培训、“送制度下基层”等形式开展宣贯培训；二级单位根据管理实际，将制度条款落实到科室、岗位，制定本单位的业务职责分工后，针对性地开展制度宣贯工作，加深员工对制度的理解，营造“学制度、用制度、守制度”的良好氛围，确保制度有效执行。

（四）检查督导常态化，确保制度执行有力

完善制度检查考核评价标准。按照“谁主管、谁负责”的原则，组织制度主办部门梳理识别主办制度的关键控制点，转化成制度检查考核条款，形成油田公司制度检查考核评价标准。

严格制度执行检查。一是常态化开展制度监督检查，采取专项检查和联合检查相结合、活动竞赛与考核问责相结合、定期检查与不定期检查相结合的方式，确保制度有效执行；二是强化制度落实为重点的考核管理，建立专业管理考核条款与制度的对应关系，使制度与考核标准紧密结合，提高制度严肃性；三是发挥内控、审计、巡察等专责监督和业务部门职能监督作用，合力抓好制度建设与执行情况监督检查；四是对违反制度问题，“真考核、真问责”，推动干部员工懂规矩、守规矩，由被动执行规章制度向主动执行转变。

（五）制度评估动态化，促进制度务实管用

建立制度常态化评估机制，一是实施年度“立改废”，以问题为导向，发布实施年度“立、改、废”计划，促进制度协同优化、精简提效；二是每月发布《总部制度承接工作进度台账》，对接落实承接部门、完成时间等要求，并对完成情况进行通报，确保总部制度全面承接落地；三是开展“我为制度作诊断”活动，由执行单位对公司制度开展评估，确保制度执行操作性，提升制度活力。

（六）制度流程信息化，推动人控向机控转变

按照“管理制度化、制度流程化、流程信息化”的思路，坚持业务驱动、制度支撑，持续推进制度流程信息化建设。以物资供应管理业务为试点，以内控制度条款为基础，梳理制度规定中有关时限性、强制性、考核性等条款，以业务系集成嵌入，强化信息化智能化管控，推动制度运行由“人控”到“机控”转变。深化改革三年行动开展以来，共整合修订制度8项，补充缺失条款27个，更新风控措施38项。按照“六统一”原则，升级物资供应信息系统MMS，整合操作系统8个，增加嵌入内控节点20个，清除无效节点6个，平台自动管控节点69个，消除了管理信息孤岛，促进制度高效规范运行。

三 取得成效

（一）制度质量明显提升

制度数量有效精简，通过建立制度“立体库”，制度总量由2017年最高488件减少到目前的399件，年均制度修订率达到26%，有效解决制度缺陷、交叉重叠以及打补丁、碎

片化等问题。制度适用性明显提升，坚持完成一项改革就完善相关制度，坚持推行一项管理新要求及时融入制度，坚持总结一项新经验就及时固化到制度中。制度流程更加高效。坚持以业务为主线制定制度，有效打破部门壁垒，促进系统联动，推动职能管理向流程管理转变，工作效率大幅提升。

（二）制度管理日趋规范

通过推行“制度文本+业务职责分工表+业务流程图+检查问责清单”机制，进一步完善了制度、职责、流程一体化制度体系，使流程延伸到基层，职责落实到岗位，让职责更清晰、管理更高效，不论谁执行某项业务，都做到遵守同一个制度、执行同一个流程、使用同一个表单、指向同一个结果，有效提升制度流程管控力度和精度。

（三）制度执行更加有力

通过明确制度检查考核、制度罚则两个标准，强化主责部门检查评价、归口部门督导抽查两个机制，推行“表单化、流程化、信息化”管理，适时固化制度中的管理标准、审批权限、时限要求等内容，强化系统约束，推进“人控”向“机控”转变。

经验启示

（一）聚焦科学完备、务实管用，提高制度建设质量和水平

以现代化油公司发展要求为导向，坚持以“业务”为中心，以“流程”为主线，以“专业”为基础的制度体系建设，加强制度关键环节管控，确保制度体系全面覆盖，通过建立动态诊断机制，让制度持续优化，真正推动制度体系从符合性向有效性转变。

（二）坚持融入流程、信息支撑，促进业务规范高效运行

西北油田分公司对物资管理领域开展内控制度一体化试点证明，按照“管理制度化、制度流程化、流程表单化、表单信息化”的思路，可以强化制度刚性执行和管理效率提升，让职责更清晰、流程更顺畅、管理更高效，是提高制度管控水平和执行力的有效途径。

（三）树立制度权威，遵章守纪，培育制度执行良好文化

实现规范管理、持续发展，必须牢牢抓住制度执行这个核心。西北油田分公司坚持领导干部带头，全员学习制度、遵守制度、执行制度的执行文化入脑入心；完善执行监督问责机制，制度执行纳入部门、员工绩效考核范畴，严考核、硬兑现，有力推动了制度“要我执行”到“我要执行”的转变。

对标提升　精益为魂　探索油气田高效发展路径

东北油气分公司

一　改革背景

东北油气分公司辖有油气勘查与开采区块19个，面积1.04万平方千米。天然气三级储量4111.95亿立方米，石油三级储量2.54亿吨。东北油气现阶段仍存在资源基础薄弱、科技支撑引领作用不足、抗风险能力亟待提升、管理能力和管理体系还需进一步提升等问题，为进一步充实资源基础，提升科研支撑能力，优化投资质量，推动管理体系更加适应高质量发展需要，2020年，东北油气分公司在中国石化国内上游企业率先推进精益管理，2021年结合深化改革及对标世界一流管理提升行动的要求，打造“16833”精益管理模型（见图1），以精益战略支撑对标管理提升，强化基础管理，积极探索精益管理在油田企业的推进路径。

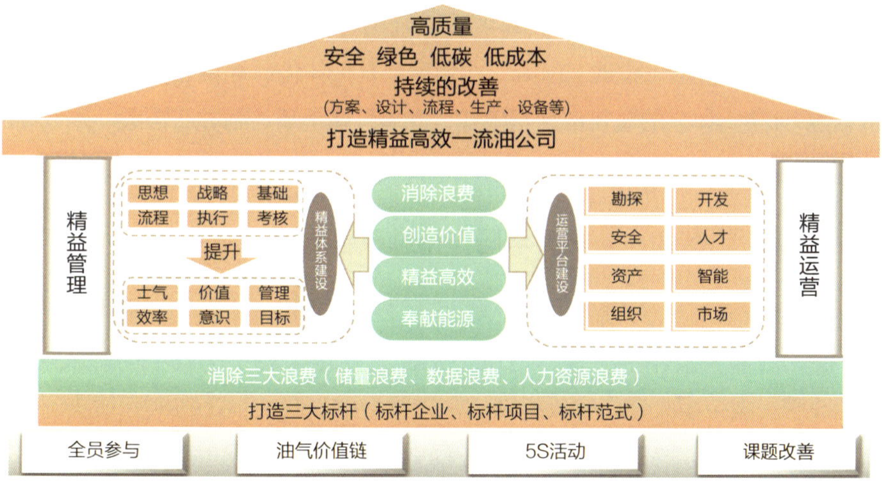

图1　“16833”精益管理模型

二 主要措施

（一）实施精益战略，构建油田特色精益管理体系

一是战略上“扣扣子”，规划精益总体路径。切实吃透上级精神实质、核心要义，结合实际布局谋划，将“精益”作为五大发展战略之一纳入“十四五”高质量发展纲要，系好第一颗“扣子”，形成以打造精益高效一流油公司为目标，以抓思想提升员工士气、抓战略提升价值创造、抓基础提升管理水平、抓流程提升工作效率、抓执行提升担当意识、抓考核提升目标导向的“六抓六提升”行动筑牢发展基石，以勘探、开发、安全、人才、资产、智能、组织、市场八大流程平台的系统优化构建高效运营模式，减少储量资源、人力资源、数据资源三大浪费，打造三大精益标杆的“16833”精益管理模型，明确了精益推进总体路径。

二是改革上“钉钉子”，激发企业内生动力。紧扣改革任务目标，以“钉钉子”精神狠抓“三项制度”改革措施落实落地，结合“三能”机制建设，推进契约化管理，突破部门壁垒，落实岗位责任，重点在优化人员结构上做文章，整体向科研倾斜，科研人员占比达27%，配套向科研倾斜的考核激励政策，科研单位绩效系数是管理人员的1.6倍，用动态系数方式对成果进行评估和肯定，同步配套油气产量超产奖励及单井高产奖励，同岗级科研技术人员与管理人员差距达30万元，极大提升劳动生产率。

三是科技上“担担子”，打造产研管创基地。用科技挑起创新驱动的“担子”，紧盯制约效能的瓶颈问题，做强科研项目单元，创新成立勘探攻关项目部整体开展勘探攻关、成立龙凤山高效开发项目部等三个项目部实现油气田高效开发，充分整合科研技术优势资源，探索出“生产+科研+管理+创新”的勘探开发一体化、地质工程一体化、生产运行一体化、经济评价一体化的项目部制新模式，开展气藏地质、钻井、压裂、采气多专业联合攻关，助推东北油气取得一系列技术突破，管理效能不断提升。

（二）注重思想转变，全员参与培育持续改善文化

一是思想上“求变”，系统思维攻克难题。注重精益理念的推广，坚持“我”和“我们”不一样、局部和整体不一样，地质、工程一体化实现了“我”向“我们”转变，2021年度改善提案中多人合作完成提案占总提案数的95%，员工在实际解决问题中形成了与人合作的良好习惯。在解决实际问题过程中，不局限于追求单项成本的节约、单项技术的成功，而是追求系统提升及整体水平提升，在松南系统整体降压、设备大修等方面成本节约率超50%。

二是体系上“求全”，点线面体有效推进。搭建了改善提案平台，从生产经营12个方

面，以点改善为起点培育系列改善，建立健全改善提案点、线、面、体“全覆盖”式改善体系（见图2），2021年改善提案总数1382件，人均1.5件，员工参与度达63%，其中控资降本创效类提案占比47%，效益效能大幅提升。

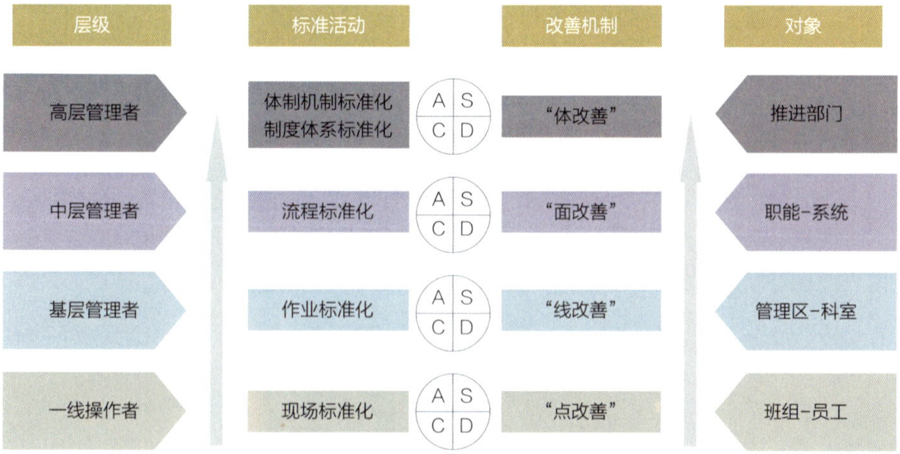

图2　改善提案“点线面体”推进体系

三是行动上“求实”，改善文化初步形成。引导员工在工作中遇到问题后，主动运用改善提案工具解决问题，运用5W1H分析法找寻根本原因，运用DMAIC工具全过程管控，最后形成正反典型案例库巩固成果。员工在现场工作中，从事后总结向事前计划转变，提前定下降耗目标，提出并实施光伏发电、大功率电机更换、场站单井电保温优化、抽油机节能姿态调整等优秀提案，2021年以来，新建孤家子储气库运用光伏发电节省用电量近7万千瓦时。员工普遍为自己制定了改善计划，助推基础工作完成、提升直至超越，不断追求更高目标，已经成为员工的行为自觉，全员参与、持续改善的改善文化初步形成。

（三）强化精细管理，多措并举提升运营质量

一是方案上“多轮”迭代，打造单井精品工程。运用价值流分析模型（见图3），建立起课题攻关机制，揭榜挂帅、挂图作战，由班子成员担任辅导员，集合优势兵力成立课题组，有针对性地设立了6方面36项改善课题，重点在投资方面设立了相关课题14项，着力提升投资质量。建立起“三级审查、五级优化”机制（见图4），加强方案前期论证，打造“少井高产”精品工程，通过气藏地质、钻井工程、采气工程三大专业一体化协同攻关，多角度推进方案编制，全过程优化井位部署和多轮次迭代，气藏方案投资大幅降低、气井部署质量有效提升。

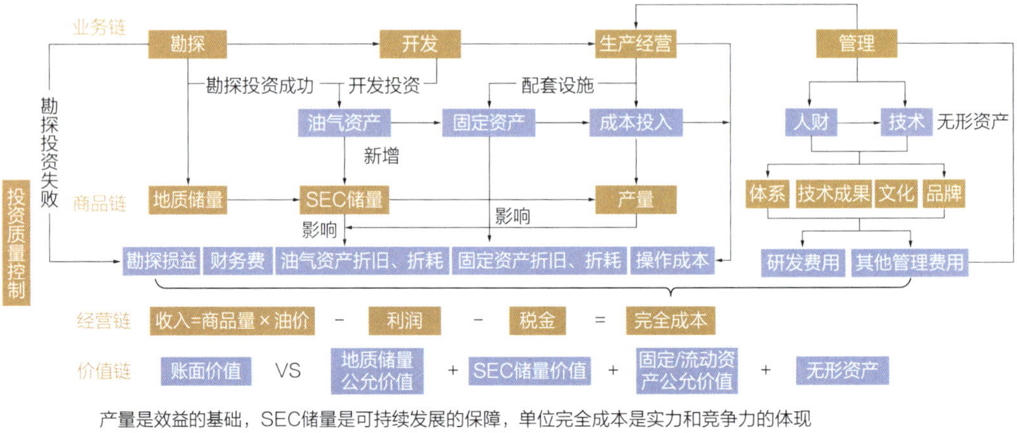

图 3　价值流分析模型

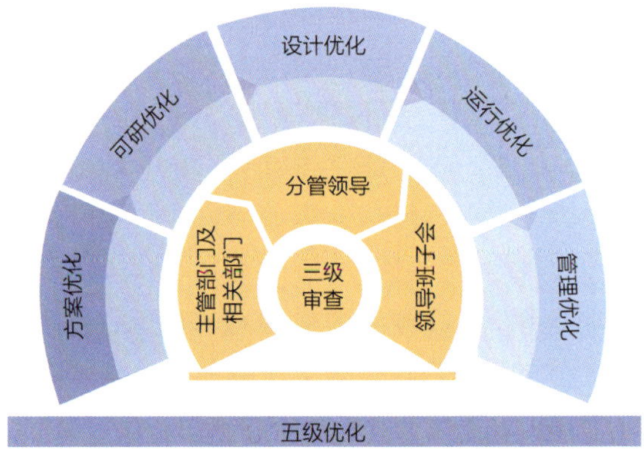

图 4　“三级审查、五级优化”机制

二是运行上“加速”提效，提升工程保障能力。严格执行计划管理，按照产建需求倒排运行时间表，开展非生产时间及钻井时效分析，建立起最优周期运行表，降低非生产时间影响，提高运行效率。在石油工程“四提”（提质、提速、提效、提产）工作中，着力压缩钻完井周期、降低钻井复杂故障率，形成了适合东北工区中基性火山岩、酸性火山岩、致密碎屑岩储层的钻井四提技术模板1.0，遵循总结、迭代、提升三步循环，从单井迭代向模板迭代升级，实现整体支撑保障能力的大提升。在地面工程“五化”（标准化设计、工厂化预制、模块化施工、机械化作业、信息化管理）建设上，构建“设计+工厂化预制+现场安装”的一体化建造作业方式，2021年建成投产的孤家子储气库实现了三维设计率、主体工艺模块化率、示范工程建设完成率3个100%。

三是管理上“升级”管控，提高整体投资水平。优化投资流程，建立起从计划编制到项目实施及后评价全流程的跟踪评价机制，将“管”和“控”分开，投资控制主体下沉至项目部，以业财充分融合强化投资控制力度。狠抓投资成本管控，利用精益成本倒留方法，在确保投资收益率的前提下，先算“经济账”，用好考核“指挥棒”，依靠理念变革、管理创新、技术进步实现投资成本降低。强化投资过程管控，打表推进项目进展，从运行、技术、安全不同维度完善异常管理流程，建立起安全、效益、进度预警机制，确保投资过程受控。建立起高质量产建项目特殊奖励机制，以季度跟踪结果为依据，对高产能、高投资回报的产建项目给予奖励，极大提升投资管控水平。

三 取得成效

（一）经营业绩大幅提高

东北油气分公司2021年天然气年产量首次突破10亿立方米，实现营业收入19.98亿元，同比增长34.8%，利润总额保持稳定增长，同比增长164%。2021年复产原油产量同比增长1.34倍，单位完全成本同比下降65%，整体实现扭亏为盈，利润同比增长0.99亿元，盈利区块数量占比由0%增长到37.5%。主力气田效益增加，松南气田单位操作成本同比下降20%，利润同比增长76%。

（二）内生动力不断激发

不断追求突破，不懈追求改善，员工智慧的积聚不断转化为助推高质量发展的不竭动力，松辽盆地长岭断陷火石岭组天然气勘探重要突破，新增控制储量125亿立方米、预测储量236亿立方米，被列为2021年中国石化十大油气勘探发现成果。2021年龙凤山气田以“产量”和“效益”为导向，充分发挥地质工程一体化优势，实施气藏、钻井、压裂、投产全链条一体化的闭环管理，新增探明储量114亿立方米，新建天然气产能2.76亿立方米，新增SEC储量14.14亿立方米；平均单井控制储量增加22.6%，平均单井产能增加37.8%，实现了龙凤山中基性火山岩、致密碎屑岩开发的重大突破，在高质量发展中闯出一条新路。在产量指标、效益指标、技术指标上创出东北油气历史新标杆。

（三）对标指标持续提升

通过36项课题攻关，东北油气指标逐步向好，2021年全员劳动生产率211万元/人，较2020年提升35%，人均油当量1197吨/人，较2020年提升18%，达到中国石化油田勘探开发事业部高质量发展领先值。2021年10亿立方米产能建设投资较上年度降低22%，投资质量实现全方位提升。松南火山岩气藏精细描述及高效开发，火山岩气藏采收率提升至71.8%，创造了松南气田近6亿立方米稳产10年的优异成绩。

经验启示

（一）精益导入路径必须切合实际，避免水土不服

要建立符合油田企业特色、推广度强的精益管理模型，健全与深化改革体制机制相匹配的基础管理工作体系。发挥国有企业抓思想优势以提升精益导入效果，坚持精益求精，找准推进精益管理的切入点。

（二）精益推进过程必须突出重点，实现快速转化

在重点领域取得短平快的成绩有助于树立改革信心，东北油气重点围绕投资领域建立起“三级审查、五级优化”、课题攻关和揭牌挂帅等创新机制，为企业解决重点、难点问题及技术创新提供了问题解决路径。

（三）精益成果巩固必须全员参与，激发创新活力

精益的推进取得成效的关键是全员形成精益的习惯，并能持续不断地进行改善，全方位树立以减少浪费、持续改善、追求卓越为核心的精益管理理念，切实把精益理念贯穿到生产经营全过程、渗透到各项业务全链条，不断激发企业创新活力。

构建投资精益化管理体系
推动油气田可持续发展

华北油气分公司

一 改革背景

华北油气分公司主要从事油气勘探开发及生产销售业务。截至2021年年底，矿区总面积2.48万平方千米，油气资源总量47亿吨。主力区块位于鄂尔多斯盆地，油气探明率分别为18.32%、16.54%，剩余资源主要位于盆地边缘，储量禀赋差、储采比低、经济有效动用难度大。近年来，以深化改革三年行动为契机，抓住影响企业发展的“投资管理配套机制不完善，精益化管理程度低，一体化管控能力不强，低成本战略条块割裂、资本回报率低”等主要问题，启动了“对标一流”管理提升活动，从创新投资管理机制、强化五要素统一部署优化和五项管理举措三方面探索创建了投资精益化管理体系（见图1），为推动“边际”油气田可持续健康发展提供了强力支撑。

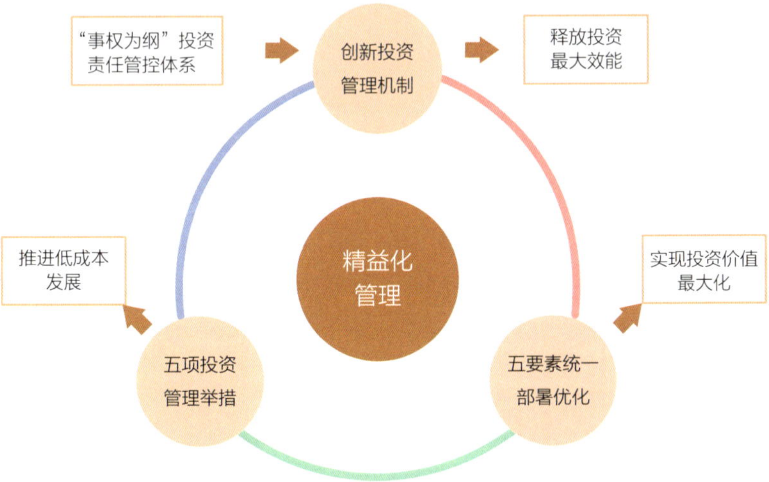

图1　投资精益化管理体系

二 主要措施

（一）创新投资管理机制，释放投资机制活力

按照“责权对等、主责明晰、管办分离、分级管理”的原则，厘清投资决策、管理、实施、服务、监督等管理职责，理顺业务流程，建立“事权为纲”的投资责任管控体系（见图2），激发全员投资优化管理积极性，机制活力得到有效释放。

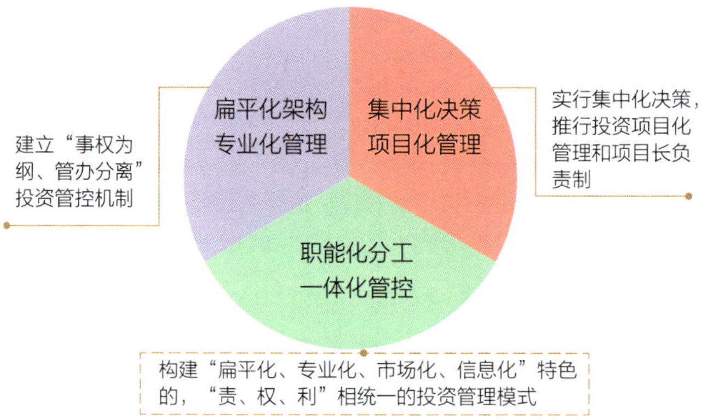

图2 投资责任管控体系

一是扁平化架构，专业化管理。为深化油公司改革，构建与油藏经营管理相适应的组织架构，按照“事权为纲、管办分离”原则撤销投资项目前线指挥部，将投资项目实施管理权限调整到对应的采油气厂，做实采油气厂投资管理主体责任；按照“管业务与控投资同步”原则进行业务流程再造，形成“事权为纲、业务为本”的全链条流程管理体系。

二是集中化决策，项目化管理。为落实“规范高效放管服”要求，对投资项目实行分类差异化管理策略，一、二类和三类重点项目由公司党委及领导班子会集体决议；三类非重点项目由分管领导审批；金额小于100万元的零星配套项目由建设单位自行审批报备。推行投资项目化管理，实施项目长负责制，项目实施责任主体对项目实施全过程管理，项目长对项目全生命周期负责。

三是职能化分工，一体化管控。为提升投资管理成效，持续修订完善投资管理办法和考核细则，编制投资项目“业务牵头、专业分工、链条完整、责任明确”的年度运行计划大表，明确时间节点和责任主体，打表推进、挂图作战，跟踪督办、严格考核。构建了横向覆盖油藏经营管理全领域、纵向支撑技术服务全过程的管控网络。

（二）强化五要素统一部署优化，实现投资价值最大化

按照整体价值最大化和一体化设计思路，从油气田全生命周期的角度，围绕储量规模

发现、经济动用、产量经济运行以及降低投资成本、提高经济效益，开展“储量、产量、投资、成本、效益”五大要素统一研究部署、整体优化，形成了以价值创造为核心的五位一体投资管控体系（见图3）。

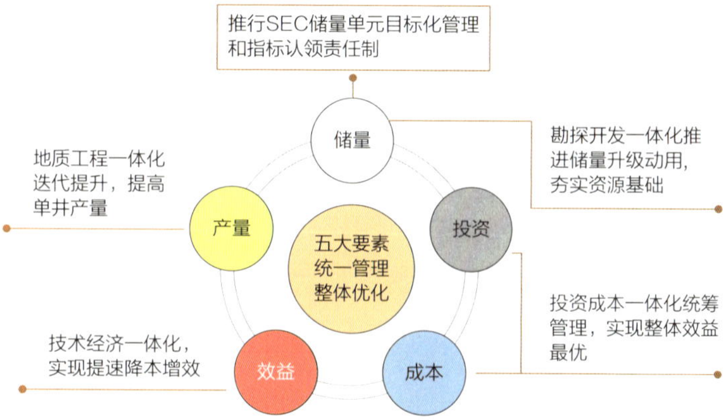

图3　五位一体投资管控体系

一是推行SEC储量目标管理和指标认领责任制。将SEC储量视为储量资产进行管理，明确各区块单元SEC储量目标和责任部门（单位），确定责任节点。通过优化勘探开发部署、老井治理、加快运行节奏、自销客户推介等措施，引领SEC储量增加。2021年新增天然气SEC储量71亿立方米，保持连续3年快速增长。

二是勘探开发一体化推进储量升级动用，夯实资源基础。推行勘探开发一体化，勘探向开发延伸，开发向勘探渗透，以整体开发概念方案为基础、重点骨干井优先实施、后续评价井积极跟进的方式快速打开局面，2019~2021年新增动用地质储量361.3亿立方米，生产天然气142.63亿立方米，储产量转化率大幅提高。地震地质一体化，利用地震资料，深化地质研究，在油气藏精细描述的基础上优化部署方案，做到井网、井距、井型三个优化相统一，2020~2021年富县升级天然气控制储量669亿立方米，千亿立方米气田接替目标初步形成。

三是地质工程一体化迭代提升，提高单井产量。成立地质工程一体化项目组，以一体化项目为载体，采取业务部门主导、专业协同、平台支撑的管理方式，地质、工程协同开展井位部署、方案论证、跟踪实施和迭代提升。单井全过程根据实钻“一井一策”优化选层方案、改造措施和生产制度，2021年单井产量同比方案设计分别提高7.6%、0.4%，涌现出一批日产超十万立方米高产气井。

四是技术经济一体化，实现提速降本增效。坚持设计预算同步，推行限额设计，减少额外成本。倡导以油气成果为前提进行差异化单井设计，聚焦投入产出比，开展水平段长度、压裂段数、规模与产量最佳匹配研究与运用；聚焦经济适用，针对性设计钻井和压裂施工参数，降低施工难度和压裂成本。2021年平均钻井周期缩短13%，实施的JPH-485井较常规单簇压裂井，段数减少30%，周期缩短29%，投资降低10%。

五是投资成本一体化统筹管理，提升资产创新能力。建立投资成本一体化优化机制，引导增量优化降低投资成本、存量优化降低操作成本。加大增量项目财务效益审查力度和全生命周期管理，严格存量项目投入产出效益评价，通过增有效、减无效，深入挖掘存量资源创效潜力。2021年净资产收益率14.29%，较上年增长113%。

（三）实施五项管理举措，推进低成本发展

学习长庆低成本发展经验，建立效益倒逼机制，扎实推进业财融合，落实年度投资优化提升方案，以效益目标倒逼全方位、全要素、全链条、全流程控投资、降成本，解决了低成本战略条块割裂的问题，近3年共优化节约投资5.8亿元。

一是优化地质部署，推进方案源头降本。方案编制阶段，全面推进集约化、立体式、小井眼混合井网部署，事前算赢，内部收益率必须达到预期目标；可研阶段，投资概算与技术方案相结合，达到方案最优、投资最少。

二是优化生产运行体系，推进提效降本。建立“大运行”体系，推行项目化组织运行与专业化管理相辅相成的投资项目运行机制。围绕产量最优化释放，按设备匹配度优化工程队伍、按搬迁距离就近安排作业队伍、优化生产组织，强化运行，无缝衔接，提升施工效率。

三是集成“杀手锏”技术，推进工程工艺进步降本。应用创新先进的工程工艺技术，推进致密油藏低成本超大规模增能压裂，进行低成本聚合物压裂液的开发引进并扩大应用；优化压裂液配方，研究推进压裂返排液的重复利用和同井采注工艺，减少材料费及污水拉运处理等费用。

四是推进服务市场化，同台竞争激励降本。完善规范共赢的市场体系，放开石油工程服务市场，列入竞争机制；开展石油工程承包商提质、提速、提效激励，以业绩为导向奖励工作量，优质优价，发挥“鲶鱼”效应，激发市场活力，实现甲乙方共赢。

五是优化价格体系，机制引导提速降本。建立多元化价格体系，对成熟区块钻井推进“米费制”综合单价，对重点探井试行“日费制”计价模式，充分发挥价格提速降本导向作用。

三 取得成效

（一）机制活力得到释放，投资回报率显著增强

通过创新投资管理机制，投资管控能力持续增强，勘探开发效益显著提高。2021年，

单位投资新增SEC储量13.8万吨/亿元，较上年提高8.7%，新建天然气产能8.83亿立方米，中高效井比例达65%，开发项目平均收益率9.5%，新井贡献率达45%，当年新井创效1.63亿元，气田实现盈利21.43亿元，创历史最好水平。

（二）增储上产阵地不断夯实，投资价值逐步显现

通过构建五位一体投资精益管理体系，发挥了投资对经济增长的拉动作用，实现了储量规模发现、接替阵地涌现、产量大幅提升的目标。2021年，新增油气三级储量16207万吨当量，储量替代率140%，同比提高7%；新增油气探明储量4210万吨当量，夯实了东胜新召区带、大牛地下古生界和富县牛武区带三个千亿立方米接替阵地；杭锦旗独贵区带首次提交氦气探明储量4672万立方米，晋中、大牛地在1800米以深煤层首次试获气流，有效拓展了资源接替新领域；油气产量历史性迈上500万吨当量规模。

（三）低成本战略有效实施，可持续发展能力显著增强

通过推进低成本发展战略，实现了单位勘探开发投资持续下降，油气发现成本连续两年创石化上游标杆；天然气十亿立方米产能建设投资2021年降到25.8亿元，较“十二五”末降低29.7%，较上年降低6.2%；企业盈利能力持续增强，2021年实现利润16.5亿元，比上年增长113.5%；净资产收益率、营业收入利润率、人工成本利润率、单位油气综合能耗四项指标创石化上游标杆。

经验启示

（一）持续深化改革创新是企业永葆青春活力的动力源泉

华北油气分公司保持油气大发展的定力韧劲，审时度势，持续深化油公司改革、不断探索适合自身发展的体制机制，创新管理模式，为企业永葆青春活力提供不竭动力。

（二）建设精益化管理体系是实现自我突破的有效途径

华北油气分公司牢固树立能源生命线意识，深入分析自身问题差距，探索创建了投资精益化管理体系，加快先进技术和管理的集成创新，有效破解资源瓶颈和“卡脖子”难题。

打造5G+N应用场景　创新智能制造新模式

扬子石化公司

一　改革背景

扬子石化公司是中国石化直属特大型石油化工企业，拥有58套大型石油化工装置以及配套齐全的公用工程和储运物流系统。公司生产装置建成已有20多年，生产流程长、能源消耗高、安环压力大，智能化改造和数字化转型（以下简称智改数转）刻不容缓。近年来，扬子石化公司抢抓以5G为代表的新基建机遇，立足企业痛点，以业务驱动5G+人工智能（AI）、智改数转改革，推进5G+N应用场景创新，塑造智能制造新模式，推进数据、技术、业务流程、组织结构的互动创新和持续优化，有效提升了企业工艺、设备、生产效率和安全管控能力，推动公司由石油化工传统制造向智能制造转型升级（见图1）。

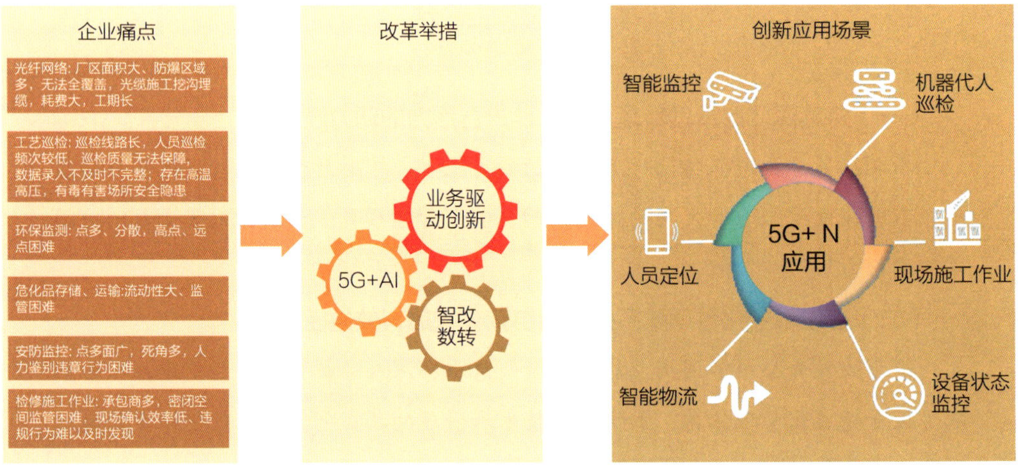

图1　5G+N应用场景图

二 主要措施

（一）合作共建5G专网，实现生产区网络全覆盖

一是强强联合，打造专网建设新模式。生产区内的炼油、化工装置占地面积12.43平方千米，毗邻长江，跨越市政道路和河流等，铺设的地面架空长输管线和地下管线达3262千米，涉及56万个泄漏监测点。传统的光缆无法敷设覆盖到高点、远点，迫切需要采用数字化、智能化手段提高厂区安全管理。由于移动网络专业性强、技术密集、发展速度快，2020年公司与江苏联通战略合作，通过公司专用频率与现有主干网络连通，建设了生产区广覆盖、大带宽、低延时、高连接的5G安全专网（见图2）。

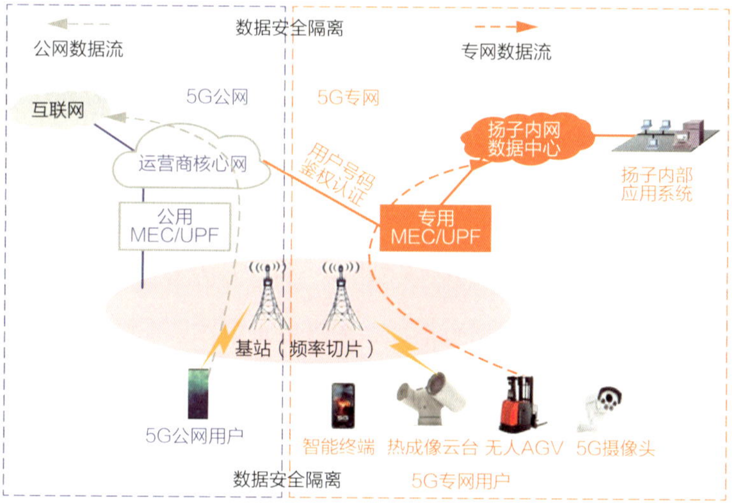

图2　生产区5G专网示意图

二是构建网络安全新体系。由封闭的企业工业互联网转为半开放的网络结构的过程中，公司对现有的工业互联网信息安全体系进行了改造，考虑5G终端的移动性、无线传输包含危化品区域设备、人员、车辆定位、装置运行参数等敏感数据等，采用包括终端加固、信道加密、认证接入、访问控制、网闸隔离、安全管理、审计监控等多重安全措施，共同构成公司高度网络安全保证的"有线+移动"接入体系，为信息传输筑牢安全屏障。

（二）部署智能机器人巡检，构建立体全天候巡检体系

一是问题导向，提升巡检智能化水平。公司45个车间共136条人工巡检线路，存在工作强度和难度大、间隔时间长的问题。扬子石化公司基于5G专网，在2020年引入智能机器人和激光遥测技术，根据生产区域场景特点，部署5G+智能机器人+激光监测应用

替代或补充人工巡检，同时利用5G网络实现了现场数据自动采集回传，异常自动识别，确保现场安全可控。

二是因地制宜，构建立体全天候巡检体系。结合不同装置和区域特点，构建了“地空联动”巡检体系。地面方面，在高温高压、易燃易爆区域部署智能防爆机器人，非防爆区域部署普通智能机器人；架空管廊方面，部署轨道式智能防爆机器人；炉顶、塔顶等装置高点、远点空中方面，使用云台式激光遥测终端，全天候、全覆盖对公司空气中微小泄漏点及时监测、准确定位、预警报警，实现生产装置现场的泄漏动态监测。

（三）推进规范化智能化，提升施工作业监管效能

一是系统协同，强化厂区准入管理。针对生产施工、检修作业点多面广、现场施工人员多、风险管控难度大等问题，2020年起，扬子石化公司运用5G专网、智能终端、北斗定位，在生产厂区设置电子围栏，并与人脸识别系统、电子作业票系统进行协同。承包商监护人员、作业人员申报作业、进行作业或人员变更时，系统将自动判断人员资质是否符合要求，对不合格人员系统将对其实施限制入厂或禁止作业。

二是全景监护，强化作业流程管控。作业开始前，利用5G+气体监测技术实时确认气体是否合格，提高作业许可的开具效率，降低直接作业环节风险，提升风险管控、承包商管理、作业许可等业务的规范化、实时化、协同化和智能化。作业过程中，利用5G专网，在施工现场部署5G移动布控球，通过电子围栏、视频监控回传、AI分析手段构建全景监护体系，对施工人员行为进行违章智能分析，实现现场作业过程安全管控（见图3）。

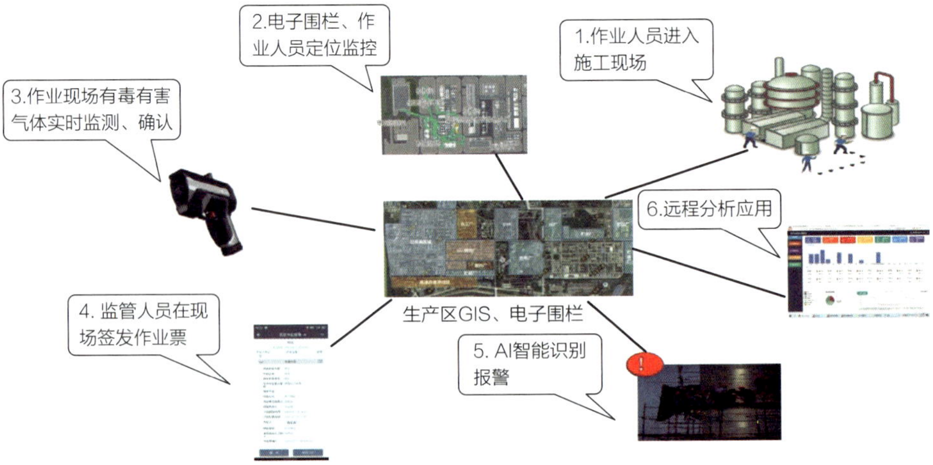

图3 5G+AI 智慧施工作业实现精确管控、提高效率

（四）构建智慧安全环保大脑，增强关键设备状态监测能力

一是实现了多种信息化智能手段统一应用。公司管线和环保监测点、VOCs监测点分布较广，部分偏远管线表计量数据采集需要耗费大量人力、物力，关键设备监测难度大，生产安全存在隐患，管理效率有待提升。为提高关键设备状态检测能力，公司利用5G远程数据采集、数据治理和AI分析等多种手段，着力构建智慧安全环保大脑（见图4）。

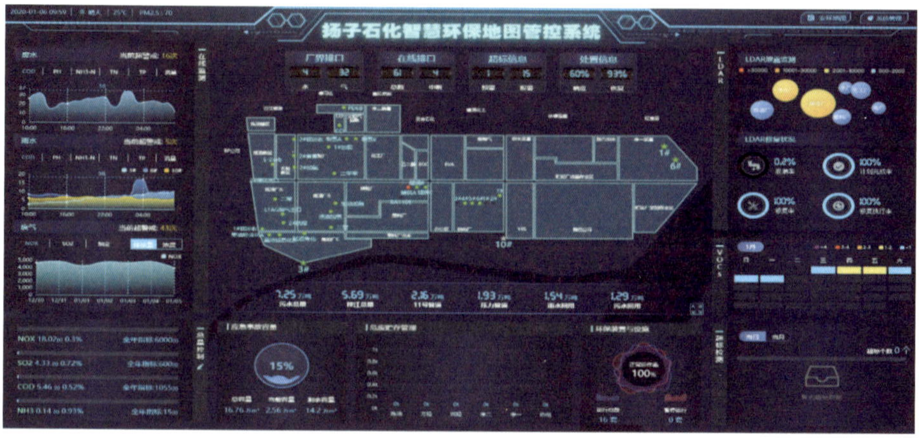

图4　5G+ 关键设备状态监测，构建智慧环保大脑

二是实现了多种物联网智能设备有效集成。通过在485或可寻址远程传感器高速通道（以下简称HART）表计上安装防爆HART协议采集设备，4G/窄带物联网（以下简称NB）网络回传数采数据，设备监测数据通过5G网关回传监控中心或实时数据库；通过NB阀门回讯器设备，代替人工挂牌管理的传统方式，实现对阀门开闭状态的有效管理和实时监控；在储备用地、固废转运点，利用5G+光伏+热成像摄像头开展安全环保监测，借助后台AI分析对非法闯入、违章操作实时预警。

（五）建立人车定位系统，优化厂区人员车辆管控

一是人员管控突出全方位。全面实行人员在岗在位管理，要求全厂区一道门以内范围约12.43平方千米，既满足开放区域的米级定位，也满足半开放和封闭空间的定位。通过低功耗蓝牙实现了室内和高空区域定位，通过5G+北斗高精度定位系统实现室外定位，通过NB或5G数据回传系统，实现人员轨迹跟踪，确保规范巡检、合规施工、人员安全。

二是车辆管控突出高精度。危化品车辆管理一直是石化企业的监管难点，公司依托5G+北斗技术，对生产区内危化品车辆进行高精度定位，基于定位数据行驶轨迹识别，进行偏离预警，有效保证危化品车辆按照规定路线行驶和在规定地点装载。同时，通过

5G网络将车载布控球拍摄的视频传输至边缘云平台进行AI分析，对危化品车辆危险行驶、路中障碍、前车距离过近等实时告警，有效保障运输车辆和驾乘人员的安全。

三 取得成效

（一）开创了5G建设运维新模式

扬子石化公司的5G专网合作共建模式创新为中国石化系统内首家，已在中国石化所属其他企业推广。与公司单独建设5G网络相比，扬子石化公司与江苏联通战略合作，携手加快公司5G网络、数据中心等新基建项目建设，5G安全专网中的5G基站、配套的光缆和企业侧边缘计算功能由联通建设，节省投资约1360万元，同时也免去了系统维护、升级的后顾之忧。

（二）实现了危化品物流全流程管控

通过利用“5G+北斗”技术开发人车定位5G应用，对人员和车辆进行精确定位，实现了危化品全域物流监测场景的智慧应用，平均减少停车场租金186万元/年。2021年，该应用案例作为江苏省、中国石化唯一入围的重点行业案例入选工信部第二批“5G+工业互联网”十个典型应用场景和五个重点行业实践，为行业内和其他工业企业应用“5G+工业互联网”提供了具体实施方案和参考路径。

（三）提升了巡检效能和生产稳定运行水平

依托“5G+工业互联网”应用积极推动全产业链数字化转型、智能化升级，巡检工作效能大幅提升。2021年巡检到达率由人工1次/2小时提升到1次/30分钟，远点、高点巡检覆盖率明显提升，有效保障了装置安全稳定运行，避免了事故发生。通过高效率、高质量的智能化巡检，公司生产稳定运行能力有效提升，2021年公司非计划停工发生率同比降低了31.7%，生产异常发生率同比降低了4.8%。

（四）促进了作业管控规范化、智能化

通过建立全新的全流程作业安全监管模式，解决了直接作业环节监管难题，工作效率得到提高。承包商监护人员、作业人员进场管理进一步规范，作业流程管理进一步强化，作业现场安全环保水平进一步提高。利用5G终端现场办理作业许可，杜绝了手工票证填写不规范、措施落实不到位、代签、改签和补录等“走捷径”问题，作业开票用时也由60分钟减少到10分钟，作业许可办理效率大幅提升。

经验启示

（一）合作共建是企业推进5G技术应用的捷径

移动网络专业性强、技术密集、发展速度快，在没有充分的技术力量建设、运维的情况下，企业与运营商合作共建，让“专业的人做专业的事”，既免去日常系统维护、升级的后顾之忧，又能专注于自身应用体系的构建。

（二）业务驱动是企业挖掘5G应用场景的原则

在技术改革过程中，企业始终坚持业务驱动选择，深入挖掘石油化工生产领域特有的5G应用场景，同时强化系统管理与流程优化，保障5G新技术在企业的应用取得成效。

（三）统筹谋划是企业数字化转型的重要保障

企业的数字化转型坚持科学统筹谋划，按照“先示范后推广”模式有序推进，逐步实现5G+生产、设备、安全、环保、物流、应急指挥等应用，保障企业智改数转行稳致远。

推行绿色采购　助推绿色企业创建

广州分公司

一　改革背景

广州分公司现有原油综合加工能力1275万吨/年、乙烯生产能力22万吨/年，是华南地区重要的进口原油加工基地和清洁燃料生产基地。目前正加快推进安全绿色高质量发展技术改造项目，建设洁净能源和转型升级“双示范”企业。广州分公司深入践行习近平生态文明思想，实施绿色低碳发展战略，以打造绿色供应链为目标，从绿色采购理念导入着手，构建绿色采购管理体系（见图1），改造传统采购业务基础，强化源头管控，引领绿色产品供应，将绿色采购深度融入物资采购的全过程，提升绿色采购实效，助推绿色企业创建。

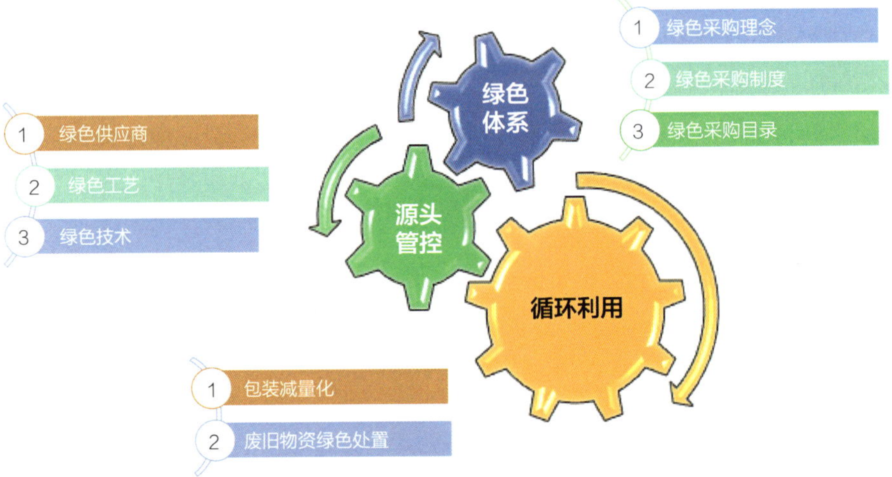

图1　绿色采购模型图

二 主要措施

（一）构建绿色采购体系，保障绿色采购落地

一是健全完善制度，为绿色采购提供制度保障。公司以绿色采购理念为引领，修订完善《广州石化分公司物资采购管理规定》，将绿色采购相关要求明确到供应资源、采购实施、绿色包装、仓储物流及废旧物资处置等方面，为实施绿色采购提供制度依据。

二是完善绿色目录，引导绿色采购。深入落实中国石化绿色物资采购目录，不断丰富、完善绿色物资品种；参考相关国家标准、行业标准，用好国家财税减免政策，组织专业技术部门编制公司适用的专用设备税收优惠目录，补充完善《广州石化分公司绿色物资采购目录》，制定了15大类119个中类绿色物资采购目录，作为企业绿色物资采购指南。

三是上下联动，为绿色采购提供组织保障。公司各部门上下联动、党政齐抓共管，定期组织召开绿色企业工作推进会，建立例会制和月报制，多渠道宣传发动，让绿色企业创建理念深入人心；在物资供应工作中全面落实“性能价格比最优、全生命周期总成本最低”的绿色采购理念，从改造传统采购业务基础着手，强化绿色低碳环保的社会责任，扎实推进“价值采购”，提升绿色采购实效；在炼油中心控制室项目照明灯具采购中，选用技术先进、保护环境、节约资源、安全健康的LED光源，并在楼顶增设光伏发电设施（见图2），装机容量146千瓦，年节约电费约8.9 万元，减少二氧化碳排放145.6吨、二氧化硫排放4.4吨。

图2　炼油中心控制室安装光伏发电设备

（二）强化源头绿色管控，引领绿色产品供应

一是加强源头管理，引领绿色采购。公司在需求计划提报阶段，要求使用单位、技术部门优先选用绿色物资，确保实施绿色采购；在供应商选择环节，关注供应商的环境绩效，将绿色认证、健康管理、社会责任履行等要素纳入供应商审查标准，将节能环保的绿色要求纳入技术文件，向具有环境保护产品认证、节能产品认证、绿色包装及其他能体现绿色环保因素的供应商适度倾斜，实现经济、社会和生态效益最大化。在2021年浮盘招标采购中，对采取有利于安全环保运行措施的投标人予以加分；在煤炭采购中，严格执行地方环保指标，全年采购含硫≤0.6%、灰分≤15.0%的低硫低灰分煤炭。

二是选择绿色工艺，减少资源浪费。公司在关键设备采购的技术交流环节，充分考虑环保节能，优先选择绿色工艺。如在储运12号罐区废气提标及重催污水池VOCs治理项目采购“脱硫及总烃浓度均化－催化氧化”成套设备（大连院专利技术）中（见图3），组织相关技术专家审查，对工艺流程进行优化，调整项目建设规模，优化催化燃烧整体方案，对项目二、三类费用进行核减，促使设备购置费比原方案节约80万元，并将设备在工厂完成预制、整体组装成撬供货，确保安装过程更简化，实现资源节约。

图3　采购的环保节能设备

三是加强绿色技术应用，推进绿色采购。近年来，公司加大环保治理项目投入，采购环保设备充分考虑环境保护要求，排放标准执行比国家标准更严格的企业控制指标，2020~2021年共实施环保项目54个，采购环保设备1.29亿元。如在热电部二站风机负载技术改造中，采用高压变频器年节约用电375.84万元，总体节能率达30%；在聚苯乙烯冷冻水系统改造中，采购节能螺杆式冷水机组，节能能力提升20%；在化工区高耗低效

淘汰电机更新项目中，更换高效低耗电机88台；在热电部、水务部机泵更新改造中，节省耗功约178.3千瓦/小时，年节电约156.19万千瓦时，年节省电费约85.9万元，年投资回报率达38.5%。

（三）倡导低碳循环利用，大力推进绿色处置

一是推进包装物减量化工作。公司通过“小改大、重改轻、循环利用”等措施，结合产品的自身属性、运输装卸等要求，以化工原辅料为试点，通过供应商优先选用可再生利用或能够自然降解、对环境无污染、对人体无毒害的绿色包装材料，并将未受污染、完好的包装桶由供应商回收循环使用，2021年化工原辅料的绿色包装使用率达85%，减少危废包装物30多万个。其中，油漆涂料（含固化剂、稀释剂，不含水性漆）采用包装桶+内衬袋包装；液态碱铝、柴油抗磨剂、脱硫剂等用量较大的原辅料实现槽车供货；润滑油采购吨袋产品；42个品种炼化三剂采用吨袋（桶）大包装；聚烯烃产品包装用的重包膜经过多次改良及“瘦身”，厚度从原来的180μm减至目前的120μm。

二是推进废旧物资绿色处置。公司对有回收价值的废旧物资，按不同材质进行分类，通过中国石化电子商务网废旧物资处置模块进行网上公开竞价确定回收商及销售价格，并根据实际需要，不定期组织对外处置；对废催化剂、废铅酸电池等危废物资，及时与废旧物资产生单位对接，提前提报废旧物资清单和处置计划，提前向地方环保部门申请办理危废转移手续，保证危险废物及时处置；在废旧物资销售合同中，对废旧物资回收及后续处置提出HSE要求，明确合同违约责任，避免法律纠纷。2021年，公司处置废旧物资879.76吨，回收残值超2000万元。

三 取得成效

广州分公司强化绿色低碳环保的社会责任，从改造传统采购业务基础着手，扎实推进“绿色采购”，注重采购资源节约型、循环利用型、环境友好型物资，优先选用节能降耗产品，提升绿色采购实效，助推绿色企业创建。公司连续三年被地方环保部门授予“绿牌”企业，通过国家工信部组织“绿色工厂”评审，连续6年被国家工信部授予行业能效“领跑者”标杆企业（原油加工），获评“十三五”石油和化工行业节能先进单位。2021年广州分公司物资供应管理各项定量指标均达到集团公司考核指标的满分值，综合绩效考核排名名列炼油企业前茅，在2022年中国石化物资工作会议上，公司作了绿色采购典型经验交流。

经验启示

（一）导入全新理念是实施绿色采购的重要前提

广州分公司以绿色企业建设为平台，宣贯绿色发展理念，将绿色采购贯彻到每一个层面，使绿色采购及绿色发展的理念“软着陆”、深入人心，并自觉向供应商延展，从需求计划源头推进绿色采购，以建设“绿色供应链”大格局指导绿色采购、绿色管理，确立“绿色也是成本”的理念，确保绿色采购执行到位。

（二）构建绿色采购体系是实施绿色采购的基本保证

广州分公司把绿色采购体系建设作为绿色采购“硬操作”，发挥好制度的规范、指导及监督作用，提升实施绿色采购的意识和执行力，规范企业的绿色采购行为，确保绿色采购落实落地。完善绿色采购标准，指导员工有效实施资源节约型、循环利用型、环境友好型物资采购。建立绿色采购绩效评价标准，确保绿色采购的合理性和可持续性，推动“绿色采购”有理有据、有序开展。

（三）打造绿色供应链是实施绿色采购的关键环节

广州分公司在推动绿色采购工作中，非常重视对供应商的选择，把绿色认证、健康管理、社会责任履行等要素纳入供应商考核评价体系，与供应商建立协同机制，引导供应商提高绿色环保标准，在招标评标办法和合同条款中明确绿色供应、绿色工艺、绿色物流、绿色包装及绿色处置等选用条件和要求，推动上下游企业共同打造绿色供应链，推动“绿色企业”的可持续发展。

聚焦“四化”推改革
推动直分销业务高质量发展

湖南石油分公司

一 改革背景

湖南石油分公司直分销业务年销售量148万吨，客户经理89人，开票网点52个，开票员112人，人均销售量1.4万吨。近年来，湖南石油直分销业务虽经历多次改革，但仍存在管理流程长、信息传递衰减，冗余人员多、人均劳效低，年龄结构老化、竞争选拔和梯队建设机制不完善，以及市场化薪酬分配体系不够健全完备等问题。公司以推动高质量发展为目标，以提升直分销业务运营效能为核心，全面深入推进直分销运营管理体制机制改革，变革体制架构，再造业务流程，创新管理机制，构建扁平化管理、专业化整合、协同化运营、市场化考核、数字化转型的直分销运营管理秩序，为建设“中而强”领先现代综合服务商提供有力支撑（见图1）。

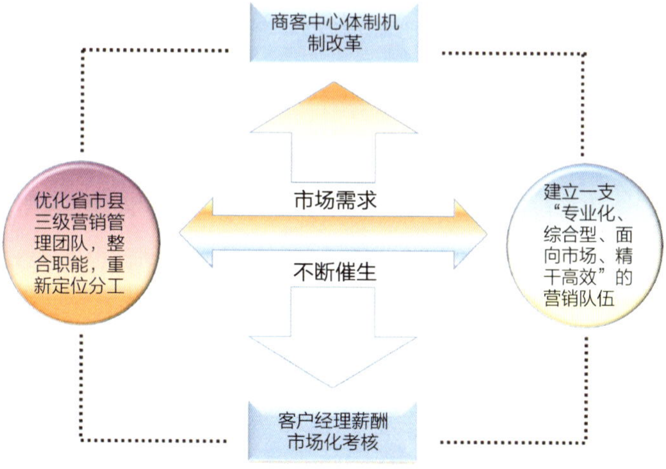

图1　商客中心体制机制改革思路

二 主要措施

为适应直分销业务转型提质发展需要，公司以创新引领高质量发展为主旋律，将“三项制度”改革作为突破口，坚持问题导向，优化顶层设计，稳步实施以“四化”为主要内容的直分销运营管理体制改革（见图2）。

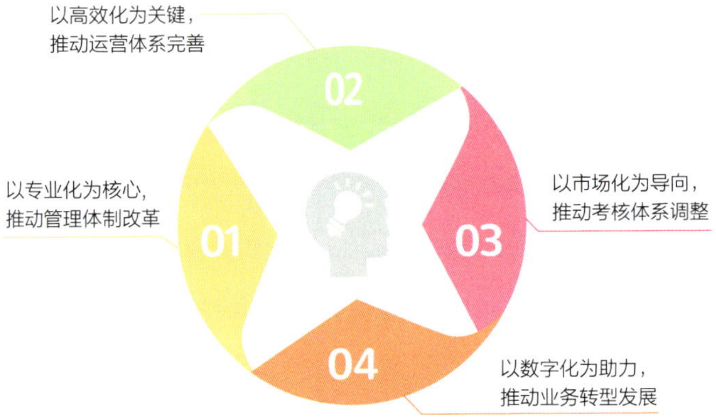

图2 以“四化”为主要内容的直分销运营管理体制改革

（一）以专业化为核心，推动管理体制改革

一是实行客户经理全省统一管理，印发《湖南石油商业客户中心体制机制改革方案》，构建并实施“业务专业化，管理属地化、条块结合”“条管块控，以条为主，以块为辅”的直分销业务专业化管理模式，明确直分销业务省地两级职能定位与职责，推进直分销人员与业务“省地两级管理”为“全省统一管理”，将分散在市县两级的客户经理整合至商客中心，缩减直分销业务管理层级。

二是梳理明确省地两级管理界面，商客中心统筹全省系统客户经理队伍建设、业务拓展、运营管理等工作，负责客户经理目标任务分解、经营指导、运杂费管理等，指导市场开发、营销策划、销售价格、客户开发与维护、业务培训等方面的专业化垂直管理。地市公司负责直分销业务现场运营，负责业务现场办理与风险控制、市场开发与维护、客户档案管理以及服务标准的落实落地、“四单匹配”核验、预售未提函证等业务；同时负责组织落实省公司的营销活动方案，做好客户资源保供与售后服务等工作。

（二）以高效化为关键，推动运营体系完善

一是立足横向协同与纵向联动，建立健全“日指导、周视频、旬小结、月点评、季座谈”的经营机制，在横向协同上，省公司层面建立经营碰头协商制度，定期召开由经管、

零售、商客、非油、财务、物流等多部门参加的经营调度会，分析研判市场环境、经营形式与竞争动态，建立零售、直分销共同服务客户的协同机制，本着不打规模战、持久战的原则，多从效益角度出发，直零非密切配合、协同发力、稳量提效；在纵向联动上，每周固定召开直分销业务点评视频会，引导直分销指标不理想的客户经理分析原因、寻找对策，在攻克一个个问题短板中，提升客户经理的市场开发与客户维护能力。

二是聚焦效率与效益，全省统筹确定客户经理的编制与开票网点的设置。在客户经理编制上，综合考虑前三年平均增幅、上一年度直分销经营量以及当年直分销量目标任务，按照1.5万吨/（人·年）设置客户经理编制，并结合当期市场与销售情况实行动态调整。同时，全面推行客户经理市场化选聘机制，实现公开选聘、契约化管理，畅通优秀人才晋升通道，实现客户经理优胜劣汰和能进能出机制；在开票网点设置上，依据直分销有效销量，设置开票网点与人员编制，其中：年开票量低于1万吨，不再设置开票网点，由发卡网点发卡员兼顾开票业务；对于开票量高于1万吨的网点，设置1名开票员，地市公司本部开票网点设置2名开票员。

（三）以市场化为导向，推动考核体系调整

在直分销业务考核上，突出效益化考核导向，发挥考核指挥棒作用，增强直分销条线从业人员的动能。对商客中心管理人员，遵循“增量增效才增资，减量减效必减资”原则，将直分销有效销量与采批价差收入完成情况纳入考核，薪酬与量效挂钩比重提至100%，强制排名，梯度奖励，激发管理人员“想干要干肯干”的动能。对客户经理，遵循“全额联量、联价、联客户、联非油”的“四联”薪酬分配机制，突出目标任务考核，通过梯度考核放大绩效薪酬兑现系数，上不封顶、下不保底，考核到人，量价综合兑现，激发客户经理“跳起摘桃”的动能，实现收入联量联效动态增减。

（四）以数字化为助力，推动业务转型发展

一是加快直分销业务“数字化转型”工作，强化信息化手段运用，创新营销服务模式，大力实施“我要买油”客户移动端应用工作，实现客户购油、提油“掌上办”“网上办”“自助办”，推动直分销业务在线零接触服务、全线上运作、数字化经营。

二是以风险控制为目标，建立全省集中审批机制，建立健全“我要买油”平台用户变更审批机制，规范系统操作权限分配，“我要买油”挂牌价维护、抢单秒杀活动维护、客户委托人变更维护、企业内部管理人员维护等权限均使用线上流程，由商客中心统一集中管控。

三是以客户为导向，完善在线营销功能，在油非互动上，升级平台返券功能，向线上开单客户主动推送“油非”消费券，满足客户“送非油”的个性化需求；在主动配送，直

分销"大单优惠"营销模式基础上，通过"一键送油"平台增加配送营销举措，满足客户共性化需求。

三 取得成效

商客中心体制机制改革成效见图3。

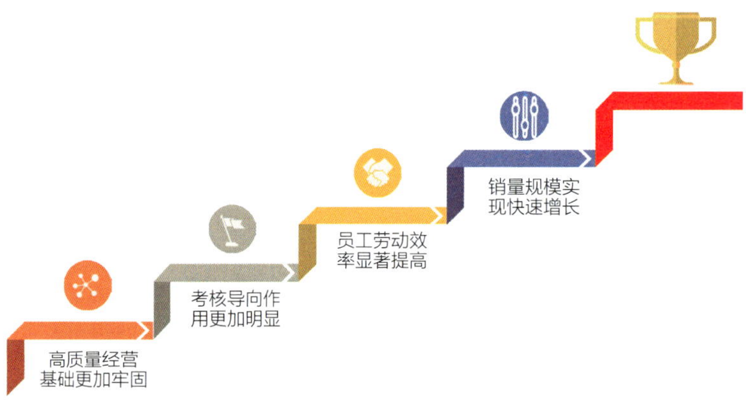

图3 商客中心体制机制改革成效

（一）销量规模实现快速增长

公司实施直分销体制机制改革以来，直分销经营质量得到显著提升，市场潜力得到充分挖掘，2021年全年直分销经营量148万吨，有效销量106万吨；2022年1~2月直分销有效销量17.8万吨，同比增长2.6万吨，增幅达到17.1%。

（二）员工劳动效率显著提高

公司实施直分销体制机制改革以来，开票网点以及客户经理队伍得到持续优化，开票网点由52个精简至22个，减少57.7%；开票员由112人精简至42人，减少62.5%；全省系统客户经理从89人精简至66人，减幅达25.8%；全省客户经理的选聘，由改革前的"相马"机制转变为"赛马"机制，新竞聘上岗的客户经理达25人，调整率达到51.76%，进一步增强了客户经理队伍的危机感、责任感。

（三）考核导向作用更加明显

通过"考核体系全面重建、考核办法持续完善，考核结果刚性兑现"，直分销业务工作重心与市场形势变化密切相联，企业绩效与客户经理、直分销管理人员"票子、面子、位子”紧密相联，客户经理人均劳效由1.4万吨/年提升至1.6万吨/年，人均年收入增幅达80%，客户经理收入最高与最低差距达到6倍，收入最高的客户经理全年收入大幅超过公司中层副职管理人员，极大地焕发了客户经理增量增效、干事创业的热情，客户经理薪酬分配实现能高能低。

（四）高质量经营基础更加牢固

实施直分销业务数字化转型，推进客户购油业务从线下转为线上，实现购油在线运行与操作，不仅大幅减少线下纸质审批流程及中间环节，为客户带来极大的便利，更能推进客户购油资料收集、销售开单、函证对账的规范性与准确性，有效规避直分销业务的经营风险，“我要买油”移动端得到客户的充分认可。2021年，公司注册“我要买油”客户数3939个，线上下单销售量达到82.31万吨，线上开单率达到78%，位于销售企业领先行列；“我要买油”客户移动端的大力推广，不仅实现客户在线开单，还带动非油销售6410万元、润滑油销售2324万元。

经验启示

（一）深化改革是一场革命性工程，必须坚定信心、把握方向

销售企业直分销条线，市场化程度高。在推进改革时，不仅需要闯的劲头，更要坚定信心、把握方向，坚持什么样的方向，决定着改革的性质与成效。为此，深化改革既要深入分析存在优势与不足、利益与矛盾，反复研究论证、大胆探索创新，又要保持战略定力和底线思维，牢牢把握深化改革的主动权。

（二）深化改革是一项系统性工程，必须统筹谋划、精准发力

销售企业直分销条线，专业化水平高。在推进改革时，不仅需要顶层设计，更需要配套支撑，优化要素分配，要善于抓住改革发展中的主要矛盾和矛盾的主要方面，找准改革的发力点与突破口。为此，在谋划改革发展思路、解决突出矛盾问题、防范风险挑战、激发创新活力上下功夫，改革才能达到预期目标。

（三）深化改革是一项整体性工程，必须取得理解、协同推进

销售企业直分销条线，涉及范围广。在推进改革时，不仅需要上级领导的坚强领导，更需协同发力、形成合力，否则旧的问题没有解决，新的问题又会暴露。为此，找准最大公约数，最大程度地求同存异，在改革问题上形成聚焦，在激发活力上凝聚共识，改革才能得到广大员工的支持与理解。

致力精简、高效、实用
构建现代企业制度体系

广东石油分公司

一　改革背景

广东石油分公司成立于1950年，主要从事油气氢电服业务，下辖22家分公司；截至2021年底，共有2500多座加油（气）站、9座油氢合建站、196座充换电站、155座光伏发电站、2200多座易捷便利店，29座油库库容超180万平方米。近年来，广东石油分公司坚持以深化改革为主线，围绕制度系统性精准性管理不足、重制定轻执行现象长期存在、刚性执行机制有待完善等问题，结合打造“油气氢电服”综合服务商，积极推进以业务流程为主线的制度体系建设，通过体系结构化、制度流程化、首创操作“活页夹”、打造全员全过程制度文化，建立了符合油品销售企业管理实际、协调有序、运转高效的现代企业制度管理体系，为实施精益化管理、推进企业高质量发展提供有力保障（见图1）。

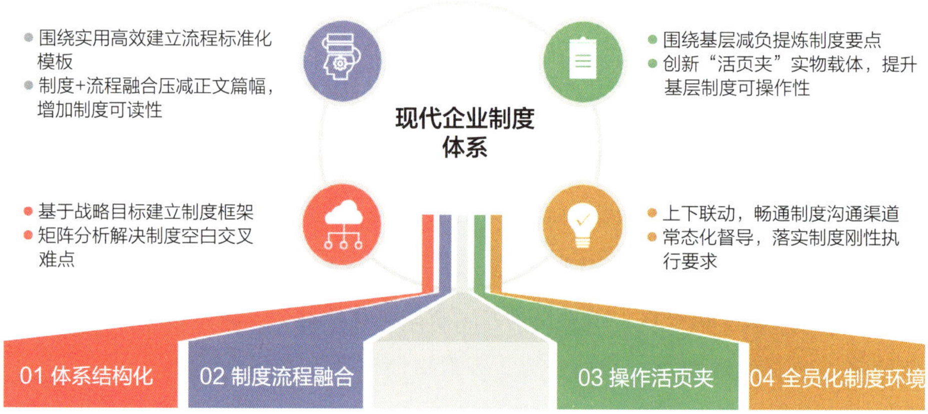

图1　现代企业制度体系

二 主要措施

（一）基于企业战略转型目标优化顶层设计，再造制度体系架构

一是建立以业务为主线的制度框架，动态更新，解决制度建设边界问题。通过深入调研、分析现状，将公司业务分为油品销售业务、非油品销售业务、网点发展和工程/物资管理、组织人事管理、健康安全环保管理、计质量管理、财务管理、党群工作和宣传管理、决策与综合业务、企管法律管理、审计与监督管理、信息数字化与科技管理12个业务条线，根据业务管控范围和内容，层层细化，拓展出19项一级业务、120项二级业务和315项三级业务，形成"量身定做"的业务分类框架，匹配现有制度，构建出业务与制度精准对应、有机关联的"制度库"。结合业务发展，定期梳理、更新"制度库"，保持与管理实际同步，避免"两张皮"。

二是统筹管理横向分析"制度库"，解决制度空白、交叉重复问题。针对制度空白点，评估对应三级业务是否尚未形成规范，是否需要制度支撑（一般2年以上能基本保持不变的才考虑制定制度，如每年更新的专项考评细则不建议作制度考虑），若是则该处属于制度空白点，需补充相应制度，否则可暂时留空。针对制度交叉重复，打开每项制度，可从制度原则、职责分工、督查考核、主办部门等方面评估制度内容是否有交叉重复、是否可整合，若是则该处属于制度交叉点，需整合、废止制度（见图2）。

广东石油分公司制度库（部分）

一级业务	二级业务	三级业务	现有制度	制度数量	责任部室
A4.油气和非油销售业务	A4.1经营策划与资源管理	市场监测	公司成品油市场信息监测管理办法	7	经营管理部
		资源管理	公司油气供应事件专项应急管理实施细则		
		燃气采购	公司燃气资源外采分销业务管理细则		
		油品采购	公司成品油外采管理细则		
		供应商管理	公司成品油及燃气外采供应商管理实施细则		
		经营统计与分析	公司成品油和燃气统计管理实施细则		
		市场监管与净化	公司罚没油品和设备处置管理办法		
	A4.5非油品业务	促销活动策划	公司非油品促销管理办法	10	非油品中心
		商品价格管理	公司便利店价格管理办法		
		招商管理	广东易捷分公司非油商品采购招商管理细则(试行)		
		采购管理	广东石油分公司非油品商品采购及供应商管理办法(试行)		
		商品出入库管理	广东石油分公司非油品物流中心管理办法		
		商品配送管理	广东石油分公司非油品配送业务操作手册		
		承运商管理	公司便利店商品承运商管理办法		
		汽服项目开发	广东石油分公司加油站汽服业务开发管理办法		
		广告业务开发	广东石油分公司广告业务管理办法		
		保险业务开发			
		门店运营管理	广东石油易捷便利店开业、歇业、关停及改造管理实施细则		
B1.决策与综合协调管理	B1.2企业决策管理	公司治理	公司"三重一大"决策制度实施细则	9	总经理办公室
	B1.3办公与督查保密管理	督查督办管理	广东石油分公司督办工作管理办法		
		会议管理	广东石油分公司会议管理办法		
		印章管理	广东石油分公司印章管理实施细则		
		档案管理	1.广东石油分公司档案管理细则 2.公司声像档案管理规定 3.公司基本建设项目档案管理办法 4广东石油分公司管理类文件材料归档管理规定		
		保密管理	广东石油分公司保密工作管理实施细则		

制度空白点（指向"保险业务开发"行）

制度重点点（指向"档案管理"行）

图2　制度库及制度空白点、重复点示例

（二）聚焦提升制度操作实效引入模式创新，探索制度流程融合

一是引入流程管理工具，绘制流程地图，可视化业务管控要求。通过开展流程管理现状调研，分析业务框架，根据主要业务活动的管理特点，绘制流程地图，清晰定义公司业务活动应该具备的303项流程清单。结合企业管理实际，制作流程文件模板，运用VISO工具绘制可视化流程图，包括岗位、业务活动、输入、输出、工作时限、信息系统等多种关键要素，并配套流程说明文件，明晰部门、岗位所负责的业务环节，明确谁来做、做什么、如何做。

二是实践制度流程融合，精简制度正文篇幅，满足不同层级需求。制度起草时分析制度内容，将关注业务或管理活动步骤的内容抽离形成流程文件，将关注某项具体任务操作细节和标准的内容抽离形成操作指引，精简制度正文篇幅，制度—流程—操作指引详细程度由低到高，突出业务管控重点。制度宣贯时，机关管理人员聚焦制度部分了解管理重点，专业岗位聚焦制度流程掌握工作程序，基层员工重点学习操作指引，提高制度宣贯实效（见图3）。试点修订《加油站维修管理办法》并推广应用，将管理制度转换为“1个制度+8个流程文件+1个操作指引”，正文由14页缩减为9页，维修过程的章节由6页变为1页，提高制度可读性。

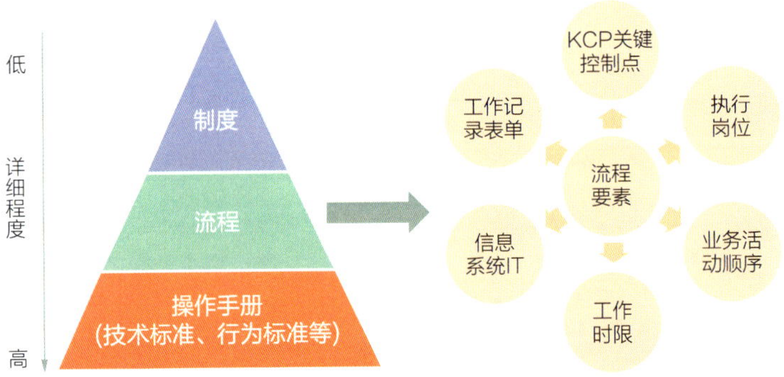

图3 制度流程管理文件架构

（三）聚焦基层减负不断管理创新，首创制度“活页夹”管理模式

一是化繁为简，提炼制度要点，建立“活页夹”手册。针对基层一线制度执行力薄弱环节，积极转变管理思维，按照“制度不在多，而在于精、在于务实管用”工作理念，在全省加油站（库）实施“活页夹”制度管理模式，做好制度“瘦身”。组织省市公司将每项制度中仅涉及加油（气）站/油库的内容进行提炼，明确各层级执行要求，化繁为简，整理成1~2页纸的“简单”制度。将所有“简单”制度印制在实物活页本上，形成加油站和油库两类制度“活页夹”，发至全省2000余座加油站和29座油库，方便组织基层员工日常查阅与学习。

二是发挥活页特色，动态更新，保持“新鲜度”。将制度“活页夹”格式嵌入制度标准化模板，明确制度发文时，内容涉及库站执行的，制度要点作为附件，随同正文发布，制度下发前由基层员工试读。机关部门负责人、经营管理部经理以及加油站站长作为“活页夹”管理主体，借助活页本可以自由更替纸张的特点，对制度“活页夹”内容及时“换、增、废”，并利用站长会议、班组会议开展层级式宣贯，传达学习内容，确保每一位加油站员工应知尽知。

（四）聚焦制度有效闭环配套保障机制，营造全员全过程制度文化

一是畅通沟通渠道，确保制度实用管用。建立多媒体式宣传机制，利用动员会、工作会、门户网站、工作简报、奋进广东等载体，增加制度宣讲和解读，实现制度公开、信息共享、自主学习、便于查询等，拓宽传播渠道。发挥改善经营管理建议平台窗口作用，常态化开展“我为制度做诊断”建议征集活动，收集员工在制度执行中遇到的问题和困惑，及时反馈至制度主办部门，适时修订制度，确保制度有效性。

二是强化监督考核，确保制度刚性约束。加大制度监督问责力度，融合层级监督、群众监督和专门监督的立体监督合力，细化完善首问负责制、限时办结制、责任追究制等配套机制。遵循“PDCA”科学管理方法，制定制度检查计划，定期对省/市公司制度管理情况进行检查，按评分标准量化考评和通报，做到制度建设工作与其他专业工作同要求、同布置、同落实、同检查、同考核，协同推进，架起“依规治企、整体规范”的高压线。

三 取得成效

（一）企业管理水平进一步提升

通过完善顶层设计，构建与业务精准对应、有机联系的“制度库”，实现制度管理“以业务为中心”取代传统“以部门为中心”，使横向、纵向层级的权责关系更加明确，打破部门之间的沟通协作壁垒，提升整体联动性和工作效率。自2018年以来，公司制度由544项精简至284项，新增“氢电服”新业态管理规范14项，整合压减业务管理制度274项，有效弥补制度空白点和剔除交叉重复点，实现了制度规范对业务类型的全覆盖，促进公司业务拓展和效益持续提升。

（二）制度执行效力显著增强

通过建立“制度+流程+指引”三级文件管理模式，使业务和管理要求“职责明确、程序唯一、要求统一”，满足不同层级、主管协管部门制度使用的需求，提高制度“含金量”。

制度流程化、流程信息化，员工按程序操作，制度执行结果更加准确。配套制度“活页夹”简单形式，降低一线员工学习、理解制度的时间，激发员工学习主动性，班组制度宣贯时间平均从30分钟降低到5分钟，提高制度学习效率6倍以上，有效为基层减负（见图4）。

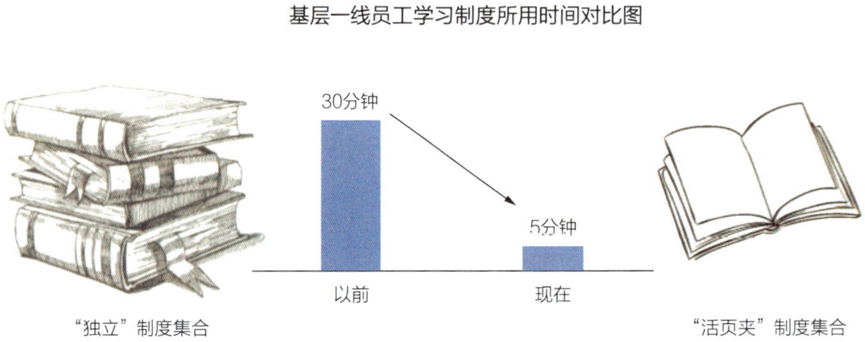

图4 “活页夹”制度提高员工制度学习效率

（三）按制度办事的文化逐步形成

通过强化制度的宣贯，制度内容从少数人熟知转向辐射到每一位员工，让员工更清晰地了解到企业制度标准管理的理念、要求、思路，使制度在基层得到有效延伸，培养员工由“按经验、按习惯办事”转变为“按制度、按流程办事”。

经验启示

（一）战略引领是构建现代企业制度体系的前提

制度体系顶层设计必须坚持与战略目标相匹配。广东石油分公司围绕打造“油气氢电服”综合能源服务商转型发展战略，构建与业务精准对应、有机联系的“制度库”，从源头解决企业制度范围的问题。

（二）制度流程融合是提升制度执行力的关键

制度标准化、流程化是实现从经验管理到科学管理的有效路径。广东石油分公司引入流程管理工具，建立“制度—流程—操作指引”文本体系，创新操作“活页夹”模式，使制度更实用、更接地气。

（三）持之以恒反复实践是激发制度活力的保证

制度的生命力在于执行。广东石油分公司畅通制度决策制定和执行反馈互通渠道，激发全员参与，在制度执行中发现、提出和解决问题，在潜移默化中让制度执行更加顺畅、更加有效，解决制度和执行“两张皮”。

对标一流抓管理　奋力打造世界领先高含硫气田

中原油田普光分公司

一　改革背景

中原油田普光分公司主要负责达州市境内普光气田和巴中市境内通南巴区块的天然气勘探、开发、集输、净化及硫黄生产等业务，普光气田是我国首个成功开发的百亿立方米级整装海相高含硫气田，也是国家“十一五”重大工程“川气东送”的主气源（见图1），累计生产井口气1002亿立方米，成为我国首个突破千亿立方米的高含硫气田。该企业自2020年开展深化改革三年行动以来，积极对标世界一流，开展管理提升行动，增强项、补弱项，拓资源、强管理，规模实力、经营业绩、管理水平实现大幅提升，部分指标达到世界领先水平。

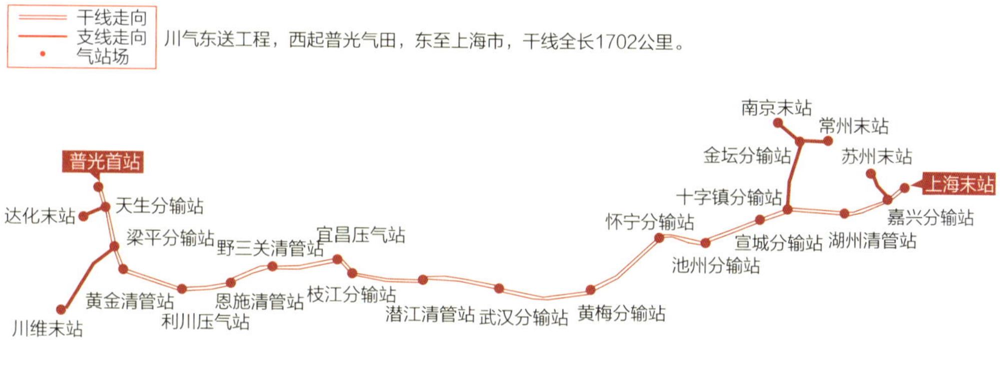

图1　“川气东送”工程输气管道路线图

二 主要措施

（一）突出资源为根，抓高效勘探争一流

按照“强化海相、深化陆相、拓展页岩气、探索新领域”的整体勘探思路，大力提升高质量勘探力度，夯实气田可持续发展基础。

一是开展气藏全生命周期开发管理。精细气藏描述，优化调整部署，盘活储量资源，增加可采储量，稳定气田产能，持续提升开发水平。针对普光气田礁滩相储层厚度大、非均质性强的特点，不断深化气藏认识，建立全区等时地层格架，细化沉积微相研究，分单元厘清储量动用状况，明确了气田挖潜方向。

二是深化有利储量挖潜层位和区域研究。完善气田稳产方案，优化部署调整扩边井，实现SEC资源替代率由负转正，老井挖潜取得突破。强化气藏监测、产出剖面研究和动态分析，根据开发动态不断调整优化气井生产方案，合理调控生产压差和采气速度，气藏压降得到均衡控制。

三是加大非常规气藏勘探力度。围绕两个区块、两套层系开展积极评价和探索，刻画4个岩溶储层有利区，茅口组岩溶气落实三级储量301.26亿立方米。通过老井岩心复查，部署普陆4井和普陆页1井，均获得工业气流，并进入试采阶段，有力证实了页岩气致密气是下步规模增储建产的重要阵地。

（二）突出高产稳产，抓效益开发争一流

围绕气田第二个八年稳产规划，不断加强气藏开发精细管理，科学组织生产运行，持续增强气田长效开发能力。

一是深化气藏精细调整挖潜。按照“精描述、优部署、提动用、增可采、稳产能”的开发理念，大力实施老区调整挖潜、不动管柱增产复产、“控、排、堵”综合治水、“井筒-地面”一体化硫沉积防治等措施，新建产能51.9亿立方米、增产17.6亿立方米。

二是确保生产系统稳定运行。创新确立“抓异常、解问题、盯重点、保安全、促生产”的生产组织原则，全面抓好“一个统筹、三个层面、多个联动”运行机制，大力实施预防性管理策略，保持系统高负荷生产，日产气能力始终保持在2400万立方米/天以上。

三是高效推进产能建设。紧盯项目运行节点，强化队伍、物资协调，全方位提高项目运行效率，确保早投产、早见效。普光主体投产新井10口，日增产超300万立方米；通南巴一期产建全面完成，二期产建加快推进，三期进入部署阶段，有望2022年底具备4亿立方米年产气能力。

（三）突出安全绿色，抓HSE管理强基争一流

始终将安全环保作为气田的生命工程来抓，牢固树立红线意识和底线思维，不断推进气田安全绿色发展。

一是大力推行“121”安全管理。抓安全培训教育，抓双防机制建设，抓HSE管理体系执行，全员安全意识和安全履职能力不断提升（见图2）。

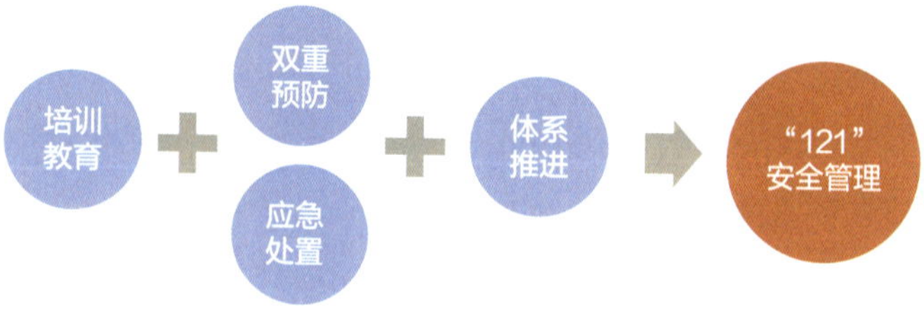

图2 “121”安全管理图

二是多措并举筑牢安全根基。创新建立推行“四大风险”承包管控、机关基层安全承包考核和“五大质量”管控机制，有力促进“全员尽责保安全”的局面加快形成。

三是着力推动绿色发展。深入践行“绿水青山就是金山银山”的理念，大力实施绿色企业行动计划，集成发展了大规模天然气深度净化处理技术，天然气净化率达99.99%，尾气脱硫技术处于国际领先水平；消减污水9万余立方米、废气1亿多立方米、二氧化硫300余吨，建成“绿色气田、生态工程、花园工厂”，连续6年获得四川省“环保诚信企业”称号，被评为“国家绿色工厂”。

（四）突出支撑引领，抓科技自立自强争一流

坚持创新驱动发展战略，加强基础研究，攻关核心技术和“卡脖子”问题，形成了一批标志性、战略性创新成果，获得国家科技进步二等奖1项，集团公司科技进步及创新创效奖4项。

一是搭建平台联合攻关。深化与中国石化石油勘探开发院、石油工程技术研究院等战略合作，通过国家重大专项和集团公司“十条龙”等项目，攻克勘探、开发、生产、集输、净化等瓶颈问题，实现高含硫气田开发领域关键核心技术自主可控。

二是提升工程技术保障能力。依托中原油田“三大院”开展增储上产、气藏防水治水等技术及配套工艺研究，依靠普光气田天然气开发研究所和净化研究所，开展现场技术难题攻关，不断完善现场措施工艺技术，加强低成本开发，为气田安全高效开发提供技术支持。

三是推动气田智能化建设。大力落实集团公司上游数字化转型要求，持续完善提升智能气田试点建设应用，加快中国石化5G基础设施建设及应用、清溪储气库项目数字化交付、“十

条龙”长周期安全预警平台等项目的实施与管理，气田开发经营智能化水平不断提升。

（五）突出创新融合，抓优势转化争一流

始终把“坚持党的领导、加强党的建设”作为应对复杂严峻形势的主心骨、领航器，务实创新融合强党建、促发展。

一是持续加强理论武装。认真落实“第一议题”制度，建立“周六学习日”机制，引入学习强国、石化党建等线上平台，形成“五学同唱”大学习格局，全面推动理论学习制度化、规范化、常态化。

二是持续夯实基层建设。坚持围绕中心强组织、建班子、带队伍，深入推进组织力提升工程，大力开展党员“双创”活动，做到每个攻坚创效重点项目党组织全覆盖。不断深化党建区域化管理，促进40余支石化队伍在普光保持“一家人、一条心、一盘棋、一股劲”的稳定局面。

三是持续增强发展后劲。构建具有红色基因、普光特色、时代特征的新版企业文化体系，明确了“为祖国争光、为石化争气、为中原创效”的企业使命，“智勇坚定、排难创新、团结奋斗、不胜不休”的企业精神和“干好本职工作就是对企业最大的贡献”的员工价值观；围绕气田重点工作，创建责任区92个、示范岗751个，确定立项攻关课题35个，确保党旗始终在基层一线高高飘扬。

三 取得成效

（一）规模实力显著增强

所属气田海相勘探取得多个商业新发现，致密气、页岩气等非常规天然气勘探取得重要突破，陆相勘探展现规模场面，整体探明储量较2019年新增11个百分点，为气田持续稳产打下了良好的资源基础，有效提升企业可持续发展能力。

（二）经营业绩持续改善

2021年实现收入109.7亿元，较2019年同比增长15.2%，创出“十三五”以来最好经营水平，实现了“十四五”良好开局。截至2022年1月底，累计生产井口气1002亿立方米（见图3），销售商品气707亿立方米、硫黄2064万吨，缴纳税费167亿元，为川东北地区和长江经济带绿色发展注入清洁动能，有力履行了保障国家能源安全、促进经济社会发展和国有资产保值增值的央企职责。

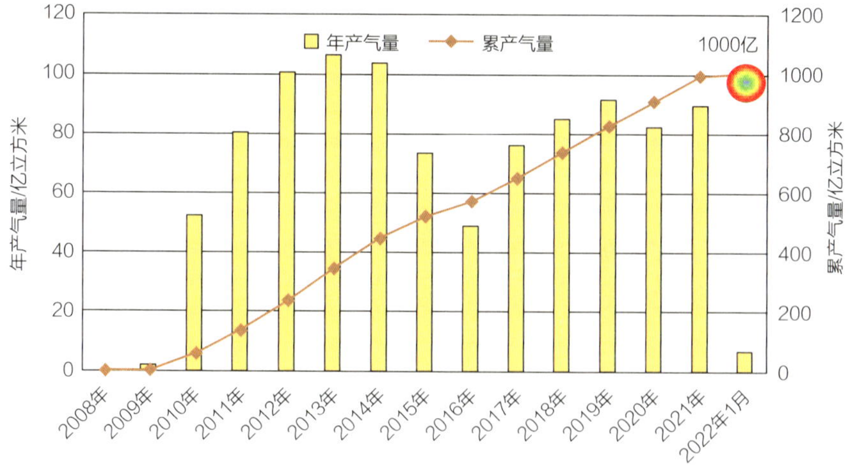

图3　普光气田井口气产量趋势图

（三）企业形象明显提升

支援地方学校、医院建设，新修、扩建桥梁5座、公路200余千米，参与处置险情警情1.5万起，营救被困、受灾群众3600余名，挽回经济损失近13亿元；与达州市政府合资成立中国石化达州天然气净化有限公司，积极主动融入四川省“气大庆”战略，持续加大天然气资源就地转化利用，2021年成功向万源市供气，结束了达州市最后一个红色革命老区不通管道天然气的历史，为四川省特别是达州市经济发展和脱贫攻坚、乡村振兴做出应有贡献，在当地树立了党和人民好企业的良好形象。

经验启示

（一）夯实资源基础是打造世界领先高含硫气田的前提

普光气田从海相勘探拓展到陆相页岩气勘探，充分发挥出资源的潜力优势，打造出资源接替新阵地，高效勘探为打造世界领先高含硫气田奠定资源基础。

（二）坚持科技创新是打造世界领先高含硫气田的动力

科技创新是引领发展的第一动力。普光气田大力实施创新驱动发展战略，不断加强基础研究和科技创新，攻关核心技术、“卡脖子”问题，为实现高含硫气田开发领域关键核心技术自主可控提供技术支撑。

（三）从严安全环保是打造世界领先高含硫气田的责任

发展决不能以牺牲安全为代价。安全环保必须始终贯彻气田的开发建设、生产经营全过程。普光气田狠抓本质安全和环保提升，安全环保技术保持高含硫气田世界领先水平。

（四）强化思想引领是打造世界领先高含硫气田的保障

打造世界领先高含硫气田需要鲜明的政治立场、坚定的理想信念和团结奋斗的精神，更需要全气田为之共同付诸行动，通过强化思想引领，为打造世界领先高含硫气田提供坚强的政治、思想和组织保障。

“两化”实践为采油厂高质量发展赋能增效

华东油气分公司泰州采油厂

一 改革背景

华东油气分公司泰州采油厂成立于1973年，现有员工292人，管理油田区块6个，油水井770口。改革前，泰州采油厂只有年产35万吨的规模，却拥有作业、特车、维修、汽修、餐饮、医务所等配套服务机构，辅助人员高达1000余人，“注、采、输”核心业务人员只有600人，深层结构矛盾突出，是典型的“小而全”单位。为解决管理体制陈旧、运行机制僵化、组织效能低下等问题，泰州采油厂积极探索中小型油田新型管理模式，推进以“信息化”为支撑、以“标准化”为抓手的“两化”实践创新，通过“做实生产指挥中心、撤销采油管理区、做优采油班（站）、精简管理科室”等措施，实施了“压扁管理层级”改革（见图1），创建“扁平快”的中小型油田“一级”高效管理模式，实现了“厂垂直管理到班（站）”，用三年时间打破传统的“小而全”结构，组织架构更加扁平、人员队伍更加精干、管理效率更加高效，为泰州采油厂高质量发展赋能增效。

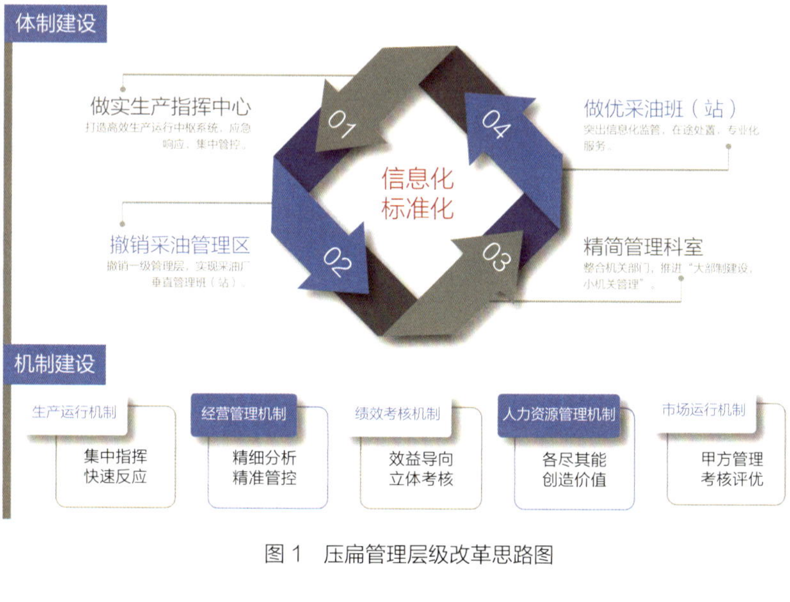

图1 压扁管理层级改革思路图

二 主要措施

（一）做实生产指挥中心提高生产时效

近年来，采油厂启动油田信息化建设，逐步完成了示范井场、厂级生产指挥中心建设，全面建成信息化油田。全厂430口油井、97口水井、22口注二氧化碳井，站库、泵房、配水间、流程节点235处实现油气生产信息化全覆盖，自动化采集仪表数量达2348台。信息化建设全面带动了采油技术创新，彻底改变了传统采油组织生产管理模式。利用信息化技术变事后处理为事前预警、变分散管理为集中管控、变滞后研判为实时决策。生产指挥中心成为全厂生产运行中枢，实现了“油水井工况实时监控、集输管线在线监测、注采设备远程启停、重点站库码头域界报警及施工现场视频监控”，油田五大系统效率和劳动效率大幅提高。中心成立后，调整“厂生产运行部门—管理区—班组—单井”运行流程为“生产指挥中心—班（站）”运行流程（见图2）。原流程下，异常井生产资料从录取上报到处理分析，再到措施实施，需经过三个环节；现流程下，通过信息化手段第一时间同步录取资料、综合分析、制定措施，只需一个环节，极大地提高了生产效率。

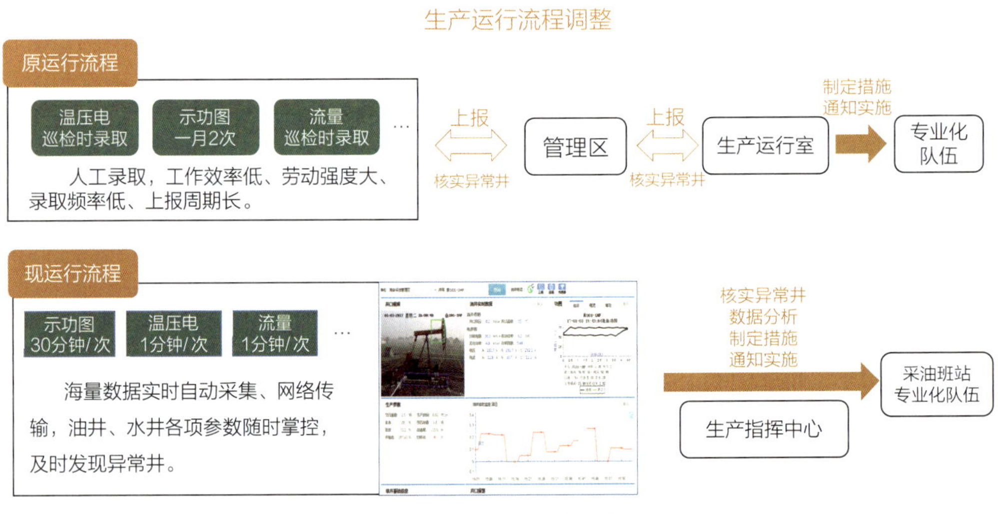

图2　生产运行流程调整示意图

（二）撤销采油管理区压扁管理层级

随着油田信息化功能不断完善扩展外延，传统采油管理区职能被大幅弱化。2019~2021年，采油厂以信息化技术为支撑推进“扁平化”改革破解体制难题。压扁管理层级，再造制度流程，高效管理促转型。撤销采油管理区层级，实现从“厂—管理区—班组”向“厂直管班站”的转变，打造与信息化生产运行模式相辅的扁平化组织架构。剥离维修、巡护等辅助业务，实行专业化管理，精干采油队伍，“注、采、输”核心业务更加突出。根据区块目标管理要求，划分为六大区块，设置十个班（站）、六个专业化班组，建立各类生产数据上报、提取、竞赛排序等无缝衔接。专业化班组突出信息化监管，集中管控，巡井联防，在途处置，提高时效。将原采油管理区职能进行划分，生产技术室、经营管理室、生产运行中心职能分解上移至厂级相关部门，综合管理室党建职能分解落实到工区党支部和班站党小组、采油厂直管班（站），实现了集中管控（见图3）。

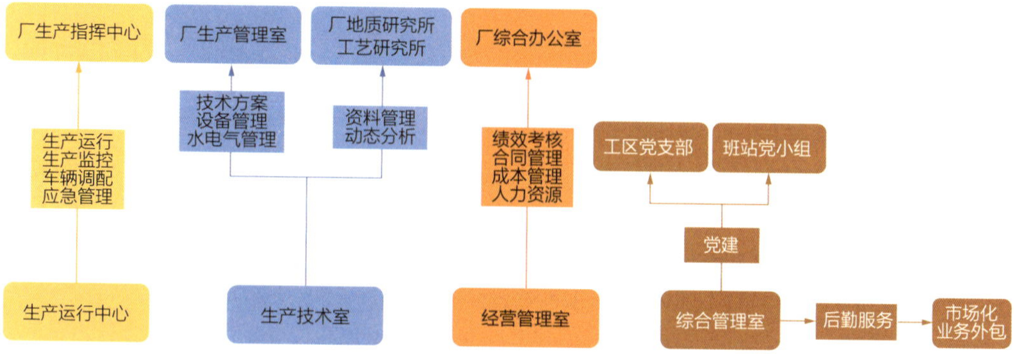

图3　采油管理区管理职能划分示意图

压扁管理层级后，首先明确了采油厂和班（站）的职责定位。采油厂是管理层，为效益主体，是油气产量、成本控制、投资控制、安全稳定的责任主体；采油班（站）是最基本的生产操作单元，为操作主体。班（站）采取承包经营的运作模式，主要考核产量、吨油现金操作成本、油水井免修期、标准化场站建设、设备完好率等指标，充分发挥绩效考核激励作用，硬考核真兑现。按精干高效原则将23个机关部门（直属中心）压减至6个，压减率达74%。“五室一中心”的“大部制”设置，使工作量更加饱满，管理路径缩短，管理效率大幅提升。有序剥离辅业，富余人员通过内部转岗、外部就业等渠道妥善安置，精简用工1300余人，降幅达82%。

（三）优化运行机制精细管理提效能

采油厂在“厂直管班（站）”实践中，以“两册”（《基层管理手册》《岗位操作手册》）为抓手推动“标准化”建设，强化内部精细管理，深挖内部经营潜能，巩固提升改革成果。编制推行“两册”，通过“管理集成化、操作标准化”，进一步优化机制，夯实管理基础。

《基层管理手册》有效解决了管理体系多、岗位标准不统一、制度落实不到位等问题，在采油厂机关层面编写框架为“管理职责+管理制度+业务流程”管理手册，重点强化厂级“内操”管理职能。对采油厂制度、流程、部门职能等管理内容进行规范，完善了“生产技术、人力资源、物资设备”等38项管理制度。

《岗位操作手册》确保岗位责任内容明确、员工执行标准清晰。编制框架为“工作标准+操作流程+应急处置”，强化班站“外操”现场操作职能。推进“标准化岗位、标准化现场、标准化操作”深入开展，以“人、机、物、法、环”为抓手，梳理岗位责任清单，落实岗位责任及考核标准、管控风险，完善应急处置。优化班站台账，将原采油管理区200小类台账整合成为“党支部资料、交接班报表、安全设备记录”3大类23小类台账，极大程度减少了班站资料多、负担重的情况。

按照大岗位建设原则，归并岗位164个为107个。坚持“业务流决定岗位设置”，对原采油管理区业务进行优化归并，采油班站只保留油水井生产及联合站运行实操业务。岗位归并后，采油班站岗位由原采油管理区19个减少到7个。机关部门优化归并小类业务，由“小类业务专职”转“小类业务兼职”，合并机关管理岗位35个。“大岗位”建设减少了职责重叠、人浮于事，使岗位职责更加饱满，员工自我管理能力明显增强。

（四）油藏管理一体化区块承包增效益

为提升油藏经营效益，有效实现生产技术一体化、机关现场一体化、科研应用一体化，采油厂推行“技术管理、生产运行、经营管理、设备管理、党建加采油班站”的“5+1”承包团队。承包团队紧盯月度考核指标，定期深入班站召开区块指标分析会，就指标运行、创新项目设置、关键核心问题进行探讨，确保运行平稳、指标受控。抓实月度考核，使考核真正发挥激励作用，员工绩效考核收入差距比例最高可达50%。区块承包经营以问题为导向，高效解决管理、技术、生产难题。采油厂张家垛区块持续亏损多年，亏损总额在全厂占比40%，是效益漏失重点治理对象。采油厂为张家垛团队配备最强技术和生产骨干，承包团队紧盯区块扭亏目标，实施“技术创新稳产、精细管理降本”系列措施，成功阻止效益漏失，实现了扭亏且持续盈利。

三 取得成效

（一）体制创新带动三大效率提升

通过内部转岗等措施分流安置富余大量人员，大幅提高人工成本使用效率。分步压减管理科室17个，形成精干高效的小机关。减少管理重叠，缩短管理路径，组织运行效率进一步提升。生产指挥中心实现了油田信息化全覆盖，促进人工管控模式向智能管控模式转型升级，生产故障发现时间由24小时缩短至8小时，故障恢复时间缩短2~3天，采油时率由98%提高到98.70%，大幅提高生产时效。

（二）机制优化带动组织效能提升

经营业绩持续改善，人均产量由2018年的861吨增长至2021年的936吨；人均利润由2018年的177万元/人增长至2021年的197万元/人；人均管井数由2018年的0.96口增长至2021年的1.14口。2021年，采油厂在上游企业参与组织效能对标的37个采油厂中综合排名第6。盈利能力逐步增强，通过中小油田高效管理模式探索与实践，采油厂产量稳中有升，成本逐年降低，厂级盈亏平衡油价逐年下降，2021年实现利润5.70亿元。

（三）标准建设带动班站质量提升

班站推行“两册”以来，坚持系统把握、整体推进，合力推进“标准化岗位、标准化现场、标准化操作”深入开展，各项基础工作得以明显改善，“三基”管理不断强化。在生产经营规模不断扩大的基础下，采油厂各班站连年安全生产零事故，洲城班站先后获全国青安岗和局绿色基层等荣誉。班站标准化岗位建设使员工自我管理能力明显增强，岗位员工成长迅速，班站员工杨竹获得全国行业职业技能竞赛集输工竞赛金牌。

经验启示

（一）“打破旧常规”是勇于改革的核心精神

在改革历程中，泰州采油厂不限固有模式，在探索中前行，在实践中发展，在创新中提升，打造出契合企业发展实际的“一级”管理模式，有效增强了企业的综合竞争力。

（二）“上下齐步走”是实践改革的良好基石

在改革过程中，泰州采油厂注重政策宣传，营造良好氛围，凝练“敢为人先、创新不止”的改革精神与改革共识。全厂上下统一思想，统一行动，顺利推动各项改革举措全面落地。

（三）“创新驱动力”是深化改革的有效支撑

泰州采油厂大力推进信息化油田建设，使效率提升、管理优化、转型发展成为现实，配套灵活高效的运行机制进一步激活全员创新创效活力。技术与管理的创新为油田深化改革、效益提升提供有力支撑。

整合区域资源　创新油站管理

湖北石油荆州公司

一　改革背景

湖北石油荆州公司始建于1953年，主营成品油、天然气、充换电和便利店业务，辖10家县市公司，拥有在营加油站226座。近年来，受激烈的市场竞争影响，同一区域所辖的大型与小型加油站之间，存在资源分配不平衡、内卷式竞争、员工收入差异偏大、整体人均劳效不高等突出矛盾和主要问题。特别是少数小型加油站，受资源投入少、经营场地小、站内用工少等因素制约，成为低效、无效甚至负效网点。为扭转这一情况，荆州公司围绕“增活力、育动力、挖潜力、聚合力”，创新加油站管理模式，探索开展加油站区域制管理改革（见图1），优化了区域资源，提升了经营质效。

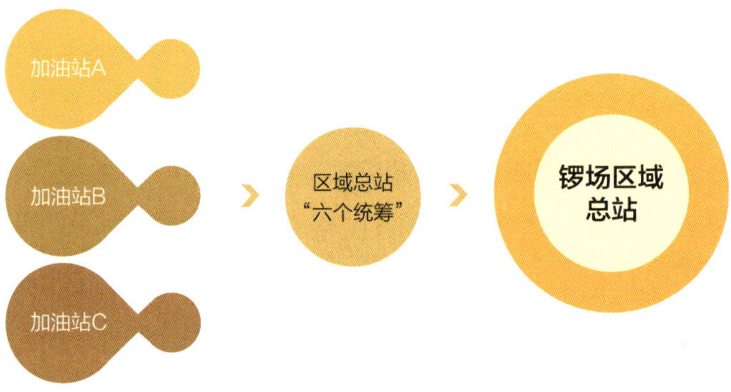

图1　锣场区域总站改革总体思路

二　主要措施

加油站区域制管理改革，主要是将位于同一区域、相互之间存在一定竞争关系、相邻距离5千米范围内的几座加油站，整合为一座区域总站，由区域总站经理统筹安排加油站的营业时间和营销政策，打通人力资源、优化排班，达到营销资源充分共享、避免竞争内耗的目的。

经过多次选点，公司在荆州市经济开发区选择了3座加油站试点区域制管理，将锣场东加油站设为总站，与相邻的锣场西加油站、皇屯加油站合并成区域总站，实施“六个统筹”（见图2）。

图2 “六个统筹”推进加油站区域制管理改革

（一）统筹员工排班

打破原有“按成品油销量定编用工总量”的做法，将所有员工打通使用，统一优化为区域总站用工，统筹在3座加油站轮岗工作。区域总站经理负责在3座加油站之间巡回管理；区域总站副经理、原皇屯加油站站长2人负责收卸油品、维护保养设备，参与跟班加油；3名机动员工负责易捷商品销售，轮换当班员工就餐、午休；10名加油员参与3座加油站现场排班。同时，根据3座加油站的实时进站车流量，灵活调整机动人员到相关加油站参与现场加油。通过优化排班，人力资源在3座加油站优化分配、灵活使用，员工的劳动强度更加合理，人员使用更加优化。

（二）统筹营业时间

根据3座加油站的地理位置、服务半径和客户构成，统筹加油站营业时间。其中，位于荆州市经济开发区东方大道的锣场东加油站、锣场西加油站，邻近沪渝高速公路锣场进出口，站前车流量大，实行24小时营业；位于荆州市沙市区观音垱镇皇屯村的皇屯加油站，地处乡镇县道，根据周边农民的作息习惯，实行18小时营业，且夜间歇业不打烊、休息不熄灯，加油站值守员工时刻待命，为客户提供夜间加油服务。统筹营业时间后，员工排班更加优化，皇屯加油站月销量同比提升80%。

（三）统筹营销策略

根据3座加油站成品油销售结构，分别制定差异化的营销策略。锣场东加油站柴油销量大，实施柴油营销政策，侧重维系柴油大客户；锣场西加油站汽油销量占比大，实施汽油营销政策，侧重开发汽油客户；皇屯加油站地处乡镇，主要为农业生产提供保障服务，实施柴油灌桶优惠，侧重开发农机大客户。3座加油站客户共享、资源共享。将锣场西加油站的柴油大客户引导到锣场东加油站消费；将锣场东加油站的汽油集团客户安排在锣场西加油站定点加油；将农机大客户推荐到皇屯加油站定点加油。统筹营销策略有效提升了客户忠诚度，锣场东加油站、锣场西加油站的销量均同比增长10%以上；皇屯加油站农忙时期柴油销量同比增长54%。

（四）统筹管理标准

按照“统一管理制度、统一管理要求、统一考核标准”的原则，实施精细管理。相继出台了总站厕所管理考核办法、厨房管理考核办法、卫生责任区划分及考核办法、员工联量薪酬考核及二次分配办法，统一标准和要求，形成了区域特有的制度体系。利用晚上时间，组织员工认真学习加油站各项规章制度和管理要求，让员工熟记于心，做到爱岗敬业、不踩红线、不犯禁令。将成品油、易捷服务各项销售指标分配到人，常态化考核，与员工的联量薪酬挂钩，充分激发了全员拓市创效的能动性。通过“立制度、立规矩、立考核”的举措，解决了3座加油站管理水平参差不齐的问题。

（五）统筹员工培训

采取“走出去、请进来”的方式，提高员工的职业技能。所有员工分批分期到城区标杆加油站，通过跟班培训和严格考核，才能上岗工作。首批受训的4人中，仅1人通过考试；未通过考试的员工通过“回炉”培训、主动学习，均通过区域总站的考试后顺利上岗。同时，从其他小型加油站选拔优秀员工到区域总站工作，让更多员工参与改革、得到历练、实现成长。通过有针对性地“双向轮训”，改变了员工思维固化、动力不足等现状，全面提升了员工队伍的综合素质。

（六）统筹员工生活

大力推进“家文化”建设，利用锣场东加油站闲置的站房和空地，开设小食堂、修缮小宿舍、改造小浴室、种起小菜园，有效解决了员工的吃饭、洗澡等生活问题，解决了员工的后顾之忧。轮休员工经常离岗不离站，主动帮助在岗员工工作。改革前，皇屯加油站仅定编2人，排班不灵活，日常食宿不规律。改革后，区域总站经理和副经理轮流给皇屯加油站送饭，替换员工休息，帮助修理设备，员工们充分享受到区域制改革带来的福利和温暖。

三 取得成效

（一）队伍优化精减，人均劳效大幅提升

截至2022年4月底，3站总用工从21人精减为16人，减幅23.8%，人均销量增长41%，人均劳效得到显著提升。现有高级工2人、中级工6人、初级工8人，其中党员5人、入党积极分子2人，队伍结构和员工素质得到显著优化。

（二）营销技能增强，服务质量大幅提升

员工的服务流程更加规范，与客户沟通交流更加专业，能做到“来有迎声，问有答声，走有送声”。站内提供茶杯续水、擦拭车窗、道路咨询、手机充电、加热餐食、免费住宿、车辆加水、淋浴等贴心服务，全面满足客户需求。建立了12个客户微信群，24小时答疑解惑，客户满意度大幅提升。

（三）销量稳步增长，员工收入大幅提升

2021年成品油销量同比增长26%，非油品销售额同比增长91%，燃油宝月销量翻了四番。销量增长带来了收入增长，销量最小的皇屯加油站员工工资翻了一番；销量居中的锣场西加油站员工工资增幅超过40%；销量最大、工资最高的锣场东加油站员工收入保持稳定；区域站人均工资增幅达到32%。

（四）管理水平提高，站容站貌大幅提升

员工主人翁意识大幅增强，“自己家自己建”理念深入人心，通过加装灯具、更换光源、修剪绿植、翻新设备、自制盆栽和风铃等，巧手布置“家”油站，加油现场、便利店、油罐区和办公区环境卫生实现了全面提升（图3）。

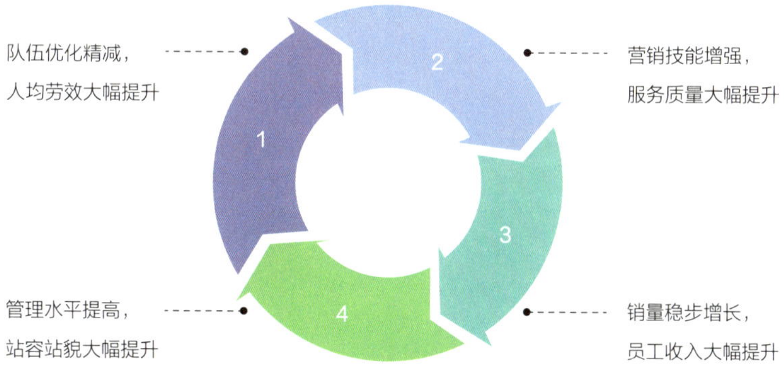

图3　锣场区域总站改革实现四个大幅提升

经验启示

（一）深化改革要坚持因地制宜

因地制宜是推进加油站区域制管理改革的关键。根据网络布局和运营管理现状，整合资源，优势互补，减少内耗，形成合力。

（二）深化改革要坚持价值创造

改革要突出鲜明的导向，坚持以价值创造为核心，用量效双增、劳效提升的成果，来检验改革的成效。

（三）深化改革要坚持以人为本

以人为本是创新推行加油站区域制管理的关键理念。通过一系列凝聚人心的举措，充分激发员工队伍的活力，确保改革任务顺利完成。

全面推进合规管理体系建设
构建完善“五位一体”法治工作格局

企改和法律部

一 改革背景

中国石化是集上、中、下游一体化的国有重要骨干能源企业，是中国最大的成品油和石化产品供应商、第二大油气生产商，世界第一大炼油公司、第二大化工公司。自成立以来，始终秉承保障国家能源安全的职责使命，坚决贯彻落实党中央、国资委工作部署，依法依规诚信经营，法律、内控、风控、制度等工作都走在中央企业第一方阵前列。近期，国资委印发《中央企业合规管理指引》，全面启动中央企业合规管理工作。中国石化深入贯彻党中央、国资委决策部署，基于法律、内控、风控、制度管理基础，全面启动合规管理体系建设，着力构建法律、合规、内控、风控、制度“五位一体”法治工作格局（见图1），积极打造具有战略支撑力、民生保障力、精神感召力的世界领先企业。

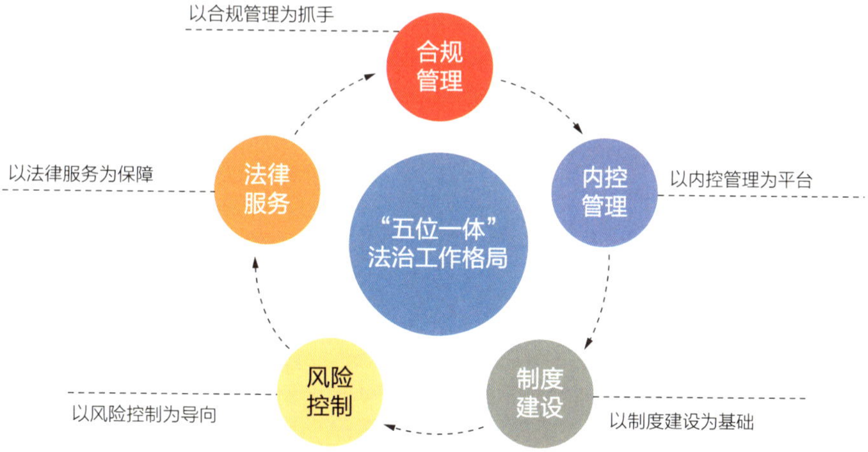

图1 “五位一体”法治工作格局

二 主要措施

（一）坚持党对企业法治建设的全面统一领导

深入贯彻国资委法治央企建设部署和合规管理工作要求，充分发挥党组（党委）“把方向、管大局、促落实”作用，建立健全党领导企业法治建设的体制机制。公司党组第一时间学习贯彻习近平法治思想，传达落实全面依法治国新精神、法治央企建设新要求，带头讲法治、促合规、防风险，倡导从决策到执行都要“按法律来、照制度办”，强调“不合规的事一件不干、不合规的钱一分不挣”。常态长效开展党组（党委）理论学习中心组法治合规专题学习，推进法治合规课程纳入各级领导干部培训、各类专业领域培训及新员工入职培训。将合规管理体系建设作为落实全面依法治国战略部署的重要内容，坚持与生产经营中心任务同谋划、同部署、同实施。优化整合总部机构设置，将原企业改革管理部和法律部整合为企改和法律部，统筹负责法律、合规、内控、风控、制度等工作，为构建完善“五位一体”法治工作格局奠定管理基础。公司董事长、党组书记认真履行企业主要负责人法治建设第一责任人职责，定期组织召开依法治企领导小组会听取公司合规管理体系建设情况，统筹谋划公司合规管理体系的组织架构、运行机制、管理分工（见图2），审议法治合规重要事项，督导工作有效落实。

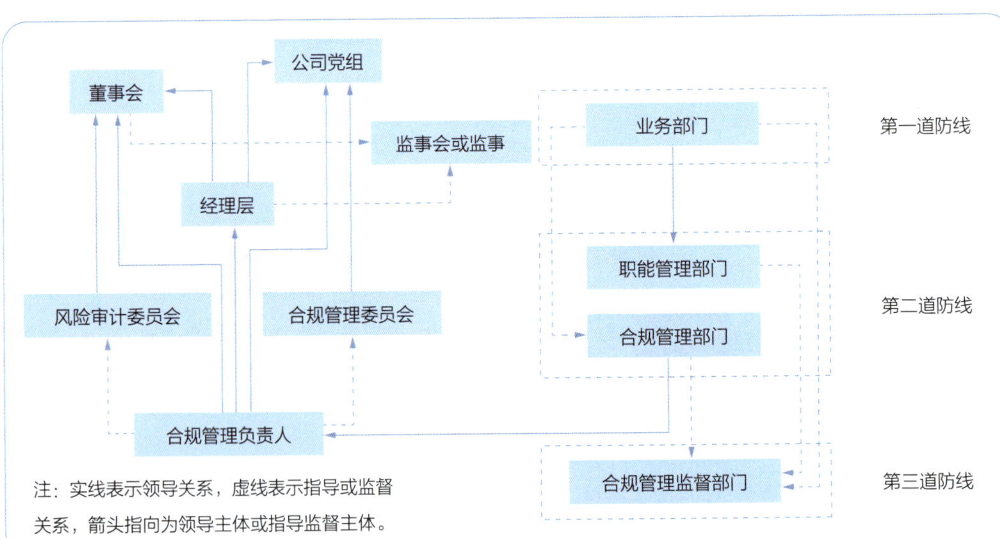

图2 合规管理组织架构

（二）坚持依法治企、合规管理、统筹设计、一体推进

推进企业法治合规建设，发挥法治固根本、稳预期、利长远作用，是一项系统性工程、全局性工作，必须坚持顶层设计、上下协同，各部门密切配合、统筹推进。中国石化坚持将合规管理体系建设纳入全局一体谋划部署，作为公司“十四五”法治建设规划纲要、“八五”普法规划的重要内容，与深化改革三年行动和对标一流管理提升行动协同部署、同步推进。进一步健全完善中国特色现代企业制度和公司法人治理结构，层层设立依法治企领导小组和合规管理委员会，完善和落实总法律顾问审核把关机制，将合法合规性审查和重大风险评估作为重大决策事项必经前置程序，坚持在法治轨道上经营决策、推进工作。建立健全“谁的业务谁普法”“管业务必须管合规”责任制，形成以业务部门和事业部为“第一道防线”，法治合规部门和职能管理部门为“第二道防线”，纪检监察、巡视巡查、内部审计等监督部门为“第三道防线”的管理架构，层层压实工作责任。健全完善以公司章程为核心的企业制度体系，搭建形成以全面依法依规治企强化管理意见为“根”，以诚信合规管理手册、合规管理办法为“干”，以专项工作指引和制度规范为“枝”和“叶”的法治合规管理制度体系（见图3）。

图3　合规管理制度体系

（三）坚持法律合规风险防控，突出重点把握关键

坚持以“强内控、防风险、促合规”为目标，积极推进内控风控与合规管理的一体化运行实施。

一是突出风险导向，梳理企业高风险业务、高风险岗位和重点人员，以此为基础，编制重要岗位合规职责清单、合规流程管控清单。

二是聚焦安全、环保、财税等重点业务领域，加强法律法规识别转化，发布中国石化企业生产经营所涉法律法规清单及经营类行政许可证照参考目录，编发重要领域专项合规管理工作指引、风险清单（见图4），为企业依法决策、合规经营提供参考。研究国内外

图 4 中国石化系列专业领域合规指引

“双碳”相关环保法律法规和生态保护司法动向，积极防控环保法律风险。

三是加强国际化经营风险防范，建立健全涉外法律合规风险排查联席会议、月度报告机制，持续跟进敏感国家、敏感领域立法、司法及执法动向，做好风险预警与应对。严格涉外业务活动合规调查及合法合规性审核等要求，所有涉外合同都设定合规条款，涉及资金往来的必签廉洁协议。

四是持续强化纠纷案件分级分类管理，对重大案件挂牌督办、销项管理，多措并举推进纠纷案件“压存控增、提质增效”。

（四）坚持守法合规文化建设，全员参与全面覆盖

坚持守法合规文化建设与弘扬石油石化优良传统紧密结合，积极推进普法学习、合规教育融入企业生产各领域，渗透经营管理各环节。全面落实“谁的业务谁普法”责任制，举办月度普法讲坛，组织专业管理部门解读国家政策法规、企业管理制度，录制专题课程，通过石化“网络学院”发送全体员工学习。坚持普法宣传教育融入日常、抓在经常，各级领导干部培训、各类专业领域培训均设置法治合规课程。公司领导班子以身作则、带头示范，近42万名干部员工完成合规学习并签署承诺。充分依托“报刊台网端微屏书”，多种渠道开展普法宣传，重点加强宪法精神、民法典宣贯学习，“石化党建”信息平台“美好生活·民法典相伴”专栏累计阅读量超2000万人次。聚焦生产经营实际，组织编制《边学边练：安全生产相关法律知识》《<安全生产法>刑事法律责任释义和案例》《税务刑事法律责任释义及案例解析》等普法书籍，推进基层职工学法守法。认真履行国有企业社会责任，积极参与社会普法，持续加强地企合作，连续十余年支持、参与社会法律援助工作。

三 取得成效

（一）“五位一体”法治格局有效构建

通过对合规管理工作的统筹设计、一体谋划、全员参与，基本建成符合企业发展需要并具有中国石化特色的合规管理体系，实现了合规管理与现有法律、内控、风控、制度管理的有效衔接，构建形成以制度建设为基础、以风险控制为导向、以内部控制为平台、以合规管理为抓手、以法律服务为保障的“五位一体”法治工作格局，实现了国资委“探索建立法律、合规、风险、内控一体化管理平台”及法务机构归口管理制度等工作要求。

（二）企业依法合规经营水平持续提升

通过合规管理体系建设工作的全面部署推进，中国石化依法依规经营决策机制持续健全完善，企业内部规章制度及管理要求得到有效落实，系统性法律合规风险科学精准防控，连续3年实现规章制度、经济合同、重要决策合法合规性审核100%，法律纠纷诉讼案件数量、涉案金额“双下降”，近年来未发生一起因自身违法违规问题导致的系统性法律纠纷案件。

（三）守法合规文化建设取得积极成效

通过组织开展多种形式的普法活动、合规学习，普法教育和制度宣贯深入基层、下到班组、沉到一线，干部员工普法参与度、学法积极性明显提升，“办事依法、遇事找法、解决问题用法、化解矛盾靠法”成为广泛共识，企业制度有效性、执行力不断提升，“依法、合规、公平、诚信”的企业法治文化有效建树。

（四）企业法治建设得到上级部门广泛认可

公司依法治企领导小组办公室、胜利油田等5家单位及5名个人被中宣部、司法部、全国普法办评为全国“七五”普法先进，国务院国资委《国资法治》专题报道“中国石化40万余名干部员工完成合规学习与承诺”情况，人民政协报“两会”特刊专题刊登中国石化法治建设经验交流文章，有效发挥国有企业的引领示范作用。

经验启示

（一）合规管理作为系统性工程、全局性工作，涉及经营管理各方面，必须坚持顶层设计、系统部署，自上而下统一推动，发挥党组织把关作用，落实主要负责人法治建设第一责任人职责，调动领导班子积极性，组织广大员工共同参与、群策群力。

（二）推进合规管理体系建设不是架床叠屋、另起炉灶，要正确认识全面合规与专项合规的关系，聚焦填补专项管理空白，着力解决职能交叉、工作重复、合力不足、效率不高等问题，整合资源，补齐短板，提升效能，实现“1+1>2”管理目的。

（三）建成行之有效的合规管理体系，关键是健全与企业治理体系相匹配、与岗位职责相结合的职责体系、业务流程、工作规范，建立全面合规理念下的“管业务必须管合规”责任制。

推进信息化条件下基层单位标准化建设
提升基层管理效能

油田勘探开发事业部

一 改革背景

油气勘探开发业务是中国石化上游业务重要组成部分，主要包括石油、天然气、页岩气、煤层气、页岩油等资源的勘探、开发、生产、储运、矿权与储量管理等业务。目前，国内上游共有勘探开发生产企业12家、采油气厂54家、采油气管理区188个，2021年生产原油3515.4万吨，天然气338.8亿立方米。油田勘探开发事业部作为上游业务的专业管理部门，针对基层管理体系多、制度难落实、标准不统一等现实难题，深入贯彻落实集团公司深化改革三年行动工作部署，牢牢把握加强管理体系和管理能力现代化建设的改革方向，瞄准“百人百万吨”建设目标，按照“管理制度化、制度流程化、流程标准化、标准信息化”的总体思路，以组织机构、岗位设置、业务流程、操作规程、生产现场等五个方面标准化为重要抓手，推进信息化条件下基层单位标准化建设（见图1），进一步厘清职能定位、明确职责界面，建立基层单位生产指挥中心（监控中心）为核心、内操外操一体化高效运行的管控体系，示范引领、分类施策，推动基层管理效能持续提升。

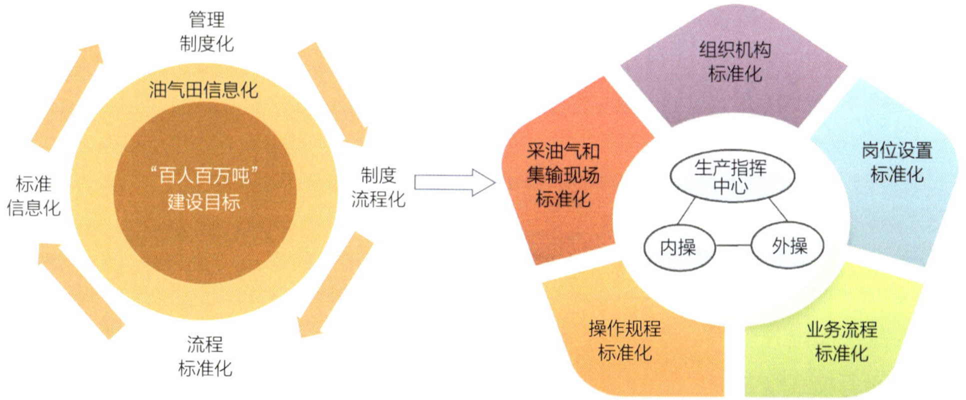

图1 信息化条件下基层单位标准化建设

二 主要措施

（一）清晰界面、细分类别，推进扁平化管理

坚持油公司“七化”内涵，积极适应信息化条件下油气生产管理变革，为提高油公司系统性管理效能，制定发布《关于国内上游深化改革管理的指导意见》，进一步厘清了油气田分公司、采油气厂、管理区的职能定位和职责界面。其中，油气田分公司是国内上游的地区利润中心、决策中心，是区域的发展规划、勘探开发、生产经营、企业管理、技术进步、资源统筹、安全环保质量、改革发展稳定、风险防控的责任主体；采油气厂是油气生产、成本控制的经营中心，是所辖范围内发展规划、滚动勘探、油气藏经营、队伍管理、资源优化、风险防控的责任主体；采油气管理区是现场管理中心、执行中心，是辖区油气生产运行、现场管理、风险防控的责任主体。在此基础上，以深化改革三年行动为抓手，持续做精油气生产单元，依托信息化建设，区别“采油气厂—管理区”和“厂直管班站”两种模式，推进采油气基层单位劳动组织方式与生产运行模式变革（见图2）；持续做专服务保障单元，优化机关和辅助人员，推进专业化队伍区域项目化管理；持续做强科研创新单元，组织具备条件的单位整合基层技术队伍，完善以质量、贡献、绩效为核心的科研评价体系，统筹科研技术力量实施“大兵团”作战；持续做优管理提效单元，不断优化两级机关管理职能和流程，提升两级机关的决策优化及统筹协调能力、管理效率和服务水平。通过因地制宜、分类施策，推动油公司扁平化管理体制更加精干高效。

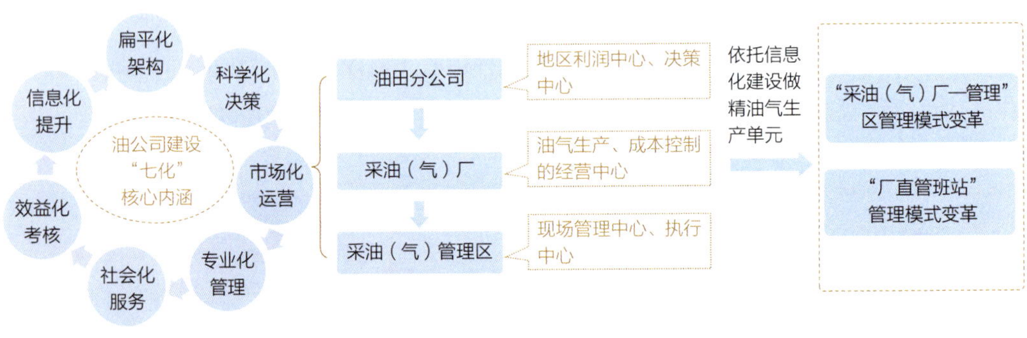

图2 突出油公司建设“七化”核心内涵 做精油气生产单元

（二）优化岗位、重塑流程，加强标准化建设

针对基层岗位分工细、流程节点多的现状，结合信息化条件下基层单位的劳动组织方式与生产运行模式变革，选择现阶段16家信息化条件好、人均劳动生产率（人均产油量）等指标领先、行业先进的采油气管理区或采油气厂作为标准化建设示范区单位，推进“五

个标准化”，全面提升基层管理效能。

一是推进组织机构标准化。区别“采油气厂—管理区”和“厂直管班站”模式，发挥集动态监控、预警报警、调度运行、岗位管理、远程操控、应急处置等于一体的平台作用，统一建立以生产指挥中心（监控中心）为核心、内外操一体化高效运行的基层组织架构（见图3），设立现场巡检、运行维护等专业班组（站），负责日常管理、运维和应急处置等工作，推动采油气基层单位生产管理实现集中监控、无人值守，有人巡检、专业维修，全力打造反应灵敏、高效运行的管理区。

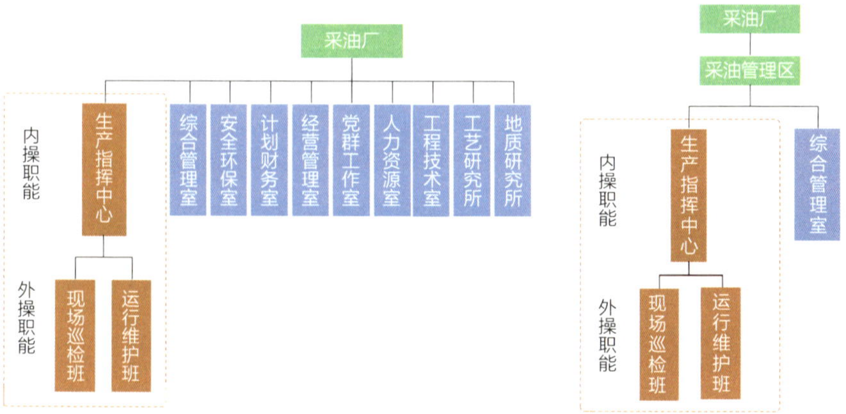

图3　以生产指挥中心为核心、内外操一体化高效运行的基层组织架构

二是推进业务流程标准化。充分发挥采油气厂或管理区生产指挥中心（监控中心）功能，完善动态监控、预警报警、调度运行、远程操控、应急处置等业务流程；以提高外操业务效率和质量为重点，完善采油气现场巡检和日常维护、集输站库巡检和日常维护等不同业务的标准化操作流程，全面构建了“支撑机制、防控风险、执行有力”的流程体系。

三是推进操作规程标准化。在业务流程标准化的基础上，系统梳理采油气、注水（含注汽、注聚、注气等）、集输、日常维护、专业维修、应急抢险等业务的操作方法、操作标准、技术参数、操作频率等，形成操作手册及规程，为业务规范管理、流程高效运转提供了坚实保障。

四是推进岗位设置标准化。在系统梳理采油气、注水（含注汽、注聚、注气等）、集输等专业现有生产组织流程和管理流程的基础上，充分结合业务管理需要，优化岗位设置，明确岗位流程、岗位职责、工作任务、岗位权限、工作目标、工作关系、岗位量化评价指标、任职条件等岗位管理要素，建立了标准化的基层岗位责任制。

五是推进采油气和集输现场标准化。以现有抽油机标识标志标准化和地面工程“五化”为基础，建立井场及附属设施设备、集输站库及附属设施标识、标志及视觉形象规范。根据业务管理需要，配套推进基层单位标准化的信息化建设，持续提升基层管理效率、效能、效益。

（三）完善体系、配套政策，促进规范化提升

紧密结合基层单位业务实际，组织编制具体标准、流程和规范，配套发布《信息化条件下采油气基层单位标准化建设手册（试行稿）》，建立“采油厂—管理区”“采油厂—班站”“采气厂—班站”三种模式下管理区标准化体系，进一步明确采油（气）基层单位的机构职责和职能定位。整合重构信息化条件下业务流程，优化“以生产指挥中心为核心，内外操一体化高效运行体系”的有关环节和岗位职责，规范操作规程和现场标准化内容，配套制定标准化建设手册，促进基层岗位规范化、操作规范化、管理规范化。目前，标准化建设手册已在14家采油气示范区建设试点单位试运行，取得了初步成效，共压减厂级部室15个、管理区及基层单位23个，机构压减幅度31.8%，人员精减1080人，压减幅度15.3%。适应改革发展需要，配套出台人力资源优化配置和业务承揽等管理办法，畅通人力资源优化配置渠道，加大激励考核力度，东部老油田外闯市场达2.50万人。

三 取得成效

（一）提升了基层生产效能

由生产运行、技术分析、数据监控人员组成内操团队，在生产指挥中心集中办公，实现了问题“发现、分析、处置、反馈”全流程管理，进一步提升了生产指挥效率、生产数据分析水平与现场应急保障能力。例如，江汉清河采油厂采油管理二区推进生产信息化建设，2021年人均产量同比提升12%，吨油操作成本同比降低3%，人均管井数同比提升12%，劳动效率、价值创造能力明显提升。

（二）规范了基层管理体系

通过打造标准化示范区，配套建立基层系列标准，构建内操与外操紧密衔接的标准化管理体系，实现了各层级职责清晰界定、岗位设置规范，进一步落实了工作要求和管理责任，提升了基层规范化管理水平。基层干部员工也逐渐认识到，标准化建设是将复杂烦琐的问题简单化、规范化，逐步由“要我规范”向“我要规范”转变，从根本上奠定了基层规范化管理的基础。

（三）形成了基层典型范式

各企业积极适应信息化建设需要，探索实践以生产指挥中心为核心信息化、标准化建设，取得了一系列宝贵的经验。如：胜利油田采用“数据+平台+应用”集成服务云平台，实现了生产实时监控与数据开放共享。西北油田构建“以信息集成为指挥大脑”的新型采油管理模式，无人站场覆盖42%，处于板块领先水平；关键装置数字化覆盖率92%，达到国内领先水平。

经验启示

（一）扁平化管理与信息化建设必须紧密结合

扁平化管理与信息化建设是相辅相成、互为依存、协调发展的。信息化建设是精简机构、精干人员、实施扁平化管理的先决性条件，推进扁平化管理也为信息化建设提供了组织保障。

（二）信息化条件下管理流程必须同步调整

信息化提升是企业资源重新整合、运营流程深度优化的有效手段。随着智能油田建设步伐加快，生产组织方式和业务管理流程也必须进行相应的优化调整，从而更有利于提升基层治理效能。

（三）基层单位的标准化建设必须持续加强

面对基层管理体系多、制度难落实、标准不统一等现实难题，必须紧紧依托信息化条件下的标准化建设，促进各层级职责定位、岗位设置、流程、规程等标准化，引导推进基层单位持续强基础、补短板、控风险，提升基层管理质量和效率。

聚焦制度供给质量 提升转型发展效能

炼油事业部

一 改革背景

炼油业务是中国石化传统优势产业之一，处于集团公司产业链承上启下的中间环节，主要生产洁净交通燃料和化工原料、润滑油、特种油品及高端碳材料等。炼油板块境内所属企业33家，其中炼油生产企业29家，专业公司4家。截至2021年底，综合配套能力2.87亿吨/年，总体上具有炼厂规模化、装置大型化、输送管道化、炼化一体化、管控信息化等优势，竞争能力处于亚太地区中上等水平。作为炼油业务的专业管理部门，面对风起云涌的能源革命、绿色低碳的产业大势和完全竞争的行业常态，将制度建设贯穿于深化改革三年行动和对标世界一流管理提升全过程，瞄准当前制度中存在的补丁繁多、旁枝繁杂、条线繁乱等结构性冗余问题，聚焦所属企业制度执行存在的标准不统一、文件层次多等现象，由供给侧出发，从结构性着力，统筹推进各位阶、各条线和各环节制度建设，实现存量有序、增量可控，不断做精做强专业管理条线，做细做实基层减负（见图1），凸显“油转化”“油转特”“油产化”发展方向，以高质量制度供给助推炼油业务高质量发展。

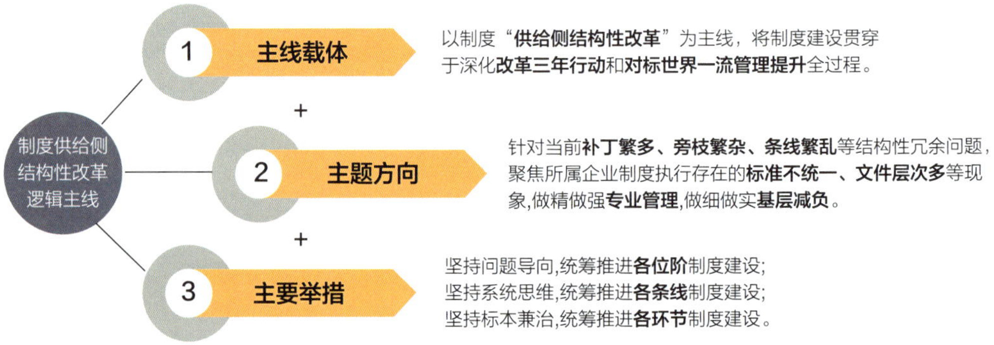

图1 制度供给侧结构性改革逻辑主线

二 主要措施

（一）坚持问题导向，统筹推进各位阶制度建设

制度要体现发展方向、管理特征和价值取向。通过锚定近一个时期炼油业务转型发展大方向，围绕当前制度管理和实施概况，稳步推进制度建设。

一是把握好制度建设的方法论。深入分析当前炼油业务管理制度在供给侧的主要矛盾和矛盾的主要方面，即长期的业务发展导致制度补丁繁多、内容庞杂，规范性文件位阶不明确、条线繁乱，在执行上整体表现为有些制度叠床架屋、相互打架，容易造成制度效应对冲；有些制度照搬照转、落不了地，成了“没有牙齿的老虎”，给基层带来了一些不必要的负担，对专业管理产生了抑制和削弱的不良后果。针对这些问题，从专业管理全覆盖、基层执行要一致、生产运行要连续三个要求出发，形成了全面性、统一性和连续性三个工作原则，即制度建设工作要立足转型发展的长远考虑，同一类型的子业务要归口明确，炼油业务各项工作要有序衔接，紧紧扭住“制度供给侧质量提升”这个牛鼻子。

二是谋划好制度建设的施工图。结合深化改革工作部署和企业管理能力现代化的具体要求，明确制度建设的工作重心是梳理并优化以制度为主的规范性文件文本，梳理制度与指导意见中的冲突重叠区，仔细甄别后改一批；针对特殊时期制定的、不符合当前发展实际的制度和指导意见，系统梳理后废一批。主要措施是坚持问题导向、系统思维和标本兼治，做实“三个统筹推进”。工作路径是深度梳理、汇总审核、制度优化和集中修订“四步走”，确保专业管理无缝衔接稳步推进。

三是优化好制度建设的层次性。树立制度群的理念，将已下发的制度、临时性办法和指导性意见进行系统识别整合，从类型上形成了以规定、办法、细则等长期性固定文本为龙头，以配套性、阶段性的通知、意见和要求为细化补充的制度群（见图2），从文本类型上明确层次位阶。同时，打通不同层次间的流动性，保持开放性，一方面将长期执行的指导意见及时固化为制度，另一方面将专业管理中的示范变规范、标杆变标准，及时为制度体系“添砖加瓦”。

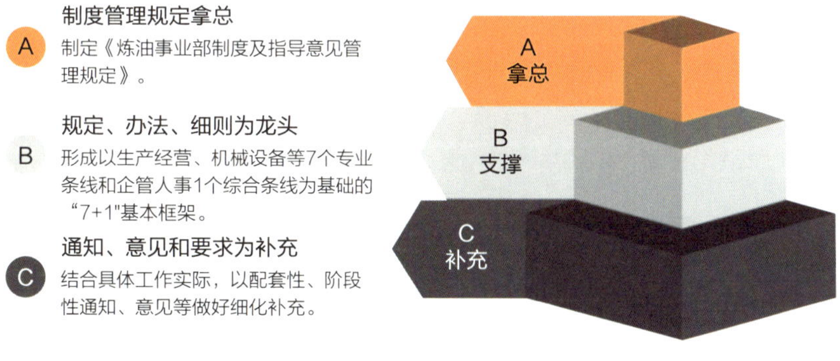

图2 优化制度位阶层次

（二）坚持系统思维，统筹推进各条线制度建设

炼油业务经过长期发展，出台并制定了一批标志性、关键性和基础性制度，支撑起了业务发展的“四梁八柱”。随着制度越来越多，制度条线建设也刻不容缓。

一是科学划分条线。在理顺专业条线的基础上，结合中长期业务发展规划，形成以生产经营、机械设备、安全环保、节能降碳、投资发展、原油保障、工艺技术7个专业条线和企管人事1个综合条线为基础的制度框架（见图3）。8个条线的设计不仅囊括了当前主要管理业务，确保相互独立又全面覆盖；另一方面，也为炼油业务后期发展的制度建设预留了空间，防止出现新老制度重叠不清的问题。

二是明确归口部室。在完成条线建设基础上，每个条线都有内设部室作为牵头主建实体，既调动了各部室积极性，又保证了分工明确，避免职责重叠。对于管理业务交叉较大、联系紧密的部室，例如调度部门和计划部门，均设置在生产经营条线；对于业务相对独立的设备、安环等部门，单独建立条线，保证运转流畅、切合实际。

三是科学系统整合。制度条线的确立，不仅厘清了条线界限，也为充实条线内容、突出发展主题打好了基础。经梳理，机械设备条线的16项指导意见被整合到3项制度中，形成了以设备综合管理办法拿总，动、静、电气和仪控相互支持的格局；生产经营条线中，将涉及沥青、异辛烷等产品销售管理的4项制度整合为统一的炼油产品销售管理办法，系统集成性不断提高。

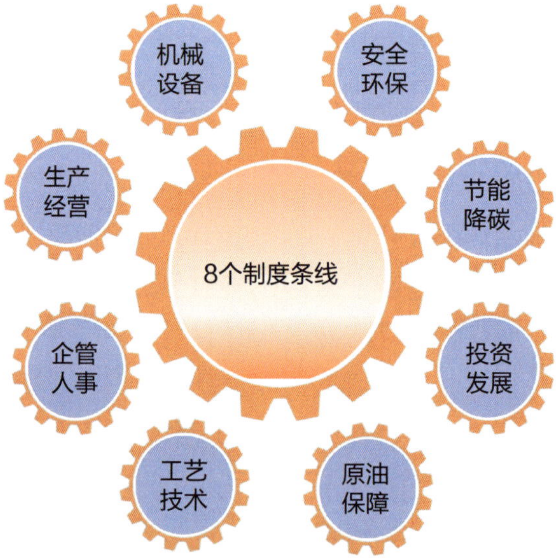

图3 推进制度条线建设

（三）坚持标本兼治，统筹推进各环节制度建设

制度要实现管根本、管长远的目标，就必须构建完整的管理闭环，一方面为制度发布后与业务运行的磨合期提供畅通的问题解决路径，另一方面，所属企业生产运行情况差别较大，构建全生命周期的管理闭环有利于制度始终保持松紧适度的状态，既能调动积极性，又能保证步调一致。围绕合法合规性、连续统一性和实用可操作性三个方面，本着前后衔接、左右联动、上下配套的原则，讨论形成了制度管理规定，健全和完善了集制度立项、起草、会签、报批、发布、执行、评估、改进于一体的制度建设链条（见图4），从根本上规范了制度制定流程，明确了制度和指导意见等规范性文本的制定、发布和日常管理的责任分工和归口部门，彻底解决了分工不清和职责不明的问题，实现了环环相扣、同向发力，有效提升了制度建设的规范性和科学性。在健全完善治本之策的前提下，动态做实日常管理。一是增强预见性，重视做好前瞻规划，面向能源工作大局、行业发展大势，加强调研论证，尤其是围绕“结构调整”和“转型发展”主题，密切跟踪企业生产实际，保证制度建设步子跟得上、松紧要适度；二是保持开放性，开展实时评估，对制度执行情况、实施效果进行跟踪调查和分析评价，边执行边完善，充分发挥各条线主建部室的主动性，加强专业层面的研判；三是强化动态清理，尤其是对于油价波动较大等特殊时期下发的规范性文本，进行周期性的评估，综合运用集中清理、专项清理、即时清理等方式，持续为制度体系“健身瘦身”，不断清理系统冗余，持续增强生机活力。

图4　健全制度管理工作闭环

三 取得成效

（一）制度位阶更为清晰

以位阶层次的不同确保制度等规范性文本在执行效力上的区别。制度管理规定拿总，从制度建设统筹、条线内容充实上确定了主责部门；长期执行的制度规定类文本和临时下发的意见类文本相辅相成，能固化下来临时性意见经过评估坚决固化，需要定期更新的则仍以指导意见的形式保持动态更新，保持了制度体系应有的灵活性，但在效力上，制度规定等长期性文本效力高于临时性指导意见，确保了制度建设的有序性。在此基础上，最大程度进行同类合并和吸收合并，现行的34项制度中，废止21项，结合当前管理新增11项；现行的59项指导意见中，废止32项。

（二）制度条线更为科学

将业务条线与制度条线进行匹配对应，以条线建设统领内容充实。体系上，通过构建“7+1”制度框架，明确了负责条线建设的专业部室，有效避免了互打补丁、叠床架屋的现象，不仅方便了企业制度承接和执行，还有效减轻了由于“补丁不断”导致的“承接不断”的负担。内容上，坚持与时俱进、实事求是，专业部室能够根据生产运行实际及时补充完善制度规定和相关文本。例如，通过制定节能降碳相关制度和及时更新考核细则，引导企业迅速聚焦“双碳”工作和当前生产重点，提高制度建设与业务发展的契合度，不断强化支撑作用。

（三）管理流程更为严谨

炼油业务具有市场多变性和企业多样性两个最大变量，制度只有与这两个变量实现良性互动，才能不断释放制度的效能。通过构建制度管理闭环，为新制度的运行磨合、老制度的动态更新提供了有效的解决路径。一方面通过对新制度的跟进评估，在力度上实现松紧适度，保护了企业的积极性；另一方面通过对老制度进行定期修订，修剪不合时宜的旁枝，保障了制度的有效性。

经验启示

（一）靶向施策方能除疴去疾

炼油业务在长期管理运行中累积的各类规范性文本内容繁多、层次繁杂，不仅制约了管理效能提升，还一定程度加重了基层负担。坚持问题导向，将发力点放在制度供给侧质量提升上，才能精准定位、靶向用力、切中肯綮，使制度建设取得事半功倍的成效。

（二）建章立制需用体系思维

建设系统完备的制度体系，不能见山是山、在制言制，需用体系思维统筹推进。通过位阶架构、条线整合和环节配置，确立了制度体系纲举目张的结构、覆盖业务的类别、处室主建的实体，不仅融合了业务与管控、兼顾了总部与企业、贯通了立制与执行，而且还为中长期业务发展预留了建设空间，各维度、各要素有效集成、有机统一，初步形成了“7+1”框架下制度体系。

（三）倾力造钟并非只为报时

制度不是“一朝建成，终生管用”的。只有构建制度管理PDCA循环，才能有效解决制度运行中出现的各类问题，同时根据不同企业生产实际调整松紧度，寻找最大“公约数”，不断摸索调动积极性和保证协调性的最佳平衡点，实现推动炼油业务可持续、高质量发展的根本目标。

03

对标提升

对标对表找差距 聚焦聚力强提升 赋能西南油气高质量发展

西南油气分公司

一 改革背景

西南油气分公司主要负责中国石化在四川盆地及周缘地区的油气勘探、开发、销售工作，建成了我国首个探明储量超千亿立方米深层页岩气田（威荣页岩气田）、世界首个7000米超深高含硫生物礁大气田（元坝气田）等23个大中型气田，常规资源8.57万亿立方米，非常规资源2.08万亿立方米。近年来，公司聚焦主责主业，以问题为导向，围绕资源接替、效益提升、运行时效、改革管理、投资管控等重点内容以及从严治党、机制运行、制度建设上的难点问题，坚持统筹推进、因企施策，对标先进水平，查找差距短板，落实整改方案，形成了对标提升“1124”工作思路（见图1），构建了“1+3+N”对标提升工作机制，持续夯实管理基础，精准对标推动管理优化升级，全面提高发展质量和管理效益。

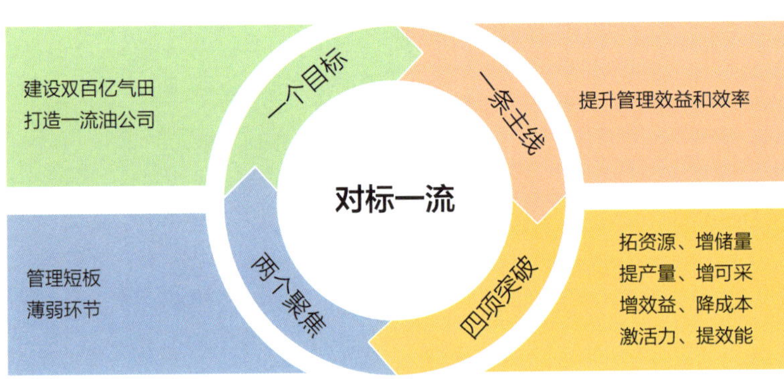

图1 对标提升“1124”工作思路

二 主要措施

（一）建机制促落实

坚持以抓好顶层设计为牵引，建立完善一体化统筹推进的工作运行机制，注重发挥各专业部门牵头统筹作用，加强过程管控与评价反馈，强化横向协同配合、纵向贯通联动，汇集工作合力，推动落实主体责任。

一是强化组织领导。成立了对标提升行动领导小组、办公室和8个专业组，明确责任主体，落实责任分工。公司主要领导亲自挂帅、靠前指挥，各专业组密切配合、规范实施，定期组织召开对标提升分析会，紧盯管理短板和薄弱环节，及时研究解决遇到的问题，确保对标提升行动的统一指导、统一协调和统一推进。自对标提升行动开展以来，先后组织召开对标提升分析会5次，编制对标分析报告3篇，发布工作通报5期，深入基层调研指导8次。

二是强化任务分解。聚焦当前效益开发、提质增效等制约高质量发展的关键因素，选取能反映生产经营的量化指标，深入分析差距短板，制定对标提升行动实施方案和工作清单，明确8个业务对标领域、48项重点任务、80条问题表现、73条提升目标和163条改进措施。各基层单位作为执行落实主体，也结合自身职能定位和战略发展，围绕稳油增气、降本增效、深化改革等重点内容，研究制定了本单位对标提升工作清单。同时将对标提升重点工作任务进行分解细化，纳入各单位、部门年度绩效考核指标和重点监督事项，有效保证了对标提升行动各项措施落实落细。

三是强化标杆培育。建立分层分类标杆培育机制，公司层面围绕全员劳动生产率、人工成本利润率、净资产收益率等18项指标，动态选取不同的对标对象实施精准对标，在全员劳动生产率、人工成本利润率等反映“质”的指标上重点分析，油气产量、利润总额等反映“量”的指标为有效参考，将自身标杆创建作为推动高质量发展的重要抓手；基层单位围绕信息化条件下采油气基层单位（厂直管班站）标准化建设、高含硫气田一体化高效开发管理、“远程+现场”新型监督等三类模式分别选取了采气三厂、采气二厂及石油工程监督中心作为基层标杆创建单位，全力精准对标、加快标杆培育。

（二）强管理促提升

从管理短板和薄弱环节入手，围绕强基础、找差距、补短板、促提升，深入推进“三对管理”（见图2），强化与系统内外先进企业横向、纵向对标和公司内部对标相结合，全力攻克制约瓶颈，加快培育新优势、新格局。

图2 “三对管理”机制

一是对照先进找差距。紧盯行业领先，找准自身定位，分层分类精心选取具有可比性、先进性、引领性的对标对象。公司层面围绕价值创造、体制机制、管理理念等选取了胜利油田、西北油田、中石油西南油气田分公司、华为公司、新希望集团等10余家标杆企业；基层单位围绕机制、流程、制度等关键环节，重点选取集团公司内部单位、公司内部单位及历史最好水平实施精准对标。

二是对照标准查不足。聚焦优质资源接替不足、一体化生产运行不顺畅、人均创效水平不高、安全环保风险管控不到位以及投资大、产出少、成本高、效益差等关键环节，全面系统开展自我诊断，深挖问题根源、对标找准差距，按照“可量化、可操作、可评估”的原则选取收入、利润、产量、全员劳动生产率、人工成本利润率等10余项关键指标，瞄准各项指标的优势、劣势，动态分析指标变化程度，聚力补齐短板。

三是对照清单抓落实。围绕实施方案及工作清单内容，加强与部门、单位间的密切配合和沟通联系，构建“领导小组抓总、业务部门牵头、基层单位执行”三位一体组织体系，推动将对标提升行动的各项目标任务清单化、清单责任化，层层落实落地。坚持定期开展效果评价，跟踪工作进展，确保目标任务不落空、进度不落后。

（三）抓融合促发展

对标提升行动涉及公司各专业、各层级，是综合性强、协调性高的一项系统工程，与当前正在开展的深化改革三年行动、高质量发展指标体系建设等“N”项重点任务高度契合，必须做到统一规划、部署和推进，聚力效能提升，避免重复开展、增加基层负担（见图3）。

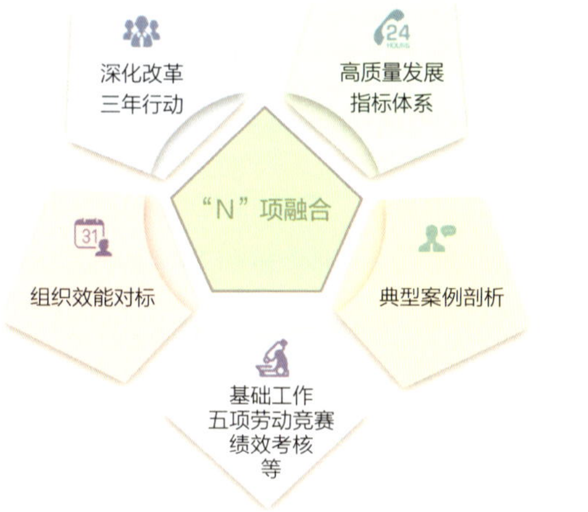

图 3 “N”项融合机制

一是与深化改革三年行动融合。提出了深化改革5个方面、23项重点任务和116项改革措施，充分发挥改革增活力、提效能、打造竞争力的关键作用，对标系统内单位先进做法，加快推进各项改革措施落实落地，全年压减中层机构6个、部门内设机构26个，压缩岗位人员48%。

二是与高质量发展指标体系融合。突出价值引领，建立了三级与四级高质量发展指标体系。公司层面从资本获利、科技创新、持续发展等7个维度设置17项指标，油气生产单位从持续发展、管理效能等4个维度设置8项指标，每项指标均分5档（较差值、较低值、入门值、良好值、领先值）设立标杆值。

三是与组织效能对标融合。聚焦公司层面10项指标和基层单位7项指标，制定公司组织效能对标实施方案，对标对表系统内先进单位，加强效益、成本、效率、技术四类指标分析，深入查找问题差距，有针对性制定改进措施。2022年一季度公司在国内上游组织效能对标中排名第一，人均产量、人均利润同比提高11.13%和19.65%。

四是与基础工作、五项劳动竞赛、绩效考核等评价体系融合。加强督促指导和结果应用，抓好对标“回头看”，以竞赛、考核、评比等手段实时跟踪对标工作开展情况，积极推介先进经验及典型做法，持续夯实基础管理，有效发挥激励约束作用，提升管理质量。在第九届五项劳动竞赛中分公司荣获优秀组织单位，7个基层单位“获奖扛旗”；典型做法多次在总部工作简报及石化媒体中予以交流推广。

五是与典型案例剖析活动融合。以问题为导向，聚焦主业主责、生产经营、难点痛点和管理提升，组织开展“对标一流找差距、精细管理促提升”典型案例剖析活动，积极搭建经验交流平台，遴选出10项优秀典型案例作为标杆在公司范围内交流，4项案例推荐上报集团公司管理现代化创新成果。

三 取得成效

（一）生产经营指标持续改善

2021年天然气产量、天然气销量、销售收入、全员劳动生产率、经营现金流同比分别增长19.17%、19.22%、27.66%、17.86%和41.81%，资产负债率同比降低31.19%。10亿立方米产能投资28.5亿元，单位成本950元/千立方米，创历史最佳水平（见图4）。

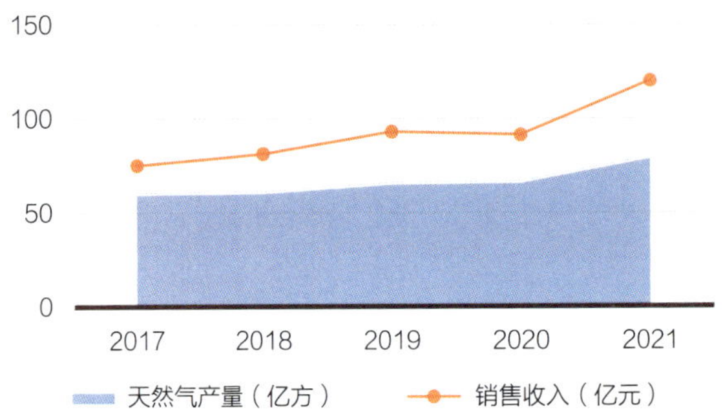

图4 近五年天然气产量及销售收入情况

（二）勘探开发成果实现突破

高质量勘探上取得“三项重大突破、两项新发现、三项商业发现、两项好苗头”，获集团公司勘探成果奖6项；效益开发上取得“三新”丰硕成果，获股份公司开发成果奖8项；科技创新上有10项成果获“整体国际先进”以上评价，获省部级科技奖励4项，申请国内外专利238件。

（三）“四提”“五化”成效明显

川西气田平均钻井周期缩短12.4%、测试产量提高27.9%；页岩气工区平均钻井周期缩短14.4%，单井产能提高20.7%，故障率降低42.1%；多尺度高密度裂缝压裂技术推广应用17口井，单井产能提高90.7%。三维设计和标准化率达到100%，页岩气、川西陆相等示范工程实现现场工期、用地面积平均降低33%和20%。

（四）多项指标位于板块领先

抗风险能力、发展能力处于板块领先水平。SEC储采比、资产负债率、单位现金操作成本、剩余经济可采储量4项指标为板块标杆，探井成功率、全员劳动生产率2项指标位于板块第二。

经验启示

（一）坚持目标导向是前提

要实现“建设双百亿气田、打造一流油公司”战略目标，就是要以目标为导向，通过找准对标对象，善于学习先进企业管理经验和理念，掌握科学对标方法，定措施、抓整改，推动管理效能提升。

（二）坚持问题导向是关键

企业实现高质量就是要打破制约发展的瓶颈、解决发展中的问题。只有抓住问题关键，用对标来找准自身优势、劣势和管理短板，弄清薄弱环节背后深层次因素，才能做到对症下药、精准发力、科学施策。

（三）坚持结果导向是根本

一个好的结果，往往与目标设定、过程实施密切相关，也是检验工作成效的唯一标准。对标效果好不好，关键要看各项指标是否提升、管理效能是否进步、自身优势是否更加突出，劣势是否得到全面改善。

科学管理精准对标 统筹兼顾提升价值

洛阳分公司

一 改革背景

洛阳分公司是国家第五个“五年计划”期间批准建设的500万吨/年燃料型炼油企业，1977年底开工建设，目前炼油综合加工能力1000万吨/年，拥有炼油、化工、化纤装置39套，主要产品有汽油、柴油、航空煤油、对二甲苯、精对苯二甲酸、涤纶短纤维、聚丙烯树脂等30多个品种50多个牌号。公司先后荣获“全国先进基层党组织”、全国“五一劳动奖状”、全国“模范职工之家”等称号，多次被评为集团公司安全生产、环境保护先进企业。开展对标提升行动，是助力打造世界领先企业的重要途径。为全面抓好这项工作，公司加强组织领导，建立健全对标一流管理体系（见图1），聚焦价值创造，精准对标追标，盈利能力明显提高，制约发展瓶颈难题有效破解，为公司转型升级、高质量发展奠定坚实基础。

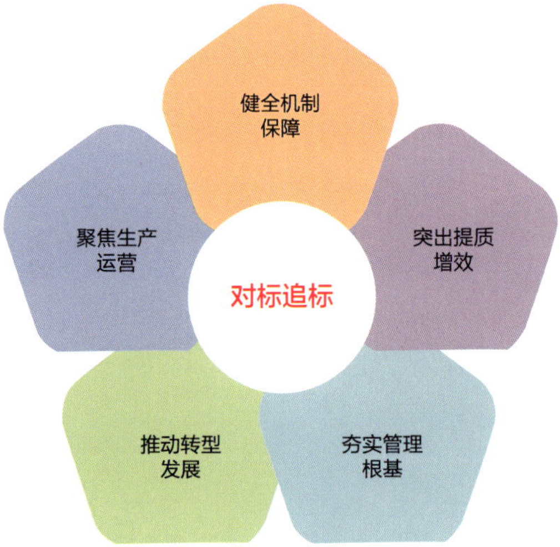

图1 对标一流管理体系

二 主要措施

（一）系统谋划统筹，强化组织推动

从切实提高国有企业竞争力的高度上，加强对标提升工作的顶层设计，强化过程管控，建立健全宣传引导、督导推进、考核奖励、典型引路等管理机制，确保目标精准不跑偏、责任落实不打折、管理提升不掉挡，为有序推进工作提供有力支撑。

一是统一思想，凝聚共识。集团公司明确开展对标世界一流管理提升行动后，公司认真贯彻落实对标提升行动启动会精神，准确把握工作要求，加紧动员部署，认真研讨筹划，成立主要领导挂帅的领导小组及领导小组办公室，设置8个专业组，强化顶层设计，做到对标提升行动与"十四五"规划编制相结合、与提质增效活动相结合；召开启动会广泛动员，大力宣传对标提升行动的重要意义、阶段任务，营造"比学赶帮超"浓厚氛围。

二是明确任务，压实责任。公司深入分析自身高质量发展能力现状，开展自我诊断，找准问题、短板、弱项，明确对标项目、对标对象、对标目标、提升措施等。按照可量化、可操作、可评估，聚焦关键KPI指标抓管理提升，编制对标提升行动工作推进表，确定51项重点任务、涉及公司关键KPI指标25项，明确月度目标160项、季度目标115项、年度目标84项。深入落实总部"对标提升工作延伸到基层单位"要求，编制基层单位对标提升行动工作推进表，围绕基层29项关键KPI指标确定提升目标，同步推进。

三是健全机制，对标提升。公司围绕工作任务清单，确定对标"关键节点"和"路线图"，明确推进方式方法。建立专业组月度碰头和公司季度例会制，构建联络员网络，定期督导工作进度，通报工作进展，公司主要领导每季度组织召开专项例会。聚焦重点领域、关键指标，设置专项奖励，完善专业对标排序和评价激励机制。以效益最大化为导向，进一步简化标准、细化指标、强化激励，充分发挥激励约束作用，推动对标行动走深走实。

（二）聚焦价值创造，强化运营管理

紧密围绕企业经济效益与生产运行，紧盯关键目标指标，勇于对标追标、破题攻关，抓好对标提升重点任务落实，促进提升公司管理水平。

一是突出生产运营抓提升。围绕"跟谁对""对什么""怎么对"，分层次、分专业选取对标对象，确立可量化、可操作、可评估的指标点，以指标定任务、用任务保指标。对标装置运行，开展"平稳率劳动竞赛"，推行"一月一讲评、一月一考核、一季一奖励"。对生产热点难点问题，分析影响因素，制定对策措施，推动对标高效开展。对标装置能耗，改进能源管理监控方法，加强智能应用，实时监管数据，定期开展"6+1"节能降损

攻关（见图2），定期分析、通报。与对标企业对标，建立装置间能耗对比竞争机制，降低炼油综合能耗。强化设备KPI引领，建立以缺陷管理等为主要内容的设备绩效考核体系，设置70个KPI指标，自动取数率达80%。在炼油、动力各装置实施自控提升项目，对26套装置2400个控制回路及装置全流程优化。

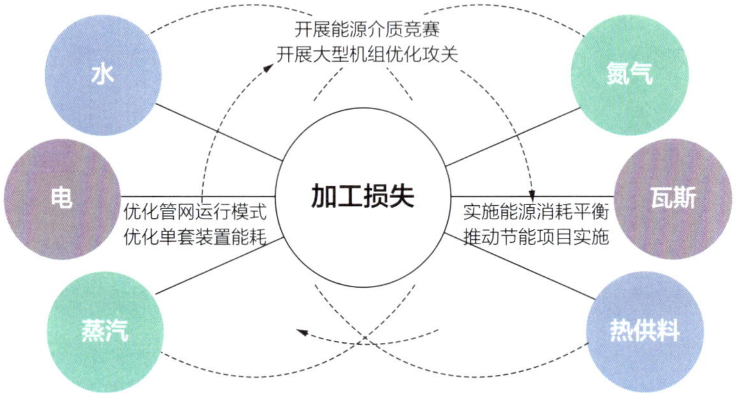

图2 “6+1”节能降损攻关示意图

二是突出提质增效抓提升。常态化推进提质增效，动态更新项目库，坚持开展“小指标”竞赛，评选“效益卫士”，激发创效潜力，全年累计实施提质增效项目137项，增效6.05亿元。严控资金类指标，强化资金指标管控对标对表（见图3），发现异常及时采取措施纠偏，确保完成经营现金流等重点指标，存货完成29.13亿元，较集团公司指标节约5.67亿元。推进原油降本增效，及时研判贴水、运费、资源信息，紧贴市场调整采购节奏，累计降本1583万元。用好原油商储库，利用代存、借用等方式，有效对冲原油跌价风险，增效3975万元。做大原油加工总量，全年加工量、产品量同比提升7%、10%。通过优化票据流转等措施，用好地方政策、总部扶持优惠政策，创效1.25亿元。

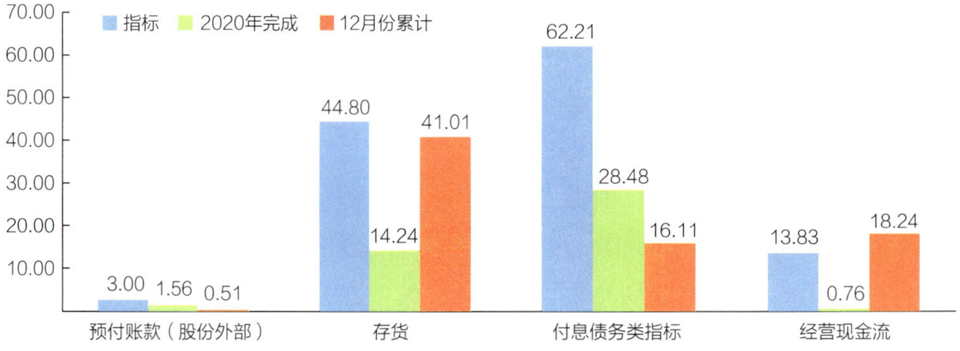

图3 资金指标对比分析

三是突出业财融合抓提升。强化月度预算管理，每月测算、确定生产最优方案，每周滚动跟踪测算，根据市场及生产经营情况及时调整，及时对标兄弟企业，强化专业考核管理，确保效益最大化。发挥滚动预算功效，充分利用总部三个月滚动预算条件，测算后三个月预排产效益，为争取最优季度生产计划提供数据支撑。动态管控装置层面成本效益指标，编制公司月度成本费用预算指标、装置可控成本指标，每月专题分析。

（三）勇于攻坚克难，推动转型发展

以“建设中部地区有较强竞争力炼化一体化企业”为目标，以公司“十四五”发展规划为纲领，进一步绘就蓝图、明晰路径，稳步推进转型发展，提高资源保障能力，持续强基固本，为高质量发展提供有力保障。

一是锚定目标，科学规划定位。科学谋划公司“十四五”期间的发展定位和主要目标，围绕公司“奋力打造黄河流域绿色发展标杆企业、实力强效益好的洁净油品基地和中部地区高端化工和新材料基地”的总体要求，深入剖析自身优势和短板，提出到“十四五”末期，形成千万吨级原油综合配套加工能力和建成百万吨乙烯主体工程的目标，制定下发“十四五”发展规划，将新发展理念贯穿推进公司高质量发展全过程。

二是多措并举，推动转型进展。推动乙烯项目取得实质进展，组建项目团队，开展线上技术咨询、组织下游产业对接，高质量编制项目方案和可研报告。制定乙烯项目前期工作统筹图，建立乙烯项目技术例会制，有效推进乙烯项目进展。推进日濮洛管道建设，加强与管网公司对接、与项目建设单位沟通，逐项解决问题和难点，配合做好管道投用前的相关统筹和准备，实现顺利投用。推动航煤管道项目取得核准，开展最后一公里攻关，破解巩义段穿越黄河卡脖子，加强对接，相继取得地方政府相关意见，获得省发改委核准批复。

三是强基固本，夯实发展根基。强化提升“三基”工作，突出“三标”建设重点，编发“三标”工作手册，以体系理念推进“三标”工作。持续完善制度体系，强化制度全生命周期管理，严把制度立项、审核关，定期编发“制度管理月报表”，坚持开展制度评估和“我为制度作诊断”活动。贯彻集团公司《企业制度执行监督检查通用工作指引》，制定公司检查管理规定，制度检查全面纳入计划管理，组织“1+6”月度“轮值”督查（见图4），有效提升制度执行力。强化现场管理，编发《基层单位现场规格化创建标准》，组织主装置单位规格化创建。

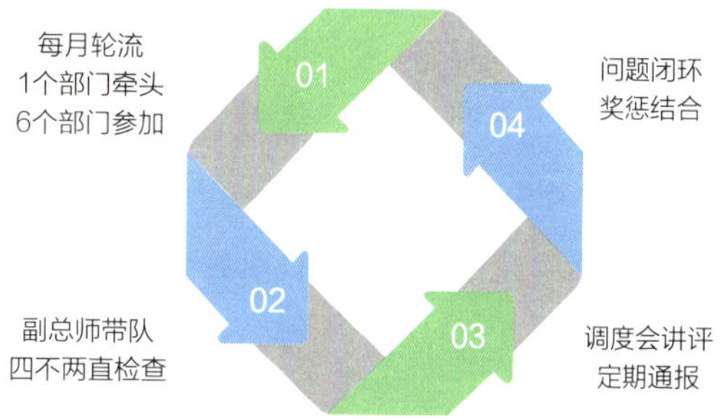

图4 “1+6”月度轮值督查

三 取得成效

（一）企业核心竞争力有效提升

全年完成原油加工量673万吨，实现营业收入375.27亿元，利润7.80亿元，同比分别增长7%、36%和219%。炼油综合能耗72.54千克标油/吨、炼油单因能耗8.176千克标油/（吨·单位因数）、化工综合能耗199.72千克标油/吨、万元产值综合能耗0.715吨标煤/万元4项指标均优于集团公司下达指标。推进装置自控提升及报警治理，自控率、平稳率均达98.5%，高频报警次数降低近90%。强化直接作业环节安全管理，作业票合格率由87%提高到99%。

（二）转型发展实现新突破

百万吨乙烯项目及炼油配套工程可行性研究报告获得集团公司批复，转型发展进入"快车道"；炼油结构调整后续项目乙苯-苯乙烯联合装置按期中交，芳烃产业升级方案获总部专题论证，炼化装置结构优化取得新进展；原油商储库二期高标准提前中交，日濮洛原油管道正式投用，航煤管道项目获省发改委核准，资源保障能力跃上新台阶；"两化"融合加快推进，ERP、APC、LIMS等系统应用排名持续保持领先，为公司高质量发展提供坚实支撑。

经验启示

（一）对标提升要聚焦价值创造

用价值衡量企业发展，把价值思维、效益观念贯穿生产经营管理全过程，聚焦管理重点和关键KPI，加强顶层设计，设置自上而下的指标体系，实施精准对标。

（二）对标提升要坚持结果导向

以量效指标值变化来检验对标项目、对标对象及措施的科学性，来衡量对标工作的成效。通过分析对标结果，发现不足，补足短板，提升管理。

（三）对标提升要注重统筹推进

必须找准定位、把握机遇，紧跟时代步伐，通过统筹实施对标工作，提升企业"硬核"竞争力，推动公司转型发展、项目建设等，为企业高质量发展增添动力。

克服“三难”立足对标
奋力成为中国石化标杆企业

中科（广东）炼化有限公司

一 改革背景

中科（广东）炼化有限公司地处广东省湛江市东海岛，是中国石化“十三五”期间建成投产的最大炼化一体化工程，是国家“一带一路”建设及能源化工发展战略的重要支点。企业规模为1000万吨/年炼油、80万吨/年乙烯，包括常减压蒸馏等18套炼油装置、乙烯裂解等10套化工装置，是目前国内生产装备国产化率最高的炼化一体化项目。项目全面开工建设至全厂打通全流程仅用时29个月，开创了中国石化炼油、化工装置同步建设、同期投产的先河，并实现当年投产当年盈利。公司深入实施对标一流管理提升行动，围绕设施从“无”到“有”难、队伍从“散”到“合”难、管理从“零”到“一”难的“三难”问题，构建了以绩效目标管理、“对标提升”竞赛、“五星班组”建设为主线的目标管理体系（见图1），强化了作风监督、体系建设、“三标”建设、合规体系建设对公司整体目标管控的突出作用，为生产运营初期快速实现公司盈利能力、竞争实力、外在形象“三提升”提供了内生动力。

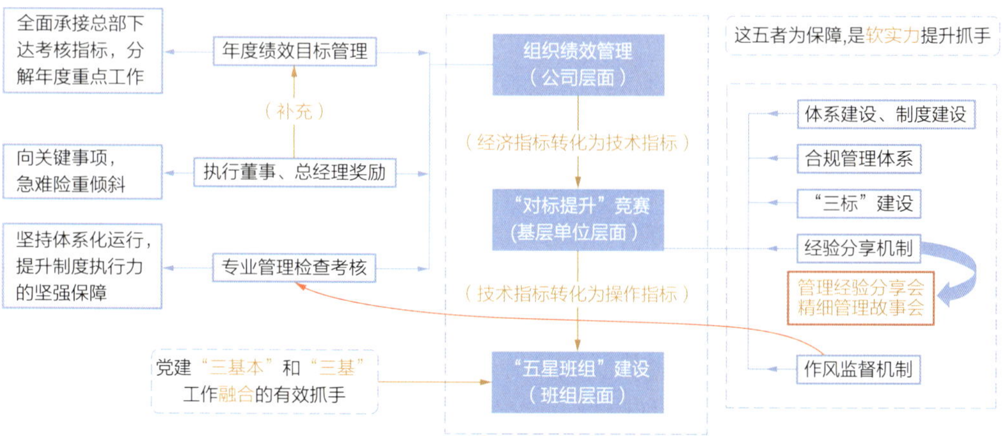

图1　目标管理体系

二 主要措施

（一）理顺目标管理总逻辑，建立“对标提升”工作机制

基于企业高度精简的组织架构，公司坚持目标导向和问题导向并举，聚焦高质量发展指标，持续推动管理机制走向成熟。

一是查找问题精准梳理。围绕专业管理、基层建设、班组建设等内容从不同组织层级开展调查研究，掌握各层级对对标提升的实际认知，引导各层级关注管理目标，补足各层级管理衔接缝隙，厘清职责边界，消除管理壁垒。

二是健全机制明确路径。制定“对标提升”工作机制（见图2），该工作机制精准回答公司各单位对标提升要“做什么”这一问题，以分析评估为工作起点，以“树标”“育标”“对标”为主要工作措施，在此基础上加强过程管控，夯实基础建设，开展月度评价，加强绩效联动，推动领导挂钩，开展经验分享，确保对标提升工作成体系推进，并形成管理闭环。

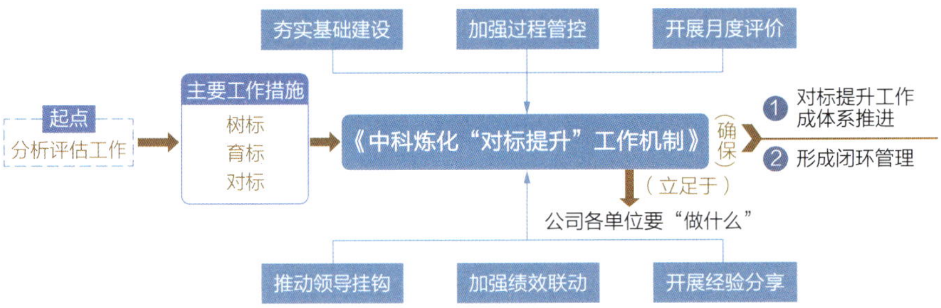

图2 “对标提升”工作机制

三是标杆选树示范引领。从项目、基层单位、装置（区域）三个层面选树标杆典型，标杆选择基于对企业整体效益影响大、具有示范引领作用这一标准，充分考虑企业核心业务、基层单位工作基础、装置实际运行情况，为选树标杆绘制“自画像”、明确对标指标，引导其从关键业绩提升、专业管理提升两个方面开展标杆创建工作。

四是制度执行信息助力。从制度执行力提升入手，全面实现制度100%线上全要素评估，坚持日常检查考核标准来源于管理制度，构建问题协调平台，实现专业管理检查问题线上整改闭环。逐步与生产运营模块进行数采，实现有毒及可燃气系统报警和环保数据报警“点对点”信息推送管控，有毒及可燃气系统报警反馈率由29.41%提高到100%，环保数据报警反馈率由20.83%提高到100%。

五是贴近实际化繁为简。针对基层单位目标管理认知薄弱，对管理制度掌握执行差等

问题，持续开展“工作明白纸”编制工作，从专业线条入手发布“交接班明白纸”“班组安全活动明白纸”“采取样明白纸”等专业明白纸，倒逼专业管理部门简化工作流程，明确管理要求。

（二）重塑绩效目标管理架构，强化各层级目标管理

按照“无损传递”“精准落地”的思路，通过梳理绩效目标管理架构，实现各层级对绩效目标的精准认知，确保相向而行、持续降低管理损耗。

一是厘清逻辑指标落地。针对年度绩效目标管理全局性有余但落地性不足的问题，公司构建了以组织绩效目标管理为顶点，月度“对标提升”竞赛、“五星班组”建设逐步分解落实的绩效管理体系，实现了经济指标向技术指标、技术指标向操作指标的分解落实。

二是对标提升过程管控。扎实开展月度“对标提升”竞赛（见图3），在传统指标评价的基础上，建立科学的竞赛体系，为全厂41套在运装置（区域）设置297个指标，对全厂19套关键装置设置先进性、进步性系数，鼓励装置在系统内争先创优。月度“对标提升”竞赛集指标管理、专业管理、标杆创建于一体，消除了“重指标、轻管理”的工作误区。

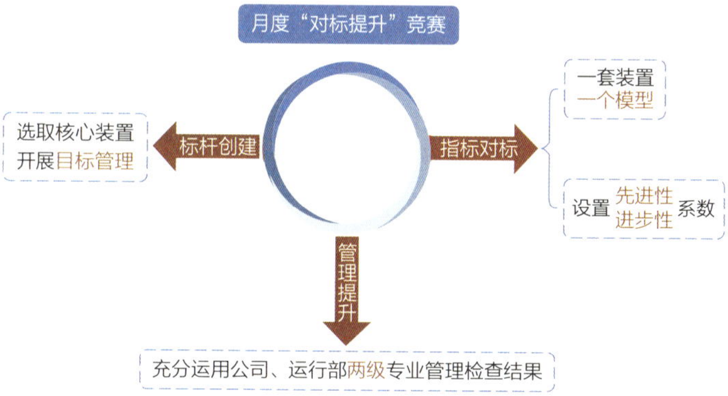

图3 月度“对标提升”竞赛

三是班组建设标准明确。自2020年上半年至今，扎实开展“五星班组”建设，建立165项班组日常建设标准，常态化开展“五星班组”月度分析、半年开展公司级“五星班组”评定，基层单位领导班子逐个挂钩至基层班组。2022年1月，“五星班组”信息系统全面建成投用，全厂96个班组日常检查整改及月度评价全部实现在线运行、在线归档、在线统计。“五星班组”建设在防范化解现场安全风险、提升指标管理水平、强化队伍作风建设、提升技能操作人员履职能力等方面发挥了重要作用，人人保五星、班班争五星的局面初步形成。

四是揭榜挂帅攻坚创效。公司从6方面确定20项重点攻坚创效项目，设置金银牌奖励目标，全部采用“揭榜挂帅”项目制（见图4）管理，在公司范围内征集“揭榜人”，形成以相关专业管理部门、运行部人员组成的“揭榜挂帅”项目组，进一步打破部门壁垒，坚持“不打粮零奖励”，不断激发各层级对标提升攻坚创效的原动力。

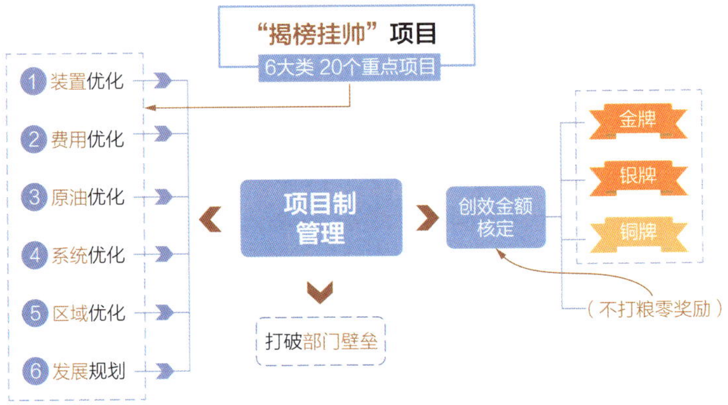

图4 “揭榜挂帅”项目制管理

（三）强化保障机制，软硬兼具围绕中心抓融合

持续发挥企业软实力对企业硬实力提升的保障作用，坚持标准化、规范化塑风铸魂，形成队伍建设常态化工作机制，做到扬正气驱邪气。

一是作风监督塑骨锻形。自2020年起，公司为持续转变队伍作风建设，特别是转变技能操作人员在项目建设初期养成的粗放式工作习惯，创新建立作风监督小组并制定《中科炼化作风建设管理标准》，不断提升作风建设的深度和广度。作风监督从6个方面列举60项作风建设标准，“自画像”式开展日常作风监督工作，每周在大调度会上通报作风检查情况，让不良工作生活习惯无所遁形，形成了正反面典型突出、工作执行有标可依的良好风气。迄今共计编发作风监督通报80期，累计整改问题470余项。

二是经验分享授人以渔。建立精细管理故事会机制，分享基层精细管理经验，让身边人讲身边事。建立管理经验分享会机制，讲专业管理的导向，讲体系化的思维，拓宽了基层专业技术人员的管理视野。自2021年以来累计举办9场，550余人次参与其中。

三是体系融合协同推进。克服2021年生产运营初期的种种困难，公司自体系建设初期就坚持体系管理一体化原则，确保各体系之间的衔接性和一致性，生产运行第一年就完成一体化管理体系建设和认证的各项工作（见图5）。

四是党建引领融入中心。将降本增效项目实施与“三标”建设、党员攻关小组等工作紧密结合，持续开展安全环保思想阵地建设，组织党支部按照“一名机关党员+一名

基层党员 +N 名群众”组建方式，划定并绘制党员守安全环保思想阵地图，辅助安全环保风险抵押考评机制，持续发挥党支部战斗堡垒和党员先锋模范作用，筑牢安全生产根基。

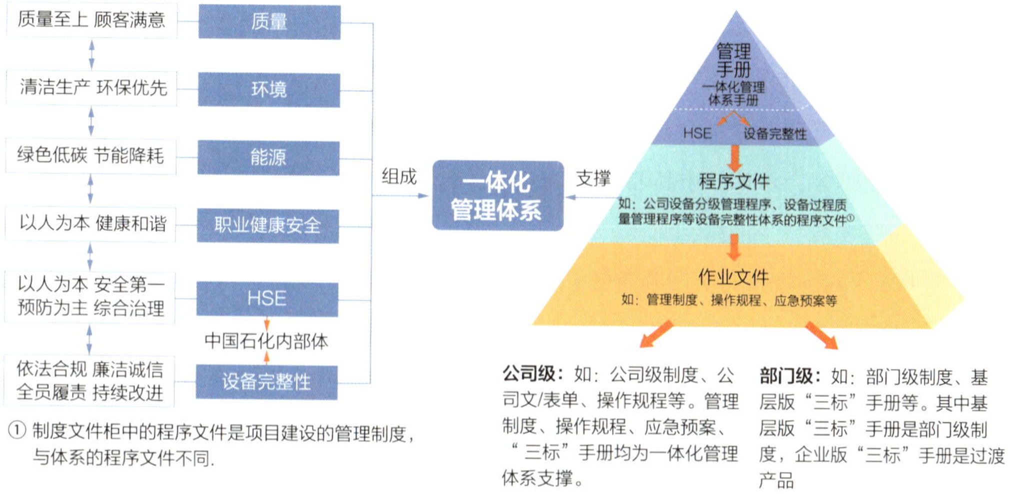

图 5　一体化管理体系

三　取得成效

（一）企业生产经营良性循环

通过持续开展对标提升工作，公司技术经济指标呈现良好开局。公司经济效益、人工成本利润率、全员劳动生产率在系统内名列前茅，公司进入“炼油能源消耗”先进行列，炼油多套关键装置在系统内排名前列，炼油二部获评集团公司标杆基层单位。

（二）科技信息发展进入新阶段

“数字孪生的智能乙烯”项目进入集团公司“十条龙”科技攻关项目；5G和人工智能等新技术创新应用试点纷纷落地，“5G+ 工业互联网”项目进入安装调试阶段；化工区域EVA 装置一次开车成功并成功生产光伏材料，产品毛利居各类树脂产品之首，成为企业新的效益增长点。

（三）企业发展远景逐渐清晰

2021 年底，全面完成吸收合并湛江东兴各项工作，在资源配置、原料互供和长短板互补方面取得了突破性进展，从整合到融合的工作按计划推进；调结构项目迈上时间进度，炼油优化提质改造、乙烯裂解原料重质化及配套装置脱瓶颈改造、60万吨/年丙烷脱氢、2#EVA、10万吨/年醋酸乙烯等5个项目有望在今年全面启动。

经验启示

（一）对标提升就是对问题定措施

实现提升的关键在于找准关键矛盾和坚持问题导向，将解决实际问题和对标提升深度融合，以此一手抓指标提升、一手抓管理提升，才能为各层级目标管理提升指明方向。

（二）对标就是对认识明责任

实现提升的路径要坚持顶层设计、逐级分解，要实现各层级对管理目标的顺畅衔接，引导全员清醒认识价值创造的责任，实现全链条全要素优化，才能不断提升整体凝聚力和核心竞争力。

（三）对标就是对作风树新风

作风是照亮黑夜的火焰，是历久弥新的旗帜。实现管理提升少不了软实力的支撑，只有坚持文化引领、敢抓敢管，从细微小事入手，从纠正不良行为入手，开展常态化的纠偏，才能为队伍建设和精神风貌塑造提供有力支撑，才能为企业持续发展提供不竭源泉。

全面对标促提升　争创一流树品牌

华北石油工程公司

一　改革背景

华北石油工程公司隶属于中国石化石油工程技术服务股份有限公司（以下简称石油工程公司），公司集工程设计、技术研发、工程服务为一体，具备完整的钻完井产业链服务能力。2020年以来，公司深入开展对标世界一流管理提升行动，通过构建四级对标体系、健全“五比”指标体系、优化对标评价体系，建立起全方位、全要素的对标提升运行体系，从分级负责、闭环管理、考核预警等方面，建立起了强有力的保障机制，着力解决生产运行效率、工程技术能力、现行治理结构与高质量勘探开发需求之间的矛盾，全面提升公司价值创造力、核心竞争力和风险防控力（见图1）。对标提升行动以来，公司逐渐探索形成了针对不同区域市场特点的项目管理模式；核心技术竞争力持续提升，获批建设河南省致密油气工程技术中心省级研发平台、获得河南省高新技术企业认证通过；市场竞争力不断增强，西北油田分公司市场占比大幅提升、西南页岩气市场取得新突破、国际市场巩固排头兵形象。公司在石油工程公司“深化四提、助力高质量发展”立功竞赛中荣获“突出贡献单位”称号，先后被集团公司授予“安全生产单位”“内控风控先进单位”等称号，对标行动取得良好成效。

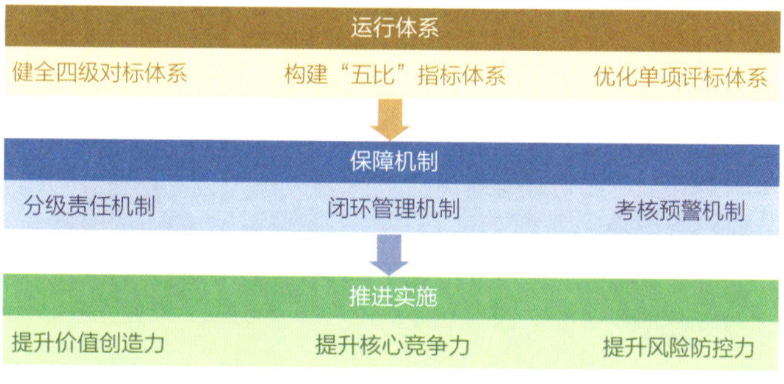

图1　全面对标提升思路

二 主要措施

（一）全面构建对标提升运行体系

为切实抓好对标提升工作，在内外对标基础上，纵向延伸至各层级、横向覆盖各线条，构建起了全方位对标运行体系。

一是构建“四级”对标体系。聚焦高质量发展目标，建立公司、专业经营单位、项目部、基层队四个层级对标管理体系，横向比先进、纵向比进步，多维度评价各单位综合业绩，激发全体员工争先创优活力。公司层面开展外部对标，选择与公司各层级业务结构类似、具有可比性的江汉工程、胜利黄河钻井等石油工程板块标杆单位，对照高质量发展指标、石油工程板块标杆企业先进指标、公司历史最好水平三个维度，促进公司战略引领、特色技术、现场支撑、资源优化、精益管理等综合水平的提升。专业经营单位在与外部单位对标、公司层面对标基础上，分专业分区块选树标杆，开展内部对标，有效提升专业经营单位创先创效动力。项目部对标以目标和问题为导向，各工区设定对标提升“自选动作”，公司在主要工区统筹开展对标专项提升工作，如在西北工区开展“争当专业冠军、创造一流业绩”竞赛活动，强化季度对标评比及短板提升，不断提高市场份额和质量效益。基层队对标以业绩提升为抓手，聚焦人均创收创效水平、成本管控、工程质量等指标，组织开展基层队业绩提升行动，激发广大职工“见红旗就扛、有第一就争”的干劲，提升公司基层队创效能力。

二是健全“五比”指标体系。在石油工程公司对标体系的基础上，瞄准对标提升四个层级各自特点，差异化设置对标指标，增加安全履职、培训、党建等自选动作，将指标细分为贡献指标、效益指标、质量指标、进步指标、管理指标五大类，涵盖82项经济技术指标，建立起“五比”指标体系（见图2），实现对标管理全覆盖，确保科学性、针对性、导向性。围绕“五比”指标内容，确定对标行动目标，将行动目标分解成各专项指标的任务目标，明确责任落实和时间节点，形成对标提升行动路线（见图3）。

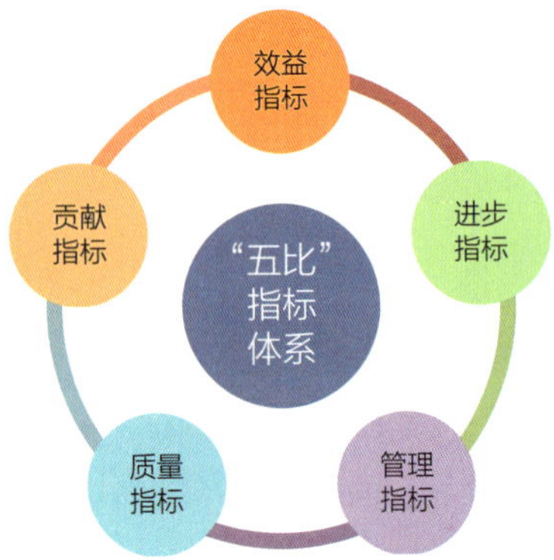

图2 “五比”指标体系示意图

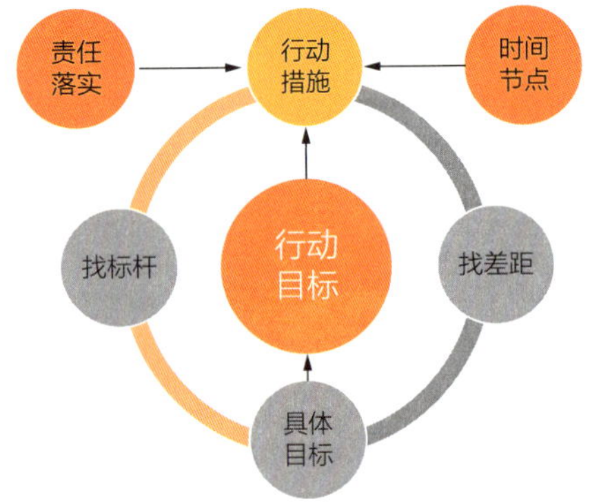

图3 对标提升行动路线示意图

三是优化单项评标体系。变革对标评价规则，改变过去给每项指标赋权重、最后综合计算得分的方式，各层级均采取单项指标对标排名方式进行对标评价，排名靠前的挂红旗并确定为标杆单位，排名靠后挂黄旗。单项指标对标更加有利于各层级直接找准管理短板、找出与先进单位的差距，采取针对性措施进行强化提升。

（二）持续优化对标提升保障机制

为确保对标提升运行体系的高效运行，公司建立了分级负责、过程闭环、考核预警等对标提升保障机制。

一是明确管理职责，建立分级责任机制。强化目标导向，压实各层级职责，将所有指标全部分解落实到相关单位、部门、具体岗位，分类施策、精准提升。通过工作简报、生产例会、经济活动分析会等形式进行通报及提醒，并督促制定工作优化目标，采取有效措施，确保实现提升与赶超。

二是细化工作清单，形成闭环管理机制。成立战略管理、运营管理等9个专业组，各专业组细化工作清单，将9个对标领域细分为26项重点任务，梳理短板问题51个，确定工作目标46个，制定提升措施88项，建立责任及问题清单，配套完善六项保障措施，形成对标评价、对标分析、短板提升、结果应用、对标帮扶、经验传承“闭环管理”工作机制（见图4），持续提升公司创效能力和经营管理水平。

图4 “闭环管理”机制示意图

三是强化结果应用，建立考核预警机制。按季度及时发布各层级对标结果，建立红旗表彰、黄旗警示、落后指标预警机制，按各层级奖惩标准，对排名前列、进步明显的红旗单位进行奖励，对排名靠后、退步明显的黄旗单位进行扣罚，强化考核兑现的时效性，传递考核压力，提升广大员工对标、追标的积极性。2021年公司依据两级“比学赶帮超”对标结果，奖励红旗单位489万元、扣罚黄旗单位312万元，对连续17年业绩排名西北油田压裂专业第一的HB-YL201压裂队给予30万元专项嘉奖，有效激发全员“站排头、争第一”的内生动力。

（三）全力推进对标提升走深走实

公司把优化运行效率、提高技术质量、强化合规管理等作为对标提升行动的有力抓手，推动企业综合能力不断提升。

一是聚焦运行效率，对标提升价值创造力。实施生产运行一体化管理机制，推行管理、技术、操作、执行“四个示范”，坚持重大问题专家会诊，平均钻井周期同比缩短22.17%、机械钻速提高19.92%、复杂时效降低21.43%、压裂提效20.35%。在鄂北工区组建区域性市场综合项目管理机构鄂尔多斯工作委员会，历史性解决了多年以来重复投入、多头竞争、资源效率低下等难题，压减项目部4个，压减管理人员87人，成立物资保障中心、管具中心、钻具检测线，升级“两区两库”，构建“2小时达”物资保障圈，提升资源共享和服务保障能力，打造石化油服区域整合典范。在西南工区率先推行项目化管理模式，凝聚市场竞争合力，优化人力、装备、物资等资源配置，压减项目部3个，压减管理人员21人，推进管理重心前移下沉，压实各层级项目管理责任，提升项目管理质量效率，基本形成了区域资源共享、规范有序竞争、集约化服务保障的市场新格局。

二是聚焦技术质量，对标提升核心竞争力。大力推进和实施科技兴企工程，精心培育关键核心技术，紧扣“卡脖子”难题和科技前沿领域开展攻关，东胜气田钻完井工程关键技术集成6类辅助配套工具、5套钻完井工作液体系，形成19项钻完井工程关键技术。开发近钻头导向测量工具、高性能超微-纳米水基钻井液等井下工具和井筒工作液，低密度复合减轻剂、KPD堵漏剂等6项油田化学剂产品实现产业化应用。顺北油气田超深井安全高效钻井技术，有力支撑亚洲陆上第一深井高效施工。国际市场锚定“沙科伊”大湾15亿~20亿元收入目标，打造高端业务集聚地，SP279等3支钻井队全年日费率达100%，公司海外市场收入占比达37.34%，创历史新高。

三是聚焦合规管理，对标提升风险防控能力。推动合规管理融入公司治理结构，完善“三重一大”决策制度，落实“第一议题”制度，制定党委前置研究重大经营管理事项清单38项，搭建了合规管理组织框架，建立从执行董事、主要负责人到具体岗位的合规管理责任制，构建起治理层、管理层、执行层三级合规管理组织体系。制定“两高一重”范围清单，明确8类15项任务的工作运行大表，构建起内控、风控、法律合规“三道防线”和责任体系。建立起以“基本管理制度为基础、专业管理制度为主体、工作规范为支撑”的“公司、二级单位、基层队”三级管理制度体系，开展制度贯通工程，形成“制度制定－宣贯培训－执行监督－优化改进”长效机制。完善内控业务流程51项、控制点1086个，逐点细化落实责任。完善公司风险库，新增重要风险14项、制定防范措施73项，明确管控目标责任，制定防范措施，提升风险防控能力。

三 取得成效

（一）公司综合业绩大幅提升

通过开展多层次、多维度的全面对标管理，公司高质量发展基础进一步夯实。2020年，公司新签合同额、完成合同额、营业收入、利润总额等指标完成率分别为124%、133%、125%、176%，百元收入营业成本同比降低2.36元，百元收入变动成本较上级目标下降0.94元，百元收入营业成本、人均利润、总资产利润率等多项指标在石油工程系统内排名前列，综合考核系统第三，高质量完成了经营业绩在系统内“保三争二奔一”的奋斗目标。2021年，在石油工程系统对标中，取得了一项第一、七项指标进入前三的优异成绩，在石油工程系统内取得利润完成率、总资产收益率、百元收入营业成本、科研投入产出比等11项位列前三的优异成绩，连续六年完成党组下达的生产经营考核目标任务。

（二）科技拓市优势不断提升

通过对标提升行动，公司在核心技术攻关、拓实增收等方面取得重大突破。深井超深井技术体系在西北油田市场创造一流业绩，2021年实现收入10.61亿元、同比增加5.44亿元、增幅105.3%，实现毛利2.12亿元、同比增加1.77亿元，2021年利润总额、利润率、人均创效3项指标在地区公司对标排名第一。致密油气藏技术体系有力支撑和保障中国石化鄂北天然气高效勘探和效益开发，推动中海油临兴市场压裂包产服务，中标中联公司三年致密气压裂项目63.69亿元合同，被甲方授予“优秀支持协作团队”。西南页岩气市场2021年成功中标10口钻井项目，合同额2.21亿元，全年进尺2.78万米，创4项工区记录。沙特市场2022年与沙特阿美签署两部钻机非常规钻井项目，合同期为5+1年配置。

（三）企业品牌形象持续提升

对标提升行动以来，公司以优良业绩交响了华北品牌，品牌美誉度显著提升。在西北油田市场顺北52A井同时创造4项工区纪录，顺北55X、顺北71X井两次刷新亚洲纪录，实现重要油气勘探突破，双双登上央视新闻，叫响了华北品牌，彰显了担当作为；HB-YL201压裂队在西北工区压裂专业连续17年工区业绩排名第一，单队2021年实现产值1.39亿元，顺北9X井等连续234口井工程质量优秀（见图5），90152HB钻井队承钻的顺北56X井完钻井深9300米，创亚洲最深井记录（见图6），30908HB钻井队全年进尺突破三万米，毛利2147万元，荣登国内钻井队进尺与创效榜首。国际市场巩固排头兵形象，公司国际市场收入占比在6家地区公司排名第一，SP158队实现连续11年无LTI，SP137队荣获科威特石油公司安全业绩总裁奖。

图5 顺北9X井压裂现场

图6 顺北56X井钻井现场

经验启示

（一）对标提升要突出问题导向

找准差距是对标提升的前提。华北石油工程公司全面推进对标一流管理提升行动，向标杆领先企业、同行一流看齐，化解公司在创效能力、运行效率、核心技术、发展质量等方面的问题，促进企业不断释放价值潜力，持续提升核心竞争力。

（二）对标提升要聚焦关键指标

关键指标是对标提升的主线。华北石油工程公司聚焦运行效率、技术质量、合规管理等关键领域，将价值思维、效益观念、合规意识等贯穿对标提升行动全过程，将对标管理责任落实到各层级，全面推进对标提升行动走深走实，大幅提升公司综合业绩，不断提升企业品牌形象。

（三）对标提升要坚持改革创新

改革创新是对标提升的动力。华北石油工程公司将创新放在发展全局中的核心地位，勇于突破对固有发展模式的路径依赖，全方位推进管理创新、技术创新“双轮驱动”，向改革要活力、动力，向创新要效益、效率，不断在构建新发展格局中找出路，在提升创效能力上出实招。

中国石化扎实开展对标提升行动 加快打造世界领先的洁净能源化工公司

企改和法律部

一 改革背景

党的十九大报告提出做强做优做大国有资本、培育具有全球竞争力的世界一流企业，党的十九届四中全会作出推进国家治理体系和治理能力现代化的战略部署，对国有企业提升管理能力和管理水平提出了更高的要求。2020年6月，国务院国资委在中央企业和地方国有重点企业开展对标世界一流管理提升行动，聚焦管理标杆创建，从基层企业、专业对标领域和企业集团三个层面，评选确定了一批标杆企业、标杆项目、标杆模式，进一步推动国有企业加强管理体系和管理能力建设、提高发展质量和效益，着力打造具有全球竞争力的世界一流企业。

中国石化认真贯彻落实国资委决策部署，把对标提升行动作为中国石化增强企业核心竞争力、加快培育世界一流企业的重要支撑，作为中国石化有效应对新形势新挑战、实现高质量发展的重要抓手，扎实推进对标提升行动和管理标杆创建。

二 主要措施

（一）加强组织领导，建立有效的组织保障

中国石化党组高度重视对标提升行动，组织各层级学习领会对标提升行动的重要意义。为了加强组织领导，成立公司主要领导任组长、其他党组成员为组员的领导小组，全面负责决策部署和统筹推进。成立领导小组办公室，负责组织落实领导小组决策部署，抓好组织协调、指导督促和考核评估等工作；成立8个专业组，分别负责研究制定专项对标提升重点任务，抓好专项对标提升（见图1）。直属单位都按照要求成立了专门机构，明确分管领导和牵头部门。通过建立“集团公司统筹谋划，事业部、专业公司协同推进，直

属单位组织实施，基层单位执行落地”四位一体组织体系，为对标提升行动的顺利开展提供组织保障。

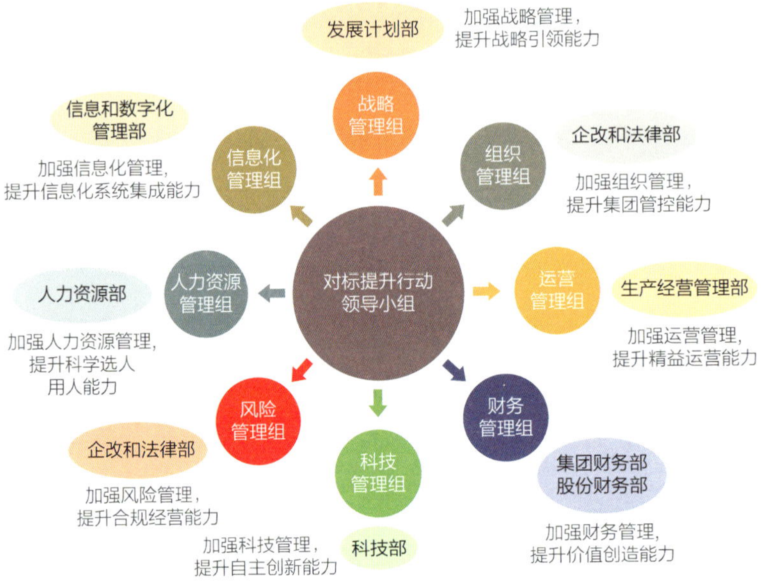

图 1　对标提升行动组织运行体系

（二）周密研究部署，明确对标提升重点任务

国资委对标提升行动启动会后，中国石化党组迅速传达学习会议精神，统一思想认识，理清工作思路，明确工作方向，强化顶层设计，周密研究部署，印发《中国石化对标世界一流管理提升行动工作方案》，对对标提升行动进行统一筹划和安排，将8个对标领域细化分解为45项重点任务。针对每一项重点任务，科学合理选定对标对象，共制定提升目标66个、改进措施153条，并明确时间节点、落实责任部门。按照重要分（子）公司全覆盖的要求，各级企业结合实际情况，坚持一企一策，制定对标提升行动实施细则和工作清单。国资委认为中国石化对标提升行动启动迅速、部署周密，走在了央企前列，2020年12月中国石化对标提升方案和工作清单入选国资委“十家中央企业优秀对标方案和清单”。

（三）加强运营管控，推进重点任务攻坚

领导小组坚持例会制度，通报工作进展和重点任务完成率，研究部署工作，确保任务不落空、进度不滞后、标准不降低。建立推进会、专家咨询、在线交流、专题培训、调研督导、结对帮扶等督导落实机制，层层压实责任，层层传递目标，督促各专业组、各企业

对标提升出成果、见实效。组织专家深入基层提供服务，“把脉问诊、开方抓药”，帮助基层找准问题，制定改进措施，促进落后单位追赶先进。举办培训班，聚焦共性问题科学安排培训课程，组织专家讲解辅导，明确工作思路方法。

（四）推进标杆创建，发挥示范引领作用

聚焦国资委标杆创建，对照国资委要求，认真遴选推荐有实力、有口碑、有竞争力的企业和项目，3家企业、2个项目入选国资委标杆。聚焦集团公司标杆创建，制定《对标提升行动“三个标杆”创建工作方案》，将管理标杆创建延伸到基层，评选确定集团公司层面12家标杆企业、9个标杆项目、43家标杆基层单位，打造多个层级、富有特点的样板，确保各级单位学有榜样、追有标杆。聚焦标杆推广应用，深入挖掘、总结和提炼64个管理标杆好经验好做法，编撰出版集团公司“十四五”重点图书《对标世界一流 打造长青基业》一书（见图2），举办对标提升行动成果发布会，宣传推广标杆经验，加大管理标杆推广应用。

图2 《对标世界一流 打造长青基业》图书

（五）加强宣传报道，营造良好工作氛围

编制对标提升行动“明白纸”“路线图”和《对标提升行动工作手册》，科学解读和宣贯政策精神，将对标提升行动工作要求传达延伸到基层单位和员工。在《中国石化报》推出《对标世界一流 提升管理水平》专栏，分享管理提升成功经验和案例，宣传管理标杆典型经验，营造良好工作氛围。在做好公司内部宣传的同时，积极主动向新华社、经济日报、人民网、中国新闻网等主流媒体供稿，大力宣传中国石化发展成就、管理智慧、社会责任等方面的对标提升成功做法和取得成效，充分展示中央企业的责任担当。

（六）推进信息系统建设，建立完善长效机制

为有力支撑对标提升行动取得实效，解决“和谁对”“对什么”“怎么对”等关键问题，建设中国石化对标提升信息系统（见图3），从集团、板块、企业、基层单位4个层面和8个管理维度的对标指标体系架构，搭建全覆盖、全级次、多维度的指标体系，精准定位各层级各项指标“坐标”。集团层面突出战略管控，分析提炼出反映世界一流企业的特征指标，从8个管理维度全面对标；板块层面突出业务运营，通过外部、公司内部、自身趋势开展个性化对标；企业和基层突出执行落地，结合业务特点，分解和细化集团、板块

指标“点对点”对标。对标提升信息系统作为建立长效机制的重要抓手，持续推动管理提升。

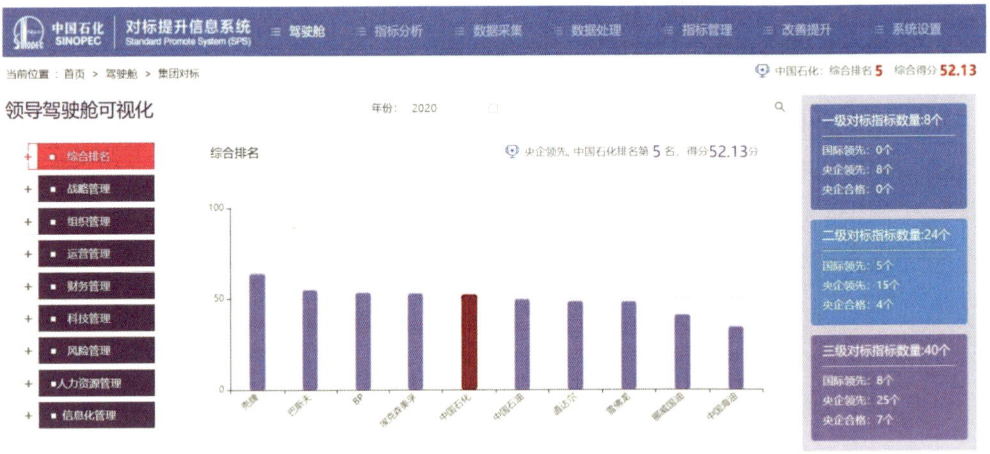

图 3　中国石化对标提升信息系统

三　取得成效

（一）强化战略引领，促进发展质量提升

在“双碳”背景下，制定全新世界领先发展方略，持续完善《中国石化“十四五”发展规划和2035年远景目标纲要》，规划编制工作得到国资委、外部董事和投资者的充分肯定。完善投资管理体系，实现投资计划的动态优化，有效防范投资风险。强化品牌建设，中国石化品牌在2021年中国品牌价值评价中位居能源化工行业第一、央企第一、全国第三。

（二）强化组织优化，促进集团管控提升

持续优化管理架构，探索并运用“战略+资本运营”管控型治理模式，构建4大业务板块。建成规范的集团和企业两个层面的公司治理机制和较为完善的公司治理体系，2022年1月27日，被国资委评为国有企业公司治理示范企业。以阵地典型打造为支撑，打造了一批具有较强影响力的文化教育基地。

（三）强化协同优化，促进运营管理提升

完成智能运营中心建设，提升运营协同优化、全业务链异常监测预警能力。建立集中

统一物资采购管理体系，创新打造基于“互联网+供应链”的易派客电子商务平台，推动采购管理提档升级。建立工程建设“五化”体系，运行效率大幅提升。完善营销管理和用户服务体系，稳定了规模优势和市场占有率。通过生产经营优化，2021年增效99亿元。

（四）强化财务统筹，促进价值管理提升

从资本获利、科技创新、可持续发展等8个维度，建设“集团公司－板块－企业”三级高质量发展指标评价体系，形成了一套完整闭环的价值管理优化提升体系，充分发挥财务管理在推进公司高质量发展过程中的价值引领、优化资源配置、提升运营效率、防范重大风险等作用。

（五）强化科技引领，促进创新活力提升

聚焦国家战略需求，突破一批“卡脖子”的关键核心技术。全面推进“科改示范行动”，优化完善科技创新考核体系，探索实施“揭榜挂帅”攻关机制，加快建设新型研发机构，创新效能得到持续提升。公司成为国资委首批原创技术策源地，2021年荣获国家科学技术奖7项，专利综合优势位居央企首位。

（六）强化风险管控，促进合规管理提升

持续深化内控有效性提升，完善内控监督体系，狠抓重大风险管控，搭建重大经营风险量化指标体系，建设金融衍生品业务风险监测系统，守住了不发生系统性风险的底线。全面推进合规管理体系建设，深化法律、合规、风控、内控、制度“五位一体”法治工作格局，实现风险防控常态化、制度化、精准化。

（七）强化市场导向，促进选人用人能力提升

对标一流标准配班子选干部聚人才，实施领导人员梯队培养计划，选聘首批集团公司首席科学家、首批石化名匠。纵深推进三项制度改革，“下”“出”“减”取得积极成效，直属企业实现经理层成员任期制和契约化管理全覆盖，全员劳动生产率同比提高26%。

（八）强化信息集成，促进数字化转型提升

实施数字化转型重点工程行动计划，推动上云用数赋智。创新体制机制，推行“数据+平台+应用”信息化建设与应用发展新模式，建立业务域“域长”负责制。把“石化智云”作为产业链补链、强链的重要载体，打造传统石化产业转型发展新引擎，获评央企网络安全和信息化优秀案例。

经验启示

（一）开展对标提升行动必须做好顶层设计

对标提升行动是一项系统工程、一把手工程，涉及多个专业和业务领域，各级领导班子特别是一把手要高度重视、总体统筹，方案研究要率先垂范、靠前部署，立足全局、着眼长远谋划明确总体思路、主要目标、重点任务和责任落实，作为开展对标提升行动的总体方案。

（二）开展对标提升行动必须坚持管理创新

在落实好国资委对标提升“规定动作”的同时，结合公司实际丰富工作内容和形式，创新性地推进“自选动作”，如建设对标提升信息系统、编撰出版管理标杆案例图书、召开对标提升成果发布会、将管理标杆创建延伸到基层、注重发挥基层首创精神等，取得了积极成效，得到了国资委的充分肯定。

（三）开展对标提升行动必须建立长效管用机制

各单位在开展对标提升行动过程中，切实解决了实际问题、提升了管理水平，取得了实实在在的效果。对标先进、提升管理逐渐成为工作习惯，各单位逐渐变被动承接工作为主动推进工作，实现“要我对标”到“我要对标”的转变，公司上下形成“学习标杆、赶超标杆、争当标杆”“站排头、争第一”的良好对标提升工作氛围，推动形成对标提升长效管用机制。

对标先进　争创一流
扎实推动采购管理提档升级

物资装备部（国际事业公司）

一　改革背景

近年来，物装（国事）深入贯彻国务院国资委对标世界一流管理提升行动部署和采购管理对标工作要求，统筹推进采购管理对标提升，全面构建集中统一、科学规范、公开透明的物资采购管理体系（见图1），全力推进基于互联网的供应链管理创新与实践，创新打造阳光透明、刚性执行、开放共享的易派客工业品电商平台，提升采购规范化、专业化、数字化、平台化水平，推动产业链供应链安全可控、高效协同、绿色低碳、转型升级，采购效能大幅提升，平台资源广泛共享，经济效益和社会效益持续放大。

图 1　扎实推动采购管理提档升级

二 主要措施

（一）统筹推进采购管理对标提升

将采购管理对标提升作为深化改革破瓶颈、提升能力补短板的内在需求，以“建设成为具有全球视野、国际标准、专业特质、行业领先的现代供应链领导者和实践者”为愿景目标，为中国石化高质量发展和产业链供应链安全稳定提供坚实保障。

一是眼睛向外找差距，确保高起点对标。围绕“与谁对”，选取世界知名的同行企业、管理先进的中央企业、全国供应链创新与应用示范企业作为对标对象，组织专班调研，借鉴经验做法，探究供应链发展方向，对标最佳实践。

二是自我检视明路径，注重高标准追标。围绕“对什么”，全面评估现状，直面短板弱项，按照“对标一流、体现特色、突出重点”的原则，明晰提升目标，分解对标提升任务清单，自立桅杆奋进前行，持续加强管理体系和管理能力建设。

三是分层对标争一流，推动高质量创标。围绕“如何对”，系统构建行业对标、专业对标、企业对标的分层对标体系（见图2），勇站排头，志创一流。以国资委采购管理对标指标为标尺，对标央企同行互促共进。聚焦采购管理重点专业领域，全力提质提优，创建采购供应链标杆。组织直属企业深入对标，以先进带后进，推动各板块、各企业采购管理平衡发展、整体提升。

图2　采购管理分层对标体系

（二）全面构建集中统一采购管理体系

运用供应链管理思想和现代信息技术，以先进的工作理念为指导，以集中统一的采购管理体制为基础，以科学高效的采购运行机制为保障，以整合资源的集团化采购为主导，以防控风险的供应商管理为重点，以公开透明的电子化采购为手段，持续强化供应链全生命周期管理、全过程服务保障、全方位风险防控和全要素效能管控，推进高度集中统一的采购管理变革。

一是树立先进的管理理念。落实“双碳”目标，确立安全供应、及时供应、绿色供应、经济供应理念，追求物资性能价格比最优、全生命周期总成本最低，保障供应链安全稳定，降低采购成本，控制采购风险，提升公司资源获取能力和价值创造能力。

二是推行“七统一”管理。以实施“归口管理、集中采购、统一储备、统一结算”为主要内容，实行集中统一采购管理，实现物资采购管理体制、运行机制、管理制度、业务流程、供应资源平台、招标平台、电子化交易平台“七统一”。

三是规范采购运行机制。对标国际先进企业，改造传统采购业务，实行管理、招标、决策、执行相互分离，建立专家主导决策的开门采购、框架协议采购为主的策略采购机制，实现采购权力制衡、采购决策科学。

四是构建两级集中采购模式。对大宗、通用、重要物资，由总部整合需求实施集团化采购；对其他生产建设物资由各直属企业实施企业集中采购，显著增强供应资源获取能力、市场议价能力和风险控制能力。

五是优化供应资源管理。建立统一的供应资源管理平台，严格供应商资格审查与动态考评，优选技术先进、装备精良、产能领先、合作紧密的供应商开展战略合作（见图3），深化供应链互赢合作。

图3　2021 年 10 月中国石化与 67 家供应商签署新一轮战略合作协议

六是全面推行电子化采购。陆续上线物资采购电子商务平台、ERP、数据仓库、供应资源管理、信息化标准管理、电子招投标平台等系统，采购信息高度集成，采购过程公开透明，内外部业务高度协同，全流程数据全面共享，全面变革传统采购业务，提升采购工作效率（图4）。

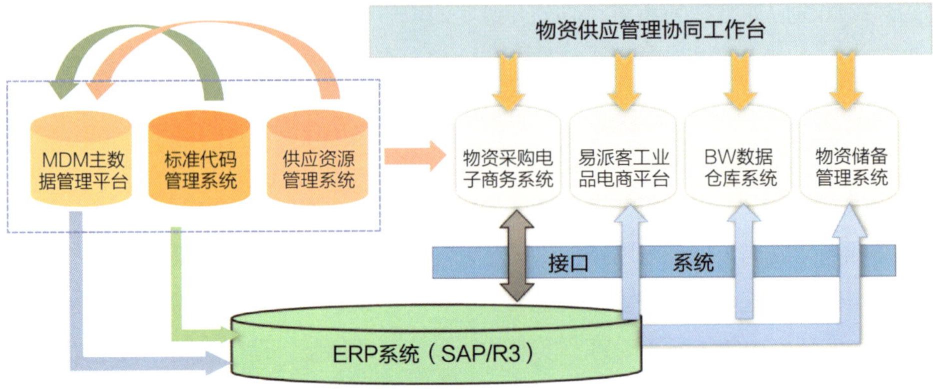

图4　中国石化物资采购信息系统集成

（三）持续推进“互联网+供应链”创新

依托坚实产业基础、采购管理体系优势和电子化采购实践，创新打造基于“互联网+供应链”的易派客电子商务平台，建立以供应链核心企业需求为基础，富集需求与其他企业交易的SC2B电商新模式，实现供需精准匹配、效能提升，推动供应链数字化、网络化与协同化。

一是提升采购效能。全面实行“三开”，即敞开大门让供应商服务有机会，公开规则寻得性价最优合作，放开平台主动接受各方监督，大力推行全流程电子化招标，实现阳光采购、操作公开、全程在案、永久追溯，供应链物流、资金流、信息流全程受控。践行“让采购更专业”，共享采购资源，提优采购效率，降低采购成本。

二是创新电商模式。创新平台运营模式，持续推出采购、销售、金融、综合等业务，推动纵向贯通产业链、横向融通供应链、金融助通资金链、多向打通服务链、嫁接连通制造链、合作互通贸易链，推出多语种版本的国际业务平台，助力构建国内国际双循环相互促进的新发展格局，实现采购供应链价值增值。

三是深化采购协同。跨越企业边界，与关联方推进一体化连接，推动业务流程标准化、商品选择智能化、数据交换自动化，实现关联方与平台的系统互通、数据互通、供销互通、高效协同。推行供应链阳光行动，推进采购标准化、制造数字化、物流透明化、信息互联化，实现物资采购从原料采购、生产制造到物流交付透明可视、全程可溯。

四是推动标准引领。建设国家技术标准创新基地（工业品电子商务），创新打造易派客标准体系（见图5），对企业及产品进行精确评价、精准画像、精挑细选，全面树立行业标杆、产品标准和市场标尺。累计制定各类工业品质量分级标准5616项，建成覆盖主要工业产品的质量分级标准体系。制定国家标准3项、国际标准2项，与国际评价机构推进质量评价标准互认互用，打造标准创新高地和标准国际合作平台。

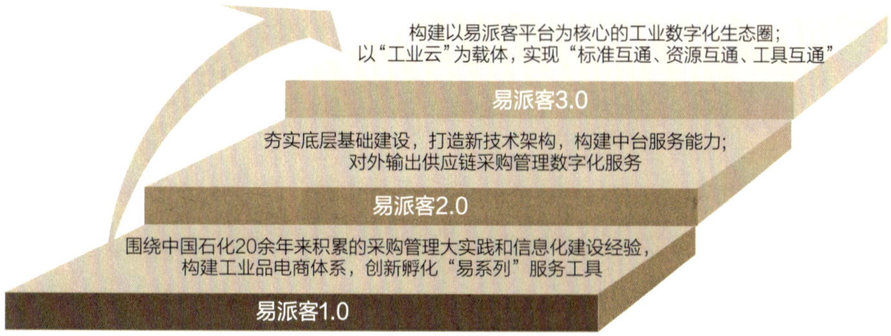

图 5 "易派客"工业生态整体建设规划

五是完善电商生态。聚焦价值链、产业链、供应链延伸，建立集商品交易、在线支付、物流配送、技术支持、金融服务、信用支撑于一体的电商平台生态体系，优化钢铁、阀门、劳保、MRO等专区建设，上线运行物流专区、废旧物资专区。打造易支付、易保理、易权通、易保险等"易系列"工具，保障交易安全快捷，降低企业运营成本，推动供应链数字化转型，全面提升供应链运转效能。

三 取得成效

（一）采购管理全面提升

构建了与国际接轨的采购管理体制和运行机制，实现了采购电子化、管理信息化和平台数字化。2015～2021年在国务院国资委采购管理对标评估中连续位居央企前列，2021年"采购供应链管理体系"入选国有重点企业标杆创建行动标杆项目。

（二）经济效益显著提升

采购降本成效显著，提升了供应市场影响力，显著降低生产运营和投资建设成本，"十三五"期间累计供应生产建设物资超万亿元，节约采购资金603亿元。平台运营绩效突出，注册用户26.8万个，上线商品累计333万种，整体交易金额达到1.95万亿元。

（三）社会影响持续放大

易派客平台先后被确定为服务金砖国家工业品电子商务平台、全国供应链创新与应用示范企业、国家大数据产业发展试点示范项目，建立了更有质量、更加透明、更具效能、更高价值的现代供应链，助力构建国内国际双循环相互促进的新发展格局，推动了平台经济规范健康可持续发展。

经验启示

（一）深化采购管理对标成效，必须聚焦主责提升服务

要持续提升保供效能，推进集中采购、集中招标、集中仓储，发挥内外协同、资源共享优势，为集团公司持续健康发展提供更高质量、更高水平的物资保供服务。

（二）加快采购管理创新发展，必须解放思想勇于创新

要紧跟时代发展步伐，持续探索机制创新、模式创新、工具创新、平台创新、管理创新，深化“互联网+供应链”创新，助力建设世界领先企业。

（三）推动采购管理提档升级，必须志创一流持续提升

要对标领先对表同行，厘清“并跑”“领跑”的指标，把准尚需“跟跑”“追跑”的指标，对标国际领先持续追标，对表同行一流全面提升，推动中国石化采购管理持续走在中央企业前列。

搭建“3566”对标体系 全面提升国内上游治理能力

油田勘探开发事业部

一 改革背景

油田勘探开发事业部深入贯彻落实习近平总书记能源安全新战略和重要指示批示精神，围绕中国石化构建“一基两翼三新”产业格局、建设世界领先洁净能源化工公司，全面落实中国石化对标世界一流管理提升行动的8项重点任务，坚定扛稳保障国家能源安全职责使命，围绕治理体系和治理能力建设，坚持继承与创新，搭建“3566”对标提升管理体系，从国内上游、分公司、基层单位三个层面构建覆盖各层级、各业务领域的对标体系。抓好“三个标杆”创建，健全常态化机制，聚焦主业发展、深化改革管理、强化基础管理，加强业务对标与基层对标，找差距、补短板、促提升，实现管理体系、管理能力、管理效率的有效突破，为稳油增气、降本提效提供了强力支撑（见图1）。

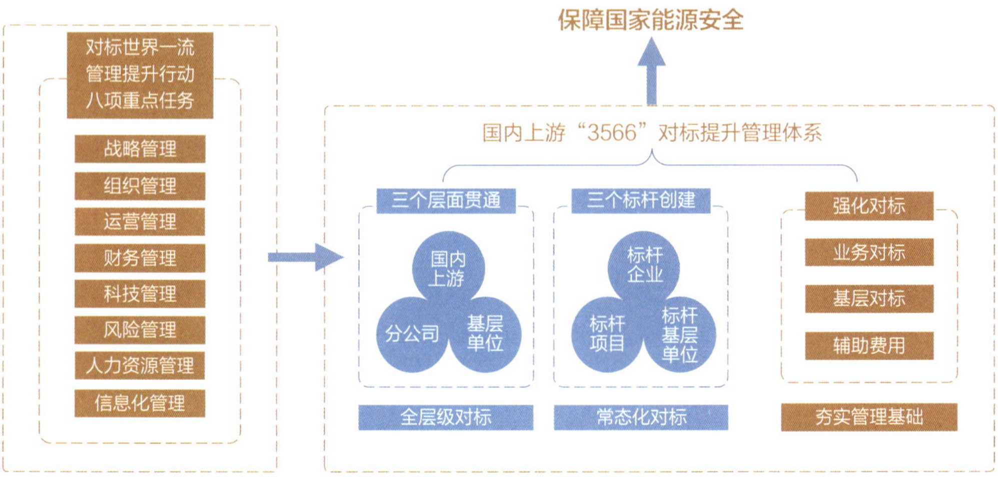

图1　对标提升思路图

二 主要措施

（一）搭建平台推进对标提升行动规范化

一是构建国内上游对标体系。结合国内上游特点，制定《国内上游对标管理提升行动推进计划安排》，系统构建“3566”对标管理提升体系，形成了国内上游对标提升管理平台。从事业部、分公司、基层单位3个层面，围绕“规模实力、盈利能力、运营能力、抗风险能力、发展能力”5种能力，聚焦“高质量勘探、效益开发、天然气大发展、工程技术、低成本发展、改革管理”6项主要业务，明确了板块、分公司、采油气单位和专业化队伍共61项主要指标，实现了从上至下层层贯通、从下到上层层保障。建立组织运行、分析提升、定期通报、典型选树、数据共享、考核激励等6项机制，保障对标体系落实落地（见图2）。

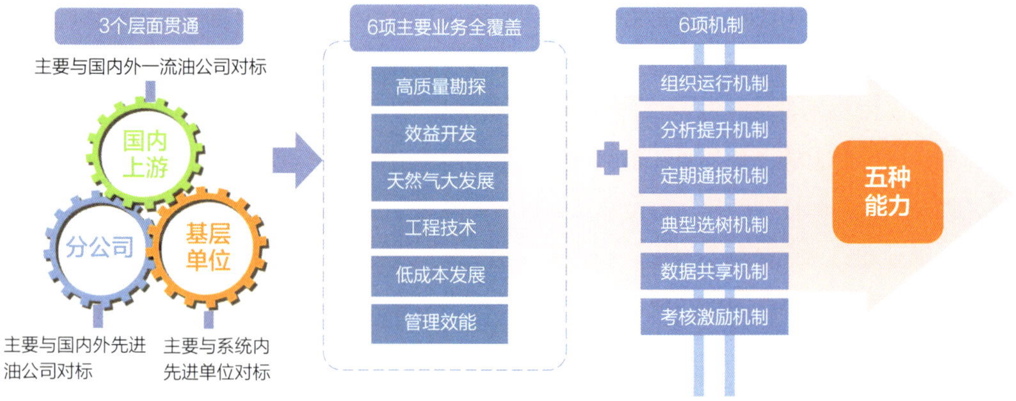

图2 国内上游“3566”对标提升管理体系

二是上下贯通开展对标提升行动。各分公司强化组织领导，制定对标提升行动实施细则和工作清单，形成“路线图”和时间表，建立了分层级分专业对标体系。胜利油田分公司以“六个走在前列作表率”为对标方向和目标，涵盖13个对标领域、47项重点工作、65项主要问题和156项提升措施。中原油田分公司将对标提升行动与深化改革三年行动相结合，制定油田层面42项、直属单位层面52项、基层单位层面77项对标指标，明确对标对象、标杆值和提升目标。江汉油田分公司紧盯管理弱点，制定9个对标领域、49项重点工作、176项提升措施。江苏油田分公司成立高质量勘探、效益开发与工程等10个专业组，着力解决10个方面、25个重点问题。

（二）业务主导推动稳油增气降本提效

一是国内上游以业务对标破解问题和挑战。充分发挥各专业组作用，加强对标分析，学习国内外先进管理理念、制度、流程、标准、规范，着力破解SEC储采比不高、技术支撑不到位、成本竞争力不强、劳动生产率不高等问题和挑战，推动了稳油增气降本提效。开展勘探业务对标，从勘探领域、工程项目维度开展25项对标，形成东部陆相页岩油、塔里木断控体等典型对标案例，明确提升方向，实现提质增效。开展开发业务对标，根据不同油藏类型、开发阶段，建立油藏分类分级指标评价系统，实现了单元开发水平自动分级、动态评价，对标追标，提档升级。

二是分公司以业务对标提升专业和基础管理水平。各分公司对照事业部发布的对标管理提升通报，分析各专业指标在系统内所处的水平层次，加强问题识别，选择业务类型和管理特点相似度高、可比性强的国内外先进油公司作为对标对象，学习吸收先进经营理念、管理思想、组织架构、制度标准、业务流程等，提高了专业和基础管理水平。西北油田分公司对标中国石油塔里木油田，在4个领域确立了14项重点对标任务，优化了钻井技术模板，2021年5口探井试获高产。河南油田分公司对标胜利、江苏油田分公司，梳理出重点课题23个，剩余经济可采储量、全员劳动生产率等11项关键指标同比提升。华北油气分公司对标中国石油长庆油田分公司，对比资源探明率、储量建产率、产值利润率等28项指标，落实7项追标措施，11项指标同比提升。天然气分公司对标中国石油天然气销售分公司，不断强化用户与合同管理，加强风险防范管理，有效化解了市场波动影响。

（三）标杆选树引领促进共同提升

一是组织先进标杆遴选推荐。为进一步发挥标杆示范引领作用，按照集团公司“三个标杆”创建要求，打造了一批国内上游的标杆企业、标杆项目、标杆基层单位。西北油田分公司入选国资委标杆企业，胜利油田分公司、江汉油田分公司入选集团公司标杆企业，江汉油田分公司重庆涪陵页岩气公司勘探开发技术创新管理入选集团公司标杆项目，华东油气分公司泰州采油厂、胜利油田分公司新春石油开发公司等13家基层单位入选集团公司标杆基层单位，板块标杆数量居集团公司首位。系统总结标杆单位典型经验做法、管理模式、制度体系等，在《对标世界一流　打造长青基业》成果汇编中推广标杆典型经验做法14篇；在《中国石化报》推广对标经验12篇，在对标行动简报推广事业部及分公司典型做法15篇；每季度发布组织效能对标通报，公布各专业领域和各类型队伍的标杆单位、标杆指标，推广交流典型经验。

二是推进“三个标杆”长效化管理。结合“十四五”规划和七年行动计划，提出标杆创建的发展方向、专业要求、指标提升目标等，明确了管理提升目标任务和动态评价机制，对标杆企业开展跟踪评价。各分公司在事业部选树标杆的基础上，建立分专业、分基层单位类型的标杆选树制度；按照事业部确定的标杆企业、标杆基层单位名单，组织制定标杆创建工作计划，有针对性地制定对标提升措施，事业部对各级标杆单位的提升计划到位情况进行跟踪检查，巩固深化了标杆创建成果。

（四）管理品牌激发基层对标活力

一是以“五项劳动竞赛”为载体开展基层对标。将竞赛评比与基层对标工作相融合，聚焦强基固本，落实以经营业绩核心指标、主要经济技术指标以及区块目标管理、“三基”管理为主要内容的基层竞赛评比指标体系，组织采油气厂、管理区、专业化队伍、站（库）等开展对标竞赛，刷新了一系列技术和管理指标，涌现出了一批先进单位。

二是以组织管理效能对标为抓手提升改革管理水平。聚焦效率、效益和质量，以油气生产单位、专业化队伍为评价对象，自2019年以来坚持每季度发布油气生产单位和专业化队伍组织管理效能对标简报，通报标杆水平、平均水平、各类型各层次单位排名情况和典型单位先进经验。组织管理效能对标已成为提升改革管理水平的主要抓手，推动了基层管理效能显著提升。

三是以“星旗榜”评比为导向激发基层内生活力。围绕高质量勘探、效益开发、工程管理、成本管控等关键业务，建立“争旗夺星”竞赛机制，每季度从比先进、比进步、比贡献3个维度对15项指标对标评比，分别挂红旗、红星通报奖励。组织各分公司细化星旗榜考核办法，激发了各单位有红旗就扛、有第一就争的积极性，提升了主要业务和重点工作的管理水平（见图3）。

图3 国内上游基层对标评价管理品牌

三 取得成效

（一）整体实力稳步提升

通过对标，发现了一些制约国内上游可持续高质量发展的问题，以落实PDCA循环工作机制为抓手，持续提升五种能力，取得了较好的成效。2021年，在五种能力中，整体规模实力、营运能力、盈利能力和抗风险能力等4个方面能力同比提升，发展能力保持稳定；在18项对标指标中，新增探明储量、SEC剩余经济可采储量、油气产量和“两利四率”等14项指标实现同比提升。

（二）组织管理效能取得较大进步

2021年，分公司层面，18项对标指标中，12项标杆值同比提升，13项平均值同比提升，其中经营效益、油气产量、油气储量、劳动效率等提升较大。采油气厂层面，厂级人均利润同比增长1.87倍，人均产量增加12%；专业化业务人均创收同比增加25%；采油气厂6项指标、专业化队伍12项指标刷新了标杆值。2022年一季度，厂级人均利润同比增长341%，人均产量同比增长12.74%；专业化业务人均创收同比增加37%。

（三）固化形成一系列管理经验和管理模式

以对标促进管理改革创新良性互动，在高质量完成对标提升行动目标任务的同时，实现管理能力和管理水平的全方位提升，形成了诸多行之有效的管理经验与模式。如胜利油田分公司聚焦油藏经营价值最大化，健全分公司“六项机制”、开发单位“七大体系”、管理区“五项机制”，西北油田分公司打造具有现代油公司管理特色的“六化”管理体系，华北油气分公司一体化投资精益管控体系、东北油气分公司特色精益管理体系，中原油田分公司普光分公司天然气净化厂“3+3+3”管理模式、华东泰州采油厂“厂直管班（站）”扁平化管理模式、江汉油田分公司重庆涪陵页岩气公司“人在干、数在转、云在算”的数字气藏管理模式等。

经验启示

（一）融入主责主业是对标的重要前提

业务是企业生存发展的命脉，管理是为业务服务的。将八个方面对标一流管理提升要求全面融入主责主业、中心工作，根据不同层级、类型单位职能定位和业务发展需要，细化“和谁对”“对什么”“怎么对”，确保对标提升成为从业者的思想自觉、行动自觉。

（二）动态管理标杆是对标的长效保障

标杆不仅是某个企业、指标的最佳实践与指标，更代表油公司运用现代前沿管理理论的新方式、新模式，因此必须选育结合、适时评估、动态调整，将“三个标杆”创建常态化、长效化，始终保持标杆的先进性与引领性，不断激发基层单位创标追标的动力。

（三）夯实基层是对标提升的有力抓手

基层管理是企业高质量发展的基石，对标管理提升与五项劳动竞赛、星旗榜评比面向基层，各有侧重，必须互促共融，多维度评价、全方位提升基层治理水平，充分激发基层创新创效活力，反之推动对标管理提升工作不断向纵深推进。

04

瘦身健体

全面攻坚“老大难” 推动存续业务可持续发展

西南石油局

一 改革背景

西南石油局由原中国石化西南地区6家局级单位于2007年重组整合而成，存续业务主要有矿（社）区管理、离退休服务、社会保险、土地房产经营、天然气及液化石油气终端销售等，员工1500余人，非在职群体约2万人，管理区域覆盖四川、重庆、云南、贵州、湖南、广西6省（市、自治区）31个地区，合规经营和股权投资等方面长期未解决的历史遗留“老大难”问题“点多、面广、情况复杂”。2021年，围绕公司制改制与厂办大集体注销、国资委低效无效股权清理退出和民企挂靠综合整治三块“硬骨头”：一是全民所有制中南矿产公司及厂办大集体梓园商场从1999年停业至今，受制于大集体工群体不配合、不稳定，注销工作推动困难；二是为开发景谷盆地与地方政府共同投资设立的景谷油气公司，已资不抵债并依法遣散员工后，公司注销所涉及的土地复垦、环保治理、原油处置、矿权注销、资产清算等问题一直让各方股东“望而却步”，股权投资效益与安全环保面临双重压力；三是液化石油气终端销售单位云南燃气公司因历史原因由地方主导形成了270家非自营门市，存在经营不合规、安全隐患大、监管难等问题。公司以实现存续业务高质量、可持续发展为目标，从强化改革顶层设计着手，制定重点突破、“一案一策”的改革策略（见图1），全面攻坚“老大难”，取得了良好的社会效益和经济效益，进一步夯实了发展基础。

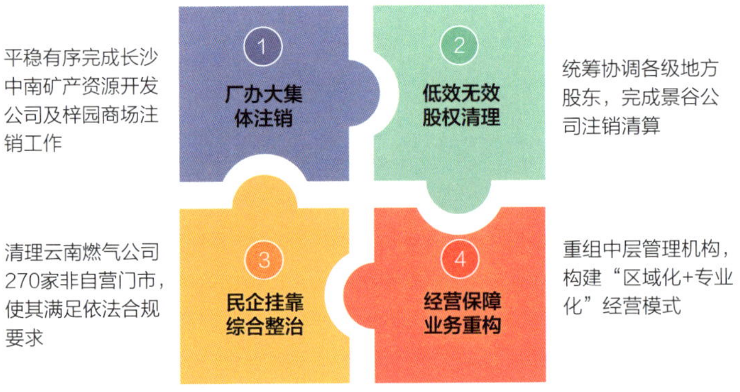

图1 “一案一策”推进重点改革任务

二 主要措施

（一）加强组织领导，构建“一体化”工作机制

坚持以问题导向切入，以目标导向发力，以结果导向落脚，成立全面深化改革领导小组，下设专项改革工作组，主要领导亲自挂帅，分管领导负责顶层设计与统筹推进，各层级各专业人员认真履职尽责。在开展全方位调研与问题分析的基础上，强化工作决策方案设计、过程管控与政策配套评价反馈，坚持定期集中研究和专题会商制度，及时研究瓶颈问题，制定解决办法及措施，形成上下“一体化”联动的工作运行机制。

为提高决策效率，部分涉及多业务线条的重大改革事项直接由分管领导担任专项工作组“办公室主任”，强化牵头部门的统筹作用发挥，保证各项工作统一指导、统一协调、统一推进，既提高了组织运行效率、减少了无效沟通，又实现了资源共享，突破了业务部门管理的局限性。在改革方案形成阶段，严格履行党委前置审议程序，充分发挥党委把方向、管大局、促落实的领导作用；在改革推进过程中，注重做好政策宣传引导、稳定风险评估和维稳预案编制，涉及员工根本利益的改革严格履行民主程序，让员工充分融入改革，做改革支持者、推动者、践行者，有力保障了各项改革任务平稳有序推进（见图2）。

图2　建立“四大保障”改革工作机制

（二）突出“四个聚焦”，推动公司制及厂办大集体改革

直面131名相关人员核心诉求，把解决诉求、维护稳定、打通关键环节作为改革的着力点，突出“四个聚焦”，全力克服各类困难，2021年8月27日和9月13日，先后取得梓园商场和矿产公司注销证明，标志着该项改革任务提前高质量完成（见图3）。

图 3 “四个聚焦”完成公司制改制及厂办大集体改革

一是聚焦责任落实，抓好机制建设。以顶层设计为牵引，成立专项工作组，保证改革工作统一指导、协调和推进。深挖问题根源，做好政策研究和风险分析。坚持底线思维，明确协商谈判范畴，有针对性制定实施方案、稳定工作预案等。

二是聚焦问题诉求，抓好现状分析。全面开展资产清查、诉求核实查验，证照、公章信息梳理，主动与属地市场监管机构、矿产公司人员沟通对接，详细摸清全部大集体工的具体情况与利益诉求，对各项诉求开展合法性、合理性、可行性和可控性分析，为友好协商打下坚实基础。

三是聚焦任务目标，抓好依法合规。一方面，坚持底线思维，重点研判如大集体工群体不配合导致谈判失败情况下的推进举措，“借力”长沙市改革办，争取到地方市场监管机构支持，打通极端条件下由股东单方面注销的路径，变被动为主动。另一方面，以“我为群众办实事”为切入点，在一个月内连续三次展开谈判，既传递出坚定推进改革的决心，又表达出对该群体的关心，顺利完成意向书签订。

四是聚焦和谐稳定，抓好风险防控。深入细致做好思想政治工作，积极联系当地社区、街道、防疫机构等相关部门给予指导和帮助，实现注销过程平稳有序，确保改革工作经得起审计评估和历史检验。

（三）突出统筹协调，推动景谷公司注销清算

为推动集团公司上报国资委的低效无效股权清理项目“景谷公司注销清算”，针对股东方既有景谷地方国资委所属公司，也有云南省国资委所属公司或其下级公司，与地方政府协调难度大，各方股东对注销消极应对的实际，公司以企管部门牵头，建立矿权管理、工程、安全环保、土地、财务等部门分工协作的统筹协调机制。

一方面，紧扣关键环节和时间节点，以大股东与矿权人身份，主动与各股东方沟通，确保意见统一并出具意见后，各部门各司其职，相互衔接，协调推进。另一方面，针对景谷公司资不抵债的实际，创新提出残留油气资产概念，经与律师反复研判后，选择向法院申请破产清算的方式进行注销清算，充分发挥地方股东桥梁作用，获取当地国资委同意破产文件，于11月24日取得当地法院民事裁定书。

（四）坚持依法合规，推动民企挂靠综合整治

在落实国资委部署的民企挂靠综合整治专项行动中，公司对云南燃气公司270家非自营门市进行客观分析，对照当前民企挂靠认定标准进行清理调整，使其满足依法合规要求。针对合规经营与效益的冲突，财务、法律、市场等多部门专业人员积极研判、寻找措施，不搞“一刀切”，坚持实事求是编制《门市自营化整改方案》，对意愿转变为自营管理模式的重新签订承包经营（安全）协议，对存在安全隐患又不愿整改的做清退处理。推进过程中实施“周报+月报”工作机制，建立与当地政府和非自营门市经营者沟通、协商机制，实行一户一策，获得地方行政管理部门的理解与支持，年内平稳有序收回全部270家挂靠门市经营证照，完成168家承包经营（安全）协议签订，清退102家，实现了合规经营与效益保障双兼顾。

（五）坚持主动作为，构建“区域化+专业化”经营模式

为实现社会化分离移交完成后存续业务可持续发展，针对存续业务部分职能萎缩、资产创效能力不足、人员结构性富余矛盾突出、管理机构冗余等问题，经过一年多的系统谋划，打破区域性限制，在专业化管理的基础上兼顾区域化统筹，将原实施专业化经营的资产经营管理中心和5个主要从事保障性服务职能的区域石油基地服务中心重组为2个“经营创效+公共保障一体化”单位（见图4）。

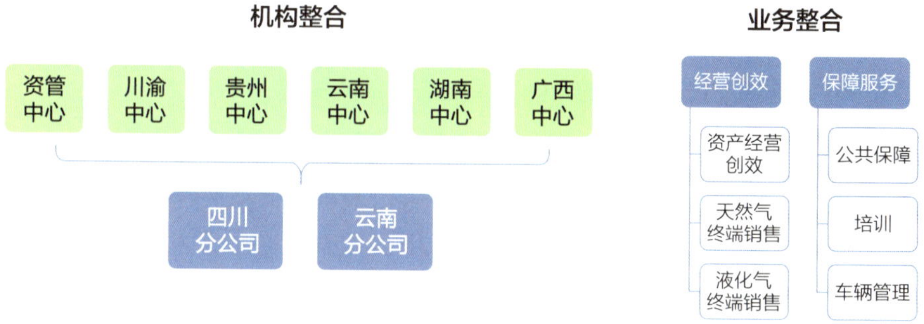

图4 “区域化 + 专业化”经营模式构建

推进过程中，强化任务节点运行管控，相关职能部门按职责分工做好跟踪指导，推动单位组建到位与问题协调解决；突出落实两个新组建单位的经营改革主体责任，“三定”方案和人员竞聘方案均经职代会审议通过后实施。针对人员结构性富余的矛盾，建立人力资源创效中心盘活富余人员，围绕油气主业开展业务承揽和外闯市场，加快打造一支经营创效队伍，提升新单位的经营创效能力。

三 取得成效

（一）“老大难”问题平稳解决

严格落实国家和集团公司重点工作部署及要求，坚持依法合规，积极主动作为，直面问题与挑战，以攻坚克难的信心、精心周到细致的部署、高效有力的执行，高质量完成了各项改革任务，既保障了相关群体利益，也维护了与地方政府和股东方的关系，实现了企业总体态势平稳，取得了良好的社会效益。

（二）管理机构更加精简

围绕经营性业务可持续发展目标，通过区域化、专业化整合，直属单位压减67%，内部机构压减39%，岗位人员压缩48%，组织机构进一步优化，运行效率有效提升，管理成本有效降低，专业化经营创效能力得到巩固提升。

（三）存续业务由保障型向创效型转变

2021年，公司存续业务实现营业收入22.5亿元，实现利润总额0.11亿元，完成集团公司下达预算目标，为存续板块可持续发展奠定了坚实基础。

经验启示

（一）把准历史遗留问题的“脉”是推进改革的关键

历史遗留问题普遍具有时间跨度长、牵扯范围广、处理难度大的特点，要坚持问题导向、目标导向、结果导向相统一，善于用历史眼光审视问题，把准历史遗留问题的“脉”，在根源上剖深析透，正确区分问题的根本原因与一般原因、深层原因与表面原因，明确解决问题的根本方向和思路措施，才能够把问题解决在当下。

（二）科学有效的方法是推进改革的关键工具

改革特点之一是“摸着石头过河”，必须要摸清事物规律，从实践中获得解决问题的方法。始终坚持充分调研、系统分析，不搞一刀切，采用“一事一策”，认真研判政策要求，把握好改革时机，实行整体推进与重点突破相结合，既要保障公司利益，又要确保相关群体稳定，实现社会效益与经济效益双丰收。

先行先试　主动作为
推动传统炼化企业向绿色能源企业转型发展

燕山分公司

一　改革背景

燕山分公司始建于20世纪60年代，是我国第一个炼油化工联合企业。目前，拥有1000万吨/年炼油、80万吨/年乙烯生产能力。面对百年未有之大变局和错综复杂的内外部环境，公司抓住新能源、新材料产业发展趋势，坚持“两个一以贯之”，按照“三个有利于”要求，深入开展深化改革三年行动，重点以绿色、创新为转型发展方向，以“绿色发展、创新引领、转型升级、打造标杆”为发展方针，以“安全绿色高质量”为发展主线，以“完善产品链、专注竞争力提升，延伸产业链、聚焦可持续发展”为发展路径，打造“四个基地”产业格局，逐步实现科技先导型氢能发展领军企业和新材料研发生产领军企业的愿景目标（见图1）。

四个基地：
- 清洁高效油品生产基地
- 高性能合成材料研发和生产基地
- 高性能膜产业基地
- 氢能产业示范基地

图1　愿景目标

二 主要措施

燕山分公司锚定愿景目标，从顶层设计、优化调整、技术突破三个方面着力推动转型升级。

（一）因势而谋、战略先行，以顶层设计赢得发展主动

公司向改革管理要发展空间，首先从战略策略入手，打开发展思路，明确以“氢能”为代表的绿色能源转型发展方向。

一是打破思想桎梏，谋求生存发展。随着“双碳”目标提出和“两高”政策出台，由于地处首都北京的特殊区位，让公司在国内炼化企业中率先感受到转型发展的迫切性。公司领导班子率先吹响改革“号角”，坚持改革先改思想、转型先转观念，每周坚持学习研讨，查找差距不足，就“不做大总量就很难发展”“只能依靠自身资源发展”“因循守旧、按部就班发展”等观念进行反思，每名班子成员组织业务层面针对转型发展问题、措施和目标进行四轮集中研讨，进一步统一思想、凝聚共识。

二是广泛调研走访，坚定战略信心。成立战略规划领导小组，开展“1+2”模式深度调研，“1”是加入国家氢能产业联盟，掌握全国氢能产业一手信息；“2”是内、外部调研相结合，利用公司年度职代会征集职工代表意见100余条，开展我为“十四五”谏言献策等活动征集建议500余条。公司领导班子成员对外密集走访清华大学、北化院、中科院过程所等高等院校和下游客户20余次，集思广益谋划“十四五”发展。按照中国石化打造中国第一氢能公司部署，围绕北京市氢能产业发展实施方案，确定了打造氢能产业示范基地，努力实现科技先导型氢能发展领军企业的愿景目标。

三是成立工作专班，强化督导考核。设立氢能办公室，成立由公司领导和各部门“一把手”组成的工作专班，建立“月度例会+月报+周报”工作机制，将氢能产业示范基地重大建设项目纳入领导班子年度绩效考核，项目实施过程中凡遇难题，分管领导第一时间召集相关部室到现场研究解决，确保氢能产业转型升级及示范推广项目按期完工；按照一级抓一级原则，将氢能产业任务目标纳入炼油厂、化学品厂厂级领导班子任期和年度考核指标，保障了制氢装置平稳运行和提纯装置顺利投运出厂；在基层建立“每日一演”、专业岗位人员培训机制，由此层层压实责任，确保了各项工作稳步推进。

（二）深挖优势、提前布局，以优化调整推动氢能应用提速

聚焦氢能转型发展重点，迅速整合内外部资源，搭建沟通交流平台，迈开步子探索氢能产业新领域。

一是“三步走”，整合内部资源。公司充分利用副产氢气和天然气制氢资源，提出了“三步走”布局氢能产业。第一步，从自身氢气品质出发，对照氢燃料电池用氢国家标准，逐项落实产品指标，针对工业副产氢气中一氧化碳、二氧化碳及烃类杂质含量高的难题，委托国内专业检测机构进行超标氢气杂质含量检测，针对性地制定了脱除杂质计划，并建设中国石化系统内第一家2000标立方米/小时氢气提纯设施，确保具备氢能产业示范推广的氢源供应能力。第二步，从自身工艺路径出发，建设8万标立方米/小时POX造气制氢装置（见图2），从源头上实现清洁化生产，进一步扩大制氢能力。第三步，从市场资源匹配出发，围绕燃料电池汽车用氢指标要求，分期建设3万标立方米/小时氢气提纯设施，扩大燃料电池汽车用氢的出厂能力，全力保障北京市冬奥会、冬残奥会、日常用氢需求（见图3）。

图2　氢气新能源装置

图3　冬奥会电池氢充装现场

二是抓机遇，整合外部资源。一方面，抓住燃料电池汽车产业发展窗口，积极申报并被纳入首都氢能保障重要企业，成功完成北京市科委“工业副产氢气提纯后作为燃料电池汽车供氢”的课题研究，同时与北汽集团、亿华通等企业签订合作协议。另一方面，抓住技术开发和下游产业链推广优势，加强与科研院所及下游客户交流合作，基本实现在京加氢站全覆盖，氢气日出厂量逐步提升。目前，北京市已被列入全国第一批氢能城市示范群的城市，燕山石化氢能产业示范基地取得实质性突破。

三是搭平台，促进交流发展。主办了中关村氢能发展论坛（见图4）；承办了“技术引领能源转型及燕山石化氢能发展”分论坛；参加了2021中关村碳中和主论坛、雄安新区氢能产业发展合作论坛，积极利用交流平台展示公司在制氢、运氢、储氢、加

图4　燕山石化主办中关村氢能发展论坛

氢、用氢全产业链上的突破延伸成果，及支撑北京市和雄安新区氢能产业的思路举措，增加了企业与地方政府的黏性，为立足首都北京可持续发展起到了重要推动作用。

（三）创新引领、勇做示范，以技术突破驱动转型深入

公司投身科技强国建设，深入学习贯彻习近平总书记关于科技创新的重要论述，聚焦绿色技术创新，搞活内部机制，激发自主创新活力，推动科技成果转化。

一是搞活科技创新机制。抢抓“双碳”机遇，与中科院过程所和中国石化工程建设公司联合成立“碳中和绿色技术联合研发中心”，发挥企业在创新链中的主导地位；与中国石化石油化工科学研究院合作，开展PEM电解水制氢技术攻关，并同步建设兆瓦级PEM膜制氢试验装置，加快新技术的应用开发和成果转化。落地人才强企战略，运用多导师、多维度科学规划朝阳工程储备人才及优秀毕业生的培养路径，建立《专家管理办法》《知识管理办法》以及信息化平台，激活并畅通科技创新细胞。

二是激发自主创新活力。建立《燕山石化科技成果转化推广与激励实施细则》，设立优秀创新团队奖，每年从项目团队中评选不超过2支优秀创新团队予以10万元奖励，对获集团公司优秀创新团队的集体配套奖励20万元。新设“科技创新杰出贡献奖”，授予在公司科技创新工作中取得杰出成就和做出重大贡献的个人，奖金最高可达每人税后50万元，进一步促进科技成果转化为现实生产力。

三是推动管理体系认证。制定实施“两用一备”氢能原料保供方案，建立非常规项目分析方法，在北京市科技委的支持下，氢能源产品质量在线监测系统投入运行，开创了国内首次成功应用该技术的先河。2022年1月31日，公司顺利通过中国氢能联盟发布的《低碳氢、清洁氢及可再生氢标准及评价》标准，成为国内首家取得清洁氢认证的企业。

三 取得成效

经过两年多的努力，燕山分公司深化改革蹄疾步稳，向绿色能源企业转型发展取得阶段性成果。

（一）圆满完成冬奥会氢能保供任务

2022年2月，公司生产的高纯氢气稳定保供冬奥会累计45.9吨，成功点燃主火炬，充分展现了中央企业“顶梁柱”的责任担当。

（二）氢能场景应用走在前列

2021年，公司将倒班班车更换为氢燃料电池客车；厂区内首次投用两台氢燃料重卡进行

短途运输，开创了北京市和中国石化系统内氢燃料重卡示范应用先例；建成500千克/天的厂内加氢站，为37台氢能叉车配套加氢，成为国内最大的氢能叉车一次性应用示范。

（三）绿色技术研发提前布局

2021年10月，建成中国石化首套30标立方米/小时PEM水电解制氢中试装置，实施兆瓦级PEM电解水制氢项目，进一步完善了“绿氢”供应链，加快了新技术的应用开发和成果转化。

经验启示

（一）因势而谋，找准方向

企业改革必须具备形势敏感度，因势而谋，因地制宜，同时顺应形势和区域变化，并对改革举措进行持续性完善，纵向延伸拉长战线，横向拓宽创新思路。

（二）取长补短，深度挖潜

深化改革必须对企业进行深度挖潜，充分剖析。高效整合内外部资源，取长补短，各企业可将自身生产和创先的成功经验、人才力量和技术支撑，去芜存菁，运用到改革中，让企业改革少走弯路。

（三）人才强企，以奖促转

燕山分公司不断健全完善科技奖励制度体系，通过提高科研人员激励力度，加速了科技进步，加快了新技术的开发应用与成果转化，为企业转型发展提供有力保障。

实施大后勤优化重组 发挥“窗口纽带”作用

天津分公司

一 改革背景

天津分公司是一家特大型炼化一体化企业。随着国有企业办社会职能分离移交工作提前完成，大后勤系统人员冗余显现。近年来，公司进入新发展阶段，炼油产品结构调整及油品质量升级项目投产，南港120万吨/年乙烯及下游高端新材料产业集群项目建设，为实现公司高质量发展目标，需要统筹把握公司一线“安稳长优”生产与二线高效有力保障的关系。为充分盘活现有人力资源，对公司大后勤机构拆分合并、业务流程再造，对相关业务进行大整合大优化（见图1），以打造“两个窗口”为工作主线，高标准建设大后勤服务保障体系，持续提升效能，有效释放改革红利。

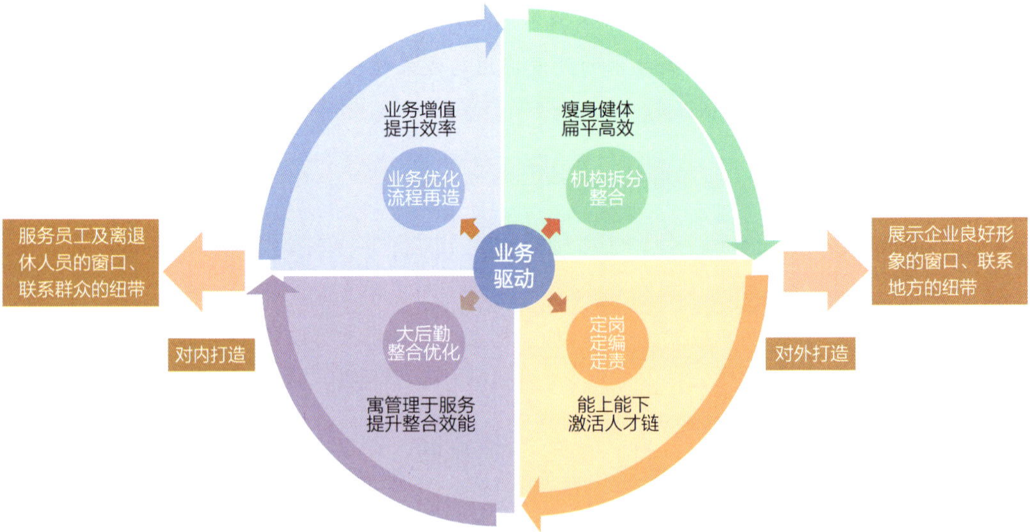

图1 大后勤整合改革逻辑图

二 主要措施

（一）聚焦效率活力，优化业务流程

一是业务流程再造。全面梳理原行政事务中心、离退休人员管理中心、保卫部三个中层单位业务清单，进行业务整合、流程再造。整合原三个中层单位的企管、人力资源、党群、党政事务、财务、计划生育及关工委工作等业务；整合公司餐饮、天华宾馆、职工通勤车等服务监管，整合单身公寓、办公用房及其他房产管理等业务；整合公司物业、绿化、环境卫生及行管区道路、办公大楼、标识及公共设施维护等业务管理；整合门禁、保安、反恐、易制毒易制爆剧毒品、交通、综治、维稳、公共安全、人民武装、人防、行管区安保等业务；整合公司信访稳定风险管理，稳定事件处理等业务；将改制企业协调工作调整到企业管理部，与业务外包管理整合；整合公司劳动家属、离退休人员及特殊群体人员等帮扶业务；整合离休、内退、托管人员业务及退休保留业务等。

二是优化改革方案。坚持业务驱动，2021年一季度制定改革方案，绘制改革表，体现大后勤机构现状、整合安排、精简机构及对应业务，研究完善机构整合及业务优化方案，5月份完成对3个中层机构的拆分合并。坚持对标一流，推动机构设置创新和精简，提升管理效能。

三是履行民主决策程序。改革方案经公司党委常委会前置审议、领导班子会决定，严格履行职工代表大会团组长会议民主程序。执行风险评估及维稳工作预案，召开党员干部及职工代表大会（见图2），统一思想，凝聚共识，形成改革正能量。

图2　离退中心党员干部及职工代表大会

（二）聚焦瘦身健体，精简机构设置

一是组建新行政事务中心。打破原“后勤+离退+保卫”各自独立、业务交叉协调难的大后勤单位建制，组建“7管理室+6工作站（队）”的新行政事务中心（见图3），打造对内服务员工及离退休人员展示为民情怀的窗口，联系群众的纽带；对外展示公司良好形象的窗口，联系地方的纽带。形成精简高效、运转协调、保障有力的大后勤服务保障专业体系。作为公司层面统一管理后勤服务、治安保卫、信访维稳、公共安全、厂内交通等业务的部门，管控结合，寓管理于服务中，突出服务保障功能；同时负责离退休遗留业务管理。

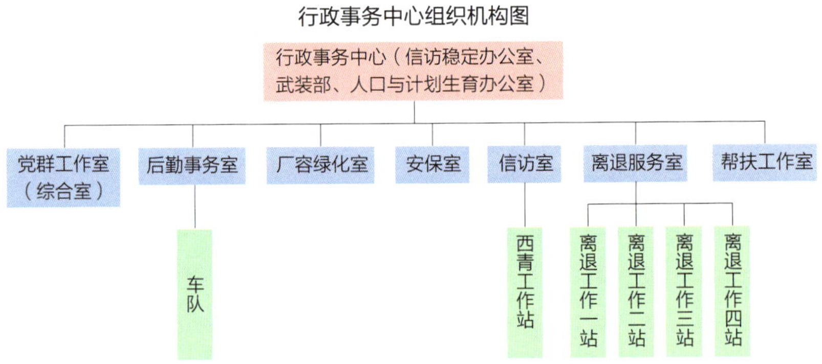

图3 新行政事务中心组织机构图

二是精简大后勤服务保障。以业务流程优化为驱动，结合打造“两个窗口两个纽带”工作主线，对原3个中层单位的基层机构进行撤销、合并、设立，提升管理效能。随着“四供一业”分离移交、厂办大集体改革、退休人员社会化管理改革完成，及时撤销社区工作站、天华宾馆、文体活动室。合并相近职能基层机构：合并原3个中层单位的党群工作室（综合室）；整合原行政事务中心后勤工作站业务，以及天华宾馆业务监管，设立后勤事务室；为展示企业良好形象的窗口，整合公司绿化、物业、标识及公共设施维护等业务管理，设立厂容绿化室；整合原保卫部治安室、交通室及行管区安保等业务，设立安保室；整合离休、内退、托管人员业务及退休保留业务等，离退工作站由6个减为4个。

三是竞聘上岗激发改革活力。按照“人随业务走”原则，以合理定岗、定编、定员、定责为基础，制定改革后相关单位定员调整方案。向公司其他单位、部门输送中层管理干部4人。基层领导干部竞聘采取“笔试+面试”形式，全方面考察人员综合能力，严格把关年龄、职称、原始学历等条件，末等调整不胜任退出比例达到9%。根据业务、职能调整统筹整合岗位，为员工干事创业提供平台。向南港乙烯项目、原油储运部等生产建设一线输送专业技术人员6人，在改革中激活人才链，释放生产力。

（三）聚焦效能提升，高标准建设大后勤服务保障体系

一是倾心打造对内服务窗口、联系群众的纽带。公司承接原油管网改革华北片区4地5座原油库区，加之南港乙烯集群项目建设，新增7个职工食堂，行政事务中心克服食堂点多（共14个）地域分散等困难，精心策划丰富职工餐饮品种，落实好餐饮提升方案。针对午间自助就餐，增加7种现场制作品类，在运行职工A、B套餐基础上增加C套餐，新增设了一线运行岗位职工的茶点供应。通过全环节科学管控，改进单身公寓服务质量，按时达点将280名新入职员工妥善安置，拎包入住，做好单身公寓餐饮服务，不断提升“家”的温暖。扎实推进定单式限价商品房建设，让广大青年员工更好地享受经济社会发展成果。将17406名离退休人员政治、生活待遇落到实处。特殊群体帮扶工作实现发放覆盖面、准确率、满意率三个100%，精准帮扶、维稳成效显著。

二是实施环境景观改造，打造对外形象窗口。实行室内外环境卫生保洁标准化管理，持续改善公司环境卫生，开展“互联网＋全民义务植树”活动，认捐、认种树木2200余株，提升景观面貌。高标准完成企业标识更换改造，统一规范VI标识。实施停车场光伏发电和充电桩方案，在完善停车场功能的同时美化环境面貌。完成5个职工停车场隐患治理改造；启用公司危险化学品空车待装区，彻底消除辖区及市政道路危险化学品车辆占路停放隐患，提升企业社会形象。探索智慧交通管理，实现班车智能安全出行，对公司公务用车安装北斗智能监管终端装置，强化公车专项监督；以“新门禁”系统车辆管理模块为基础，提升公司辖区内车辆交通安全风险管控能力。构建全方位、立体化治安反恐防护网，为公司安全平稳运行保驾护航。

（四）聚焦以人为本，健全职业保障

一是组建分公司党委党校（培训中心、人力资源保障中心）。依托公司培训中心，将原离退休人员管理中心的社保工作站人员、业务整体划转培训中心，整合公司人力资源招聘、培训实施、待遇保障等业务，为员工提供全方位、职业生涯全过程保障服务。培训实施、社保业务接受公司人力资源部的专业管理，压减业务层级，缩短业务链条。

二是激活沉淀人力资源。对公司转型发展、改革重组、业务调整、竞聘下岗、退出现职的待岗管理人员、待岗技能操作人员，纳入人力资源保障中心“蓄能池”进行管理。根据公司建设发展及生产经营对人力资源的需求制定培训计划，将培训合格人员输送到公司急需的工作岗位。关闭老、小化工装置，经分期培训合格，56人划转到代管的石油销售（商储）原油库区，37人划转到新建的环氧丙烷、$2^{\#}C_2$回收等装置。

三 取得成效

（一）精简机构促进“三能”机制新突破

3个中层机构整合后减少中层机构2个，减少基层机构12个。基层领导人员“全体起立”竞聘上岗，“上”26人，“下”31人，通过严格考核监督，强制排序，形成“岗位能竞争、收入靠贡献、晋升凭本领”的正激励导向。

（二）有效提升大后勤服务保障效率和质量

通过实施大后勤优化重组，整合再造业务流程，完善了公司大后勤服务保障专业制度，提高工作效率，打造“党建引领的廉洁后勤、常抓不懈的安全后勤、与时俱进的智慧后勤、低碳环保的绿色后勤”高质量服务保障体系，使窗口工作有亮度。

（三）关键时期和急难险重任务面前彰显整合活力

通过改革，行政事务中心服务公司发展战略定位更清晰，管理和服务双重职能运转协调，重点工作、重要任务接续推进。特别是面对2022年初奥密克戎病毒引发的天津本土新冠疫情，中心党员干部、职工群众主动担当，在公司首次全域封闭管理中，食堂、物业、保卫、班车和单身公寓等后勤服务保障部门协同联动、高效有序，改革活力凸现，成效突出。

经验启示

（一）深化改革要找准定位

以推进企业高质量发展、提供大后勤服务保障为改革目标，整合优化大后勤服务支持、和谐稳定建设业务体系，构建精简高效、运转协调、保障有力的中心单位，打造“两个窗口两个纽带”、完善职工职业生涯全过程的保障服务对企业大发展、提升大企业良好形象发挥重要作用。

（二）深化改革要以业务为驱动

大后勤优化整合定机构、定岗位、定职数、定职责都要以业务为驱动，寓管理于服务，确保企业大后勤服务管理水平、专业能力、服务质量持续提升。

（三）深化改革要坚持稳中求进

处理好改革与稳定的关系，把握好机构整合、业务及人员优化的次序、节奏和力度，谋定后动，充分保障支持改革、努力工作人员的合法权益，确保队伍稳定，业务平稳有序衔接。

以“大部制大业务大岗位”为抓手持续激发内生动能提效率

海南炼化公司

一 改革背景

海南炼化公司经过十多年的创业发展，实现了由单一炼油企业向炼化一体化企业的初步转型，但“两级半”的管理模式使得管理链条长、活力不足和效率不高等问题日趋严重。因此，公司紧跟集团公司深化改革三年行动部署，聚焦“大部制、大业务、大岗位”进行组织机构优化调整，着力打造“层级更扁平、流程更高效、岗位更精简”的组织架构体系（见图1）；公司坚持以信息化智能化为抓手，不断释放活力和提升效率，保持“以最少的人管理千万吨级炼化企业”的管理优势，奋力在海南自贸港建设浪潮中打造国际一流高端化、智能化、绿色一体化现代石化产业基地。

图1　公司组织机构优化调整模型图

二 主要措施

（一）坚持“总体筹划、平稳实施”原则，优化组织体系提效率

随着公司生产规模不断扩大、装置数量连年增多，企业管理幅度、难度不断加大，原有管理机构设置已不能满足企业快速发展的需要。这就要求公司必须坚持国际对标，全面推行“扁平化”和“一体化”的管理理念，实施“大部制”的先进管理模式，进一步压扁管理层级、压实责任主体，高效地推动生产管理、专业管理提升，充分调动现有人员工作

的主动性、积极性和创造性，快速推进乙烯项目建设和复合型人才培养。

打破传统部门壁垒，实施大部制运转。在公司既定的发展目标和“一体化管理”要求下，认真分析组织架构与业务需要、管控要求存在的矛盾，梳理职责分工，开展组织机构及运行状况分析诊断。一是坚持“扁平化”原则，公司与运行部门实行二级管理、职能部门下设的业务中心实行一级管理的运行管理两级化、专业管理一级化模式，职能部门负责决策，运行部门、业务中心负责执行。将原12个生产单元（中心）整合成6个运行部门，3个职能部门下设4个业务中心，新成立2个运行部门，运行部门不划分区域管理，明确单位领导班子直接管理到班组。二是坚持“专业化”原则，就近整合优化运行部门人力、技术等各类资源，按技术、安全、设备、综合四大专业化管理分别设置技术岗位。三是坚持“全流程管控”原则，将原油采购、全流程优化、生产经营计划、生产运行4个业务由两个部门分头管理调整至一个部门统筹管理。

强化统筹指导，保障大部制高效实施。在推进机构优化调整过程中，坚持“三项原则”，确保各项工作顺利实施。一是专项推进原则。公司成立了由董事长、党委书记任组长的运行部门机构优化调整工作领导小组，坚持每天碰头讨论，明确27项具体事项的工作任务、节点目标及责任人。二是快速推进原则。运行部HSSE总监一次配备到位，压实安全生产基石；通过配备临时负责人的方式，加长板凳，在改革中培养人才、锻炼人才。三是保持稳定原则。坚持稳定这个大前提，认真落实稳定风险评估制度，除运行部门领导班子成员外，其他人员全部就地划归管辖，做到了生产不乱、人心不乱、队伍不乱。

组织“回头看”，及时纠偏持续改进完善。在运行1个月和3个月期间，公司领导班子成员带队深入新成立的运行部门和业务中心调研改革节点工作进度、管理层级及业务运行、职责划分，以及制度制定修订、为基层减负及相关诉求等方面情况，及时解决改革伴生问题，确保各项工作措施落实到位、生产运行稳定。

（二）坚持“问题导向、试点引路”原则，优化岗位体系激活力

推进机关职能部门以“三定”为核心的配套改革，选取人力、党群两家单位开展以“减员增效”为目标的机关职能部门“三定”试点，重点解决内部分工细碎、专业壁垒、重复劳动等问题，实施“大业务”整合、“大岗位”设置、信息化提效、竞聘上岗等措施，进一步激发机关—基层双向交流活力，顺畅人才成长通道，持续提升工作效率。

“大业务”整合。一是坚持“相互独立、完全穷尽”原则，采用工作写实、工作量分析、ARPCI岗位角色关系分析、思维导图等方法工具，自上而下梳理部门职能和承接业务，并逐级分解细化，整合相近业务，形成“大业务”。二是对照《海南炼化公司业务职责划分手册》，采用“三单梳理”工作任务写实方式和全流程管控原则，自下而上地分析归纳业务工作内容，实施“大业务”的流程再造，解决业务细分过程中存在的交叉、空

白、错越位等问题。两家试点单位业务由原来的31项整合优化为16项“大业务”，相应的工作任务、工作内容分别由89项、194项整合为51项、158项。

“大岗位”设置。遵循PDCA原则，模块化设置流程再造后的业务，取消专业层级，实施“部门—岗位”的两级管理和“大岗位”承接“大业务”的工作模式。如两家试点单位将“用工管理”等5个岗位、“党建工作”等3个岗位，分别整合成“人才管理岗”和“党工团管理岗”两个“大岗位”（见图2），解决了多个岗位承担同一业务或相近业务以及职责不清、重复劳动等问题，实现业务全流程管控。在《岗位说明书》的基础上，编制“活页”的《岗位职责分工表》，既让岗位人员清楚“做什么、怎么做和做成什么样”，又能动态调整岗位内职责分工，培养精通“大业务”的“大人才”。

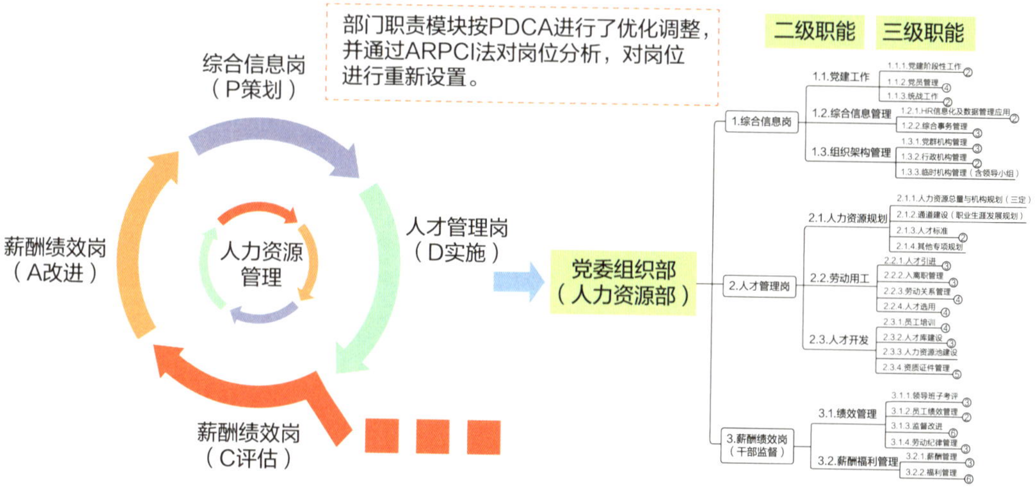

图2　大岗位设置示例图

“信息化”提效。以“减员增效”为目标，按照“成熟一个、开发一个、固化一个”的工作思路，实施业务流程信息化，对业务在岗位内部间、部门岗位间、外部岗位间三个层面进行信息化的全流程管控，打破“部门围墙”，把人员从琐碎、定时性的业务中解放出来，有更多精力去谋划工作提升管理，进而形成促进工作效率提升的良性循环。

“站起来”竞聘。坚持“全体起立、有进有出”原则，公司范围内开展新设置岗位竞聘，明确落聘者进入“人力资源池”，实现人员“能进能出”。两个试点单位原岗位人员共有5人入“池”，新进人员6人，实现员工“能进能出”，人岗适配度更高。

三　取得成效

（一）改革效力逐渐显现，质量效益持续提升

公司定员始终坚持精简高效，通过设置“大岗位”，打破“专业壁垒”，系统解决了部

门内部因分工不同导致工作重复、信息不能充分共享、工作效率较低的问题，管理水平不断提升；2021年全年加工原油940.48万吨、创历史新高；各项技经指标全面达标，综合商品率、加工损失率等创历史最优水平；吨油利润等指标在中国石化炼油板块名列前茅；纳税额连续15年排名海南省首位，为海南的经济社会发展作出了突出贡献。

（二）组织结构精简高效，管理效率整体提高

通过实施运行部门“大部制”改革，形成了“公司—部门（业务中心）—岗位”的组织机构管理体系架构，管理层级更加扁平，业务流程更加精简，管理职能和执行职能切分更加清晰，信息化手段的应用有效地提升了工作效率。新成立运行部门仅用一个月时间就快速高效完成综合管理、生产技术、设备等业务运行管理流及建章立制工作；用45天牵头建成投产海南省首个氢能充装设施，成功向博鳌亚洲论坛供应氢能源；开发了150余条线上业务流程，投用无纸化及视频会议系统，减少无效工时，节约管理成本约60万元、32561人工时/年；组建新媒体宣传工作团队，仅用时3天，快速策划并制作推出了电视新闻节目《海南炼化新闻联播》。

经验启示

（一）组织机构改革是企业深化一体化管理的现实需要

坚持顶层设计，既要立足当下，更要着眼未来，树立“一体化”管理理念，构建精简高效的组织架构体系，打破“部门墙”，培养“大人才”，保持组织活力动力，实现最少的人管理千万吨级炼化企业，为企业高质量发展夯实根基。

（二）组织机构改革是企业实现转型升级的关键环节

坚持问题导向，以“大部制、大业务、大岗位”为抓手，高效推进生产管理、专业管理和项目建设，打造扁平精简、专业突出、执行有力的机构队伍，发挥整体合力，推动企业全面升级。

（三）组织机构改革是企业提升效能效率的迫切需求

提升效能效率是深化国企改革的内在要求。聚焦“强主业、聚资源、拆篱笆、增活力”改革目标，实施压扁管理层级、整合业务线条、优化岗位设置、公开竞聘上岗、着力信息化提效等组织机构优化调整系列举措，实现“人、事、岗、责”更好匹配，做到人尽其才、才尽其用、人岗适配，保障组织高效运行，支撑主业高质量发展。

整合资源　提升效能　体制改革见实效

江西石油分公司

一　改革背景

江西石油分公司主营成品油销售、储运及易捷服务等业务，是江西省成品油供应主渠道，现下辖11个地市公司、98个县区公司，在营加油加气站1434座，油库14座，总库容量61.08万立方米。近年来，针对九江市行政区域下设九江、瑞昌（九江市下辖的县级市）两家地市级公司存在的“管理成本大、运营效率低、资源配置重叠”等矛盾，以及部分县级公司“经营创效能力、人力资源效能发挥不充分”等问题，围绕优化资源配置，加强融合对接，稳步推进地市公司重组；围绕提升基层效率，突出精简高效，创新探索县区公司合并（见图1），解决了历史遗留的体制问题，以点带面提升了治理效能，推动高质量发展迈入新阶段。

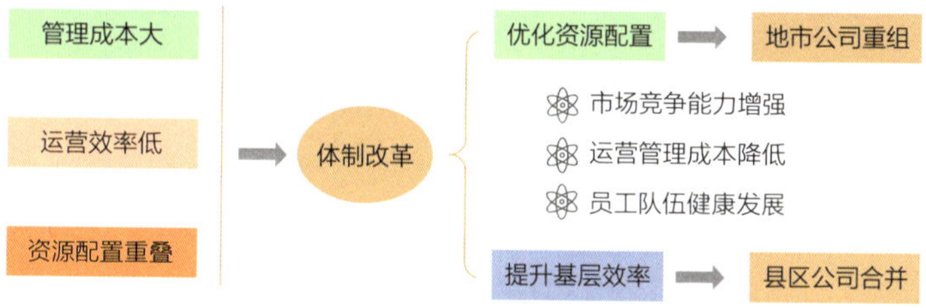

图1　体制改革思路

二　主要措施

（一）突出资源整合，推进地市公司重组

地市公司重组改革涉及人员配备调整、业务布局优化、运行机制等方方面面，不同单位之间基础管理参差不齐，经营业绩、人均劳效等反差极大，运用行之有效的方式方法是决定改革成效的基础保障。

一是运用“两种方法”。坚持表单量化法。以表单化的形式，针对重组改革过程中的各种情况，坚持每周召开重组改革推进例会，讲问题、说难点、列清单，将工作事项通过表单量化，实事求是面对各种困难。一方面竭尽全力解决，另一方面密切与上级公司的联系，获取有力支持和帮助。坚持心理疏导法。注重分析“个性问题”，一对一、面对面解决好少数员工问题。对于员工的实际困难、思想疙瘩，坚持“一把钥匙开一把锁”，实行EAP员工帮助计划，推行员工心理疏导，化解改革过程中员工的心理顾虑，尽心为员工排忧解难，确保改革能够顺利稳定推进。改革重组过程中未发生任何员工上访事件。

二是聚焦“三个融合”。实现机构融合。地市公司重组采取合署办公方式，为确保合署办公顺利推进，组织对并入单位实施办公硬件条件升级改造，便于重组、合并后的分公司有足够办公空间和必要的办公条件。瑞昌石油分公司职能部门对应并入九江石油分公司，实行一个机构管理运营，在“形式”上完成重组合并。推进人员融合。突出人文关怀，充分考虑被并入单位人员异地工作和生活实际情况，在交通出行、住宿起居等方面，制定适应期的细化措施。加强重组后员工之间的工作磨合、情感融合、方式配合，在会议安排上实行“穿插入座”，消除陌生感和心理落差，加强员工交流，帮助融合人员快速适应新岗位，实现角色快速转变。人员充分融合，“一家人”的氛围快速形成。注重管理融合。组织原两家单位的专业人员，对管理规范、业务制度、操作规程、考核评价开展全面对接，以业务安全、规范运作为出发点，选取“最大公约数”，并对“空白”业务环节重新制定管理规范，消除制度执行上的“各行其道”，实现管理上的“各行其是”。同时，党政工团各层面开展企业愿景、企业目标、发展路径等方面的大讨论，确立形成了“诚信、卓越、创新、共赢”的企业文化，进一步凝聚起发展共识。

三是做好“业务对接”。坚持内部整合、外部疏通，促进业务经营的有序对接（见图2）。对内，开展资产盘点、资金核对、资产核实，做到账目清晰；对ERP系统、安管系统、发票系统等信息系统进行归集整合，实现数据集成；业务方面，实行“三统一”，即在批发业务上统一价格，零售经营上统一营销，易捷服务上统一配货。一体化运营的优势逐步显现，借助原属瑞昌分公司的长江码头油库，油品资源调入更为顺畅，在赣北成品

数据确认	系统归集	业务配置	对外疏通
资产盘点	ERP系统	批发业务统一价格	政府监管
资金核对	安管系统	零售业务统一营销	债权债务
资产核实	发票系统	易捷服务统一配货	合资合作
	财务共享		……
	……		

图2 业务对接主要做法

油批发市场的竞争手段更为多样化。对外，严格依法合规履行监管程序，加强与供应商、客户、合作伙伴的协调，通过函件、上门走访等形式明确债权债务、合资合作事宜，确认权利义务，保证各经营主体的合法权益。通过内部整合，实现业务“无缝对接”；通过外部疏通，确保合作“有效衔接”。

（二）着力效能释放，探索县区公司合并

坚持“县区强则全区强”，为更好发挥县区公司靶向作用，以提高人力资源效能为出发点，优化配置，突出精简高效，创新探索开展了德安、共青城两家跨行政区域县公司的机构合并。

一是坚持协同推进。在成功实施九江、瑞昌石油分公司重组改革的基础上，因势利导，抓住共青城公司负责人达到退出基层时间、德安县公司负责人曾在共青城履职的有利条件，将基层干部管理使用和机构合并改革统筹考虑、协同推进，按照既定方案和用人程序，成功实施了两家县公司的合并改革，做到了“新官懂旧事”，最大限度地保证各项工作顺利开展。

二是突出高效务实。本着内外兼顾的原则，聚焦效率提升和精简高效，务求实效。对内，合并为一个县级公司，即德安（共青城）分公司，“一套人马一块牌子”，业务系统、信息系统、HSE管理、数据报表等合并到新的公司，实行一个机构、一个团队管理运营和考核评价。对外，按照“一套人马两块牌子”模式，配合地方政府管理，营造良好的外部环境。机构合并改革后的德安（共青城）分公司，对属于同一条线路上的加油站巡检，由原先的两家“各负其责”变为“一次到位”，在管理人员压缩30%的情况下，依然实现了高效管理。

三是强化员工交流。在县区公司合并过程中，注重强化员工之间的交流，做到加油站员工的完全融合。采取组合培训、两方团建等方式，推动两家县公司员工之间的熟悉。德安县公司在燃油宝销售上相对落后，而共青城公司擅长销售技巧，有针对性地开展两地之间的组合培训，两地员工现场交流学习。德安县公司员工销售能力明显提升，员工之间的熟悉程度进一步加深，为两家县区公司的合并提供了底层基础。

四是注重示范引领。成功推进德安和共青城两个县公司管理团队合并，成为跨行政区域组建县级公司的首个案例。开展县区公司合并改革做法交流，为推进其他改革提供了有益探索，也为后期探索推动县级公司尤其是城区县公司合并积累了经验。发挥示范引领作用，在德安和共青城两家县公司成功合并的影响下，多家地市公司开展了县区公司合并改革的论证，为后期改革工作的稳步推进奠定了扎实基础。

（三）完善配套措施，巩固强化改革成果

地市公司重组、县区公司合并等体制改革都是持续性工作，按照充分显现人力资源效

能的原则，开展竞聘上岗，畅通员工晋升渠道，不断激发员工队伍活力，持续巩固改革成果。

一是实行竞聘上岗。做好改革的“后篇文章”，在重组后的九江石油分公司开展了全员竞聘，有效杜绝机构合并改革后存在的“养闲人、养懒人”不良现象。通过岗位竞聘，分流21人到基层，充分优化部门人员设置，显现人力效能，实现人员到位、人岗适配的改革目标。

二是畅通晋升渠道。体制改革后，按照“三项制度”改革和人才队伍建设的要求，建立人才队伍序列纵向畅通、横向贯通机制（见图3）。推进专业技术、技能操作序列选聘工作，畅通晋升渠道，11名员工获得晋升。选聘工作使员工队伍技能大幅提升，进一步激发了员工积极性。

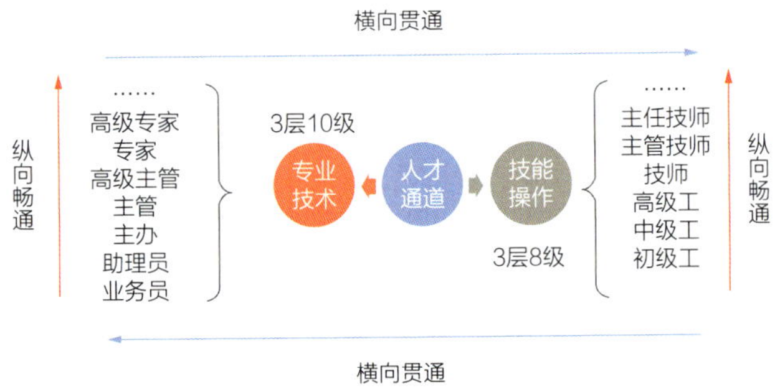

图3 人才队伍序列体系

三是开展专项审计。开展改革“回头看”，通过专项审计、工作督查等方式对九江、瑞昌两家地市公司的重组改革工作查漏补缺、丰富完善，巩固强化改革成果。

三 取得成效

（一）市场竞争能力增强

九江、瑞昌两家地市公司重组后，资源得到有效整合，市场开拓、营销组织、客户维系等工作发力更加精准，整体竞争能力大幅提升。2021年在九江区域市场的汽油销售量增长5.12%、报表利润增长11.06%。

（二）运营管理成本降低

实施重组、合并改革，体制上的障碍得到消除，打破了地域对运营管理的限制，在安全管理、业务运营、培训教育等工作上，管理上的边际成本不断下降，工作效率更加高效。重组、合并后的地市公司、县区公司，公务性支出费用分别降低18.29%、3.13%，生产性费用支出分别下降17.47%、4.65%。

（三）员工队伍健康发展

原两家地市公司、县级公司在重组改革前各有优势，或侧重于管理，或侧重于经营。重组改革后，原处于两地的员工队伍实现了充分交流，互为补充，促进了员工营销技能和管理能力的提升，达到了优势互补的目的，推动员工队伍更加持续健康发展。

经验启示

（一）体制改革必须效率为上

效率提升是体制改革的出发点，也是最终落脚点。改革要充分激发人力资源效能，不断降低管理成本。在实施体制改革工作中，要做到业务经营、机构人员、管理文化的充分融合，使运营效率有提升、有效果。

（二）体制改革必须以人为本

干部员工的支持是推进体制改革最重要的因素。改革要充分顾及员工感受，为广大干部员工营造良好的工作环境，让员工有动力、有信心支持、参与改革，使改革工作推得开、推得好。

（三）体制改革必须巩固成效

体制改革是一项系统性工程，长效机制的建立、配套政策的落实等，都是改革成效持续发挥的重要举措。改革实施的同时要制定后续配套措施，使改革成效能巩固、能强化。

整合力量 理顺机制
以高效督导支撑企业高质量发展

湖北石油分公司

一 改革背景

湖北石油分公司前身为1953年成立的湖北省石油总公司，下辖武汉、襄阳、宜昌等17家地市及专业公司、74个县市公司和25个零售管理片区。截至2022年3月底，拥有在营加油（气）站1900余座、易捷便利店1800余座、油库15座。近年来，湖北石油分公司全面实施深化改革三年行动，以机关机构改革为引领，结合库站改造集中实施新形势、经营管理标准提升新要求，抓住影响库站规范管理的“督查力量分散、重复检查、合力不够、手段单一”等突出矛盾和主要问题，围绕强化“风险防范力、管理执行力、督导推动力”，整合零售督查大队和安全督查大队，组建了独立运行的综合督查监控中心。依托覆盖全省库站的视频监控网络，指导地市公司督查监控室联动监管，以“大数据分析+视频+现场”的模式，实现加油（气）站、油库、便利店日常运营和施工现场的全天候线上线下督查（见图1）。运行以来，综合督查监控中心防范风险和服务经营的作用得到充分发挥，为企业安全高效运行提供了有力支撑。

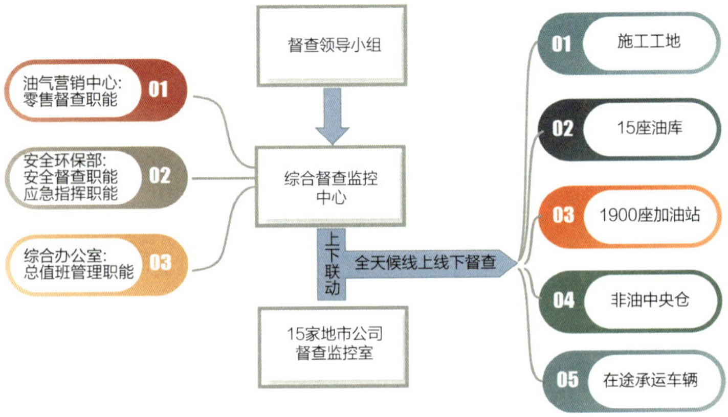

图1 综合督查监控中心机构改革思路

二 主要措施

（一）聚焦精简高效，强化体制机制建设

一是强化垂直管理，实现督查管控“一根线”。省公司成立以主要领导为组长、分管领导为副组长、相关部门为成员的督查工作领导小组，充分发挥领导安全引领力，细化职责分工，压实管理责任，统筹推进全省综合督查工作。将原省公司安全督查大队和零售督查大队合二为一，成立独立运行的综合督查监控中心，负责开展全省综合督查工作。全省15家地市公司参照省公司改革模式，将安全和零售部门督查人员进行整合，成立地市公司督查监控室；省公司综合督查监控中心进行垂直管理和业务指导，形成督查监控上下“一根线”。

二是强化横向协同，凝聚督查管控“一条心”。建立健全督查任务送达和结果反馈两个工作机制。省公司各专业部门提供督查需求，综合督查监控中心依据需求制定督查方案，统一组织对基层开展多业务综合督查，集中反馈基层经营管理中存在的各种问题，避免重复督查，切实减轻基层负担；各部门通过综合督查所反馈问题，掌握线条各项计划及政策在基层的执行情况，及时指导地市强化计划执行或适时调整政策，形成由专业部门制定计划（P）—由地市公司实施（D）—由综合督查监控中心检查（C）—专业部门改进（A）的“PDCA”循环，提升经营管理决策精准度（见图2）。

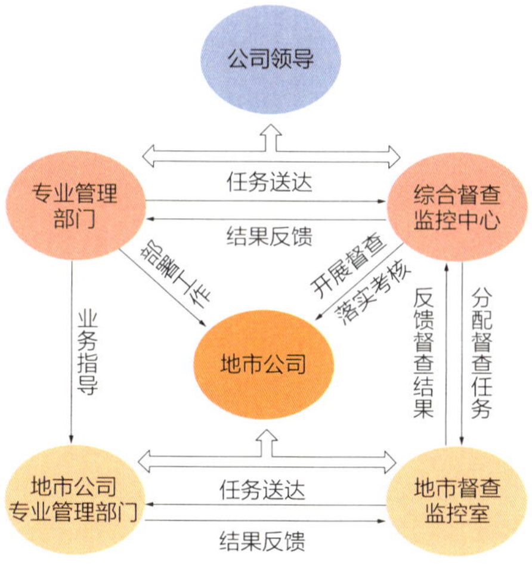

图2 综合督查体系工作流程图

三是强化考核引导，构建督查管控“一张网”。建立“每日反馈督查问题、每周通报典型问题、每月考核兑现”的督查工作机制，将督查问题纳入地市公司月度绩效考核。建立“先查先改免责”的鼓励机制，即规定地市公司先于综合督查监控中心发现并整改的问

题，省公司在月度督查监控考核中不予扣分，以充分调动地市公司主动查找问题、整改问题的积极性。通过有效发挥考核的激励和约束作用，地市督查监控职能被进一步激活，组织优势得到有效发挥，初步构建了横向到边、纵向到底的督查管控网络，实现督查目标全覆盖。

（二）实施靶向定位，推动督查效能提升

一是围绕中心任务，明确督查方向。建立重点工作研判机制，依据公司部署的阶段性重点工作建立督查清单，明确具体的检查时间、内容、标准和流程，每季度开展现场督查，覆盖全省15家地市公司的机关、油库、施工库站、部分加油（气）站，督促各项重点工作按照时间节点落实落地。自成立以来，已发布各类督查通报148期，督促整改各类问题8104条。

二是紧盯关键环节，实现精准督查。利用数据分析，发现库站安全、经营等情况异常数据及问题线索，确保“督”在点子上，“查”到关键处。坚持召开督查行前分析会，明确督查重点，提升督查效率；建立重大作业报备制度，省市两级督查机构分工把关，对施工、检维修、油库收发油等关键环节全天候全过程视频监控，及时制止不安全行为，保障施工和在营库站的日常运行安全。

三是坚持系统治理，狠抓问题闭环。以跟踪督办“抓整改”，建立问题跟踪整改记录表，落实整改措施、整改时间、整改责任人，督促地市公司按期整改；以回访督查“防敷衍”，建立检查问题回头看机制，核查反馈的问题是否真整改，效果是否真突出，是否做到举一反三；以教育培训“补短板”，对基层反映的不懂不会的问题，督促业务部门制作培训课件以及微视频，指导基层如何去做，提升基层业务操作技能水平。

（三）加强支撑保障，推动督查监控水平上台阶

一是建设信息化平台。通过引入安全、经营、物流、非油等各类信息系统，建设综合信息平台，通过数据分析，从中寻找异常数据以发现督查线索，提高督查效率。同时建成施工及在营库站重大作业信息上报机制，实时跟踪作业情况，提前制止违规行为，确保作业安全。

二是建立专家人才库。全省成立由安全、零售、发展、督查等线条骨干成员共40人组成的督查专家组，参与制定、审核督查标准，研究督查方法，提升督查精准度。结合阶段性的重点督查项目，参与综合督查，研究解决督查中存在的突出问题的方法路径，形成规范制度。

三是建立督查培训机制。以“师带徒”参与视频和现场督查的方式定期轮训全省督查人员，集中学习制度规范，定期开展线上答题，全面提升理论水平；每周开展督查小结，

每人进行汇报讲评，强化理论与实践相统一；培训结束进行结业汇报，做好后期跟踪评价，确保人才锻炼培养取得实效。

三 取得成效

（一）切实为基层减轻负担

综合督查监控中心以“一站式督查”的方式，改变了过去多线条、多部门、多频次开展基层检查的现象。通过整合督查力量，优化督查工作方案，省公司年度现场督查次数由60次减少至36次；通过视频监控平台的大力运用，地市公司大大减少了库站现场督查次数，100座站以上的地市公司，每年现场督查天数减少约60天，切实为基层减轻了工作负担。

（二）基层违章行为显著减少

自机构成立以来，库站HSE基础管理、加油站零售管理精细化程度稳步提升，风险防控能力进一步提高，基层直接作业环节违章行为显著减少，高处作业不系安全带等严重违章行为杜绝，加油站违反禁令的行为得到有效遏制，月均重大违章行为数量由10条下降为1~2条。

（三）督查效能显著提升

由原来单一的现场督查模式，转变为“大数据+视频+现场”的督查方式，通过对关键环节的实时线上监管，将每周仅能检查8座库站提升到80座库站，大大提高了督查效率和精准度，并能迅速针对重大问题组织全网排查，消除安全隐患。

（四）督查业务技能得到提升

综合督查监控中心通过跟班实习的方式，为全省15家地市公司培养了77名督查业务骨干，受训学员在三个月的学习期间，通过理论学习全面掌握安全和零售相关业务知识，通过现场和视频检查提升实操能力，熟练掌握“数据分析+视频+现场检查”相结合的督查方法，所在单位督查水平明显提升，为湖北石油安全运行提供有效支撑。

经验启示

（一）提高督查工作效能，必须整合督查资源形成合力

通过整合安全、零售两支督查队伍，改专业督查为综合督查，强化垂直管理和部门协作配合，实行一站式督查，避免多头管理、九龙治水，提升督查工作效能，减少基层迎检频次，切实为基层减负。

（二）提高督查工作效能，必须明确督查与各专业管理部门的职责定位

明确督查在公司PDCA循环中的定位，避免以督代管，查管分开，协作配合，充分发挥督查发现问题和专业部门整改问题的优势，形成整体合力。

（三）提高督查工作效能，必须以用好信息化技术为抓手

通过在视频监控平台中整合各类信息系统，充分发挥业务数据分析对督查监控的指导作用，推动督查目标更精准，督查手段更高效，督查效果更显现。

（四）提高督查工作效能，必须以加强督查队伍建设为根本

通过建立常态化的业务骨干跟班实习机制，有效提升基层骨干人才督查专业化水平，带动全省整体督查能力提升。

创新资产经营管理　持续提升资产质量

湖南石油分公司

一　改革背景

湖南石油分公司下辖15个地市级分公司，拥有在营加油站1700余座、易捷便利店1600余座、成品油库21座（库容约80万立方米）。公司连续多年排名湖南百强企业和湖南服务企业50强前列。近年来，公司资产规模与经营量增速不匹配，提升资产质量事关可持续高质量发展。对此，湖南石油分公司创新资产经营管理，建立资产“存量、增量、创效、价值”四位一体管理责任体系，2017~2021年，战略性谋划资产创效规划，战术性创新轻资产发展，创造性推进资产经营管理（见图1），资产质量持续提升，在19家区内企业中，资产规模排名下降2位，零售总量排名上升3位，同口径净资产收益率增加3个百分点。

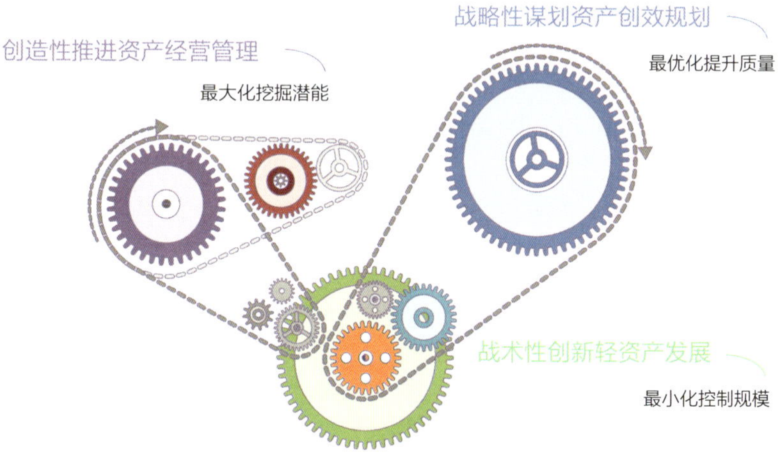

图1　资产创效推进思路

二 主要措施

（一）战略性谋划资产创效规划，最优化推进资产质量提升

一是“体系化”制定创效规划。2018年，按照集团公司要求，湖南石油分公司对照建设“中而强”领先现代综合服务商目标愿景，果断决策制定《资产创效3~5年提升规划》，统筹设计资产质量提升目标路径，确立未来5年净资产收益率和高效资产占比指标目标（资产质量核心指标）；明确新增项目必须实现净资产收益率达到8%、高效资产占比达到100%；明晰资产质量提升必须与经营管理、人才素质、员工薪酬水平提升统筹推进，协同发力；必须坚持“负效无效资产变有效、低效资产要提效、高效资产多创效”路径；必须优化资源结构，提升资产创效水平与能力。

二是“清单化”压实创效责任。紧贴资产现状，“点线面”（网点、业务条线、市县公司层面）协同联动，对照资产质量提升目标路径，逐年滚动制定加油站扩销增量、处置盘活、在建清理、股权提质、两金压减等五项资产质量提升工作清单，推行资产提质增效“清单化”管理。挂图作战，压实责任，综合施策，强化资产创效考核，坚持目标导向，统筹推进资产创效目标实现，为资产质量提升提供基本遵循与行动指南。

三是“机制化”推动创效实施。建立资产质量提升工作机制，开发了“湖南石油资产创效管理系统”，将信息化技术与业务管理相结合，强化资产质量提升过程管控，确保资产质量提升高效规范。建立完善的资产价值动态管理“六个一”运行机制（见图2），资产经营与业务经营并重，逐项落实创效目标任务。建立完善“条线对口负责”工作机制，建立“存量、增量、创效、价值”四位一体管理责任体系，明确部门主体责任、条线对口任务清单，共同压实创效责任。建立任务滚动调整工作机制，分阶段制定清单任务，同步调整考核细则。

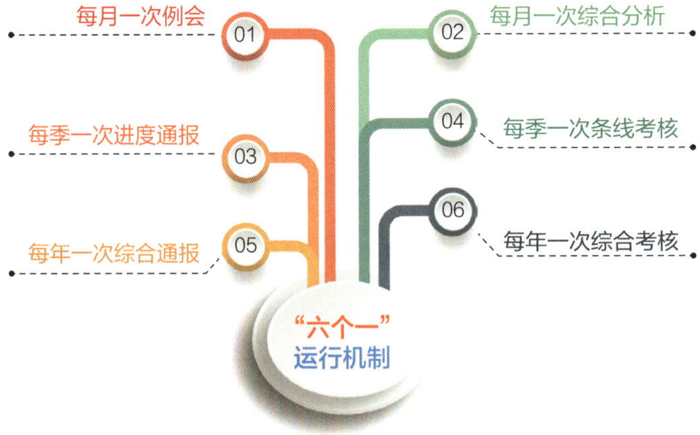

图2 “六个一”运行机制

（二）战术性创新轻资产发展，最小化控制资产规模增速

一是严控资产增量“做轻”资产。树立“今天的投资就是明天的成本”理念，加强投资项目研究论证，按照“优质项目必拿、空白区域必争、稳定区域必守”的思路，彰显央企担当，主动融入地方发展，争取地方政府支持，合理规划布局选址，不断完善网络布局。严控投资规模，减少资产投入，对网络发展新增资产进行全生命周期成本预测，同时开展项目全周期创效“时间窗口”管理，实现资产投入效益最大化。5年来，发展取得112个竞争性项目，新建站单站建设成本下降25.79%，加油站发展预测销量实现率提升26.01%，高于销售企业平均水平24.23%。

二是深化企地合作“做轻”资产。积极转变发展理念，贯彻集团公司“融入地方，借势发展，合作共赢”的指导意见，以轻资产发展常态化为导向、以融入地方经济发展为突破口、以持续强化县域市场控制为目标、以加快企地合作为举措，建立了与省、市、县三级政府平台合资合作的发展体系。通过主动输出品牌、理念、管理，借力地方政府渠道优势、政策优势，着力解决网络建设中规划难、落地难、成本高等突出问题，在成品油市场新的竞争格局中找到了借势发展新模式，实现了资产投资成本最低化和质量优质化。全省地市级合资合作覆盖率100%，累计锁定各类加油站项目480座，按每站2500万元发展成本测算，可做轻资产约60亿元。

三是低成本投入“做轻”资产。全省一盘棋运作，抢抓机遇推进社会租赁加油站经营，制定“他有我营”（资产属他方，我方经营管理）加油站发展目标，狠抓“他有我营”加油站合作发展，实现低成本投入巩固市场份额。5年来发展“他有我营”加油站140座，租赁加油站39座，累计实现增量72.53万吨，以资产“零”投入做大销量规模，在激烈竞争中，市场占有率保持稳定。

（三）创造性推进资产经营管理，最大化挖掘资产创效潜能

一是树立资产经营管理理念。资产是企业生存和发展的物质基础，湖南石油分公司把资产作为资源经营，每年对固定资产、股权投资、无形资产及在建工程等进行清查，做到全面彻底、账实相符，及时掌握资产全貌，分类细化制定资产经营措施。开展资产分类评价，对在营1700余座站（点）经营创效现状逐一“画像”，找准创效瓶颈，深化运用“四联四保”（联站、联心、联策、联量，保品、保廉、保安、保效）、“五进五帮”（进基层、帮解难，进短板、帮分析，进目标、帮实施，进干部、帮提升，进人心、帮激励）工作机制，将资产经营和创效责任落实到最小单元。

二是探索合资企业模拟法人管理。2021年，创新合资企业管理模式，创造性制定《合资企业模拟法人管理实施方案》，内部设立合资企业模拟管理公司，负责对授权管理的

合资企业以股权关系为纽带，实行模拟法人运营管理。推行“五统一”管理，即统一管理模式、统一资源供应、统一营销管理、统一财务管理、统一信息系统管理。将合资企业作为一个利润责任单元，独立核算、独立运作、规范管理。围绕提升合资企业“项目投营率、投资收益率、投资分红率、高效资产率”，推行“一部双责、一岗双责”（管理股份公司和合资公司两个职责），压实省市公司部门岗位合资企业管理职责。开展合资企业“两查两改两提升”，规范合资企业治理，打造新的效益增长极。

三是强化资产挖潜盘活增效。全面开展在建工程专项清理投营，建立资产利旧信息平台，实现利旧设备设施信息共享利用，充分挖掘资产创效潜能。将清理低效无效油站和网络发展相结合，5年来实施歇业复营站29座，增加销量10.42万吨，实现“短时间、小投入、大创效”。组织成立加油站提量改造专家团队，统筹安排加油站改造，树立“少停一天业，多卖一吨油”理念，向缩短“工期”要效益，一次整改到位，减少非正常停业。充分利用城市规划调整关停的油库闲置土地置换加油站项目用地（见图3），发挥了闲置土地创效功能。有序推进不良资产核销，采取租赁盘活、处置核销等方式，降低低无负效资产比例，最大限度挖掘资产创效潜力。

置换前

置换后

图3　怀化黄家垅油库闲置土地置换建成新民加油站

三　取得成效

（一）高效资产占比稳步提升

2017~2021年，湖南石油分公司高效资产规模与占比得到持续提升。高效资产规模净增长67亿元；高效资产占比从69%提升至84%，提升15个百分点，区内19家销售企业高效资产排名从19位上升到第9位。

（二）油站资产盈利能力提升

2017~2021年，高效加油站占比提升9个百分点，销量增加的加油站累计增量147万吨，累计创效1.32亿元。

（三）股权投资回报持续提升

2017~2021年，长期股权投资回报由0.69亿元提升至1.77亿元，合资企业销量由23万吨增加到71万吨；实际享有投资收益率由4%提升至9%；累计实现投资收益3.41亿元，占湖南石油分公司总利润的16%；长期股权投资高效项目占比从14%提升至79%。

（四）资产经营创效做法得到总部肯定

2021年获销售企业资产创效“比学赶帮超”年度先进红旗，资产质量提升做法成果《销售企业长期资产价值动态管理模式的构建与实施》获集团公司第三十届管理现代化创新成果一等奖。

经验启示

（一）资产经营要统筹规划

要将资产经营与业务经营“一体化”推进、“一盘棋”布局，长计划、短安排，统筹规划资产经营管理目标，压实全员资产经营管理责任，建立资产经营管理机制，常态化推进资产经营管理。

（二）资产经营要创新理念

要树立“今天的投资就是明天的成本”理念，清醒认识资产“无产出就是包袱，有产出才是资源”。坚持“大成本”思维，创新“轻资产”发展模式，强化资产成本源头控制，以最低的资产投入产出更大的收益。

（三）资产经营要突出创效

要用好、用活、用足资产资源，狠抓资产经营创效，盘活资产存量效益。坚持改革创新，推进资产转型升级、提速换挡，做到“用好高效资产，转化低效资产，唤醒沉睡资产”，充分挖掘资产创效潜力。

锚定创价值控风险　推动国际化经营提质增效

中石化（香港）有限公司

一　改革背景

中石化（香港）有限公司（简称香港公司）作为中国石化国际化经营的桥头堡，始终坚持“立足香港，拓展亚太，辐射全球”的发展战略，致力于拓展成品油（气）的境外终端销售与国际贸易。目前香港公司已成为香港地区最大的成品油和石油气供应商，在亚太地区成品油终端和贸易市场的竞争力和话语权也不断增强。随着国际化经营不断发展，香港公司运营中面临的风险明显增加，尤其是近年来各项不稳定因素交织，市场与价格风险、金融衍生品风险、客户信用等风险尤为突出，公司经营创效压力持续增加。在此极端的市场环境下，香港公司按照深化改革三年行动部署，大力推进管理体系和管理能力现代化，全面推进规范化运营、精细化管理、信息化转型，坚持以统筹管理为基、建立机制为本、明确标准为先、量化分析为据、信息管控为主、聚焦要点为重，建立了一套符合境外销售特点的经营风控一体化管理模式（见图1），有效提升了公司整体创效能力、防控了重大经营风险，实现了国际化经营的提质增效。

图1　经营与风控管理逻辑

二 主要措施

（一）统筹管理　锚定整体最优

统筹管理，一方面强调将各业务板块经营目标统筹到公司整体量利最大的基本点上，另一方面强调统筹经营量利最大目标与防控重大风险，守住不发生系统性风险底线的目标相统一，力求在风险可控的前提下，实现公司既定量利目标。公司总经理每周主持召开经营例会，研判国际油价走势及中国香港、新加坡等重要区域市场供求情况，并结合公司各油品库存规模、各销售模式下计价方式等信息，测算不同销售组合下量利水平，根据风险可控且整体量利最优的总原则，确定公司总体销售策略，统筹公司资金、船运、库存等资源优先向量效水平高的市场、油品及销售模式倾斜，布置各业务板块的销售节奏、敞口头寸、衍生品套保比例等重大经营及风控事项，下好整体经营的“大棋局”。各业务部门必须严格在当期整体经营方案授权范围内开展业务操作，不拘泥于部门短期量利，统分结合地做好协同创效。

（二）建立机制　保障措施落实

以适应关键业务特征为出发点，以分工协作、流程监管、权限分离、责任落实为指导思想，梳理经营管理架构，优化部门、岗位职责，建立适应性的管理机制。针对金融衍生品业务，明确了信息分析部门、经营部门、交易执行部门、风控部门及清算分析部门的具体职能，形成了经营决策、业务操作、数据录入、风险监控、效益测算等关键环节相分离的运行与监督机制（见图2）；同时建立“日例会”机制，每天对经营情况进行快速回顾，

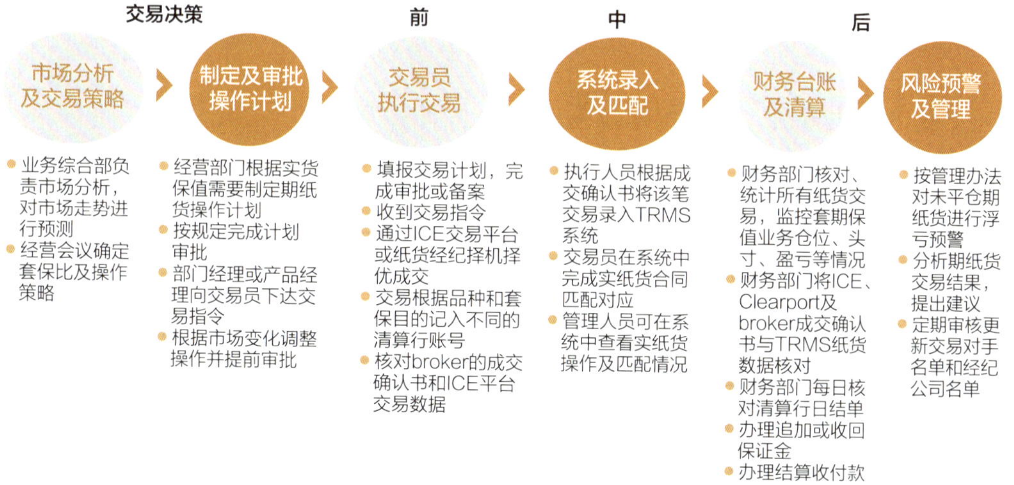

图 2　衍生品管理职能设置

以保障业务操作不偏离经营预案，同时针对业务过程中发现的风险隐患拟定应对措施；建立经营风险预警与内部信息沟通机制，各部门明确专职（或兼职）风险信息专员，负责通过新闻媒体、同行交流等渠道收集业务相关的风险信息，如遇到相关信息，则迅速向风控部门、财务部门及相关业务部门传递信息，提示风险；强化业绩刚性兑现机制，迭代绩效考核指标设置，将经营量利指标和风险防控及合规管理情况等管理指标在业务部门并行考量，让部门和员工在考核中“知冷知热”，落实“管业务也要管风险”职责，以机制确保经营决策的有效执行，时刻绷紧风险防控的弦。

（三）明确标准　强化风控导向

以风险防控为导向，构建公司、部门、岗位三级制度规章体系，全面树立运营标准。公司层面，针对经营决策、采购销售、套期保值、仓储管理、商品定价、经营信息收集与录入等环节出台了一系列规章制度构建基本制度框架，明确重点业务、关键环节、重要领域的风险管理要求；印发中、英两语版员工手册，明晰不同国别全体员工应共同遵守的职业道德与纪律红线，筑牢红线意识，提示道德风险。部门层面，零售、航煤销售、本港批发直销等业务板块（部门）均根据业务实际，出台重点业务流程标准化指引，明确执业规范。如石油产品部根据业务要求和岗位职责，制定了一份480多页的业务操作手册，按直销业务、批发业务、船加油业务和物流操作等类别，分别从销售计划、客户管理、销售执行、应收账款管理、售后服务等关键环节明确操作要求，为员工规范履职、防控运营风险提供指引。岗位层面，拟定岗位说明书，明确岗位职责、履职标准、岗位风险表现与防控措施等要素，筑牢岗位风险防控的坚实基础。此外，根据风险形势变化，审时度势出台针对性风险防控规定，如新冠疫情爆发后，针对急剧升高的合同风险、客户信用等风险，公司迅速出台《中石化（香港）有限公司合同风险控制指引》《中石化（香港）有限公司境外非金融类企业担保风险控制指引》等规定，指引员工打好风险“阻击战”。

（四）量化分析　坚持科学运营

建立油价波动压力测试模型，定量测算国际油价变动对整体效益的影响；积累进、销、储、运全经营环节采购成本、运营费用、实际利润与商品损耗等指标数据，搭建跨境运输、滞期费管理、外租库管理等重点环节的数据库，为寻求利润最优方案提供科学依据；按月组织召开经营分析会，通过量化分析经营环节中产生的各项数据，分析各业务环节的盈利点与出血点，实现资金、库容、运力等资源向效益最好的品种和模式倾斜，提升经营效率。

（五）信息管控　实现科技赋能

结合业务实际，不断优化TRMS系统（贸易风险管理系统），并以此为核心打通

ICMS系统（境外合同管理系统）、OA系统及ERP系统等接口，构建了经营决策与风险防控并重的运营管理平台（见图3）。平台全面覆盖国际贸易、区域市场批发直销、航煤加注及商品类金融衍生品等业务，对有关实货交易、库存信息、远洋运输、贸易费用管理、信用证管理等业务环节实现了在线监管，通过每笔采销数据的日清日结录入系统，能够及时汇总实货、纸货头寸，及时测算库存潜盈亏，为公司在不同的油价走势下安排增减库节奏和制定衍生品套保决策提供了科学依据；同时系统实现了合同审批管理、套保方案审批、信用审核、货款支付等环节的线上管理，并通过将各项管理要求固化到系统节点，推动“人控”到“机控”转变。如设置客户信用限额，超限交易自动终止；设置金融衍生品持仓规模、保证金占用、止损限额三级预警线，超限自动发送提示邮件；设定所有合同付款由合同系统发起，杜绝线下审批等技术性限制，以实现管理制度的刚性执行，防控运营风险。

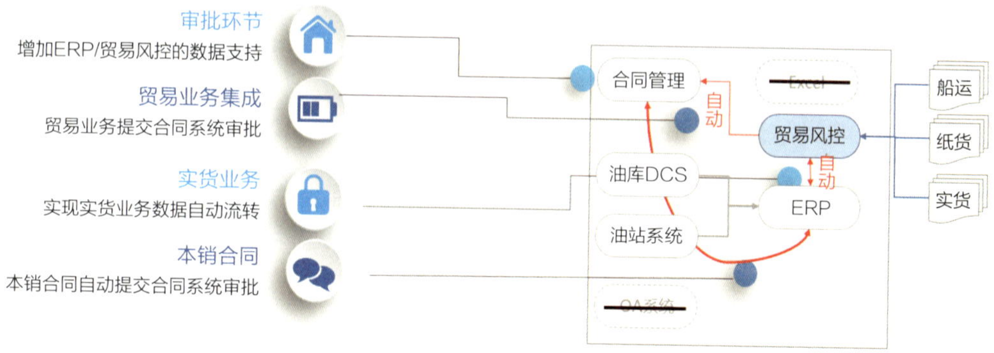

图3 信息平台部分业务数据运转图

（六）聚焦重点 抓实底线防控

聚焦国际油价波动、金融衍生品业务合规、客户信用管理等重大经营风险，抓实底线防控。强化市场研判，通过实时采集IEA（国际能源署）、OPEC（石油输出国组织）等基本面数据，并与摩根士丹利、花旗等投行和贸易商交流一手分析资料，积累油价分析相关信息，并在油价分析中加入技术分析、月差分析等新的分析维度，科学研判油价走势，再结合公司库存情况，拟定合适的经营策略，抵御国际油价剧烈波动风险；通过持续严抓交易场所审批、交易人员名单控制、套保计划的合规审批和实纸匹配等重点环节管理，设立保证金余额、持仓限额、浮动盈亏等指标三级预警线，建立风控人员日常检查整改机制，确保金融衍生品各类操作符合管理规范，保障金融衍生品业务不偏离套期保值原则；通过强化客户信息分析、优化调整客户评分制度、细化信用风险指标及密切更新失信黑名单管理等，定性和定量全方位评定交易对手信用风险，将风险高客户坚拒门外；

按“动态调整”及“一企一策”等原则对重点交易对手进行监控，适时调整客户授信额度，强化跟踪追收机制，每天监控逾期款项还款情况，建立信用专委会例会机制，研究重要信用问题，应付突发信用事件，防范客户信用管理风险，坚决守住不发生系统性风险的底线。

三 取得成效

（一）低迷市场环境下的经营创效能力显著增强

近三年来，香港地区新冠疫情的爆发、蔓延，油品需求急剧萎缩，在此严峻的市场环境下，香港公司始终锚定创价值控风险的目标，以TRMS系统数据及测算结果为依托制定整体经营方案，在精细调控库存运营节奏上下功夫，做好库存经营管理，有节奏地实现“实纸双降”，逐步兑现实货效益，库存经营创效能力明显提升，2019~2021年，分别实现报表利润15.02亿港元、12.13亿港元和10.17亿港元，圆满完成利润奋斗目标。

（二）严峻风险形势下的风险防控能力显著增强

近三年来，市场环境波谲云诡，国际油价受疫情、库存、地缘政治等因素影响在15.98美元至102.26美元（布伦特原油）区间巨幅震荡，严峻风险形势下，公司始终锚定创价值控风险目标，持续强化市场信息收集，在疫情初期监测到可能实施社交限制措施、部分油品需求已出现下滑趋势等信息，预判油价很可能短期内见顶，利用TRMS系统进行国际油价波动压力测试，参考测算结果设置合理套保点位，从布伦特油价64美元/桶起陆续加大套保比例，最高至80%，在油价巨幅震荡期间（2020年1~6月）商品类衍生品业务与实货相结合后的综合盈利1200万元，有效对冲了库存减值风险；同时通过在TRMS系统设置不相容岗位、权限审批及预警指标等控制措施，以保障衍生品业务不偏离套期保值原则，防范衍生品业务风险；此外考虑到疫情下，客户信用风险急剧升高，及时组织对公司3000多名客户进行风险评估，取消或收紧部分客户信用额度，变更收款方式，有效利用信用证在“兴隆集团”破产期间收回300万美元货款，避免了市场风险，有效提升了公司运营风险防控能力。

经验启示

（一）强化风险敏感性是公司风控防控的基础

香港公司始终保持对风险的高度敏感性，坚持市场信息的广泛收集，预判风险，因此能在新冠疫情未全面蔓延之前及时收紧信用销售政策，拟定针对性的合同风险控制指引等措施，实现了对客户信用风险的有效控制。

（二）高度重视操作指引等文件在风险防控中的指引作用

香港公司通过细化制定各类流程操作指引、专项风险预案、内控管理流程等文件，将规章要求分解到具体业务流程中，有效提升了员工履职过程中的风险管理能力。

（三）强化信息化管控能有效提升风险管理水平

香港公司通过在业务操作系统中设置前中后台分离、权限审批、授信额度控制等控制节点，将风险管理要求变成系统运行流转的必要条件，强化风险管理要求的硬执行，为公司风险防控措施落地提供了坚实基础。

以改革激活力　以创新提效率
全力推进油库高质量发展

销售华中分公司

一　改革背景

销售华中分公司是中国石化销售股份有限公司的派出机构，主要承担产销衔接与资源统筹、物流组织与协调优化、区域库存运作等职能。在营3条长输管道、5座油库，下设8个部室、2个输油管理处和1个岳阳分公司，共有12个基层单位（5个油库、2个输油站场、5个驻厂协调办）。近年来，针对各基层单位专业技术人员短缺、库站作业班组操作人员技能单一、工作负荷不均衡、冗员较多等问题，积极推进油库“综合大部制”改革，通过调整运行模式、重构业务流程、优化用工配置、提升自动化水平和非核心业务外包等措施（见图1），激发了油库内在活力，形成了降本节费、油库提效和员工增收的良性发展局面，为推进油库高质量发展提供了强有力的支撑。

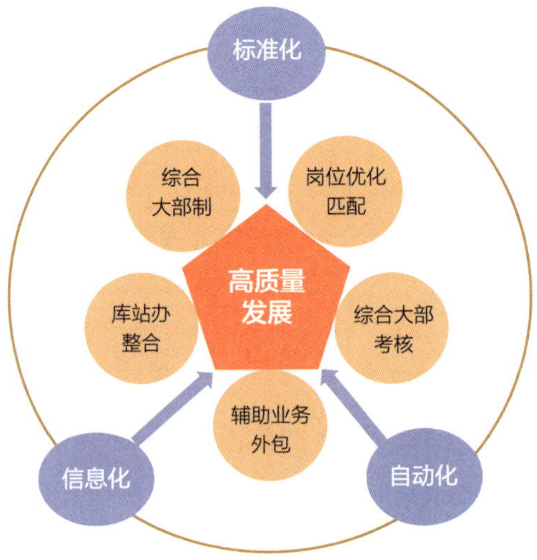

图1　油库“综合大部制”改革举措

二 主要措施

（一）着力推进基层架构整合，切实完善运行机制

一是稳妥推进库、站、办机构整合。按照“试点先行、适时推广”的思路，根据地域特点，撤并各自独立运行的驻厂协调办、油库和管道输油站，撤销4个协调办和1个输油站，将基层单位缩减为7个。撤并后的基层单位管理人员合署办公，重新分配工作内容，打通使用专业技术人员，建立“对外统一协调，对内统一管理”的管理体系，运行效率显著提升。

二是试行油库“综合大部制”改革。公司基层单位整合后，按照“三班一倒”轮班作业运行模式，统一规范油库技能操作岗位名称及岗位设置，统筹安排使用技能操作人员，取消了原有库站操作、公路付油、铁路收卸、电工维修等小型作业班组。每个综合大部在当班作业期间，统筹负责油库收发油作业、油品计量、设备维护、安全管理等工作。综合大部的作业部长负责协调工艺操作岗、计量岗、付油岗、接卸岗、电工岗、警卫岗的工作衔接，开展团队管理与班组建设。对撤岗后的消防员和铁路收卸人员进行转岗，岗变薪变，并组织技能培训，带动转岗人员提升操作技能等级或考取特殊岗位上岗资格。

三是建立综合大部绩效考核机制。各输油管理处建立起以劳动效率、吞吐量为主，以安全环保、数质量、专项工作要求等为补充的油库薪酬考核指标体系，明确油库库容与吞吐量、不同物流设施下的收发油量、能耗、环保等指标的挂钩方式和兑现办法，根据考核结果确定综合大部的专项奖金。各油库引导综合大部建立班组特别奖励分配机制，对在临时重要作业、突击加班、隐患发现与消除等额外工作中有贡献的员工进行特别奖励，营造积极进取的氛围。

四是辅助业务外包，补齐专业短板。一方面开展油库消防业务外包。将武汉、大庄两座油库消防业务整体外包给中原油田分公司，由其派驻18人专职消防队伍（见图2）；将长岭、安庆、九江三座油库消防业务委托给毗邻的长岭、安庆和九江等3个炼化公司消防队，提升油库消防专业化管理水平。另一方面开展抢维修业务外包。将油库设备、仪表

图2 外委消防队日常训练

维修任务外包给属地专业化检修安装公司，要求检维修人员能够在30分钟之内到达应急抢修现场，联合成立监督、管理、服务一体化的设备管理机构，做到日常维保“一站式”服务，补齐油库维修技术短板。

（二）着力推进“三化”互补，切实提升管理效能

一是加大库站标准化建设力度。推进硬件设施标准化，开展油库隐患治理，彻底整修油库老旧设施。开展油库改造标准化，统一标识标牌外观，油库面貌更加有绿意、有活力、有朝气。推进管理行为标准化，制定库站标准化管理手册，提升现场“7S”管理效果，开展标准化交接班、员工说岗、站长（主任）上讲台、“手指口述”操作，促进作业部员工“安全行为标准化、作业过程标准化、现场管理标准化”逐步改善。油库“标准化建设与管理经验”曾荣获销售企业“一线工作法”暨改善经营管理成果一等奖。

二是提高油库自动化控制水平。推进工艺控制自动化。5座油库的关键工艺阀门改为电动阀，储罐、机泵、控制阀联锁功能100%投用，油库工艺流程可以远程调节，具备“一键启输”以及“混油自动切割”功能，既减少了开工阀门工作量，又提高了公司调控中心生产运行自动控制水平。积极推进油库自动计量系统改造，开发贸易交接和库存管理、自动生成日常报表等基本功能，便于开展数据比对和日常管理，持续提高自动计量精度，减少了油库计量用工（优化用工14人）。

三是提升油库信息化水平。结合油库公路发油业务，搭建E提油平台（见图3）。E提油平台集成ERP日调度计划、公路付油系统等信息，开发预约排队、智能分配台位、智能换票等功能。提油司机可通过手机APP远程操作，实现油库、加油站、运输公司三方公路数据的互联互通。通过线上数据共享，该平台解决了油罐车拥堵、抢台位发油等问

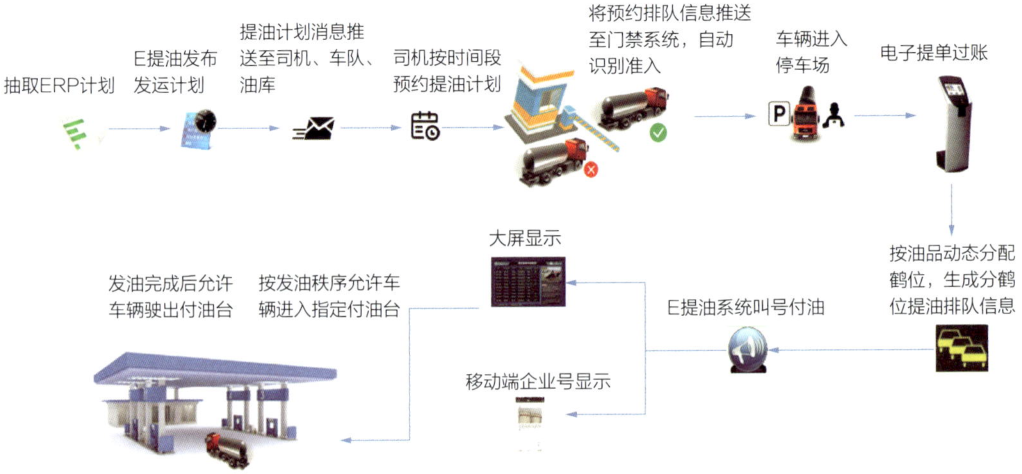

图3 E提油流程设计架构

题，减轻了作业人员数据录入工作量，减少发油操作用工8人，每年节费增效约近200万元。结合各油库生产管理，积极推进“智慧油库”建设。依托油库智能化项目，推进油库收油、发油、数质量、安全应急等环节先进信息化设备、管理系统建设和应用，全面完成了油库安防系统升级提升，实现油罐液位自动计量系统应用，提高了劳动效率。

三 取得成效

（一）油库生产能力显著增强

2021年水路全环节损耗率1.19‰，较改革前下降32%；铁路全环节损耗0.76‰，较改革前下降48%；省市公司平均管输下载损耗率0.39%，较改革前下降39%；协助省市公司减少进货成本近2亿元。五年来未发生上报等级安全环保事故，连续3年获得集团公司安全生产先进单位，连续2年获得集团公司绿色企业称号，2020年获得销售企业“安全设备管理先进红旗”。

（二）油库队伍素质全面提高

锻造了一支勤奋学习、刻苦钻研、能打能战的基层团队，员工责任意识、规范意识、专业素养、工作能力明显提升。5座油库共计优化用工24人，用工配置更加科学，运行流程更加顺畅，人均劳效显著提升。油库专业技术管理人员更加精干，操作人员一专多能。辅助业务外包有效化解了消防、检维修专业人才结构性短缺矛盾，既保证了油库安全生产，又实现系统内资源优化配置。

（三）油库管理水平大幅提升

5座油库设备设施完好率≥99%，基本实现了工艺流程自动化操作，仪表联锁功能100%投用，有力保障了生产设施的平稳运行。E提油服务平台大幅提高了工作效率，减轻了员工工作压力。新冠疫情期间，通过E提油自助服务平台的相关功能，保障了武汉成品油市场的稳定供应。各油库环境焕然一新，工作标准清晰统一，业务流程更加顺畅，工作行为逐步规范。

经验启示

（一）机构优化是企业发展的必经之路

随着内外部形式环境的变化，企业为了提升管理效率，势必要不断优化调整内部机构设置，其中精简合并是主要方向。销售华中分公司建立了符合基层发展和工作特点的“综合大部制”管理模式，优化用工配置，实现了机构、人员的整合优化，提升了企业运行效率。

（二）引入外部优势资源是提升专业能力的快捷方式

外部专业力量的引进，不仅能快速建立起专业化的管理模式，还能提升企业自身的专业管理水平。销售华中分公司挖掘系统内资源，探索开展专业工作外委，集中优势兵力抓主业，享受了资源共享带来的红利。

（三）标准化、自动化、信息化是提升生产效率的有效途径

标准化、自动化、信息化是大势所趋，也是被诸多实践证明了的可以提升生产效率的方法。销售华中分公司通过标准化管理规范作业现场及员工行为，通过自动化、信息化建设解放劳动力、提升生产力，切实提升了劳动效率及生产管理水平。

聚焦风险防控　打造合规铠甲
全面推进海外上游业务高质量发展

国勘公司

一　改革背景

国勘公司作为中国石化海外上游的主力军，海外项目分布在25个国家，外部监管复杂，合作方式存在差别，合规要求存在差异，合规风险挑战复杂多变，公司的合规管理体系建设既要遵循国家管理要求又要考虑国际合规监管要求，既需考虑普适性还需涵盖差异性，任务重、难度大。面对这些情况，公司结合国际合规监管机构的监管要求，以风险防控为导向，确立了“打造国际合规铠甲、促进内部管理提升”的合规管理体系建设目标，对标国际一流，通过近年来的不懈努力，公司合规管理体系建设进一步健全，国内外合规管理组织架构进一步完善，合规管理制度落实落地，合规管理运行、保障机制有效运转，公司国际化竞争软实力不断提升。

二　主要措施

（一）突出管理职责，推进协同联动的管理架构

一是完善顶层设计，推进整体实施。从公司结构治理入手，推进合规管理入章程，明确公司合规管理整体目标和管理要求。在董事会层面设立合规与风险管理委员会（见图1），在公司管理层设立合规管理委员会，与依法依规治企领导小组合署工作，公司主要负责同志担任主任，负责合规管理的组织领导和统筹协调。明确“一把手负责制”，建立合规审查与汇报机制，通过合规管理委员会研究和审议合规管理体系文件，对合规管理中存在的问题进行决策分析，并把合法合规审查作为“三重一大”决策的前置程序来贯彻落实。

二是完善合规制度，厘清管理责任。为保障合规管理体系建设的有效开展，公司成立了由各业务部门的专家、业务骨干组成的合规管理体系建设工作专班，打造形成了一套以

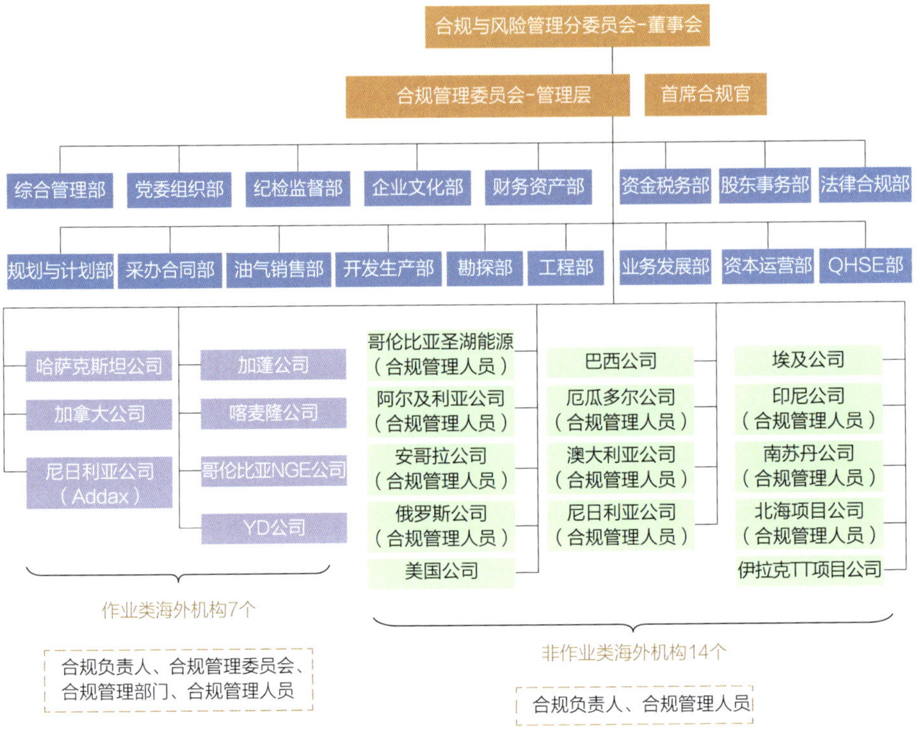

图 1　公司合规管理体系组织结构图

合规手册为核心，多个关键风险领域合规管理规范为指导的“1+7”中英文双语的合规管理体系文件（见图2），明确了公司和员工在依法经营、廉洁从业、诚信合规、履职行权等方面的基本要求和行为准则；编制形成《合规管理办法》《合规管理委员会议事规则》《依法合规约束性考核细则》《合规咨询工作指引》《合规举报工作指引》等合规管理制度，厘清部门、海外机构合规管理责任和职责界面。

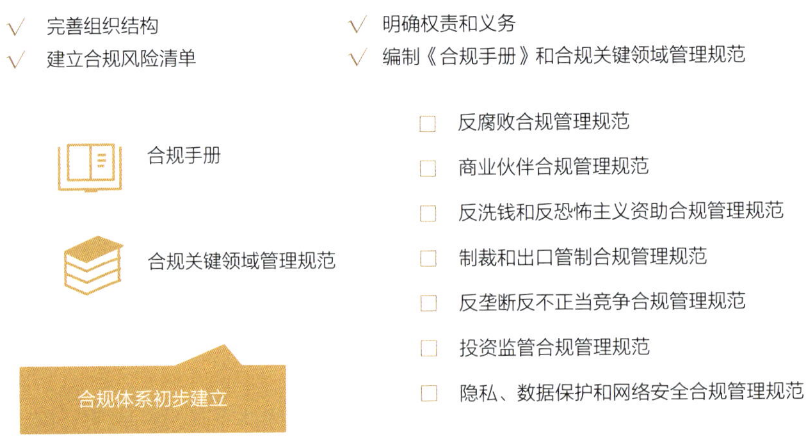

图 2　合规管理体系文件

三是建立完善“三道防线”，推进责任落实。按照“管业务必须管合规”的要求，形成业务部门、海外机构为第一道防线，法律合规部为第二道防线，纪检、审计等部门为第三道防线的合规管理组织架构（见图3），在公司各部门配备合规管理联络员，24家海外机构均完成了合规管理组织架构的建设，作业者项目全部成立法律合规部门，非作业者项目设立法律合规岗。通过健全合规管理协同联动机制，部门、海外机构按照“全公司一盘棋”要求，建立上下联动、齐抓共管的工作格局和长效机制，确保合规管理体系建设规范开展、顺利推进，实现了合规管理制度和合规管理体系要求的落实落地。

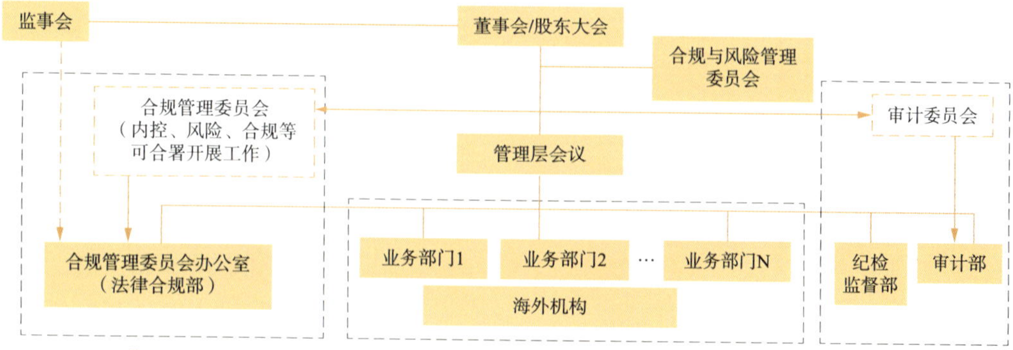

图3 合规管理“三道防线”

（二）突出维权创效，推进风险防范和案件解决取得成效

一是加强合规风险排查，防范化解合规风险。持续性开展海外机构合规风险识别、排查和应对，形成合规风险清单；建立完善风险季度报告、境外项目重大合同法律风险报告制度，组织商业伙伴合规排查，海外碳排放排查等专项法律合规风险排查，发布《海外项目风险提示》和《跨境数据传输法律风险提示》，指导海外机构依法合规有效防控风险。俄乌战争爆发后，公司法律合规部牵头组织各业务部门梳理分析涉俄制裁的影响和潜在风险，形成《关于俄罗斯制裁对公司影响分析的报告》，提出风险应对策略及应对措施，为海外项目运营提供应对指导。二是强化合规审查在新项目收并购、存量资产处置过程中的风险防控作用。公司将合规管理和风险防控贯穿于法律工作的各个环节，通过项目和商业伙伴的法律合规尽职调查、法律合规条款设计和安排、法律风险预判和风险规避等措施加强新项目、资产运营项目和海外项目的法律合规风险防控，保障伊拉克、埃及、阿根廷、尼日利亚等10余个新项目和资产运营项目的合规开展，同时为17个海外项目的60多项重大事项在合规方面提供支持，实现维权创效。三是充分发挥合规在法律纠纷管理过程中的重要作用，加强政策法律的合规分析研判，在坚持“发案单位负责制”，采取“分级分类”“专案专策”案件应对管理策略的同时，实施一系列强有力的合规整改措施，填补管

理漏洞，完善管理流程，有效防控和化解涉诉、合同管理、项目所在资源国政策变动等一系列风险。

（三）突出知行合一，打造国际化特色的合规文化阵地

一是创新开展“合规文化月”。公司把每年7月作为合规文化建设月。2021年7月是第一个合规文化月，国勘公司领导班子成员、副总师、各部门负责人及业务骨干，各海外机构风险合规负责人和关键岗位人员通过现场和视频连线方式参加培训交流活动。通过提升合规意识、锻造合规文化，将合规管理工作推向一个新的高潮。

二是开展中外方全员合规培训。在传统的现场培训的基础上，公司还通过“国勘书院”平台，开展E-learning合规培训，对公司合规手册、合规管理规范及国际合规监管要求进行讲解宣贯，基于国勘公司国际化、属地化的需求，培训以中文、英语、法语、俄语、葡语、西语等多种语言开展。全体中外方员工3000余人参加线上培训并通过测试，并签署合规承诺。

三是建立健全合规管理体系保障机制。公司设立合规咨询、举报电子邮箱，建立合规咨询、举报平台，充分发挥“吹哨人”制度作用，畅通渠道，提高全体员工的合规意识和合规参与度，推进合规共治，通过依法合规经营绩效考核，推进各单位和全员依法合规行权履责。

三 取得成效

随着公司合规管理体系的建立健全，合规管理软实力得到有效提升，合规维权意识不断增强，公司“合规铠甲”防护效能显著提高，合规管理促进维权创效。

（一）合规维权取得成效

截至2021年底，国勘公司法律纠纷在办案件数量和涉案金额“双下降”，困扰公司多年的Jagal案、巴西股东协议案、KKD贷款案等重大案件取得胜诉，实现了维权创效，合规管理试点以来，新增法律纠纷数量大幅下降，未发生因自身违规而引发的纠纷案件。哥伦比亚公司创新“脉络式”合规管理，因地制宜完善风险合规体系，充分发挥法律合规支持保障作用，获得LLA69区块仲裁案和托管账户纠纷的胜诉；依法合规推进圣湖Nare区块移交，实现顺利有序、经济和平地退出；厄瓜多尔公司打造“四有”合规体系，积极主动维权，取得15区国际仲裁案、14区块天然气燃烧环保人权案、安第斯前员工劳动纠纷案等案件的胜利，避免损失近千万美元，有望获得近亿美元的赔偿。

（二）合规管理促进创效增益

公司资产处置工作取得实质性突破，阿根廷资产运营项目完成交割，买方承接所有环保义务和未决法律诉讼，顺利实现预定目标。哈萨克斯坦PPC项目资产运营实现干净退出，避免了资产的价值减损，海外项目经济效益得到保障，不断夯实国际化经营的软实力。美国公司借鉴当地公司的经验，打造“合规+风控+创效”为核心的合规管理体系，加强合规尽调、主张合法权益，取得污水处理费用退还争议、审计争议的基本解决，创效855万美元；加蓬公司着力加强对商业合作伙伴的合规管理，完善重大合同的合规审查、保障机制，完成Toucan II联合作业协议和TSG油田归一化管理协议等历史未决重大协议签署，为我方行权维权奠定基础；Perenco原油北输项目框架协议的成功签署将实现2004万美元成本回收，并彻底化解资金占用风险；安哥拉公司主动开展合规尽调和合规风险防控，有效防范了作业者违规提油，转移低油价风险，维权增效1293万美元。

经验启示

（一）健全体系是实施合规管理之基

国勘公司通过制定完善合规手册、合规管理制度和工作指引，明晰合规“三道防线”的管理职责，公司各部门、各海外机构各尽其责，形成上下联动、齐抓共管的工作机制，有序推进合规管理的实施和作用发挥。

（二）关口前移是实施合规管理之实

国勘公司以风险为导向，立足关口前移和过程控制，有效推进合规规则与具体业务的深度融合，充分利用合规审查、合规风险排查等合规管理工具，推动合规管理的有效运行，实现维权创效。

（三）合规文化是实施合规管理之魂

良好的合规文化是实施合规管理的重要保证。公司通过加强合规宣传和合规培训，提高全员合规意识和参与度，使合规文化深入人心，坚守合规成为中外员工们的行动自觉，合规防控作用充分得到发挥。

打好“两深化两提升”组合拳 以改革牵引辅业后勤扭亏脱困

胜利石油工程公司

一　改革背景

胜利石油工程公司主要从事石油钻井、钻井设计和工具研究、固井、特种作业等勘探开发技术服务业务。用工总量最高时达34517人，辅业后勤用工占比超过40%，用工总量大、辅业后勤富余人员多、人均创效水平低等老大难问题，长期制约着企业发展。改革没有退路，不改革就没有出路。公司牢记习近平总书记视察胜利油田时的殷殷嘱托，坚决贯彻落实深化改革三年行动，研究部署辅业后勤扭亏脱困“三年三步走”整体规划（2021年全力攻坚，整体扭亏；2022年巩固提升，全面脱困；2023年之后持续盈利，反哺主业），统筹推进“六个一批”“七个加大”“八不停步”等成套改革举措，全力推进“精队伍、转自营、拓市场、搞承包”，打好“深化‘三定’工作、深化内部盘活、提升创效空间、提升经营活力”“两深化两提升”组合拳（见图1），辅助后勤业务经营状况大幅改善，公司全员劳动生产率较2019年提高了14.98%。

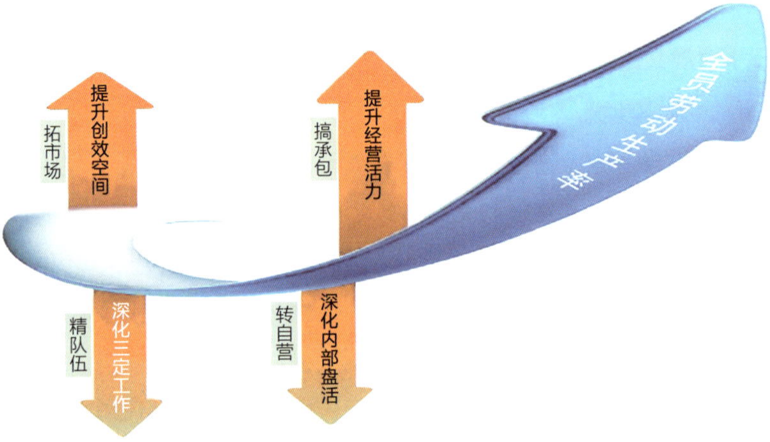

图1　“两深化两提升”示意图

二 主要措施

（一）三刀齐下“精队伍”，全力深化“三定”工作

围绕人员、机构臃肿难题，大刀阔斧推进“三定”工作，清退不合格员工、压减不精干机构、显化不创效员工。

一刀“拆庙”，全面压减不精干机构。按照精干高效原则，大力推进机构改革，纵向推进管理层级压扁，将过去的四级管理架构压扁为三级，缩短了管理机关与基层生产单元的管理链条，让决策层充分听见前线炮声；横向推进专业化整合，按照业务流重塑管理流，对主营业务关联度高、发展潜力较大的优势业务进行全面整合；节点上推进两级机关“大岗位”去行政化改革，实现“小机关、大服务”。公司机构总量从改革前的913个压减至2021年的545个，压减40.31%。

二刀“去腐”，全面清理不合格员工。开通违反劳动纪律网上举报平台，设置真实举报奖励，常态化开展严肃劳动纪律、严格考勤制度“双严”治理，对旷工、长期病假、不能正常上岗员工，或长期装病不上班员工，分层分类建立处置方案，明确处置责任人、处置周期，依法合规采取强硬措施，达到清退条件的坚决清退，暂时履行不完程序的，停发薪酬、停缴社会保险“双停”，经过3年治理，累计清退或处置622人，通过精准去“腐”，铲除了歪风邪气的土壤，有效提振了员工干事创业的士气。

三刀“撤岗”，全面显化不创效员工。划小核算单元，规范人工成本归集，结合岗位日常工作量写实，对4493名辅业后勤员工开展岗位价值量化评估，算清全员“占用价值”和“创造价值”，根据价值评估结果动态深化“三定”工作，价值高的留、价值低的撤，持续优化机构、精简岗位、收紧定员。对各单位撤岗并岗后显现出的富余人员全部纳入“人力资源池”，进行素质“画像”、培训赋能、二次匹配，彻底打破单位间、业务间、岗位间“壁垒”，累计推动1400余名员工“出池”后走向高价值岗位。

（二）三关共把“转自营”，全力深化内部盘活

针对有人没活干、有活没人干的现状，以劳务型外委项目为突破口，大力推进外委转自营，盘活安置自有用工，堵住效益流失点。

一是把好审批关，刚性压减外委费用。推进外委费用归口管理，明确费用压减目标，落实归口管理责任。推行外委业务“负面清单”管理，将内部具备承揽能力、今后发展有潜力的项目纳入“负面清单”，一律不允许外委。对内部确实不能满足需求的项目，向归口部门下达减费指标，通过统一招标等形式，有效实现降本减费。

二是把好公示关，阳光推进外委转自营。坚持自己的活自己干（见图2），搭建胜利

图2 外委转自营，自己的活自己干

工程外委转自营项目公示平台，健全内部甲乙方项目公示、抢单议单、交易确认、服务评价、效益分析评价等全过程管理模式，将外委前的平台公示作为外委项目招标、签订合同的前置条件，广泛接受群众监督，切实堵塞跑冒滴漏漏洞，推动形成了“劳务型外委项目应转尽转，其他外委项目能转则转”的良好局面，2021年通过外委转自营，减少外委费用支出1.85亿元。

三是把好质量关，有序开展扶优扶强。立足主业、围绕“井筒”，挑选有潜力、有基础的辅业后勤产业性项目进行针对性培育，在资金投入、人才投放等方面给予重点扶持，大力加强产品质量监管和服务质量跟踪，逐步形成了油套管加工、储液罐建造、复杂井打捞、高效套磨铣等系列优势业务和产品，在全国多个市场站稳了脚跟、打响了品牌。

（三）三线并进“拓市场”，全力提升业务承揽创效空间

坚持“走出去”不动摇，激励干部员工离开舒适区，进行“二次创业”，紧盯“三线”市场，全力增收创效。

一是打通集团内部“互补线”。深入落实集团公司“打破板块、企业界限实施人力资源余缺调剂和统筹使用”政策，创新“管理+技术+劳务”业务承揽模式，深度开发了北京石油加油员和管道巡线、中国石化勘探分公司石油工程监督等一批规模化、高附加值项目（见图3），打通了集团内人力资源余缺互补的有效通道，截至2021年底集团内业务承揽项目38个，盘活人员478人，创收6947.88万元。

图3 “走出去”服务集团内部市场

二是打通“三商”领域“联动线”。按照“迈出系统、跨出行业”思路，瞄准与主营业务密切关联的战略承包商、供应商、服务商，坚持“自主自愿、互利互惠、依法合规”原则，推动以市场换岗位、以合作促共赢，与“三商”结成战略合作体、效益协同体、发展联动体，通过向“三商”输出人力资源，累计盘活用工992人。

三是打通技术服务“增值线”。坚持主辅业“一盘棋”，围绕主营业务钻完井工具、修井工具、自动化装备、油田化学处理剂等“四条产品线”，创新个性化定制、“产品+服务”等模式，深化制研结合、制售结合，推动加工制造由提供“实体产品”向提供“综合产品服务系统”跨越，并以此带动辅业员工走出去，为用户提供跟踪服务、全程服务，以高质量服务创造高附加值，有力推动产业化发展。

（四）三权下放“搞承包”，全力提升辅业后勤经营活力

坚持“放开搞活辅业”改革思路，充分下放权力，全面开展辅业承包经营，把辅业推向市场，倒逼辅业转型升级。

一是下放用人权。开展辅业后勤“揭榜挂帅”，采取竞争上岗等方式，优选有能力、有想法、有担当的承包经营者，给予自主确定承包经营团队的人员数量、人员组成、内部岗位设置等选人用人权。按照“内部优先”原则，根据市场需要，灵活使用企业内部和外部人力资源，支持用工当地化、企业内部用工市场化，一批优秀的团队脱颖而出。

二是下放经营权。按照“效益优先、资产保值增值”原则，明确承包政策，优化审批流程，严格监督管理，不同程度下放物资采购、内控审批、承包商准入、业务分包、合同与招投标管理、经营决策等11项经营权，承包经营者享有市场策略、生产运行、市场运营、业务拓展等自主决策权力，推动承包经营者自主扩大市场份额、拓展业务类型、延伸业务链条。

三是下放考核权。根据承包业绩情况，对承包经营者按单位平均绩效水平的2~4倍实行台阶薪酬激励，承包团队成员薪酬收入分配，按照岗位贡献大小，由承包经营者自主确定，有效激发承包团队创效活力。通过承包经营，胜利工程31个辅业基层单位累计压减用工544人，辅业基层队实现整体盈利。

三　取得成效

（一）营造了一种改革氛围

全体干部员工深切感受到，应对改革，必须转变陈旧观念、突破思想禁锢，必须突破“舒适区”、丢掉“等靠要”，“自己的活儿自己干”，支持改革、参与改革已成为全员思想

共识和行动自觉。

（二）打造了一批拳头产品

通过扶优扶强，围绕主辅业务协同发展，打造形成了一批支撑辅业后勤发展的支柱产业和品牌项目，部分优异产品加入“胜利天工”系列品牌，市场影响力、市场竞争力显著提升，辅业后勤自我“造血”能力不断增强。

（三）锻炼了一支铁军队伍

坚持把改革作为干部锤炼作风的“大熔炉”、提升本领的“练兵场”，在对外业务承揽过程中，广大干部员工不惧困难、迎难而上，赢得了业主甲方的口碑，展现了“招之即来、来之能战、战之能胜”的胜利“铁军”形象。

（四）实现了一次业绩飞跃

2021年，实施外委转自营项目76个，对外业务承揽项目93个，累计盘活用工2500余人，辅业后勤板块同比增收1.2亿元以上，人均年创收同比增加1.9万元，“三年三步走”迈出坚实第一步。

经验启示

（一）员工观念转变是深化改革的首要前提

国有企业改革的最大难点和痛点，在于思想观念的转变。越是在改革攻坚紧要关口，越需要拿出变革的勇气和魄力，深化理念创新、体制机制变革和经营模式转变，凝聚起全员思想和行动合力，打一场不胜不休、众志成城的改革攻坚战。

（二）人力资源优化是深化改革的重要举措

人力资源是企业的第一资源。提升国有企业人力资源效能和人力资本价值，既需要做好减法，也需要做好加法。上游企业通过“三定”压扁管理层级，撤岗并岗显化富余人员，多措并举提升员工岗位价值，已经积累了成熟的经验模式，可在更大范围推广应用。

（三）实现高质量发展是深化改革的最终目标

高质量发展是全面的、协调可持续的，任何一个业务领域的落后都制约着企业高质量发展。必须站在长远发展的角度，围绕辅业后勤等短板弱项，推行革命性举措，培育支柱性产业，推动主业辅业协调可持续高质量发展。

深化资产经营提效　助力中国石化高质量发展

集团财务部

一　改革背景

中国石化是中国最大的一体化国有能源化工公司之一，位居《财富》世界500强企业前列，资产规模达到2万亿级次。中国石化深入贯彻落实国务院国资委工作部署，着力发挥资产管理工作在企业改革发展中的基础性、战略性和枢纽性作用，围绕“所有资产都可以通过有效运营为企业创造价值”这一理念，大力推进资产分类评价管理工作，以分类评价促资产管理，以资产运营促提质增效，持续健全完善资产管理体系（见图1），实施土地资产经营、资本结构优化、重组整合融资，切实提高资产运营效率和创效能力，有力支撑中国石化高质量发展。

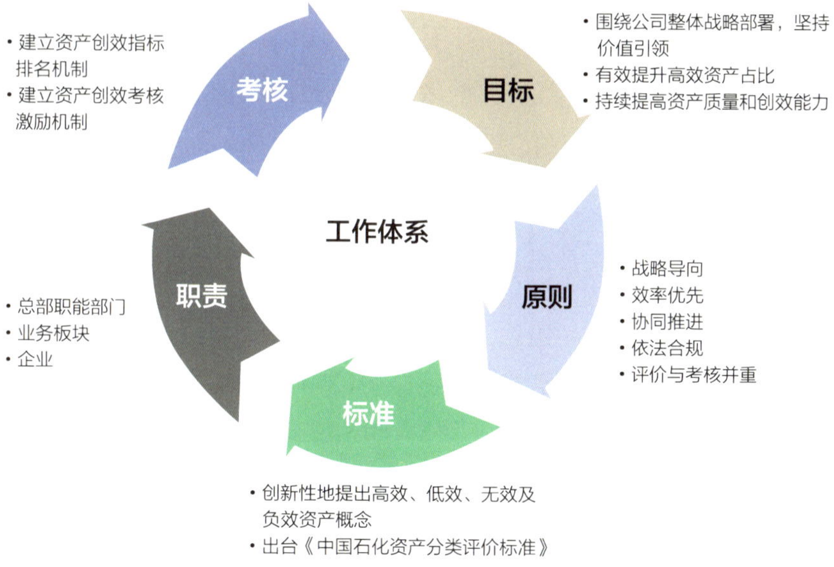

图1　资产分类评价管理体系

二 主要措施

（一）立足分类分级管理，健全完善资产管理工作体系

一是健全完善资产管理制度。不断加强资产管理制度建设，健全完善长效工作机制，持续夯实资产管理工作基础。根据“管理制度化、制度流程化、流程信息化”的思路，把管理、制度、流程有机统一，不断加大精细管理力度，在集团总部层面进一步优化整合管理职能，开展资产管理职责划分和流程梳理，完成了中国石化资产管理制度体系顶层架构的搭建，在资产管理各个环节做到了有规可依、有章可循、权责清晰、落实有力。

二是建立三级资产管理机构。按照一体化管理、专业化分工、具体化负责的资产管理要求，搭建集团总部作为战略层、业务板块作为经营层、各企业作为业务实施层的资产管理架构，其中：集团总部层面做好资产管理的规划设计和监控部署，切实提高资产质量、运营效率和创效能力；业务板块层面建立适应业务发展的资产经营管理运行机制，压实资产经营管理责任；各企业明确资产管理机构或岗位，负责具体资产经营运作和开发利用。

（二）聚焦资产经营提效，深化资产分类评价管理

一是建立资产分类评价管理框架，全面摸清资产家底。建立“两个维度、四种类别、覆盖全部资产”的“241”分类评价管理框架。按照资产与战略定位的契合程度、对预期经济效益的贡献程度这两个维度，重构资产项目类别，划分为高效、低效、无效和负效资产4种类别。紧盯资产负债表左侧要素，针对5类流动资产和13类非流动资产，细分指标，明确阈值，形成了一套完整的、可操作的资产评价标准体系，指导全级次并表企业开展各类资产分类、评价、监控以及盘活处置工作。

二是利用资产分类管理手段，驱动资产价值创造。坚持价值引领战略，按照“关注重点资产、开展对标分析、提升创效能力”的思路，以重点生产经营设施为对标对象，以“找问题、定措施、创效益”为主线，开展分类评价创效工作。根据资产分类评价结果，依托中国石化资产调剂平台，制定12项盘活提效重点举措，努力实现“无效资产变有效、低效资产快提效、优良资产多创效”（见图2）。优化生产经营，强化资产运营，提高生产装置（设备）盈利能力。开展内部调剂、对外转让、对外租赁，盘活闲置资产，提高租金收益率。健全信用评价制度，紧盯应收款项清欠。规范执行建造合同，推动合同资产结转。组织公开转让、清算注销，退出无效负效对外投资。加快盘点清理，报废报损符合条件的固定资产与存货。

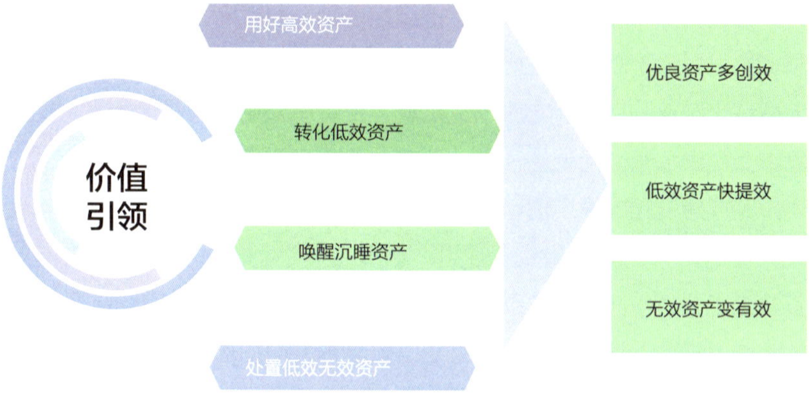

图2 资产分类评价管理提效

（三）围绕土地资产创效，提高存量土地经营水平

一是挖掘土地资产创效潜力。坚持土地管理从价值守护向价值创造转变，促进土地潜在价值最大化释放。坚持土地处置依法合规“占一补一、等价置换”的基本原则，坚持土地长期收益最大化、上市与未上市整体利益最大化的基本方式，积极寻找土地增值空间。采用有偿交储、等价置换、调规变性等措施，狠抓高增值地块，降低土地持有成本，科学预留发展用地。通过“一口价”模式推动高桥石化、金陵石化重大土地处置项目搬迁补偿。

二是强化土地资产主动经营。建立完善低效利用土地评价体系，通过企业间、板块间、区域间的横向对比以及经营目标、投入产出、用地结构等纵向分析，形成低效利用土地指标评价成果，将土地经营创效主动与企业管理转型、地方政府规划和市场需求融合。加强资源统筹，主动经营重点区域不动产，引导企业主动融入地方政府城市和产业发展规划，主动应用并争取政府政策支持，主动把握业态创新机遇，主动加强外部合作。

（四）着眼国有资本结构优化，积极开展各类资本运作

一是上市平台重组整合未上市业务资产。在中国石化股份公司重组改制上市过程中，为支持核心业务发展，当时将部分资产质量、盈利能力较弱的主营业务留在未上市部分。近些年，中国石化通过深化改革、改造提升、强化管理、清理整顿和企业办社会职能剥离移交等各项措施，未上市企业生产经营业务盈利能力和市场竞争力明显提升，逐步具备了注入中国石化股份公司的条件。国企改革三年行动开展以来，中国石化股份公司围绕提升一体化运营水平，通过设立合资公司、现金收购资产等多种方式，先后整合并购未上市企业的炼油、化工、科研等主营业务和热电、水务、仓储、码头等公用工程，以及节能、环保等新兴业务资产，进一步提升资本运作水平。

二是有序推进内部专业化重组整合。持续推进企业间横向重组整合，进一步优化区域结构调整和资源配置，不断营造良好的企地关系、发展环境。中科（广东）炼化公司原为中外合资大型炼化企业，后因外方股东退出成为全资子公司，与已运行多年的中国石化股份公司控股子公司湛江东兴同处湛江市，两家企业在多方面具有优化互补空间。中科（广东）炼化公司完成建设正式投产前，中国石化不断优化设计重组路径，在基本无重组税费支出的情况下，将两家大型炼化企业通过“吸收合并”的方式重组整合为一家企业。此外，华北石油工程公司与河南石油工程公司、华东石油工程公司与江苏石油工程公司完成重组整合，实现了资源、资金、人力、财税、资质等方面的优势互补。

三 取得成效

（一）资产运营质量和效率明显提升

资产分类评价工作有力推进低无负效资产盘活提效，激发了企业资产运营内生动力、经营潜力。资产运营质量有效提高，高效资产占比提升8.4个百分点。低效资产、无效资产“两资”清理成效突出，2020~2021年累计处置资产201.20亿元，提前完成三年计划设定目标；资产经营创效明显，2021年内部调剂2.9万项，出租转让6196项，盘活处置创效7.4亿元。

（二）不动产经营创效取得良好业绩

2020~2021年，中国石化累计处置土地211项，创收15.28亿元。试点开展630亩油气废弃土地综合整治工作，研究重点区域不动产经营试点工作方案，启动第一批包括21宗、1293亩土地和12.54万平方米房产重点区域不动产试点经营工作，探索管理经验和实践素材。

（三）资产重组整合打造竞争新优势

中国石化上市、未上市部分的重组整合，有效提升了上市公司质量，进一步深化了未上市部分的改革，有利于降低管理成本和提升管理效率，提高中国石化整体资源统筹和优化配置能力。同时，内部专业化重组整合也实现了相关企业人财物总体统筹、资源共享、一体化运营管理，提升了企业的整体竞争实力。

经验启示

（一）推行资产分类评价管理，可助推管理水平稳步提升

实施资产分类评价管理，统筹开展各类资产创效工作，是提升整体资产创效能力的重点和难点。通过深入研究资产分类评价管理的模式和方式，打破传统资产管理思维模式，建立大资产价值管理理念，成功推动企业资产质量的提升与改善，增强企业的效益和竞争力。

（二）推行资产分类评价管理，可助推经营效益实现突破

持续推行资产分类评价管理、积极联动开展资产创效，在常态化开展各类资产清查和资产分类评价的基础上，对重点资产、重点板块进行多维度评价分析。在加强资产运营取得实际效益和现金流贡献的过程中，逐步转变观念，重视降低无负效资产占用，积极推动资产盘活创效指标进入绩效考核指标体系，进而切实调动并发挥资产运营主观能动性，资产质量进一步夯实，整体资产创效能力不断提升。

（三）推行资产分类评价管理，可助推企业高质量发展

结合整体战略部署，积极运用资产收购、吸收合并、合资合作等手段，持续推进资产重组整合、产业布局优化，实现国有资本保值增值，提升现有资产价值创造能力。资本运作项目落地实施，助力区域资源优化、企业转型发展和非优势业务退出，为企业高质量发展做出更大贡献。

坚持战略引领　聚力主责主业 多措并举打好瘦身健体组合拳

企改和法律部

一　改革背景

中国石化是1998年在原中国石化总公司基础上重组成立的特大型石油石化企业集团，主营业务包括油气勘探开发、炼油化工、成品油销售、油气储运、石油工程、炼化工程技术服务、国际贸易、金融服务等。作为特大型央企集团，既有传统国有企业历史负担重、遗留问题多的共性，又有石油石化企业业务布局分散、资产质量不均的特点。中国石化坚持以习近平新时代中国特色社会主义思想为指导，深入贯彻落实党中央、国务院决策部署，以世界领先发展方略为引领，聚焦主责主业，多措并举打好瘦身健体组合拳，坚定不移走高质量发展之路（见图1）。

图1　瘦身健体组合拳

二 主要措施

（一）健全运行体系，推进瘦身健体常态化

一是重点部署，紧盯不放。中国石化将瘦身健体作为深化改革重中之重来抓，连续多年在年度工作会上作为重点改革任务进行部署，连续多年作为集团级督办事项分解下达，连续多年作为干部轮训的重要课程，连续多年作为部门和企业领导班子绩效考核的重点内容。

二是统筹谋划，高位推进。先后印发《集团公司深化管理体制改革的意见》《集团公司深化改革三年行动实施方案》，将法人压减、亏损企业治理、“两非”剥离、“两资”处置、参股股权清理、剥离企业办社会职能和解决历史遗留问题等重点任务统筹考虑、整体部署。党组领导亲力亲为，各专项工作都成立党组领导任组长的领导小组，负责重大事项决策，对专项工作进行安排部署。

三是明确分工，压实责任。瘦身健体涉及的各项改革任务，总部层面都明确牵头部门，明确目标要求，建立工作台账；强化事业部（专业公司）管理主体责任，实行主要领导亲自抓，每项任务每户企业在板块层面都有分管责任领导和牵头责任部室；落实企业的主体责任，实行“一把手”负总责，企业层面都成立工作领导小组。对一些重点改革任务，党组主要领导与相关单位签订责任书，立下军令状，打好攻坚战。

（二）严格方案编制，把好瘦身健体源头关

实施方案是作战图，决定瘦身健体攻坚战的成效。为抓实抓细瘦身健体的基础，严把各项改革任务方案编制关，方案编制、论证审批和实施做到“四结合、四明确、两规范”（见图2）。

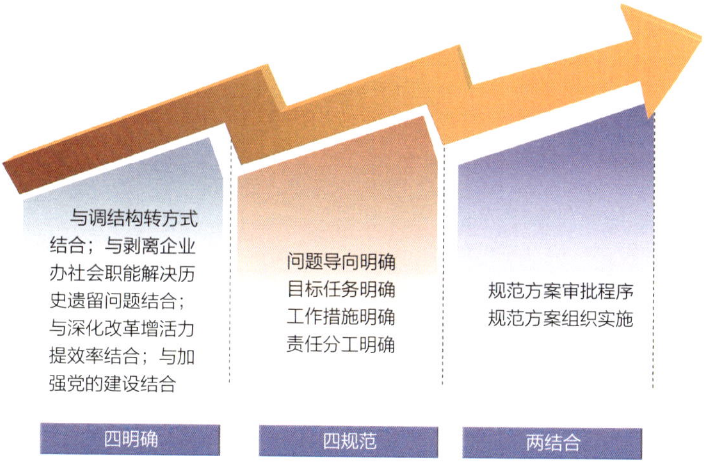

图2　四明确、四规范、两结合

"四结合"即专项方案编制要与调结构转方式紧密结合、与剥离企业办社会职能解决历史遗留问题紧密结合、与深化改革增活力提效率紧密结合、与加强党的建设紧密结合。

"四明确"即方案内容上做到问题导向明确、目标任务明确、工作措施明确、责任分工明确。

"两规范"即规范方案审批程序，方案必须先由企业领导班子研究通过后，再提报事业部（专业公司）论证，论证通过后再根据内控权限履行审批程序；规范方案组织实施，方案审批通过后要倒排出时间进度安排，将方案目标和措施细化分解到季度、月度，并将每阶段任务落实到部门、单位和责任人，确保每个阶段工作有目标，考核有抓手。

（三）建立长效机制，确保瘦身健体过程细

抓实抓细过程管控，确保各专项工作结果可控。实行季度工作例会制度，公司主要领导亲自主持，总部职能部门、事业部和专业公司责任人参会，检查重点难点企业进展情况，研究解决问题，安排部署工作。建立红黄绿运行大表，实施挂图作战，抓两头带中间，对进展异常的企业强化督导督办，定期将红黄绿运行大表报公司领导参考，确保各项任务统筹推进（见图3）。建立月度报告机制，每月初组织企业报告上月工作进展、措施落实情况，以及需要协调解决的问题，及时掌握企业治理动态。建立定期简报制度，及时转达国家有关政策精神，通报工作进展情况，交流企业好经验好做法。建立各级约谈机制，根据工作推进中存在的问题，建立分层级约谈机制，按照问题的严重程度，分别由职能部门负责人、公司领导约谈企业及事业部（专业公司）相关负责人，有效保障了工作的开展，提高了处理重点、难点问题的工作效率。

××户"处僵治困"工作进展情况表(2018年1~8月)

年份	企业性质及户数	企业名称	拟处置方式	公司领导	牵头部门及领导		资产负债率				在职职工数			盈亏情况（万元）					备注
					部门名称	责任人	2015年（%）	2016年（%）	2017年（%）	2018年6月底（%）	2015年	2016年	2017年	2015年	2016年	2017年	2018年预算	1-8月累计	
	合计																		
2018年×户	挂牌督导僵尸企业	××公司	强化管理	××	××公司	××													
	自行处置僵尸企业	××石化	关闭撤销	××	××事业部	××													
	挂牌督导特困企业	××公司	强化管理	××	××事业部	××													
		××分公司	强化管理	××	××事业部	××													
		××公司	强化管理	××	××事业部	××													
	自行处置特困企业	××管理局	强化管理	××	××管理部	××													
		××勘探局	强化管理	××	××管理部	××													

图3 红黄绿运行表示意图

（四）强化制度配套，实现瘦身健体政策实

瘦身健体涉及面广、政策性强、敏感度高，及时配套支撑制度至关重要。在认真学习领会中央政策方针和国资委有关要求的基础上，制定《关于中国石化困难企业扭亏脱困的指导意见》，明确了扭亏脱困的工作思路、原则和目标，以及“4个一批”扭亏脱困路径，并对有关工作做出具体安排。制定《关于集团公司退休人员社会化管理的指导意见》，明确了整体移交原则，细化了四个阶段的工作安排。出台《关于加强资产分类管理提高资产创效能力的指导意见》《中国石油化工集团公司资产分类评价标准》，明确高效、低效、无效、负效等4个类别资产划分标准，提出分类提效施策计划，指导企业推进资产提质增效。制定《关于离岗人员分流安置工作的指导意见》，明确了内部竞争上岗、单位外部上岗、提前退休、内部退养、解除和终止劳动合同、停岗留薪等六种分流安置渠道和适用条件，指导企业稳妥做好富余人员分流安置工作。制定《中国石化重大决策稳定风险评估管理办法》，明确了风险评估的范围和内容，细化了评估程序和方式方法，推进瘦身健体依法依规决策，维护职工群众切身利益。

（五）坚持以人为本，确保瘦身健体大局稳

坚持以人为本是全面深化改革必须始终坚持的重要原则。中国石化积极践行以人民为中心的理念，重要改革坚持先从思想发动做起，引导广大干部员工理解改革、支持改革、投身改革。如在亏损企业治理中，坚持“扭亏先扭思想、转方式先转观念”，通过一系列深入细致的宣传引导，“企业不消灭亏损，亏损就要消灭企业”的意识逐步深入人心，停产多年的西安石化、东方石化、杭州石化等8户企业顺利完成关停。坚持“国之大者”，认真履行社会责任，对推进瘦身健体过程显现的富余人员，充分挖掘公司内部潜力，最大限度在公司内部进行妥善安置，努力做到“员工转岗不下岗、转业不失业”。对于无法实现内部安置的，按照《劳动法》《劳动合同法》等法律法规及时足额支付经济补偿金，并与地方政府部门加强沟通协调，积极争取支持，及时做好社保衔接等工作。如在推进退休人员社会化管理过程中，3.7万从业人员得到妥善安置。

三 取得成效

通过持续攻坚，中国石化瘦身健体工作取得积极成效。主责主业更加突出，“一基两翼三新”产业格局基本形成，已发展成为国内最大的成品油和化工产品供应商、第二大油气生产商，世界第一大炼油公司、第二大化工公司，加油站总数位居世界第二。

（一）企业亏损面大幅下降

2016～2021年，全级次子企业亏损面从42.2%下降至5.5%。纳入国资委治理范围的20户重点亏损子企业，2021年累计盈利59.41亿元，比国资委治理目标增利153亿元。

（三）“两非”剥离、“两资”处置基本完成

截至2021年底，“两非”剥离任务完成率97.8%，2021年实现“两资”处置107.2亿元，累计处置201.2亿元，提前超额完成三年工作任务；低效、无效参股股权清理2021年累计完成21项，回收资金4.98亿元。

（三）压减工作成效明显

近年来累计压减法人600余户，先后完成80余户子企业管理层级、40余户子企业产权层级调整工作，法人管理层级控制在4级以内、产权层级控制在7级以内。四是剥离企业办社会职能和解决历史遗留问题实现收尾“四供一业”分离移交项目1138项、340.9万户，资产净值62.8亿元；142户直属单位、81.4万退休人员社会化管理工作全面完成；534户厂办大集体改革任务全部完成，分流安置4.95万人。

经验启示

（一）推进瘦身健体要制定完善的实施方案

完善的实施方案是瘦身健体成败与否的关键，中国石化为抓实抓细瘦身健体工作，从方案编制、论证审批和实施等3个阶段要求做到“四结合、四明确、两规范”，为工作有序推进提供了作战图。

（二）推进瘦身健体要健全配套的制度体系

配套的制度支撑是依法合规推进瘦身健体的保障，中国石化认真学习领会党中央、国务院政策方针，制定了人员安置、资产处置、风险评估等系列制度文件，为工作扎实推进提供了根本遵循。

（三）推进瘦身健体要坚持以人为本的原则

确保大局稳定是推进瘦身健体工作必须坚守的底线，中国石化积极践行以人民为中心的理念，通过深入细致的思想宣传引导、妥善安置员工，取得了干部员工的理解支持，为工作平稳推进奠定了基础。

打造国家标准创新基地
助力工业品电商做大做强

物资装备部（国际事业公司）

一 改革背景

物装（国事）积极融入和服务集团公司“一基两翼三新”产业格局，探索数字经济和实体经济融合发展之路，2016年创新打造集采购、销售、金融、综合服务于一体的易派客工业品电商平台，聚焦为集团内外企业提供方便快捷的电商化物资采购服务，致力打造阳光、诚信、可信赖、负责任的工业品电商平台。

为践行“让采购更专业”的理念，提升平台专精特质和服务水平，2018年推出易派客标准，对平台上线企业及产品进行量化评价，营造良好电商生态，引领工业品电商高质量发展。2019年4月，易派客获国家标准化管理委员会批准筹建国家技术标准创新基地（工业品电子商务），2021年12月正式成立，成为国内首个也是工业品电子商务领域唯一的国家技术标准创新基地。

近年来，公司依托国家级标准创新平台的高点站位和资源优势，发挥标准引领、规制和联通作用，着力围绕工业品电商平台生态、产品质量和标准国际化等方面开展标准创新和应用，构建起了一套科学完整的工业品电商标准体系，为推动易派客工业品电商平台做大做强，促进平台经济规范健康发展起到了有力的支撑作用（见图1）。

二 主要措施

（一）建立电商标准体系，营造良好电商生态

一是打造工业品电商标准体系。联合国务院国资委商业信用中心、中国质量认证中心、中国钢研科技集团、中国特种设备检测研究院等20多家创新基地共建单位，通过强强联合、优势互补，共同建设以法人信用认证、产品质量评价、履约动态考评和市场业绩表现为核心的工业品电商标准体系，多维度、全方位评价企业及其产品，为平台用户展现

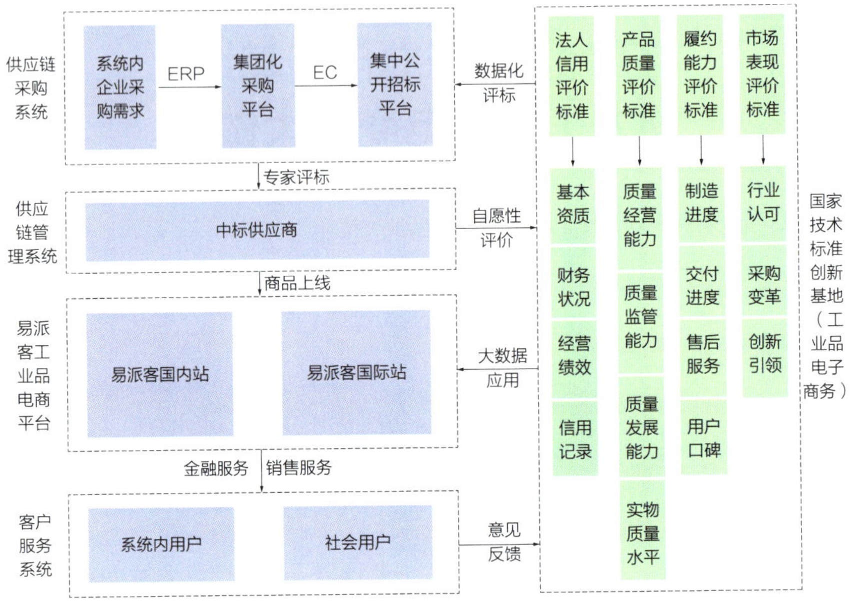

图 1　国家技术标准创新基地支撑平台供应链建设模型图

全景式企业画像，树立行业标杆、市场标尺、产品标准，引领打造诚信透明、质量为先、注重用户、尊重市场的良好电商生态。

二是研制工业品电商标准。累计制定了《跨境电子商务平台服务质量评价》《电子商务交易产品信息描述规范》《大宗产品分类与描述通则》3项国家标准，《工业品质量分级评价通则》《工业品质量分级评价规则》《石油天然气工业管线输送系统用焊接钢管直缝埋弧焊管》等11项团体标准，《企业法人信用认证规范》《企业履约动态考评规则》《产品质量评价系列标准》等5000多项企业标准。

三是开展工业品电商标准应用。依托易派客工业电商平台，累计为平台关联方实施法人信用认证8000多家，产品质量评价30000多家次，履约动态考评44000多家次，市场业绩评价25000多家，发布易派客标准指数、贸易融通指数、法人信用认证、产品质量评价、履约动态考评等多项专业数据榜单（见图2），相关评价结果在平台实时展示，成为平台用户下单采购的重要参考指标。

图 2　易派客标准数据榜

（二）推行产品质量分级，保障平台商品质量

一是创新产品质量分级方法。针对产品质量出现“合格不好用、合格不满意”等问题，创新产品质量分级方法，综合企业生产保障能力和产品实物性能两方面因素制定产品质量分级标准，将产品质量分为A、B、C三等九级，解决“60分到100分”的产品质量差异，充分量化产品质量真实水平，推动产品质量评价从合格型向性能型跃升，实现平台商品质量好中选优、优中选精。

二是开展质量分级标准制定。累计制定机电设备、仪器仪表、阀门管件、冶金材料、建工用材、化工品等产品质量分级标准5500余项，覆盖国家统计局《统计用产品分类目录》551个产品中类中的350个，占比63.5%，基本建立起了满足主要工业品分级需要的质量分级标准体系，为产品质量分级提供了坚实的标准支撑。

三是推动产品质量分级应用。在平台商品页面详细展示产品质量等级，供用户选购时参考比对，同时将质量分级标准应用于招标采购，推动中标供应商上平台。累计优化改造56个物资大类评标办法2800多项，投入招标实际应用12000余次，有效提升了物资采购和平台商品质量。

（三）推动标准国际互认，促进跨境电商发展

一是推动标准国际互认。与法国BV、德国TUV和瑞士SGS等国际知名认证机构签订标准合作协议，推动产品质量评价标准互认和“一个标准、一次测试、一张证书、全球通行”的产品认证新模式。通过标准比对、联合制定等方式已达成2000余项产品质量评价标准互认，涉及机械、电子、材料、仪表等主要工业品，通过质量互认评价的供应商和产品可登陆易派客国际业务平台展示销售，用标准互认互用促进国际贸易互联互通，助力跨境电商业务发展。

二是开展国际标准制定。主导制定了国际标准化组织ISO 24285《绝热材料 泡沫玻璃制品 规范》和国际电工委员会IEC TS62565-1《纳米制造 材料规范 第1部分：基本概念》2项国际标准，提升了泡沫玻璃制品和石墨烯产品标准的国际通用性，架起了相关产品国际贸易的标准互通桥梁。

三 取得成效

（一）平台生态持续向好，平台发展充满活力

“平台发展，标准先行”，易派客通过工业品电商标准体系建设和实施，定期在平台发布法人信用变动信息，为用户提示交易风险；对产品质量实施跟踪评价，及时下架不合格

产品；对合同履约记录不良的关联方实施降级或取消交易资格的处理；与市场业绩表现较好的供应商开展战略合作，客户投诉和商品质量纠纷始终保持较低水平，营造了健康阳光的平台生态。目前易派客电商平台已有超9.76万家工业企业入驻，用户达到26.7万个，上架商品329万种，累计在线交易金额超1.8万亿元。2021年，易派客入选工信部首批供应链创新与应用示范企业，并获评2021“我喜爱的中国品牌”（见图3），品牌价值达104.72亿元。

图3 易派客荣获2021“我喜爱的中国品牌”

（二）商品质量全面保障，平台专精特质凸显

“让采购更专业”是易派客平台专精特质的体现，通过全面实施产品质量分级，累计对平台3500多家供应商的40多个大类商品、近100万件上线单品开展质量评价近3万家次，出具评价报告13500余份，发布各类产品质量排行榜3000多项，为企业提供质量改进建议1万余项，激发了企业提升产品质量的活力，保障了平台供应链整体质量水平。2020年11月，易派客入选中国质量协会主办的“全国质量标杆”企业。

（三）架起商品标准桥梁，跨境电商畅通便利

“标准是世界的通用语言”，易派客通过开展标准互认，架设国际贸易的技术标准桥梁，弥合跨境电商的产品标准鸿沟。目前已有美国霍尼韦尔和艾默生、法国施耐德、德国倍加福、日本横河、中国宝武、中国一重、沈鼓集团等多家国内外知名企业通过标准互认和质量评价登陆易派客国际业务平台，向世界展示产品和服务，助力打通国际国内双循环。易派客国际业务平台全球会员超9.5万个，上线供应商超2200家、商品种类2万

余种，累计成交金额736亿美元，业务范围覆盖美国、巴西、德国、俄罗斯、印度等104个国家和地区，为“一带一路”沿线59个国家和地区的企业间提供贸易融通服务金额近224.3亿美元。2017年6月，易派客被金砖国家工商理事会正式批准为服务金砖国家的电子商务平台。

经验启示

（一）发挥标准引领作用，营造良好电商生态

通过构建全方位、多维度的电商生态评价标准体系，树立了市场标尺、行业标杆、产品标准，对于营造诚信为本、质量至上、注重履约、尊重市场的良好电商生态发挥了积极引领作用。

（二）发挥标准规制作用，提升电商发展质量

产品质量分级评价模式，将国家开展质量提升行动的有关要求落到了实处，分级结果在电商平台实施应用，强化了质量引领的方向，对于规范平台经济健康发展起到了有效的规制作用。

（三）发挥标准联通作用，促进跨境电商发展

标准互认建立起了国际贸易融通便利的技术桥梁，有助于跨境电商等新业态创新发展，对于助力构建统一大市场、畅通国际国内双循环起到了标准联通作用。

推进天然气销售一体化改革 提升全产业链价值创造能力

油田勘探开发事业部

一 改革背景

中国石化天然气全产业链包括上游气源、中游储运和下游销售，涉及了天然气产供储销各个环节。近年来，集团公司围绕构建“一基两翼三新”产业格局，推进天然气产供储销体系建设，提高保供能力与效率。适应国家油气管网运营机制改革形势，坚持“专业化发展、市场化运作、国际化布局、一体化统筹”原则，理顺天然气产销管理关系，统筹推进油气田区域的天然气销售业务重组整合，构建了以天然气分公司为主体的一体化销售体制和市场运营机制（见图1）。充分发挥天然气分公司一体化、专业化的优势，优化内外部资源配置，增强市场营销能力，提高终端市场占有率，确保安全稳定保供，实现了天然气全产业链价值最大化。

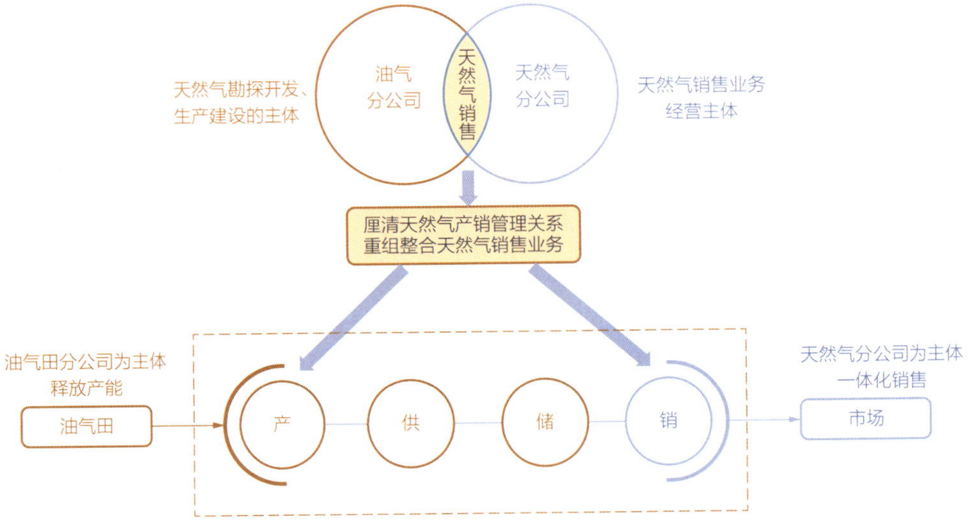

图1 构建以天然气分公司为主体的一体化销售体制

二 主要措施

（一）构建天然气一体化销售体制

一是厘清天然气产业链中的产销管理关系。在中国石化原有天然气销售体系中，西南、江汉、华北、东北、西北等油气田分公司与天然气分公司共同销售自产天然气，存在内部销售主体多元、产销关系不顺的问题。因此改革首要之举就是厘清油气田区域的天然气勘探开发和经营销售管理界面，实施专业化、区别化发展。进一步明确各油气田分公司是天然气勘探开发、生产建设的主体，天然气分公司是中国石化天然气销售业务经营主体，对天然气资源采购、配置、销售、市场、用户等实行统筹管理。

二是重组整合油气田区域天然气销售业务。在理顺产销关系的基础上，坚持盘活存量、扩大增量、优势互补，进一步清晰划分油气田分公司、天然气分公司业务管理和资产界面，将油气田分公司有关区域内天然气销售业务、资产、机构、人员、市场等划转到天然气分公司。同时，在有关区域分别成立了天然气分公司重庆、西北、四川、蒙陕、东北等5个天然气销售中心，负责对区域内天然气销售业务统一管理，统筹做好市场研究、资源调配、拓市推价、安全运行等工作，实现了天然气一体化销售体制。在重组整合中，兼顾“分类共存”，对个别与生产集输紧密相关的天然气销售业务仍由油气田分公司管理。未来根据天然气整体产业发展和生产销售变化情况，开展阶段性持续优化，确保了改革平稳推进。

（二）加快推进天然气产供储销体系建设

构建天然气一体化销售体制之后，充分发挥天然气分公司、油气田分公司各自优势，围绕“经营好每一方气”，立足全产业链效益最大化，发挥一体化协同发展优势，统筹生产与销售、国产与进口、自产与外采、LNG长约与现货等方面资源配置，强化产供储销统筹，巩固已形成的区域市场，加大新市场、新客户开发力度，持续提高了天然气保供能力和市场份额。对于油气田分公司，天然气开发增量部分将优先考虑天然气分公司资源统筹和需要，充分考虑现有市场、客户、效益等的前提下，支持天然气分公司在全国统筹资源调度。对于天然气分公司，从产能建设方案编制阶段开始就与油气田分公司共同做好市场规划，加快完善储销设施布局，畅通外输通道，释放气田产能，实现国内陆上天然气全产全销。加快推进储气库业务管理体制与运营机制建设，天然气分公司集中统一管理储气库运行，建立市场化运营机制，统筹储气库、LNG接收站、气田等多种调峰手段，调配优化库容资源，发挥储气库最大效益效能，提升安全平稳供气能力水平。健全油气田分公司与天然气分公司内部协调机制，统筹做好市场研究、资源调配、拓市推价、企地关系协调、产建协同推进、内部价格形成机制、安全运行等工作，提高了工作质效（图2）。

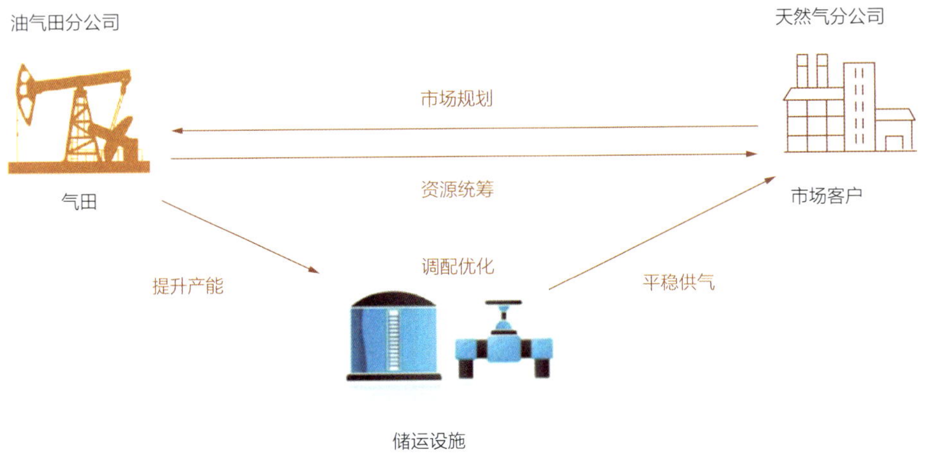

图 2　天然气产供储销一体化协同发展

（三）完善天然气分公司管理体制机制

一是调整组织架构与职能定位。针对原来终端项目开发层级多、效率低、运行不畅的问题，理顺管理关系，对天然气分公司、天然气有限责任公司、长城燃气投资有限公司实行一体化管理，减少管理层级，提升管理效率。

二是建设精干高效的管理机构。针对“全国一张网”形势下市场全面开发和资源优化配置的需要，在天然气分公司本部和长城燃气编制不突破、定员总数不增的前提下，对公司本部部门进行精简优化，将工作重点转向了资源贸易和市场经营与开发，主业更加突出。如，撤销原长城燃气公司本部部门，将终端开发管理相关业务整合至天然气分公司本部各业务部门，在天然气分公司本部成立市场开发部、国际贸易部，调整销售管理部、财务资产等部门职能，分工负责公司层面资源统购统销、市场统筹开发等业务，实现了资源的集中调配、资金的统一结算、税赋的科学统筹。

三是建设扁平化的销售体系。随着原有省级合资管网公司股权划转至国家管网的改革变化，为做实省级（区域）销售和终端零售网络，压减管理层级，将天然气分公司原有“公司—区域销售中心（长城燃气）—省级销售部（终端合资公司）”三级销售体制优化成“公司—省级区域销售中心（省级销售合资公司）”两级销售体系，形成了扁平化管理架构。省级区域销售中心对天然气销售业务实行一体化运作，是所在区域天然气销售业务的市场开发主体和生产经营管理主体。先后完成了 10 个省级区域天然气销售中心和 4 个省级销售合资公司组建工作，进一步修订制度、完善流程，推进新销售体制规范化高效运行。

三 取得成效

（一）实现了集约化和一体化管理

对中国石化现有油气田自销气等业务集中整合、统一管理，实现了企业间优势互补及资源的合理利用，避免了内部竞争，促进了资产增值。对于天然气分公司，更是建立气源渠道多元化、合约结构多样化、资源配置一体化、财务管理集中化的集约化管理模式，形成了系统布局、统筹调配、高效集约的管理模式，实现了提质增效。油气田区域5个销售中心通过拓展客户、市场推介等措施，实现优化创效1.65亿元。

（二）实现了扁平化和精干高效管理

成立统一的资源管理部门及省级区域销售中心，实行两级扁平化管理，减少了决策层与操作层之间的中间管理层级，建立起与天然气产供储销体系相配套的组织架构，增强了对市场的快速应对反馈能力，提升了天然气营销水平，为进一步开辟全国性市场夯实管理基础。新成立的销售单位销售计划完成率和增幅明显高于预期，新体制优势初步显现。

（三）实现了天然气全产业链价值的最大化

在加强天然气产供储销体系建设的基础上，天然气分公司统筹国内外、区域内资源，调配天然气、液化气两种资源，实施资源统筹统购统销，实现天然气持续快速上产、降低经营成本。借助长城燃气品牌，有效开发及控制终端市场，优化下游产业布局，特别是强化资源运作，全力做好供暖季增产保供工作，得到了国家有关部委和地方政府的充分肯定。2021年生产天然气同比增长12%，创近四年最大增幅；天然气经营量同比增长15%，销售量同比增长19%，其中天然气分公司销售天然气突破500亿立方米；天然气全产业链盈利57.2亿元。

经验启示

（一）销售体制改革必须“围着市场转”

销售业务直面市场，必须配套建立快速响应市场，处理更快捷高效、更有针对性的组织体系。两级扁平化管理体系提升了管理效率，集约化、一体化的管理模式实现了优势互补。

（二）销售体制改革必须“补链固链强链”

市场保供形势千变万化，要确保天然气生产和输送与市场销售的整体协调性。天然气产供储销体系建设，要围绕天然气资源采购、配置、销售、市场等方面统筹推进，不断补齐调峰能力短板，健全完善安全可靠、有弹性有韧性的天然气产业链、供应链。

05

三项制度

推动“三能”机制建设 助力油田高质量发展

西北油田分公司

一 改革背景

西北油田分公司合同制员工3930人，平均年龄近41岁，本科及以上占比78%，管理、专业技术、技能操作序列的比例为2∶7∶1，是一支年轻化、高素质、专注管理与技术的队伍。公司油气规模、经营效益、劳动生产率等指标位于板块前列，发展势头良好，既没有老油田的历史包袱，也不存在冗员安置的难题。但是，深化三项制度改革的需求仍然强烈。在内部，人岗不完全匹配的结构性矛盾局部存在，忙闲不均问题依然突出，员工队伍规模、质量与当前增储上产要求存在差距；在外部，与同一盆地的中国石油塔里木油田对标，人才管理市场化意识不强，人才吸引力不足，队伍活力有待进一步激发，劳动生产率有较大提升空间。因此，围绕“坚持破立并举、改革与管理并行、激励与约束并重”，转变改革整体思路（见图1），不断推进“三能”机制建设，为推动油田高质量发展提供有力支撑。

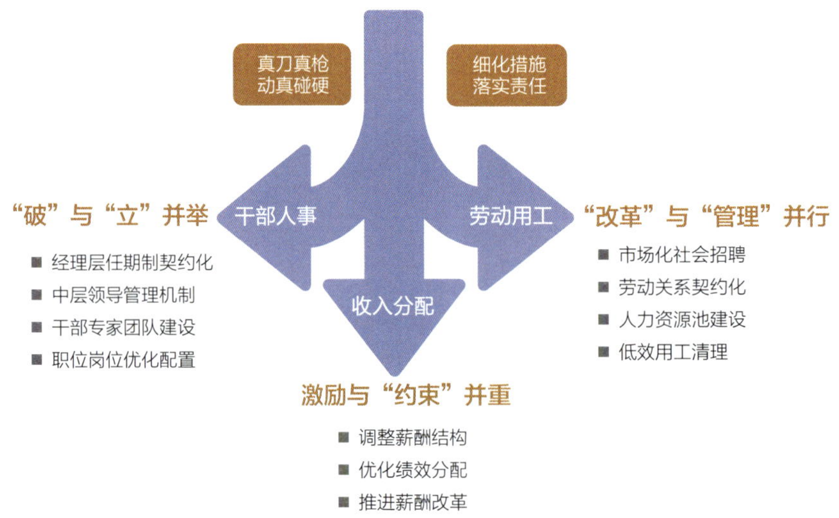

图1 三项制度改革整体思路

二 主要措施

（一）大规模能上能下，推进职位、岗位的优化配置

始终将人事制度改革作为三项制度改革的核心环节，通过变革干部专家考核评价、选拔任用、锻炼培养、职位管理等机制，着力推动能上能下，打造适应高质量发展要求的干部人才队伍。

一是强化干部能上能下。推行公司经理层成员任期制和契约化管理，确定经理层成员职责权限、经营业绩目标，组织签订“一协议两书”，充分调研标杆企业先进做法，制定经理层成员经营业绩考核细则，建立定量定性相结合的差异化考评机制。印发《推进中层领导人员能上能下实施细则》《中层领导班子和领导人员考核评价实施细则》等系列制度，形成“能者上、庸者下、劣者汰”的用人导向和管理机制，完善领导人员考评机制，加大领导人员工作业绩指标的量化和考核力度，激励干部担当作为。从科研、生产一线加大培养选拔优秀年轻干部力度，2021年提任的41人中，“主责主业”占比76%，“80后”占比64%。拓宽视野统筹配置干部，跨单位部门、跨业务领域交流使用53人，促进地质工程一体化、勘探开发一体化和投资成本一体化。明确“下”的条件，调整不胜任退出干部5人，促进合理的新陈代谢。

二是强化专家能上能下。健全专家契约化考核机制，做好上下结合，与专家面对面沟通，一人一策，编制在聘专家年度绩效任务书，建立了明确、具体、量化的专家年度绩效任务书模板，突出目标引领作用和考核依据功能。加快建设“百人专家团队”，根据业务规划动态调整专家设置，要求到聘期专家全体起立参加竞聘，2021年新聘任专家49人、解聘5人，在聘53名专家中，勘探开发、石油工程类专家占比提高至85%。推动专家能上能下制度的刚性执行，对照集团公司专家管理办法，从严考核、强制分档，2021年专家年度考核中，C档3人、D档3人，考核结果严格应用于职位重新竞聘、解聘。

三是强化基层职位能上能下。健全技能高端职位聘任管理机制，修订《技能操作职位管理实施细则》，将主任技师及以下职位聘任下放，赋予基层更多自主权。健全基层专业技术职位聘任管理机制，修订《专业技术职位管理实施细则》，完善任职资格条件设置，优化职位聘任程序，提高了基层单位自主权。

四是强化基层岗位能上能下。有序推进上岗、岗位退出契约化管理，制定基层岗位契约化管理实施细则，明确上岗条件、岗位职责、考核指标，退出岗位的期限、待遇、管理等事项，下一步将建立与“人力资源池”配套的转岗培训、随时间梯次降低薪酬待遇等倒逼机制和重新上岗激励机制，强化创效意识，盘活富余人员。持续优化“三定”工作，对标先进，理顺部门职责，优化岗位设置，进一步厘清自管自营与业务外包的界面，统筹算

好人工成本与外包费用的效益账，科学控制合同制员工规模，周期制定“三定”实施方案并组织实施，做好实时跟踪、总体控制、年度动态调整。

（二）多途径能进能出，改善员工队伍的结构与质量

坚持把劳动用工制度改革作为提高劳动生产率的关键措施，以推行多种引才模式、加强制度化退出等为重点，不断激发全员价值创造活力，促进人力资源向人力资本转化。

一是加强各类人才的社会化招聘。编制高校毕业生招聘工作方案，全面梳理招聘流程，诊断存在问题，通过提供实习岗位吸引在校学生到企业开展认识实习、毕业设计等创新形式，增强高校毕业生与企业的相互了解，提高招聘效率和质量。克服地域劣势大力引才，借助“杰出工程师进校园”“揭榜挂帅”“联合培养”等多种途径，通过搭建平台、搭配团队，为企业吸引高水平技术人才。加大博士后引进力度并择优留用，成功引进2名博士后，扩大招聘新疆籍高校毕业生16人，精准调入系统内外成熟人才9人，柔性引进高层次钻井专家11人。

二是畅通员工制度化退出渠道。推动不胜任岗位人员、严格实施“三定”显化富余人员的有序退出，对“人力资源池”人员加强技能培训，通过复工返岗、内部流动配置、退休、内部退养等方式妥善安置分流。从严开展低效用工清理，通过“四合一”机构改革显化富余人员，并将人力资源优化率作为该单位年度绩效考核指标，倒逼减员降本、增收创效。持续优化机关人员配置，将基层工作经历作为晋升条件，引导公司总部人员主动去基层“听炮声”“闻油味”，通过制定“一人一策”实践锻炼方案，跟踪锻炼成效，强化结果应用，确保补课实效，先后有17人调往基层工作或去基层挂职。

（三）多层次能增能减，激发干事创业活力

坚持差异化薪酬分配总方向，推动以价值考核支撑价值分配，用价值分配撬动价值创造，一次分配重效率，二次分配重价值，有效发挥收入分配的激励约束作用。

一是持续强化薪酬差异化分配导向。初次分配向主责主业倾斜，将2020年工资总额预留5%，在2021年初以单项奖励、考核清算奖金形式精准发放，实现了全年绩效增量的75%用于生产一线和科研单位。二次分配由业绩贡献说了算，坚持“考核强制分布、绩效自主分配”，授权基层单位根据员工贡献差异化发放，不封顶、不保底，对于基层正、副职人员，排名前20%人员比后20%人员的绩效工资分别高出37%和33%；对于科研单位、采油气厂的基层管理人员，2021年全年工资收入比后勤单位高出28%。

二是持续完善薪酬分配制度。有序推进薪酬改革，以岗位价值评价为基础，实施岗位、职位分离，优化绩效分配机制，加大绩效考核结果与薪酬挂钩力度，差异化核定各单位月度绩效工资总额，赋予各单位以不超过20%的月度绩效总额自主用于跨月度执行。

目前已初步完成工资结构调整、岗位评价和方案编制，待对接完善后，择机实施，进一步优化存量、用好增量，力争加快实现“一岗一薪”“易岗易薪”（见图2）。

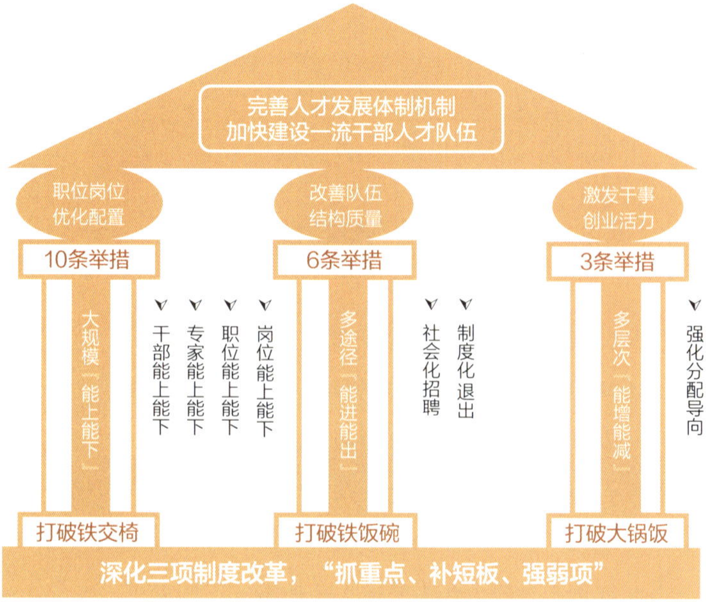

图2 深化三项制度改革措施

三 取得成效

（一）能上能下机制建设取得实质性进展

完成了西北油田分公司历年来最大规模的干部专家调整，实现了北疆干部往南疆交流的零突破、机关与基层干部的充分调配，配强了主体专业与核心业务专家支撑团队。大幅优化了现有干部专家队伍的年龄结构、专业结构，形成了“能者上、平者让、庸者下、劣者汰”的良好用人机制和风清气正的用人环境，提振了队伍的精气神，干部专家队伍活力进一步激发。

（二）能进能出机制建设取得长足进步

促进了高层次人才不足、局部人员富余、机关人员基层经历不足等问题有效解决，采取“公平、开放、竞争”的市场化公开招聘新模式，拓宽了“不为所有、但求所用”的柔性引才引智新渠道，建立起“激励、约束”并重的契约化管理的新体系。进一步优化现有人才队伍的用工总量、用工结构，提高了人工成本投入产出率，人才队伍支撑保障能力得到有效强化。

（三）三是能增能减机制建设取得初步成效

缓解了因油田生产一线自然环境恶劣、安全生产任务重、身心压力大、工作生活难平衡等造成的一系列矛盾，合理调整薪酬分配结构，提高薪酬结构中浮动绩效的占比，建立收入随单位绩效、个人业绩贡献联动的分配机制，实现奖金分配与绩效考核硬挂钩、硬兑现。进一步从机制上引导单位由“要总额、争存量”向“创效益、挣增量”主动转变，为深入推动薪酬改革、增强单位竞争意识与提高员工满意度扫清了障碍。

经验启示

（一）持续深化三项制度改革“永远在路上”

西北油田分公司作为国资委评选的管理标杆企业，规模、效益处于行业先进，但仍时刻保持刀刃向内持续深化改革的危机感、紧迫感。为不断激发队伍活力、提高劳动效率，始终坚持将人事制度改革作为核心环节、劳动用工改革作为关键措施、薪酬分配改革作为总方向，全面巩固好改革各项成果，做好改革“后半篇”文章，乘势推动三项制度改革继续走深走实、常抓常新。

（二）持续深化三项制度改革是“系统工程”

把“三能”机制建设作为一个有机整体，注重突出改革的系统性、整体性和协同性，改革从“散点状”走向“系统化”。通过将全员契约化、市场化用工和市场化薪酬分配等机制有机衔接，各级岗位设定、定岗定编、组织重构、绩效考核、薪酬福利等工作紧密融合，系统谋划，有序推进，形成了齐抓共管推动改革的强大合力。

（三）持续深化三项制度改革要用好“辩证法”

紧密联系实际，勇于动真碰硬，打破固化利益藩篱，员工“位子、票子、面子”由能力和贡献说了算。坚持辩证思维，激励与约束并行，既大力破解“下”“出”“减”的改革重点、难点，又克服员工少、责任重、压力大的现实困难，在“上”“进”“增”上同步发力，在提升队伍活力上实现破冰破局。

深化三项制度改革 全力激活力提效率

华北油气分公司

一 改革背景

华北油气分公司主要生产区块分布于鄂尔多斯盆地，是中国石化稳油增气的主阵地之一，累计生产原油438万吨、天然气505亿立方米。2013~2017年，受到鄂南原油高投资开发失利等因素影响，公司生产经营经历了长达五年的“寒冬期”，连年效益亏损、产量欠产，员工收入下降，队伍士气低落，急需通过改革，激发队伍活力，实现提质增效。为全面扭亏脱困，推动可持续发展和保证生产经营目标实现，公司以“破观念、立机制、激活力、提效率”为主线，实施深化三项制度改革，大力夯实“三定”基础、深化干部人才能上能下、员工能进能出、收入能增能减等机制改革（见图1），干部员工干事创业的积极性充分激发，劳动生产率不断提高，为可持续高质量发展提供有力支撑。

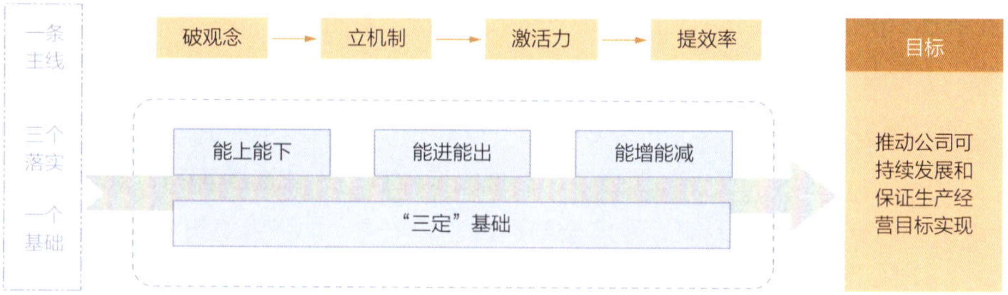

图1 改革思路图

二 主要措施

（一）强化“三定”瘦身健体，夯实改革工作基础

结合公司中长期发展规划，通过对标先进，有计划推进组织机构、岗位设置和用工配置优化，实现现代油公司管理模式。

一是调整用工模式。按照“三分业务”要求，将所有业务分为核心业务、劳动密集型核心业务和非核心业务，实施“两类运行”（自管自营和业务外包），精干主业、突出核心，以合同制用工为主体，构建形成适应现代油公司管理要求的用工模式。

二是优化组织机构。精简机构设置，在全面完成35个中层机构规划目标的基础上，进一步整合减少6个中层机构，压减率17%；压减基层机构41个，优化精简基层班组39个；试点推行厂直管班站改革，压扁管理层，生产时率由78%提高至99%，组织管理效能在国内上游排名第二。

三是实行大岗位管理。对标西北油田分公司，按照按需设岗、岗位精简、设置先进的原则，强化岗位复合、一岗多责，推动大岗位设计，合并相似相容岗位，将岗位由原来的1425个压减为888个，减幅超过35%。

四是严格定员管理。对标行业先进，优化劳动定员数学模型，编制《公司机关部门定员优化调整方案》《二级单位机关定员标准》等，机关定员压减33%，持续提升劳动效率。对标先进实施“三定”工作，为深化三项制度改革奠定坚实基础。

（二）干部人才竞争择优，有效落实能上能下

以破除“官本位”为重点，构建干部人才能上能下的契约化机制，强化岗位竞争，刚性考核退出，激发队伍动力和活力。

一是加强干部选拔与考核评价。以制度建设为抓手，强化配套衔接，建立完善适应新时代要求的干部工作“五大体系”。聚焦“关键少数”，积极推进公司经理层成员任期制和契约化管理；突出业绩导向，组织签订干部年度业绩考核责任书，持续完善精准化考核评价机制；实行中、基层领导人员考核结果强制分布，充分发挥综合考核评价的指挥棒作用；强化考评结果运用，全面落实末等调整和不胜任退出制度，持续推动能上能下落实落地。

二是推行聘期制岗位竞聘。加强中、高层级专业技术人才选聘管理，2018年以来聘任的40名首席专家、高级专家、专家全部通过竞聘上岗；加强各层级专家考核，优化考核方式、档次和程序，实行考核结果强制分布，通过考核淘汰，落聘率达8%；常态化开展基层职位选聘工作，近四年聘任主任师/高级主管和副主任师/主管174人，落聘率最高达10%；推行机关AB岗设置，强化岗位互补竞争。

三是探索扩展岗位竞争范围。选取采气一厂为试点，鼓励对非聘期制岗位开展竞争择优，对履职满3年的班站长、主办、主管师等岗位人员全体“起立”，开展“零基竞聘”（见图2），着力解决部分关键岗位不作为、不会为、不履职等问题，近三年累计开展“零基”竞聘岗位204个，305人参与竞聘选拔，其中28名“老主办”落选，61名新人脱颖而出，有效促进内部竞争、提升岗位活力。

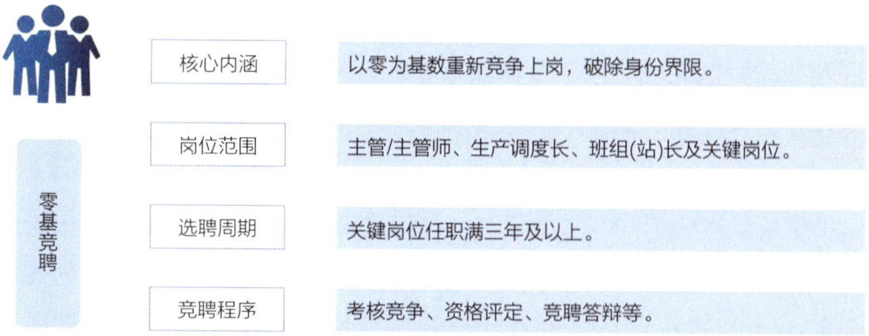

图 2 “基层零基”竞聘

（三）规范用工机制引导，大力推动能进能出

以打破“铁饭碗”为重点，构建员工能进能出的市场化用工机制，突出精干高效，实现优化盘活，提升企业用工效率和效益。

一是控好总量、优化增量。结合公司总体用工规划，分类分阶段设定各单位劳动用工控制目标，通过主辅业务分离、做实内部甲乙方关系、配套考核激励政策等措施，科学设计 3~5 年的实施路线图，推动油气生产主体业务用工“百人百万吨、百人十亿方”，持续精干用工队伍。依托集团公司招聘网站、人力资源优化配置平台等，多措并举、大力开展高校毕业生和成熟人才引进，持续优化增补用工结构。

二是盘活存量、抓好变量。全面实施人力资源蓄水池（人力资源服务中心）建设，通过分级建“池”，统筹管理各类富余人员等存量人力资源，各单位有用工需求时，可通过组织调配、公开招聘等方式从蓄水池中择优录用。同时配套将人事调动、人员借聘（借用）、业务承揽和外闯市场等人力资源优化配置方式纳入激励范围，进一步打破内部人才流动壁垒，实现内部用工有序进出。完善市场化业务外包运行机制，通过清理清退、优化压缩、到期终止、外包转自营等方式规范业务外包，持续提高用工配置效率。

三是聚焦“能出”、做好减量。强化劳动合同契约化管理，组织开展员工劳动合同期满考核、续订工作，深入推进“双严”专项治理和用工规范检查常态化，清理清退长期不在岗人员。按照“多盘活少养人、多分流少安置”的思路，对内部退养和停岗留薪有关政策进行调整，加大离岗人员盘活分流力度，推进离岗人员市场化退出。

（四）考核分配价值导向，全力实现能增能减

以打破“大锅饭”为重点，构建员工收入能增能减的市场化分配机制，坚持工效联动，实行差异化管理，调动员工积极性和主动性。

一是改革薪酬分配决定机制。按照“效益决定分配”原则，坚持“自己的工资自己挣”，改革传统依据人头核定总量的工资决定机制，通过分配机制和薪酬结构调整，改变

以前30%绩效工资与考核挂钩，考核指标繁多且导向不突出等老做法，建立以经济效益为核心的经营业绩考核兑现体系，精简指标要素，突出油气产量和经济效益的绝对权重，将100%绩效工资与产量、效益、考核结果联动挂钩，按月考核、滚动兑现，切实做到“能增能减”。

二是坚持价值创造分配导向。敢于进行存量改革，持续将存量工资向一线生产单位和科研单位倾斜，单位间薪酬水平与分配关系得到有效优化，引导人力资源向效益流动；梳理评价部分重点岗位价值，优化岗位层级设置与基本薪酬对应关系，适当调增相关岗位人员基本薪酬等级，针对性地解决了人才队伍转型改革和基本薪酬运行过程中的矛盾，调动了关键主体、核心骨干岗位员工的工作热情和积极性。

三是推行差异化薪酬管控。以基层采油气厂为试点，大力实施员工价值积分管理（见图3），从基础工作、安全质量、效益效率等多维度对员工岗位工作进行量化，通过日积分、月考核、年盘点，开展周期性考核管理，积分与奖金直接挂钩，让每名员工都能清楚看到自己的劳动价值。通过加大量化考核权重，同一岗位可拉开收入差距10%~50%，配合荣誉激励、培训激励等，让贡献突出者“名利双收”，“不惟职位职级、按业绩贡献付薪”的理念逐步深入人心；针对性落实对科技人员项目成果奖励和对野外一线员工专项激励（新设野外一线健康补贴）等，进一步推进薪酬福利制度类别化、差异化，实现内部分配方式多样化。

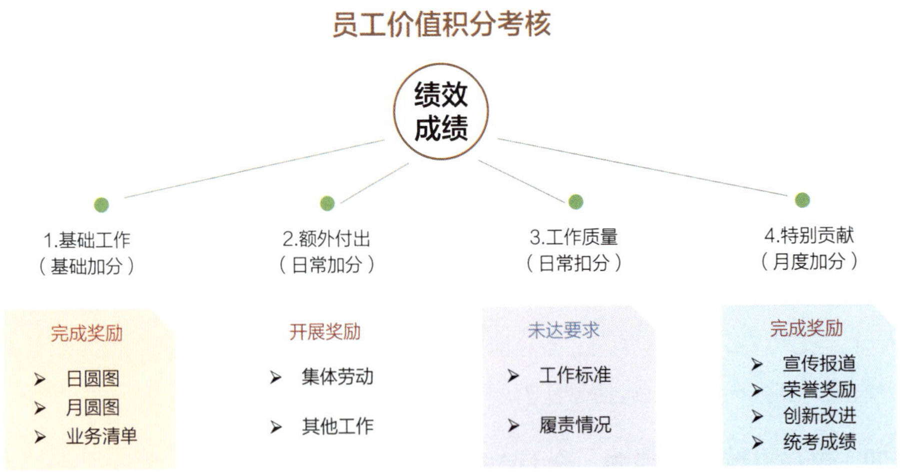

图3 员工价值积分考核

三 取得成效

（一）队伍规模精干高效，素质能力持续提升

深化现代油公司建设，开展“双对标”、编制“双目标”，在油气生产规模逐年增长的情况下，用工定员逐年下降。2021年用工总量较改革前减少7.5%，做到“增产不增人”。优化人才队伍和增补用工结构，干部队伍结构实现1∶3∶2的优化目标（即40岁以下约1/6、41~50岁约1/2、50岁以上约1/3）；管理和专业技术人才比例75%，较改革前增长13.2%；本科及以上学历比例55.1%，较改革前增长11.1%；中级及以上职称比例47.6%，较改革前增长8.8%，人才结构持续改善，队伍素质和能力持续提高。

（二）“三能”机制有效建立，内部活力持续激发

以问题为导向，聚焦“四个转变”“四不问题”“四高四低”等突出矛盾，大力推进能上能下、能进能出、能增能减等制度改革，努力破除“官本位”、打破“铁饭碗”、打破“大锅饭”。2018年以来，竞争性选拔领导人员占比超40%，中、基层领导人员末等调整和不胜任退出人数超过3%比例要求；公开招聘高校毕业生、系统内成熟人才213人，系统内输出成熟人才、外派共85人，改革以来内部用工调整909人次，人员流动比超过30%，人才内、外进出通道持续畅通；2021年“活薪酬”占比达57%，较改革前提升37个百分点，“多劳多得、优绩优酬”的分配差异化水平持续拉大，有效激发员工积极性和创效活力。公司获得河南省模范劳动关系和谐企业称号。

（三）企业发展能力增强，效益效率持续提高

通过三项制度改革，管理中最核心的因素，人的作用被充分激发和调动起来，工作质量和效率全面提升，结合夯实“三定”基础等瘦身健体工作，改革当年，公司就实现扭亏为盈。几年来，油气生产总量保持持续增长势头，实现了“产量、利润、营业收入”等生产经营指标的全面增长，油气单位完全成本、原油盈亏平衡点逐年下降，2021年公司综合油气当量528万吨，人均1760吨，较改革前增长38%，全员劳动生产率224万元，增长124%，人均劳效及主要人工成本投入产出指标年均保持两位数增长（见图4），员工收入同步稳定增长，实现了员工共享企业改革红利，员工和企业共同发展、相互促进的良性循环。

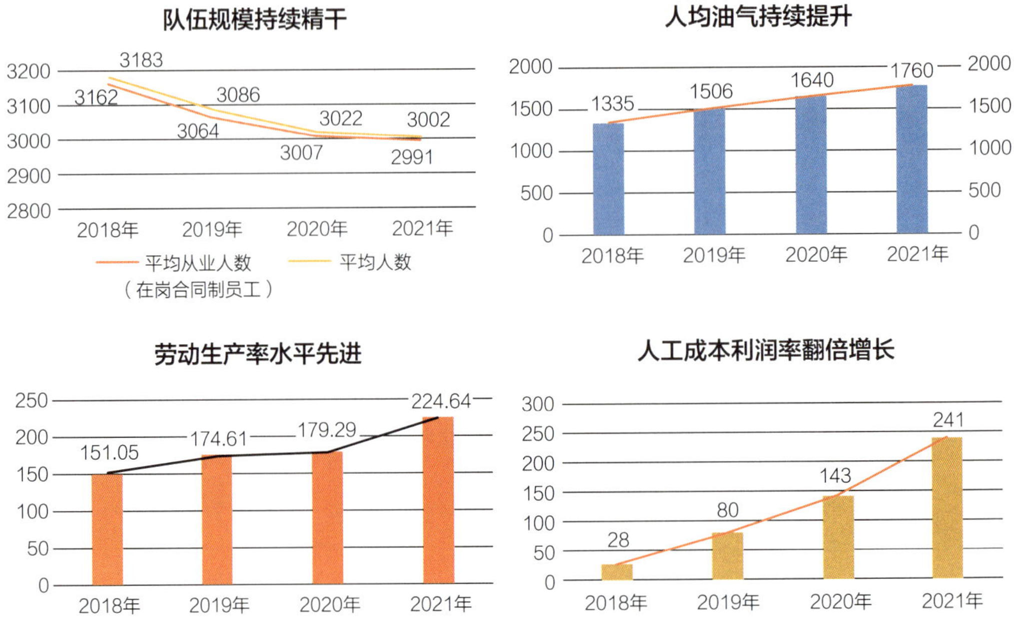

图4 人均劳效及主要人工成本投入产出指标

经验启示

（一）"补钙瘦身"，夯实改革基础

转变观念、补齐思想之"钙"，精简机构、精干队伍之"身"。华北油气分公司引导员工树立"向价值创造流动""自己的工资自己挣"等理念，获得广泛的价值认同，对标实施"三定"等基础工作，为后续改革奠定坚实基础。

（二）"守正创新"，丰富改革举措

华北油气分公司在改革过程中注重顶层设计与基层创新相结合，既有统一明晰的"规定动作"要求，也充分给予基层改革自主权，尊重基层首创，鼓励大胆创新，涌现了"零基竞聘""价值积分考核"等"自选动作"。其中在"零基竞聘"改革过程中，充分体现出基层单位唯才是举、竞争择优的用人导向和勇于自我加压的责任与担当。

（三）"紧盯目标"，凸显改革成效

在"三能"机制改革中，华北油气分公司始终聚焦发展"核心目标"，坚持人力资源要素市场化方向不动摇，扎实解决各类问题和矛盾，积小成大、聚沙成塔，以突出的生产经营业绩检验改革取得的良好成效。

聚焦创新驱动发展　建设创新人才系统工程

勘探分公司

一　改革背景

勘探分公司始建于2002年，是中国石化专业勘探公司，管理探矿权区块分布在多个省（市、自治区），点多面广，油气勘探对象复杂，规模储量发现难度大，实现新区勘探持续取得新突破，关键在于创新驱动，实质是人才驱动。近年来，抓住“人才工作机制不完善、人才培育不成体系、激励创新的效果不明显”等主要问题，围绕“完善机制、系统培育、重点倾斜”的思路，坚持深化改革，建设创新人才系统工程（见图1），充分调动人才的积极性，激发创新性，培育了一支“专业、精干、高效”的新区油气勘探队伍，有力地促进高质量勘探持续取得新突破。

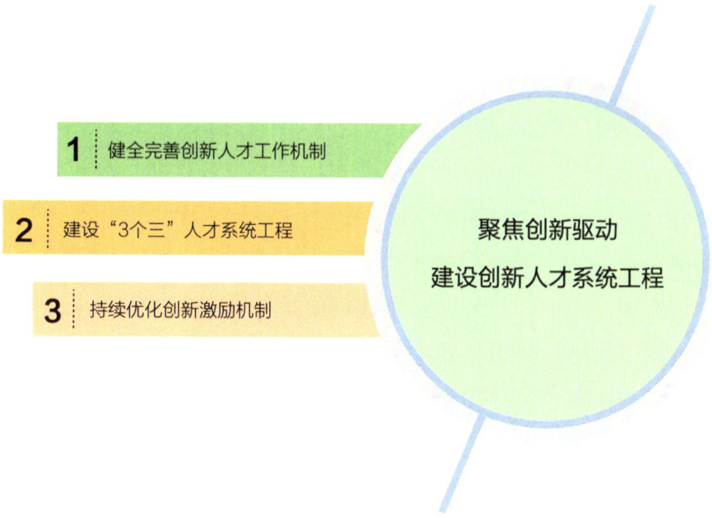

图 1　建设创新人才系统工程模式图

二 主要措施

（一）健全完善人才工作机制，全面突出创新人才

创新是企业的生命和可持续发展的基础。围绕专业勘探公司的责任和定位，以促进人才发展与勘探战略有机融合为切入点，构建完善具有勘探特色的创新人才工作机制。

一是优化成长通道和队伍结构。按照“优化结构、促进成长”的原则，建成专业技术过硬、经营管理精干的两支人才队伍，横向贯通成长通道，通过公开竞聘，不同序列人才实现跨序列流动、任职；围绕勘探核心业务，突出引领、做强中坚、做实基层，人才队伍呈现“橄榄型”结构（见图2）；分专业和管理性质，重点抓好油气勘探、经营管理人才队伍建设，建设高水平勘探科研人才团队，约三分之二员工从事勘探研究工作，有力提升人才使用效能。近三年，在油气勘探研究、石油工程重点领域，基层岗位跨序列流动36人，有效满足人才成长晋升需求；晋升中层及以上领导岗位15人、分公司级以上专家10人，占晋升总数的80%，将人才成长与“油气勘探大突破、大发现，落实优质规模储量”的事业发展有机结合，实现勘探创新与人才成长同频共振。

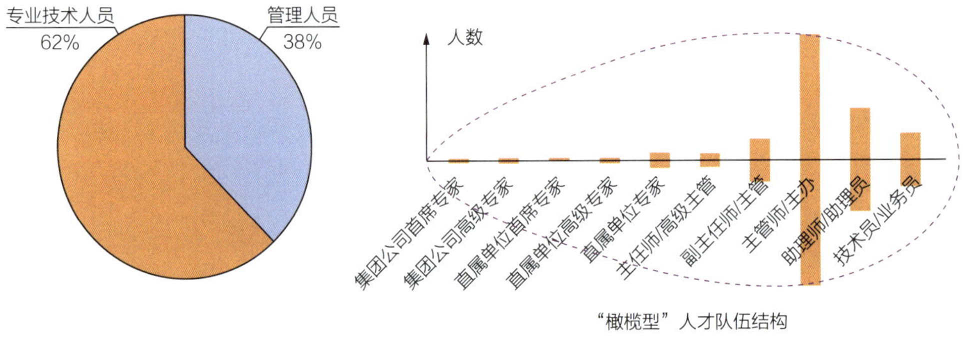

图2 人才队伍结构体系

二是建立健全竞争合作机制。统筹地质与物探两大专业发展，组建物探研究院，明确职责，厘清工作界面，在勘探科研、圈闭评价及井位论证等勘探部署研究中，突出各自特色，形成勘探研究院与物探研究院共同支撑又竞争协作的机制。近三年来，两个研究院累计形成15项特色技术，申请专利31项；共发现130个圈闭目标，论证井位220井次，超过组建前同期的2倍，提高勘探部署质量，促进了海陆相页岩油气、陆相致密砂岩油气等多个领域取得重大突破，获集团公司油气勘探奖20项。

三是完善科研项目管理机制。按照“注重基础、贴近生产、突出重点、突出创新”的原则，针对油气勘探存在的难题，以“战略准备、战略突破和战略展开”三个层次，规划

重大科研项目立项，超前引领勘探发展方向。近三年，完成135项勘探科研项目，优秀率48%，获省部级科技进步奖10项；国家重大专项（课题）、中国石化重大科技及重大导向项目等由科研骨干和不同级别专家挂帅，层层落实科研攻关任务，强化人才在理论创新和技术攻关中的主观能动性，在核心技术方面，45项创新申请专利获得授权，累计发表论文112篇，油气勘探特色软件开发实现了零的突破，有效促进了创新人才锻炼和成长。

（二）建设“3个三”人才工程，系统培育创新人才

以创新人才培育、使用和评价为主线，建设“3个三”人才系统工程，着力解决创新人才培育不成体系问题，打造创新人才高地，全面激发创新创效活力（见图3）。

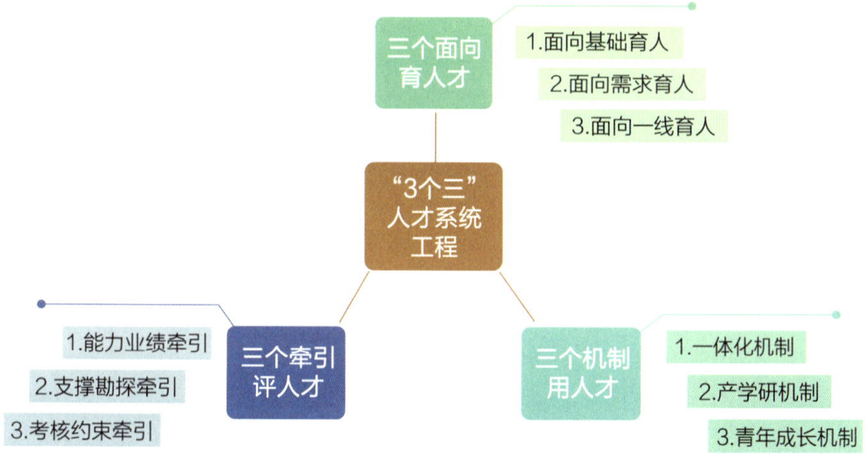

图3 “3个三”人才系统工程

一是三个面向育人才。突出鲜明的育人导向，构建特色育人体系。面向基础育人，超前组建研究团队，开展基础科研工作，为勘探突破打前站、夯基础；面向需求育人，根据三个勘探战略层次需求，科研人员深度参与油气地质理论、勘探地球物理、石油工程核心技术创新攻关，在深层页岩气和致密砂岩勘探领域，2个科研团队被评为集团公司优秀创新团队，海相天然气勘探创新团队被评为国家级创新团队；面向一线育人，在勘探部署和生产实践上，加强室内和现场结合，持续发挥创新攻关突击队作用，2021年组建羌塘盆地野外地质调查青年突击队，高质量推进新一轮西藏油气科考任务，为“十四五”西藏油气资源勘查奠定了坚实的基础。

二是三个机制用人才。以发挥人才协同创新攻关能力为目的，系统构建创新人才使用机制。用好一体化机制，跨部门、跨专业组建联合创新团队，发挥地质、物探、工程一体化攻关作用；用好产学研统筹发展机制，加强与高校、专业研究院所和中石化内部单位等

的技术交流，深化与中石油、中海油等中－中合作与创新研讨，组织实施重大核心勘探技术攻关；用好青年成长机制，35岁以下青年人才在科研项目中超过三分之一，青年人才的主力军作用日益凸显。近三年，一体化攻关与产学研协同发挥作用，组织东页深2井压裂工艺技术联合攻关，试获41.2万方/天高产工业气流，深层页岩气压裂工艺技术取得重要突破，中－中合作推进完成全球首个超高压条件下电成像测井，有效解决了制约勘探的工程技术难题。

三是三个牵引评人才。发挥人才评价的指挥棒作用，激发人才主动创新。以能力业绩为牵引，实施科研人员职位积分制，建立健全“能力＋业绩”10项职位积分指标和职位竞争机制，形成科学合理、公开透明的科研人才评价体系，一批能干事、干成事的人才通过职位积分获得晋升，增强了科研人员干事创业的积极性；以支撑勘探为牵引，通过科研项目，评价创新成果对勘探的支撑力度，对作出重要贡献的人才，推荐到高层级职位或平台进行锻炼，持续提升创新能力；以考核激励为牵引，加强考核结果在职称评审、专家聘用等方面的应用，激发主动创新的内生动力。近三年，3人获评集团公司级专家，7人获评分公司级专家，1人获正高级职称，促进创新引领作用进一步有效发挥。

（三）持续优化激励机制，重点向创新人才倾斜

以激发人才长效创新为目的，持续优化激励机制，重点向科研创新倾斜，为创新发展注入不竭动力，促进优秀人才脱颖而出。

一是营造传承创新的环境。在海相新区勘探实践中，孕育并形成了“普光精神”，将石油精神石化传统根植于毕业生入职锻炼体系，大力弘扬传承创新、尊重知识的优良传统；加大先进典型选树、事迹宣传和评优表彰，每年举行先进报告会，通过网络、报刊等媒介，大力宣传先进典型事迹，营造浓厚的创新创效氛围；完善容错机制，构建鼓励创新、宽容失败的良好环境。

二是发挥正向激励作用。坚持创新业绩导向，及时重用业绩突出的人才；尊重原始创新，发现青年科研骨干，每年评选新锐奖，重奖入职5年内实绩突出的年轻员工，该奖项设立以来共有14人获得该荣誉，并被列入重点培养对象，部分人员已走上中层领导岗位，起到了良好的示范引领作用。

三是持续加大激励力度。完善荣誉激励、成长激励、薪酬激励等政策，调动各层次人才的创新积极性。在创新成果转化奖励、激励性年金和绩效分配等方面，坚持向科研一线倾斜，科研岗位年度薪酬平均高出10%以上，同层级人员最高相差超过60%，科研骨干的获得感和认同感明显提升。

三 取得成效

（一）打造了一支卓越的油气勘探队伍

突出油气勘探核心业务，做强管理、做精科研，持续优化两支队伍，从事油气勘探主体专业的技术人才占61.9%，人才队伍结构合理；建立人才培育系统工程，不断完善人才竞争协作成长机制，培育了一批高质量人才队伍，近三年，培育中国工程院院士1人、国家级人才专家2人、省部级专家6人，入选国家级创新团队核心成员10人，省部级创新团队核心成员40人，1人获得2021年度中国石化创新功勋奖。

（二）丰富和形成了一批标志性勘探成果

依靠科技进步，不断创新和丰富完善深层超深层碳酸盐岩优质储层形成机理、海相碳酸盐岩大型气田油气成藏富集规律、海相页岩气“二元富集”规律等3项勘探理论，创新形成10项特色评价技术和10项配套工程工艺技术。

（三）有力支撑了油气勘探持续取得新突破

聚焦创新驱动，相继发现普光、元坝和涪陵等7个大中型气田，3次获得国家科技进步一等奖，累计探明天然气地质储量1.48万亿方，占中国石化同期的40%。近三年，在四川盆地海相深层页岩气、陆相页岩油气及断缝体常规天然气等领域取得了重大油气商业发现，为四川盆地“十四五”天然气大发展奠定了坚实的资源基础。

经验启示

（一）创新驱动是企业的生命源泉，是人才队伍建设的“魂”

在勘探家的脑海里，新区油气勘探对象复杂，大多是久攻未克的“老区”，要想老区不老和持续取得突破，就要大力实施创新。将创新发展视为企业的生命源泉，抓住了专业勘探公司生存和持续发展的“根”，聚焦创新驱动，抓住了人才队伍建设的“魂”。

（二）持之以恒抓创新人才系统建设，是支撑油气勘探持续高质量发展的关键

完善创新人才发展机制，畅通人才成长通道，优化结构，建设人才系统工程，建立健全创新激励机制，全面调动和激发人才队伍的积极性和创新性，有力地促进新区油气勘探持续取得大突破大发现。

突出价值引领　推动收入分配市场化

长岭分公司

一　改革背景

长岭分公司成立于1971年5月，现有炼油化工主要生产装置30套及公用工程、储运、环保处理等装置。炼油一次加工能力1150万吨/年，综合配套加工能力800万吨/年。截至2022年3月底，拥有13个管理部门、5个业务中心和7个运行部，用工总量3039人。近年来，抓住薪酬分配“价值导向不明、激励作用不够、市场化程度不高”等突出问题，在完善市场化薪酬分配机制方面不断进行探索和实践（见图1），聚焦价值创造、价值评价、价值分配，引导薪酬资源向核心业务、关键岗位、骨干人才和生产一线倾斜，激发干部员工队伍活力，增强了企业整体活力和核心竞争力。

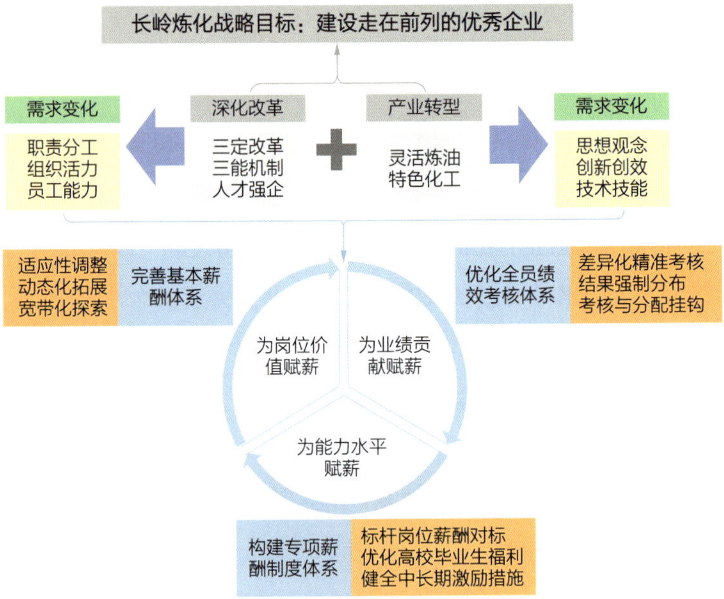

图1　薪酬制度改革思路图

二 主要措施

（一）突出系统优化创新，完善基本薪酬体系

针对基本薪酬体系与“三定”后管理体制不相适应、岗位价值和能力要素在分配中体现不充分等问题，实施系统性优化与创新，完善基于岗位价值的标准体系，建立动态调整的运行机制，探索体现能力差异的宽带薪酬，有效健全基本薪酬体系。

一是完善基于岗位价值的基本薪酬标准体系。按照“做强机关、做精运行部、做实片区”的机构改革方向，把握整体与局部的平衡、责权利的匹配，尊重历史沿革和员工承受能力，对机关与基层、主业与辅业、一线与后线进行定位评估，对改革后造成的薪酬结构失衡进行调整。根据岗位整合、业务流程优化带来的岗位职责、工作内容和难度的变化，对部分价值体现不充分的岗位重新评估赋薪。结合人才成长通道建设中序列细分、职位互通、层级拓展等进行优化，差异化设置职位薪酬体系，提升技术技能职位吸引力和人才发展空间。

二是建立基于业绩贡献的基本薪酬动态运行机制。强化业绩考核晋档，将四年考核优秀奖励晋升一档调整为连续两年考核优秀即可奖励晋升一档，对连续两年考核不合格的实施降档，强化基本薪酬的业绩导向和激励约束作用。健全重大荣誉奖励晋档，对获得国家级、省部级（含集团公司级）、公司级重要荣誉和奖励的，分级分类实施奖励晋档，强化对核心关键人才的激励。建立一线年功贡献晋档，对累计倒班工龄满20年（女员工满15年）的一线操作人员实施奖励晋档，且倒班工龄每增加5年还可以再奖励晋升一档，鼓励员工扎根一线。此外，对不同的晋档类别，设置中止条件或有效期，进行动态管理，实现能增能减。

三是探索基于能力要素的宽带化基本薪酬。结合班组管理提升专项工作，将一线班组技能操作人员基本薪酬与能力水平紧密挂钩。将不同业务单元、不同薪酬等级的零散岗位集中整合成横班班组，岗位规范为横班长、内操、外操三个标准岗位，通过“单、册、卡”进一步明确班组的岗位职责和任务清单。将标准岗位的能力要素细分到操作单元模块，制定资格和能力评价标准，采取员工申报、运行部组织认证的方式，每年对员工能力进行评估确定岗级。打破“同岗同薪”的限制，将岗级与薪酬紧密挂钩，相同岗位、不同能力水平的人员基本薪酬级差最多达到5级（见图2），充分体现能力要素参与薪酬分配，引导一线员工不断提升技能，保障生产装置安稳长满优运行。

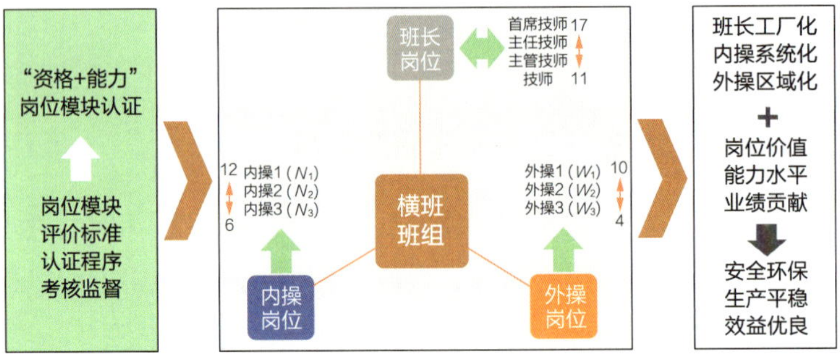

图 2　班组岗位宽带基薪结构图

（二）突出考核分配联动，优化全员绩效考核

针对考核业绩导向不足、区分度不够、分配挂钩不紧密等问题，通过差异化设置指标，细化评价分档，实施结果强制分布，强化结果运用，聚焦优秀企业建设，激发员工内生动力，提升公司整体绩效。

一是增强考核内容有效性。聚焦组织绩效与个人绩效相协同，将组织绩效分解到岗位和个人，做到人人头上有指标，层层传递责任压力。聚焦指标设置科学性，管理人员侧重企业发展、经营成效和团队建设，专业技术人员侧重经济技术指标完成、技术创新和实际问题解决，技能操作人员侧重操作指令执行、现场问题处置和自身行为规范。差异化设置考核权重，制定三类人员在工作业绩、工作能力和工作作风三个方面的考核要素和评价标准，结合岗位特点设置不同权重，管理序列加大工作业绩权重，技能操作序列加大工作能力和作风权重。

二是细化考核结果区分度。优化考核分档，将A、B、C（优秀、合格、不合格）三档拓展为A、B1、B2、B3、C（优秀、良好、满足岗位要求、需要改进、不合格）五档，细化考核结果颗粒度，明确各级别绩效内涵，体现目标的先进性和可及性。实施考核结果强制分布，A档控制在20%以内，A档和B1档合计控制在45%以内，B3档和C档合计不低于10%，明确约束条件，规定6种不能评定为A档、6种应直接降为C档的情形，充分体现业绩差异，避免考核结果趋同，绩效优劣识别度不足。充分运用组织绩效考核结果，单位年度组织绩效考核结果为A档的，员工绩效A档的比例可上浮2%；单位年度组织绩效考核结果为D档的，员工绩效A档的比例应下调2%，引导员工个人与组织共同进步（见图3）。

三是强化考核分配联动性。实施考核结果与薪酬分配全面、直接挂钩。与绩效工资挂钩，年度考核结果为A档或B1档的，年度绩效工资和下一年度月度绩效工资在同类岗位基准水平上上浮一定比例；为B3档或C档的，下浮一定比例。与基本薪酬调整挂钩，根据年度考核结果动态调整员工基本薪酬档位，加大了对业绩优秀人员的奖励晋档力度，并拓宽了不晋档的条件，强化了考核结果在基薪调整上的应用力度（见图4）。

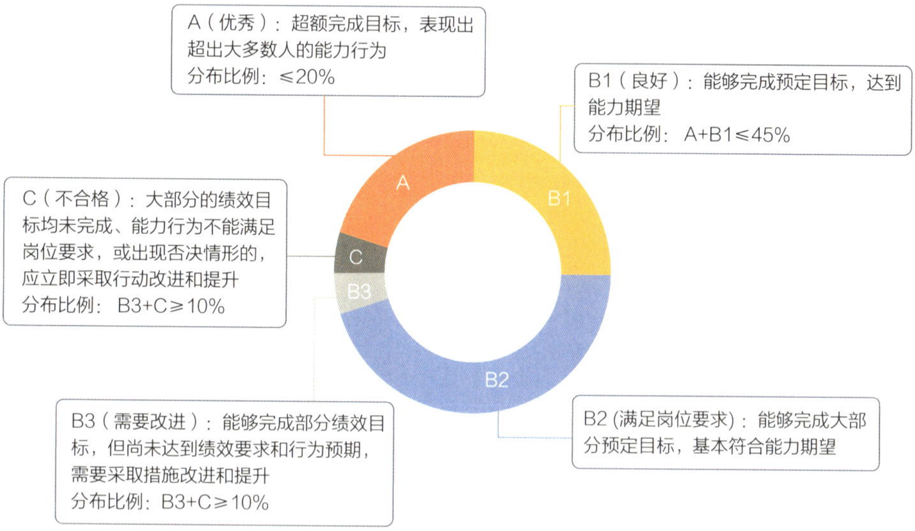

图3　绩效考核分档示意图

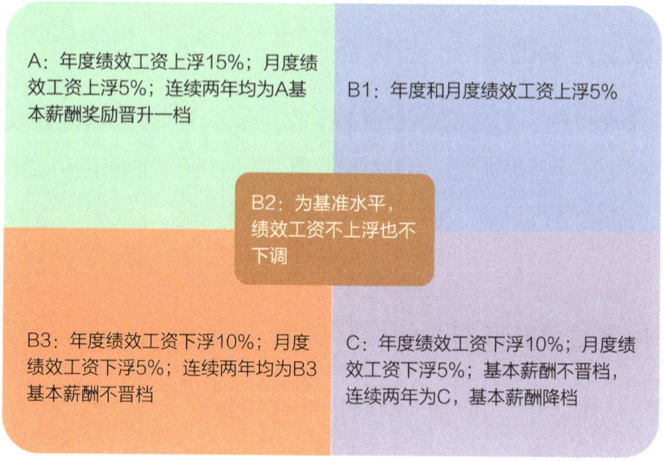

图4　考核分配挂钩示意图

（三）突出关键群体激励，构建专项薪酬制度

按照差异化分配思路，针对核心骨干员工采取专项薪酬策略，突出对关键人群的激励，由“大水漫灌”向“精准滴灌”转变，构建符合企业实际的专项薪酬体系，提升薪酬激励的有效性。

一是开展标杆岗位薪酬对标。选取主要运行部经理、工艺主任师、主要生产装置班组长和技师等关键岗位开展内外部薪酬对标，制定薪酬结构调整方案，针对性优化关键岗位、核心骨干员工的薪酬结构，重新设定标杆岗位薪酬收入的相对水平，逐步理顺内部收入分配关系，实现薪酬资源向关键群体、骨干员工和生产一线倾斜，提升薪酬竞争力和市场化水平。

二是优化高校毕业生福利待遇。参照劳动力市场价位，通过缩短转正定级时限、优化绩效工资发放水平等，适当提高入职首年整体薪酬待遇。优化后，新入职高校毕业生整体收入水平提高30%以上，硕士研究生及以上学历人员首年度收入水平与公司人均收入水平基本相当。同时，针对不同学历层次人员提供1万~5万元不等的安家补助，切实解决新入职期间的实际困难，为优秀人才扎根企业打下坚实基础。

三是健全中长期激励措施。优化激励性年金评选机制，减少与资历、工作年限相关的直接授予条件，增加与业绩贡献挂钩的评价标准，并将年终考核结果作为挂钩约束条件，强化激励性年金评选的价值导向，充分释放年金对核心骨干、优秀员工等重要人力资源的激励效应。

三 取得成效

（一）薪酬激励约束机制进一步完善

重新定位73个岗位的相对价值，上调41个、下调32个岗位薪酬等级标准，并同步对157名员工薪酬等级进行套靠调整，消除了管理体制与收入分配机制之间存在的不协调、不适应情况。建立动态运行机制，解决了基本薪酬运行僵化、能增不能减的问题，释放了体制改革效能。

（二）差异化考核分配取得实效

2018年以来，一线员工人均收入增长幅度较后勤服务人员高出1倍，核心群体薪酬市场分位值由P25左右调整为P50左右，同类岗位员工收入差距普遍达到15%以上，中层正职等部分岗位收入极差接近30%，起到了较好的“减固增浮”效果，绩效平均主义和薪酬“高水平大锅饭”有效破除，解决了薪酬分配中该高不高、该低不低的突出问题，薪酬竞争力和市场化水平明显提升。

（三）干部员工队伍活力明显提升

自实施班组宽带薪酬以来，共有358名员工调增能力要素挂钩薪酬等级，53名员工调减，员工“能力强、收入高，能力弱、收入低”的导向更加清晰，一线员工不愿学、不会学、学不会的情况得到明显改观。员工主动离职率从0.51%逐年下降到0.16%，对核心骨干人才保留作用逐步显现。

经验启示

（一）推进收入分配制度改革必须坚持系统思维

收入分配制度改革是一项系统工程，在推进过程中，要与公司战略规划相融合、与“三定”改革和人才强企工程相协同，做好顶层设计，统筹谋划、协同推进。

（二）推进收入分配制度改革必须坚持价值导向

薪酬资源重点要向主责主业倾斜、向关键岗位核心人才倾斜、向业绩贡献倾斜，让“凭业绩、挣工资”的理念深入人心，推动工作向价值创造聚焦、资源向价值创造流动。

（三）推进收入分配制度改革必须坚持久久为功

坚定改革方向不动摇，连续四年将薪酬管理提升列为年度十项重点管理工作，持续发力，久久为功，有效确保了各项改革措施落实落地、取得实效。

打好“三能”组合拳 纵深推进三项制度改革

广州分公司

一 改革背景

广州分公司始建于1973年6月，是华南地区重要的进口原油加工基地和清洁燃料生产基地，原油综合加工能力1275万吨/年、乙烯生产能力22万吨/年。公司现有29个中层机构，用工总量为4218人。近年来，随着全面深化改革的不断推进，围绕“三能”机制建设为重点的三项制度改革也进入深水区和攻坚期，如何在“能下”“能出”“能减”上冲破藩篱、取得突破是摆在广州分公司当前的迫切课题。为此，公司以实施末等调整和不胜任退出作为突破口，连续打出建立人力资源池、实施内部人力资源市场运作、推进科技体制改革、完善作业部定类等“三能”组合拳，纵深推进“三项制度”改革（见图1），在“能下”“能出”“能减”上取得了突破，为“三项制度”改革落实落地打下坚实基础。

图1 “三项制度”改革模型

二 主要措施

（一）实施末等调整和不胜任退出，打通“上下”通道

一是制定实施办法，明确范围和比例。按照集团公司关于加强三项制度改革的指导意见，结合企业实际制定《广州石化分公司末等调整和不胜任退出办法》，对管理职责、政策措施、操作程序和加强制度刚性执行方面做了要求。明确末等调整人员范围是指年度绩效考核结果为“C”档排名靠后和D档人员；明确不胜任退出人员范围是指连续两个年度为末等调整人员。提出调整比例：经营管理、专业技术和技能操作“三支队伍”末等调整人员比例分别不低于所在队伍在职人员的3%。

二是细化考核办法，实现精准考核。对“三支队伍”绩效考核办法进行完善，突出量化考核，充分运用月度考核、积分考核等日常考核结果，综合做出年度绩效考评结果。三支队伍分别按照“A、B、C、D”四个档次评定考核结果，其中A档占比不超过20%，B档占比不超过70%，C+D档占比不低于10%。以客观公正、科学精准的年度考核结果为基础，为末等调整和不胜任退出提供刚性依据和标准。

三是执行刚性调整，做到“真兑现、真退出”。第一个年度考核末等，年终给予相应的经济考核（按基层干部、普通人员不低于2000元考核，中层干部不低于10000元考核），同时给予基本工资下浮一级；如第二个年度绩效考核结果为B档以上，可恢复原基本工资等级。连续两个年度绩效考核结果为末等的，除年度加重经济考核外（基层干部、普通人员按不低于5000元考核，中层干部不低于20000元考核），实行原岗位退出，通过内部人力资源市场招聘或组织调配重新安排上岗并易岗易薪，新岗位的薪酬标准比原岗位应降低一个职位等级，最低薪酬无等级可降的，基本薪酬档次降一档。无法重新上岗的，留原单位待岗处理，直至给予解除劳动合同。2021年度考核结果C档及以下人员共409人，占考评总人数10.2%。其中对排名靠后的130人进行了末等调整，占考评总人数3.2%（见图2）。

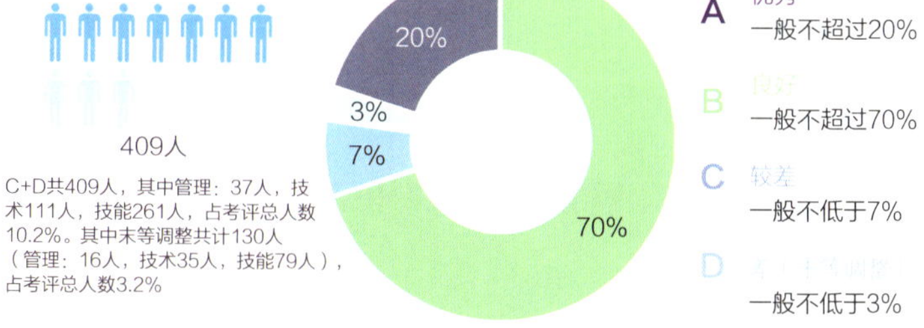

图2　2021年度考核结果分档及比例

（二）实施内部人力资源市场运作，盘活“进出”渠道

一是挖池建库，“引水”入池。公司将因企业机构改革、系统优化、劳动定员优化等原因产生的超定编人员、末等调整不胜任退出人员等6类人员纳入内部人力资源流动库，建立入库人员档案，由所在单位按照人力资源库管理相关规定进行日常考核和管理。

二是竞争上岗，双向选择。人力资源部定期梳理各单位空缺岗位，结合生产管理实际用工需求，采取双向选择的市场化运作模式，定期对空缺岗位组织公开招聘。库内人员在公司公布的空缺岗位中选择应聘，应聘成功的上岗出库，参加应聘而没获得上岗机会的，在有相近空缺岗位的情况下，公司根据个人的情况，实行组织调配完成人员的流动。

三是严格管理，倒逼出库。入库人员6个月内未通过应聘或组织调配到其他岗位上岗的，由公司委托集中培训，按同类人员发放基本薪酬。培训考核合格后，重新应聘选择岗位。因培训不合格或拒绝组织安排等个人原因，留原单位按待岗处理，待岗待遇按照广州市最低工资标准发放生活费。待岗超过一年，不主动参加培训以及不参与岗位应聘且不服从组织安排的，给予解除或终止劳动合同处理。

四是压实责任，完善激励。公司对主动优化用工的先进单位给予年度优化用工奖励，按照每成功流动1人奖励4万元的标准兑现奖励。对定员落后且未按要求将相关人员纳入人员流动库管理的单位领导班子进行个人考核。2021年，按照定员达标奖励、减员贡献奖励、支持内部人力资源市场奖励3个方面，公司兑现用工优化奖励总计达到766万元（见图3）。

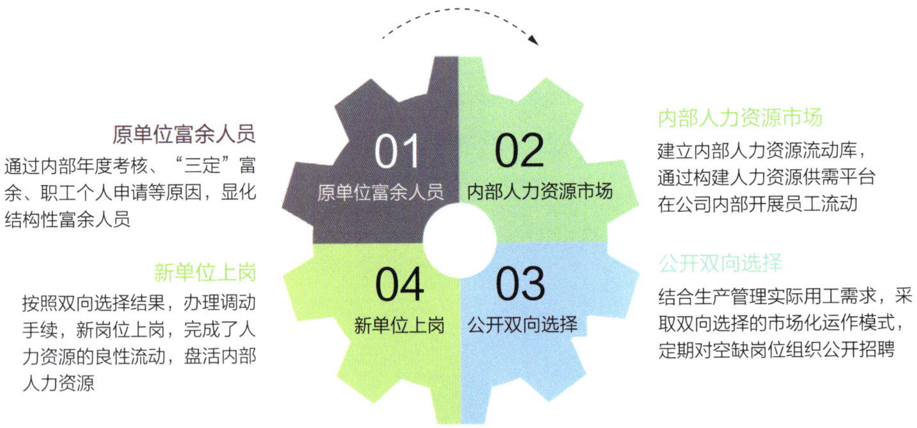

图3　内部人力资源市场流动模型图

（三）强化效益效率导向，构建“增减”机制

一是实施揭榜挂帅制，完善“业绩论英雄、收入凭贡献”激励机制。通过公开项目需求，招贤揭榜，授权领军人才自主组建团队，实行管办分离、日常与项目分离的管理模

式，对参与项目揭榜人员实行以正面激励为主、负向考核为辅的方式，切实加大科研激励和助力科研供需对接，推动先进技术成果转化和公司的生产技术难题攻关。

二是以研发中心绩效考核和薪酬激励机制为试点，鼓励实行灵活多样的分配形式。研发中心科研人员实行公开招聘，然后采用年终考核+调整的动态机制，凡年度考核不达要求的，回原单位或纳入内部人力资源市场统筹安排；研发中心薪酬也改变过去工资奖金按等级系数发放的模式，变成由“工资+固定系数奖金+浮动奖金+新产品产销研激励”等部分组成，根据干多干少、干好干坏的实际情况，实现薪酬“能增能减”（见图4）。

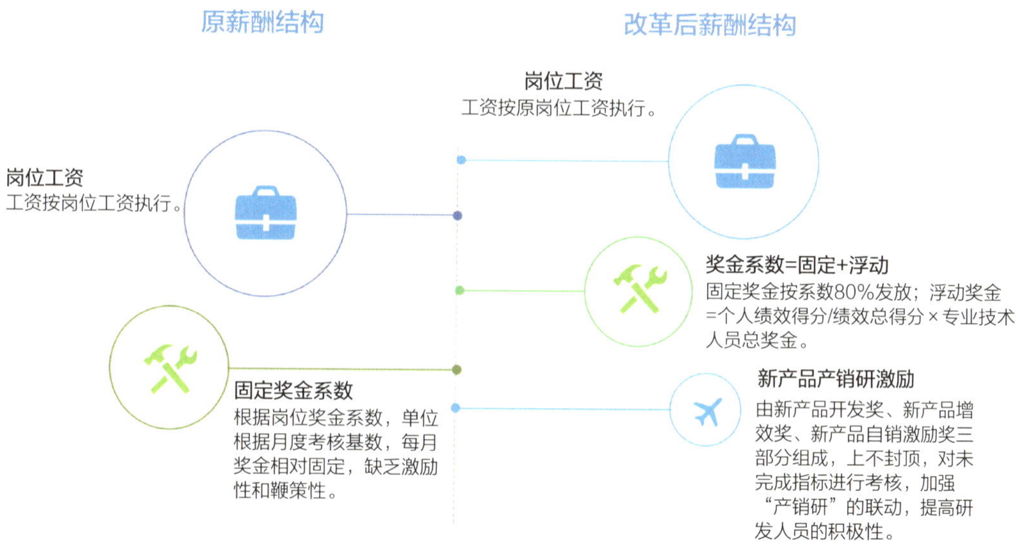

图4 研发中心试点薪酬结构改革示意图

三是建立与区域化相适应的激励配套措施，在生产作业部开展“定类”工作。对实现区域“融合”后产生的新岗位，工资等级、奖金类别就高套入区域内高类别装置管理岗位；未达到管理岗位和专业技术岗位定员标准的区域，管理人员和专业技术人员维持现有岗位工资、奖金类别不变。未达到区域化操作技能条件的其他人员维持原有奖金类别不变。通过推行差异化的薪酬，有效推进区域化管理从“整合”转化为“融合”。

三 取得成效

（一）有力促进干部员工思想观念转变

公司2021年共对130人进行了末等调整，共75人纳入人员流动库管理，其中26人通过双向选择成功实现重新上岗，20人通过培训达到考核条件调整出库，其余尚未出库人员按规定调低了薪酬。通过实施末等调整、不胜任退出和内部人力资源市场运行机制等一系列的改革措施，改革意识已深入人心，公司干部员工普遍形成了与等靠要思想观念决裂、与不适应发展的体制机制决裂、与粗放的管理方式决裂等“三个决裂”的思想自觉和行动自觉，有效激发了广大员工“站排头、争第一”的拼搏干劲，全方位调动人力资源创效潜力活力。

（二）有力促进人力资源价值提升

企业用工总量得到有效控制，较好完成了集团公司下达的用工总量控制目标。2021年，公司在集团公司优化用工专项评价排名提升了7位，人均劳效得到进一步提升，全员劳动生产率同比增加58万元/人。

（三）有力促进企业综合竞争实力提升

科研薪酬激励机制改革纵深推进，实现了深化改革与科技创新“双轮驱动”，有效激发了科研人员创新活力动力。2021年，申请专利25件，获得授权9项，专利成果转化3项，完成11个新产品的开发生产。公司被列入广东省十大战略性支柱产业集群绿色石化基地之一，系统内率先建成投产燃料电池车用氢示范项目，累计供应纯度达99.999%的高纯氢300吨，成为粤港澳大湾区氢能源产业发展龙头。

经验启示

（一）完善的顶层设计是“三能”机制落实落地的奠基石

“三能”机制改革，顶层设计至关重要，尤其是在“能下”“能出”“能减”三个方面，不仅要体现系统性、整体性、协同性，还要有硬招、实招、甚至狠招，并配套完善相关制度，确实让改革有章可循、有规可依。

（二）浓厚的改革氛围是“三能”机制落实落地的稳定器

要正确处理改革、发展、稳定之间的关系，切实做好宣传发动和解疑释惑工作，让广大干部员工理解改革、支持改革、参与改革，为改革顺利实施营造良好氛围。

（三）严格的考评机制是“三能”机制落实落地的核心舱

无论是“能上能下”“能进能出”还是“能增能减”，严格考评是关键，它为“三能”机制运行提供了刚性手段，是工作推进的有效“指挥棒”。

构建三项制度改革“132”模式 为企业高质量发展护航助力

洛阳分公司

一 改革背景

洛阳分公司是集炼油、化工、化纤生产于一体的国有特大型企业，炼油综合加工能力达1000万吨/年。自1984年开工以来，已累计加工原料油超1.6亿吨，上缴税金超1100亿元。近年来，着力破解组织机构臃肿、绩效约束效能低、干部员工主观能动性不足，用工总量大、劳动生产率低以及薪酬分配机制不活等难题，始终秉承“自找差距、自加压力、自强不息”的企业精神，明确“1目标3机制2基石”改革思路，聚焦“提效率、增活力”改革目标，以国企改革三年行动为契机，大力实施“干部能上能下、员工能进能出、收入能增能减”三个机制改革，进一步夯实“组织管理体系、绩效考核体系”两个基石（见图1），助力企业实现高质量发展。

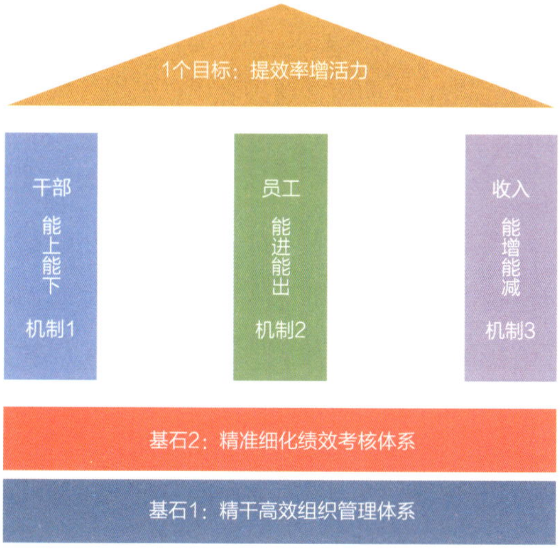

图1 “132”改革思路图

二 主要措施

（一）“拆庙”再搭台、“洗牌”再重组，推动机构改革“定框子”

一是精干组织机构。认真落实三项制度改革有关要求，领导班子统一思想，成立工作领导小组。组织到青岛炼化、福建炼化等先进企业调研，主动对标先进组织管理模式，系统设计机构优化方案，理顺管理职责，精简机构设置，提高管控效能。自实施机构标准化设置以来，中层机构压减25%，基层机构压减39%。同时，统筹推进人才强企工程，持续开展“凝心聚力”“强化管理”等系列主题实践活动助力机构改革顺利实现。

二是优化业务职责。根据机构调整、职责划分及业务梳理情况，对照中国石化炼化企业职能模块和基本业务，实施主管部门牵头对接、专业部门审核的措施，全面梳理职能部门、业务中心业务职责，制订核心业务与非核心业务清单，下发各单位《业务职责划分手册》，理清各单位管理界面。经过优化，基本业务减少15%，文件、会议、检查同比分别压减29%、16%和17%，组织机构改革管理效能持续释放。

（二）优化指标设置，改进考核方式，为干事创业“搭台子”

以完善绩效考核机制和差异化考核激励为立足点，精准施策，优化考核指标，建立挂钩机制，为收入能高能低打下铺垫，实现收入平均差异化系数提高5个百分点。

一是建立全方位绩效考核挂钩机制。以中国石化绩效考核联动为指引，创新建立洛阳分公司全方位考核机制。其中，依据“KPI指标”“三基管理标准指标”“超员率指标”，与单位绩效三挂钩，实现单位月度、年度的综合考评；分别从专业管理、板块盈亏、基层党组织分类定级、单位领导班子年度绩效定级、职代会领导班子民主测评结果着手，与单位领导班子年度绩效考核五挂钩，不断完善激励措施；突出“责任KPI指标”和“基层党组织分类定级结果”应用，与领导人员个人年度绩效两挂钩，突显考核与激励指挥棒的作用。

二是差异化设置指标与考核激励。坚持业绩导向，差异化设置KPI指标。对具备独立核算单位实施效益承包经营；对生产经营效益较大的指标或参数，实施小指标、提质增效攻关等正激励考核；对于“三基”工作，紧扣现行制度要求，设置基础考核条款；对其他业务工作，围绕单位（装置）核心职责与功能、管理短板设置KPI指标，旨在考核的精准度。抓好指标分解、过程跟踪与考核，设置力争值和奋斗值。每月对关键指标完成情况实施“红黄绿”动态监控，对“红黄”区指标，及时向责任部门发出预警，年度未达标，对相应领导班子考核，实现绩效考核更加精准。

（三）拓宽“上”的渠道、明确“下”的标准，抓住人事改革“牛鼻子”

一是拓宽干部“上”的渠道。“赛马”式评价，建立以重实绩、重实干、重担当用人导向的提拔机制，注重从面貌改善大、经营实绩好的单位选拔干部，注重选拔深耕细作、实绩突出的“老黄牛”式干部，大胆选用敢抓敢管、敢闯敢干的“拓荒牛”式干部。通过三支队伍互通、加长板凳等措施选拔优秀年轻干部，优化干部队伍年龄结构和专业结构。多名长期立足岗位、能够以钉钉子精神做实做细做好工作的干部交流或提拔使用。推进竞争性上岗，2019年以来公开招聘选拔中基层领导人员12人次，1个单位内部基层领导人员“全体起立”竞争上岗。

二是明确干部“下”的标准。制度化退出，建立调整退出预警和强制调整退出机制，细化3个“下”的渠道、6个退出预警情形和11个“下”的标准，让“不在状态”的干部退出，为有能力、干成事的年轻干部腾出空间。刚性化考核，强化干部年度考核、党建考核及领导班子民主评议结果应用，实现干部“能下”取得新突破，中基层领导人员末等调整、不胜任退出比例达3.3%，达到不低于3%的标准。

三是全面推行经理层任期制和契约化管理。制定经理层成员经营业绩考核办法、经理层成员薪酬管理办法，并率先在经理层签订岗位聘任协议和经营业绩责任书，市场化用工迈出坚实的第一步，为全面建立“有任命就有任期、有职务就有职责、有业绩就有奖励、不称职就要调整”的工作机制奠定基础。人事改革示意图见图2。

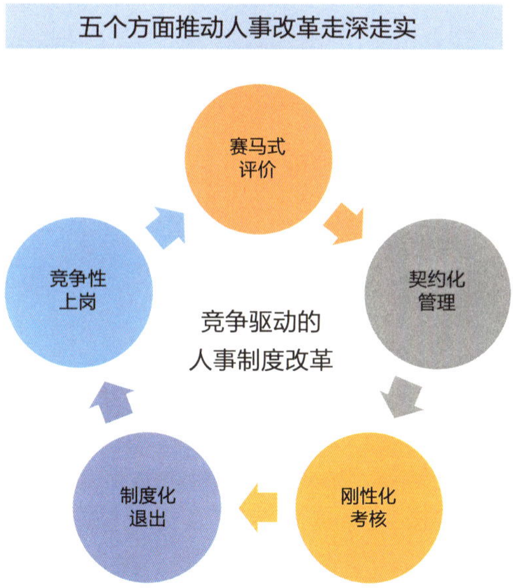

图2　人事改革示意图

（四）严把入口、畅通出口，激活人力资源“大池子”

一是把好“三关”，严控用工总量。把严“规划关”，制定全口径“三定”方案，实施2020年、2023年和2030年“三步走”定岗定员标准，并持续对标先进，动态优化，同时建立离岗人员分流安置办法、优化用工评价考核激励约束办法、技能操作人员轮训方案等配套措施，制定“三定”工作稳定预案；把牢“入口关”，2018年至2020年各类用工均实现零增长；畅通“出口关”，紧紧抓住集团公司内部新建项目、业务拓展等时机，向中科炼化、海南炼化、镇海炼化等13家企业输出成熟人才176人。

二是从严管理，推动市场化退出。制订人力资源池建设实施方案，明确“入池”人员范围，细化“池内”人员管理，提供“出池”各类渠道，最大限度盘活用工存量，实现各类人员人岗匹配（见图3）。2021年，因上岗证审核不合格、特种作业取证不合格等原因，43名员工调整至学习岗，进入人力资源池。积极开展岗位价值评估工作，推进大岗位设置，岗位精简40%左右，实现岗位管理在三项制度改革中的深化应用。积极稳妥解决历史遗留问题，将下属破产企业67名合资公司用工分流安置到业务外包公司，对违法违纪等符合相关情形的员工及时解除劳动合同，实现人员市场化退出，实现员工“能进能出”。近三年合同制员工平均市场化退出率达到0.77%，业务外包工平均市场化退出率达到2.8%以上。

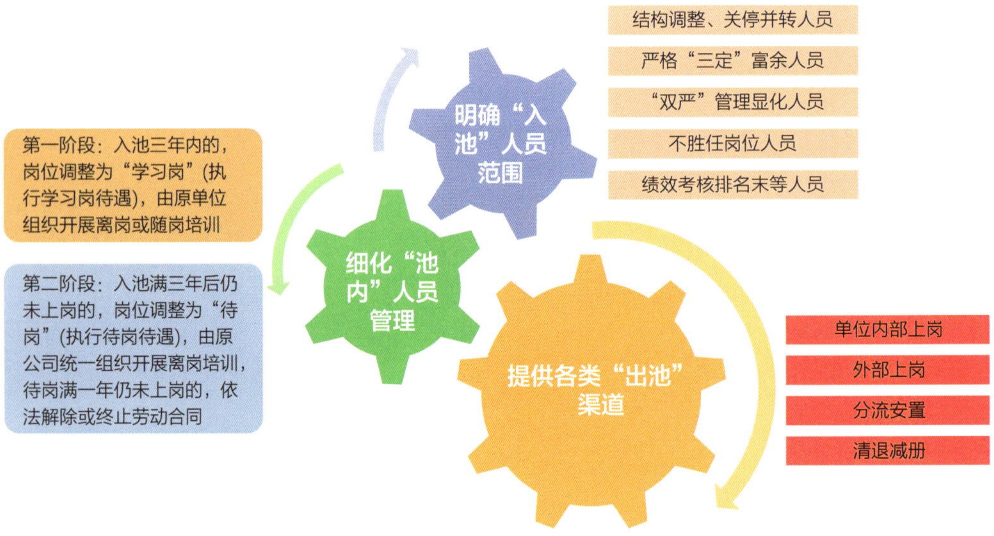

图3 人力资源池建设机制

（五）差异化激励、弹性化福利，鼓起员工“钱袋子”

一是改革创新薪酬分配体系。结合人才成长通道建设，完善高层次人才的薪酬构成及待遇标准，提高了中层领导人员收入，激发干事创业动力。增加二级单位自主分配权，提高二级单位奖励标准，以月度绩效奖金的4%为基础，增设月度自主管理奖，启动“特人特薪”，理顺收入分配关系，逐步提升薪酬差异化系数，打破“大锅饭”的分配方式，实现员工收入“能增能减”。

二是坚持市场化方向，提高薪酬市场竞争力。加强内部收入分析，通过与行业领先企业对标、与劳动力市场价位对标，持续修订完善企业岗位薪酬对标体系，在“工资增量”上做文章，提高企业关键岗位、核心人才薪酬收入的市场竞争力，加快收入水平与市场逐步接轨。

三是优化福利体系。加快福利制度功能转型，推进差异化福利制度体系建设。对关键岗位、突出贡献人员建立菜单式、定制化的弹性福利计划，从激励性年金、疾病预防、疗养、培训等方面设置不同的福利包，共计对100余人实施了奖励，标志着福利由“普惠性”向“差异化”转变。

三 取得成效

（一）体制架构精简高效，改革效力逐渐显现

通过机构优化重组，中层机构优化更加突显了对外经营的快速反应和对内专业化管理，基层机构的压减更加突显了对直接作业环节的管控；通过业务职责优化，进一步明确“谁来干、干什么”，消除业务职责交叉和盲点问题，实现了公司运行机制有效顺畅，管理效率逐步提升，全员劳动生产率同比提升36%。

（二）考核分配撬动三项制度改革，激发干部员工活力

通过实施工效挂钩考核和差异化激励，以单位增效、创效决定收入增减成为全员共识，进一步突显考核与激励指挥棒的作用。不仅增强了员工对收入的掌控力，变“领导发钱”为“员工挣钱”。更重要的是拉开了干部与干部、员工与员工同级别、同岗位之间的分配差距，拉开了责任重与责任轻、贡献大与贡献小、干与不干、干好与干坏的差距，有效地激发了干部员工的活力。

（三）员工队伍结构不断改善，生产经营创效能力持续增强

2019年以来，干部总量减少16.6%，中层领导人员平均年龄降低3.6岁，40岁以下中层领导人员占比提升8.7个百分点，用工总量“十三五”期间减少1220人，减幅19.9%；干部和员工队伍的思想观念、价值理念以及行为模式发生了潜移默化的转变，对公司生产经营和改革发展形成了有力支撑和正向驱动，近年实现生产经营效益显著提升，

连续多年保持盈利。与“十二五”期间相比多创效益94亿元，效益排名在炼化板块上升10名，炼油吨油利润排名上升6名，资产负债率比“十二五”末降低24.55%。

经验启示

（一）推进企业改革必须坚持问题导向，做到系统谋划统筹推进

洛阳分公司聚焦三项制度改革难点和影响发展的顽瘴痼疾，系统谋划统筹推进，加强顶层设计，精干组织机构，梳理优化业务职责，对标先进单位进行“三定”，及时建立配套机制，为三项制度改革奠定基础。

（二）激发改革活力必须坚持目标导向，用足绩效考核奖惩机制

洛阳分公司充分发挥绩效管理“指挥棒”作用、薪酬激励作用，创新绩效考核挂钩机制，推进差异化激励、弹性化福利，激发改革活力，凸显出“干与不干、干多干少、干好干坏、奋斗与不奋斗”四个“不一样”，确保改革预期目标实现。

（三）深化改革措施必须坚持结果导向，实现提质增效以人为本

洛阳分公司推进深化三项制度改革各项措施落地过程中，坚持以实现企业效益提升、高质量发展和竞争力提升为目的，最终增强员工的获得感、安全感和荣誉感，提升员工的信心，激发员工活力。

两抓一促　全力推动三项制度改革

沧州分公司

一　改革背景

沧州分公司是一家1971年建厂的老企业，初始建设规模原油一次处理能力50万吨/年，逐步扩产到当前350万吨/年。“十三五”初，公司单位数量34个，岗位设置442个岗位，用工总量1647人。与同等规模炼化企业相比，机构、岗位、人员数量相对较多，劳动生产率和人工成本利润率相对较低，职工人均收入处于集团公司较低水平。为此，公司以健全岗位、能力、绩效管理体系为支撑，通过“两抓一促”，扎实推进“干部人事”“劳动用工”“收入分配”三项制度改革（见图1），激发企业内在动力，提升企业竞争力。

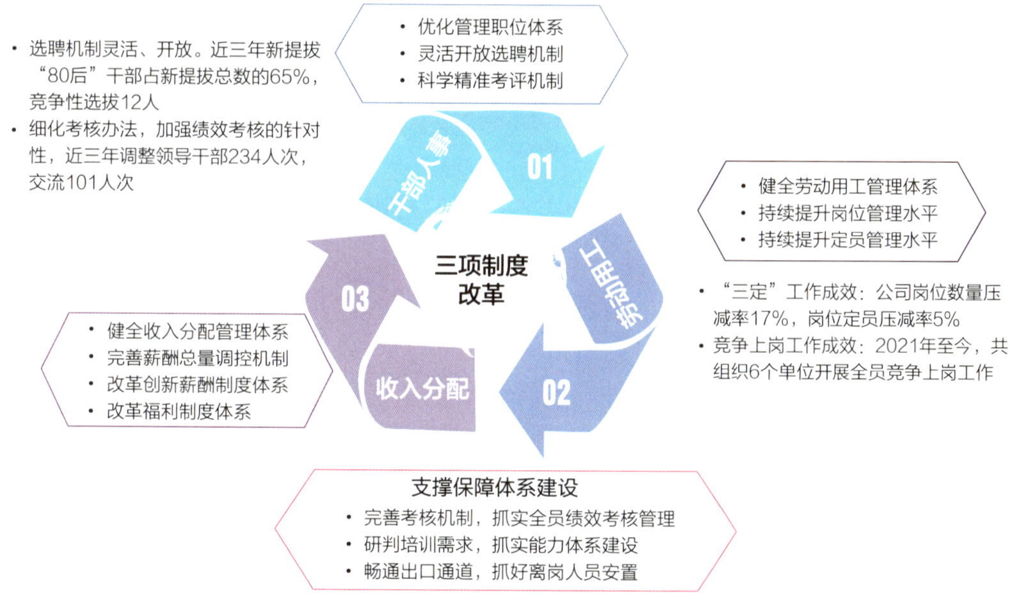

图1　三项制度改革构架图

二 主要措施

（一）抓好能上能下机制建设，开启干部人事改革

一是健全灵活干部选聘机制。严格遵循领导干部选拔任用标准和条件，树立正确的选人用人导向，提拔使用优秀年轻干部。努力加强干部队伍梯队建设，定期更新完善后备干部人才库。积极推进管理干部竞争上岗和公开招聘，加大竞争性选拔力度。

二是健全科学精准的考评机制。修订管理考核制度，不断完善干部绩效考核办法，加强领导干部月度绩效考核的针对性，提高考评机制的科学性、实效性（见图2）。专业绩效根据班子分工，针对干部所负责专业线条的表现排名落实考核。专项指标考核根据党建责任落实、重点督办任务执行等情况，进行考核落实。约束性指标考核针对绩效考核责任书中的关键、敏感事项，进一步强化监督考核。创新创效考核激励领导干部积极发挥头雁作用，对在创新创效工作中表现突出的领导干部进行加分。

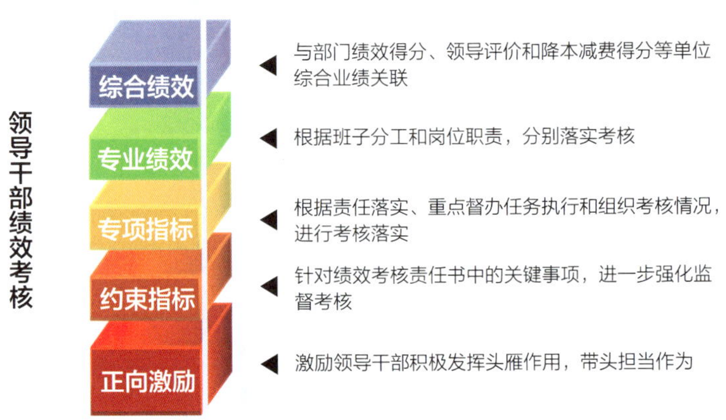

图2　领导干部绩效考核

三是优化职位管理体系。滚动修订完善职位竞聘计分规则，多维度考察参聘人员业绩、品德、能力、贡献，进一步明确了聘期考核办法，常态化开展职位竞聘工作。建立能上能下机制，开展年度考核评价，得分总排名，靠前的予以奖励并作为提级提职的重要依据，不佳的则警示谈话，连续三年靠后的，降级降职，直至退出原来所在序列。

（二）抓好成长通道机制建设，推动劳动用工制度改革

一是健全劳动用工管理体系。持续优化毕业生选用程序，不断完善人才引进和培养机

制。采取结构化面试和无领导小组讨论相结合的多维度面试方式，严把人员入口关。建立适合职工成长的人才培养体系，在满足公司人员需求的前提下，允许毕业生入职后选择适合的岗位。通常毕业生基层历练时间一年以上，根据技能提升情况安排优秀的毕业生进入专业处室学习，进一步提高综合素质（见图3）。改变以往专业技术人员和技能操作人员单一的晋升通道，在能力达到需求条件时允许技能操作人员向专业技术或管理人员晋升，进一步畅通职位晋升通道，因才用人。

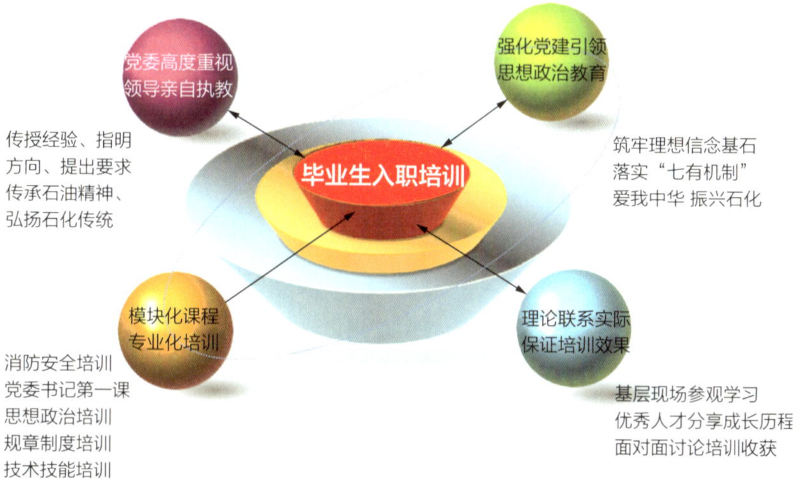

图3 毕业生入职培训示意

二是持续强化岗位管理。优化岗位设置，完善岗位说明书，全面梳理新的基准岗位职责，明确岗位任职资格，理顺横向纵向业务关系、上下级关系，梳理岗位基本工作内容，明确岗位职责和权限，确定岗位任职的学历、专业、技术职称、技能等级及基本业务知识水平要求。制定班组长管理办法，明确班组长职责、班组长选用和退出机制，强化班组管理。外聘专业机构指导新班组建设，引进先进管理模式。建立荣誉榜，月度红星榜、季度明星榜，每个班组建看板亮成绩，营造比学赶帮超氛围。结合各中高层级人员岗位工作，推行中高层级职位人员任务书机制，确定年度任务，发挥人才创新攻关、智囊参谋作用。

三是严格落实定员管理。建立健全定员管理配套制度（见图4），发布定员管理工作方案，健全完善支撑措施文件，形成系统的人员管理机制。建立目标定员标准体系，部室定员标准向标准定员看齐，在所有超员的部室开展全员竞聘工作，显化富余人员。部室富余人员安排至运行部和业务中心从事党务政工和成本核算工作，提高基层单位管理水平。制定超员考核机制，每年年初制定公司年度定员工作方案，出台超员考核办法，实施在岗人员动态监测，对优于定员标准的单位进行奖励，对超员单位党政主要负责人和单位进行考核。

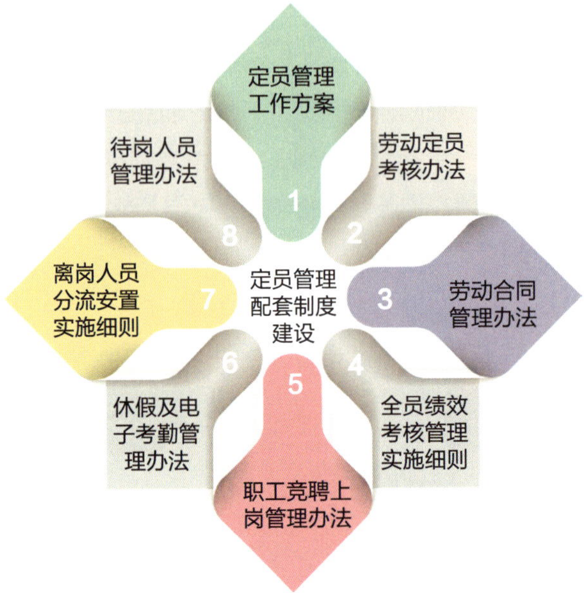

图4　定员管理配套制度建设

（三）开展收入分配制度改革，促使员工担当作为

一是健全收入分配管理体系。构建多维度激励体系，在制度上构建物质激励与精神激励相结合的多维度激励体系。通过颁发感动沧炼功勋奖、十大优秀员工奖、总经理特别奖等荣誉，以及先进典型选树，激发职工干事创业热情。

二是完善薪酬总量调控机制。每季度对公司工资总额、劳务费、业务外包费数据统计分析，对照总部下达的年度指标和公司年度财务预算指标严控计发进度，确保费用发生额不超既定指标。

三是创新薪酬制度体系。积极探索针对高层次、核心、骨干人才的多种形式的激励机制，有效发挥薪酬的正向激励作用。加强激励性年金管理，对倒班达到一定年限的职工颁发倒班贡献奖。改革福利制度体系，推进福利体系由“普惠性”向“差异化”转变，实现休假疗养补贴与工龄挂钩，保健费、防暑降温费与岗位环境挂钩等。

（四）以奋斗者为本，健全支撑保障体系

一是抓实绩效考核管理，做好价值导向。修订全员绩效考核管理实施细则，细化考核等级，加大奖惩力度，进一步深化考核结果应用，使全员绩效考核结果不仅与奖金挂钩，而且与激励性年金、职位晋升、职称评审、评先评优等挂钩。完善配套激励考核，制定公司争分考核方案，识别影响公司绩效的关键指标，分解责任，细化考核。建立预算指标考核办法，加大创新创效项目奖励。围绕效益、费用、资金梳理80余项关键指标纳入考核，

月度跟踪、分析、考核兑现。建立涵盖个人、班组、单位、专业的星级评价体系，营造“人人争当明星、班班争夺红星、单位争挂红旗”的比学赶帮超氛围。将组织推进、关键攻坚指标完成、专业星级评价结果与领导干部个人绩效考核挂钩，压实领导干部攻坚创效责任。根据中高层级人员任务书和全年工作任务完成情况，加强对中高层级职位人员考核（见图5），评定A、B、C、D档级，考核结果与年终奖兑现和职位晋升挂钩。

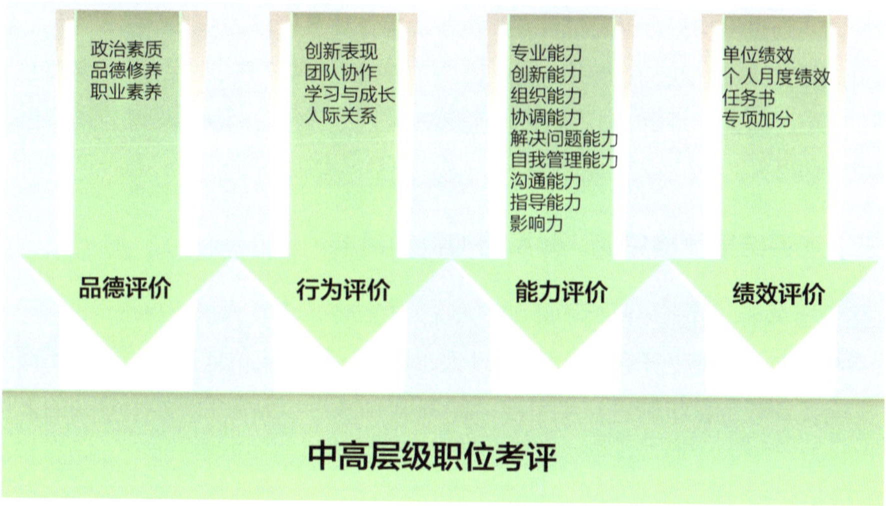

图5　中高层职位考评

二是完善培训体系建设，抓实人才培养。深入基层调研，成立培训管理攻关组，制定近期、中长期学习和调研计划，完善季度考试奖惩、班组小讲堂管理规范、分层级优化课时费、精品课件奖励、外请教师标准细化等内容，推进培训制度体系建设。制定技能操作仿真系统三年建设规划，有序推进仿真系统建设，完成催化裂化等多套仿真项目上线运行。实施“创新+实效”，信息化带动专业技术比武“上水平”。优化专业设置，确立大专业比武思路，促进复合型技术人才培养。突出创新性，实现专业技术比武在线机考。

三是抓好离岗机制设计，做好人员分流安置。畅通离岗安置渠道，修订《沧州炼化公司离岗人员分流安置实施细则》，畅通人员出口通道，适当提高内退待遇，增加“待岗”“临时任务”两项分流安置渠道。

三　取得成效

（一）选聘机制不断完善，干部队伍活力得以加强

严格遵循领导干部选拔任用制度规定的标准和条件，树立正确的选人用人导向，提

拔使用优秀年轻干部。近三年提拔任用干部60人，其中“80后”39人，占新提拔总数的65%，通过竞争性选拔提拔任用领导干部12人。

（二）劳动用工有序推进，员工队伍更加精练

以辅助生产单位、后勤部室为试点逐步推进全公司范围全员竞争上岗工作，2021年至今，共组织6家单位开展全员竞争上岗工作，8名富余人员转入待岗，2名职工协议解除劳动合同。通过机构整合、岗位合并、竞争上岗、社会化退出、工作任务优化、自动化水平提升等措施，公司机构数量由“十三五”初的32个精简到20个，岗位数量由442个精简到254个，用工总量由1647人减少到1368人。近三年公司解除劳动合同、退休、调出减员共计182人。

（三）考评结果严格兑现，体系更加科学精准

强化考核兑现，近三年调整干部234人次，交流任职101人次，推选7名优秀年轻干部到兄弟单位挂职锻炼，干部退出现职24人，因考核排名末位或职工认可度不高降职降级9人。全员绩效考核机制进一步完善，2021年绩效考核结果为C档、D档的人员共计345人，其中12名职工职位降级聘任，其他人员分别予以谈话提醒，督促其改进提高。

经验启示

（一）人事制度改革是触发剂

实施人事制度改革，需要创新优化职位管理体系，健全灵活开放的选聘机制，通过严格落实考评，由上及下推动改革。

（二）用工制度改革是催化剂

实施用工制度改革，需要优化岗位设置，畅通职位晋升通道。完善富余人员退出机制，加速人员进出，进而不断盘活人力资源。

（三）分配机制改革是助推剂

要通过构建多维度激励体系，重新塑造分配机制，完善配套激励考核，促进各项机制有效运行，进一步推动公司高质量发展。

推进三项制度改革　增强发展活力动力

湖南石油分公司

一　改革背景

湖南石油分公司成立于1950年，主要从事成品油和天然气的零售、直批业务以及非油品业务，拥有在营加油站1800多座，成品油库20座，下设15家分公司，89家县公司，担负着湖南全省成品油供应主渠道重任。针对人均劳效偏低、考核激励作用发挥不够等问题和矛盾，湖南石油全面深化三项制度改革工作，围绕以能力建设为核心，建立以组织考察、绩效考核、追责问责为主要形式的干部能上能下的人事制度；以劳动合同制为核心，建立以岗位管理、评价考核、优胜劣汰为主要形式的员工能进能出的劳动制度；以岗位绩效工资制为核心，建立以同岗同薪、绩薪互动、多劳多得为主要形式的收入能高能低的薪酬分配制度（见图1）。

图1　“三项制度”改革主要思路

二 主要措施

（一）着眼着力“四个提升”，扎实推进三项制度改革

实施经营管理、资产创效、人才素质、薪酬水平“四个提升”计划，把深化三项制度改革作为突破经营困局、实现逆市突围的关键一招，分别于2017年、2019年开展了两轮三项制度改革工作，出台相关配套制度文件40多个，以自然月为时间轴，勾画顶层设计、推进实施和成效评估的实施路径图，在实施路径不同时间节点内，提出具体的改革措施，绘制改革施工图，统筹改革进度，分解改革任务，编排工作计划，确保改革有序推进（见图2）。

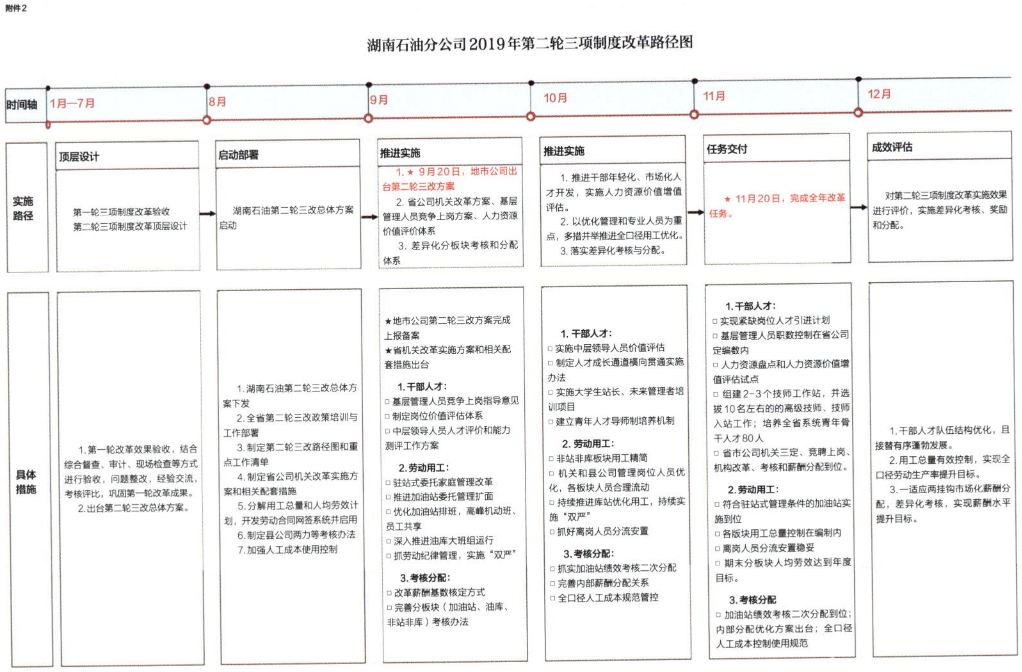

图2 第二轮三项制度改革路径图

（二）配齐配强“关键少数”，牢固树立正确用人导向

认真落实党管干部原则，建立健全干部管理和监督体系，修订完善领导人员选用和干部选拔任用工作监督、责任追究办法，从制度上规范选人用人和领导人员履职程序。干部选拔注重做到“五湖四海、任人唯贤”，做好对干部的“德能勤绩廉”全面考察，优先选拔在经营管理、市场开拓、疫情防控等工作中表现突出的75后、80后优秀年轻干部，新提拔中层领导人员交流任职比例超过50%，中层副职提任正职人员中“75后”将近50%，

新提中层副职人员“80后”占1/3以上，近年选人用人工作民主评议满意度测评“不满意率”均为零。

（三）拉长补齐“短板薄板”，持续优化干部队伍结构

针对近年中层领导人员将大量退出现职的现状，制定《湖南石油年轻干部培养发展三年行动规划》，打破“断层”“盖层”加快干部梯队复合培养，采取机关基层交流、上挂下派培养、联营公司锻炼等方式培养接替人才，有意识地将机关年轻干部安排到比较艰苦、比较重要的岗位上，将基层干部到省公司机关部门担当重任、接受考验，让他们在实践中磨炼意志，迅速提高年轻干部处理新问题的能力，积累全面的领导经验。实施人才提升计划，改善基层队伍结构，2017年以来，共引入大专以上学历人员817人充实到加油站和县公司，其中339人走上加油站综合员及以上岗位，基本解决困扰多年的基层人才短缺的问题。

（四）做大做优人均劳效，全力聚焦用工挖潜

对标先进单位，结合企业实际，对照定员标准和劳效目标，重新核定地市公司分板块用工控制数，集中精力抓好“减小分母”。

一是非库非站板块。综合考虑机出零售量、县公司个数、加油站座数等因素，分类分档核定县（直属零售）公司管理团队总编制，探索规模小管理幅度不大的临近县公司整合优化；根据直批量分类分档核定直批客户经理及开票员编制。

二是加油站板块。3000吨以下非高速站全面实施委托管理，部分人均劳效较低的单位4000吨以下非高速站纳入委托管理范围；加大驻站式委托家庭管理改革力度，凡符合驻站式管理条件的加油站，全部推进到位；通过弹性排班优化低效高速站用工，对标同类型服务区实际先进用工水平，重新核定定员标准。

三是油库板块。以控制用工数量和提高人均吞吐量为目标，以省内油库先进水平为标杆，综合库容、入库方式、吞吐量等因素，“一库一策”重新核定油库定员标准，对油库自营自管和外包业务实施全口径管控，通过推进综合性大班制、强化岗位责任制考核等措施进一步提升油库劳动效率。

四是积极开展劳效对标。对全省15家地市公司人均机出零售量、管理及专业技术人员人均经营量等10项劳效指标（见图3）进行通报，并根据指标数据逐一分析各单位问题，引导各单位主动查补短板。

（五）聚焦聚力质量效益，优化薪酬考核兑现

强化绩效考核指挥棒作用，按照人员分类考核、薪酬切块兑现的原则，不断完善“一个综合加三个板块”薪酬考核体系，突出劳效和效益，建立起与人均劳效紧密挂钩、按经

劳效指标评价体系表

序号	指标分类	指标名称
1	劳动生产率评价指标	人均经营量
2		人均零售量
3		管理及专业技术人员人均经营量
4		营销条线人均直批量
5		市县管理岗位与加油站用工比例
6		市县管理岗位人均机出零售量
7		人均进库当量
8	人工成本产出效益评价指标	人工类成本利润率
9		吨油人工成本
10		加油站吨油人工成本

图3 劳效指标评价体系

营业绩兑现的各板块专项薪酬考核办法，引导各单位主动提高劳动效率和增量创效。

一是改革薪酬基数核定方式。根据人均零售量核定加油站薪酬基数，根据人均吞吐量核定油库薪酬基数，根据定岗定编核定机关和其他人员薪酬基数，通过薪酬基数核定控制用工总量，倒逼用工总量偏多、人均劳效偏低的地市公司减少用工，提高人均劳效。

二是改革地市公司加油站、油库、非站非库薪酬总额决定机制。实施人员分类，分块制定考核办法，考核指标突出板块特点，按照不同板块的效益效率切块兑现绩效薪酬，实现薪酬总额能高能低和员工收入能增能减。同时继续实施加油站、油库、非库非站员工的薪酬分块管控，确保非库非站员工不得挤占加油站、油库员工薪酬总额。

三是抓细抓实绩效考核二次分配落地。打破“吃大锅饭”的平均主义思维，构建“横向到边，纵向到底”差异化全员绩效考核体系，全覆盖各岗位考核对象，拉开不同部门不同岗位之间、相同部门相同职级之间的分配差距；督促指导地市公司落实《加油站绩效考核二次分配指导意见》，强调实行梯次累进的升油工资、非油实行正激励，按销量考核兑现到人，指导加油员3分钟计算当天薪酬；聚焦经营管理重心和短板，落实重点指标、重要工作的考核导向，制定“四个提升”考核兑现办法，县公司“两力”考核评价办法和“网络发展”奖惩办法，有效激发了县域市场竞争力和工作活力。

四是规范薪酬分配管理。全面落实集团公司人工成本管理的各项要求，重点加强对绩效考核、薪酬分配的监管，监督地市公司有效执行各项制度，杜绝各类薪酬违规事件的发生。

三 取得成效

（一）干部结构得到持续改善

改革实施后，湖南石油“75后”中层干部由17人增加至49人，“80后”中层干部由0人增加至15人，有“80后”成员的地市公司班子已达10个。地市公司经理书记中，“75后”正职14人，“75后”地市公司班子正职配备比例达到80%，其中有2个地市公司配有

"80后"经理。中层干部具有硕士研究生以上学历占比从5.72%提升至24.31%、大学本科以上学历占比从82.15%提升至91.63%。

（二）机构改革得到持续推进

积极推进省公司和地市公司机关部门与基层管理人员岗位优化，通过改革，省公司机关职能部门由21个精简到17个，地市公司机关部门由13个精简到平均6个；基层管理人员精简比例达32%；省市两级机关用工精简比例达32%，实现了"机构、干部、一般管理人员"三精简的目标。

（三）人均劳效得到持续提升

与改革前相比，优化用工比例达37%。各项人均劳效指标得到有效提升，人均经营量同比提升48%，人均零售量同比提升37%，管理及专业技术人员人均经营量同比提升27%，油库人均进库当量同比提升17%。

（四）绩效考核得到持续改进

2021年地市公司薪酬增幅高低相差17.92%；地市公司经理单专项考核薪酬占比从改革前的3%提升到2021年的29%，中层人员考核薪酬占从改革前的7%提升到2021年的19%。

经验启示

（一）推进改革必须坚持"一把手工程"

主要领导重视改革，要抓思路，定好盘子、理清思路、开对方子。要抓调研，从基层和群众中寻找办法、研究方案。要抓执行，打通关节、疏通堵点、破除阻力，确保改革沿着既定的方案和正确的轨道推进。

（二）推进改革必须坚持"以人为本"

要坚持有利于提高效益、有利于提高劳动生产率、有利于提高员工收入的原则，接地气、合人心，处理好干部、用工、薪酬三大板块间的关系，解决好顶层设计与现实结合、整体实施与有序推进、改革目的与保持稳定三个问题。

（三）推进改革必须坚持"市场导向"

三项制度改革涉及面广，难度大，而市场化是其改革的总基调，是实现资源优化配置的决定性手段，三项制度改革只有实现与市场的有序衔接，企业才有参与市场竞争的基础条件，才能实现企业与员工"双赢"的最终目标。

创新用工交易市场　释放人力资源潜能

广东石油分公司

一　改革背景

广东石油分公司成立于1950年，主要从事油气氢电服业务。截至2021年底，共有2500多座加油（气）站、9座油氢合建站、196座充换电站、155座光伏发电站、2200多座易捷便利店，29座油库、库容超180万立方米。近年来，广东地区一线员工出现严重缺口，粤港澳大湾区核心城市加油站面临招工诸多困境，公司转观念、搭平台、配机制，深化用工市场化改革，在有效帮扶上中游兄弟企业安置富余人员的同时，实现了用工配置更科学、劳动效率更合理、客户服务更到位，公司有关经验做法获销售企业“百日攻坚优秀成果”（图1）。

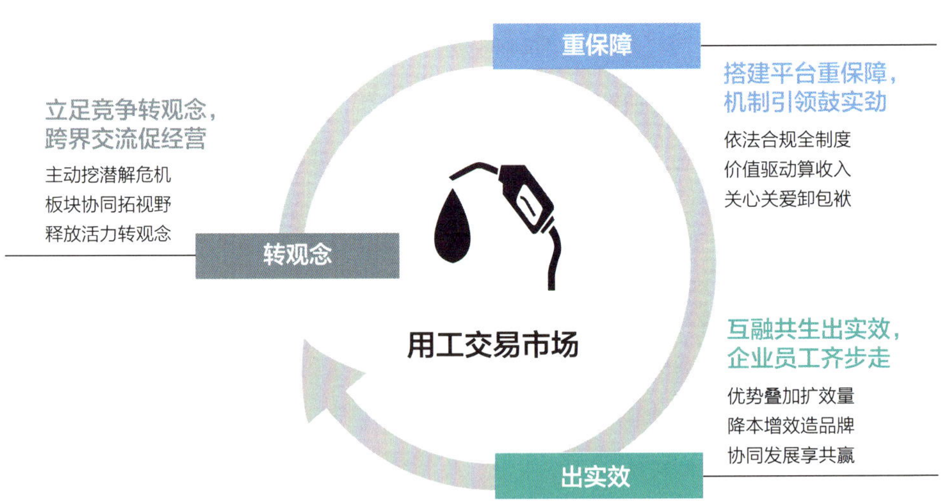

图1　用工交易市场主要措施

二 主要措施

（一）立足竞争转观念，跨界交流促经营

内部用工交易市场是广东石油为解决企业内部用工不平衡、人工类费用趋紧问题的创新做法，面对新形势下的新难题，积极进行内涵拓展，探索跨企业用工调配新可能。

一是拓宽视野，促进板块协同作战。为建立稳定的用工来源渠道，公司坚持眼睛向外、主动作为。在得知部分上中游兄弟企业存在人员富余的情况后，主动与上中游多家单位联系，进行多轮合作模式磋商。按照系统内部人员配置及业务承揽的有关规定，参照内部用工交易市场的模式，创新实现与3家上中游兄弟企业跨区域调配用工，让公司有了稳定的一线用工输入渠道。

二是更新观念，释放攻坚创效活力。针对交流人员不会使用电脑、不懂开口营销，为了让他们更好完成岗位工作，公司精选经验较丰富、善于带队伍的站长开展传帮带，通过规范操作、微笑服务、开口营销实现角色快速转变。

（二）搭建平台重保障，机制引领鼓实劲

面对跨企业用工调配的全新用工模式，建立健全实施应用与保障支撑机制是必须要做好的基础工作。

一是依法合规，开辟新型用工道路。内部用工市场是新型用工模式，为确保公平公正、合理有序，在征询地方政府、劳动仲裁和企业法律部门意见的基础上，出台《关于启动内部“用工交易市场”的通知》，制定人员交流函告文件，编制用工市场流程指南，从准备阶段、交流阶段、交流工作阶段、薪酬清算阶段等四个方面，逐段逐项列出操作流程、注意事项、风险节点（见图2）。在与兄弟企业开展用工交流时，双方共同协商签订

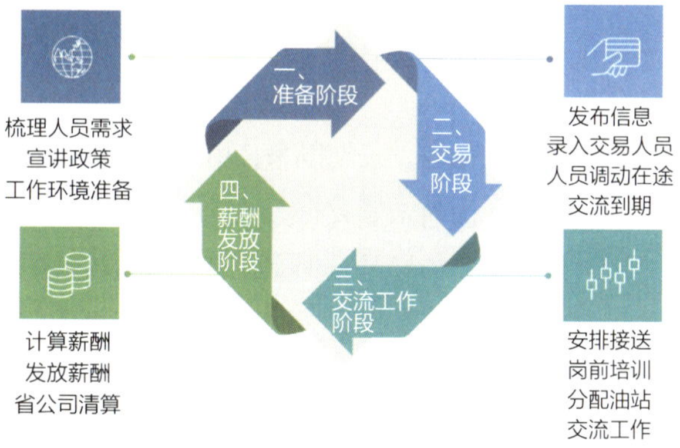

图2　用工交易市场每个阶段实施要点

人力资源输出协议，明确交流人数，交流锻炼期间人员福利待遇、工资发放、费用清算等相关约定。在组织实施过程中，建立健全沟通协调机制，上中游兄弟企业定期到广东石油现场调研，根据广东石油需求地市及岗位情况推荐人员，广东石油安排专人每月跟进交流情况、反馈工作表现，对于省外交流人员，提前告知公司制度、福利待遇，与员工签订上岗告知书，组织岗前体检；对于接收地市公司，实时提醒岗位培训、安全要求、防疫管理、往返交通等，及时了解掌握外派人员情况，协调解决存在问题。

二是价值驱动，撬动干事创业热情。广东石油初步建立起跨企业用工运作的有效机制，从用工保险缴纳、薪酬计提等入手，完成了销售板块与其他板块间用工统筹的无缝对接。同时，将交流人员纳入广东石油加油站“即时绩效”精准分配体系，与自有员工享受相同的计提标准、专项奖励和福利待遇，由广东石油直接兑现到个人，交流人员人均月收入比待岗时翻了一番，推动创收创效与员工成长收入同步提升。对每一位参与交流员工建立专门的考核档案，由接收单位进行日常管理与考核，每两个月出具交流期综合评价意见，表现优秀的可安排到精品站、样板站锻炼提升，状态不佳、业绩较差，经过培训和沟通仍无法胜任的，结束交流返回原单位。

三是关心关爱，卸下包袱轻装上阵。为营造浓厚的“家文化”氛围，广东石油推出“基层员工九大福利包”计划，配齐生活用品、洗浴礼包，加强“五小建设”、餐食福利，优化宿舍环境、探亲福利等，实现交流人员拎包入住、安居乐业。由于从兄弟企业交流过来的人员，在语言交流、生活习惯、工作技能方面需要一定的适应期，在优先安排在新业务开展齐全、管理规范、设备先进、信息化程度较高的样板站、精品站、大要站基础上，尽量保证2~3名交流人员相对集中在同一加油站，同时设立2个月过渡期，给予工资保底。在工作时间上设计“集中轮休”模式，即正常出勤的情况下，累计工作满60天给予20天集中休假，每月给予探亲福利，让省外员工可以回家探亲休息。

（三）互融共生出实效，企业员工齐步走

用工交易市场启动以来，精妙的机制设计与完善的保障体系协同作用，让双方企业与交流员工一同共享合作成果。

一是优势叠加，服务经营扩销增量。长期以来，由于跨板块间人力资源统筹调剂和有序流动，在实施细则和落地措施方面尚未形成有效体系，销售板块和其他板块之间开展用工统筹配置存在较大难度，用工交易市场进一步完善了跨板块流动的机制设计、用工规范和精细操作，打破板块间用工统筹配置的桎梏、畅通跨板块人员流动的通道。珠三角公司是广东石油用工流动最频繁的区域，用工交易市场启动以来，上中游企业近70名交流人员陆续安排到5000吨以上大站要站，通过落实岗位培训、考核激励、关心关爱等解决后顾之忧，员工均能稳定工作3个月以上（见图3）。工作中，部分交流人员能主动发挥工程

图3 落实用工交易人员岗位培训

特长，在业余时间维护加油站设备设施；面对陌生的工作领域，展现工作韧劲，主动学习技能、积极开口营销，成为优秀“营销能手”。

二是协同发展，践行共享合作共赢。针对管理机制、用工模式和岗位职责变化，广东石油研发课程体系、制定能力标准，按照新进员工的标准统一对交流人员进行“3+4”培训，即3天加油站业务理论培训和4天现场实践培训，较快完成“老石油”向“新员工”转变，确保转岗能上岗，上岗能胜任。

三 取得成效

（一）出新招破解难题

自2020年底以来，先后已有6批兄弟企业交流人员安排到广东石油，分布在10家地市公司的86座油站，其中，安排到精品站、大站要站的人员占比35%，减少新员工招聘、培训等成本费用近100万元，缓解兄弟企业人工成本压力近250万元，巧解“上游安置难，下游用工荒”。

（二）出实招建立范式

广东石油初步建立起跨企业用工运作的有效机制，完成了销售板块与其他板块间用工统筹的无缝对接。从中上游企业交流到广东石油的员工，在原单位待岗时领取基本工资，在交流期间，部分员工单月最高可兑现绩效工资超基本工资三倍，增添“你追我赶拼业绩、齐头并进共发展”的新动能。

（三）出硬招引燃斗志

交流人员从野外的钻井工人跨界到新兴的销售领域，不仅技能提升、挖掘潜能，而且在新的工作岗位上贡献价值，当中也涌现出非油品销售状元、燃油宝销售能手、新会员推广先进等。不同板块的基层员工拓宽视野、相互融合，石油铁军让“三老四严”“苦干实干”石油精神碰撞出新时代的火花，将“竞争拼搏”“转型发展”市场理念传递到产业链的前端，有效提升职业认同感和企业忠诚度，大幅提升加油站精神面貌。

经验启示

（一）全面推进用工市场化，要转观念“通经络”

面对大湾区油站用工招聘存在的客观困局，广东石油落实集团公司整体“一盘棋”理念，对原有内部用工交易市场进行内涵挖潜，跳出自身、眼光向外寻找破题关键，主动引进上游板块企业富余人员，实现集团内部不同板块企业间人力资源优化配置、统筹调剂、有序流动和余缺互补。

（二）全面推进用工市场化，要重保障“造铠甲”

新型用工形式的产生，依法合规管理是重中之重，为确保用工交易市场公平公正、合理有序发挥作用，广东石油与地方政府、劳动仲裁和企业法律部门保持密切沟通，依法合规详细制定各阶段实施要点，为交流人员搭建从用工制度、薪酬激励到关心关爱的全方面多层次保障。

（三）全面推进用工市场化，要出实绩“立战功”

当前人均劳效的提升、人工成本的降低不能再以“减员”的单一方式进行，而是要通过统筹挖潜、精益管理，实现“通过管理要效益”。用工交易市场启动以来，以实绩为导向，实现交流人员稳定工作3个月以上，大幅减少招聘、培训新员工投入成本费用的同时，有效缓解兄弟企业人工成本压力，节约的成本费用重点向一线员工倾斜，增添“你追我赶拼业绩、齐头并进共发展”的新动能，实现合作共赢。

强化责任担当　全力攻坚克难
持续深入推进加油站优化用工改革

黑龙江石油分公司

一 改革背景

黑龙江石油分公司成立于2010年1月，主要从事成品油、天然气、非油品销售等经营业务和销售网络建设工作，现有9个职能部门、6个地市公司和1家参股公司，受销售公司委托管理1家全资子公司，拥有在营加油站140多座、易捷便利店140多个。随着成品油市场竞争日趋激烈，员工配置结构与经营规模发展不平衡矛盾逐渐显现，低效站逐渐增多，人均劳效偏低等问题日益突出。面对新形势、新环境、新挑战，黑龙江石油积极转变思想，科学应变、主动求变，从创新中谋发展，围绕三项制度改革新要求，以员工能进能出为先导，严把“入口”引进高素质人才，畅通“出口”加大绩效考核淘汰率，提升人均劳效，用改革提高效率、创造效益，为黑龙江石油全面可持续发展打下坚实基础（见图1）。

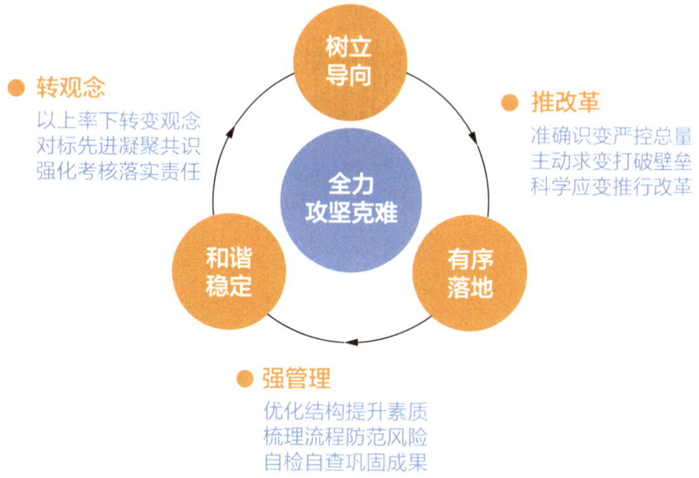

图1　改革思路

二 主要措施

（一）转变观念、凝聚共识，打造“铸魂工程”

一是以上率下，转变观念。黑龙江石油作为区外公司，面对市场深度调整、疫情常态化影响和竞争态势空前激烈等严峻挑战，深入内部挖潜，推进用工制度改革，制定优化用工、小型加油站实施委托家庭管理、加油站劳动用工和薪酬分配、离岗员工分流安置等一系列配套实施方案。领导带队深入基层，逐站走访调研、亲切交流座谈，解释和宣贯政策，树立正确改革导向，推动从“要我改到我要改”的思想转变，引导员工理解改革、支持改革、参与改革，争当改革的先行者。

二是对标先进，凝聚共识。建立对标体系不断自我加压，总结面临的问题，分析改革形势，持续推进改革进程。提炼先进单位优秀做法，强化后进单位帮扶，通过会上宣讲、公众号分享等方式进行经验推广，采取以点带面、逐步推进的方式，把“标杆变标准，示范变规范”。完善和丰富加油站员工绩效考核奖励机制，加大向一线倾斜力度，释放改革“红利”，实现多劳多得，少劳少得，不劳不得，让员工看到劳有所得，增强改革的认同感。

三是强化考核，落实责任。加强顶层设计，将加油站人均劳效、用工优化进度等改革成效指标与加油站员工薪酬总额、地市公司领导班子、机关员工的月度绩效考核和年度奖金“双挂钩”，彻底打破保底工资，实施全额联量、阶梯式计酬，构建“精准到人、梯度奖励、鼓励争先”的考核体系，打破以往“干多干少一个样、干好干坏一个样”的状况，切实拉开员工收入差距。

（二）多措并举、分步实施，打造“强基工程”

一是准确识变，严控总量。面对国际形势和疫情反复等诸多不确定因素，加油站零售量不稳定成为常态，黑龙江石油以变应变，严把“入口”，建立加油站用工请示备案机制，对于仍有用工存量改革不到位的单位禁止增员，新增用工需求必须要靠动存量真改革来自我解决，倒逼地市公司动真碰硬，主动作为。同时，敞开“出口”，以流失不补的过渡方式，实现人员逐步优化。

二是主动求变，打破壁垒。采取“共享员工”等方式，盘活相邻区域内人力资源，根据加油峰谷关系，灵活调配员工，解决忙闲不均、工作量不饱和等问题，打造管理水平高，人均劳效高，员工收入高的良好局面。同时，严格执行“优胜劣汰”的考核机制，实现两级机关和基层库站能进能出，自2018年以来，由库、站员工选拔到省公司机关24人，选拔到市公司机关20人，为机关输入新鲜血液，将基层的经验和智慧带入机关，切实提高机关的管理能力和服务水平，进一步增强了机关活力。由省、市机关人员交流到库、站人员17人，学习相关技能，锻炼业务能力，让合适的员工在合适的岗位上使其适应改革发展需要（见图2）。

三是科学应变，推行改革。以3000吨以下低效站为切入点，有序推进家庭驻站式承包改革加油站，实现了优化用工、提升效率的改革目标。同时，为提高委托加油站员工理论和实操技能水平，有步骤、分阶段将业务培训送到现场（见图3）。坚持从关爱员工、先生活后生产等角度出发，为改革承包站配齐床铺、电视、冰箱、热水器等基本生活电器和家具，营造良好的“家文化”氛围，解决员工的后顾之忧，突出实用性和适用性，精简各类表格等烦琐手续，优化管理流程，切实减轻员工基础工作负担，为其扩销增量提供便利条件。

图2　员工岗前培训

图3　提升员工服务意识

（三）依法用工、强化管理，打造“提质工程”

一是优化结构，提升队伍素质。面对区外公司加油站队伍的综合素质偏低，学历结构不合理，专业技能水平亟待提升的现状，黑龙江石油严格执行人员准入制度，把控准入门槛，畅通低素质员工退出渠道。全面落实人岗匹配，双向激发干事热情，规范各类用工管理，重视做好现有员工素质提升工作，对站长、后备站长岗位采取公开选拔、竞聘、双向选择的方式，树立正确的选人用人导向，加强站长和后备站长队伍建设，2021年开展站长站培训31次，站长持证率由原来的38%提升至94%。同时按照“干什么，学什么”“缺什么，补什么”的原则，以传授业务实操技能为主，开展线下和线上集中培训，帮助员工查找业务能力的“盲点”和“短板”，向可持续高质量发展冲刺、迈进。2021年全省取得技能操作资格人员较改革初期增长20个百分点。

二是梳理流程，防范用工风险。加强劳动用工的规范化、标准化管理，不断完善工作流程，对全省16类入职材料及10类离职材料进行统一规范，设计制定员工入职、离职

（辞退）、员工调动材料标准模板，从源头上化解员工入、离职风险。不定期组织开展全省劳动合同大检查，重点对签订时间是否接续、签订单位是否正确、签订年限是否规范、签订内容是否全面等问题进行排查整改，做到劳动合同台账、已签订的纸质版劳动合同、网上备案（或线下劳动局备案）情况三者一致。定期组织年度综合工时工作制备案，针对工时变更、岗位、工资调整等情况，拟定补充协议并组织签订，规范原合同未尽条款，自优化用工以来，未发生不稳定事件，保障了企业的和谐稳定发展。

三是自检自查，巩固改革成果。以“规范用工管理重点工作”为契机，开展自检自查工作，由粗放式管理向精细化、精益化管理转变，重点对加油站实际用工情况进行核查，完成全省各线条用工增员、调整及减册情况调查，结合系统以及入、离职相关材料对现有用工人数清查，做到工资表人数、SAP-HR系统人数、考勤表人数、现场用工人数、视频监控人数保持“五个一致”，同时，对自营业务、委托管理加油站的用工人数进行全面核对，进一步巩固内部用工分配制度改革成果，防止由于统计工作不严不实影响改革公信力，严防“数字改革、纸面改革”。

三　取得成效

（一）优化用工，提劳效

黑龙江石油通过深化改革三年行动持续推进“三项制度”改革工作，进一步压实管理责任，高质量完成用工改革任务，创造了“经营体量增长、员工总量不增”的人力资本效益。全口径用工总量较改革初期人员减幅25%以上，加油站员工较改革初期优化率达到30%以上，在2021年黑龙江疫情影响长达157天的不利情况下，黑龙江石油人均劳效水平位居销售企业前列。

（二）增加收入，提士气

通过严控用工总量，促进人均劳效和员工收入双增长，实现了加油站增量、提效、增资的全额硬兑现，员工收入因劳效提高、考核创优得到较大增幅，较改革初期，人均薪酬年均增幅超过10%。

（三）激发动力，增效益

员工服务能力进一步提升，并通过打造“司机之家”“爱心驿站”等载体，得到客户认同，实现员工、客户“双满意”，在完成年度利润目标基础上，实现了年均利润总额增幅50%以上。

（四）攻坚克难，聚合力

通过改革和考核分配，贡献大的多拿，贡献小的少拿，将考核实实在在落在员工身上，进一步拉开收入差距，压力层层传递，提升了地市班子带队伍的危机感和为员工“挣口袋”的责任心，进一步激发了队伍的士气和活力。

经验启示

（一）优化用工改革，在员工思想上要转变观念

做好对政策解读和宣传引导工作，积极引导员工“转变思想”，正确理解改革、支持改革，形成改革共识，进一步营造改革的积极氛围和良好环境。

（二）优化用工改革，在员工能出上要激发活力

推动员工“能出”，主要目的不在减人，而是解决队伍活力问题，强化竞争择优上岗，激励员工干事创业，立足本职不断提高自身综合能力和综合素质。

（三）优化用工改革，在员工收入上要拉开差距

要合理拉开收入差距，充分发挥绩效考核指挥棒作用，鼓励多劳多得，真正做到“干与不干不一样、干多干少不一样、干好干坏不一样、贡献大小不一样”。

以“4+4+4”管理模式推进“三能”建设

宁夏能化公司

一 改革背景

宁夏能化公司成立于2010年6月，是中国石化煤化工板块第一个进入生产运营的企业，是国家宁东能源化工基地建设的大型循环经济示范企业。公司以煤炭高效清洁利用为目标，以煤基多联产装置为基础，具有明显的循环经济特征，“煤电化”一体化产业格局已初步形成。公司现设11个职能部门、3个专业中心、10个基层单位；用工总量2008人，现有在岗职工1948人，平均年龄37.53岁，本科及以上学历占比达到70%，其中研究生66人；高级及以上职称100人；技能操作人员中高级工及以上人才占52%。面对数年亏损的困局，公司以深化三项制度改革为契机（见图1），坚持问题导向，优化顶层设计，细化行动方案，着力推进“三能”机制建设，激发全员活力，2021年公司实现营业收入90.77亿元、利润30.26亿元，走出了连年亏损的困境。

图1 公司“三项制度”改革路线图

二 主要措施

（一）四个坚持，实现干部“能上能下”

一是坚持政治引领。深入贯彻落实党中央政策方针和集团公司人才工作会议精神，修订《宁夏能化公司领导人员选拔任用实施细则》等15项干部管理制度；将安全生产、疫情防控、攻坚创效作为识别干部的“大熔炉”，大力选拔担当作为、实绩突出的好干部，近三年，宁夏能化选人用人满意率逐年提升。

二是坚持鲜明导向。聚焦主业和生产一线，按照“两个优先”原则，落实好“两升一降”总体目标，打破“内外部单位墙”，常态化推进干部实岗挂职，选派和接收6名优秀年轻干部跨公司挂职锻炼，选拔22名优秀年轻干部交流到机关与基层锻炼，拓宽管理视野；近3年加大向安全、设备、工艺、煤炭等生产核心业务的倾斜力度，新提拔中层干部主体专业占比达69%，从基层一线选拔中层干部占比达71%。

三是坚持末位淘汰。修订《宁夏能化公司中层班子和领导人员考核办法》，完善领导干部考核机制，把“安全、效益、成本、廉洁”作为评价领导班子和领导干部的“硬”指标，完善干部日常考核和年度考核精准度；开展安全、生产、销售等管理岗位竞聘，选拔10名优秀骨干人才到基层管理岗位，将落聘4名管理人员转聘至专业技术岗位，2021年公司末等退出率达3.32%，推进干部“能上能下”。

四是坚持严管厚爱。通过“百日攻坚创效”和“装置检修”识别考察干部，对24个领导班子、244名领导人员、123名业务骨干开展履职担当反向评估工作，同时将测评结果作为选人用人和干部调整的依据；坚持严管厚爱和容错纠错原则，制定领导人员尽职免责事项清单，宣扬企业家精神，激发干部领导人员干事创业热情。

图2　干部“能上能下”四个坚持示意图

（二）四个优化，实现员工“能进能出”

按照精简高效的原则，坚持以市场化机制为核心，打破“铁饭碗”。通过压减用工总量，优化人力资源配置，提升组织运营效率，提高全员劳动生产率。

一是优化组织机构。对标系统内先进标杆企业，综合运用“拆”“并”“撤”等方式，将中层机构由28个精简为24个，合并“电气中心”与“仪表中心”，撤销“行政事务中心”；持续推进“大岗位”设置，按照“业务职责相近”原则，优化业务线条，深化岗位分析，规范班组设置，班组数量从114个减至103个，用工总量由2306人减少至2060人。

二是优化人才盘点。按序列、分层级从人员总量、结构、专业素质和岗位匹配度等维度开展人才盘点工作，理清思路，摸清家底，完成管理、专业技术和高技能1400人摸底工作，形成清晰的“人才账本”，按照“缺什么、补什么”制定用工需求计划；通过“校友返校引才+HR政策讲解吸才”和网络宣传进校园等方式，近两年引进西北工业大学、东北大学等双一流大学本科及以上高学历人才30多人。

三是优化岗位管理。将岗位管理与日常考核、年度考核相结合，强化结果当期兑现，将考核结果作为岗位调整和制度化退出等工作的重要依据；开展“三大员”履职能力评估，推进班组长等一线骨干岗位公开竞聘和竞争上岗，在做实专业人员培养的同时，逐步建立岗位动态管理；严格落实退出管理，依法依规解除劳动合同89人，实现了优胜劣汰、能进能出。

四是优化用工管理。按照非必要不外包、非必要不设岗的思路，梳理专业线条和业务范围，对运行类外包业务进行整合，承包商数量由8家减至5家，压减率为37.5%。采取外包业务、正式工置换承包商人员、岗位合并、压实岗位责任等措施，大幅度优化业务外包用工，2021年外包人员同比下降22.96%，业务外包费同比下降10.06%。

（三）四个挂钩，实现收入“能增能减”

一是薪酬与安全管理挂钩。将安全管理纳入月度关键考核指标，主要从事故事件、直接作业及安全技术管理等6个方面进行考核，同时设置HSE专项奖励，对发生运行部级及以上事故的直接取消安全奖励，压实各单位安全生产主体责任；落实安全积分管理制度，将个人安全行为与员工奖金兑现、岗位调整等相关联，倒逼职工提升安全意识，提高安全技能。

二是薪酬与能力素质挂钩。严格执行上岗考试机制，累计对30名因上岗考核不合格人员执行随岗、待岗待遇；对取得与本岗位相关的执业（职业）资格证书采取一次性奖励等政策，自实施以来安全、化工等注册类证书取证率提高了165%；鼓励员工积极参加各类技能竞赛，对因竞赛获奖的24人破格授予技师职位并给予基本薪酬晋挡、一次性奖励和职位津贴等激励性措施，其中2人获国家级竞赛奖，10人获省级竞赛奖。

三是薪酬与业绩贡献挂钩。根据各岗位性质、难易程度及实际贡献，设置差别化绩效分配难度系数，重点向生产一线和绩优骨干倾斜，2021年度同类别专业技术人员业绩奖金最高值和最低值相差55%；树立“凭业绩拿奖金”的收入分配导向，对销售人员实施“保底工资+销售奖励”的分配机制，醋酸等产品量价齐升，充分激发销售人员拓市创销积极性。

四是薪酬与考核结果挂钩。实施全员绩效考核，坚持日常考核和年度考核相结合，其中日常考核与员工月度工资挂钩，强化结果当期兑现，年度考评结果作为员工薪酬分配、职称评审、职务晋升、评先选优等工作的重要依据，2021年度中层管理人员业绩奖金最高者约是最低者的1.5倍。

三 取得成效

（一）干部队伍结构得到优化

通过“四坚持”措施，建立了良好的选人用人机制，近三年，选人用人测评“好+一般”提升至100%。2021年选拔40岁以下年轻干部由5.6%提升至24.71%，中层干部40岁以下同比增加17人，50岁以上同比减少22人；中级及以上职称和大学及以上学历占比分别提升4个百分点和8个百分点，逐步形成年龄有梯次、素质有提升、专业有互补的干部队伍。

（二）劳动组织优势得到显化

通过“四优化”措施，组织机构压减14.29%，班组数量减少9.65%，缩小了管理辐射面，提升了企业管理效能。盘活人才存量，控制人员增量，合同制用工减少10.6%，运行类承包商用工减少36.52%，年度费用降低1000余万元。建立健全市场化用工制度，推进高质量人才引进，人力资源效能得到提升，2021年全员劳动生产率提高至223.14万元/人。

（三）薪酬效能指标得到提升

通过“四挂钩”措施，实现了薪酬分配的差异化管理，2021年度同岗位薪酬差异最高达1.57倍，产量激励奖人均分配额最高单位BDO运行部和最低单位相差2.14倍。通过实施“四挂钩”机制，全员安全意识显著提升，员工能力素质明显提高，2021年现场违章同比减少85%，装置运行平稳率96.3%，人工成本利润率为586.83%，均创历史最高水平。

经验启示

（一）转变观念、统一思想是改革前提

三项制度改革是一项触及利益、群众关切的敏感工程，改革必须先改思想，改革任务实施前，要讲清改革原则，凝聚共识，激发以改革增活力、靠改革提效率的积极性。

（二）动真碰硬、刀刃向内是改革关键

三项制度改革是一项问题矛盾突出的复杂工程，在落实改革方案中，要坚持动真碰硬，在收入分配等改革重难点问题上打破条条框框，整体上确保改革精准落地。

（三）激发活力、提升效率是改革目标

三项制度改革目的是提升管理效率、提高企业效益，需要聚焦价值创造，优化人员配置，最大限度地挖掘员工潜力，提升全员素质能力和全员劳动生产率，推动公司高质量发展。

构建市场化运行机制　激发内生动力活力

共享服务公司

一　改革背景

共享服务公司成立于2017年5月，服务运营体系涵盖财务、人力资源、IT、党务、商旅等五个业务线条，是央企层面成立最早、业务线条最多的专业化共享服务公司。近年来，公司坚决贯彻落实集团公司深化改革部署，重点聚焦“客户体验亟待提升、市场化机制不到位、基层创效动力不足”等突出问题，围绕“如何推进业务运营市场化，如何推进“三能”机制落地、如何推进工效联动挂钩”等痛点难点问题，统筹谋划改革思路、精准破题解决方法，为打造“国内领先、国际一流”的共享服务公司提供动力和发展活力（见图1）。

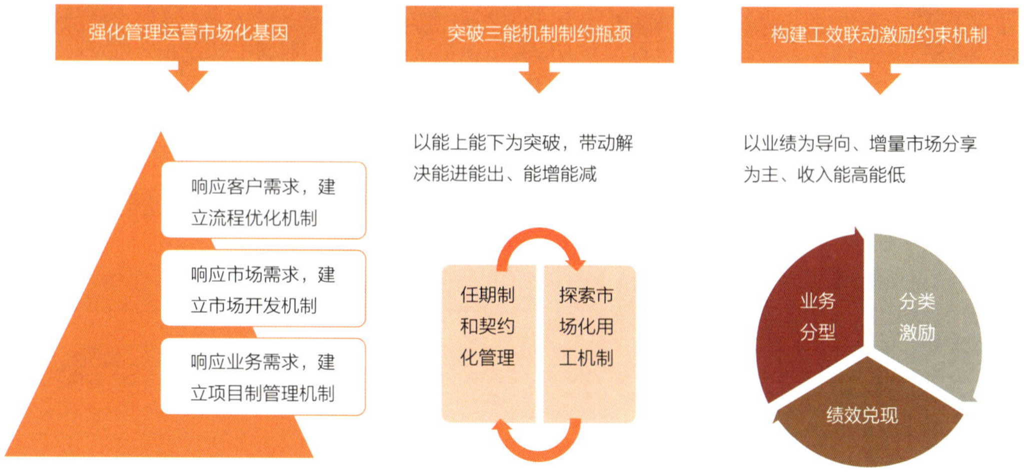

图1　市场化激励约束机制示意图

二 主要措施

（一）完善运行管理机制，强化管理运营“市场化基因”

按照党组“打造共享服务升级版，推动支撑业务自立发展”的总体要求，建立“客户、市场、业务”三位一体的市场化运营机制，加快推进转型升级，努力实现客户价值最大化。

一是响应客户需求，建立流程优化机制。秉承“提供卓越服务、成就客户价值”的企业使命，更好助力企业财务转型和价值创造，主动对标同类世界一流企业，借鉴国际先进的流程管理理念和方法开展财务业务流程优化，将财务业务流程划分基础业务、拓展业务、支持业务三大类，实现了财务共享业务全链条的系统化、生态化管理（见图2）。基于“端到端”业务流程设计思路，调整了80%以上的基层组织机构及人员，建立从企业发起端到共享业务处理端的全流程、一体化运行模式，共享用户流程、标准与系统的问题得到更加专业高效的一体化解决，系统内客户满意度持续提升。2021年，系统内客户整体满意度达到99.21分（满分100分），同比提高0.4分；财务共享服务被列为集团公司对标提升行动标杆项目。

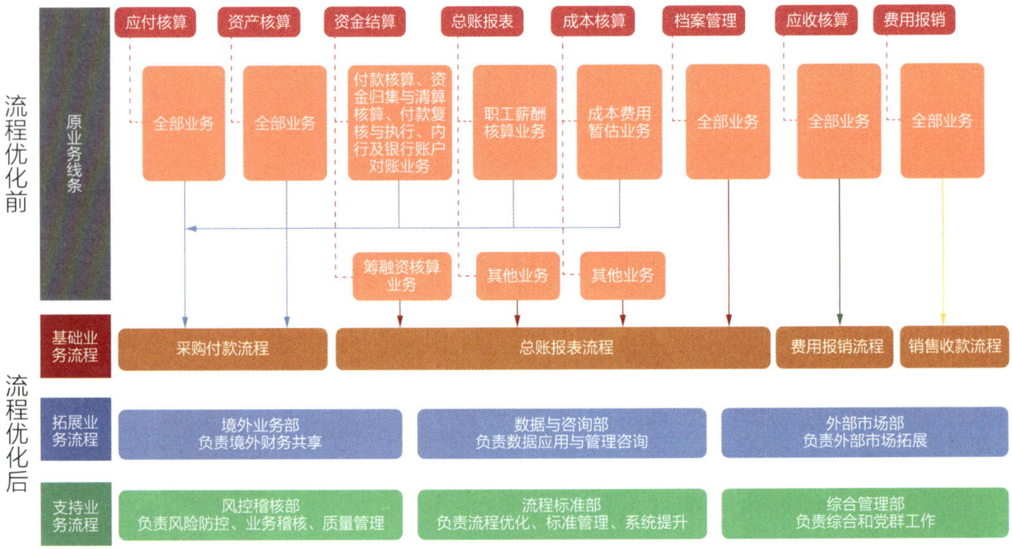

图2 财务业务流程优化图

二是响应市场需求，建立市场开发机制。根据发展需要，成立市场开发工作领导小组，落实主要领导统筹抓、其他领导分线抓、牵头部门协同抓的市场开发机制，打造规范健全的市场开发组织体系，充分发挥各部门、各单位在市场开发中的作用。公司成立以来，积极开展内部增值和对外专业服务，已完成或正在实施国家管网、国家能源集团、中储粮等7家大型央企的咨询或运营服务，市场品牌影响力进一步提升。

三是响应业务需求，建立项目制管理机制。深入推进以项目管理为核心的体系建设，推行项目经理责任制，逐步健全项目管理制度，开发信息系统，抓实项目全生命周期管理，充分发挥项目制灵活机动的优势，用市场规律、市场机制提高运行效率，对外部市场形成快速响应。

（二）深化“三项制度”改革，以能上能下为突破，带动解决能进能出、能增能减的“制约瓶颈”

按照抓顶层、抓关键少数的工作思路，坚持“市场化选聘、契约化管理、市场化退出”，推动“三能”机制落实取得实质进展。

一是加快社会化成熟人才引进，先后在商旅服务、财务共享领域市场化引进3名高层次人才，充实核心骨干力量。发挥经理层示范带动作用，举办经理层任期制签约仪式，签订经理层“一协议、两书”，同步完成子企业经理层签约。制定《中基层领导人员任期制和契约化管理办法》，明确提出对达不到考核指标底线要求的要落实刚性退出措施，226名中基层管理人员全部签订任期协议、经营责任书，并依据考核结果兑现薪酬、决定是否续聘，目前有1名中层管理人员不胜任退出，在干部员工思想上引起触动。

二是探索实施市场化用工，引进咨询公司，以淄博服务部为试点，开展市场化用工机制建设探索。结合业务发展计划和单位效益承受能力，科学确定单位用工总量规划。在此基础上加强岗位管理，明确岗位任职资格和能力要求，规范用工模式，确定用工来源，推动建立灵活有效的市场化用工机制。

（三）强化工效联动，构建“以业绩为导向、增量市场分享为主、收入能高能低”的激励约束机制

突出“增效控费、优质服务、防范风险、创造价值”导向，充分发挥市场机制作用，持续开展内部挖潜、新业务拓展和外部创收创效，制定实施基于业务分类和运营特点的工效挂钩办法。

一是做好业务分型。对中国石化基础服务，持续提升服务质量和效率，以确定的服务范围和收费标准为准，按成本收费，并逐步降低；对中国石化增值业务，采取试点免费—推广收费—纳入基础业务再降费方式，在保本微利基础上提升服务价值；对中国石化以外的企业提供共享实施、咨询等服务，按市场价位收费，提高市场竞争能力，加快公司发展，锻炼员工队伍，反哺共享服务品质和价值。

二是做好分类激励。对集团内基础业务，将工资部分存量（30%）分别与净利润、成

本费用、准确率、及时率和服务满意度等指标挂钩，实行联动考核分配，保障基础业务质量，对未达到基本目标的所属单位相应扣减工资总额。对集团内增值业务，为鼓励各单位主动提高服务系统内企业的深度和价值，原则上按增值业务收入的一定比例计算工资总额，主要与当年工资存量（10%）和增量部分挂钩。对外部业务，按照实际取得收入适当提取部分工资总额用于公司内部激励，其余收入部分用于弥补集团内部基础服务费用下浮。

三是做好考核结果兑现。2021年，试行新的工效挂钩办法后，单位工资总额增减与质量、成本、满意度、信息安全等关键指标完成情况直接挂钩，改变了之前各单位业绩考核得分与工资总额相关度不高的问题，当年公司各项绩效指标大幅提升。2022年1月，公司及时预兑现外部市场拓展专项奖励，其中直接从事项目人员奖励金额不低于奖励总额的50%，对做出突出贡献的少数人员，激励水平更是达到同类人员年收入的20%。同层级项目参与人员因贡献程度不同拉大了分配差距，实现了及时激励、差额激励，激发了广大员工提质增效的积极性与主动性。

三 取得成效

（一）内外部市场快速发展

公司上下积极跑市场、创收入，对系统内新建企业和新增业务“应接尽接”，在提高内部服务质量的同时，逐步开拓外部市场。特别是部分骨干员工远赴新疆等边远、艰苦地区开拓市场，为公司增值创效做出了表率。南京分公司成功拓展民企市场，为河南天瑞集团提供财务共享运营服务；东营分公司成功开拓人力资源外部业务，为国家能源集团提供管理咨询服务。2021年，外部市场收入比去年同比翻了一番，远高于公司整体业务收入增幅。

（二）员工活力有效激发

基层单位根据考核情况，加大奖励分配力度，搞活内部分配，最大限度发挥分配的杠杆激励作用，推动了从“要总额”向“挣效益”转变。广大干部员工切实感受到“干与不干不一样、干好干坏不一样”，树立起“向市场要效益、靠业绩挣工资”的理念，极大调动主动服务、创新服务、优质服务的积极性。2021年，信息安全排名为集团公司第7名，首次进入A级前列，公司财务业务整体业务处理准确率和及时率达99.995%，其中财务会计凭证差错率降至百万分之三十以下，加快向六西格玛质量目标迈进。

（三）品牌形象显著提升

《中国石化财务共享服务体系的构建与实施》被评为国企管理创新成果一等奖。制定发布国内首个《企业财务共享服务》团体标准，同ACCA、中财协合作打造共享服务知识框架和人才认证体系。技术创新持续发力，2020年被认定为国家高新技术企业，“享当当”RPA获得“智匠”RPA 十大优秀案例和中国产业智能大会“年度最佳行业实践奖”，工控仿真装置成功亮相乌镇世界互联网大会（见图3），有力提升了中国石化共享服务知名度和品牌美誉度。

图3　工控仿真装置亮相乌镇世界互联网大会

经验启示

（一）要坚持对标提升，明确改革发展方向

立足公司和业务发展实际，主动对标国际一流共享企业，充分借鉴国内外同行先进经验，牢固树立客户导向，持续推进流程优化，创新构建共享特色运营服务体系，为公司可持续发展走出一条新路，为集团公司新经济领域打造一张崭新名片。

（二）要坚持动真碰硬，确保改革取得实效

增强进取精神、开拓意识，摸着石头过河，迎着困难前进。不断解放思想、率先探索，在市场化运营机制、干部能上能下、激励约束办法等方面加快破题推进，切实抓好改革落地实施。

（三）要坚持红利共享，确保改革大局稳定

树立以奋斗者为本导向，推进工效挂钩联动，让员工与公司共享改革发展红利，互相成就、良性互动。打破传统的按身份、按级别等旧观念，建立看岗位、看贡献的新观念，持续完善激励和分配机制，不断增强员工获得感、幸福感。

锚定发展目标 深化“三能”机制 建设国内一流知识、文化、智库服务商

石化出版公司

一 改革背景

石化出版公司下辖中国石化出版社和中国经济出版社，现有中层机构20个，其中业务部门16个，职能部门4个，各类用工241人。2020年5月，公司作为深化改革三年行动先行先试单位，率先启动改革试点工作。为谋求可持续、高质量发展，公司针对存在的体制机制和运行模式不够科学完善、人才结构性矛盾比较突出、薪酬市场竞争力不强、员工队伍动力活力不足等问题，通过以内部挖潜、广纳贤才、项目制管理为主要举措的“三能”机制建设（见图1)，不断优化管理体制和工作机制、完善市场化经营机制、健全激励约束机制，为推进公司战略实施、加快转型升级，建设国内一流知识、文化、智库服务商提供良好的体制机制保障。

图1 “三能”机制建设

二 主要措施

（一）优化架构促协同，找准“着力点”

按照一体化、专业化、市场化原则，以清晰职责、优化流程、促进协同、精简高效为目标，优化组织机构设置，构建顺畅高效的业务流程，形成完善的业务运行制度体系。

一是适应发展，优化管理体制。根据数字化转型升级、融合发展和提升专业化服务、市场化运营能力的需要，对公司组织架构和部门职能全面进行了调整优化，对编加、印制、储运、销售等业务进行了优化重组，增设创新发展部、编校中心和营销部，设立融合出版中心等，业务划分与专业管理更加精细。

二是明确定位，提供专业支撑。在出版公司层面组建重大选题委员会和生产经营协调（编印发储协同）委员会，打破部门界限，有效发挥了智囊作用，科学决策更具专业性，助推出版公司相关重大决策部署落实落地。

三是打破界限，发挥团队合力。为改变一线编辑各自为战的局面，进一步释放活力、增强合力、提升价值创造力，一方面在部门内部或跨部门组建项目团队，采用市场化方式运行，实行项目经理负责制和独立核算。另一方面，将在各分社之外设立出版项目部，重点从事某类专业领域图书出版工作，采用市场化用人机制，比照分社进行管理。

（二）赋能赋智促提升，建好“蓄能池”

按照“市场化选聘、契约化管理、差异化薪酬、市场化退出”的要求，推行契约化管理和职业经理人制度，形成“有位必有责、上岗必履职、失职必追究”的能上能下管理机制。

一是着眼发展，引入社会资源。公司经理层3个副总经理岗位全部明确为职业经理人岗位，其中2个岗位进行市场化选聘。采取猎头推荐与个人报名相结合的方式，经过笔试、三轮面试及素质测评、背景调查等环节，从国内知名出版企业引进了一名职业经理人担任公司销售副总经理。

二是同题共答，建设担当队伍。考虑公司未来发展对中层管理人员思想观念、管理能力的要求越来越高，特别是由于业务目标提升较大，基本上是用3年时间实现原定5年的发展目标，公司中层普遍感到压力很大，分解下达目标任务会有一定难度。为此，出版公司党委决定进行中层人员全体竞聘上岗，先定部门业绩目标，再个人自愿选择岗位，上岗即是认领任务，让有意愿干、有能力干的人干。同时，按照组织鼓励、机制引导、个人自愿原则，在中层岗位渐进式推行职业经理人制度。经过两轮竞聘，出版公司原有中层管理人员中，有29人重新上岗，其中2人转换身份成为职业经理人；有3人未能竞聘到现职中层管理岗位。

三是抓实考核，健全激励机制。根据公司“十四五”发展规划，以高质量发展为目标，分解制定公司经理层和各部门的年度和任期目标，明确考核办法、薪酬待遇、监督约束、责任追究及退出情形等事项，与经理层和中层签订了《聘任协议》《任期业绩目标责任书》《年度业绩目标责任书》，严格考核，实行末等调整制度。

（三）广纳贤才促发展，启动“新引擎”

按照“用工管理制度化、劳动关系契约化、岗位体系标准化”的思路，构建以劳动合同管理为关键、以岗位管理为基础、人岗匹配、进出通畅、灵活高效的市场化用工机制。

一是固本强基，健全用工机制。健全公开、竞争的市场化招聘制度，拓宽人才引进渠道，构建以合同制员工和职业化员工为主体、劳务派遣和人力资源外包为补充的多元化市场化用工机制，市场化用工已占公司用工人数的近1/3。2021年通过市场化方式引进人才26人，因不胜任岗位、业绩未达标等原因，同期解除劳动关系11人，建立了能进能出的市场化用工机制。

二是创新示范，焕发内部活力。制定出版公司职业化员工招聘、使用、管理、考核、退出等配套制度，新招录的社会成熟人才均实行职业化员工制度。选择大众出版分社、进出口公司等部门成建制实施市场化机制试点，其部门负责人只选聘职业经理人，员工全部实行职业化员工制度。

三是价值导向，推进攻坚创效。完善岗位设置，开展岗位价值评估，划分岗位序列和等级，编制了《岗位说明书》及《上岗协议书》，明确各岗位的职责、上岗条件、业绩目标及考核兑现办法、退出机制等。组织开展全员竞争上岗，通过签订《上岗协议书》，实现“一人一表”契约化管理全覆盖。年底依据上岗协议严格考核，执行末等调整制度，对连续两年绩效考核为后10%的员工，由部门和员工个人共同实行绩效改进计划，绩效改进无效的，实行退出机制，推进员工岗位能上能下落实落地（见图2）。

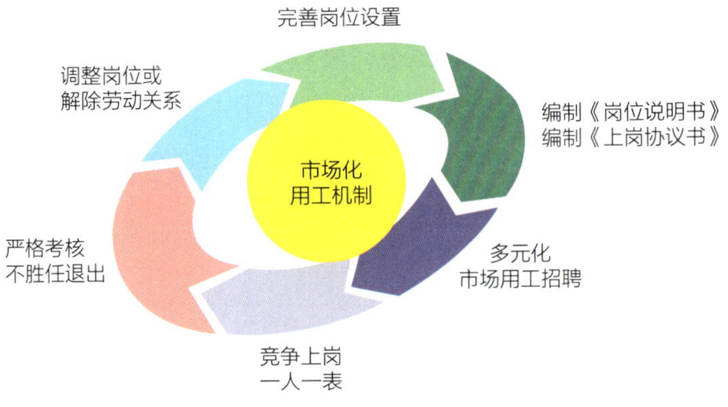

图2 市场化用工机制

（四）精准施策促改革，驱动“助推器”

建立健全以价值创造为导向、突出业绩贡献、激励约束并重的差异化、市场化薪酬分配制度，促进提升人工成本投入产出效益。创新考核方式，提升考核的科学性、针对性、实效性，发挥好导向和激励约束作用。

一是量化绩效，推进分配改革。依据岗位价值、能力水平、业绩贡献和岗位特点，建立健全以价值创造为导向、突出业绩贡献、激励与约束并重的差异化、市场化薪酬分配制度。职业经理人及其他中层管理人员实行基于年度和任期业绩目标的年薪制。一般员工实行岗位绩效工资制度，一岗一薪、易岗易薪。特殊人才、急需人才、紧缺人才或特定业务岗位等，实行协议薪酬制度。2021年在图书进出口公司、销售中心易书汇电商平台等业务单元率先实行全员协议薪酬制度试点。其他部门已完成了市场化薪酬对标及岗位评价、员工收入及业绩对比分析等基础工作，制定了《薪酬制度改革方案》，将结合全员竞争上岗组织实施。

二是压实责任，强化提质增效。实行全员业绩目标考核和市场化、差异化的考核分配办法，对生产经营单位主要考核生产经营目标完成情况，强化经济效益指标的权重；对职能部门主要考核重点工作任务完成情况和服务质量，突出重点任务和服务中心工作指标的权重；对员工个人主要考核工作业绩及工作任务完成情况，借助《上岗协议书》明确考核要求。各岗位的薪酬兑现与个人业绩、部门业绩、公司业绩紧密挂钩，强化考核结果的运用和绩效薪酬兑现的刚性。通过完善制度，构建了全覆盖、立体化、多维度闭环绩效管理模式，实现“业绩升、薪酬增，业绩降、薪酬降”（见图3）。

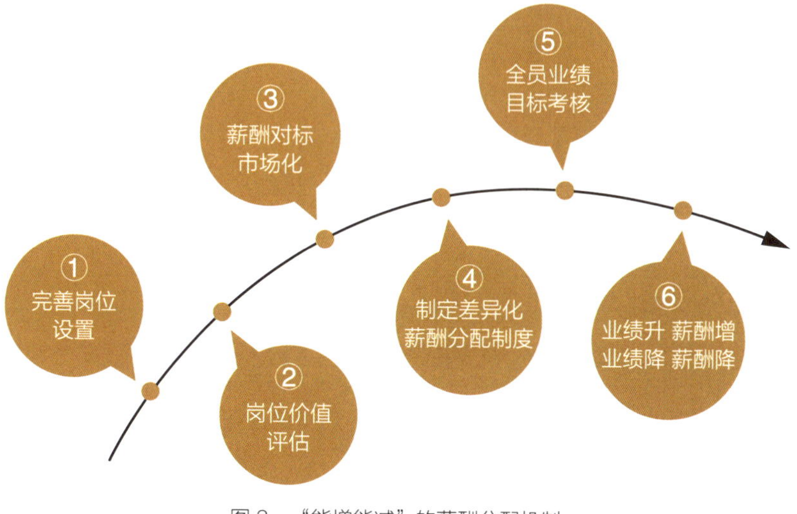

图3 “能增能减”的薪酬分配机制

三 取得成效

（一）破除“下位”屏障壁垒，建立“一人一策”用工机制

通过实行中层管理岗位全体竞聘上岗、“揭榜挂帅”等方式，不断完善“一人一策”用工机制。打破固有观念和用工方式，1名中层干部提前退出现职，1名部门主要负责人调整到部门副职岗位。对招录后不适应企业需要、不胜任岗位要求的人员及时解除劳动关系，市场化员工离职率达到35%，其中职业化员工离职率达到33%。通过优化薪酬分配和绩效考核办法，不断拉大收入差距，如中层正职，2021年收入最高和最低相差5倍以上。

（二）拓宽人才引进渠道，正向作用不断凸显

通过建立多元化、市场化用工机制，引才渠道逐步拓宽。2019～2021年，以市场化方式引进和使用成熟人才54人，其中2021年以来引进的34人，进出相较通畅，能够做到按需使用、即招即用，除具备与公司发展相匹配的业务能力外，还能够带来所需的客户、渠道等资源，“即战力”强。同时，市场化引进人才不仅在一定程度上解决了长期困扰公司发展的人才“瓶颈”问题，而且产生了“鲶鱼效应”，对体制内员工起到正向激励作用，有力有效激发了员工活力动力。

（三）促进优势领域发展，“两个效益”显著提升

通过施行改革，公司市场化机制建设取得明显进步，有效激发了人才活力，实现了人尽其才，对公司业绩的提升起到了极大的推动作用。《中国炼油技术（第四版）》等65种图书获得国家出版基金资助或省部级奖励，国家级项目《中国工业史·石油工业卷》编撰工作全面完成，《碳中和·碳达峰：国家战略行动路线图》等116种图书当年发行超过万册，同时向14个国家和地区输出图书版权13种，公司国际传播力与品牌美誉度持续提升，公司数字化转型和融合发展取得较好推进。2021年公司营业收入比2020年增长47%，实现利润翻一番，为“十四五”发展奠定良好基础。

经验启示

（一）清晰的发展定位是企业改革顺利推进的路径指引

出版公司作为系统内唯一一家出版文化企业，肩负着助力中国石化打造践行习近平新时代中国特色社会主义思想重要阵地、建设具有强大精神感召力的中国石化的重要职责。公司一直保持清醒认识，只有通过建立实施市场化体制机制，

解决人才队伍和产品结构、市场和品牌影响力方面存在的问题，才能更加有力有效履行服务集团、服务企业的职能定位，更好地完成“举旗帜、聚民心、育新人、兴文化、展形象”使命任务。

（二）坚定的发展目标是企业改革顺利推进的信念基石

加快公司高质量发展是深化改革的锚定目标。公司在改革过程中始终牢记朝哪里走、奔什么目标去，经常对照，及时校准方向，推动深化改革向既定目标迈出坚实步伐。为加快建设国内一流知识、文化、智库服务商、打造中国石化“文化名片”，公司全体党员干部坚定信念、攻坚克难、团结拼搏、砥砺奋进，为中国石化实施世界领先发展方略助力添彩。

（三）务实的工作作风是企业改革顺利推进的支撑保障

在推进改革的过程中，公司制定了数十项深化改革配套制度、方案，确保每项改革措施依法合规、行之有效。认真把握各项措施的推进次序、节奏和力度，妥善处理好改革与稳定的关系，及时回应员工关切，妥善解决发现的问题，增强改革的系统性、整体性、协同性，确保各项改革措施落地见效。

聚焦活力效率　深化市场改革
为企业发展赋能助力

江苏油田江苏紫京有限公司

一　改革背景

江苏油田江苏紫京有限公司（以下简称江苏紫京）成立于1995年。多年来，公司紧紧围绕“打造一流智慧综合后勤服务公司”发展战略，用心服务推品牌，稳中求进拓市场，形成了物业服务、海外配餐、生态农业、酒店管理和商贸业务“五位一体”的市场发展格局，逐步成长为年收入4.26亿元，利润超过600万元的综合性后勤服务企业，获得“中国石化优秀服务品牌”称号。江苏紫京社会化、市场化程度较高，随着市场竞争日趋激烈，市场化运营机制不够完善、与市场灵活响应不够及时的风险逐步显现。为有效应对新常态下的市场竞争，江苏紫京深入推进市场化经营机制改革（见图1），探索建立有效制衡的公司法人治理结构，全面推进模拟职业经理人、市场化用工、市场化薪酬分配机制、灵活的中长期激励，提高了市场核心竞争力和资源配置效率，为企业高质量发展注入了强大动能。

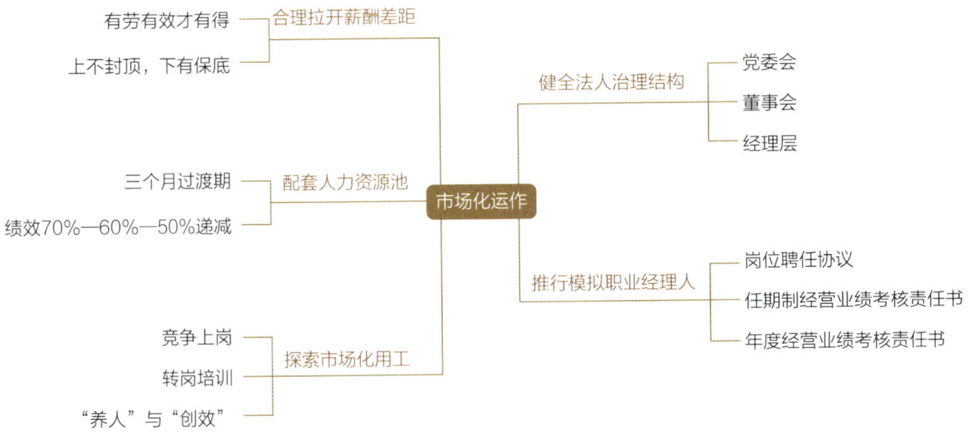

图1　市场化机制改革思路

二 主要措施

（一）健全法人治理结构，赋予子公司市场化灵活机制

为规范法人企业公司治理结构，充分发挥党委、董事会、经理层在公司治理结构中的作用，江苏石油勘探局有限公司赋予江苏紫京自主用工和薪酬分配权利，压减合同审批链条，放宽收付款相应管理权限，打通适应市场快速响应的决策流程。完善董事会、监事会建设，明确党委会把方向、管大局、促落实，董事会定战略、做决策、防风险，经理层谋经营、抓落实、强管理的职责定位，建立起权责清晰、协调运转、有效制衡的公司治理机制。

（二）推进经理层契约化管理，发挥“领头羊”作用

一是层层压实经营责任。江苏石油勘探局有限公司将经营目标下达江苏紫京，签订责任状，授予江苏紫京管理班子充分的经营自主权，实行契约化经营管理，江苏紫京再向下一层级延伸契约化经营。推行内部模拟法人结算，积极探索经营机制改革。以向全员赋权配责为出发点，以经营收入为主线、利润为中心，以市场为导向，以划小核算单元为基础，将市场化机制引入江苏紫京各区域公司和重点项目，将指标层层分解、责任层层落实、绩效层层考核、压力层层传递，激发了全员各层级活力，形成了市场化倒逼经营机制。

二是搭建扁平化构架。按照“公司—项目”的管理模式（见图2），搭建直接面向客

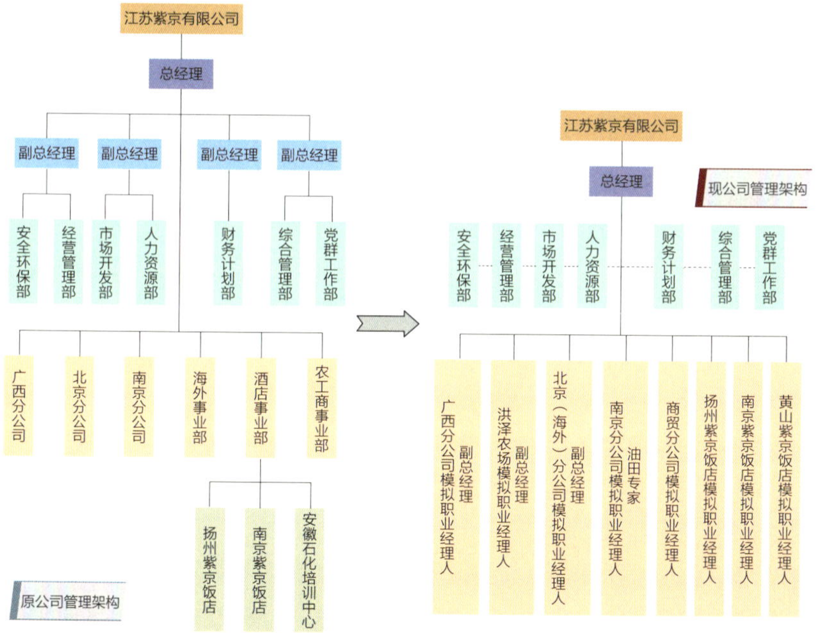

图2　江苏紫京管理架构调整示意图

户终端，直线型、扁平化的组织构架，公司领导班子成员副职兼任分子公司总经理，推动执行力更高、引领力更强。积极推行自主经营、自负盈亏的项目化运行模式，将管理集中上提，减少基层创效主体的管理压力，减少末端管理层的无效行为，将创效机构变成利润中心。持续为市场运营项目和单元赋权赋责，除项目负责人薪酬、选聘、考核外，充分下放项目团队组建权、岗位薪酬标准建议权、绩效考核分配权、业务定价权等，不断激发项目自身潜能。

（三）试点推进"模拟职业经理人"，完善市场化管理机制

一是加强制度设计。2021年出台《江苏石油勘探局有限公司职业经理人选聘管理办法》，打破原有的制度藩篱，全力落实模拟职业经理人制度。按照"市场化选聘、契约化管理、差异化薪酬、市场化退出"原则，制定江苏紫京模拟职业经理人实施方案和管理办法，以任期制为基础，以契约化为保障，在江苏紫京试点推行模拟职业经理人制度。

二是实行公开选聘。对3个区域分公司和5个重点项目总经理岗位实施模拟职业经理人改革，面向油田公开竞聘，8位模拟职业经理人签订岗位聘任协议和经营业绩考核责任书，聘任期为3年，设置试用期。此次改革，通过竞聘"下"的总经理3人、管理团队成员4人。

三是明确职责权限。模拟职业经理人去除行政化、身份市场化，推动从"身份管理"向"岗位管理"转变。公司与模拟职业经理人签订岗位绩效协议书，约定聘任岗位、聘任期限、职责权限、目标任务、薪酬待遇、监督约束及其他责权利等事项。按项目制授予模拟职业经理人权限，形成由模拟职业经理人组建管理团队等11项权限（见图3）。

图3　模拟职业经理人11种权限

四是刚性考核兑现。江苏紫京与模拟职业经理人签订岗位聘任协议、任期经营业绩考核责任书、年度经营业绩考核责任书，进行刚性兑现。薪酬待遇包括基本收入、业绩绩效奖、超利润目标奖，年度预考核、任期清算。依据签订的岗位聘任协议和年度/任期经营

业绩考核结果，建立了出现10种情形的1种或多种的，及时予以解除（终止）聘任关系的刚性退出机制（见图4）。在岗位价值评估基础上，8名模拟职业经理人的收入差距可达1.7倍以上，同一项目管理团队成员，薪酬标准差距从60%到90%不等。

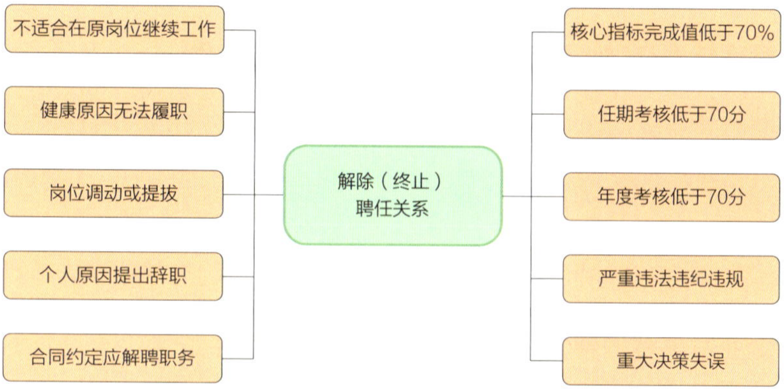

图4　模拟职业经理人解聘（终止）的10种情形

（四）配套市场化用工机制，实现员工"能进能出"

一是大力拓宽用人渠道。积极引进所需的成熟人才、高技能人才。开展全员竞聘上岗，推行"岗位员工＋人力资源池"的用工模式，优化配置人力资源。针对核心业务，建立以合同制员工为主体、多种形式用工为补充的用工模式。采取"阶段性用工""项目外包"等灵活方式，解决阶段性缺员的难题。

二是进一步畅通员工出口。坚决清理清退考核不合格用工。对历史形成的"老人"，细化落实托底有保障的分流安置政策；对现阶段引入的"新人"，以签订有固定期限的劳动合同为主，到期考核不合格及时予以解除。

三是推动员工向高效岗位流动。通过配套"人力资源池"运行模式，设定三个月的过渡期"软着陆"，通过竞争上岗、提前离岗休养、内部退养、转岗培训等举措，推动公司39名富余员工向域外市场一线等缺员和价值创造更高的岗位流动，不断探索市场化用工机制。

三　取得成效

（一）管理团队活力激活，主营业务强劲增长

2021年，江苏紫京以推进契约化经营与模拟职业经理人改革为契机，建立了更加灵活、高效的收入分配机制，倒逼模拟职业经理人逆势而为抢市场，赢得市场主动权。年内成功与石化团购网等企业签署3项战略合作协议；物业服务全力拓市，国内新签27个

项目，续签28个合同，合同金额累计1.76亿元；海外业务新签续签15个合同；酒店业务在疫情下积极自救，接待餐饮住宿28.9万人次；生态农业实现收入2530万元，打造绿色食材区域供应商，获得生态农业补贴189万元；商贸业务开展形式多样的线上线下营销活动，团购额达1647万元。

（二）管理转型突破经营难点，提质增效迈出新步伐

通过推进职业经理人制度，充分发挥模拟职业经理人经营管理经验和专业知识能力，进一步强化经营管理，勇于承担企业法人财产保值增值责任。2021年，江苏紫京应收账款回款率提升50%，库存压减94万元；实现经营净现金流668万元。推进资产多元创效，加大闲置房屋出租，创收增加359万元。用足用好减税降费政策，争取税费优惠141万元。

（三）企业发展凝神聚力，后勤服务品牌不断擦亮

江苏紫京通过市场化经营机制改革，完善改革干部能上能下、员工能进能出、收入能增能减的“三能”机制，有效激发干部职工凝聚力与发展活力，不断提升品牌价值、劳动效率。江苏紫京先后多次入选“中国石化十大优秀品牌营销案例”，成为中国石化对标提升行动标杆基层单位。

经验启示

（一）释放发展活力需要建立市场化思维

坚持市场化思维，强调尊重和顺应市场规律，以市场为导向，不断破除旧有机制的惯性，创新思路理念，完善体制机制。江苏紫京面对激烈的市场竞争，以市场化思维审视自身体制机制存在的短板，勇于在组织架构，模拟职业经理人、市场化用工等“硬骨头”方面深化改革。

（二）市场化运行需要搭建匹配的管理架构

压扁管理层级，建立起符合市场化运行特点的权责清晰、协调运转、有效制衡的“公司—项目”管理架构，层层压实经营责任，为促进各项改革措施和目标落地见效保驾护航。

（三）提升竞争力需要配套市场化用工机制

为市场运营项目和单元赋权赋责，配套市场化选人、用人机制，凸显服务价值，实现了从最初做服务，向做标准，进而向做品牌的提质升级，打造了紫京服务的核心竞争力。

深化三项制度改革　激活新业务源动能

中石化（深圳）电子商务有限公司

一　改革背景

中石化（深圳）电子商务有限公司（以下简称“深圳电商”），是中石化（香港）有限公司（以下简称“香港公司”）境内全资子公司。深圳电商分阶段布局跨境进出口电商产业链，通过挖掘海外畅销易捷服务产品，开展线上和线下业务。线下依托系统内加油站和便利店优势，与国内各省市非油品业务发展形成内外互补，通过贸易方式向系统内加油站供应全税进口精品，打造中国石化易捷服务进出口平台；线上通过打造销售公司旗下跨境业务“易捷国际”平台开展跨境电商销售业务，主营商品包括目前国内消费者最为关注的母婴用品、食品、化妆品、保健品及日化产品等畅销精品。

对标京东、淘宝等成熟电商平台，深圳电商在专业人才储备和薪酬激励机制等方面都存在差距，为更好发挥中国石化品牌、流量和渠道等优势，挖掘销售板块非油品业务新增长点，公司大胆探索推行“三项制度改革”，通过全方位社会化选聘、契约化管理、差异化薪酬、市场化退出（见图1），选用有相关业务经验适合的人，留住肯干能干的人，设置能充分调动员工积极性的制度，不断激活人力资源，体现国有企业活力，提升企业竞争力，持续为新业务发展、数字化转型提供源动能。

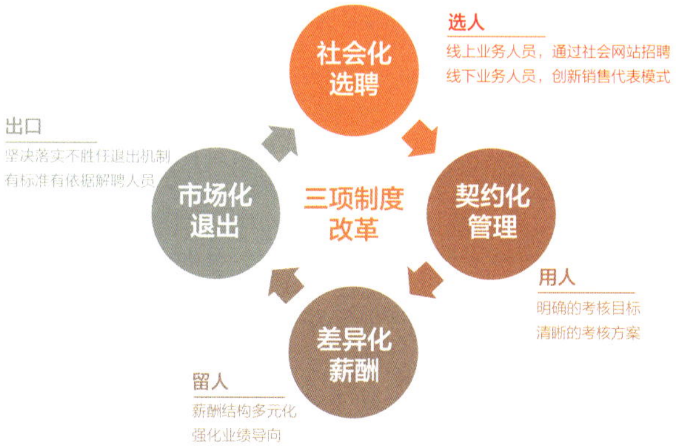

图1　深圳电商市场化用工机制

二 主要措施

（一）以社会化选聘为突破口，“选”人模式更优

新模式、新业态带来的行业变革需要多元化高素质人才，跨境电商行业对人员的职业素养、知识结构、专业能力和综合素质等提出了更高要求。为选用在新媒体、平台运营、内容营销和数据分析等方面有“实战”经验人才，深圳电商以社会化选聘为突破口，通过多渠道社会招聘，应对公司经营规模不断扩大和新业务发展的各种挑战。针对不同岗位分不同渠道做社会招聘，一是对文案策划、营销推广等专业线上运营岗位，利用“前程无忧”“智联招聘”和“拉钩”等公开招聘网站进行挑选，筛选曾在“小红书”“淘宝”等大型电商平台工作过的相关专业人才。二是对线上平台信息开发岗位，定点外部挖掘，从乙方系统开发和运维人员中择优聘用。建强自有系统开发团队，与运营团队同地办公，最大化支持业务营销需求。三是对线下渠道销售岗位，通过省市公司内部挖潜，创新省市公司销售代表模式，由省市公司推荐当地符合条件的人员，深圳电商面试合格后予以录用并派驻在当地开展易捷服务线下推广及业务对接工作。定点内部挖掘、社会化选聘、市场化录用，延伸深圳电商线下跨境易捷服务业务触角，实现与各兄弟单位合作共赢。

随着深圳电商业务规模不断扩大，员工人数从2019年的21人发展到2021年底的51人，社会化招聘共录用47人，其中经社会网站公开招聘和定点挖掘人员占57%、经省市公司当地社会招聘的销售代表占36%（见图2）。

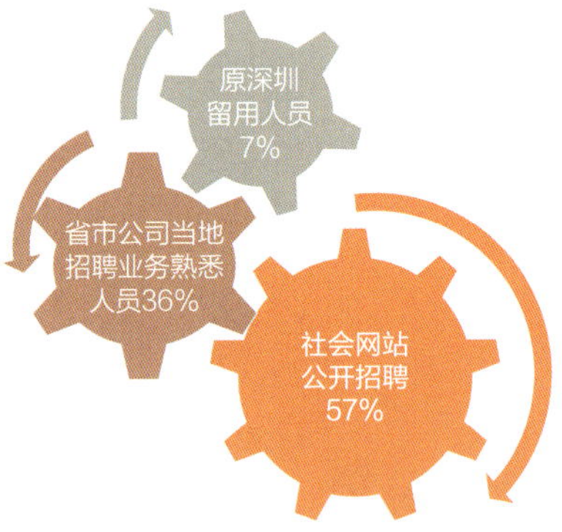

图2 深圳电商人员结构

（二）以契约化管理为抓手，“用”人标准更实

深圳电商突出目标导向，以全员契约化管理为抓手，动员公司上下共同努力实现经营管理目标。一是全员契约化管理，即劳动合同中明确薪酬包括基本薪金和绩效奖金、业绩

未达标有权解除劳动合同等条款。二是明确考核目标。香港公司每年初对深圳电商下达年度量、利考核指标，深圳电商根据考核指标设定年度目标，分别对公司领导、部门经理、线上部门员工、线下支持岗位员工、管理岗位员工、销售经理（销售代表）不同层级和岗位员工进行目标再分解。三是制定考核方案。分不同类型员工设定不同考核指标和权重，按照月度、季度和年度三个周期进行考核，考核结果与员工绩效奖金、晋升淘汰和评先评优挂钩，强考核，硬兑现。给予每位员工清晰、明确的工作目标，且与个人收入、职级调整等进行挂钩，并以制度和契约形式明示，突出用人标准。

（三）以差异化薪酬为杠杆，“留”人效果更佳

深圳电商建立公平合理的分配和激励机制，一方面因岗定薪，另一方面体现以价值贡献者为本，引导业务人员“跳起摸高”，鼓励团队及个人尽力增量创效。一是实行多元化结构薪酬。针对中层管理人员、管理及业务保障人员、业务部门人员等不同岗位人员，设定不同的固定薪酬与浮动绩效奖金占比（见图3）。中层管理人员和业务部门人员主要与量利指标挂钩，奖惩幅度拉差大；管理及业务保障人员主要与岗位绩效挂钩，奖惩幅度拉差小。二是强化业绩导向，拉开内部收入差距。对于业绩突出的派驻省市公司销售代表，公司除了根据销售额量化绩效奖励，还安排相应晋升，给予员工更大平台，负责开拓更大的市场。以2021年度为例，某省市公司销售代表在新品引进、商品铺货、营销活动、宣传推广等方面工作成效显著，负责的区域销售额同比增长580%，个人业绩超计划400%，员工收入大幅增长。个人当年突出的业绩得到及时激励反馈，极大鼓舞员工内部积极扩销创效。对于业绩欠佳的销售人员，如未完成当月目标，绩效奖金也相应大幅减少。销售代表最高和最低绩效奖金差距可达8倍。

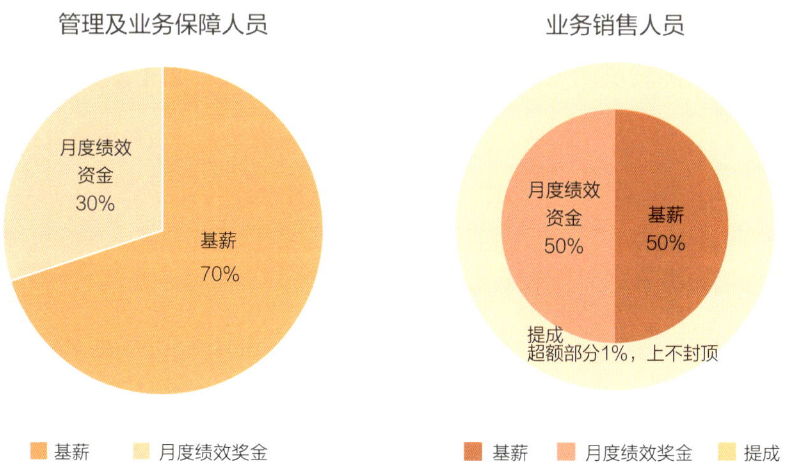

图3 各类员工薪酬结构示意图

（四）完善市场化退出机制，“出”口渠道更畅

深圳电商作为系统内市场化程度较高企业，应用市场化管理理念和完善的制度体系，畅通人员出口。一是延用香港公司境外劳资双方双向选择自由的文化与理念，在深圳灵活的用工市场大环境下，招录的员工经社会化选聘、签订契约之时即清楚个人劳动关系完全市场化。二是制定完善的制度依据，根据劳动合同，对于连续月份未能完成任务的销售人员，综合评价为自身工作能力不足和工作方法不当的，经考核不能胜任岗位工作的，公司与其签订《解除劳动合同协议》，予以辞退；同时，劳资双方有自由选择权利，也有员工因个人不适应相关要求而提出离职的。3年间，公司解聘5人、未过试用期3人、个人请辞11人。通过市场化选聘和契约化管理，有依据有标准地解聘不能胜任人员，筛选留下能适应公司经营发展的人，及时招聘新员工予以补充，真正做到人员“进有要求，出有依据”，不断“更替新鲜血液”，把人才“第一资源”转化为发展创效“第一动力”。

三 取得成效

深圳电商地处改革开放前沿阵地，依托境外资源及大湾区发展优势，通过与市场接轨的市场化选聘、契约化管理和改革薪酬激励机制，有效选聘合适的人，激发员工想干事、能干事的劲头，聚焦市场开拓，为企业高速高质量发展提供活力动力。

（一）深圳电商队伍素质不断提升

与2019年比，直接创效业务人员占比由23.8%提升至56.9%；公司从业人员平均年龄从40.2岁下降至33岁，更为适应新业务灵活的发展需要；本科以上学历人员占比由71.4%提升至75.0%。

（二）易捷国际跨境新业务销售额逐年递增，业务范围不断扩大

通过契约化的任务指标分解，销售产品由最初的母婴产品、化妆护肤品等海淘热门商品，SKU26000余个，拓展至线上包括全球美食、数码家电、手表配件、汽车用品等9大类商品，SKU68000余个；线下还包括小劳保、卡拉宝饮料等商品。深圳电商2019年营业额1.21亿元，同比增长193%；2020年营业额1.94亿元，同比增57%；2021年营业额2.39亿元，同比增长23%。

（三）不断激发深圳电商企业活力

通过用工、契约、薪酬考核等方法，推进经营指标层层有效分解，考核压力层层传

导，真正实现激励与业绩贡献匹配，员工实际薪酬年度平均增长约9%。激活企业内部的“一池春水”，形成“要薪酬等于要业绩、好业绩等于超市场”的管理导向，同时也营造了良性的团队竞争氛围。

经验启示

（一）新兴业务为改革提供肥沃的土壤

香港公司深化应用市场化管理理念，立足新发展阶段成立发展深圳电商。背靠深圳开放的人才市场环境，依托中国石化销售企业加油站和便利店优势，深圳电商通过挖掘海外畅销易捷服务产品，与国内各省市非油发展形成内外互补，打造中石化易捷服务进出口平台，必须紧跟时代发展的风向标，打响“易捷国际”品牌。

（二）公平制度为改革提供有力的保障

通过分解制定明确的工作目标，建立清晰的奖惩方案，依法合规实施刚性兑现和退出机制，让“岗位靠竞争、收入凭贡献”成为现实。契约化管理为劳资双方双向自由选择架好桥梁，公平的制度为“三项制度”改革提供有力保障。

（三）企业与员工共赢模式为改革提供方向

坚持以业绩作为检验团队和个人工作付出与成效的重要标准，不断探索、优化选聘、考核、管理和退出各个环节，不断把员工价值贡献精准分解量化，推动绩效管理和薪酬分配更加精益、公平。以共赢的改革思路，不断调整企业发展与员工利益之间桥梁，推动企业更好地适应市场化、国际化发展要求。

推进市场化体制机制改革
激增企业发展活力动力

新星石油绿源地热能开发有限公司

一 改革背景

新星石油绿源地热能开发有限公司（简称绿源公司）成立于2006年，是国土资源部“地热开发利用示范单位”，也是一家混合所有制改革企业，其中新星石油持股53.8%，民营和外方持股46.2%，业务遍布河北、陕西、山西、山东、天津等40多个市、区/县，成为全球最大的中深层地热能开发利用企业。针对混改后股权模式转变、跨越式发展、规模扩张、市场竞争等压力，绿源公司坚持市场化导向，大胆探索，纵深推进市场化经营管理、劳动用工、薪酬分配改革（见图1），不断释放企业发展活力，持续增强核心竞争力，探索打造的地热能开发“雄县模式”，引领和推进了中国地热产业的快速发展，树立了地热行业的发展标杆。

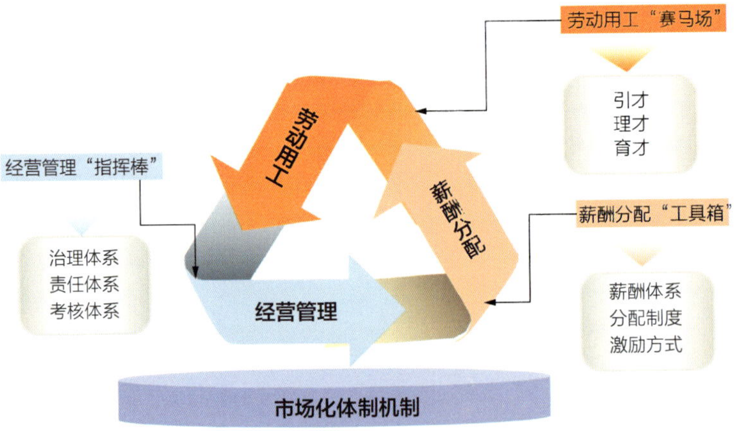

图1 市场化体制机制管理模式

二 主要措施

（一）构建市场化经营管理机制，用好决策“指挥棒”

1. 构建科学规范的治理体系。

一是建立权责清晰的治理架构。作为集团公司混改试点单位，按照现代企业建设要求，依法出台公司股东会、董事会、监事会和经理层各项议事规则和制度4项，形成定位清晰、权责对等、运转协调、制衡有效的法人治理结构。

二是设置扁平自主的直线职能。公司总部与二级单位实行集中决策与分散经营管理，总部职能部门发挥战略规划、投资决策、资源统筹、风险防控、督办考核、指导服务等6大职能，二级单位作为利润中心与成本中心，发挥区域经营活动自主权，支撑公司各项战略目标实施。

三是在公司治理中加强党的领导。将党建工作要求写入公司章程，明确党委与董事会、经理层权责界面，发挥党委“把方向、管大局、促落实”的领导作用。吸收外方股东代表中的党员加入党委，共同推动党建责任落实、发挥引领作用。

2. 构建精简高效的责任体系。

一是以市场规模定岗。将压减管理层级作为市场化改革重点之一，坚持最优流程与最少岗位相结合，公司职能机构按照战略控制实行大部制、大岗位，设置9个部门，做到一部多职、机构精简。二级单位按照规模档次核定职数，根据业务板块、市场发展设置岗位，每年优化岗位设置5%左右，做到一岗多能，精干高效。

二是以岗位贡献定员。每年对岗位贡献率进行评价，计算人均收入、劳动生产率等指标，动态调整“三定”目标。机关人员编制控制在用工总量12%以内，生产技术、运行管理、市场开拓等核心业务领域编制适当多设，一线操作岗位等业务领域编制适度控制，客户服务、后勤保障等辅助业务领域从紧限制。基层站按照供暖面积核定，50万平方米以内编制6人，每增加30万平方米增加1人。

3. 构建绩效并重的考核体系。

一是分类考核。将公司战略目标、财务预算、改革重点工作进行任务分解，制定可衡量、可执行、可检查的考核指标，建立总部—二级单位—基层站（自然站）三级考核体系，根据规模设置单位班子成员与中层人员绩效核定系数，一类单位系数为1.2，二类以下单位系数为1.1～1.05，机关系数为1。

二是契约考核。公司与二级单位班子签订年度经济目标责任制，各单位将考核目标分解到基层站、自然站，责任层层压实、考核具体到岗。公司领导定点帮扶效益排名靠后的单位，对年度考核不达标的单位调整班子。

三是联动考核。中层干部与责任站点联动挂钩，职业经理人聘任与绩效目标挂钩，22个中层以上干部与基层站签订帮扶责任，推动1/3自然站当年顺利完成信息化改造，公司收入、利润由2019年的6.13亿元、9000万元增长至2021年的9.32亿元和1.07亿元。

（二）推进市场化劳动用工机制，搭好干事“赛马场”

1. 打破常规“引才”。

一是面向社会广纳贤才。推行市场化招聘，公司除高层管理人员之外，全部通过公开竞聘方式招录员工，市场化用工高达95%，选聘比例位居集团公司前列。拓宽引才渠道，依靠招聘网络、猎头公司、合作高校招聘，雇主品牌得到第三方渠道高度赞誉，荣获猎聘网2020年、2021年度“非凡雇主”荣誉称号。

二是打破惯例吸引人才。打破学历、资历、身份等界限，业绩论英雄，能力选人才，大胆选聘德才兼备之人担任管理人员，每年新增10%~15%的管理人员全部采用外部招聘，1名员工成长为公司高管，多名员工成长为区域班子成员，二级单位班子成员85%为市场化用工，中高端人才吸引力显著增强。

2. 不拘一格“理才”。

一是在数量上做“减法”。以《劳动合同法》为依据，积极稳妥开拓员工转型渠道，探索新形势下的员工市场化退出方式。实行员工定期退出、非定期退出，试用期、工作满一年、合同期满3个节点退出。强化岗位绩效与合同管理，公司每年定期退出岗位员工约10~20人，非定期退出约30人。

二是在质量上做“加法”。针对地热业务规模化快速发展特点，采取“骨干跨区域流动+属地化培养干部”（见图2）相结合的方法，注重在关键岗位和项目一线识别、培育和选拔优秀干部。近年来跨区域选拔20余人，属地化选拔60余人，40岁以下年轻干部超过总量65%，提升员工队伍素质，增强企业核心竞争力。

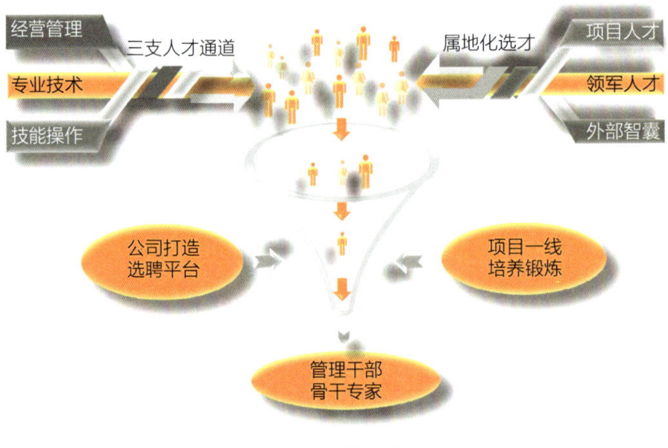

图2　干部培养方式

3. 灵活多样“育才”。

一是分类培育。建立管理、专业、操作3类5级人才库，纵向按职位序列晋升，横向其他序列流动发展，实现干部人才有序接替流动；在各区域将技术突出的专业人才培养为区域领军人才、将管理人才培养为地区项目经理、将属地地热行业专家、合作院校教授发展为智囊团，确保当地发展内部有体制规范、精细化管理做支撑，外有协调与辅助，共同推动市场开拓与发展。

二是平台培育。每两年举办一次技能大赛，以赛促训，提升基层技能操作人员整体素质，为员工学技显能提供展示平台。选拔使用工作能力强、吃苦耐劳的操作技能人员，三年来提拔大赛获奖、业绩突出的地热站站长30余人，促使员工从“要我干”向“我要干”“我能干”转变。

（三）施行市场化薪酬分配机制，丰富激励“工具箱”

1. 建立“市场化”薪酬体系。

一是调研市场薪酬。每3年进行一次市场薪酬调研，同行业、专业岗位薪酬标准进行对比，分析公司薪酬与市场薪酬差异及其原因，为公司薪酬体系改革提供外部市场参考数据，建立具有外部竞争力的薪酬体系。

二是细化薪酬系列。比照华为等大企业，优化员工职级序列、规范薪酬结构，细化3类17级序列，增加职级层级降低晋挡难度，畅通上升通道，增强员工获得感。

三是动态调整薪酬。核定技能操作人员工资总额和费用总额，各单位每年压减用工10%，费用降低不少于10%，将节约成本作为绩效进行激励，连续两年降低亏损地热站32座，优质站提升5%。

2. 执行“差异化”分配制度。

一是坚持效益导向。为突显按劳分配、多劳多得的岗位价值理念，修订完善《公司激励机制管理暂行办法》，驱动分配向创效单位、个人倾斜，单位间因创效差异导致人均收入差距达到3倍，同一职级员工收入最高与最低差距达到4倍以上。

二是突出岗位价值。基层员工绩效重在日常工作质量、轻年终经营绩效，固定薪酬与浮动奖励8∶2，保持基层员工收入的稳定性；高层级员工重年度经营绩效成果，加大年终绩效与收入的挂钩比例，固定薪酬与浮动奖励4∶6，体现贡献大者多得，贡献小者少得，充分发挥正向激励作用（见图3）。

3. 采用“多元化”激励方式。

一是定期激励。年度设置生产任务、财务能效、安全管理等指标，与年终效益兑现挂钩；任期设置期望目标，职务晋升和绩效兑现双挂钩。

二是专项激励。对超额利润、开拓市场、管理提升、技术创新、“双碳”减排等11项

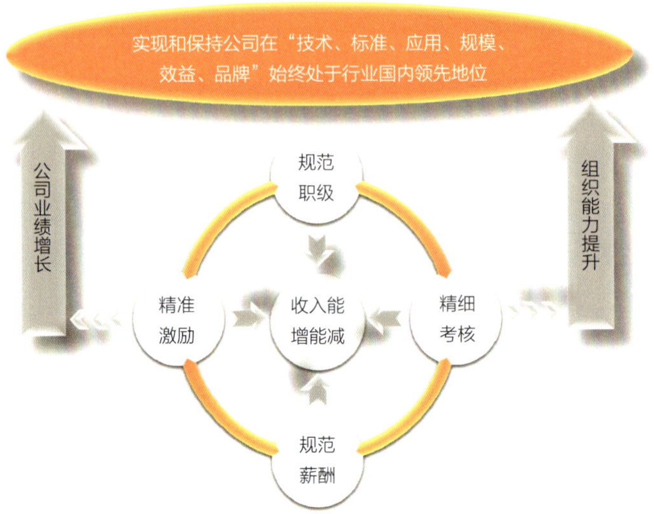

图3 绿源公司绩效兑现体系

设专项奖励，专项奖励占奖金总额的10%左右。

三是即时激励。对自主编制可研、设计、专利成果转化推广等项目，给予节约额10% ~30%奖励；在项目攻关中、技术攻坚中提拔人才，先后表彰先进集体47次，劳动模范14人次，先进工作者86人次。通过多种激励措施，公司连续3年收入平均增长率23.35%，员工收入平均增长率10.81%，各项指标位于全国同行业前列。

三 取得成效

（一）经营效益持续增长

绿源公司聚力打造“世界品牌、中国第一”的地热企业，积极融入国家“双碳”战略目标实施和新星石油公司“热氢风光”新能源产业体系构建，持续拓展现有市场、不断突破新区域，连续13年持续盈利。2021年新增签约面积完成年初目标的125%，签订战略合作框架协议18项，雄安新区供暖业务实现三县全覆盖。2021年实现收入同比增加1.99亿元，净利润同比增加208万元。人均劳效逐年提高，由2019年的8.97万平方米/人提升到2021年的10.15万平方米/人。

（二）发展活力有效增强

绿源公司坚持新发展理念，落实高质量发展要求，管理水平持续提高。建立以价值创造为导向的考核激励机制，全面落实经理层任期制、契约化管理，改革成效明显；开展对标世界一流管理提升行动，扎实落实“基层建设提升年”要求，建成一批标杆基层站和项目，河北清河污水源热泵供暖项目入选国家能源局《全国可再生能源供暖典型案例汇编》，公司被评选为全国“地热能系统集成”20强企业。

（三）治企根基不断夯实

推进风险防控与公司经营管理融合，切实做好生产经营相关法律研究、尽职调查、决策审核；持续深化制度效能评价，公司基本制度、规范性指导文件不断健全；持续深入开展重点领域风险全面评估和排查，做到边查边改、立行立改，各类重大风险在控、可控、能控，全力保障公司依法合规经营；推进制度建设更加健全、项目运行更加规范、依法治企根基不断夯实，为公司高质量可持续发展奠定基础。

经验启示

（一）顶层设计是企业高效运转的根本保障

顶层设计是企业对发展战略、治理架构、生产运营的总体规划，建立适应市场化发展的系统性顶层设计必须不断进行创新和持续调整，才能最大限度发挥出企业的活力。

（二）人才管理是提升企业竞争力的核心

人才管理的工作核心是保障公司战略实施过程中连续的人才供应，是打造技术优势的核心。混合所有制改革的目标，是建立适应市场化发展的人才管理机制，与先进企业对标，精准聚焦，措施有力，才能实现组织绩效的最大化，有效提升企业竞争力。

（三）激励机制是企业管理与改革的动能

建立有效的激励机制，持续激发员工工作激情和创造性，增加员工的满意度，对快速扩张市场、扩大规模、成为同类型企业发展标杆，具有切实的借鉴作用，可操作性强，能够切实解决实际问题，推进混改企业快速发展。

锚定效率提升　聚焦激发活力
加速建立能进能出的市场化用工机制

党组组织部（人力资源部）

一　改革背景

近年来，党组组织部（人力资源部）紧紧围绕中国石化“打造世界领先洁净能源化工公司”愿景目标，以国企改革三年行动为契机，全面推进用工市场化改革进程，着力破解用工总量大、劳动生产率低、员工能进不能出等难题，实现改革破冰除障。快速建立以用工总量管控为牵引，以“市场化招聘、契约化管理、精细化考核、市场化薪酬、制度化退出”为要素，人岗匹配、优胜劣汰，进出通畅、灵活高效的市场化用工机制，有效激发员工价值创造动力和活力（见图1）。2021年集团公司全员劳动生产率首次破百万，较上年增幅26%。

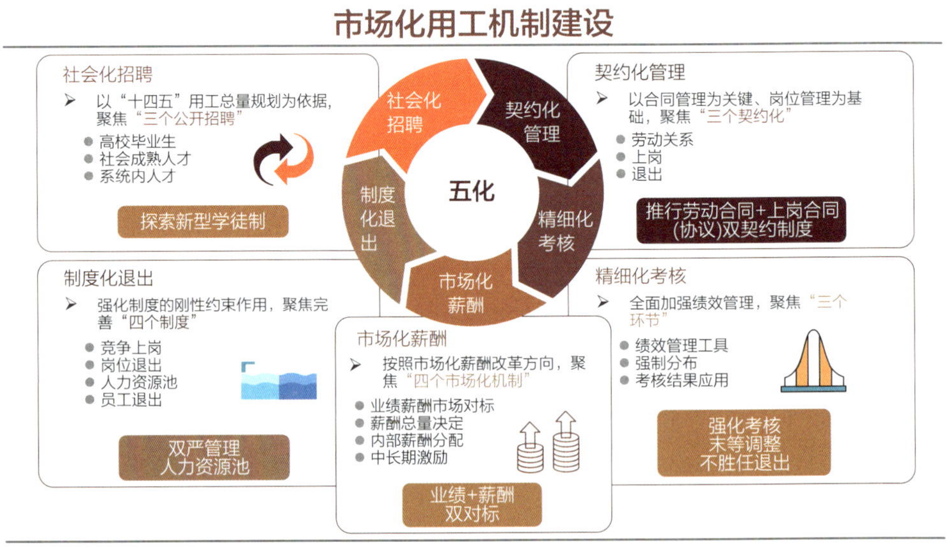

图1　市场化用工机制建设“五化”管理理念和思路

二 主要措施

（一）强化改革顶层设计，持续严控用工总量，夯实用工市场化改革基础

一是绘制用工改革“蓝图”。以制度体系建设引领用工市场化改革，印发《关于加快市场化用工机制建设的意见》，提出“社会化招聘、契约化管理、精细化考核、市场化薪酬、制度化退出”管理理念和思路，并分解为17项具体改革措施，全面实施员工公开招聘、竞争上岗、末等调整和不胜任退出等；研究改革评估模型，设置改革效率、改革效能、改革效力、改革效益4个评估因素、12个评估维度和若干评估指标，构成三项制度改革综合评估指标体系。通过点面结合、综合施策，打出改革政策措施和评估牵引“组合拳”，推动市场化用工机制建设由“试点阶段”向“施行阶段”转变。

二是筑牢用工改革“基石”。全面开展对标先进实施“三定”工作，明确“该用多少人”“该进什么人”“人该怎么出”作为用工市场化改革的基本依据，夯实建立市场用工机制的基石。以严控总量、工效联动为牵引，制修订《用工总量管理办法》“1+3”制度，构建以“愿景目标定员—用工总量规划目标—年度用工计划”为主线、以用工增减变化调整人工成本指标和优化用工专项评价激励机制为配套的用工总量管理体系，通过持续对标、科学评价、严格考核，截至2021年末，集团公司用工总量相比1998年减少了54%，近三年用工总量减幅13%，有效缓解用工总量大而不优的矛盾。

三是立稳用工改革“支柱”。围绕构建“一基两翼三新”产业格局，立足当前发展阶段、业务调整和市场变化，制修订22项新版劳动定员标准，推动企业调整优化组织、队伍和人员结构，形成具有中国石化特色，层次清晰、路径明确、水平先进的目标定员支撑体系。同步调整用工模式，对主营核心业务主要采取自营自管经营方式，按先进定员水平以使用合同制员工为主，主营非核心业务和劳动密集型业务有序纳入业务（服务）外包范围，逐步退出非主营业务，确保定员“聚焦主业、精干高效”，近年来，集团公司用工模式向领先企业靠拢，队伍结构逐步趋于合理。

（二）树立鲜明市场导向，打破员工流动壁垒，实现集团内部企业间能进能出

一是抓岗位体系，促进竞争择优。加大岗位管理体系研究，推进“一岗多责”大岗位设置，研究形成具有中国石化特色的岗位管理系列工具，全年指导20余家单位开展岗位职责梳理及岗位价值评估工作（见图2），岗位精简30%左右，实现岗位管理在三项制度改革中的深化应用。积极推行“劳动合同+上岗协议”的双契约管理模式，上岗协议实行“一年一签订、一年一考核”，并对考核结果进行强制分布，干得好则“留”，干不好则“下”，打破“铁饭碗”，实现员工由“企业人”向“职业人”转变。全面推广应用劳动合

同信息化系统，实现“双契约”管理由“纸面”到“云端”，大幅提升管理效率。

二是抓人岗匹配，增强“造血”功能。探索推进人力资源池建设（见图3），最大限度盘活存量，将显化的富余人员、待岗人员、个人主动流动配置人员等纳入人力资源池管理。采取有针对性转岗培训、提供岗位空缺信息、复合能力培养等方式进行上岗支持。支持有能力、在现任岗位工作不适应的员工及时调整方向；对工作业绩差、能力水平较低的员工进行再培训、再提升、再次寻找岗位；对违规违纪的人员、经二次上岗仍无法胜任岗位要求的人员、长时间未“出池”的人员原则上实施“制度化退出”，打造“人才蓄水池”“退出缓冲池”，实现人力资源优化配置效能最大化。目前，20余家直属企业“自上而下”分级建立了人力资源池。

图2 岗位管理体系建设——岗位价值专家测评会

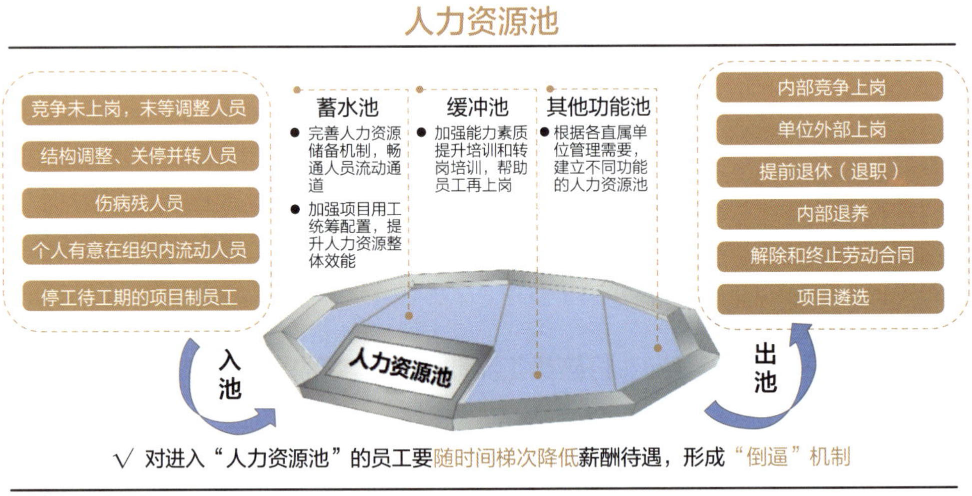

图3 人力资源池功能示意图

三是抓机制引导，打通人员“内循环”。积极构建内部市场化流动机制，按照“多盘活少养人、多分流少安置”的原则，印发《关于进一步规范离岗人员分流安置工作的意见》，从严控制内部退养、停岗留薪等“养人”政策，倒逼直属企业强化竞争上岗、显化富余人员，盘活和分流离岗人员。近三年，集团公司内部退养等不在岗人员减少0.7万人，进一步减轻了“养人”负担；强化树立集团公司整体“一盘棋”理念，通过人力资源优化配置激励政策，对用工总量大、劳动生产率低、富余人员显化不充分的企业，通过薪酬指标“扣下来、挣回去、活起来”，促进富余人员“显出来、动起来、走出去”，集团公司每年系统内外优化配置用工达2万人以上，实现员工盘活和企业间能进能出常态运行。

（三）坚持严把入口畅通出口，突出试点先行，实现员工市场化能进能出

一是严把“入口”，优化队伍结构。在积极履行社会责任的前提下，加大公开招聘、引进力度，切实用好用工增量。通过加强员工队伍结构分析和中长期趋势预判，合理确定用工增补数量、结构和配置方向，统筹高校毕业生招聘、成熟人才引进和政策性安置人员接收三大渠道，增补用工重点向企业新上项目及“三新”业务倾斜，重点保障生产经营一线和紧缺岗位需要。目前，在公开招聘基础上，正在积极探索“企校双师带徒、工学交替培养”新型学徒制模式，加强技能操作人才的补充，不断优化队伍结构，逐步缓解结构性余缺矛盾。

二是抓好试点，实现新老并轨。积极探索“一步到位”的市场化用工新举措，借鉴职业经理人制度理念，按照新人新办法，率先在销售贸易、工程技术服务、资本金融、电子商务以及“双百企业”“科改示范企业”等市场化程度较高的业务领域开展职业化员工试点，对新招录的或内部转换的职业化员工严格实行“五化”管理。对从事主体岗位和普通岗位的人员，劳动合同期间解除率和期满终止率合计不低于10%；从事关键岗位的，劳动合同期间解除率和期满终止率合计不低于5%。近三年，10余家直属企业正在并轨实施职业化员工制度，年度市场化退出率最高达15%，真正实现“优胜劣汰、进出通畅”。

三是严格考核，加大“出”的力度。将加强劳动合同管理与考核作为市场化退出的重要措施，加大员工红线“出”的力度。推进实施不胜任岗位、考核不合格人员解除和终止劳动合同，加大劳动合同履行期间、期满考核力度，增强劳动关系契约意识、岗位竞争意识；常态化开展严肃劳动纪律、严格考勤制度“双严”专项治理工作，打造“横向贯通、纵向到底”劳动纪律监督检查机制。近三年，因考核不合格协商解除劳动合同4700余人、因员工违纪违规解除劳动合同800多人，集团公司平均员工市场化退出率达2.79%，促进《劳动合同法》赋予企业的权力落地实施，员工“能进能出”取得扎实成效。

三 取得成效

（一）劳动生产率迭创新高

国企改革三年行动以来，通过聚焦“提效率、增活力”，集团公司劳动生产率实现逐年提升。2021年，人均营业收入较去年增长37.3%；人均利润较去年增长69.3%；人工成本利润率较去年增长19.5个百分点，全员劳动生产率达到116万元/人，较去年增长26%。

（二）队伍结构得到显著改善

员工队伍活力不断增强，人力资源逐步向价值创造岗位有序流动。到2025年末，集团公司各级管理机关、一、二、三线和不在岗人员比例将由17%、48%、14%、12%、9%优化为16%、53%、13%、11%、7%，一线队伍用工得到有效补充，各级管理机关人员不断精简，三线（后勤服务）及不在岗人员比例持续下降，队伍结构得到显著改善。

（三）市场化用工机制更加健全

通过将传统用工管理手段与用工市场化改革有机结合，构建了以一流用工总量管理体系为核心，“严控总量、抓好变量、盘活存量、优化增量、做好减量”与“社会化招聘、契约化管理、精细化考核、市场化薪酬、制度化退出”高效联动、相互支撑，能进能出的市场化用工机制（见图4）；与“干部能上能下”“收入能增能减”改革共同发力、协同攻坚，助力集团公司打好国企改革三年行动“收官之战”。

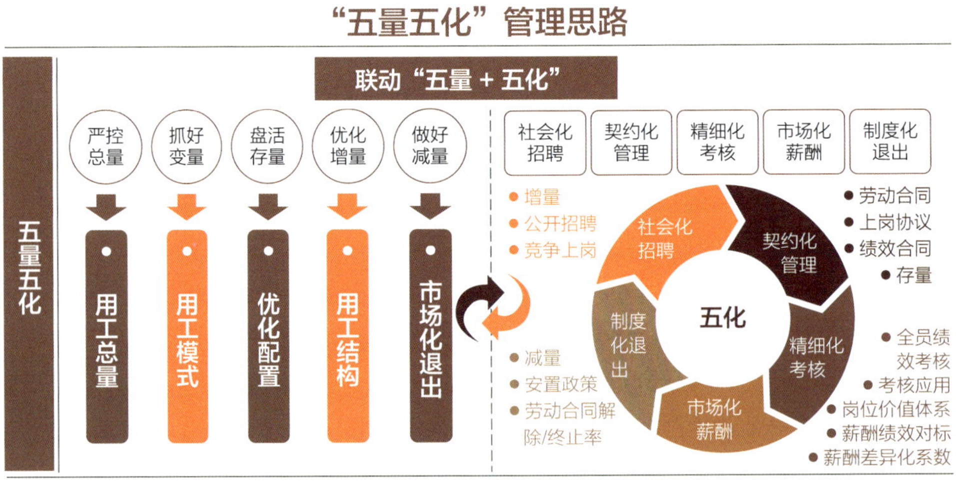

图4 “五量五化”联动管理思路

经验启示

（一）建立健全制度体系是用工市场化改革行稳致远的重要基础

制度体系建设是用工市场化改革的基础和前提，面对用工总量大、用工情况复杂、结构性矛盾突出等问题，必须在历次改革和转型发展中积累经验，在顶层设计上统筹谋划、提前布局，全面建立系统性、协同性、迭代性且符合市场化导向的制度体系，指引改革加速推进。

（二）推动重点措施落地是用工市场化改革破冰除障的关键环节

实现员工“能进能出”是三项制度改革的难点所在，必须在畅通岗位“下”和员工“出”方面重点破题。要加强“劳动合同和上岗协议”双契约管理，大力推进末等调整和不胜任退出；要加速完善人力资源池制度，实现员工盘活流动和市场化进出双循环，全面建立以劳动合同管理为关键、以岗位管理为基础的市场化用工机制。

（三）提升企业活力效率是用工市场化改革走深走实的根本要义

用工市场化改革是一项长期工程、系统工程，必须上下齐动，公平公正推动。要积极引导员工破除身份意识，转变就业和上岗观念，运用择优上岗、强化考核、兑现激励、双选流动、有序退出等措施，打破板块间、单位间藩篱，鼓励员工向一线和用工短缺单位流动，畅通员工出口，不断改善员工队伍结构，激发员工队伍活力，全面提升劳动生产率，为中国石化打造世界领先洁净能源化工公司提供坚强有力支撑。

06

科技创新

创新科技体制机制　推动老油田焕发新活力

胜利油田分公司

一　改革背景

胜利油田分公司成立于1961年4月，截至2021年累计生产原油达12.7亿吨，为保障国家能源安全做出了重要贡献。长期以来，公司高度重视科技创新工作，建立了较为完善的科技创新体系，设有4个直属研究单位以及生产单位的33个技术推广应用研究所，有国家研发中心1个，省部级重点实验室12个，共有科技人员5000余人。经过60多年的建设和发展，胜利油田勘探开发难度越来越大，勘探目标日益复杂，开发整体进入特高含水期，老油田活力不足的问题凸显，亟需以变革性思维、创新性举措破解矛盾难题。为深入落实习近平总书记视察油田时的重要指示精神，推动老油田焕发新活力，胜利油田坚持问题导向、需求导向和价值导向，“一体统筹”战略谋划、实施“大兵团”攻关模式、深化“院厂深度融合”转化机制、构建精准激励机制，形成了胜利特色的科技改革模式（见图1），推动技术创新与成果转化取得显著成效。

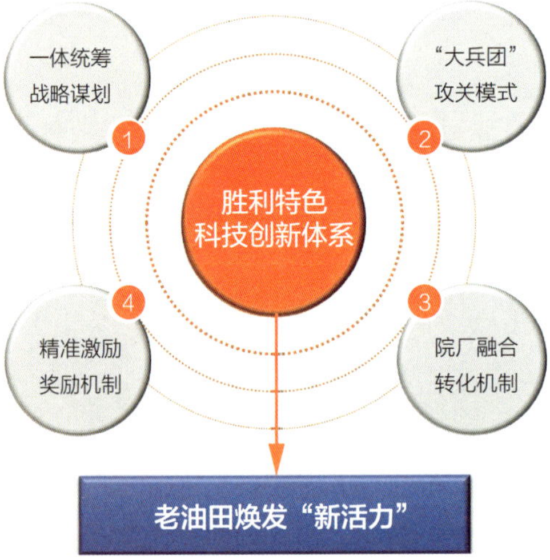

图1　科技体制机制改革思路

二 主要措施

（一）加强“一体统筹”战略谋划，强化科技创新引领

一是构建全面系统的顶层设计体系。以问题、需求为导向，分领域、分专业精心组织科技需求专项研讨，充分发挥各层级专家集体智慧，研究制定胜利油田“十四五”“百年胜利”科技发展规划和基础前瞻研究中长期规划，明确中长期科技发展思路和目标，梳理“卡脖子”关键核心技术清单，确定10项基础理论研究、60项关键技术攻关、20项集成配套推广、6项前瞻储备技术，加强规划的系统性、完整性和前瞻性，强化了科技创新的引领支撑作用。

二是建立“三位一体”科技立项模式。成立科技立项工作专班，搭建基层-专班-专家与科技管理部“三位一体”管理模式（见图2），通过“自下而上”提需求，“自上而下”搞设计，编制年度重点科技项目立项指南，在2021年指南中，明确了16个技术领域、91项重点攻关方向、349个重点问题及持续攻关的关键核心技术，为公司科研立项提供指导。

图2 “三位一体”科技立项管理模式

（二）构建“一体化”联合攻关模式，突出重大项目管理

一是创新重大项目组织管理体系。成立重大项目领导小组，下设管理办公室，由油田科技、计划、财务、法律、审计、内控等部门组成，搭建“多部门联动”的管理运行平台，建立“绿色通道”，保障重大项目高效规范运行。建立“大兵团”联合攻关模式，优选油田跨单位、跨领域的高水平科技人才，以及中国科学院、清华大学等国内外知名高校院所的科学家、教授组成联合攻关团队，建立团队分工合作管理模式，细化分工、明确职责，发挥各自专业优势，集聚优势资源力量，推动重大项目关键核心技术攻关。

二是创新地质工程一体化攻关模式。围绕胜利油田东部滩坝砂、砂砾岩、浊积岩以及西部深层致密油藏6亿吨储量的有效动用，开展地震－地质－油藏－工程一体化多专业协同攻关，聚焦各专业的技术瓶颈及交叉融合点，打破专业间的壁垒，构建“一体化协同、互动式应用”决策支持平台，实现多类型数据共享应用、多专业技术互动综合、多参数模型实时更新、多工种作业协同决策，形成贯穿方案优化设计及实施全过程的一体化攻关机制，推进致密油藏有效开发（见图3）。

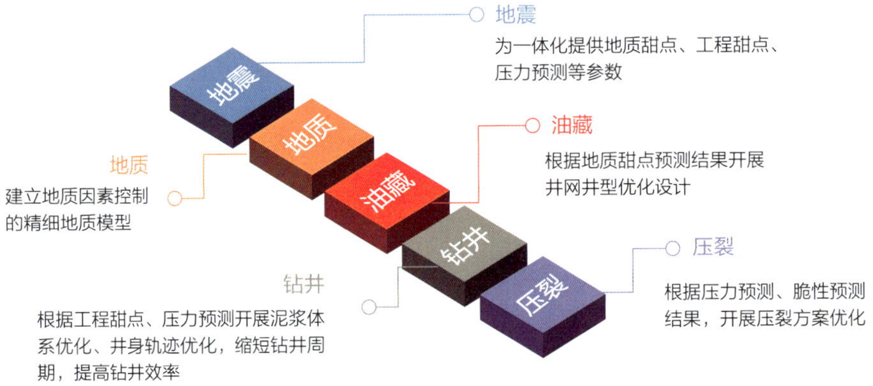

图3　地质工程一体化攻关模式

三是创新项目化管理运行机制。构建科研项目分级分类管理模式，将科研项目分为国家、集团公司、油田、二级单位等四级，实行“重大项目突出管、重点项目重点管、一般项目放权管、二级项目自行管”的分类管理。根据项目级别和分类，优化配置科研资源，将主要资源向东部精细勘探、大幅度提高采收率、西部勘探开发等重大和重点项目倾斜；同时，对一般项目和二级项目赋权放权，充分调动项目组的积极性，提升活力动力。建立面向外部科技力量的“揭榜挂帅”机制，聚焦西部深层超深层勘探、页岩油勘探开发、CCUS等方向领域，确定6个攻关项目并发榜，吸引了23个知名高校及研究院所前来应征，通过开放合作、协同创新，加快推进“卡脖子”关键技术攻关。

（三）搭建“院厂结合”模式，促进科技成果转化

一是构建高效的科技成果转化机制。抓好项目规模化推广实施，编制科技成果转化推广清单，构建体现技术、成果、效益等创新要素的转化平台，建立多渠道成果转化、项目跟踪评价机制，研发项目后评估系统，设立评估指标体系，项目验收后设立3~5年评估期，按年度评估，评估结果作为转化奖、滚动立项、优秀科技创新团队等申报依据，用好转化考核指挥棒，引导科研人员从“重成果”转到“重转化”上来。

二是建立院厂一体化深度融合机制。聚焦油田开发主要矛盾和生产难题，将研究院

“主动上门问诊”“疑难杂症随时接诊”与生产单位提需求相结合，充分发挥科研、生产单位各自优势，设立由研究院和生产单位组成的联合攻关项目群，联合开展低渗油藏地质工程一体化、准噶尔勘探开发、页岩油勘探开发、CCUS等领域攻关研究与示范应用；同时依托国家、集团公司等不同层级项目的创新成果，设立新技术推广和产业化项目，推动在油田生产单位的规模化应用。

（四）构建精准激励考核机制，培育良好创新生态

一是建立科技创新精准激励考核机制。坚持分类施策，突出重点激励和正向激励，2021年科技奖励总金额达2.42亿元。设立科技进步奖、重大成果奖、优秀创新团队奖、科技英才奖、优秀青年人才奖等，对取得重大科技创新成果的团队和人才予以奖励；设立成果转化奖、勘探发现奖、开发超产奖等，对成果转化成效突出的团队和人才进行激励；设置前瞻基础性研究奖，对取得重大基础理论和认识的团队和个人进行激励。

二是创新“项目＋人才”管理模式。深入推进人才强企工程，实现项目和人才双促进。依托项目培养人才，将项目人员安排与人才培养有机结合，放宽青年科技人才任职资格要求，鼓励优秀青年科技人才担任项目负责人和技术首席；同时加强传帮带，设置科技项目技术顾问，为35岁以下项目负责人和技术首席提供指导和帮助。依靠人才成就项目，对在项目中成长起来的年轻专家技术人才，敢于压担子，鼓励挑大梁，发挥年轻人敢冲敢想敢干的作用，鼓励推荐其申报和承担更高级别科研项目，依托人才出项目、出成果。

三 取得成效

（一）科技统筹引领作用凸显

在胜利油田“十四五”及“百年胜利”科技发展规划的指导下，科技工作重点更加聚焦，成效更加显著。2020年以来，油田共承担三级科研项目1653项，其中国家级项目17项，中国石化项目285项，一系列重大项目取得丰硕成果。2021年胜利油田牵头承担的3个国家重大专项项目以优异成绩一次性通过国家综合绩效评价验收，其中“胜利油田特高含水期提高采收率技术”获得开发组第一名。三年来，共获得省部级以上奖励62项，其中国家科技进步奖4项，申请专利1931件，获得专利授权1292件，其中发明专利504件，获得国家专利金、银奖各1项。

（二）关键核心技术取得突破

通过实施“大兵团”“一体化”联合攻关，公司依托国家项目、中国石化“十条龙”

和重点项目群，在陆相断陷盆地精细勘探、老油区提高采收率、页岩油勘探开发等方面取得重大突破。勘探上形成了断陷盆地精细勘探理论技术，夯实资源基础，拓展勘探空间，闯出了一条老油区精细勘探的可持续发展之路，为年均新增探明储量8000万吨提供了技术支撑。开发上形成了特高含水油田提高采收率技术系列，化学驱油技术填补多项空白，采收率突破60%，为东部老油田长期效益稳产开辟了新路。页岩油勘探开发技术取得重大突破，济阳页岩油实现“多点开花”，2021年上报预测储量4.58亿吨，开辟了老油田持续发展新阵地，支撑了胜利油田2340万吨效益稳产。

（三）科研成果转化成效显著

依托院厂合作平台，建立深度融合的成果转化机制，通过产学研用一体化推进，促进了科研成果落实落地。“渤海湾盆地济阳坳陷致密油开发示范工程”建成砂砾岩、浊积岩、滩坝砂三类示范区，累计产油44.9万吨，实现致密油经济有效开发，形成示范引领作用。应用连续油管液压修井技术，累计套损井治理2721井次，实现了带压、快速、低成本，支撑了特高含水油田注采井网的效益恢复。推广高效防砂提液技术，累计应用926井次，增油36.75万吨，有效期提高到3年以上，解决了特高含水油田出砂加剧、效益举升的难题。

（四）科技创新生态活力迸发

通过有效的科技激励考核机制，实施精准激励、重奖突出贡献人员，形成了良性循环的科技创新生态。通过“项目+人才”模式，培养造就了300余名青年技术专家，2021年油田项目40岁以下年轻负责人占比由2020年的21%提升至34%，技术首席占比由63%提升至77%。通过加大优秀科技创新团队和人才奖励，16个优秀创新团队分别获得50万元奖励，31位获科技英才金银铜奖人员分别获奖励20万元、10万元和5万元。通过发挥正向激励作用，人才活力动力有效激发，三年来共46人获国家级科技奖励、600余人获省部级奖励，创新人才队伍持续强化。

经验启示

（一）科学规划是油田企业技术创新的重要保障

油田企业科技创新要以需求和问题为导向，坚持价值引领，加强顶层设计，充分发挥部门、单位资源优势，凝聚各层级专家智慧合力，以突破性思维系统谋划，以开创性措施推进项目化运行，引领油田科技创新方向。

（二）“一体化”攻关是油田企业技术创新的关键一招

油田企业要突破“卡脖子”关键核心技术，重点是从基础前瞻、技术攻关、集成应用等多个维度推进“一体化”攻关，强化“大兵团”作战，发挥开放合作、协同创新的作用。

（三）院厂结合是油田企业技术转化的有效模式

油田企业的科研成果转化离不开研究院和生产单位的紧密结合，要以目标和效益为导向，建立院厂结合的长效合作机制，共同推进科研成果在解决生产难题中落地，转化为现实生产力。

聚焦产销研用一体化 打造聚烯烃“巨人”产品

扬子石化公司

一 改革背景

扬子石化公司是中国石化直属特大型石油化工企业，产品类别达50余种，涵盖塑料、聚酯原料、橡胶原料、基本有机化工原料、成品油等五大类。长期以来，公司坚持科研服务生产、服务市场、服务发展，持续加大化工新材料自主创新、协同创新和集成创新力度，产品和市场竞争力持续提升。近年来，公司瞄准聚烯烃专用料市场“蓝海”，以产销研用一体化为核心，着力构建灵活高效的项目管理机制、市场开拓机制和人才激励机制，提高聚烯烃新产品开发效率和增效创效水平，取得显著成效，树立了中国石化“巨人”产品的品牌优势，打造了中国石化“三新”领域新的利润增长点（见图1）。

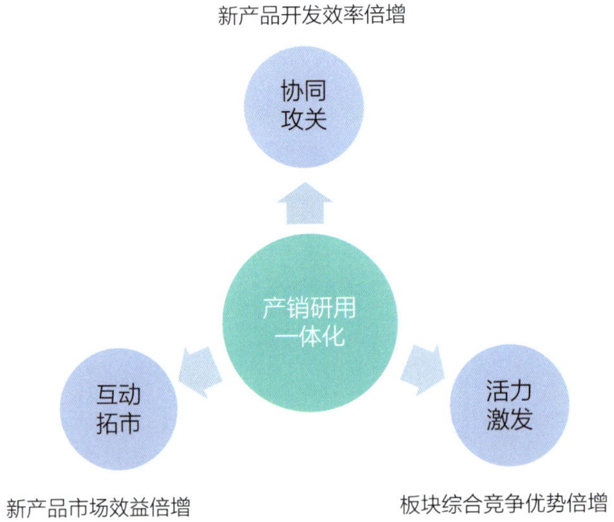

图1 以产销研用一体化为核心的改革思路

二 主要措施

（一）聚焦三个痛点，促进产销研用协同攻关

看准市场痛点，布局技术方向。针对国内聚烯烃产品同质化严重、前沿技术欠缺、高附加值产品较少等市场痛点，对技术开发方向进行优化布局。一是强化顶层设计，坚持“市场需要什么就开发什么”的理念，将聚烯烃新产品开发列为公司六大科研开发主线之一。二是细化开发方向，在聚烯烃领域布局了氯化聚乙烯系列产品、锂电池隔膜原料、茂金属聚乙烯系列产品、淤浆聚合新工艺等6个研发方向，并列为扬子石化公司重点科研项目管理。

瞄准管理痛点，优化运行机制。针对新产品项目运行效能不高、协同效应不明显的管理痛点，一是强化产销研协同，由公司层面统筹协调，将原设于研究院的新产品市场营销部门调整到生产一线单位，让生产与市场无缝对接；同时将各单位分段负责的产、销、研业务进行优化整合、统一管理，构建各司其职、相互协作、优势互补的组织模式，推进聚烯烃项目一体化协同运作。二是优化全过程管控，建立聚烯烃科研开发项目全过程管控机制，对项目立项、过程管理、项目验收、应用前景评估、知识产权保护等关键环节加强专家评审论证，确保聚烯烃新产品开发速度快、质量高。

找准团队痛点，加快研发转化。针对项目团队自主权责少、组织协调难的痛点，对首次工业化的新产品成立MPRC（产销研用）项目组，实施新机制、新模式，加快研发和转化效率。一是实行以项目长负责制为核心的团队管理新机制，赋予项目团队在技术路线选择、经费使用、物资采购、激励分配等方面的自主权，发挥团队主观能动性，激发创新创效活力。二是实行以项目组为中心的生产组织新模式，建立聚烯烃新产品开发管理组织框架（见图2），对产品开发转化的关键节点进行精细化控制，进一步提高新产品开发速度、加快工业化生产步伐，提升研发和转化成效。

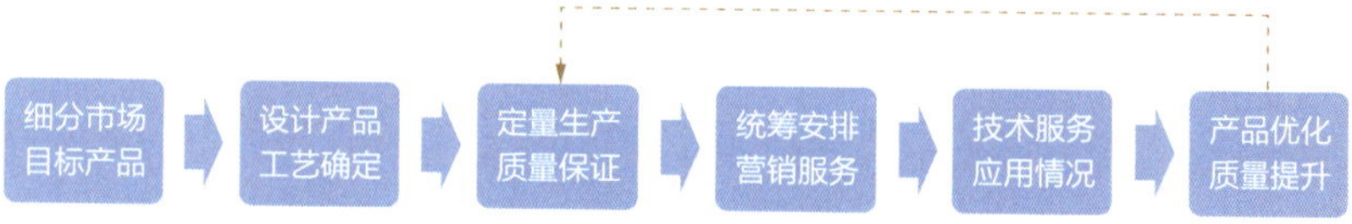

图2 聚烯烃新产品开发管理流程图

（二）聚焦三个转变，促进产销研用互动拓市

产品导向转为市场导向。结合聚烯烃产品与市场贴合度紧的特点，扬子石化公司积极“换位思考”，从市场和客户需求出发寻找新产品开发方向。深度关注市场变化、深入调研

客户需求，及时把握产品性能、质量改进、应用领域的动态和趋势，将市场“需求点”和客户“关注点”内化为技术研发的“重点”，提升新产品开发和转化的精准度。

被动沟通转为主动沟通。公司技术专家等科研人员与销售人员联合组建市场团队，强化主动沟通意识。在产品开发阶段，主动下沉一线，收集产品需求、客户信息和市场动态，形成数据翔实、内容丰富的调研报告，为公司部署产品开发提供决策参考和数据支撑。在产品应用阶段，专家主动“随跟”“随访”，及时了解产品应用短板和不足，并反馈给科研团队，为优化产品性能提供第一手资料。

卖产品转为既卖产品又卖服务。在产品开发和生产过程中，结合客户需求设计产品“卖点”，将技术服务与产品进行“捆绑销售”、跟踪服务。一是充分发挥专家作用，由产品开发团队开展定制化服务，在满足产品个性化需求的同时，帮助客户优化产品方案，实现企业与客户双赢。二是充分发挥平台优势，依托中国石化塑料技术中心（PTC）分部和江苏省烯烃聚合与加工应用工程技术研究中心，指导下游用户优化产品加工参数、工艺条件，提高产品满意度（见图3）。

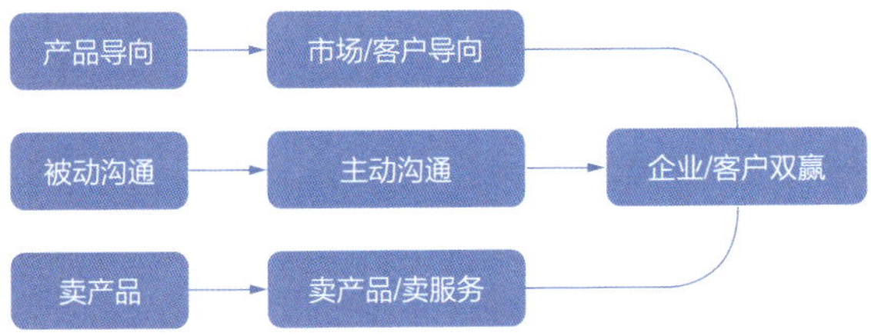

图3 聚焦“三个转变”实现企业/客户双赢

（三）聚焦三个角度，促进产销研用活力激发

从项目重要程度出发，建立重大科研项目专项激励机制。对技术上有重大创新，特别是对自主创新、形成核心技术、有效推动聚烯烃科技进步的项目团队实施专项激励，2020~2021年累计总经理奖励激励115万元，有效激发人才自主创新活力。

从业务贡献程度出发，建立产销研专项激励机制。研究制定了新产品开发、生产和销售专项激励办法，对转化速度快、创效显著的新产品技术开发、生产和市场营销团队实施产销研专项激励，2020~2021年累计激励413万元；同时，对贡献突出的科研项目团队新增企业年金激励76万元，有效促进各团队协同攻关、创新创效。

从人才稀缺程度出发，建立健全“优才栓心”机制。坚持“用感情留人、用事业留人、用待遇留人”的人才观，为引进的高层次科技人才，以及进入扬子石化博士后工作站的青年博士提供不少于100万元的科研启动经费，同时给予住房优待政策和一次性安家费，有效促进紧缺人才留得住、干得好。

三 取得成效

（一）实现聚烯烃新产品开发效率倍增

通过优化产销研用一体化的科研管理体系，显著加快了聚烯烃新产品开发速度，创新效率有力提升。2020年以来，扬子石化公司共完成15个聚烯烃新产品的首次工业化生产，其中茂金属聚乙烯系列产品实现7个新产品的首次工业化，累计生产销售超过1万吨。2020年新冠疫情暴发之际，公司借助产销研用一体化管理模式，在短短两天时间内制定完成无纺布用聚丙烯新产品的技术开发和工业化方案，快速协调筹备生产，用时7天就实现了无纺布用聚丙烯新产品的研发和生产下线，成为公司有史以来聚烯烃新产品开发用时最短、速度最快的产品，有效缓解国内外医用防护服和口罩无纺布供应紧张的困难局面，关键时刻发挥了中央企业“顶梁柱”和“压舱石”作用。

（二）实现聚烯烃产品市场效益倍增

通过优化产销研用一体化的市场开拓机制，扬子石化公司依托聚烯烃原料生产技术优势，开发了以聚乙烯锂电池隔膜专用料为典型代表的一系列高端化、差异化产品，为公司增效创效注入了新的动能。2020~2021年，公司聚烯烃新产品累计增效7.44亿元。其中，聚乙烯锂电池隔膜专用料以附加值高、发展前景广阔等突出优势，成为中国石化四个“巨人产品”之一，2021年产销量达到10658吨，并呈现出爆发式增长趋势，累计增效4000万元，预计2022年产销量将突破15000吨形成强大的经济效益和示范引领效应，打造了中国石化“三新”领域产业发展新优势。

（三）实现聚烯烃板块综合竞争优势倍增

通过优化产销研用一体化人才激励机制，扬子石化公司在聚烯烃领域培育和锻炼出一批“进得了实验室，下得了生产线”的复合型人才，人才优势得到充分发挥，综合竞争力有力提升。目前聚烯烃领域1人获中国石化集团公司突出贡献专家、2人获闵恩泽青年科技人才、1人评聘为公司首席专家、2人评聘为公司专家。锂电池隔膜研发团队自主开发成功锂电池隔膜专用料，打破了国外垄断，填补了国内空白，公司成为国内首家提供商品化聚乙烯隔膜专用料的公司，进一步增强了聚烯烃领域的“话语权”和市场影响力，2021年被评为中国石化创新团队。

经验启示

（一）高效的管理体系是企业技术创新的保障

企业要将科研开发、生产控制、市场营销、技术服务等关键环节有机整合，构建产销研用一体化的产品开发模式，充分发挥研发、生产、销售、质量等的协同作用，才能在新产品开发和应用等技术创新领域多出成果、快出成果。

（二）坚持市场导向是企业增效创效的关键

企业要坚持贴近市场，及时掌握用户需求，准确研判市场趋势，持续强化产销研用互动，扩大和延伸下游用户服务，才能在激烈的新产品市场竞争中赢得主动。

（三）激发人才活力是企业提升竞争力的核心

企业要坚持人才驱动，采取靶向精准、针对性强的人才激励措施，充分调动人才创新创效的积极性、主动性，才能最大限度聚才留才用才，切实发挥人才第一资源作用。

打造油转特先行示范　推动企业特色发展上台阶

荆门分公司

一　改革背景

荆门分公司始建于1970年，作为三线战备炼油厂，曾经创造辉煌业绩。进入新时代，受地理位置等不利因素影响，企业规模发展出现困难局面。近年来，荆门分公司明确打造炼化特一体化企业的发展定位，践行“人无我有、人有我特、人特我精”的发展理念，锚定建设百万吨特种油生产基地的发展目标，对标世界一流特种品公司，突出市场配置资源的决定性作用，推进将成品油资源转化为非成品油特种用途产品的“油转特”先行示范（见图1），做好特色转型发展大文章，促进企业实现高质量发展。目前，公司已经成为中国石化“油转特”战略转型的一面旗帜，成为华中地区最大的润滑油、特种油、特种蜡的生产基地。

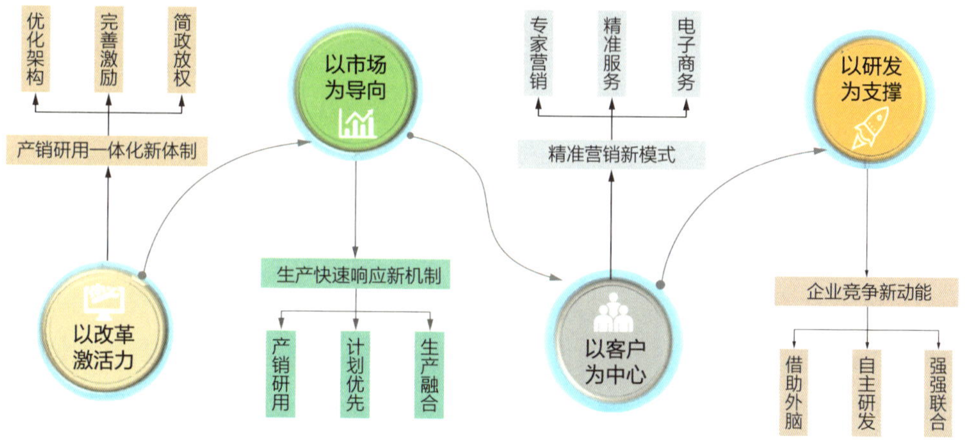

图1　“油转特”先行示范改革示意图

二 主要措施

（一）以改革激活力，建立产销研用一体化新体制

优化管理架构。一是组建成立特油部。2019年，按照“优化资源，打通堵点”的原则，荆门分公司将分属于不同单位不同部门的特种油生产、销售、研发职能进行整合，成立特油部，打造产销研用一体化新体制（见图2）。二是配强领导班子。经理层“去行政化”、岗级分离，增设营销专职领导并兼任计划经营部副经理，通过双跨任职，实现特油计划、生产、销售、研发及原料外购等重点业务统筹管理。三是强化过程监督，实行专职纪检监督员和财务核算员“双派驻”，加大合规经营和效益监督力度。

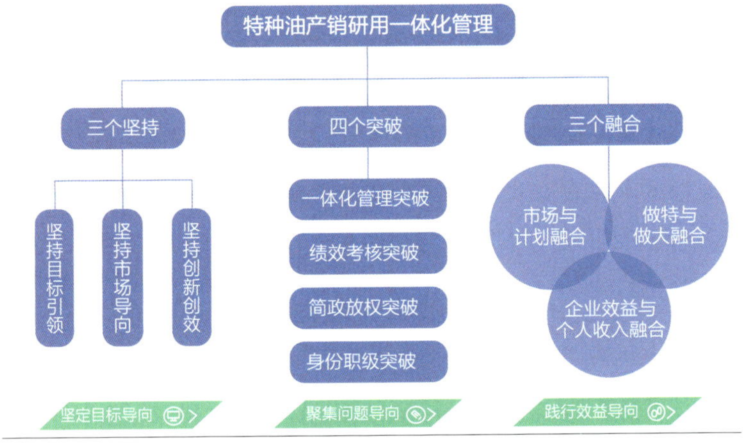

图2 特种油产销研用一体化管理的主要特点

完善激励体系。一是对经理层强化目标责任考核，实施“基薪+绩效薪酬”模式，其中绩效薪酬与考核目标挂钩，占比不低于60%，上不封顶下不保底。二是对执行层强化业绩联动考核，对生产和销售团队实施捆绑考核，并设立稳产拓销专项奖，推进产销协同协作。三是对业务骨干强化能力绩效考核，实施突出贡献和攻关创效专项激励，其收入可达到员工平均水平的2.5倍，拉开收入分配差距。

推进简政放权。一是给予市场化运作权，在特油部内部构建独立的效益考核模型和财务核算体系，建立“利润中心”考核模式和收入“能增能减”机制。二是下放生产经营运行权，特油部承担特种油生产经营主体责任，统筹产销研管理资源，可代表荆门分公司与总部业务管理部门、有关专业公司进行业务对接，进一步提升生产经营管理效率。三是赋予选人用人权，特油部可根据团队业绩和个人业绩，自主聘任销售研发业务经理和区域副主管，充分调动员工干事创业积极性。

（二）以市场为导向，建立特油生产快速响应新机制

一是产销研用快速响应。管理资源向特油转型靠拢，构建“特油部吹哨，管理部门报到”的快速响应机制，成立特油部改革支持小组，统筹协调解决各类问题。产销研团队分工明确、协同推进，销售团队敏锐捕捉市场信息，双方及时对接并反馈生产团队，三方协同优化生产方案，确保产品适销对路、生产及时高效。

二是计划管理高端优先。原料资源向特种油集中，特油部直接对接总部相关部门，协调专业公司，提出特种油生产计划需求。针对计划内的高端特种油产品，在公司总体效益、生产总流程“两个优化”前提下，荆门分公司优先安排特油生产计划；针对计划外的高端特种油产品，公司采取特事特办，先备案组织生产、再按程序调整计划，助力团队在高端特种油市场抢占先机、站稳脚跟。

三是生产组织全面融合。发挥特种油生产装置齐全优势，生产管理向做特做精发力，科学制定生产方案，优化工艺条件，按不同客户对产品质量的个性化需求组织生产。根据市场特点，合理安排品类生产计划，缩短生产方案调整周期，3# 白油加氢装置生产方案从按月调整压缩为按旬调整，快速响应特种油品市场品类牌号多、单品数量少、个性化要求高的需求。

（三）以客户为中心，创立精准营销新模式

一是专家营销，提升客户认可度。从具有生产管理、科技研发、产品销售经验的员工中选拔、培养复合型营销人才，实行专家营销，让懂生产、懂工艺、懂流程、懂研发的特种油生产专家深度参与营销、走访客户，为客户解决产品使用深层次问题，充分发挥专家在开拓市场、配合生产、服务客户等方面的积极作用，用技术提升用户体验。

二是精准服务，提升客户满意度。提出并践行“市场就是调度令、服务就是竞争力”的经营理念，实行“一品一策”“一户一案”，不断细分市场，为重要客户定制化生产特种油产品。针对客户不同应用领域需求，相继开发了不同黏度、不同闪点、不同密度的100号Ⅱ型系列工业白油产品，满足了不同客户的个性化需求。

三是电子商贸，打造营销新业态。利用中国石化国内工业品网上交易平台拓展线上营销渠道，依托网络资源展示产品信息、开展客户推介，打通网上交易流程。2021年6月特种蜡在石化e贸上线交易，打造了新特产品“风险管控、简便服务、公平交易、数据挖掘和开拓用户”的营销新业态。

（四）以研发作支撑，打造企业竞争新动能

一是借助外脑搭平台。坚持借助外脑，开放合作，按照“开发一批、建设一批、应用一批、储备一批”的思路，联合科研院所和高等院校，围绕新产品生产工艺、催化剂应

用、产品配方等领域深化合作，搭建新产品应用技术开发和转化平台，为白油系列、基础油系列、蜡系列、再生剂系列等近30个品种产品的工业化生产提供技术支撑。

二是自主研发抢高端。坚持高端引领，遵循市场调研－新品研发－工业生产－市场投放－技术服务“五位一体”原则开展新品研发（见图3），公司领导和特油部经理带队走访重要客户，结合第一手市场信息，布局高端产品研发方向。针对进口产品、“卡脖子”产品，相继开发了环保型彩色油墨专用白油、高档汽车密封条专用白油、锂电池隔膜专用白油等高端产品，有效提高产品附加值。

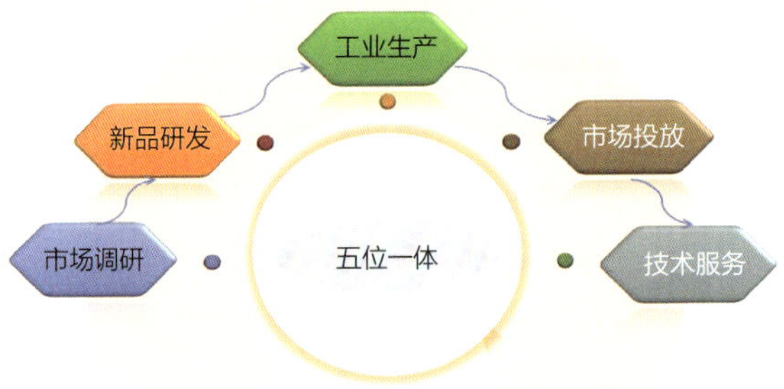

图3 “五位一体”新产品研发机制

三是强强联合拓市场。坚持优势互补，依托特色产品资源，开拓高端市场，与下游企业强强联合。销售研发团队主动与全球最大的纺织油剂商合作，探索联合开发的技术合作机制，推动从项目立项、新产品研发、到投入生产的全方位合作，共同开发纺织专用的15号Ⅱ型工业白油新产品。

三 取得成效

（一）创新人才队伍建设成效显著

推行“油转特”先行示范，实现了科技创新、价值创造与人才队伍收入增长紧密挂钩。创新团队既向内挖潜又向市场要效益，销售和研发人员工作前移，主动推动生产优化和质量改善，按下了特色发展的“快进键”，为“油转特”先行先试、百万吨特种油生产基地建设凝聚起强大的人才动力。2020年，公司白油产销研用创新团队获中石化优秀创新团队称号。2021年，荆门分公司特油部以10%的资源贡献了30%的利润，人均劳动效率、资产回报率创历史新高，荣获中国石化标杆基层单位称号。

（二）助力企业特色发展进入快车道

通过实施“产销研用”一体化新机制，三年来荆门分公司实现特种品全产全销，产销量从46万吨/年提高到63万吨/年，效益实现跨越式增长，2021年特油利润增幅达到100%。2021年，特油部开发新特产品12个，研发周期平均缩短50%。其中，环保型100号高档白油、5号彩色油墨专用白油替代进口，填补中国石化空白。高档白油2021年6月首次打入国际市场，国内市场占有率由10%提高到50%以上。白油系列、特种蜡系列、再生剂系列产品产量、品种、市场占有率近三年居全国前三甲。

（三）为企业内部改革提供了可复制的经验

在特油部实施的改革措施打破了管理壁垒，实现简政放权、赋权配责，充分调动员工干事创业的积极性，蹚出了一条新路，在企业内部形成了改革示范效应。2022年，公司提出“外学镇海炼化，内学特油部”，将改革经验在内部全面推广，实施机电仪维保业务一体化改革，打破机、电、仪专业壁垒，提高维保效能；在炼油一部推行氢化三联苯产品产销研用一体化，探索跨部门的联合运行新机制；在检验计量中心推行工资总额承包，实行总额管控、峰值管理，改革经验得到推广、成效得到放大，公司整体活力有效激发。

经验启示

（一）科学资源配置是炼化企业特色发展的关键

荆门分公司坚持高端化发展路线，将生产资源配置向具有市场优势的新特产品倾斜，做大做强特种油业务，实现了公司利润跨越式增长，提供了炼化企业“不比规模比特色”的典型示范。

（二）产销研用一体化是炼化企业特色发展的保障

荆门分公司以市场为导向，将计划、生产、研发、销售各条线整合为深度融合、同向发力的一体化责任主体，充分发挥产销研用一体化优势，打破了管理壁垒，缩短了响应时间，展示了炼化企业产销研用机制“一子落而满盘活”的显著成效。

（三）创新创效能力是企业特色发展的支撑

荆门分公司不断创新管理模式，利用企业内外创新资源打造技术开发和转化平台，持续加强优势产品开发能力，不断提升新特产品创效能力，闯出了炼化企业“人无我有、人有我特、人特我精”的特色发展之路。

一体两翼深化改革　更高质量创新创效

石油勘探开发研究院

一　改革背景

石油勘探开发研究院成立于2000年，主要承担上游发展战略参谋部、技术研发部、支撑服务部和地质资料中心等“三部一中心”职责。近年来，石油勘探开发研究院以建设上游总院为己任，紧盯“创新创效能力不够强与上游求生存、谋发展对科技供给需求高”的主要矛盾，坚持问题导向，围绕科技创新与生产支撑贴合不紧密、科技创新成果向现实生产力转化不足、科研管理流程还不能完全满足科研需要、激励导向作用发挥有待强化等问题，构建“一体两翼”科技改革模式（见图1），坚持正确的科技攻关方向，建立面向市场的组织体系，构建内部畅通的运行体系，推动更高质量创新创效再上新台阶。

图1　“一体两翼”科技改革模式示意图

二　主要措施

（一）科学谋划方向，强化科技创新引领

一是系统谋划科技创新产业链。强化科技生产紧密结合，在集团公司科技部指导下，发挥直属研究院创新主体作用，组织形成由直属院、油田企业组成的工作专班，深化技术对标，谋划油气资源勘探开发（陆上）领域原创技术策源地建设，针对深层—超深层等6个子领域21个攻关方向，明确未来5到10年形成一批强化创新链的基础理论成果，一批

支撑产业链的关键应用技术，一批替代“卡脖子”的先进产品体系，一批配套全业务链条的高素质人才队伍的顶层设计，强化科技创新的牵引指导作用。

二是建立“统筹谋划、滚动优化”的科技立项管理体系。锚定油气资源勘探开发（陆上）领域原创技术策源地建设目标，坚持问题、需求、目标导向，优化完善石油勘探开发研究院“十四五”发展规划和科技、生产等专项中长期规划，为年度科研生产攻关计划提供方向依据。建立勘探、开发、战略综合等分板块立项机制，按照“自下而上”提计划，“上下结合”定方向，制定年度重点科技项目立项指南（见图2），为科技攻关指明了方向。

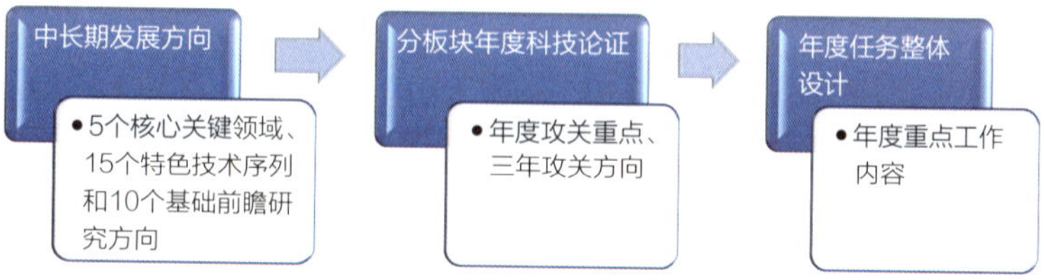

图2 科技项目立项程序

三是整体谋划实验平台建设方向。分类设计平台实验室、实体实验室发展重点，发挥实验室的原始创新驱动作用。围绕深层、特深层、碳捕集利用与封存等集团公司亟需技术，超前布局国家、集团公司、院等三级实验平台，积极牵头、参与完成申报省部级以上实验平台，推进“卡脖子”技术攻关；顶层设计实体实验室发展方向，制定实验室“十四五”发展规划，明确了建设5个实验室、发展13个实验方向，打造21项关键技术，为关键核心技术攻关提供实验基础。

（二）完善组织体系，提升科技创新效能

一是构建“前店后院”科研组织架构。瞄准上游“直属院—油田研究院—采油厂科研单位”的三级科研体系弱耦合特点，紧盯油田企业和海外生产技术需求，发挥上游总院多学科研究优势，联合勘探、开发、工程等多学科科研骨干，成立西北、四川和华北三个国内地区中心，组建海外重点项目、海外开发规划、海外勘探与项目评价等三个海外靠前支撑机构。驻扎油田的地区中心和海外靠前支撑机构作为“前店”，掌握油田和前方技术需求，推广应用科研成果和新技术，实现科研与生产、基础与应用的贯通；各业务单位作为“后院”紧密配合，开展应用技术攻关、基础性前瞻性研究，为前方生产创效提供理论指导、技术支持和人才储备。前店后院联动机制，为发挥总院优势，助力国内油气增储上产和海外业务高质量发展提供组织保障（见图3）。

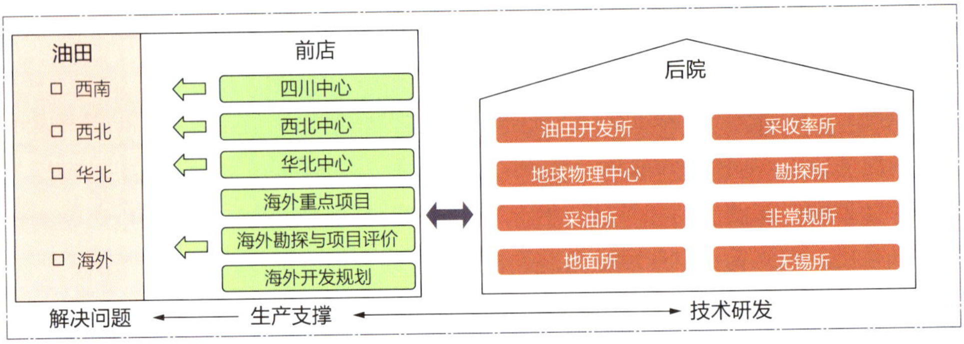

图3 “前店后院”管理架构

二是实体化推进孵化器公司高效运行。布局孵化上游新材料、新工艺、新装备等技术领域，组建石勘新能孵化器公司，构建了专业化前台、共享型中台和外包型后台的孵化器公司组织管理模式，制定了孵化器+加速器的项目孵化思路（见图4），选派5名拟孵化技术核心骨干进驻孵化器公司，探索契约化管理、市场化薪酬、制度化退出等新机制，推动公司实体化运行。以“有利于国有资产保值增值、有利于助力油气增储上产、有利于激发科研人员创新活力”为方针，积极筹建项目公司，形成与资本方高频次、多渠道、全方位的沟通交流机制，初步达成土壤检测修复与预分水等2个项目公司意向，有效推进科技成果转化的市场化运行。

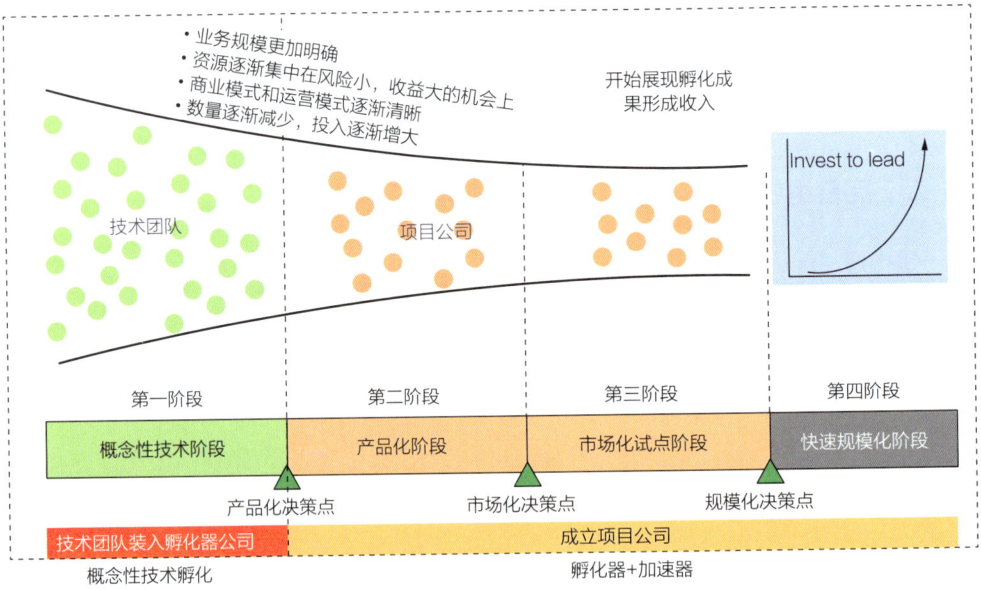

图4 项目孵化思路

三是积极推行“揭榜挂帅”项目制改革。聚焦上游基础研究、科技攻关、成果转化等不同阶段对科研组织的差异化需求，形成动静结合、动态调整的项目制改革模式。形成项目组人员“动静结合”的组成模式，提高科研人员工作效能，建立项目组经理“揭榜挂帅”公开选聘机制，严格控制固定人员规模，实行双向选择；动态选聘人员，并按院内协作方式有偿聘用。建立项目组动态调整机制，将攻关成绩显著、发展前景良好、固定人员规模持续壮大的项目组调整为常设科研机构，对连续两年考核为C或聘期考核为D的项目组予以调整或撤销。

（三）优化运行体系，激发科技创新活力

一是推行科技领域“放管服”。进一步扩大科研人员自主权，提升科研管理水平，提高科研人员满意度。坚持“放”到底，构建符合科研技术管理特色的内控体系，在院领导、职能部门等两个层面，围绕审批额度和审批事项，均采用“二八原则”将80%权限下放给分管院领导和部门领导，适度增加首席专家、项目长等科研负责人的业务权限。坚持“管”到位，建立国家、纵向、院控、横向等项目分类、分节点和分级评价管理机制，国家、纵向项目执行三级质量审查，院控、横向项目执行二级质量审查；全面取消各类项目季报、半年报，对研究周期不超过12个月的项目，原则上不进行中间节点检查。坚持“服”到人，成立科技支持服务中心，针对财务报销、合同签订、会议管理、业务办理等四方面的事务性工作，为科研人员提供“点对点”一揽子专业化服务保障，让科研人员从烦琐事务性工作解放出来，心无旁骛专注科技创新。

二是“全方位”建立内部协同运行机制。鼓励科研单位对跨区域、跨部门、跨学科的项目常态化开展联合攻关，引导科研人员一体攻关、协同创效。建立内部市场，对跨部门协作项目，予以经费上浮50%的激励；形成前后方人员轮替机制，明确将现场累计支撑时间不满3年的科研人员纳入轮替范围。建立面向生产的专项激励机制，加大项目经费绩效计提比例向现场支撑项目倾斜力度，提高现场支撑人员补贴标准。针对油田企业不同类型、不同构造等差异化需求，开展地质、地球物理、测井、采油等联合攻关，实行“技术+产品+服务”的技术大包，为油田企业提供地质-工程一体化支撑，助推非常规页岩油等油气资源勘探取得大发现。

三是建立“靶向性”考核激励机制。突出正向引导、着力重点激励、丰富激励手段、强化考核兑现，构建“1+10”绩效考核体系和激励约束机制（见图5）。持续提升支撑现场科研人员补贴，增设勘探突破、优秀方案、投标激励、成果转化等生产类奖项，引导科研人员面向油田需求，解决生产问题。构建严考核、硬兑现机制，建立“20%-30%-30%-20%”的强制排序分级标准，对应1.1、1、0.9、0.8的绩效兑现系数，发挥绩效考核引领带动作用，推动更高质量创新创效。

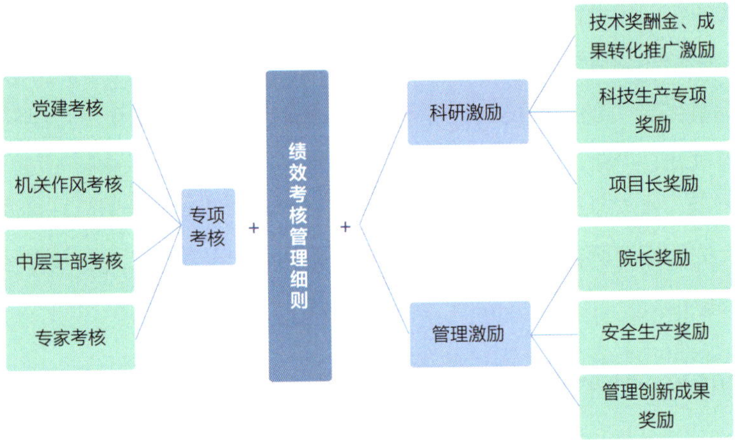

图 5　“1+10”考核体系

三　取得成效

（一）创新驱动引领作用凸显

在正确的科研方向指导下，石油勘探开发研究院科技创新工作更加聚焦，成效更加显著。2021年成功竞争立项国家级项目7项，组织论证了88个课题项目通过立项审查，立项周期同比缩短一半，一系列重大项目取得丰硕成果。2021年国家科技重大专项圆满收官，获得国家科技进步二等奖1项、省部级科技奖励19项，国家专利申请与授权双双破纪录，其中申请346件、授权187件。

（二）助力油田增储上产成效显著

通过实施面向市场的科技创新组织体系改革，科技创新与生产支撑实现深度融合，有力满足了油田企业增储上产的技术需求。突破了海相碳酸盐岩复杂油气藏高效勘探开发技术瓶颈，高效支撑了顺北5号带、4号带等6条断裂带油气勘探重大突破，保证了顺北规模增储上产，为西北油田分公司千万吨产能建设做出了突出贡献。海外一体化支撑持续发力，在安第斯，部署滚动开发井10口，投产9口，新井单井产油超过300桶/天，累计新增地质储量936万吨，为安第斯南区稳产1.2万桶/天奠定基础，支撑重点项目稳产上产。

（三）科技创新力量不断涌现

通过内部畅通的科技创新运行体系，深入实施“放管服”，打通内部协作壁垒，构建正向激励氛围，科技创新人才不断涌现、活力不断迸发。培养形成121名各级专家组成的“金字塔”高端人才队伍，1人次获聘集团公司首席科学家，3人次进入中国石化青科赛前三名。青年科研骨干邓尚扎根油田一线，创新建立克拉通盆地内部走滑断裂综合解析技术，为顺北油气田一批高产井的部署与实施提供了依据，获得中国石化油气勘探突破特等奖与规模储量商业发现特等奖，荣获感动石化年度人物。

经验启示

（一）正确的科技方向是引领发展的定盘星

上游科研单位是能源领域技术创新的中坚力量，要坚持融入国家需求、围绕产业链发展，坚持问题导向、目标导向、价值引领，科学谋划科技创新方向，为“端牢能源饭碗”、保障国家能源安全提供坚强科技支撑。

（二）面向市场的组织体系是创新创效的有力保障

上游科研单位是保障油气增储上产的力量源泉，要主动对接油田企业生产需求，发挥勘探开发一体化、地面地下一体化、国内海外一体化等方面的综合优势，建立面向市场的组织体系，推进协同创新、一体创效，形成科技创新支撑成果转化、成果转化引导科技创新的良性循环。

（三）高效的运行体系是激发活力的关键措施

上游科研单位聚集了大量油气勘探开发各领域高学历层次的核心科研人才，要持续优化运行体系，深化科技领域“放管服”，赋予科研人员更多自主管理权，给予核心人才更大的正向激励，才能充分激发人才创新活力动力，构建解决油气领域“卡脖子”问题的创新人才队伍。

构建三维改革体系　助推科技创新发展

大连石油化工研究院

一　改革背景

大连石油化工研究院前身为成立于1953年的抚顺石油化工研究院，2017年研发主体迁至大连。大连石油化工研究院现有16个研发部门，拥有石油化工环境污染防治技术国家地方联合工程研究中心等20个国家和省部级合作机构，累计获得省部级及以上成果502项。近年来，针对战略引领、创新保障机制、考核激励措施不能适应新要求的问题，大连石油化工研究院对标技术先导，着力构建三维改革体系，从战略引领、管理提速、人才赋活三个维度深化改革，以高质量的战略规划“把方向”、以灵活的科研管理机制“提速率”、以科学的激励约束机制“强动能”，有力提升研究院原始创新能力和成果转化效率，推动科技创新事业发展再上新台阶（见图1）。

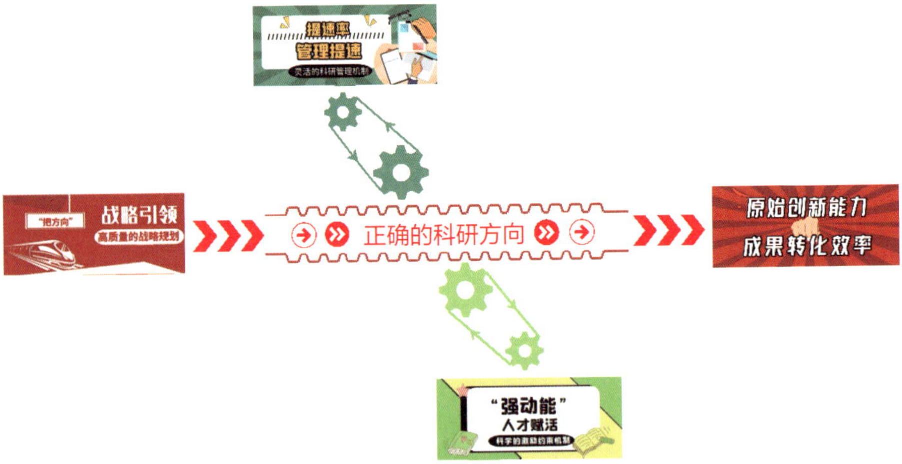

图1　三维改革体系示意图

二 主要措施

（一）科研战略规划管理“把方向”，引领科技事业发展

一是强化顶层设计。通过柔性引才的方式，汇集“智库”资源，聘请25名两院院士和5名知名专家组建院战略咨询委员会，构建了两个层级、五大领域、九个二级技术领域的发展规划体系，明确各领域科研方向和目标任务，以年度科研执行计划的形式推动规划落地。

二是强化责任落实。建立领导班子成员分领域负责制，院领导从源头扛起领域发展的直接责任；同时，成立战略发展部，统筹战略规划各项工作，首席以上专家全部纳入战略发展部，发挥集中力量办大事的组织优势，推动技术领域规划从顶层设计走向创新实践。

三是强化管理措施。以“规划管理有抓手、规划方向不跑偏、规划方案可落实、规划考核有标准”为导向，结合实际制订科技战略规划“五看”“三定”等具体管理措施。依托战略咨询委员会建立“院领导—专家—团队—职能部门”纵向管理、横向互动的“矩阵式”四级联动机制，保障战略规划高效率执行、高质量完成。

（二）科研管理机制改革“提速度”，推动创新效能提升

一是多层面提供自由经费支持。每年设立约三千万元的自由科研经费，用于支持技术骨干积极探索研究基础前瞻项目。在全院层面，推行“重点领域基础前瞻研究计划”和“青年科技创新培育计划”，以竞争方式争取自由经费开展基础前瞻技术研究，项目纳入计划后参照中国石化A类课题管理。在研究室层面，开展比科技创新、比研发进度、比科研质量的“三比”竞赛，对自由经费的使用成效进行评估，并以此为依据，动态调整研究室自由经费额度，使科研资源向创新效率高的团队倾斜。

二是多方位推进项目长负责制。选取4个创新团队试点实施科研创新团队负责人制，赋予项目负责人人、财、物、技术路线决策权等多项自主权限，将多层级管理转变为扁平化管理，让项目长到管理体系的舞台中央做主角，逐步推动科研项目管理体系由“以研究室管理为核心”向“以项目管理为核心”转变，进一步提升科研项目管理效能。

三是多举措深化“放管服”改革。将研究课题分为一般课题、问题课题、重大重点项目三大类，聚焦重点，分类施策，推行分层次精准管理。对一般课题，以“放”为原则，只查结果，发挥课题负责人的主动性积极性；对问题课题，以“管”为原则，加强督办、协调和整改，将问题解决在萌芽；对重大重点项目，以“服”为原则，给予内外部人、财、物资源支持，保障研发质量和效率。

四是多途径打通产业化“最后一公里”。打造“一个中心、两个平台”产业化架构，

促进成熟技术项目孵化和成果转化（见图2）。以大连石油化工研究院为创新中心，围绕中国石化“一基两翼三新”产业格局，发挥原始创新中心、研发中心和服务中心三大功能；做强技术孵化平台，依托抚顺院存量资产成立孵化器公司，并与地方政府合作建设辽宁省石化产业创新研究院，构建新技术从实验室到工业应用的快速“催熟”渠道；做实合资公司平台，引入外部资本，试点成立科技合资公司，加快推进氢能等新领域技术产业化。

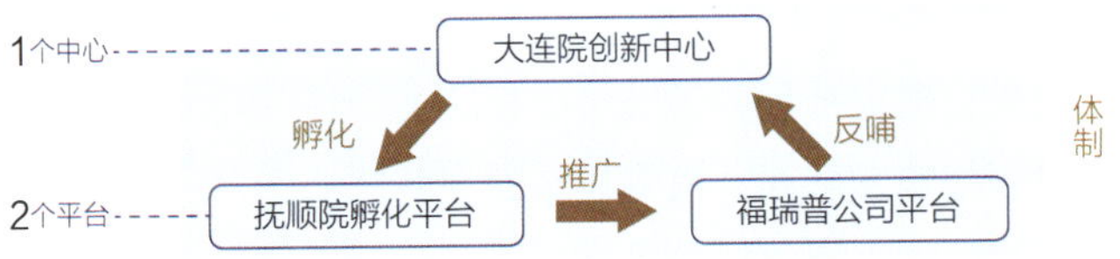

图2 “一个中心、两个平台”运行示意图

（三）激励约束机制“强动能”，激发人才队伍活力

一是着力干部专家能下，强化刚性执行。以中层干部和院级专家等“关键少数”为重点，制定并严格执行岗位退出机制。对干部实行全方位考核，根据考核结果实施后3%末等调整和不胜任退出，近两年调整和退出比例均超过4%；对院级专家实行硬指标退出，规定专家年度和聘期考核成绩C+D的比例原则上不少于10%，对聘期考核结果为C的专家要求重新参加竞聘，对年度或聘期考核结果为D的专家予以解聘。

二是着力考核评价，力求科学精准。遵循科研工作规律，实施分类考核。将全院各部门分为技术研发、技术支撑与服务、专业管理三大类，结合业务领域、管理方向特点，建立科学的分类考核指标，量化考核评价标准，并逐项细化分解，制定了可查阅、能对标的“指标辞典”，构建定量与定性相结合、KPI与重点工作相结合的分类考核体系（见图3），为实现精准激励提供了科学依据。

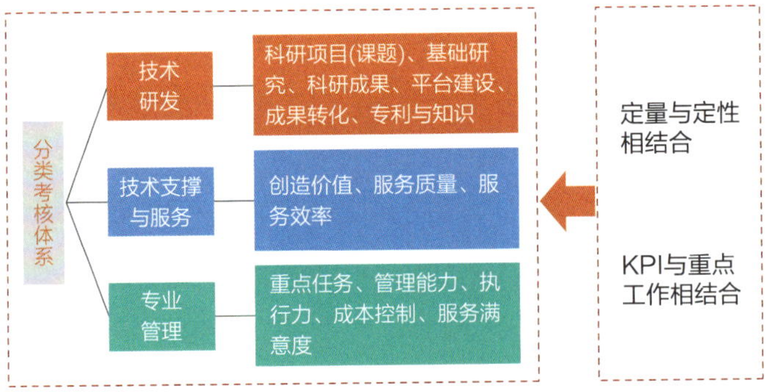

图3 分类考核体系

三是着力差异化激励，激发创新活力。根据科研领域和项目特点，对不同人员和团队实施差异化激励。设立重大贡献团队奖、突出贡献青年奖，鼓励重大创新，同时对基础前瞻领域科研人员给予专项补贴，保证其收入处于中高水平。对长周期重大攻关项目，在取得阶段性突破时即给予奖励，同时建立超额利润分享和成熟项目酬金逐年递减机制，持续保持团队活力。对原创性技术成果，每年评选“年度好专利”予以奖励，标准为普通专利奖励的10倍以上，鼓励开展原始创新。

三 取得成效

（一）规划成效凸显，科技创新布局优化

通过强化顶层设计，科研战略规划的质量和高度明显提升，前瞻指引作用充分发挥。在巩固清洁炼油、环保技术等传统优势领域的基础上，大连石油化工研究院围绕“三新”领域开辟了6个全新技术方向，新设超过40个重点领域科技项目，在氢能、高端碳材料、可降解材料单体、新一代信息技术等4个新技术领域形成研发优势，技术领域进一步拓宽、科研布局进一步优化、创新体系进一步完善。

（二）研发能力增强，成果转化效率提升

通过优化科技创新管理机制，自主研发能力不断增强、技术转化效率大幅提升。

图4　氢能产业化技术装置

一是科技创新主力军作用彰显。近三年来，牵头中央企业重大装备关键基础零部件科技攻关项目1项，承担中国石化重大项目3项，氢能重大专项3项，“十条龙”攻关项目6项，成功揭榜中国石化集团公司揭榜挂帅项目2项（图4）。

二是新领域技术开发和转化效率倍增。牵头与知名高校合作开展“加氢裂化渐次反应理论与应用”基础研究项目，在短短2年内实现重大突破，有效支撑“油转化”“油产化”技术开发与应用，2021年获得中国石化基础前瞻奖一等奖；依托技术成果转化新模式，快速变压吸附生产高纯氢成套技术仅用时5个月就实现了从中试成功到首套工业应用的转化之路，有力支撑中国石化氢能产业链布局和高质量发展。

（三）人才活力激发，创新成果不断涌现

通过科学的考核激励约束机制，形成了凝聚人才、鼓励创新的良好氛围，科研人员和创新团队活力进一步激发，推动各领域技术创新工作取得新突破。三年来，引进“国家高层次人才计划”创新人才、青年人才各1名、双百计划新兴业务骨干人才2名，培养了集团公司专家1名、“未来科学家计划”人选1名，培养了辽宁省兴辽英才计划杰出人才、领军人才和青年拔尖人才6名，选育院级专家46名，科技人才专业结构、年龄结构有效改善，为相关领域技术开发和转化提供了强有力的人才支撑。在正向激励作用下，全院科研人员干事创业、主动创新的活力进一步激发，2020年以来，大连石油化工研究院累计获得省部级科技成果奖励41项，专利申请和授权量持续增长，2021年申请中国专利超700件，授权发明专利616件。

经验启示

（一）战略引领是科技创新事业发展的“指南针”

正确的方向是技术革新的前提。科研单位要围绕担当国家战略科技力量职责，发挥院士专家的“智库”作用，加强战略指导、强化顶层设计，提升科技规划的质量与高度，以正确的方向指引创新事业高质量发展。

（二）管理创新是提升科研质量效率的“助推器”

高效的管理是提升科研效能的保障。科研单位要进一步给经费使用松绑、向项目团队放权、给技术培育和成果孵化搭平台，构建良好的科技管理环境和服务保障机制，促进科研质量和效率双提升。

（三）激励约束是激发人才队伍活力的“强心针”

人才是科研活动的主体和核心。科研单位要以激励机制激发活力，以约束机制淘汰“懒汉”，通过能上能下强化约束、分类考核科学评价、多种方式精准激励，形成鼓励创新创造、凝聚优秀人才的导向，打造充满活力和战斗力的科技人才队伍。

着力科技创新激励　打造技术先导型公司

党组组织部（人力资源部）

一　改革背景

中国石化坚定不移实施创新驱动发展战略，历经39年创新发展，形成了较为完善的科技创新体系，拥有8家直属研究院、2家海外研发机构和50余家企业所属研究机构，各类科研开发人员2.4万余人。在“十四五”开局之年，中国石化率先把“担当国家战略科技力量”作为公司核心职责，强化关键核心技术攻关，勇当原创技术策源地、现代产业链链长，提出了打造“技术先导型公司”的战略目标。为朝着打造“技术先导型公司”的目标稳步前进，党组组织部（人力资源部）针对考核牵引科技创新动力不足、工资支持科技创新力度不够、薪酬策略市场竞争力不强、激励科技创新手段不丰富等突出问题，围绕加强科技创新激励保障机制建设，构建了系统科学、规范有效、上下贯通、内外协同的科技创新激励保障体系（见图1），为打造技术先导型公司提供改革活力和内生动力。

图1　科技创新激励保障体系图

二 主要措施

在全面系统熟悉、消化、掌握国家出台的各类激励科技创新政策基础上，结合中国石化实际，充分解放思想、转变观念、超前思考，在考核分配、中长期激励等方面，制定了支持科技创新的五项措施（见图2）。

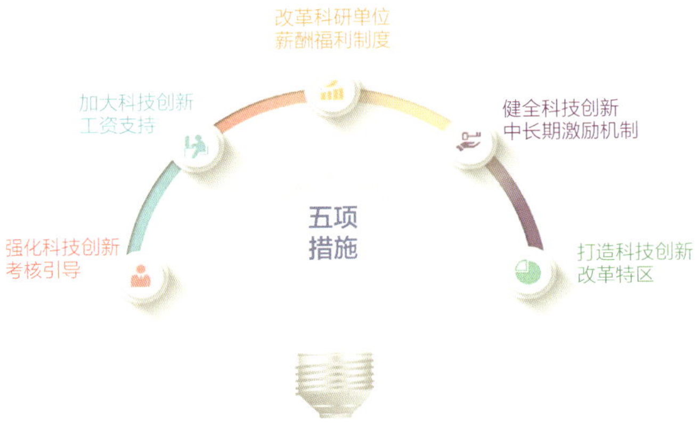

图2 科技创新激励保障主要措施

（一）聚焦分类施策和正向激励，加大考核分配支持力度

一是实施科技创新分类考核。突出支持重点，结合实际确定重点科研任务支持清单并动态调整。差异化设置科技创新考核指标，纳入事业部（专业公司）、所属企业领导班子年度经营业绩考核，对承担纳入清单管理重点科研任务的，将相关任务纳入领导班子年度经营业绩考核，并加大考核权重。

二是加大考核兑现工资总额支持力度。直属研究院完成年度考核目标的，考核兑现工资总额按高于集团公司平均增幅确定，综合考核排名前列或承担基础研究项目多、国家级重点科研任务重以及严格控制对外许可技术多的，再适当上浮。

三是实施工资总额特殊奖励。对承担纳入清单管理重点科研任务的企业，在完成任务或关键节点取得重大突破后，视情况给予工资总额特殊奖励。

四是优化工资总额管理方式。企业根据科研业务单元或创新平台的特点，可建立与其科研任务和科研规律相匹配的工资总额管理方式，探索实行工资总额备案制管理或周期预算管理。

五是建立鼓励创新的良好生态。鼓励企业大胆开展科技创新，建立完善容错机制，合理界定创新容错条件和情形，对出现创新偏差、未达到预期效果或者出现探索性失误的，在业绩考核上不做负面评价。

（二）聚焦利益共享和风险共担，健全中长期激励机制

一是完善中长期激励制度体系。建立健全生产要素由市场评价贡献、按贡献决定报酬的分配机制，制定《中国石化中长期激励指导意见》及配套实施细则和操作模板（见图3），指导企业分类推进实施中长期激励。

二是开展科技型企业股权分红激励。符合相关激励政策的科技型企业，加快实施股权和分红激励。实施股权激励的，对承担重点科研任务的团队，可适当加大激励力度；实施分红激励的，年度岗位分红激励额度可按照当年税后利润15%确定，项目收益分红激励额度可采取与科研骨干人才约定的方式确定。

三是加快实施上市公司股权激励。优先鼓励和支持纳入科改示范行动、双百行动等改革试点范围且上市的企业实施股权激励，已实施的将承担重点科研任务团队骨干成员纳入激励范围，适当加大激励力度。

四是积极开展科技成果转化收益分享。鼓励企业灵活确定科技成果转化方式，按照成果转化实施效果或综合评价情况确定差异化激励规则。

五是探索实施符合自身特点的激励方式。鼓励企业开展骨干员工持股、创新跟投、超额利润分享机制等中长期激励措施，探索法律法规允许的方式，尊重首创、适度容错、大胆尝试。

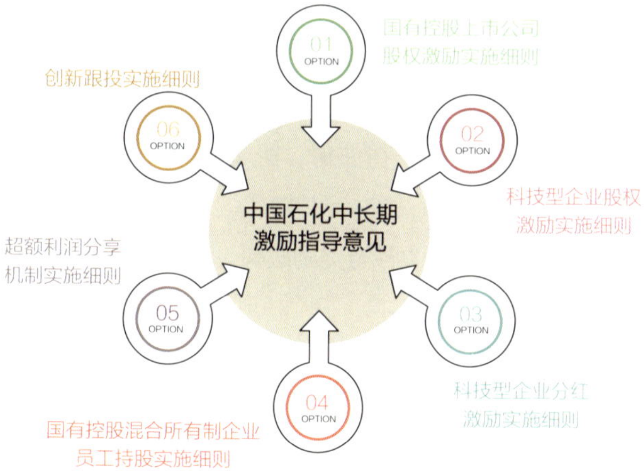

图3　中长期激励制度体系

（三）聚焦市场化导向和多元化激励，改革薪酬福利制度

一是完善薪酬体系。结合科研人员队伍现状，根据主要工作职责差异化确定薪酬分配方式。对基础研究人员，提高固定薪酬比例，实现“高保障、重激励”；对应用研究人员，强化与科技成果转化收益挂钩力度，实现“高收益、高分享”；对技术推广人员，根据技

术和产品的推广收益等因素确定绩效奖金。

二是优化薪酬策略。锚定领先的同类型企业，开展业绩薪酬双对标，制定与业绩相匹配的薪酬策略。将工资分配向科研骨干人才倾斜，对承担纳入清单管理重点科研任务的核心骨干人才，实施领先型薪酬策略，可参照中高分位市场价位确定薪酬待遇。

三是实施差异化福利制度。直属研究院按上限确定企业年金的企业缴费比例，加大科研骨干激励性年金分配力度，落实休假疗养制度，探索“菜单式”福利待遇，满足员工个性需求。

四是丰富多元化激励手段。进一步畅通科研人员成长通道，完善职位序列设计，加大专家职数向重点科研领域的倾斜力度，建立科研导向的荣誉表彰制度，落实专家政治待遇等精神激励措施。

（四）聚焦授权放权和赋能赋智，打造科技创新改革特区

遴选技术先导、创新引领型科研单位或平台作为改革特区，以培育人才、创新机制、多出成果为目标，率先实行高度市场化机制，赋予高度管理自主权（见图4）。改革特区可自主引才引智，可兼职使用、柔性引才，不受用工计划、工资总额限制；改革特区建立精简高效的考核机制，授予项目负责人在组建团队、课题取舍、资源整合、考核分配等方面的自主权；改革特区实行工资总额整体单列，实施领先型薪酬策略，对顶尖科学家实行协议薪酬、上不封顶；改革特区对科研骨干，在住房、医疗、户口等方面提供差异化待遇保障，支持改革特区用好用足地方政府给予高层次人才的各类奖励政策。

图4 高度市场化运行机制

三 取得成效

（一）科技创新成果丰硕

2021年，中国石化研发投入达228亿元，研发投入强度0.81%，超过埃克森美孚公司等国际同类企业水平。攻关形成了油气勘探开发、石油炼制、石油化工、公用技术体系，新领域技术快速发展。其中，页岩气勘探开发技术、清洁油品生产技术、甲醇制低碳烯烃技术、超高分子量聚乙烯纤维成套技术等18项技术达到世界领先水平。截至2021年底，中国石化累计获得国家最高科学技术奖1项；技术发明奖78项，其中技术发明一等奖3

项；科技进步奖385项，其中科技进步特等奖5项、一等奖43项；获中国专利金奖21项、银奖11项和优秀奖108项；累计申请专利9.02万件，获得专利授权5.49万件，专利质量综合评价持续位居央企首位。

（二）科技人才队伍颇具规模

培养集聚了一批具有国际水平的战略科技人才、科技领军人才和高水平创新团队，形成以24名“两院”院士、3名首席科学家、55名院士后备为主体的战略科技人才队伍；构建2层6级专家职位体系，选聘集团公司首席专家和高级专家225名、直属单位首席专家、高级专家和专家3688名；加大青年专家人才选聘力度，2021年45岁以下直属单位专家576人，较“十三五”初期增长78.9%；选拔120名青年科技人才，给予专项经费和项目支持；高度重视博士后人才队伍建设，建立博士后科研流动站、工作站31个，累计引进博士后1322人，出站后留用719人。

（三）科研人员收入显著增长

加大工资分配向科研人员倾斜力度，2019年至2021年，科研人员平均收入年均增长12.7%，8家直属研究院员工平均收入年均增长15.5%，远超中国石化员工整体平均收入增长水平。2021年，承担关键核心技术攻关、国家级创新平台以及“科改示范行动”企业员工中，工资收入超过百万的共有41人，最高为255万元，有效激发了科研人员创新创造活力。

经验启示

（一）坚持系统观念、统筹谋划是有力支撑

科技创新激励保障机制的构建实施，必须围绕集团公司科技创新总体部署，加强政策、组织与工作统筹，上下贯通，内外协同，统筹推进。

（二）坚持分类施策、正向激励是有效手段

结合科研规律和创新特点，制定差异化措施，是推动科技创新的有效手段。要构建充分体现知识、技术等创新要素价值的收益分配机制，按劳分配，才能充分激发各类创新主体活力动力。

（三）坚持放权赋智、营造生态是重要保障

要聚焦科技创新痛点、难点，加大授权放权力度，持续赋能赋智，提供工作保障。打造科技创新改革特区，需要鼓励先行先试、大胆探索，营造鼓励创新、宽容失败和允许试错的良好生态。

坚持问题导向　破解机制障碍
全面激发科技创新活力

科技部

一　改革背景

党的十八大以来，集团公司科技系统认真学习研究习近平总书记关于科技创新的重要论述，加强科技创新的战略谋划和顶层设计，科技创新体系更为完善，取得了一系列标志性科技创新成果。为进一步扛稳扛好担当国家战略科技力量的核心职责，全面服务国家战略需求和公司产业发展需要，科技部在集团公司相关部门和事业部支持下，聚焦重点难点问题，系统谋划科技体制机制改革，持续完善科技攻关模式，不断深化“放管服”改革，加快推进创新平台建设，全面强化知识产权管理，创新体系效能得到显著提升（见图1）。

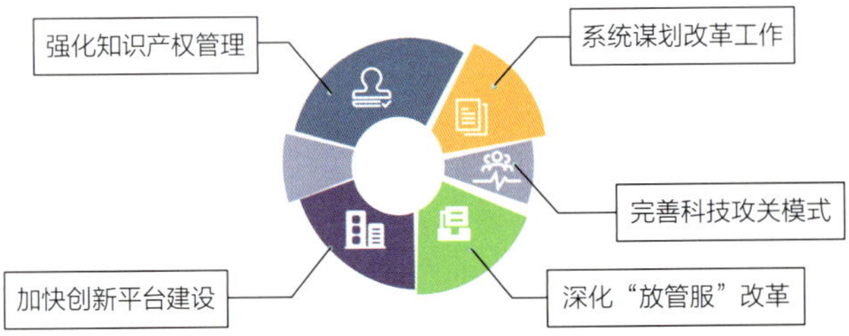

图1　科技体制机制改革重点举措

二　主要措施

（一）加强顶层设计，全面系统谋划改革工作

一是牢记初心使命，坚决扛起科技创新核心职责。牢牢扛稳“担当国家战略科技力量”核心职责，以维护产业链、供应链安全、实现高水平科技自立自强为使命，围绕打造技术先导型公司的战略目标，把深化体制机制改革作为科技创新工作的重中之重，不断完

善创新体系，大力提升自主创新能力。

二是加强顶层设计，深入实施创新驱动发展战略。聚焦国家战略需求和公司发展需要，制定“十四五”科技进步专项规划，全面落实党组“四个一批”科技创新总体部署，全力推出一批重大改革举措（见图2）。在集团公司“深化改革三年行动”方案的单独章节重点谋划实施创新驱动发展战略，从加强自主创新、打造联合创新平台、聚焦“卡脖子”技术攻关等8个方面全面部署，强化与重点技术研发工作的融合力度，组织企业和科研单位制定落实方案与措施。

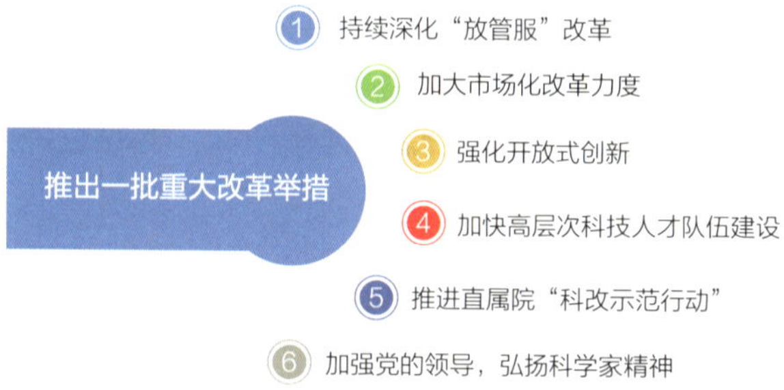

图2 “四个一批”总体部署：推出一批重大科技改革举措

三是聚焦重点难点问题，加快推进专项改革行动。深入推进催化剂公司、德州大陆架公司等科技型企业实施“科改示范行动”，催化剂公司获得国资委“科改示范行动”标杆企业，北京化工研究院入选国资委扩围企业。同时，以完善治理结构为基础，以健全自主创新能力体系、完善市场化激励约束机制为双主线，以强化科技支撑引领能力为目标，全面启动直属研究院“科改示范行动”，持续深化体制机制改革，激发创新内生动力。2021年底，各家单位均已完成年度既定目标，整体台账完成率超过70%。

（二）紧扣战略需求，不断完善科技攻关模式

一是以攻克重大关键成套技术为目标，持续完善“十条龙”科技攻关机制（见图3）。以承担国家战略科技任务攻关为契机，进一步完善“十条龙”科技攻关配套政策，在专项科研经费、工资总额单列、专家职数单列、物资采购绿色通道、下放投资权限等方面给予攻关单位大力支持，有力支撑了碳纤维、高端光学膜、高端润滑油等一批重点技术首次工业应用。截至2021年底，通过“十条龙”重点攻关，已累计完成200余项重大成套技术工业转化。

二是以破解重大科学技术难题为目标，建立重大科技项目攻关机制。集中行业内核心骨干科研力量，开展一体化联合研发。实施项目长负责制，赋予项目长对研究任务、研究经费、项目奖金的分配权和相应的资源调配权，调动科研攻关的积极性主动性。目前，

图3 “十条龙”科技攻关机制

20项任务启动攻关，10个项目已完成攻关，特深层油气勘探开发工程技术与装备、沸腾床渣油加氢、碳纤维、汽车轻量化材料等一批重大科技成果取得突破。

三是以夯实战略新兴领域优势为目标，探索新型攻关机制。在战略必争领域，实施科技攻关“大兵团”作战，汇聚优质资源，集中精锐力量，启动“氢能技术”大兵团项目，推进“绿氢”“蓝氢”制备、氢气储运、加氢站等技术攻关。在战略新兴领域，探索“揭榜挂帅”攻关机制，聚焦海水电解制氢、烟气CO_2捕集等6项重点技术面向全社会“张榜招贤”，不论资历、不设门槛，让有真才实学的科技人员英雄有用武之地。吸引系统内外39个研究团队“揭榜应征”。经专家组评审，来自浙江大学、大连化学物理研究所等6家单位的研究团队负责人“挂帅出征”。

（三）优化创新环境，持续深化“放管服”改革

一是加大考核力度，压实创新主体责任。充分发挥考核“指挥棒”“风向标”作用，加大对直属企业创新体系建设、研发投入、关键核心技术攻关与成果转化、知识产权管理等方面的考核力度，分类制定年度考核目标，根据完成情况进行精准考核，对获得国家级科技奖励、制定国际标准、在国家战略科技任务攻关和科技创新平台建设中作出突出贡献的单位给予额外加分奖励，强化考核正向激励作用，进一步压实企业创新主体责任。

二是强化分级分类，优化项目管理流程。坚持“抓大放小”，对公司A类项目（国家项目、“十条龙”项目、重大科技项目）实施定期协调与报告管理，其他项目除定期报送年度进展材料外，原则上不进行过程检查与汇报，50%以上的项目委托承担单位组织专家验收（见图4）。

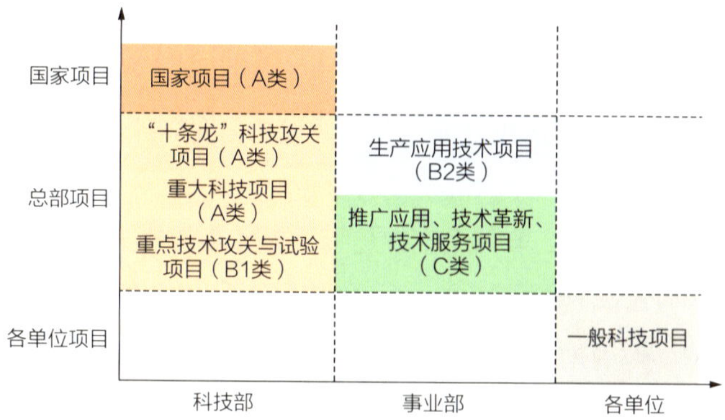

图4　科技创新项目分类管理

三是做好服务保障，简化物资采购流程。强化科研投资计划统筹和监督，适度开放科研投资审批权限。建设科研专区，实现科研物资采购"电商化"，简化科研仪器装备采购流程，制定了采购优化提升等5个方面26项具体措施，采购流程由原来的8～21步缩短到2步，采购周期从数周缩短至1～4小时。

（四）打造创新高地，加快科技创新平台建设

一是完善科研布局，加快推进新型研发机构建设。筹建广东高端材料研究院、宁波新材料研究院等新型研发机构，加快补足高端材料领域技术"短板"，国内首套3000吨/年高等规聚丁烯-1工业示范装置成功开车；成立医用卫生材料研究所，打造"科研特区"，攻克解决制约医用材料产业发展的关键技术。

二是坚持开放创新，积极部署联合研发机构建设。在14家联合研发中心的基础上，聚焦前瞻性、基础性领域，与国内优势高校、院所成立6家联合研发机构。与清华大学共建绿色化工联合研究院，聚焦氢能、高端化工材料、高端化学品等领域前沿引领技术、行业共性技术开展联合攻关。成立碳纤维及其复合材料联合研究院，明确组织架构和运行机制，推动形成"产销研用"联合攻关合力。

三是强化协同攻关，深入布局海外研发机构。优化休斯敦研发中心、中东研发中心运行管理，加强中国石化-UOP联合研发中心建设，与英国帝国理工学院合作成立资源地球物理研究院。其中，休斯敦研发中心在高温随钻测量系统研发方面取得重大突破，推动了我国深层超深层油气勘探开发进程；中东研发中心为公司拓展中东石油工程技术服务市场提供了有力支撑。

（五）铸牢创新防线，提升知识产权管理水平

一是加强顶层设计，逐步完善知识产权管理体系。首次召开全系统知识产权工作推进

会，系统谋划集团公司知识产权工作，压实企业知识产权职责。完善公司专利管理体系，修订《中国石化专利管理办法》《知识产权保护规定》等制度，强化知识产权统一规范管理。修订印发《对外许可技术清单》《重点科技成果转化推广目录》，进一步规范技术贸易工作。

二是加大风险管控，全面铸牢知识产权防线。制定《中国石化科技类核心商业秘密项目保密管理规定》，加强技术秘密管理，严防技术秘密泄露。积极开展知识产权保护，维护公司权益。组织开展PBST、PBAT、催化裂解烟气除尘脱硫等技术的自由运作权分析，防范工业实施和技术许可的知识产权风险。

三是围绕重点领域，强化高价值专利培育转化。升级专利管理平台，实现与国家知识产权局数据对接，优化专利质量评价系统，限制低质量专利申请。开展关键核心技术专利导航，厘清“LAO-PAO-POE”等高端材料全球技术发展动态。在直属研究院设立孵化器公司，推进石墨烯涂料、有机液体储氢等新技术新成果转化。

三 取得成效

（一）核心职责更加明晰

通过全面深化科技体制机制改革，担当“国家战略科技力量”的核心职责更加稳固，在国家创新体系中显示度、参与度进一步提高。2020年以来，牵头获得国家科技进步一等奖1项、二等奖3项，获得国家技术发明奖二等奖1项；牵头获得中国专利金奖2项、银奖7项、优秀奖17项。自主研发的全电动成套压裂装备亮相国家“十三五”科技成果展。

（二）关键核心技术攻关成效显著

油气勘探开发、石油炼制、石油化工、公用技术创新优势不断夯实，前沿领域技术研发成效显著，总体技术达到世界先进水平，页岩气勘探开发技术、乙烯成套技术、芳烃成套技术、超高分子量聚乙烯纤维成套技术等达到世界领先水平。

（三）知识产权管理工作再创佳绩

2020年以来，申请专利17310件、获得授权10984件，均创历史新高，专利综合优势持续位居央企前列。2020年、2021年技术贸易收入总额年均增长率达到13%。

经验启示

（一）坚持战略引领是深化科技改革的根本要义

深化科技体制机制改革必须认真学习研究习近平总书记关于科技创新的重要论述，必须坚决贯彻党中央决策部署，把“担当国家战略科技力量”作为深化科技体制机制改革的出发点和落脚点，加快实现高水平科技自立自强。

（二）聚焦重点问题是深化科技改革的必由之路

科技体制机制改革面广量大、知易行难，必须聚焦着力制约创新的重点、难点、痛点问题，集聚创新资源，强化重点项目支持和保障力度，以关键环节突破带动整体创新效能提升。

（三）狠抓落实落地是深化科技改革的关键保障

一分部署、九分落实，必须始终增强“等不起”的紧迫感、“慢不得”的危机感、“坐不住”的责任感，优化创新资源配置，采取得力措施，确保各项改革措施务期必成、落地见效。

坚持自主创新 积极推进重大装备国产化

物资装备部（国际事业公司）

一 改革背景

中国石化自成立以来，积极响应党中央号召，自觉践行央企使命，坚持独立自主、以我为主，充分发挥产业链供应链核心企业作用，积极推进重大装备国产化。面对百年未有之大变局，中国石化心怀“国之大者”，以防范和化解“卡脖子”风险，保障国家经济安全、能源安全、技术安全为目标，聚焦“体制机制、发展战略、采购风险、质量性能、产业延伸”五个方面（见图1），按照集中攻关一批、示范试验一批、应用推广一批的原则，持续加大重大装备、关键材料及核心部件国产化攻关和替代力度，助力集团公司可持续高质量发展，推动国内自主装备制造产业升级。

图1 重大装备国产化“五大聚焦”改革思路

二 主要措施

（一）聚焦体制机制优化完善开展攻关

坚持优化顶层设计，持续加大管理协调力度。一是成立以集团公司副总经理为组长、各部门主管领导任组员的集团公司重大装备国产化领导小组，负责统筹规划、监督和指导中国石化重大装备国产化工作（见图2）。二是集团公司重大装备国产化办公室设在物资装备部（国际事业公司），负责集团公司重大装备国产化制度建设、项目管理和成果推广等工作。三是组建产学研用创新联盟，充分发挥中国石化需求牵引、行业带动优势，实施科技攻关“大兵团”作战模式，打造关键核心技术自主创新的“核心圈”，构筑技术和产业的“朋友圈”，形成带动广泛的“辐射圈”，聚集优势力量，全力推动重大装备国产化工作。四是针对重大攻关项目，成立由集团公司首席专家或高级专家任组长的专家小组，从立项评估、技术评审、项目实施、项目验收全过程给予技术支持和指导，确保国产化攻关工作顺利进行。五是持续优化《中国石化重大装备国产化项目管理办法》，突出项目的创新性、引领性、攻关性和推广性，明确产学研用创新联盟的职责，强化过程控制，严格项目结题管理，有效提升国产化工作管理水平。

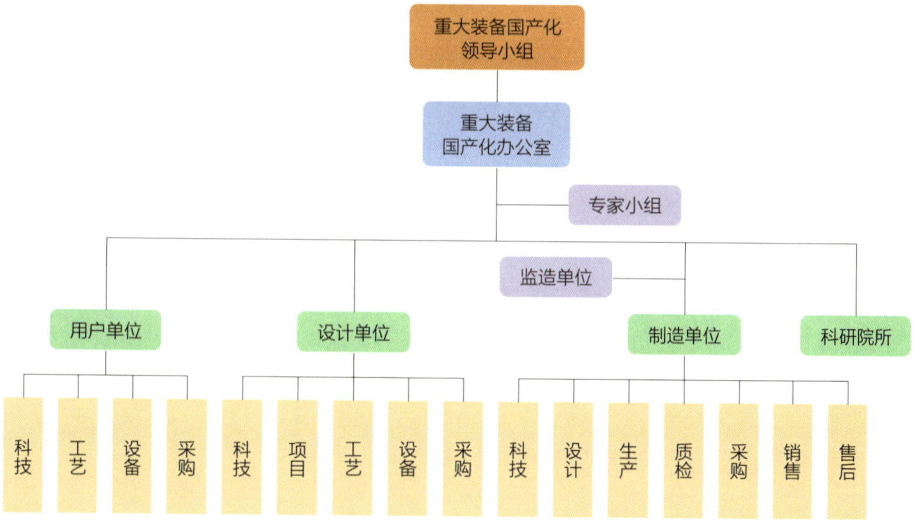

图2　重大装备国产化工作组织结构示意图

（二）聚焦集团公司发展战略开展攻关

紧紧围绕集团公司“一基两翼三新”产业格局，以助力油气资源先进开采技术开发与应用、高端化工和新材料产业发展为目标，组织行业内专家对重点工程项目重大装备国产化方案进行审查，科学论证、严把源头，科学精选攻关项目，加强重大装备国产化攻关和推广应用力度，推动石油石化装备国产化、产业化，提升国产装备制造能力，为集团公司创新发展提供物资安全保障。2021年将150万吨/年乙烯三机组（裂解气压缩机组、丙烯压缩机组、乙烯压缩机组）、50万吨/年聚乙烯挤压造粒机组、50万吨/年聚乙烯循环气压缩机、百万吨级乙烯SIS系统等重大装备列入国产化攻关计划。

（三）聚焦物资采购风险防范开展攻关

牢固树立底线思维，以致力打通“堵点”、解决“难点”、消除“卡点”、防范化解物资采购“卡脖子”风险为目标，严细排查在役进口重大装备、核心部件及关键材料，全面梳理“卡脖子”物资清单，针对产业链供应链薄弱环节，开展国内技术研发、生产制造情况调研，有针对性地制定国产替代方案，加快推进解决“有”和“无”的问题。“十三五”期间完成了44项进口物资的国产化攻关工作，2021年共设立年度攻关项目40个，是“十三五”期间年均8.8个的4.5倍。

（四）聚焦质量性能提升优化开展攻关

以打造“工业精品”为目标，对标国际先进水平，提升技术指标，加强过程控制，推动国产装备质量与性能的提高。一是针对国产装备在质量、性能、维护成本等方面存在的不足，引导制造商对标国际先进水平，加强基础理论研究和技术研发，推进数字化交付，提升国产装备制造水平。二是持续关注首台（套）国产化装备应用情况，抓好国产化成果应用后评价，不断优化设计制造、质量管控、安装投运和操作维修等管控措施，以标准保质量，提高国产装备研发制造水平，持续缩小与先进装备差距，以工匠精神打造工业精品。2021年设立了乙烯三机等三个技术与质量提升项目，成立了由集团公司首席专家、高级专家等组成的专家小组，组建了由设计单位、用户单位和国内骨干制造企业组成的联合攻关团队，全面梳理和分析国产装备运行情况和发现的问题，制定提升方案，持续推动缩小国产装备与国外先进水平差距，着力解决“有”和“优”的问题。

（五）聚焦供应链产业链延伸开展攻关

以充分发挥中国石化的产业链供应链核心企业作用，进一步稳链固链强链为目标，延伸国产化攻关供应链，将国产化攻关设备的重要部件、关键材料供应商纳入国产化承担单位，推进重大装备国产化程度不断提升。国产干气密封已成功应用于中科炼化80万吨/年乙烯三机组和镇海炼化120万吨/年乙烯制冷压缩机组；针对在用进口DCS（分散式控制系统）较多的情况，针对性制定措施防止国外断供DCS卡件导致的“卡脖子”风险；2022年计划开展6项核心部件、关键材料的国产化攻关。

三 取得成效

（一）国产化率持续提升

中国石化充分发挥央企的骨干作用、带动作用和引领作用，按照集中攻关一批、示范试验一批、应用推广一批的原则，持续推进重大装备、关键材料及核心部件国产化工作，实现了石油石化装备从整套进口到主要装备基本实现国产化的“质”的飞跃。截至“十三五”末，油气勘探开发装备国产化率达到92%（以采购金额计算，下同），千万吨级炼油达到94%，百万吨级乙烯达到87%，百万吨级芳烃达到92%，煤化工达到94%（见图3）。

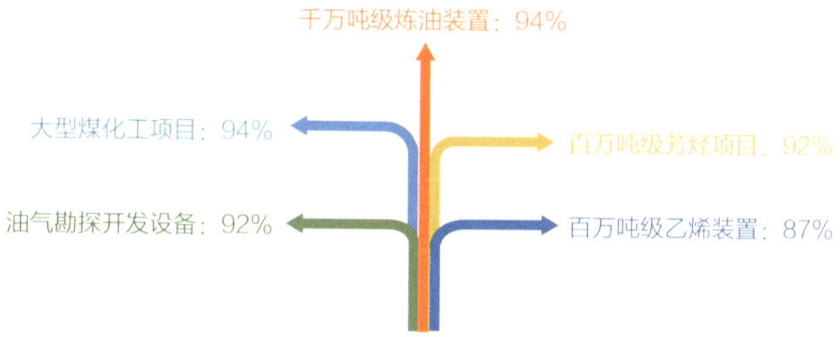

图3　石油石化装置国产化率示意图

（二）顶替进口降本增效

通过不断加大国产化攻关工作力度，推广国产化成果应用，顶替进口产品，显著降低生产运营和投资建设成本。“十三五”以来，与采购进口产品相比，已启动的68个国产化攻关项目，采购资金节约率为38.5%，交货周期普遍缩短1/3以上。

（三）推动装备产业升级

随着装置大型化和国内制造产业能力提高，国产化攻关的装备不断升级。乙烯三机实现了从20万吨级到120万吨级的国产化；挤压造粒机组实现了从10万吨/年到35万吨/年的国产化；往复式新氢压缩机实现了综合活塞力50吨、80吨、125吨和150吨全系列的国产化；DCS从单套装置到全厂集中控制，从炼油到大型煤制烯烃、芳烃、乙烯，从数千控制点到近20万控制点，从传统DCS到FCS均已实现国产化；在中国石化依托扬子石化、金陵石化完成渣油加氢装置“双超”（超大直径、超大壁厚）反应器国产化攻关的基础上，一重集团为某石化公司制造了世界上最大的加氢反应器。国产装备实现了从“跟跑”向全面“并跑”，及部分领域“领跑”的重大转变和提升，有力地推动了中国装备制造行业转型升级。

经验启示

（一）坚持重大装备国产化工作不动摇

石油石化重大装备从“一颗螺丝钉都要进口”到“重大装备基本实现国产化”，是中国石化历届领导和全体石油石化人勇于担当、不断攻坚啃硬的结果。我们要坚持统一思想、提高政治站位，心怀“国之大者”，积极践行“担当国家战略科技力量”的核心职责，努力实现关键核心技术自主可控，把创新主动权、发展主动权牢牢掌握在自己手中。

（二）坚持需求引领、问题导向不动摇

要围绕集团公司“一基两翼三新”产业格局谋划重大装备国产化工作。以保障产业链供应链安全为目标，精准定位“卡脖子”物资，采用跨界大联合、大攻关的模式，强优势补短板，倾力打造本质安全的产业链供应链，助力集团公司可持续高质量发展。

（三）坚持优化提升、打造精品不动摇

要持续强化国产化攻关项目过程控制，明确质量目标，提升质量标准，强化质量管控，以工匠精神打造工业精品；要对标国际先进水平，加强成果后评估工作力度，助推国产化工作从解决“有”和“无”，向解决“有”和“优”迈进，不断提升国产装备技术和质量水平，切实做到全生命周期最优。

创新信息化体制机制
促进石化产业数字化转型高质量发展

信息和数字化管理部

一 改革背景

信息和数字化管理部认真贯彻新发展理念，把握全球数字化大势，紧扣高质量主线，以实施深化改革、对标管理提升专项行动为抓手，以组织、流程、技术、数据“四位一体”纵深推进体制机制改革创新，确立了按集团统一架构推进信息化发展的“数据+平台+应用”新模式，建立了按业务域推进信息化建设与应用的“域长负责制”新机制，形成了“业务主导、技术统筹、协力推进”的信息和数字化工作新局面（见图1），为管理数智化升级和产业高质量发展注入了新活力、增添了新动能。

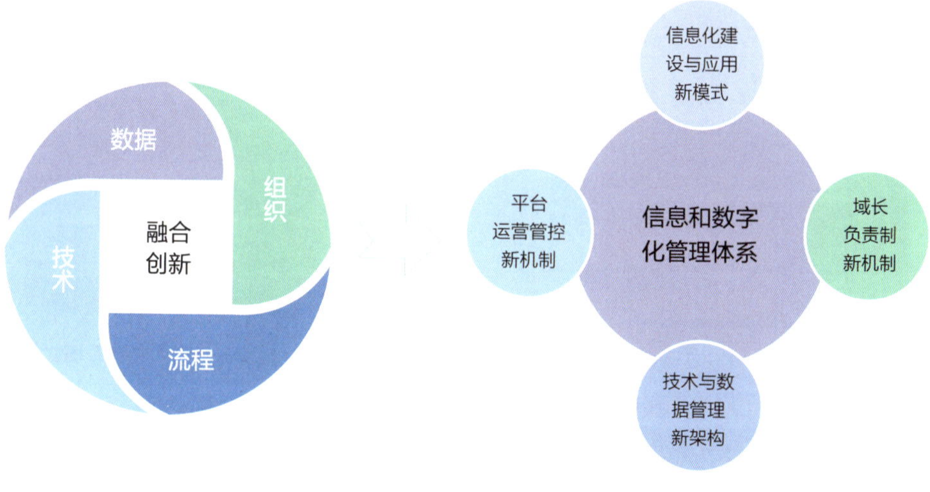

图1 “四位一体”推进信息化管理体系改革

二 主要措施

（一）加强顶层设计，整体谋划集团信息和数字化发展

一是聚焦产业升级和高质量发展，实施信息化“432工程”。以“建设世界领先洁净能源化工公司”远景目标和构建“一基两翼三新”产业格局为统领，以数字技术驱动管理创新、业务创新和商业模式创新，深入实施信息化“432”工程（即建成覆盖全产业、支撑各领域业务创新的管理、生产、服务、金融“四朵云”，构建集团统一的数据治理与信息标准化、网络安全、信息和数字化管控“三个体系”，打造稳定可靠、敏捷高效的基础支撑和数字化服务“两个平台”），全面提升集团一体化管控能力、板块创新创效能力、专业化统筹管理能力和新经济价值创造能力等综合竞争实力（见图2）。

二是聚焦信息化建设转型升级，确立“数据＋平台＋应用”的信息化发展新模式。结合云计算、工业互联网等数字技术，建立了全新的IT业务新模式——“DPA（Data+Platform+App）模式”，即“数据＋平台＋应用”模式（见图3）。通过统一构建数据湖/数据资源中心、“石化智云”工业互联网平台、APP应用集群，推动信息和数字化建设与应用“上云上平台”，支撑石油石化产业信息化发展和数字化转型，助推现代石油石化工业体系建设。

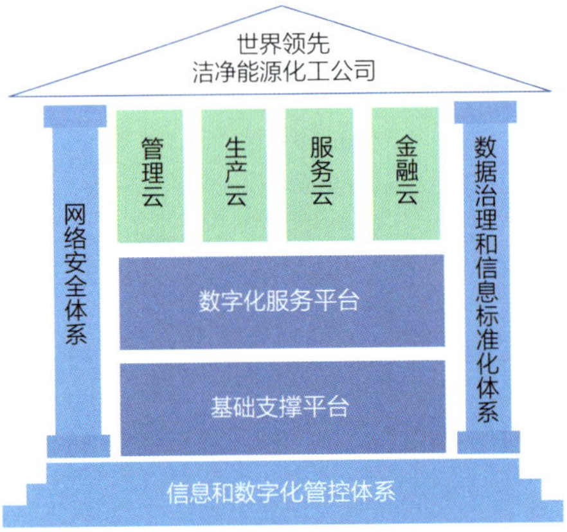

图2 信息化“432工程”架构图

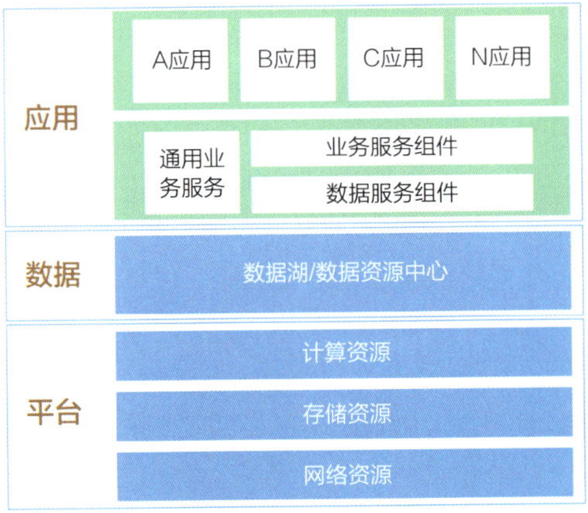

图3 信息化“数据＋平台＋应用”模式

三是聚焦集团信息化管控提升，构建统一信息化应用架构。设计了涵盖全集团各业务领域的统一信息化应用架构（见图4），形成了“干、枝、叶”脉络清晰的全集团“信息化树”，完善健全了信息标准化体系，成为各级信息化建设和系统整合集成的基本遵循，强化对信息系统“私搭乱建”和“信息孤岛”源头治理。

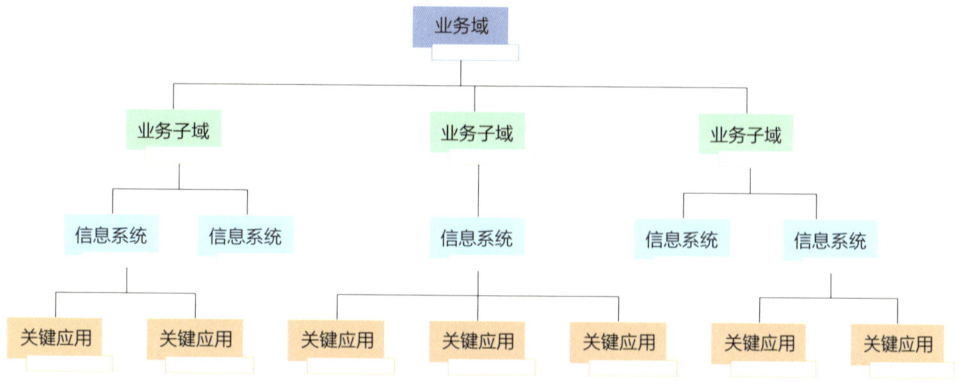

图 4　信息化应用架构

（二）加强管理创新，优化完善信息化体制机制

一是建立了业务域“域长”负责制新机制。按照集团信息化整体规划的19个业务域，确定了域长单位名单和工作职责，由集团公司业务部门、事业部和专业公司的“一把手”担任本业务域“域长”，牵头负责本域的数字化转型研究、信息化应用顶层设计、业务流程标准化、数据治理和深化应用等工作，构建了域长负责、部门协同、全域覆盖的信息和数字化建设应用长效工作机制。

二是完善了信息化项目储备与投资立项管理机制。深化信息化“放管服”改革，在实行信息化投资分级分类审批管理的同时，出台了《中国石化信息和数字化管理办法》等配套制度，将所有信息化项目全部纳入项目储备库，各级信息化建设严格遵从集团信息化统一规划、统一架构、统一标准要求，实现了集团信息化投资的全口径管理，有效解决了各业务领域信息化建设分头立项、重复建设、应用分散等突出问题。

（三）加强平台运营，创新构建一体化管理体系

一是建立了ABCD四方协同运营机制。按照“数据+平台+应用”模式，创新建立“石化智云”平台ABCD协同运营机制，形成了工业互联网平台一体化管理体系（见图5）。A方为平台管理方，主要负责石化智云运行工作的监督指导、项目建设需求发起确认及最终验收管理；B方为平台服务方，主要负责平台技术培训、建设方准入资质审查、平台运维管理等工作；C方为质量管控方，主要负责研发过程管控、组件部署测试与审查发布等工作；D方为应用建设方，主要负责组件、工业APP等软件研发以及数据治理等工作。通过ABCD四方协同运营，实现了平台资源共享、服务沉淀复用和应用系统设计、开发、测试、部署的在线管控，强化了项目过程监控，提升了应用开发效率和业务交付的标准化水平。

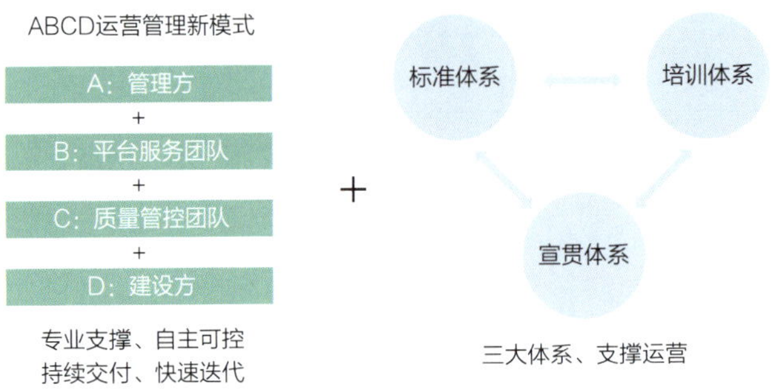

图5 “石化智云”平台运营管理新模式

二是构建了开放包容、联合创新的共建共创机制。充分利用集团内外各方技术优势，成立了3支服务团队、4支质控团队，制定了“石化智云”平台系列标准规范，形成了以服务管控、能力开放和持续交付三中心为一体的服务体系，发布了石化智云工业互联网平台白皮书（1.0版），已为82个项目提供了上云上平台服务。

（四）加强数据治理，推动资源共享与价值创造

一是建立健全数据治理组织体系。高度重视数据资源挖掘与开发利用，在集团网信领导小组下设数据治理委员会，统筹指导全集团数据治理工作，协调解决跨板块、跨业务域的数据共享问题，建立健全数据治理组织体系。

二是统筹推进数据治理工作。编制了中国石化数据治理专项规划，制订了数据治理总体工作方案，系统推进数据治理体系、数据共享机制、“湖仓一体”数据平台等建设，在试点企业建成了数据资源中心，实现了智能决策云应用，提升数据资源共享水平，增强价值创造能力。

三是初步形成数据服务运行体系。建设推广了经营管理数据服务平台，总计接入430多个源系统，形成数据模型6.7万个，发布数据资产3.5万个，支撑了集团公司、专业公司和企业近百个数据应用，日访问量超过200万次。

三 取得成效

（一）新模式新机制促进了经营管理数字化提升

通过建立“域长”负责制，落实了业务部门的信息化建设与应用主体责任，推动了“数据+平台+应用”新模式落地见效，支撑了机构改革“瘦身健体”，推动了财务、物资、营销、金融等管理领域数据分析应用，促进了管理效能提升。集团全级次财务报表出具时间大幅缩短，财务、金融衍生品等经营风险管控能力有效改善，资金集中管理、统一

运作创效可观，“石化党建”平台支撑了集团党建提质提效，促进了“大党建”工作格局建设。率先在国内工业生产领域开展了异常工况识别、设备故障诊断分析等工业大数据应用，实现了设备运行状态在线评估和故障诊断预警。

（二）新技术新平台支撑了生产运营智能化升级

基于“石化智云”工业互联网平台和人工智能等新技术，建成了中国石化智能运营中心，实现了对油炼化销242类大宗商品的价格走势和产量趋势的实时监测，支撑了原油、成品油资源动态优化配置，提升了集团化运营管理水平和产业链协同创效能力。累计建设了3个智能油气田示范区、15个智能炼化工厂、150余座智能加油服务站、3家智能化研究院，在3万余座加油站推广了“石化钱包”“一键加油”“数字人民币”等网络化智能化应用，在工程建造领域推行了集成化设计、模块化建设、数字化交付的新模式，走在了我国流程工业智能制造应用领域前列。通过数智化改造，推动了生产组织方式、运营管理模式创新，实现了资源配置优化、生产协同高效，促进了企业提质增效、绿色发展。“工业互联网＋安全生产”行业解决方案获评“第三届中国工业互联网大赛”一等奖。“石化智云”被国务院国资委评为央企“十三五”网络安全和信息化优秀案例。

（三）新理念新架构引领了新业态新经济发展

通过共建共创机制，在公有云上提升了石化云专区功能，完善了集团统一电商平台架构，完成石化e贸、易派客、易捷等专业化服贸平台升级，显著提升运行效能，有效支撑了线上线下渠道融通、一站式服务和精准营销，形成了具有石化特色的“互联网＋”商业生态圈。新冠疫情暴发以来，中国石化各大服贸平台全力为各地企业采购防疫物资和生活必需品提供服务保障，得到了社会各界的广泛赞誉。支撑平台经济迅速发展，2021年公司平台交易额达到万亿元规模，拓市扩销、业态创新效果显著。

经验启示

（一）坚持系统观念，整体谋划信息化体制机制变革

推动集团信息化建设和数字化转型是长期性系统工程，必须强化组织、统筹谋划，系统推进集团信息化组织体系、管理体系、运行机制、保障机制等变革优化。

（二）坚持创新思维，以新理念引领信息化高质量发展

面对新技术发展趋势和高质量发展要求，必须勇于自我革命，牢固树立新发展理念，以改革激发内生动力，创新集团信息化转型发展新模式新机制，形成集

团信息化高质量发展合力。

（三）坚持价值创造，以数据要素驱动产业转型升级

数据是发展数字经济的关键要素，企业要实现高质量发展，就必须治理好数据资源、管理好数据资产、维护好数据安全。要通过数据治理提高数据质量，更好地以数据服务于行业转型升级。

07

党建融合

念好考核四字诀 打造党建硬实力

西北油田分公司

一 改革背景

西北油田分公司是中国石化上游第二大原油生产企业，公司党委下属14个基层党委、121个党支部，共有党员2351名。公司党委认真落实党中央和集团公司党组各项决策部署，始终坚持党的领导、加强党的建设，有效转化政治优势，持续推进勘探开发取得新突破，2021年生产原油670万吨、天然气22.2亿方，为保障国家能源安全做出了积极贡献，被国务院国资委评为“管理标杆企业”。近年来，聚焦推进党的建设和生产经营深度融合，着力从顶层设计出发解决“两张皮”问题，从“抓班子、带队伍、强管理、保稳定、促发展”五项任务入手，聚焦考核体系、方式、评价及结果应用管理闭环，念好“精、活、严、实”考核四字诀，改革创新“责任明晰—指标科学—评价精准”的党建考核管理体系（见图1），取得明显成效。

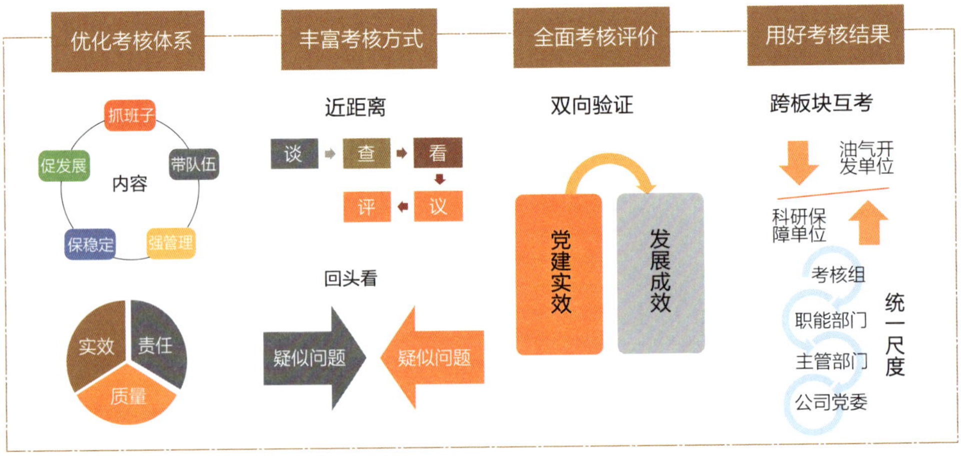

图1 党建考核四字诀示意图

二 主要措施

（一）突出精细精准，优化考核体系

一是在考核内容上突出全覆盖。围绕“抓班子、带队伍、强管理、保稳定、促发展”五项任务，共设置5大类176条考核标准，分值为500分，内容精准聚焦高质量发展，既涵盖思想政治、党建责任、干部人才、党风廉政、基层建设、群团建设等党建各路工作，也包括经营绩效、深化改革、创新驱动、基础管理、防范风险、安全环保等生产经营业务，特别是结合年度重点工作，动态新增党史学习教育，落实高质量发展规划、公司领导指示批示等决策部署，统筹基础工作与重点工作，统筹党建工作与主责主业（见图2）。

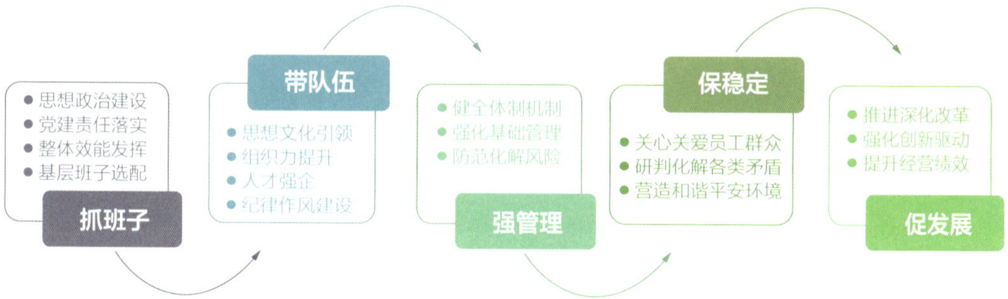

图2 党建考核指标

二是在考核结构上突出多维度。划分责任、质量、实效三大维度，党群部门与业务部门共同参与，覆盖所有基层党组织，开展系统性、综合性、全面性检查，内容更实、指标更量化，融入中心推动发展的“指挥棒”作用更加凸显，通过多维评价，进一步引导各级党组织扛稳扛好管党治党政治责任，全面加强党的各项建设，以高质量党建引领保障油田高质量发展。

（二）突出灵活高效，丰富考核方式

一是创新“近距离”考核手段。综合运用“谈、查、看、议、评”等方式（见图3），大幅增加个别访谈、集体座谈、问卷调查比重，既听其言、又察其行、更验其效。重点关注党建对中心工作的融合度，看党建工作的发力点准不准、作用力够不够、成效实不实，感受班子凝聚力战斗力、员工队伍精气神，对基层的真实情况摸得更全更清，对存在的薄弱环节查找得更细更实。

二是探索“回头看”考核方法。党建考核组秉持把工作亮点找准、把存在问题挖准、把整改方向定准的工作思路，坚决摒弃“以资料台账论英雄”的错误观念。不同现场考核

图3 党建考核组现场查验

组统一评价标准，及时沟通交流，不断总结工作经验，对疑似问题采取“回头看”的方式进行再验证，同步开展领导班子述职评议、民主管理测评等环节，实现了考核的全方位、多维度、多层次，确保了考核内容、程序和结果的公平公正。

（三）突出严谨科学，全面考核评价

一是注重实绩实效。党建考核更加注重以改革发展成效验证党建实效，其中管理、发展类指标在党建考核体系中占比超过40%，特别是对未完成生产经营任务，且党组织和党员作用发挥不充分的单位直接给予降档处理，促使基层党委职责定位更加清晰，融入中心抓党建的导向更加鲜明。党建考核工作综合日常掌握情况，重点围绕班子怎么“抓”、队伍如何“带”、管理怎样“强”、稳定从哪“保”、发展如何“促”，现场查验班子效能是否有效发挥、思想共识是否有效凝聚、队伍活力是否有效激发、政治优势是否有效转化、管理基础是否持续夯实。

二是突出精细精准。同步设置6个关键指标，并引入“一票否决”制，单项关键指标不合格的单位，不得列为A档；两项关键指标不合格的单位，不得列为B档，考核组在现场查验时将重点放在关键指标上，有效引导各级党组织抓重点、抓关键，不断提高党建工作实效性。切实通过考核这个“指挥棒”，促进各单位把党建工作与生产经营拧成一股绳，解决“两张皮”的问题。

（四）突出务实导向，用好考核结果

一是提升考核结果的科学性。坚持按照专业性质划板块互考，以层面上有各板块、线条上有各专业的原则，统一从基层抽调人员，组建形成2个考核组互考。考核组重点反馈存在问题和不足，描述能反映考核内容的具体事例，给出初步分数；职能部门负责对涉及本线条业务问题进行审核，结合日常掌握情况和问题表象，对考核组分数进行校对。思想

政治工作部在考核完毕后进行集体研议，综合运用日常表现、现场查验、党委巡察等结果，既注重日常工作质量，又突出重点工作成效，合议汇总具体分数，研究提出定档意见；考核结果报党建工作领导小组会议审议，公司党委会审定。

二是增强结果应用的实效性。将党建考核结果纳入整体绩效考核并占比20%，强制排名划档，有力地发挥了考核指挥棒作用，各级基层党组织坚持党的建设与生产经营目标同向聚合，“三基本”与“三基”工作同向发力，党建考核与绩效考核同题共答，78个基层党组织创新项目建设、业务协作、产业链协同、企业合作等党建共建方法路径，推动党的政治优势、组织优势不断转化为竞争优势、发展优势，在攻坚创效、疫情防控中充分发挥党组织和党员作用，党建责任、质量、实效明显提升。

三 取得成效

（一）党建责任体系更健全

公司出台《党委落实全面从严治党主体责任实施细则》，各级党组织细化完善责任清单，定期听取班子成员履责情况汇报，广泛开展述职评议、党建考核、监督执纪，形成了明责、履责、督责、考责、问责的闭环责任体系，落实全面从严治党责任的链条拧得更紧，发力点围绕中心工作更加聚焦。总体来看，各级基层党组织推动党建工作由“重视”向“重实”转化，落实全面从严治党责任的氛围日趋浓厚。

（二）党建考核评价更科学

公司建立现场考核组—职能部门—主管部门—公司党委多级考核评价体系，评价流程更加科学，考核结果更加公正。基层党组织普遍认为，将生产经营与党建工作同步考核、一体推进，方式好、接地气、重实效，一针见血切中要害，体现了求真务实的作风，特别是更加注重党建工作与生产经营、改革发展实际成效的相互印证，强化多维立体评价，更好体现深度融合效果，进一步增强考评结果的准确性权威性。

（三）党建引领发展更有效

各级基层党组织贯彻公司党委决策部署的态度更加坚决，聚焦公司党委决策部署自觉对标对表，自觉站在保障国家能源安全高度深化改革、推动工作，对高质量发展的理解逐渐变得“清晰”，运用党建资源、党建思维谋划工作更加科学，制定措施更加具体，推动高质量发展更有思路。基层员工“我为祖国献石油”的信心更加坚定，端牢能源饭碗的决心更加强烈，以全新姿态在高质量发展中再立新功再创佳绩的奋斗精神更加昂扬。

经验启示

（一）科学制定考核指标是推动深度融合的正确导向

考核“指挥棒”指哪儿，就会向哪儿使劲；有什么样的考核导向，就会有什么样的发展。只有坚持把改革、生产、安全、科技等内容统筹纳入“抓班子、带队伍、强管理、保稳定、促发展”五项主要任务的党建考核体系，紧扣党委决策部署优化调整关键指标，才能将党建与生产经营拧成一股绳，促使各级党组织紧紧聚焦主责主业抓好责任落实，以高质量党建推动高质量发展。

（二）精准评价党建质量是推动深度融合的有力抓手

党建工作与生产经营在各级基层党组织是不是真的深度融合，不仅要观其言，更要看其行、察其效。在具体执行过程中，必须坚持全方位、多角度，综合运用多种手段，既看结果，也重过程，既定量评价，又定性分析，既关注生产经营质量，又注重党组织和党员作用发挥，为精准评价各级党组织党建质量提供了科学借鉴。

（三）有力引领企业发展是推动深度融合的根本目的

党建工作的成效到底怎么样，很重要也是很直接的一条标准，就是党建工作是否真正推动了高质量发展。这就要求在考核理念上将党建与生产两面融合为一体，进一步内化为工作价值取向，体现到党建工作的方方面面，真正把党建工作优势转化为企业的发展优势，在引领企业高质量发展中提升党的建设质量。

构建党建工作工程化管理　项目化运行新模式

华北石油局

一　改革背景

华北石油局是中国石化国内上游子公司，在5个盆地拥有探区14个、面积2.38万平方千米，跨陕、甘、宁、蒙、豫等5省区，主力探区在鄂尔多斯盆地。公司下设16个职能部门、2个直属机构、11个二级单位，用工总量2944人。截至2021年底，累计探明石油和天然气储量分别为2.46亿吨、7296亿方，年产油气当量超过450万吨，累计生产天然气505亿方。近年来，公司党委以习近平新时代中国特色社会主义思想为指导，深入贯彻新时代党的建设总要求，认真落实集团公司“1355”党建工作总体思路和国企三年改革行动部署，系统谋划了党建工作中长期发展目标，将工程化管理、项目化运行理念植入党建工作，部署实施了党建工作“四大工程”（见图1），作为公司中长期党建工作指南和主要任务。在党建工作“四大工程”主体框架下，每年结合年度重点工作任务，研究制定党建工作项目，通过项目化运行方式，持续提升党建工作质量，为公司连年超额完成生产经营任务提供了强大引领和坚强保障。

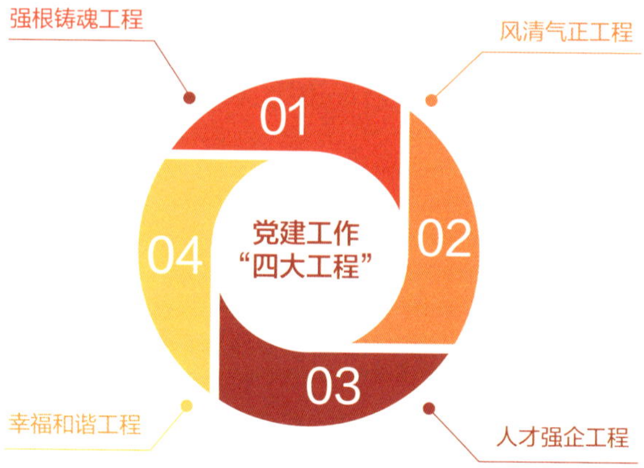

图1　党建工作“四大工程”示意图

二 主要措施

（一）强化系统思维，打破原有党建工作框架“建工程”

创新党建工作运行机制，打破原有党建工作框架、部门职能界限，将党建各项业务统一纳入，实行工程化一体化管理，研究部署强根铸魂、风清气正、人才强企、幸福和谐党建工作“四大工程”，作为统筹推进党建工作的集中平台和重要抓手。

其中，强根铸魂工程，是坚持以政治建设为统领，深入落实“第一议题”制度，全面强化党的创新理论武装，在完善公司治理中加强党的领导，推动落实全面从严治党责任，夯实基层党组织建设，做好宣传思想文化工作，筑牢党执政兴国的重要政治根基。风清气正工程，是坚持以落实党风廉政建设“两个责任”为主线，深化“七强化七推动”措施，强化“大监督”体系运行，推动“三不”机制建设和巡视巡察上下联动，持续营造风清气正、干事创业的良好政治生态。人才强企工程，是坚持党管干部、党管人才原则，深入贯彻新时代党的组织路线，加强干部工作“五大体系”建设，深化三项制度改革，推动“三能”机制落地，完善专家作用发挥机制，推进年轻干部核心储备“1234·百人计划”，全面夯实高质量发展的人才基础。幸福和谐工程，是坚持“以人民为中心”的发展理念，落实“依靠”方针，加强群团组织领导，充分发挥职工的主力军作用和青年的生力军、突击队作用，持续推进民生工程建设、优化生产生活条件、提高职工福利待遇，抓好帮扶救助，维护大局稳定，不断提升职工群众的获得感、幸福感、安全感。

“四大工程”以工程化管理、项目化运行抓实抓细党建工作，相互之间既相对独立，又相互联系，明确了每项工程的牵头部门和配合部门，以事权为纲推进、促进党建各业务板块之间横向交流互动，增强工作合力，构建起党委统一领导、党政领导各司其职、党政工团齐抓共管的大党建格局。

（二）坚持围绕中心，聚焦改革发展重点难点“立项目”

在推进实施党建工作“四大工程”过程中，结合年度重点工作部署和生产经营中的重点难点问题，设立党建工作项目，坚持虚功实做，按照项目化运行方式，明确项目内容和具体措施，做到“有立项、有审批、有实施、有结项”（见图2）。

2020年，公司党委制定“强基础、提质量”年度工作主题，结合年度重点工作部署，深入谋划设立了党建工作“123”项目（见图3），即紧紧围绕强基础、提质量“一个年度主题”，持续强化党支部战斗堡垒和党员先锋模范“两个作用发挥”，突出抓好主题教育长效、专项巡视整改和大抓基层“三项重点工作”。围绕这一主体项目，设立基层党支部建设促“三基”工作、鄂南原油滚动开发项目长揭榜挂帅等21个子项目，责任到人、按期

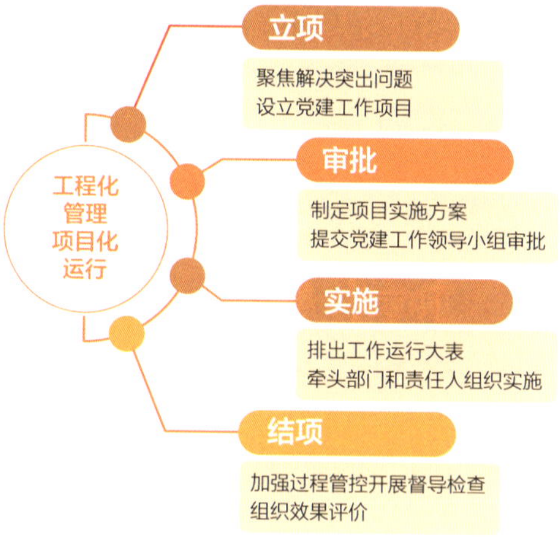

图2　党建工作工程化管理、项目化运行流程图

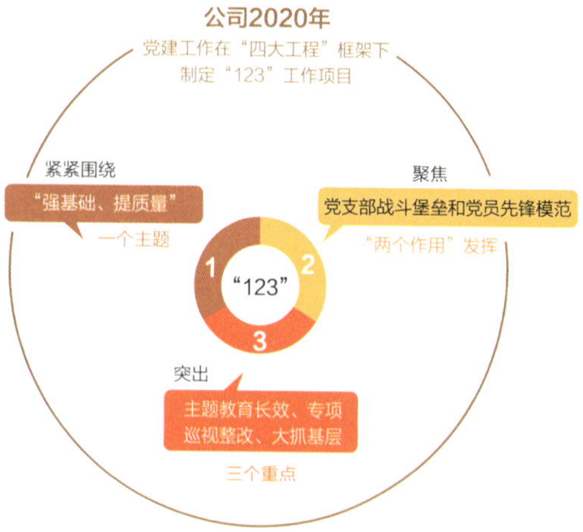

图3　2020年“123”工作项目示意图

推进，推动公司超额完成“攻坚创效”目标，取得了疫情防控、生产经营“双战双胜”的优异业绩。

2021年，公司党委围绕贯彻落实党中央统一安排和党组重点工作部署，深入谋划设立了党建工作“四抓四促”项目，即抓建党百年庆祝活动，促初心使命全面强化；抓五中全会精神宣贯，促卓越目标全面完成；抓石油精神传承弘扬，促队伍作风全面过硬；抓石化党建深化应用，促党建质量全面提升。围绕这一主体项目，设立了深入开展党史学习教育、分层组织五中全会精神专题培训等12个子项目，实施重点牵引、全面带动，推动措施落地，有力保障公司经受住疫情反复和特大暴雨的双重考验，在中国共产党成立100周年和“十四五”开局之年实现了开门红。

2022年，公司党委制定“基础工作提升”年度工作主题，结合年度重点工作部署，谋划设立了“推进党的‘三基本’建设与企业‘三基’工作有机融合”项目，建立健全目标同向、组织融合、制度执行、素质提升、文化引领和运行保障“六项工作机制”（见图4），

图4　党的“三基本”建设与企业“三基”工作有机融合示意图

构建公司党委牵头规划、基层党委组织实施、基层支部创新实践的运行机制，明确30项重点措施，推动基层党建与基层管理全面融合、全面进步、全面过硬，为公司保持油气储量、产量、效益“箭头向上”提供了有力支撑和坚强保障。

（三）加强组织领导，强化工程项目闭环管理“提质量”

一是成立领导小组。成立党建工作项目领导小组，组长由公司党委书记、执行董事担任，副组长由公司党委副书记、纪委书记担任，其他党委委员、党群各部门负责人为成员，负责党建工作项目的整体部署和组织推进。领导小组办公室设在党群工作部，负责项目方案的制定、工作总结汇报，以及项目推进过程中的协调、督促、检查等工作。

二是建立工作机制。通过年初党建思想政治工作会、党建务虚会，年中党建工作推进会和年底基层党建工作经验交流会“两大两小”会议，不断建立健全年初谋划部署、年中整体推进、年末交流总结的党建工作项目闭环管理机制。领导小组办公室以党群例会形式，每季度召开一次全体会议，每月不定期召开专题会议，协调解决项目存在问题，督促推进落实；结合公司党委会议题，及时向公司党委、项目领导小组和党建工作领导小组汇报项目落实情况，推动项目高效运行。

三是加强督导考核。每年根据项目内容，制定运行大表，3年来累计制定具体措施162项，明确每项措施的责任领导、责任部门和完成时限，实行挂图作战、挂单销项，纳入公司督办系统，按时反馈通报项目进展，严格把控时间节点和工作质量。通过党委巡察、党建工作调研等加强重点项目督查，将项目推进完成情况纳入公司党建工作考核，作为机关部门和二级单位绩效考核、评先评优的重要依据，促进项目各项措施落实到位、取得实效。

三 取得成效

（一）有力促进党建力量统筹，增强了党建工作引领力

以工程化管理、项目化运行新模式开展的党建工作，综合了“5+2”党建工作布局，以业务为龙头，重塑党建工作运行规则，横向配合更加有力、纵向系统贯通到底，促进党建工作条理更加清晰、责任更加明确、引领力更加强劲，有力保障公司在集团公司党建考核中连续4年保持A档。

（二）有力促进党建责任落实，增强了基层党组织组织力

通过健全机构、建章立制、强化督导，基层党组织组织力显著提升，切实将广大干部

员工组织起来、动员起来，积极投身“牢记嘱托、再立新功、再创佳绩，喜迎二十大”主题行动，充分发挥党支部的战斗堡垒作用和党员的先锋模范作用，为推动公司“1+4+N”产业布局落地、建设千万吨级油气田提供了坚强保障。

（三）有力促进党建优势转化，增强了改革发展服务力

通过推进党建工作与生产经营深度融合，有效推动党建政治优势转化，服务企业改革发展大局的成效更加显著。公司管理效能不断提升，体制机制不断优化，2021年公司在国内上游效能对标中排名中位居前列，公司油气产量和效益连续两年创出新高，天然气产量历史性突破50亿方，不断迈向高质量发展新阶段。

经验启示

（一）党建工作工程化管理、项目化运行是党委发挥领导作用的重要平台

系统构建了党委发挥领导作用的方法措施和保障机制，通过成立领导小组，健全组织机构，完善了党组织在决策、执行、监督各环节的权责，推动各级党组织在生产经营管理各项工作中当好“火车头”，跑出“加速度”。

（二）党建工作工程化管理、项目化运行是压实党建责任体系的重要抓手

通过制定运行大表、明确工作责任，初步构建起全面覆盖的“网状”党建工作新格局，形成了党委统一领导、党政领导各司其职、党政工团齐抓共管的大党建格局。

（三）党建工作工程化管理、项目化运行是加强企业党建工作的重要举措

通过建立工作机制、加强督导考核，进一步明确了党建工作任务和推进路径，解决党建突出问题，夯基础、补短板、强弱项，推动党建工作质量持续提升、党建工作实效更加显著。

三带三融三强化 推进基层党建与中心工作高质量融合

高桥石化公司

一 改革背景

高桥石化公司成立于1981年11月，是经国务院直接批准的我国第一个跨行业、跨部门的特大型经济联合体，也是中国石化系统的骨干生产企业、上海市的重要能源生产基地。近年来，公司党委认真贯彻落实全国国有企业党的建设工作会议精神，旗帜鲜明大抓基层、大抓支部，持续发挥基层党支部在基层建设中的引领作用、在基础工作中的促进作用、在基本功训练中的带动作用，通过构建党支部"三带三融三强化"机制（见图1），"三基"工作水平得到了有效提升。

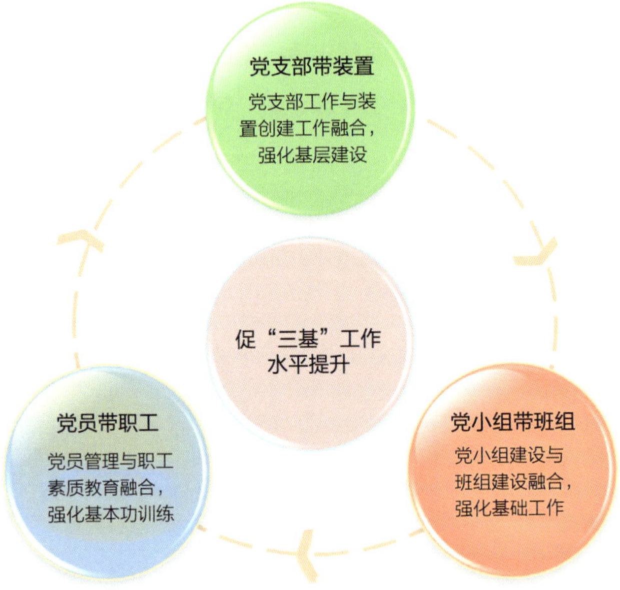

图1 党支部"三带三融三强化"机制构架

二 主要措施

（一）坚持党支部带装置，将党支部工作与装置创建融合，强化基层建设

一是抓配置，党政同心。优化基层党支部设置和运行模式，坚持“支部建在连上”不动摇，按装置设置党支部。突出政治标准和综合素质，采用党员群众推荐、组织考察审定、党员直接选举相结合的方式，挑选政治可靠、业绩突出、群众公认并善于做思想政治工作的同志担任党支部书记。积极落实“双向进入、交叉任职”要求，在基层作业部（业务中心）全面配备党支部副书记，配强党支部班子，推动形成基层建设核心团队。

二是抓思想，目标同向。把提高班子成员的理论政治素养，作为加强班子自身建设的一项基础工作来抓。建立党支部班子学习研讨制度，严肃政治生活，增强学用能力，推动党政工作融合，按照“学习一个专题、调研一个选题、解决一个问题”的思路，使学习的过程成为研究发展难题、解决实际问题、推动企业发展的过程。

三是抓作风，工作同行。弘扬石油石化优良传统，通过党支部班子对口联系点、跟班带班值班、与困难员工结对帮扶等方式，深入班组、深入岗位、深入现场（见图2），做到“班班见领导”，将中国石化特有的“严”的精神、“细”的作风、“实”的品格传达到基层、提升在基层。

图2　党支部在装置现场组建党员先锋队

四是抓能力，职责同担。发挥党支部及班子成员在装置重要问题议事决策中的作用，规范议事决策程序，细化决策和参与决策的范围、途径、具体事项，推动基层党支部落实好“抓班子、带队伍、强管理、促发展、保稳定”五项主要任务，使党支部班子成为一线

干部职工的主心骨。

五是抓制度，考评同步。完善《党支部分类定级管理办法》和《文明创建活动实施组则》等配套制度，实施党支部分类定级管理与联合装置创建“双文明优胜集体”竞赛“同步考核、双向融入”，在结果运用上有效整合、资源互补，发挥典型培育的“倍增效应”，推动示范变规范、标杆变标准。

（二）坚持党小组带班组，将党小组建设与班组建设融合，强化基础工作

一是党小组建在班组上。确保党小组覆盖班组率达100%，党员班组力量覆盖率达100%。健全完善《党小组工作职责》《班组（长）工作职责》，按照融入有道、配合有方、监督有力、服务有为的原则，做到党小组和班组的职能交叉、功能互补、融入融合、同频共振。

二是配强“两组”组长。选配思想作风硬、政治素质强、业务水平高、模范作用好的党员班组长担任党小组长。把党支部委员会研究讨论作为选拔任用班组长的前置程序。把党小组长同步作为班组核心小组的必要成员，参与班组核心小组的各项会议及活动，发挥互补作用。

三是推进“两组”融合。把党支部委员和党员干部全部纳入一线党小组管理，把党小组党日活动与班组班日活动相结合、把党内批评与自我批评与班组民主管理相结合、把党员项目攻关责任小组活动与班组生产操作、日常巡检相结合，强化党组织在一线班组的引领、监督、保障职能，使岗位责任制落实更到位，使班组各项基础工作开展更扎实。

四是促进工团作用。合理设置工会小组、团青小组，在党支部统一领导下，积极参与班组劳动竞赛、合理化建议等活动，协助开展好红旗炉（泵）、“号、岗、队”等品牌建设，在班组急、难、险、重任务中，促进基层工团组织发挥作用。

五是落实双向创建。开展“五实”党小组创建活动（见图3），推进“标准化班组”建设，将“安全环保1000班组”评比纳入党小组考评，将党小组创建情况纳入班组“双文明”竞赛，将党员、职工个人获得公司级以上荣誉情况纳入党小组、班组的创先评优。

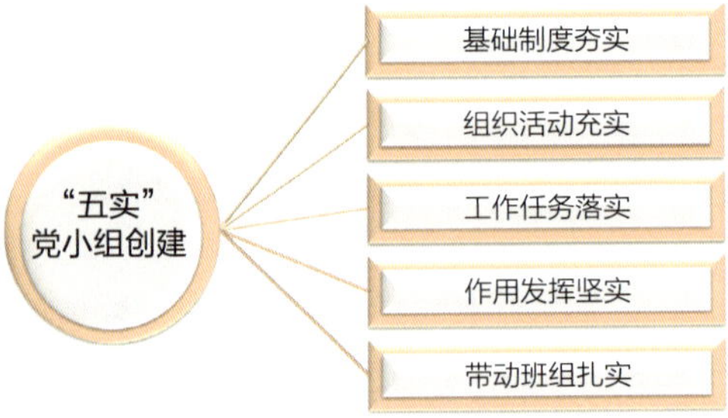

图3 “五实”党小组创建活动

（三）坚持党员带职工，将党员管理与职工素质教育融合，强化基本功训练

一是强化党员教育引导，带动职工责任意识过硬。通过加强责任教育，深入开展党内主题实践活动、党员“三亮三比三评”“党员先锋岗”、党员责任区模范岗、职业道德教育“六选二”等活动，带动职工责任意识过硬，锤炼“宁要一个过得硬，不要九十九个过得去”的职业品格，提升“干一行、钻一行、精一行”的职业素养，传承“专心专注、精益求精”的工匠精神。

二是强化党员技能水平，带动职工业务素质提升。通过定期分析党员、职工岗位素质能力，建立党员“传帮带”工作体系，把党员带教与创新工作室、技师工作室、劳模工作室等载体平台结合起来，发挥党员在实操训练、“师带徒”、业务竞赛、应急演练、仿真训练、在线练习等基本功训练中的带动作用，全面提升员工岗位适应能力、系统操作能力和突发事件处置能力。

三是强化党员宗旨意识，带动职工队伍和谐稳定。通过加强形势任务教育和思想观念引导，积极推广员工帮助计划（EAP），深入做好一人一事思想政治工作，坚持“五清楚、五必访、五必谈”等有效做法，凝聚群众、服务群众，有的放矢地做好人文关怀和心理疏导，及时消除负面情绪，保持良好工作状态。

四是强化党员考评激励，带动职工学优争优创优。通过推先选优和个人冠名班站、岗位、工作室、操作法等方式，使先进典型受表彰得奖励，充分发挥先进典型的示范带动作用。将党员对口责任区情况与“党员责任区模范岗”考核挂钩；将“党员责任区模范岗”考核与党员年度“四评”挂钩；将党员年度“四评”结果与年终绩效考核挂钩，推动形成“党员带动职工进步、职工促进党员争优”的生动局面。

三 取得成效

（一）基层建设得到了强化

党支部建设是基层建设的核心。通过党支部建设带基层装置建设，党支部工作与基层生产管理的融合度得到了明显提升，治理能力得到了有效加强，打通了服务企业创一流的“最后一公里”。公司多年在集团公司党建考核中获得A档，2021年荣获上海市浦东新区经济突出贡献奖第一名。

（二）基础工作得到了强化

岗位责任制是基础工作的中心。通过党小组建设带基层班组建设，增强了责任心教育的针对性，推进了安全、环保、质量、廉洁等专项文化融入基层管理制度、工作流程、

图 4 高桥石化炼油区域俯览

岗位职责，促进了岗位责任落到实处。公司获评2021年度集团公司安全生产先进单位、节能环保先进单位（见图4）。

（三）基本功训练得到了强化

岗位练兵是基本功训练的重要内容。通过建立以党员“传帮带”为重要方式的职工岗位练兵工作体系，职工岗位适应能力、系统操作能力和突发事件处置能力得到了全面提升。在带出一支信念坚定、能力出众、作风过硬职工队伍的同时，公司也被评为了全国职工教育工作示范点。“三带三融三强化”机制获“上海市企业党建实践创新优秀成果”一等奖。

经验启示

（一）找准相融互促的具体抓手

“三带三融三强化”机制找到了党建工作与中心工作在基层一线深度融合、相融互促的抓手，并做到了团队化的运用、系统化的推进，基层党政工团的各项重要抓手相互结合、相互作用、一体推进，有效加强了基层“三基”工作。

（二）抓实彰显优势的重要主体

基层党组织发挥引领、促进、带动作用，关键主体是党支部、党小组、党员。只有牢牢抓住这些层级、这些主体，使之发挥作用、彰显优势，才能更好地发挥和体现国有企业在基层的政治优势、组织优势。

（三）形成优良传统的综合运用

“三基”工作的加强和提升，重点是人的能力素质的提升，虽体现在基层建设、基础工作、基本功训练上，但归根结底是通过人的作用来得到的推动与加强。“三带三融三强化”机制很好地将党内思想政治工作“传家宝”与石油石化行业“传家宝”综合运用、有机整合，形成了具有时代特征的基层管理实践做法与经验。

抓好三个融入 为企业党建植入“高质量”内核

销售股份有限公司

一 改革背景

销售股份有限公司是中国石化旗下负责能源终端销售的控股子公司，自1984年成立至今已发展成为国内最大的成品油经销商。公司下设分公司共有党委324个，党支部3606个，现有党员5.83万人。近年来，认真贯彻落实党中央关于深化国企改革的部署要求，以改革激发高质量发展活力，构建“三个融入”工作机制（见图1），发挥党建工作政治优势，加快促转型，聚力提效益，全面推改革，奋力创一流，积极向“油气氢电服”综合能源服务商转型升级，以高质量党建为企业高质量发展提供了有力保障。

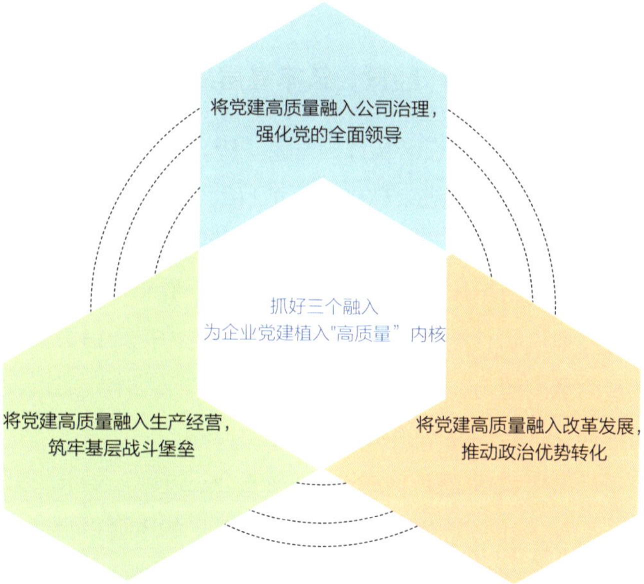

图1 党建工作“三个融入”工作机制

二 主要措施

（一）将党建高质量融入公司治理，强化党的全面领导

一是立足“源头”，推进党建入章。践行《关于中央企业在完善公司治理中加强党的领导的意见》，结合公司股份制改造，将党组织作为公司章程的单独章节，与股东大会、董事会等治理主体并列，明确党委的职责权限、运行机制、基础保障等事项，确定党委在公司治理中的法定地位，推进党的领导有效落实到公司治理各环节。

二是着眼“过程”，健全决策体系。按照“权责法定、权责透明、协调运转、有效制衡”要求，制定党委讨论和决定重大事项清单，完善党委决定事项39个、前置事项45个，健全完善党委会、董事会、经理层议事规则，规范决策程序，明确决策范围，提升决策效率，确保各治理主体不缺位、不越位、不错位，为有效发挥党委“把方向、管大局、促落实”作用提供了遵循。

三是聚焦“结果”，完善考核机制。制定党委落实全面从严治党主体责任办法和责任清单，健全完善公司党委主体责任、党委书记第一责任人责任、纪委书记监督责任和党委其他成员“一岗双责”的责任体系，层层明确和落实各级党组织党建责任，推动党的建设、生产经营、安全环保、党风廉政等各方面“一岗双责”融合落实。扎实开展党建考核和党组织书记抓党建工作述职评议，聚焦党建责任、质量、实效，优化党建考核KPI，推进党建考核与业绩考核同题共答，以考核倒逼责任落实，用企业改革发展成果检验党组织工作成效。

（二）将党建高质量融入生产经营，筑牢基层战斗堡垒

一是突出有效覆盖强化支部建设。按照国资委“中央企业党建创新拓展年”部署及集团公司基层党建创新暨质量提升推进会精神，打造首批21个“万吨站示范党支部”，大力弘扬“支部建在连上”的光荣传统，迈出将党组织建在经营实体上的第一步，探索具有石化特色的基层党组织建设创新模式，为中央企业建立上下贯通、执行有力的组织体系蹚出一条新路。建立月度通报机制，挂图作战、靶向施策，全力提升销售企业加油（气）站党员数量硬覆盖和党员力量全覆盖，不断加强基层党组织“三基本”建设，推动党的组织和工作进一步向基层延伸，基层加油站党员覆盖率达100%。

二是突出示范引领加强党员管理。按照“三懂三会三过硬”要求（见图2），选好用好加油站党支部书记，把党支部书记岗位作为培养选拔骨干的重要平台，党员经营骨干按照程序进入支部班子，示范带动效应充分彰显。提高党员队伍能力素质，推进“把骨干培养成党员，把党员培养成骨干”的双培养机制，培养造就一批优秀党员和经营业务骨干人才。广大党员对照岗位、知识特点，带头学技术、练技能、长本领，涌现出了一大批先进模范。

图 2 “三懂三会三过硬”示意图

三是突出作用发挥丰富平台载体。深入运用党员联系班组、党员责任区、党员示范岗、党员突击队等“老字号”平台载体，积极探索“党建+”新载体，围绕中心工作开展劳动竞赛、岗位练兵、技术比武等活动，充分激发党员群众的智慧和力量。将党建工作与拓市创效、改革发展、安全环保、技术攻关、疫情防控等重点工作任务和生产经营、改革发展中遇到的难题，作为“三会一课”、组织生活会、主题党日等组织生活的重要内容融合落实，提高企业创效能力及运营效率，保障和促进经营管理任务的完成，集众智推动企业高质量发展。

（三）将党建高质量融入改革发展，推动政治优势转化

一是强化政治引领，践行党和国家绿色低碳发展战略。坚持围绕中心，服从服务国家大局，公司党委集中力量办大事，大力推进氢能、充换电、光伏发电等新能源应用落地，建成加氢站66座、充换电站1295座、光伏发电站1253座，引领行业转型升级，全力支撑“双碳”目标实现。在努力探索化石能源供应“碳中和”实施路径中，加强企企、企校、企地间合作，调动一切力量攻克“卡脖子”技术难题，在江苏建成全国首座“碳中和”加油站。结合新能源业务发展趋势，公司党委坚持主动改革、自我改革、创新改革，推出中国石化综合加能站新形象，通过2022年冬奥会官方合作伙伴云展厅首次进行云发布，向全世界传递了中国石化洁净低碳的发展理念。

二是扛稳政治责任，发挥成品油市场“压舱石”作用。各级党委牢记“将能源的饭碗

牢牢端在自己手里”的殷殷嘱托，把稳定国内油气市场、促进经济平稳发展作为主要职责扛稳扛牢。在“一带一路”建设、京津冀协同发展、长江经济带发展、雄安新区建设、粤港澳大湾区建设、海南自贸港建设、黄河流域生态保护和高质量发展等国家重大战略面前，在疫情防控、冬奥保供、抗洪救灾等大战大考中，销售企业在各级党委的引领下，始终迎难而上，细化保障措施、加强协调联动，有力有序保障油气供应，逐步形成生产经营发展“出题”、党委“领题”、党支部“破题”、党员“解题”的积极氛围，充分体现了中国石化在油品保供领域“大国重器”的优秀形象。

三是强化政治担当，彰显“党和人民好企业”形象。面对乡村振兴，公司党委率先发布“十四五”助力乡村振兴计划，各级党委聚焦产业、教育、消费三大帮扶重点，集中企业优势资源为实施乡村振兴战略提供坚强政治保证。面对冬奥保供，各级党组织把能源保供工作作为最重要、最紧迫的政治任务，奋力扛起保供重任，提前布局加氢站新建、冬奥形象站改造和京6B汽油资源置换，全力以赴答好能源保供“答卷”，圆满完成保供任务。面对疫情来袭，广大党员干部闻令而动，迅速投身疫情防控，冲锋在前、勇挑重担，做出“油品不断供、商品不涨价、服务不打烊”的承诺，在各基层站点为医护抢救、物资运输、应急救援开辟绿色通道，形成共克时艰的强大合力。面对群众需求，公司党委聚焦人民群众“急难愁盼”，在全国投营“司机之家”2000多座，日均服务卡车司机超20万人次；建成“爱心驿站”3500多座，为环卫工人和快递员、外卖员等户外工作者提供休息场所（见图3）；连续10年开展“情暖驿站·满爱回家”公益活动，累计服务超过420万“返乡摩骑”和近5000万春运返乡人员；连续18年开展“中国石化光明行”健康快车公益活动，免费治愈5万名白内障患者，切实办实事办好事，用实际行动“为美好生活加油”。

图3 “爱心驿站”解决户外工作者的急难愁盼

三 取得成效

（一）党委“把管促”作用发挥更加有效

将党的领导融入公司治理各环节，形成了各司其职、各负其责、协调运作、相互制衡的治理体系。党委前置研究重大经营管理事项，将党委意图通过公司治理程序体现到推动高质量发展的经营管理和业务实践中，实现了经营管理深度融合，旗帜鲜明坚持和加强党对公司全面领导，以高质量党建引领保障企业高质量发展更加有力。

（二）基层党组织保障发展更加有力

在脱贫攻坚主战场，基层党组织和广大党员成为带领农民群众脱贫致富的主力军，在大战大考面前，基层党组织和广大党员冲锋在第一线、战斗在最前沿，在改革发展一线，基层党组织和广大党员勇挑最重的担子、敢啃最硬的骨头，涌现了一批先进典型（见图4），为党中央和集团公司党组的各项决策部署在基层落地见效提供坚强组织保证。

图4　经过战“疫”特殊考验，湖北石油武汉知音加油站站长“火线入党”

（三）企业高质量发展成效更加明显

以“党建领航”，大力推进企业转型发展，“油气氢电服”综合能源服务商转型升级成效明显，成品油经营量稳步提升、传统油气保供稳中有进、产业布局不断优化、新能源业务稳步推进，聚焦大战大考、扛稳主责主业、服务国家大家、保障能源安全更加坚定有力。

经验启示

（一）要始终坚持把党的全面领导作为推进企业高质量发展的前提

把加强党的领导和公司治理统一起来，才能充分发挥党委谋全局、议大事、抓重点的作用，更好地“把方向、管大局、促落实”，为企业始终沿着正确方向前进提供根本保证。

（二）要始终坚持把加强基层党组织建设作为推进企业高质量发展的基础

基层党组织充分发挥创造力、凝聚力、战斗力，围绕中心、服务大局，是企业聚焦发展难题，奋力攻坚克难、推动改革发展的基础。

（三）要始终坚持把加强党的优势转化作为推进企业高质量发展的关键

党建工作只有更多地参与、融入企业改革发展中，才能充分发挥党组织独特、不可替代的优势，推动企业生产经营和改革发展稳定等各项工作顺利开展。

“四个+”平台推进基层党建与经营深度融合

广东石油分公司

一 改革背景

广东石油分公司成立于1950年，主要从事油气氢电服业务，下辖22家分公司，截至2021年底，共有2500多座加油（气）站、9座油氢合建站、196座充换电站、155座光伏发电站、2200多座易捷便利店，29座油库、库容超180万立方米；公司党委下设22个基层党委、190个党支部，共有党员3990名。近年来，华南地区市场竞争激烈、新能源推广力度大、攻坚创效压力大，越是形势复杂、任务艰巨越要发挥党建政治优势，公司创新打造“支部书记+项目”“支委+团队”“党小组+站点”“党员+攻坚”四个平台（见图1），推动基层党建与经营深度融合，为推进“油气氢电服”综合能源服务商建设提供坚强保障。

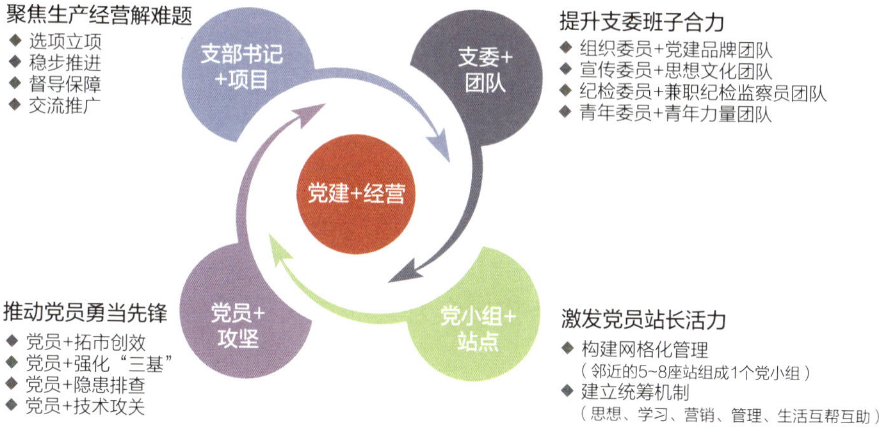

图1 “四个+”平台体系示意图

二 主要措施

（一）“支部书记＋项目”聚焦生产经营解难题

发挥党支部书记“头雁”作用开展项目攻关，解决公司发展中的重点难点问题（见图2）。

一是精准选项立项。突出经营难点，根据各党支部自身实际情况和公司当前发展需要，制定支部书记项目。

二是稳步推进。各支部书记领取项目后，分别制定“书记项目”实施方案，明确具体责任人员，落实工作责任，充分调动支部参与积极性。

三是建立保障机制。公司给予每个项目相应费用支持，每月对“支部书记项目”进行指导、检查、督促，及时跟进，提高质量。

四是组织交流推广。定期召开“支部书记项目”交流会，由各党支部书记汇报阶段性进展情况，交流工作经验；年度召开成果展示会，及时公布项目成果，进行推广应用。

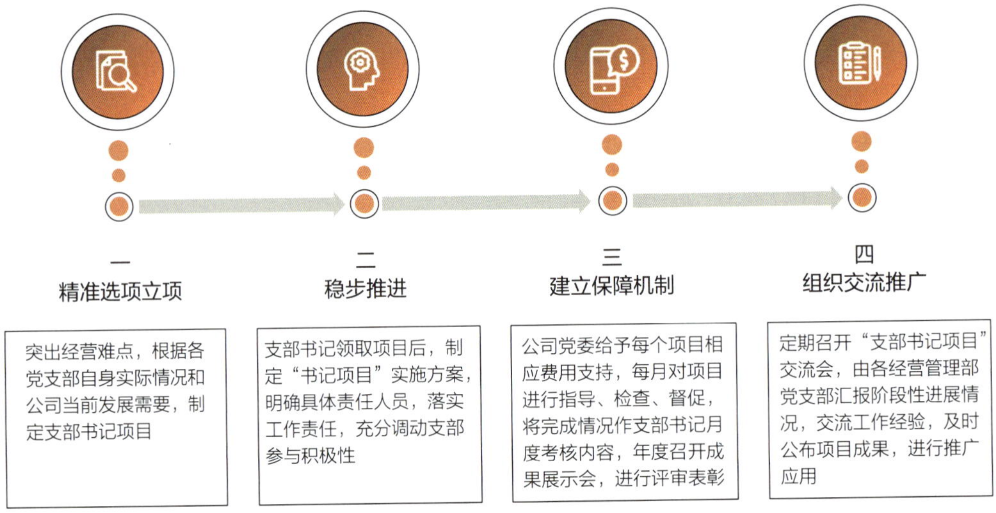

图2 “支部书记＋项目”示意图

（二）“支委＋团队”提升支委班子合力

增强支委角色意识，发挥支委专业特长，不断提升自身综合素质，强化支委班子合力，形成支部书记把握全局“抓总”、支委团队分工负责“抓实抓细”的工作机制（见图3）。

一是组织委员＋党建品牌团队。组织委员牵头党员骨干开展支部品牌创建，结合油站服务提升、扩销增量、降本增效、安全稳定等重点任务，创建内涵深、特色明、实效好、叫得响、树得住的特色党建工作品牌，建强堡垒，推动工作。

二是宣传委员＋思想文化团队。宣传委员带领基层油站宣传骨干、党小组长重点抓好员工思想教育、形势任务宣讲、基层文化建设等工作，及时收集、整理和反馈员工思想动态，做好“一人一事”思想工作；开展“六小”活动，挖掘身边人、身边事的小感动、小成长、小惊喜，选树身边的小榜样、小明星、小能手。

三是纪检委员＋兼职纪检监察员团队。纪检委员担任兼职纪检监察组长，每月组织加油站兼职纪检监察员，开展专项问卷调查，及时掌握经营管理状况；每季度组织重点岗位人员进行警示教育，筑牢思想防线；定期开展兼职纪检监察员培训，建强纪检监察队伍；不定期开展员工违纪违规问题摸查，增强党风廉政建设实效。

四是青年委员＋青年力量团队。青年委员联合团支部书记、工团小组长、技能小组长组成工作团队，组织开展关爱员工、技能培训、岗位练兵、技术比武、创新创效等活动。一方面，发挥党建带团建作用，深入联系群众，为基层办实事、解难题；另一方面，探索建立创新创效工作室、技师工作站、劳模工作室等党员带教平台，发挥青年党团员在“师带徒”、比武竞赛、实操演练、基础研究等基本功训练中的带动作用。

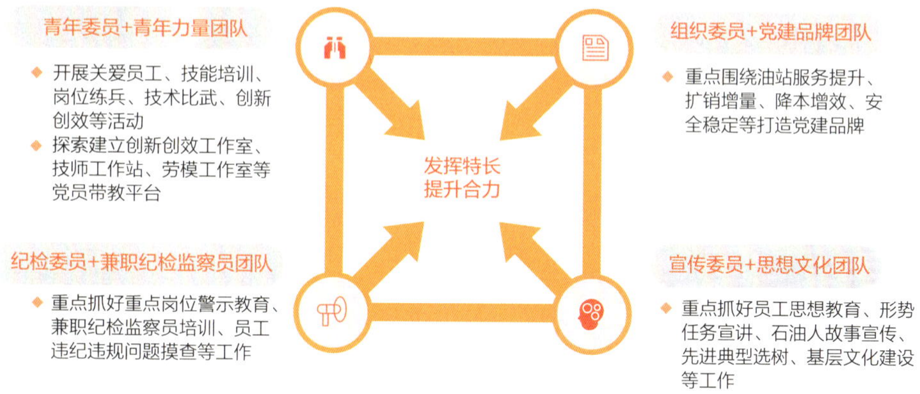

图 3 “支委＋团队”示意图

（三）“党小组＋站点”激发党员站长活力

用好广州、深圳、佛山等分公司大型党支部，管辖油站数量多、销量大、站长能力普遍较强等优势，发挥好党小组的前沿作用，创新“党小组＋站点”管理，由骨干党员站长任党小组长，将党员作用发挥覆盖到无党员加油站（见图4）。

一是构建网格化管理，实现深度融合。按照“地域相近、强弱结合”的原则，由邻近的5至8座油站组成一个党小组，构建“党小组＋站点”，将大区域整体管理降维成网格内小单元的精细管理和控制，各项经营管理工作以党小组为单位开展实施。

二是建立统筹机制，形成团队合力。党小组在思想、学习、营销、管理、生活等五方面互帮互助，统筹人员、设备等内部资源，集中力量快速完成商品陈列、油站复营、设备

图4 党小组组织安全设备检查

维护等专项工作；为各党小组打造活动“阵地”，配备设备设施，定期发布竞赛活动简报、开展人气战队评比，设置专项奖励金、培训拓展券、荣誉旗帜等，形成你追我赶的竞争氛围，促进各站点共同提升。

（四）“党员+攻坚”推动党员勇当先锋

在基层党支部创新推行“党员+攻坚”工作模式，即“党员+拓市创效”“党员+强化‘三基’”“党员+隐患排查”“党员+技术攻关”等，推动党员当先锋、做表率（见图5）。

一是“党员+拓市创效”。面对日益严峻市场竞争形势，各党支部围绕扩销增效中心工作，每月安排“党员奉献日”，组织党员走出油站、走进社区、走入商圈，开展志愿服务、支援帮扶工作，成立“党员模范示范队”，在油站会员日、油非互动等活动中，党员示范队轮番上阵帮扶维持秩序、推介营销方案、逐一走访客户。

二是“党员+强化‘三基’”。设置党员责任站，推行党员责任区，将加油站油罐区、加油机设为站内党员责任区，由党员负责日常清洁、维护和检查，确保设备整洁且安全有效运行；党员带头示范，带动员工筑牢基础，推动党支部整体管理水平提升。

三是“党员+隐患排查”。针对经营管理重难点，组织党员建立“党员风险防控小组”和“隐患排查治理小组”，参与党支部所在经营管理部的内控管理工作，每季度对支部所

图5　小虎岛油库党员开展现场隐患攻坚排查

辖加油站进行风险排查和隐患治理；挑选消防技能水平过硬的党员站长组成“技能提升小组”，每季度深入加油站现场，指导员工开展应急演练，帮助提高应急能力。

四是“党员+技术攻关”。为发挥党员在技术攻关中的带头作用，鼓励党员个人或多人联合申报和实施技术攻关项目，并给予一定的政策和费用支持。

三 取得成效

（一）基层组织力有效提升

“四个+”平台增强了基层党务干部和党员责任意识，有力推进支部清单化、流程化、节点化管理；将党支部建设与样板经营管理部、样板加油站、油库建设相结合，带动库站“三基”持续提升，创建“党建一线工作法”100多个，建成5个样板党支部，2个基层党支部被命名为“中国石化基层党支部建设示范点”，公司连续7年在集团公司党建考核中获得A档。

（二）党员战斗力有效提升

“四个+”平台促使党员在实干中锤炼党性，成为党员实践的最好课堂，党员把守初心担使命转化为奉献奋进的生动实践，在疫情防控、市场保供、抢险救灾、扩销增量、创新创效上冲在前，在急难险重一线中动真碰硬，在攻坚克难、服务群众中不断增强斗争本领，提高自身战斗力，涌现了一批优秀党员，其中杨应标被中国能源化学地质工会评为“大国工匠”，并获得全国五一劳动奖章。

（三）发展推动力有效提升

“四个+”平台使党支部和党员作用覆盖所有站库，发挥了骨干中坚和示范引领作用，引领全员以“站排头、争第一”的精气神推进各项经营管理工作，确保在日益激烈的市场竞争中实现量效双升，2021年油气总销量同比增长2.38%，非油品利润同比增15.86%，获评销售系统“标杆企业”和“效益先进企业”。党员率先转观念、勇担当，成为“油气氢电服”综合能源服务商转型发展的先锋军，助力全省系统建成196座充换电站、155座光伏发电站和9座油氢合建站；党员在志愿服务公益活动中打头阵，持续10年开展“情暖驿站”公益活动，建成824座“司机之家”和109座“爱心驿站”，彰显了党和人民好企业形象。

经验启示

（一）发挥支部书记“头雁”作用是抓好融合的关键

火车跑得快，全靠车头带，发挥党支部书记的“领头雁”作用，是推动党建与经营相融互促的关键。“支部书记+项目”平台为支部书记发挥作用提供了良好载体，让党支部书记结合经营难点选题立项，调动党员群众攻坚克难，切实解决经营中的重难点问题。

（二）发挥支委班子合力是抓好融合的保障

增强支委角色意识，强化支委班子合力是推动党建与经营相融互促的重要保障。“支委+团队”平台很好地发挥了支委专业特长，各支委团队分工负责围绕中心抓实抓细各项工作，围绕中心抓好党建工作。

（三）发挥党员示范作用是抓好融合的基础

党员是党组织的细胞，发挥党员示范引领是推动党建与经营相融互促的重要基础。“党小组+站点”“党员+攻坚”平台，可以很好地增强党员身份意识，全面激活党员战斗力，引导党员在企业拓市创效、安全生产、转型发展中当先锋、做表率。

发挥党建引领保障作用　建设绿色能源示范企业

新星石油公司

一　改革背景

新星石油公司成立于1996年，是中国石化新能源专业公司，主要从事地热、绿氢制氢、风力光伏发电、天然气综合利用等新能源业务。截至2022年4月底，累计建成地热清洁供暖能力8000万平方米、换热站815座、地热井915口，建成风力发电装机容量20兆瓦、光伏发电装机容量108兆瓦，各类用工1200余名。近年来，深入落实集团公司党组“1355”党建工作总体思路，聚焦党建引领保障作用发挥，强化政治引领、以绿色发展理念指导企业产业布局，强化人才保障、以行业领军标准打造产业人才高地，强化融合联动、以党建工作优势推动管理提档升级（见图1），在深化改革三年行动中全面加强党的领导，推动政治优势转化为新能源产业高质量发展的制胜优势，全力建设中国石化绿色能源示范企业，为打造世界领先洁净能源化工公司贡献积极力量。

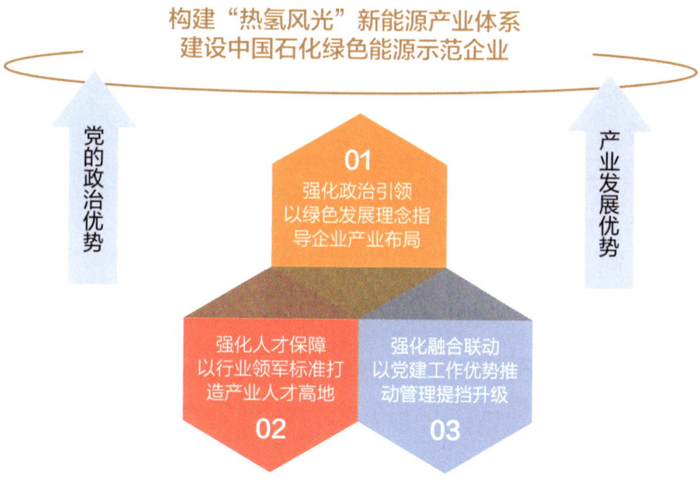

图1　发挥党建引领保障作用　建设绿色能源示范企业

二 主要措施

（一）强化政治引领，以绿色发展理念指导企业产业布局

坚持将党的政治建设摆在首要位置，自觉服从服务国家战略大局，积极布局发展新能源产业。

一是把准政治方向，引领形成企业发展新路径。以习近平生态文明思想为指引，牢牢把握社会主义生态文明建设大方向，坚持将地热供暖等清洁能源业务作为主营业务，助力建设美丽中国。积极推进习近平新时代中国特色社会主义思想大学习大普及大落实，分层分级组织培训班、研讨班、读书班，总结提炼理论指导实践的重要成果，逐步形成“以规模化发展、高质量发展为市场开发导向；以规模化发展服从经济效益为投资决策准则；以国际范和标准化、信息化、规范化为公司治理目标；以涵养生态、融合互促、培育文化、打造品牌为高质量党建着力点”的发展路径，为新能源产业高质量发展奠定坚实基础。

二是强化政治担当，凝练提出产业布局新思路。深入贯彻落实创新、协调、绿色、开放、共享的新发展理念，教育引导各级单位和员工胸怀“国之大者”，将服务国家碳达峰碳中和行动大局、落实国家重大战略，作为企业生产经营、改革发展的出发点，在中国石化“一基两翼三新”产业格局中找准定位，探索进入风力发电、绿电制氢等新领域，打造“地热业务领先发展、绿电制氢业务率先发展、风力光伏发电业务支撑发展”的新能源产业格局，积极在长江经济带发展、黄河流域生态保护和高质量发展、雄安新区建设中发展新能源业务，彰显国有企业的担当和作为。

三是发挥政治优势，着力激活业务发展新动力。坚持“两个一以贯之”，抓住公司地热业务板块被纳入国家第三批国有企业混合所有制改革试点的契机，既注重发挥国有企业政治优势和光荣传统，将党的全面领导贯穿于企业顶层设计、决策执行各环节；也注重一体推进混合所有制改革、三项制度改革、市场化用工机制改革，公司和所属企业全部实现“党建入章”，“三重一大”决策制度持续完善，党委“把方向、管大局、促落实”的领导作用充分发挥，为新能源产业发展提供动力。

（二）强化人才保障，以行业领军标准打造产业人才高地

坚持党管干部、党管人才，牢牢把握新能源产业发展大势，大力实施“人才强企”战略，为建设中国石化绿色能源示范企业提供坚强组织保证和人才保证。

一是强化专家考核管理。聚焦新能源产业实际需要，修订公司专家管理办法，形成《关于进一步规范专家管理与发挥专家作用的实施意见》，规范明确专家考核方式与内容，并与公司专家签订聘期任务书，一批贴近现场实际、专业技术能力过硬、善于解决科研及

生产问题的专业技术人才脱颖而出，为新能源产业高质量发展提供有力支撑。

二是推进企业人才库建设。扎实开展人才盘点工作，进一步摸清人才队伍现状，在中国石化专业分类基础上，按照公司业务特点，划分15个领域、66个细化专业盘点人才，通过对学历、职称、工作业绩、履历背景等因素的量化评分，并与本专业专家测评打分相结合，形成各专业内部的人才梯队，进一步建成“358”专业技术人才库。持续完善人才库入库人员动态调整机制，根据基本信息、考核业绩、现实表现等要素进行动态更新，对已超龄、不符合条件人员进行剔除并重新增补，为公司人才队伍建设注入不竭“活水”。

三是畅通人才成长通道。牢固树立年轻干部培养“要进步下基层”的基层导向、“出业绩才出干部”的业绩导向、“满足未来发展需求”的未来导向，制定培养储备10名45岁及以下中层正职、20名40岁及以下中层副职、30名35岁及以下基层正职、40名30岁及以下基层副职的“1234”培养规划，强化优秀年轻干部数据库动态调整，通过岗位练兵、业务培训、论坛交流等形式抓好年轻干部学习培养，打造优秀青年人才成长成才快车道。

（三）强化融合联动，以党建工作优势推动管理提档升级

坚持“融入中心抓党建、抓好党建促发展”，推动党的建设与企业生产经营、改革发展同频共振、同向发力。

一是建立“四个融合”工作机制。立足新能源产业发展需要，建立“党建与中心工作在目标任务上融合、在工作抓手上融合、在队伍管理上融合、在考核评价上融合”的“四个融合”工作机制（见图2），坚持围绕生产经营、改革管理重点规划部署党建工作安排，大力实施“双向进入、交叉任职”机制，推动二级单位党组织书记和董事长（执行董事）“一肩挑”，突出责任、质量、实效三大导向优化完善党建考核体系，将党建考核与安全、内控等检查联动开展，实现生产经营与党建深度融合、协调发展。

二是健全“五个联动”落实体系。健全完善“党支部分类定级与基层单位建设联动、党员积分管理与全员绩效考核联动、‘党员先锋工程’创建与重点工作推进联动、基层党组织建设与基层站建设联动、企业文化建设与标准化基层站建设联动”的“五个联动”落实体系（见图2），全面推行党员积分管理工作，积极设立党员示范岗、党员责任区、党员项目攻关、党员志愿者服务队，集中力量、发挥优势，啃下市场开拓、项目建设、安全隐患排查等工作中的“硬骨头”，助力新能源产业高质量发展。

三是打造“三个共同”共建载体。坚持聚焦共同任务、承担相同责任，接受共同教育、参与相同活动，培育共同文化、实施相同考核的“三共同、三相同”原则，积极开展丰富多样的党建共建活动，与政府有关单位开展共建，共学“双碳”政策精神、共议新能源产业发展；依托公众开放日活动，与雄安集团基础建设公司开展共建，共商雄安新区地热能开发利用；以合作开发光伏项目为契机，与北海炼化公司开展共建，全面保障项目建设运行（见图3）。

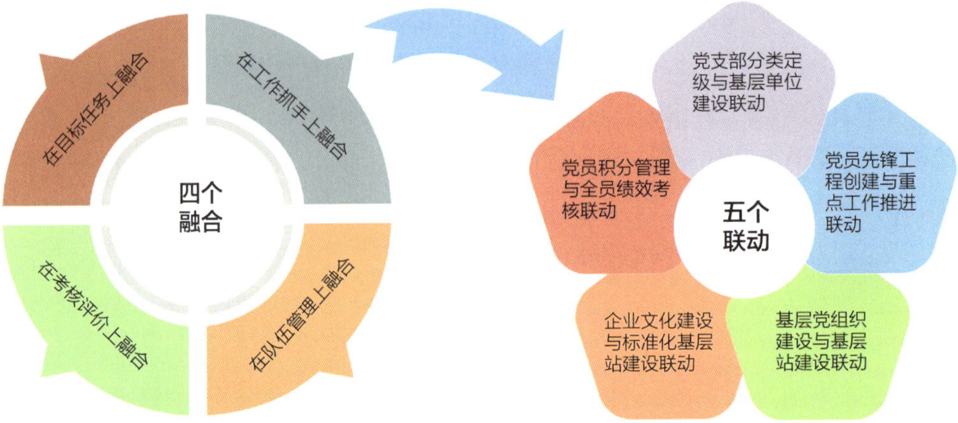

图2 “四个融合”“五个联动”工作机制

图3 坚持“三共同、三相同”原则开展丰富多样的党建共建活动

三 取得成效

（一）产业体系建设迈上新台阶

在党建引领保障下，新星石油公司积极推广地热供暖“雄县模式”，建成22座“地热城”，发展成为国内最大的地热能开发利用企业；建成中国石化首个陆上分散式风电项目——陕西大荔20兆瓦陆上风电项目（见图4），企业全年绿电发电量突破1亿度；承担的我国首个万吨级光伏绿氢示范项目——新疆库车绿氢示范项目正式启动，“热氢风光”新能源产业体系初步形成。

（二）示范引领作用达到新高度

持续发挥行业领军人才优势，积极承担国家地热能中心、地热能专业标准化技术委员

图 4　陆上分散式风电项目——陕西大荔 20 兆瓦陆上风电项目

会、中冰地热技术研发合作中心、中国石化地热资源开发利用重点实验室等“四个平台”建设及支撑工作，参与制定《关于促进地热能开发利用的若干意见》等2项国家政策、发布21项行业标准，牵头编制完成海南、天津和雄安新区等10个省市区新能源发展战略规划，促进新能源产业有序、规范、科学发展，代表中国成功获得2023年世界地热大会主办权，公司“绿色低碳”示范引领作用进一步凸显。

（三）基层基础工作取得新成效

充分发挥“四个融合”“五个联动”等融合联动措施作用，基层党组织建设持续规范，基层站党员实现全覆盖，企业文化软实力显著提升，实现了各层级党组织和生产经营单元的全贯穿融合，保障了北海炼化光伏发电项目等重大项目高标准建设、高质量投运，一批新能源项目运行持续优化、提质增效，企业荣获2018~2020年度“首都文明单位”，所属的绿源公司被评为集团公司对标提升行动标杆基层单位。

经验启示

（一）必须重视政治引领，确保正确发展方向

坚持“旗帜鲜明讲政治”，深刻认识党和国家推动社会主义生态文明建设、实施碳达峰碳中和战略的大形势，主动融入集团公司战略规划，把准定位、找准方向，大力发展新能源产业，坚定不移走好建设中国石化绿色能源示范企业之路。

（二）必须重视人才培养，打造行业竞争优势

坚持实施“人才强企”战略，注重在市场开拓主战场、项目建设最前沿、急难险重第一线、管理改革深水区选拔干部，统筹完善企业管理、专业技术两个序列人才队伍发挥作用机制，以干部人才队伍优势巩固行业竞争优势。

（三）必须重视融合互促，推动政治优势转化

坚持以实的举措、细的作风推动党建工作与生产经营融合互促，提出与发展实际相符合、发展需求相匹配的具体措施，并持续抓好优化完善、贯彻落实工作，真正实现用党的建设引领和保障生产经营，用生产经营成果检验党建实效。

建立“四抓四促”党建工作模式
引领保障混改企业高质量发展

党群工作部

一 改革背景

中国石化党组深入学习习近平总书记关于国有企业改革发展和党的建设的重要论述，认真贯彻落实国企改革“1+N”文件，充分发挥把方向、管大局、促落实的领导作用，研究部署混合所有制改革工作。制定《关于中国石化深化改革的实施指导意见》，实施深化改革三年行动，积极稳妥深化混合所有制改革，坚持将建立党的组织、开展党的工作作为必要前提，开展混合所有制企业党建工作专题调研，探索建立与中国特色现代企业制度相适应的“四抓四促”混改企业党建工作模式，努力以高质量党建引领保障混改企业高质量发展。

二 主要措施

（一）抓“党建入章”，促治理水平提升

一是明确法定地位，让党组织名正言顺抓党建。绝对控股、相对控股并具有实际控制力的混合所有制企业，结合企业股权结构、经营管理等实际，把党建工作基本要求写入公司章程，并细化党组织设置、人员配备、经费来源和活动方式等条款，做到职责权限、机构设置、运行机制、基础保障“四个明确”，在公司“根本法”中明确党组织在法人治理结构中的法定地位，为党组织有效开展工作、发挥作用提供了制度保证。比如，中韩石化党委做到“三公开三纳入”，即党组织公开、活动公开、党员身份公开，党群部门纳入、专职党务工作人员纳入、党组织工作经费纳入，并在公司章程中明确公司党委的职责定位。

二是健全体制机制，让党组织理直气壮管大局。坚持依法合规健全体制机制，使公司党委委员依法进入董事会和经理层，正确处理党委和董事会、经理层等治理主体的关系，明确职责定位和议事规则，基本形成了权责法定、权责透明、协调运转、有效制衡的公司治理机制，推动制度优势更好转化为公司治理效能。比如，福建石油党委开展福建石油分

公司和中石化森美公司"两司融合"改革，实现了"两块牌子、一套人马"，制定党委参与合资公司重大事项决策制度，明确党委前置研究事项清单，由进入董事会或总裁班子的党委委员依法合规地贯彻党委意见（见图1）。

图1 福建石油授予外方委派高管"党建最佳参与奖"

（二）抓基因传承，促政治本色强化

一是坚持把党的政治建设摆在首位。混改企业党委认真贯彻党组深化推进党的政治建设重点措施，把学习习近平总书记重要讲话和重要指示批示精神，作为推动工作、解决问题的"金钥匙"，作为党委会、中心组学习的"第一议题"，作为党员干部培训"第一课程"，不断提高党员领导干部的政治判断力、政治领悟力、政治执行力。比如，福建炼化（福建联合石化）党委组织全体党员干部重温习近平总书记在福建工作期间到公司调研时的重要讲话精神，忠实在经济领域为党工作（见图2）。

二是坚持把基层基础抓牢夯实。混改企业党委认真履行全面从严治党主体责任，建立党建责任清单等一系列制度，加强党建工作考核与绩效考核"双挂钩"，着力强化依法依规依章程全面从严治党、从严治企。推进党支部标准化规范化建设，增强基层党组织政治功能和组织功能，不断提高基层党建工作质量。比如，中韩（武汉）石化党委将合资方员工中的中共党员纳入统一管理，在合资方员工中落实"双培养"制度，利用休息时间常态化开展"党员活动日"，群众对党员的优秀和良好评价比例由合资之初的83%提高到95.5%（见图3）。

图 2　福建炼化开展党员责任区、示范岗创建，党员亮身份作表率，积极在“牢记嘱托、再立新功、再创佳绩，喜迎二十大”主题行动中发挥先锋模范作用

图 3　中韩（武汉）石化党员突击队在装置停工检修期间集中清理自备铁路沿线杂草，保障铁路运输安全平稳运行

（三）抓“关键少数”，促骨干作用发挥

积极探索党管干部党管人才原则与市场化选人用人机制相结合的有效途径，将组织考察把关与董事会选聘相结合，将尊重公司章程和尊重各方股东权益相结合，努力培育齐心合力、共谋发展的骨干力量。比如，中韩石化党委将韩方委派人员纳入干部管理体系进行统一管理，建立统一的内部晋升通道，不论哪方人员，选拔任用都要经过公司党委前置研究，其中党群干部任命由公司党委直接研究决定。福建石油党委切实把好导向关、政策关、制度关和调整关，通过动议提名、民主推荐、组织考察、党委研究等环节提出推荐人选后，交由总裁班子研究决定，近年来公司党委推荐的中层干部人选100%得到总裁班子认可。

（四）抓深度融合，促党建优势转化

一是用实在成效赢得更强推动力。着力把党的政治优势、组织优势、群众优势转化为企业的发展优势，用党建工作成效赢得合资方认可和支持。比如，福建石油党委注重在生产经营中充分发挥党建思想政治工作优势，主动邀请外方人员亲眼见证“党员速度”“党员质量”“党员力量”，使其对企业党组织的“陌生感”“疏离感”渐渐转变为“亲切感”，一名外方副总裁在离任时感慨：“刚来时对党建工作不了解，经过这3年，我感到你们这些从事党务工作的都是好人。你们没有自己的利益，所做的工作都是为了搞好合资企业，我会把你们的情况转告我的继任者，让他与你们好好配合，理解支持你们的工作！”

二是用文化融合画好最大同心圆。面对中外文化理念的差异，坚持守好底线、求同存异，找准兼顾股东各方诉求的最大公约数，通过取长补短、优势互补，画好最大同心圆，构建具有跨文化融合特色的企业文化体系，促进了从“合资”到“合心”。比如，四机赛瓦公司旗帜鲜明传承石油师红色基因，注重将党建思想政治工作优势和外方先进的技术、管理优势有机结合，促进文化融合，塑造精益文化，建立精益管理体系，着力打造国际领先石油装备制造企业，13年来共完成精益项目337个，完成精益改善6.9万余条，实现节创价值超1亿元（见图4）。

图4 石化机械四机赛瓦公司党员精益改善团队讨论单机泵注撬动力系统工装改善项目，解决当前装配交期问题，确保装配效率提升

三 取得成效

（一）党建入章实现应入尽入

认真落实“四同步”“四对接”要求，推动集团公司所属国有资本绝对控股、相对控股并具有实际控制力的混合所有制企业，均结合实际将党建工作要求写入公司章程。其中全球四地上市的中国石化股份公司“党建入章”以99.96%的支持率获股东高票通过。同时，完善工作联动机制，确保开展混合所有制改革企业全面落实“党建入章”要求，把党的领导落实到公司治理各环节，实现党组织发挥作用组织化、具体化、制度化。

（二）两个覆盖实现全面落实

坚持推进党的组织和党的工作全覆盖，确保业务开展到哪里党的组织就设置到哪里，哪里有党员哪里就有党员作用的发挥。将国有资本绝对控股、相对控股并具有实际控制力的混合所有制企业党建工作统一纳入集团系统化、规范化管理。即使是扬巴公司、中沙石化、古雷石化等中外均股合资的混合所有制企业，也都实现了党的组织和党的工作100%覆盖，党组织书记100%由国有股东选派，并积极有效开展党建工作。

（三）发展质量实现有效提升

坚持“融入中心抓党建、抓好党建促发展”，使党建工作与生产经营、改革发展在目标上相一致、思路上相呼应、措施上相协调、成效上相促进，共同向提高企业核心竞争力聚焦，增强了国有资本控制力和影响力，提升了发展质量和效益。从单户口径看，2013~2021年完成混改的6户企业，其中混改后仍控股或实际控制的为100%，混改后国有权益增长的占比66.67%、利润总额增长的占比为33.33%。

经验启示

（一）“党建入章”至关重要，地位是否明确不一样

已经“党建入章”的企业，由于明确了党组织职责权限、机构设置、运行机制、基础保障等，都能够正常开展工作，并且探索形成了一些富有成效的特色做法。反之，就难以理直气壮推进党建工作。

（二）党委班子至关重要，工作是否主动不一样

党建工作做得好的或者有不断创新的企业，共性的特征是党委班子特别是党委书记对党建工作高度重视、主动作为。反之，党委重视不够，工作不主动、沟通少的企业，党建工作效果往往不好。

（三）党管干部至关重要，用人是否主导不一样

用人处于主导地位，党委的掌控能力就强，党建工作推动企业发展就更有力有效。反之，党建工作就难以推动，党委就容易被边缘化。

（四）文化基因至关重要，优势是否发挥不一样

必须坚持好文化融合的正确方向，既传承好、弘扬好国企优秀文化基因，又积极学习借鉴合资方的先进技术和经验，就能发挥好文化融合的优势。反之，则会对员工的价值取向和思想观念造成一定程度的负面影响。